Das internationale Privatrecht
des unlauteren Wettbewerbs in Deutschland und Italien

Europäische Hochschulschriften

Publications Universitaires Européennes

European University Studies

Reihe II

Rechtswissenschaft

Série II Series II

Droit

Law

Bd./Vol. 3157

PETER LANG

Frankfurt am Main · Berlin · Bern · Bruxelles · New York · Oxford · Wien

Mirko Vianello

Das internationale Privatrecht des unlauteren Wettbewerbs in Deutschland und Italien

Eine die europäischen und internationalen Harmonisierungsbestrebungen berücksichtigende Darstellung

PETER LANG
Europäischer Verlag der Wissenschaften

Die Deutsche Bibliothek - CIP-Einheitsaufnahme

Vianello, Mirko:

Das internationale Privatrecht des unlauteren Wettbewerbs in Deutschland und Italien : eine die europäischen und internationalen Harmonisierungsbestrebungen berücksichtigende Darstellung / Mirko Vianello. - Frankfurt am Main ; Berlin ; Bern ; Bruxelles ; New York ; Oxford ; Wien : Lang, 2001

(Europäische Hochschulschriften : Reihe 2, Rechtswissenschaft ; Bd. 3157)
Zugl.: Osnabrück, Univ., Diss., 2000
ISBN 3-631-37880-7

D 700
ISSN 0531-7312
ISBN 3-631-37880-7

www.peterlang.de

Vorwort

Die vorliegende Arbeit wurde im Wintersemester 2000 von der Rechtswissenschaftlichen Fakultät der Universität Osnabrück als Dissertation angenommen. Sie wurde im August 2000 abgeschlossen. Die bis Januar 2001 erschienene Literatur und Rechtsprechung konnte zum Teil berücksichtigt werden.

Großen Dank schulde ich zunächst meinem Doktorvater, Herrn Professor Dr. Christian von Bar, für die wissenschaftliche Betreuung und die wertvollen Anregungen und Denkanstöße zu diesem aktuellen und facettenreichen Thema.

Danken möchte ich ebenso Herrn Professor Dr. Hans-Jürgen Ahrens für die rasche Erstellung des Zweitgutachtens und die kritische Durchsicht der Arbeit.

Mein Dank gilt auch den Herren Rechtsanwälten Lic. jur. Franz Voll, Ulrich A. Götz und Ralf Kathmann, die mir durch großzügige Freistellungen den Abschluss der Arbeit ermöglicht haben.

Meinen Eltern und meiner Verlobten, Frau Adrienne Hurtienne, ohne deren liebevolle Unterstützung, Ermutigung und Verständnis ich die Arbeit nicht so zügig hätte beenden können und in dankbarer Erinnerung meinem Großvater, Dr. jur. Walter Atorf (1910 bis 1998), ist diese Arbeit gewidmet.

Karlsruhe, Ende Januar 2001 *Mirko Vianello*

Inhaltsverzeichnis

Abkürzungsverzeichnis

a.A.	anderer Ansicht
a.E.	am Ende
a.F.	alte Fassung
aaO.	am angegebenen Ort
ABlEG	Amtsblatt der Europäischen Gemeinschaften
Abs.	Absatz
AcP	Archiv für die civilistische Praxis
AGBG	Gesetz zur Regelung des Rechts der Allgemeinen Geschäftsbedingungen
amtl.	amtlich
Anh.	Anhang
Ann. Comp.	Annuario di diritto comparato e di studi legislativi
App.	Corte di Appello
ARC	Archivio responsabilità civile
Aufl.	Auflage
Aufs.	Aufsatz
AWD	Außenwirtschaftsdienst des Betriebs-Beraters
BB	Der Betriebs-Berater
Bd.	Band
BGBl.	Bundesgesetzblatt mit I oder ohne Ziffer = Teil I; mit II = Teil II; mit III = Teil III
BGHZ	Entscheidungen des Bundesgerichtshofes in Zivilsachen
BKA	Bundeskartellamt
Bl.f.PMZ	Blatt für Patent-, Muster und Zeichenwesen
BRDrucks	Drucksachen des Deutschen Bundesrates
BTDrucks	Drucksachen des Deutschen Bundestages
BVerfGE	Entscheidungen des Bundesverfassungsgerichts
bzw.	beziehungsweise
c.	Contra
C.a.p.	Codice di Autodisciplina Pubblicitaria,
C.c.	Codice Civile
C.p.	Codice penale
C.p.c.	Codice di procedura civile
Cass.	Corte di Cassazione (civile)
CG	Corriere Giuridico
CI	Contratto e Impresa
Clunet	Journal du Droit International
CMLR	Common Market Law reports
CMLRev	Common Market Law Review
Corte Cost.	Corte Costituzionale
Cost.	Costituzione italiana
CR	Computer und Recht
D.L.	Decreto legge = Verordnungen mit Gesetzeskraft
D.Lgs	Decreto legislativo = Gesetzesverordnung
DB	Der Betrieb
DCI	Diritto del Commercio internazionale
ders.	derselbe / dieselbe
dgl.	Dergleichen
DInd	(Il) Diritto Industriale
DInfo	Diritto dell'Informazione e dell'Informatica

DInt	Diritto Internazionale
Dir. scambi internaz.	Il diritto negli scambi internazionali
Dir.com.scambi int.	Diritto comunitario e degli scambi internazionali
Disp. prel.	disposizioni preliminari
Diss.	Disseration
DJ	Deutsche Justiz
dt.	Deutsch
EASA	European Advertising Standards Alliance
ebd.	Ebenda
EDir	Enciclopedia del Diritto
EG	Europäische Gemeinschaft
EGBGB	Einführungsgesetz zum Bürgerlichen Gesetzbuch
EGiur	Enciclopedia Giuridica
EGV	Vertrag zur Gründung der Europäischen Gemeinschaft
endg.	Endgültig
engl.	Englisch
EU	Europäische Union
EuGH	Gerichtshof der Europäischen Gemeinschaft
EuGVÜ	Brüsseler EWG-Übereinkommen über die gerichtliche Zuständigkeit und die Vollstreckung gerichtlicher Entscheidungen in Zivil- und Handelssachen
EuR	Europarecht
EUV	Vertrag von Maastricht über die Europäische Union
EuZW	Europäische Zeitschrift für Wirtschaftsrecht
EWG	Europäische Wirtschaftsgemeinschaft
EWGV	Vertrag zur Gründung der Europäischen Wirtschaftsgemeinschaft
EWS	Europäisches Wirtschafts- und Steuerrecht
f. / ff.	folgende / fortfolgende (Seite)
F.2d	Federal Reporter, Second Series
F.A.Z.	Frankfurter Allgemeine Zeitung
FI	Il Foro Italiano: raccolta di giurisprudenza civile, commerciale, penale, amministrativa (zit. Jahr, Teil und Spalte)
Fn.	Fußnote
FNA	Bundesgesetzblatt Teil I, Fundstellennachweis A (Bundesrecht ohne völkerrechtliche Vereinbarungen)
FP	Foro Padano
franz.	französisch
franz.	französisch
GADI	Giurisprudenza Annotata di Diritto Industriale
GATT	General Agreement on Tarifs and Trade = Allgemeines Zoll- und Handelsabkommen
Gazz. Uff.	Gazzetta ufficiale della Repubblica Italiana
GC	Giustizia Civile
GCo	Giurisprudenza Commerciale
gem.	gemäß
ggü.	gegenüber
GI	Giurisprudenza Italiana (zit. Jahr, Teil, ggf. Teilband u. Spalte)
Giur.Cass.Civ.	Giurisprudenza Completa della Corte Suprema di Cassazione, Sezioni Civili
Giur.compar.internaz.p riv.	Giurisprudenza comparata di diritto internazionale privato
GM	Giurisprudenza di merito

grds.	grundsätzlich
GRUR	Gewerblicher Rechtsschutz und Urheberrecht
GRUR Int..	Gewerblicher Rechtsschutz und Urheberrecht, Ausländischer und Internationaler Teil
GWB	Gesetz gegen Wettbewerbsbeschränkungen
h.L.	herrschende Lehre
h.M.	herrschende Meinung
Habil.	Habilitation
Hrsg.	Herausgeber
HS	Halbsatz
HWiG	Gesetz über den Widerruf von Haustürgeschäften
i.d.F.	in der Fassung
i.e.	id est
i.E.	im Ergebnis
i.e.S. /i.S.d.	im engen Sinne / im Sinne des
i.S.v.	im Sinne von
IAP	Istituto dell'Autodisciplina Pubblicitaria
ICC	International Chamber of Commerce
insb.	insbesondere
IPR	Internationales Privatrecht
IPRax	Praxis des Internationalen Privat- und Verfahrensrechts
IPRspr.	Die deutsche Rechtsprechung auf dem Gebiete des internationalen Privatrechts
ital.	italienisch
ital. IPRG	Gesetz v. 31.5.1995 Nr. 218, Reform des italienischen Systems des Internationalen Privatrechts - Legge del 31.5.1995, Nr. 218 Riforma del sistema italiano del diritto internazionale privato
JbItR	Jahrbuch des italienischen Rechts
JurPC	Internet Zeitschrift für Rechtsinformatik
JuS	Juristische Schulung
JW	Juristische Wochenschrift
JZ	Juristenzeitung
K&R	Kommunikation und Recht
KG	Kammergericht
KOM	Dokumente der Europäischen Kommission
lat.	lateinisch
Lit.	Literatur
lit.	litera
LM	Nachschlagewerk des Bundesgerichtshofs, hrsg. v. Lindenmaier, Möhring u.a.
LMBG	Lebensmittel- und Bedarfsgegenständegesetz
Ls.	Leitsatz
LugÜ	Luganer Übereinkommen über die gerichtliche Zuständigkeit und die Vollstreckung gerichtlicher Entscheidungen in Zivil- und Handelssachen
m. Anm.	mit Anmerkung
m. Aufs.	mit Aufsatz
m.E.	meines Erachtens
MarktG	Marktgesetz
Mass.	Massimario
Mon trib.	Monitore dei tribunali
MP	Model Provisions on Protection against Unfair Competition

MRG	Markenrechtsgesetz
MRVO	Markenrechtsverordnung
MuW	Markenschutz und Wettbewerb
mwN.	mit weiteren Nachweisen
NiemeyersZ	Niemeyers Zeitschrift für internationales Recht
NJW	Neue Juristische Wochenschrift
NJW-CoR	Computerreport der Neuen Juristischen Wochenschrift
NJW-RR	NJW Rechtsprechung-Report Zivilrecht
NLC	Nuove leggi civili commentate (rivista bimestrale)
Nr.	Nummer
OECD	Organization for Economic Cooperation and Development
OLG	Oberlandesgericht
Pret.	Pretura
PVÜ	Pariser Verbandsübereinkunft
R.D.	Regio Decreto = Königliches Dekret (Gesetzesverordnung im Königreich)
RAawVO	Verordnung über die Rechtsanwendung bei Schädigung deutscher Staatsangehöriger
RabattG	Rabattgesetz
RabelsZ	Zeitschrift für ausländisches und internationales Privatrecht (ab: 26.1961 : RabelsZ Zeitschrift für ...)
RBP-Kodex	Set of Multilaterally Agreed Equitable Principles and Rules for the Control of Restrictive Business Practices
RCP	Responsabilità Civile e Previdenza
RDC	Rivista di Diritto Civile
RDCo	Rivista del Diritto Commerciale e del diritto generale delle obbligazioni
RDE	Il Diritto dell'Economia, rivista di dottrina e di giurisprudenza
RDI	Rivista di Diritto Industriale
RDInt	Rivista di Diritto internazionale
RDIPP	Rivista di Diritto internazionale privato e processuale
RdNr.	Randnummer
Rep.	Repertorio
Rev. critique	Revue critique de droit international privé
RG	Reichsgericht
RGBl.	Reichsgesetzblatt ohne Ziffer = Teil I; mit II = Teil II
RGRK	Das Bürgerliche Gesetzbuch mit besonderer Berücksichtigung der Rechtsprechung des Reichsgerichts und des Bundesgerichtshofes
RGZ	Amtliche Sammlung der Reichsgerichtsrechtsprechung in Zivilsachen
Riv. giur. umbro-abruzzese	Rivista giuridica umbro-abruzzese
Riv. it. scienze giur.	Rivista italiana per le scienze giuridiche
RIW	Recht der internationalen Wirtschaft
RPII	Rivista della proprietà intellettuale e industriale
RS	Rechtssache
Rsp.	Rechtsprechung
RTDPC	Rivista Trimestrale di Diritto e procedura Civile
S. /s.	Seite / Satz / siehe
S.a.s.	Società in accomandita semplice = Kommanditgesellschaft
S.n.c.	Società in nome collettivo = Offene Handelsgesellschaft
s.o. / s.u.	siehe oben / siehe unten

S.p.a.	società per azioni = Aktiengesellschaft
S.r.l.	Società a responsabilità limitata = Gesellschaft mit beschränkter Haftung
sez. un.	sezioni unite, Gemeinsame Sitzungen der Senate der Corte di Cassazione
SJIR	Schweizerisches Jahrbuch für internationales Recht - Annuaire suisse de droit international
Slg.	Sammlung des Gerichtshofes der Europäischen Gemeinschaften
Soc.	Società = Gesellschaft
sog.	sogenannt
suppl.	supplemento
teilw.	teilweise
Temi	Il Temi. Rivista di Giurisprudenza Italiana
TN	Temi Napoletani
Trib.	Tribunale
TRIPs	Agreement on Trade-Related Aspects of Intellectual Property Rights Including Trade in Counterfeit Goods
u.a.	unter anderem / und andere
UNCITRAL	United Nations Commission on International Trade Law
UNCTAD	United Nations Conference on Trade and Development
UWG	Gesetz gegen den unlauteren Wettbewerb
VersR	Versicherungsrecht
vgl.	vergleiche
VO	Verordnung
VuR	Verbraucher und Recht
WBl	Wirtschaftsrechtliche Blätter (= Juristische Blätter)
WIPO	World Intellectual Property Organisation
WRP	Wettbewerb in Recht und Praxis
WTO	World Trade Organisation
WuW	Wirtschaft und Wettbewerb
WuW/E BGH	Wirtschaft und Wettbewerb, Entscheidungen des Bundesgerichtshof
WuW/E BKartA	Wirtschaft und Wettbewerb, Entscheidungssammlung zum Kartellrecht
z.B.	zum Beispiel
ZAW	Zentralausschuss der Werbewirtschaft e.V.
ZGR	Zeitschrift für Unternehmens- und Gesellschaftsrecht
ZHR	Zeitschrift für das gesamte Handelsrecht und Wirtschaftsrecht
Ziff.	Ziffer
ZIP	Zeitschrift für Wirtschaftsrecht und Insolvenzpraxis
zit.	zitiert
ZugabeVO	Zugabeverordnung
zugl.	zugleich
ZUM	Zeitschrift für Urheber- und Medienrecht
ZVglRWiss	Zeitschrift für vergleichende Rechtswissenschaft

Einleitung: Zielsetzung der Arbeit und Gang der Darstellung

Aufgabe des Lauterkeitsrechts ist es, den marktwirtschaftlichen Wettbewerb zu ordnen und in lautere und gesittete Bahnen zu lenken. Jede Rechtsordnung hat dabei teilweise ihre eigenen Vorstellungen darüber, wie dies zu erfolgen hat. Während im deutschen Gesetz gegen den unlauteren Wettbewerb (UWG) auf recht genaue Art und Weise bestimmt wird, welche Verhaltensweisen geeignet sind, den freien Wettbewerb zu verfälschen, sieht die italienische Rechtsordnung in den Art. 2598 bis 2601 C.c. hierfür ein wesentlich weniger umfangreiches Instrumentarium vor. Dafür besteht aber in Italien neben den staatlichen Vorschriften ein detaillierter „Kodex der Werbeselbstkontrolle“ (Codice di Autodisciplina Pubblicitaria), der bei der Bekämpfung der unlauteren Werbung eine weitaus größere Rolle spielt als das staatliche Recht. Insbesondere der Schutz des Verbrauchers vor Irreführungen unterliegt diesem Kodex, denn über die Art. 2598 ff. C.c. werden die Interessen des Verbrauchers allenfalls indirekt geschützt. Im Mittelpunkt der italienischen Regelung steht die Gewährleistung eines lauteren Wettbewerbs zwischen den Konkurrenten.

Es kann also durchaus von Bedeutung sein, welches nationale Lauterkeitsrecht bei grenzüberschreitenden Wettbewerbshandlungen zur Anwendung kommt. Aufgabe des Wettbewerbskollisionsrecht ist es, das auf den Einzelfall anzuwendende Recht zu bestimmen. Eine ausdrückliche Regelung ist weder im deutschen noch im italienischen internationalen Privatrecht enthalten. Daran hat weder das am 2.9.1995 in Kraft getretene Gesetz Nr. 218 vom 31.5.1995 zur „Reform des italienischen Systems des Internationalen Privatrechts“ (ital. IPRG) etwas geändert, noch das seit dem 1.6.1999 geltende deutsche Gesetz zum Internationalen Privatrecht für außervertragliche Schuldverhältnisse und Sachen vom 21.5.1999, das das Einführungsgesetz zum Bürgerlichen Gesetzbuch (EGBGB) erstmals um eine Regelung dieser Rechtsgebiete ergänzt.

Es bleibt deshalb auch weiterhin vor allem der Rechtsprechung und Literatur in beiden Ländern überlassen, die Frage anzugehen und bereits entwickelte Kollisionsregeln gegebenenfalls weiter auszubilden. Dabei ist der Schutzzweck, den das materielle Lauterkeitsrecht hat, von ganz entscheidender Bedeutung. Er wird daher gleich im ersten Kapitel der Arbeit in vergleichender Sicht näher umschrieben.

Die kollisionsrechtliche Frage erübrigt sich freilich, wenn bereits auf sachrechtlicher Ebene einheitliches Lauterkeitsrecht besteht. Deshalb wird im zweiten Kapitel zunächst auf internationaler Ebene nach einem einheitlichen Lauterkeitsrecht bzw. nach allgemein geltenden Grundsätzen gesucht. Eine besondere Rolle spielt hier Art. 10bis der Pariser Verbandsübereinkunft (PVÜ), der eine große Nähe zur italienischen lauterkeitsrechtlichen Generalklausel in Art. 2598 Nr. 3 C.c. aufweist und dem auch weitgehend durch § 1 UWG entsprochen wird. Es

wird das Instrumentarium erläutert, mit dem die PVÜ und das sich darauf beziehende Agreement on Trade-Related Aspects of Intellectual Property Rights (TRIPs) eine Koordinierung und Angleichung der Wettbewerbsordnungen der dem Verband angehörigen Länder suchen.
Die „Model Provisions on Protection against Unfair Competition“ der World Intellectual Property Organisation (WIPO) werden in diesem Zusammenhang erwähnt, die sowohl auf die PVÜ wie auf das TRIPs-Abkommen Bezug nehmen und als einheitliche Vorlage für Gesetze gegen unlauteren Wettbewerb gelten können.

Im dritten Kapitel werden die Rechtsvereinheitlichungsbemühungen auf europäischer Ebene aufgezeigt. Anhand ausgewählter EG-Richtlinien und Entscheidungen des Europäischen Gerichtshofs wird untersucht, durch welche Maßnahmen die unterschiedlichen Schutzstandards in den einzelnen nationalen Regelungen zur Bekämpfung unlauteren Wettbewerbs angeglichen werden können.
Dabei werden sowohl die Richtlinien als auch die Entscheidungen des Europäischen Gerichtshofes dahin überprüft, ob sie kollisionsrechtlichen Gehalt aufweisen. In diesem Zusammenhang wird auch der Entwurf einer Verordnung über das auf außervertragliche Schuldverhältnisse anzuwendende Recht (Rom II-Verordnung) kurz angesprochen.

Trotz der vorhandenen Harmonisierungsbestrebungen auf europäischer Ebene stellt sich bei grenzüberschreitenden Wettbewerbshandlungen regelmäßig die Frage nach dem anwendbaren Recht. Während im vierten Kapitel auf die Unterschiede zwischen der Anknüpfung im allgemeinen Deliktsrecht und der im Lauterkeitsrecht eingegangen wird, beschreibt das fünfte Kapitel die Entwicklung von Rechtsprechung und Literatur zum Wettbewerbskollisionsrecht in beiden Ländern bis zur ihrem derzeitigen Stand.

Insbesondere in Deutschland wird die maßgebliche Regelung der Anknüpfung an den Ort der wettbewerbsmäßigen Interessenkollision dadurch genauer bestimmt, dass die Wettbewerbshandlungen in verschiedene Fallgruppen unterteilt werden. Diese Einteilung erfolgt anhand der jeweils betroffenen Interessen und orientiert sich am materiellen Schutzzweck der entsprechenden Sachnorm. Das sechste Kapitel geht deshalb näher auf die Bedeutung des Sachrechts für die kollisionsrechtliche Beurteilung von Wettbewerbshandlungen ein.

Da Waren und Dienstleistungen zunehmend global vermarktet werden, berühren auch Absatz- und Werbestrategien häufig immer mehr Länder. Das siebte Kapitel weist auf die Grenzen einer Anknüpfung an den Marktort als Wettbewerbskollisionsregel bei den sog. Multistate-Wettbewerbshandlungen. Im Rahmen des sich mit unlauterer Werbung im Internet befassenden Teils wird auch die jüngst verabschiedete EU-Richtlinie über den elektronischen Geschäftsverkehr (E-Commerce-Richtlinie) dargestellt, die wie bereits die Fernsehrichtlinie auf das Herkunftslandprinzip abstellt.

Abschließend gibt das achte Kapitel einen kurzen Überblick über die deutsche und italienische internationale Gerichtszuständigkeit, wobei auf die teilweise parallele Behandlung von Kompetenzrecht und kollisionsrechtlicher Anknüpfung im Lauterkeitsrecht hingewiesen wird.

Die vorliegende Arbeit hat also zum Ziel, den derzeitigen Stand des deutschen und italienischen Wettbewerbskollisionsrechts mit seinen europäischen und internationalen Bezügen darzulegen und einen Ausblick auf die anstehenden und möglichen Entwicklungen dieses Rechtsgebiets zu geben.

1.Kapitel: Das Verständnis des unlauteren Wettbewerbs in Deutschland und Italien

1.1 Begriff des wirtschaftlichen Wettbewerbs

Erst im 19. Jahrhundert wurde der deutsche Begriff „Wettbewerb" als Ersatz für das bis dahin gebräuchliche Lehnwort „Konkurrenz" geschaffen, welches sich etymologisch aus dem lateinischen Verb *concurrere* im Sinne von „zusammenlaufen", „zusammentreffen", später auch „sich beteiligen" herleitet[1]. In der heutigen, hier ausschließlich interessierenden, kaufmännischen Bedeutung wurde das auch jetzt noch zusätzlich gebräuchliche Lehnwort erstmals im 18. Jahrhundert verwendet[2]. Während das italienische Wort „concorrenza" ebenfalls auf *concurrere* zurückgeht, basiert der entsprechende englische Terminus „competition" auf dem Kompositum des lateinischen Grundverbs *petere* in der Bedeutung von „zu erreichen suchen", „streben nach"[3].

Der wirtschaftliche Wettbewerb lässt sich als natürliches Phänomen als ein Zusammentreffen beschreiben, bei dem versucht wird, möglichst gute Marktanteile und hohe Profite zu erreichen, um den Konkurrenten zu überbieten bzw. auszuschalten. Gesetzlich ist er nicht definiert. Jede (Real-)Definition würde ihn und damit das kaufmännische Handeln von vornherein beschränken. Er ist Teil eines offenen Systems, in dem Menschen aus ökonomisch-existentiellen Gründen ihre Leistungen erbringen, um sie anderen zum Tausch anzubieten[4].

Wirtschaftlicher Wettbewerb besteht dann, wenn einem Unternehmen durch einen Konkurrenten der Abschluss von Geschäften mit Dritten (Marktpartner) streitig gemacht wird. Das daraus resultierende Verhalten mehrerer Unternehmen auf einer Marktseite und die dadurch bedingte alternative Entscheidungsmöglichkeit der Marktgegenseite ist Brennpunkt des wettbewerblichen Geschehens[5].
Der Wettbewerb steuert diesen marktwirtschaftlichen Prozess, ohne ihn zentral und unmittelbar bestimmen zu wollen. Er koordiniert die gegenseitigen Interessen der Anbieter und Nachfrager, die sich auf dem Markt treffen. Durch den sich daraus ergebenden Druck auf die Mitbewerber bewirkt er, dass es zu einer permanenten Leistungssteigerung unter den Wettbewerbern kommt und infolgedes-

---

[1] DUDEN, Bd. 7, S. 811 f., Stichwort „Wette"; KLUGE/SEEBOLD, S. 471 Stichwort „konkurrieren"; SCHIRMER, S. 104 f.; BAUMBACH/HEFERMEHL, Allg RdNr. 1.

[2] SCHIRMER, S. 104 mit Nachweis in Fn. 2: „Allein das französische, schottische und irländische Linnen wird auch überall mit dem unsrigen concurrieren, und den Preiß herunter halten".

[3] Vgl. für den ital. Begriff SANZO, S. 8, der die dynamische Funktion des Wettbewerbs aus seiner etymologischen Herkunft zu erklären versucht: „correre insieme verso un obiettivo che non è comune" (man läuft zusammen auf ein Ziel hin, das doch kein gemeinsames ist).

[4] Vgl. RITTNER, Wettbewerbs- u. Kartellrecht, § 1 B IV u. § 2 A I 4 c) RdNr. 18; BAUMBACH/HEFERMEHL, Allg RdNr. 1, 7.

[5] BAUMBACH/HEFERMEHL, Allg RdNr. 4.

sen Erzeugnisse verbessert und Ressourcen optimal verteilt werden, was der gesamten Volkswirtschaft und letztlich der Allgemeinheit zugute kommt[6].
In Bezug auf ein bestimmtes Erzeugnis oder eine bestimmte Dienstleistung erlaubt er auf einem bestimmten Markt das Auftreten von Substitutionsgütern, was sich als Vermehrung der Alternativen für die Marktgegenseite darstellt. Folge davon kann wiederum höherer Wettbewerb auf dem Markt sein[7].
Wirtschaftlicher Wettbewerb findet sowohl (horizontal) zwischen den einzelnen Unternehmen derselben Marktstufe statt als auch (vertikal) zwischen Unternehmen vor- und nachgeordneter Wirtschaftsstufen[8].

Solange Nachfrager unschwer auf andere Anbieter ausweichen können, kann der Wettbewerb somit seine Steuerungsfunktion entfalten. Wettbewerb besteht also nur so lange, als eine alternative Entscheidung auf der Marktgegenseite möglich ist. Absprachen mehrerer Konkurrenten, mit dem Ziel, den Wettbewerb zu beschränken, aber auch die hier allein interessierenden unlauteren Wettbewerbshandlungen, die die Koordinationsfunktion des Wettbewerbs beeinträchtigen, können die Vergleichbarkeit der Leistungen der einzelnen Mitbewerber verringern.

Dieser Entwicklung vorzubeugen, ist Aufgabe des Wettbewerbsrechts.

1.2 Begriff des Wettbewerbsrechts

1.2.1 Das Verhältnis des Lauterkeitsrechts zum Recht gegen Wettbewerbsbeschränkungen

1.2.1.1 Rechtslage in Deutschland

Der Begriff des Wettbewerbsrechts ist ebenfalls kein gesetzlich definierter Begriff. „Wettbewerbsrecht" ist der Oberbegriff für das Recht gegen den unlauteren Wettbewerb und für das Recht gegen Wettbewerbsbeschränkungen[9].
Ursprünglich verstand man unter Wettbewerbsrecht nur das Recht gegen den unlauteren Wettbewerb, wie es in erster Linie in dem Gesetz gegen den unlauteren Wettbewerb (UWG) vom 7.6.1909[10], in der Zugabeverordnung (ZugabeVO) vom 9.3.1932[11] und dem Rabattgesetz (RabattG) vom 23.11.1933[12] geregelt ist.

---

[6] BAUMBACH/HEFERMEHL, Allg RdNr. 16, 25; BRIEM, S. 1 ff. spricht vom wirtschaftlichen Wettbewerb als „dezentralem Steuerungselement".
[7] BAUMBACH/HEFERMEHL, Allg RdNr. 3.
[8] Zum vertikalen Wettbewerbsverhältnis vgl. BAUMBACH/HEFERMEHL, Einl UWG RdNr. 226; SANZO, S. 73 ff. umschreibt den vertikalen Wettbewerb mit „concorrenza indiretta o mediata tra operatori economici a livelli diversi".
[9] GLOY-GLOY, § 1 RdNr. 2.
[10] RGBl. S. 499.
[11] RGBl. I S. 121.

Für das anfangs weniger entwickelte Recht gegen Wettbewerbsbeschränkungen hatte sich die Kurzbezeichnung „Kartellrecht“ eingeprägt. Erst nach dem Inkrafttreten des Gesetzes gegen Wettbewerbsbeschränkungen (GWB) vom 27.7.1957[13] hat sich auch für das Kartellrecht daneben zunehmend die Bezeichnung „Wettbewerbsrecht“ eingebürgert, was sicher treffender als die restriktive Bezeichnung „Kartellrecht“ die umfassende Materie des Rechts gegen Wettbewerbsbeschränkungen umschreibt[14], jedoch begrifflich leicht mit dem Recht gegen unlauteren Wettbewerb verwechselt werden kann, weshalb letzteres in Abgrenzung dazu als „Lauterkeitsrecht“ bezeichnet wird.

Der Rechtsordnung einer Marktwirtschaft ist sowohl die Aufgabe der Bekämpfung unlauterer Wettbewerbshandlungen als auch die der Sicherung des freien Wettbewerbs gestellt. Dieser doppelten Zielsetzung entsprechen zwei verschiedene und doch komplementär agierende Rechtskreise[15].

Das Recht gegen Wettbewerbsbeschränkungen (Kartellrecht) ist im GWB geregelt. Es soll den freien, und zwar den funktionsfähigen Wettbewerb in seinem Bestand erhalten und fördern[16]. Dabei verfolgt es grundsätzlich zwei Zielsetzungen, nämlich eine wirtschaftspolitische und eine gesellschaftspolitische[17]. Wirtschaftspolitisch strebt es die Schaffung eines marktwirtschaftlich-wettbewerblichen Wirtschaftssystems (Konkurrenzwirtschaft) an, in dessen Rahmen der „freie Wettbewerb“ nicht nur ermöglicht, sondern zu einer staatlich geschützten Einrichtung für die Allgemeinheit erhoben wird. Gesellschaftspolitisch soll es eine freiheitliche Ordnung für alle Marktteilnehmer schaffen.

---

[12] RGBl. I S. 1011.

[13] BGBl. I S. 1081.

[14] Zu Recht weist FIKENTSCHER, Wettbewerb, S. 18 f., 52 ff., darauf hin, dass ein Kartell nur eine von vielen Möglichkeiten der Wettbewerbsbeschränkung sei. Der Begriff des „Kartells“ umfasse nur die Wettbewerbsbeschränkungen durch eine Maßnahme (Kartellverträge, abgestimmtes Verhalten), nicht aber die Wettbewerbsbeschränkungen durch einen Zustand (Schaffung und Ausnützen einer marktbeherrschenden Stellung).

[15] BAUMBACH/HEFERMEHL, Allg RdNr. 76-78; ULMER-REIMER, Bd. III, Deutschland, RdNr. 37 a.E. und RdNr. 38.

[16] Vgl. BAUMBACH/HEFERMEHL, Allg RdNr. 84; MÜLLER-HENNEBERG/SCHWARTZ/HOOTZ, § 1 RdNr. 1 S. 2: „Das Gesetz gegen Wettbewerbsbeschränkungen (GWB) soll die Freiheit des Wettbewerbs sicherstellen und wirtschaftliche Macht da beseitigen, wo sie die Wirksamkeit des Wettbewerbs und die ihm innewohnenden Tendenzen zur Leistungssteigerung beeinträchtigt und die bestmögliche Versorgung des Verbrauchers in Frage stellt (Regierungsbegründung zum GWB, BTDrucks, 1. Wahlperiode 1949, Nr. 3462, S. 15 Ziff. A I). Daran hat sich auch durch die Neufassung des Gesetzes durch das 6. Gesetz zur Änderung des GWB in der Fassung der Bekanntmachung der Neufassung vom 26.8.1998 (BGBl. I S. 2547) nichts geändert.“

[17] Dazu BAUMBACH/HEFERMEHL, Allg RdNr. 84; FIKENTSCHER, Wettbewerb, S. 227; KÖNIG, NJW 1961, 1041 ff.

Das Recht zur Bekämpfung unlauterer Wettbewerbshandlungen (Lauterkeitsrecht), also das Wettbewerbsrecht im engeren bzw. klassischen Sinne[18], umfasst neben dem bereits erwähnten UWG, der ZugabeVO[19] und dem RabattG[20] auch das Markengesetz (MarkenG) vom 1.1.1995[21].
Das Lauterkeitsrecht bekämpft Auswüchse des Wettbewerbs, also unlautere, unerlaubte Wettbewerbshandlungen. Es soll der durch das Kartellrecht geschaffenen und erhaltenen Wettbewerbsfreiheit im Interesse der Lauterkeit Grenzen setzen. So hilft es, die gesellschaftspolitische Aufgabe des Kartellrechts zu erfüllen, indem es die Freiheit des Einzelnen vor den Auswüchsen wirtschaftlicher Macht zu schützen sucht[22]. Nur der lautere Wettbewerb ist wirklich frei[23].
Die Einschränkung der wettbewerblichen Betätigungsfreiheit durch den Lauterkeitsgrundsatz stellt keine Wettbewerbsbeschränkung im Sinne des Kartellrechts dar[24].

Trotz ihrer verschiedenen Zielsetzungen stehen beide Rechtsgebiete in einem Funktionszusammenhang, sie ergänzen und bedingen sich[25]. Zusammen bilden sie eine einheitliche Wettbewerbsordnung[26]. Beide Gesetze schützen den Wettbewerb als Institution des wirtschaftlichen und sozialen Lebens, jedoch eben unter verschiedenen Aspekten.

---

[18] Teilweise wird auch der Begriff „Unlauterkeitsrecht" dafür verwendet, vgl. RITTNER, Wettbewerbs- u. Kartellrecht, passim, z.B. Einl RdNr. 12.

[19] Die Vorschriften der ZugabeVO u. des UWG stehen selbständig nebeneinander u. ergänzen sich gegenseitig in der rechtlichen Beurteilung der Wertreklame; vgl. eingehender GLOY-GREUNER, § 4 RdNr. 8 ff.

[20] Das Rabattgesetz geht als sondergesetzliche Regelung dem UWG vor; vgl. statt aller BAUMBACH/HEFERMEHL, RabattG Allg RdNr. 11 u. GLOY-GREUNER, § 4 RdNr. 12.

[21] BGBl. 1994 I S. 3082-3125; es löste das Warenzeichengesetz vom 5.5.1936 ab. Die Rsp. versteht das Markenrecht (früher „Warenzeichenrecht") als einen „Bestandteil" oder einen „Ausschnitt" aus dem „(allgemeinen) Wettbewerbsrecht", RG v. 30.4.1929, RGZ 120, 325, (328) - Sonnengold; BGH v. 11.6.1954, BGHZ 14, 15, (18) - Römer; vgl. auch BAUMBACH/HEFERMEHL, Allg RdNr. 95, 101 u. GLOY-GREUNER, § 4 RdNr. 1; **a.A.** RITTNER, Wettbewerbs- u. Kartellrecht, § 1 C II 2, RdNr. 34 Fn. 45, der das Markenschutzrecht nicht dazuzählen will, da eine derartige Einordnung dem wirtschaftlichen Systemzusammenhang nicht entspreche.

[22] GLOY-GREUNER, § 2 RdNr. 17 u. 20.

[23] Zu diesem mehrfach bestätigten Grundsatz vgl. BKA v. 4.9.1959, WuW/E BKartA 73, (76 f.) - Melitta; BGH v. 26.10.1961, BGHZ 36, 105, (111) - Speditionswerbung; ULMER-REIMER, Bd. III, Deutschland, RdNr. 39 mwN. in Fn. 77.

[24] Wäre es so, würden sich die beiden Rechtsgebiete nicht gegenseitig ergänzen, sondern einander ausschließen, vgl. ULMER-REIMER, Bd. III, Deutschland, RdNr. 39.

[25] BAUMBACH/HEFERMEHL, Allg RdNr. 86 f., 88: „Freiheit und Lauterkeit des Wettbewerbs sind in einer marktwirtschaftlichen Ordnung keine Gegensätze, sondern korrelative Postulate."; GLOY-GREUNER, § 2 RdNr. 17 und § 3 RdNr. 1; ULMER, GRUR 1977, 565 ff.; TILMANN, GRUR 1979, 825 ff.; V. GAMM, NJW 1980, 2489 ff.

[26] Vgl. BAUMBACH/HEFERMEHL, Allg RdNr. 86 und UWG Einl RdNr. 52; FIKENTSCHER, Wirtschaftsrecht II, § 22 I 6a; NIEDERLEITHINGER, GRUR Int. 1996, 467, (469); zum Meinungsstand im allgemeinen vgl. KNÖPFLE, S. 7 Fn. 11.

Sie sind auf ein und dasselbe Phänomen, nämlich den Wettbewerb, bezogen und beeinflussen sich bei der Verhinderung missbräuchlicher Verhaltensweisen wechselseitig. Im Zivilprozess konkurrieren teilweise manche Vorschriften des einen sogar mit solchen des anderen. Derartige Überschneidungen der Schutzgüter bestehen z.B. bei den Boykott- oder Diskriminierungsfällen: § 1 UWG (Fallgruppe „Behinderung") verbietet den Boykott ebenso wie § 26 Abs. 1 GWB, bzw. enthält ein Diskriminierungsverbot wie § 26 Abs. 2, 3 GWB[27].

Das Lauterkeitsrecht, welches das Verhalten der Unternehmen im Wettbewerb regelt, setzt eine Wirtschaftsordnung voraus, in der es überhaupt Wettbewerb gibt. Es ist das Verdienst der Freiburger Schule des ORDO-Liberalismus[28], erkannt zu haben, dass der Wettbewerb nicht nur Missbräuchen im Sinne der Unlauterkeit ausgesetzt ist, sondern auch vollständig ausgeschaltet werden kann. Die Wettbewerbsfreiheit, die das GWB erhalten will, kann und soll sich also nur so weit entfalten, wie die Beteiligten nicht unlauter handeln. Denn nur im Rahmen der Lauterkeit ist Wettbewerbsfreiheit instituiert[29]. Während das Wettbewerbsbeschränkungsrecht die freie Entfaltung von Wettbewerb sichert, kann sie durch das Lauterkeitsrecht, das bestimmte (unlautere) Handlungen nicht zulässt, beschränkt werden[30].

1.2.1.2 Rechtslage in Italien

Bis zum Erlass des italienischen Kartellgesetzes von 1990 (Norme per la tutela della concorrenza e del mercato)[31] war das Kartellrecht in Italien[32] nur rudimen-

---

[27] Dabei ist jedoch zu bedenken, dass es bei den GWB-Tatbeständen primär um die Sicherung von Handlungsfreiheiten auf vermachteten Märkten geht. Der Lauterkeitsschutz nach dem UWG ist dagegen unabhängig von der Marktstruktur, er setzt deshalb früher ein, kann natürlich - auf vermachteten Märkten - die gleichen Wirkungen entfalten wie der Schutz durch das GWB.

[28] Zur Freiburger Schule gehören Böhm, Eucken, Hayek, Miksch, Müller-Armack, Rüstow. Erstmals setzte Böhm in den 30er Jahren dem schrankenlosen Liberalismus einen „geordneten" gegenüber, vgl. dazu statt aller FIKENTSCHER, Wettbewerb, S. 33 ff.

[29] Ganz h.M., vgl. BAUMBACH/HEFERMEHL, Allg RdNr. 87.

[30] So auch RITTNER, Wettbewerbs- u. Kartellrecht, Einl RdNr. 14-17; BAUMBACH/HEFERMEHL, Allg RdNr. 86.

[31] Gesetz zum Schutz des Wettbewerbs u. des Marktes Nr. 287 v. 10.10.1990, Gazz. Uff. v. 13.10.1990 Nr. 240, teilweise abgedruckt in RDI 1991, 1064; dt. Übersetzung in WuW 1991, 302.
Zum Anwendungsbereich des Gesetzes siehe dessen Art. 1. Über die Einhaltung dieses Kartellgesetzes wacht die mit ihm ins Leben gerufene „Autorità garante", eine „Kartellbehörde" mit Sitz in Rom. Gem. Art. 33 ist abgesehen vom Schadensersatz, das regionale Verwaltungsgericht der Region Latium zuständig (Tribunale amministrativo regionale del Lazio). Allgemein zum ital. Kartellgesetz vgl. MUNARI, EuZW 1991, 489; vgl. GIOSCIA/DELFINO, EWS 1990, 258, (259); BODEWIG, GRUR Int. 1990, 998 f.

tär in wenigen Artikeln des Codice Civile geregelt[33]. Mangels einer nationalen gesetzlichen Regelung zog die Rechtsprechung vor 1990 zur Lösung kartellrechtlicher Probleme den Art. 2598 C.c. manchmal ersatzweise heran[34]. Damit wurde indirekt gleichzeitig zugegeben, dass sich die beiden Rechtsgebiete zumindest teilweise überlappen[35]. Diesem Artikel des Codice Civile wurde somit eine „makroökonomische" Funktion zugesprochen, da er dem Erhalt einer bestimmten Wettbewerbsordnung im Ganzen diene[36].
Zwar gab es bereits vor Inkrafttreten des italienischen Kartellgesetzes die europäischen kartellrechtlichen Vorschriften in Art. 81 f. EGV[37], doch haben diese einen anderen räumlichen Anwendungsbereich, da sie nur den zwischenstaatlichen, nicht aber den innerstaatlichen Handel betreffen[38].

Da das Kartellrecht in Italien erst so spät kodifiziert wurde, hatten das Schrifttum und die Rechtsprechung lange keine Gelegenheit, sich mit der Koexistenz und dem Verhältnis von kartellrechtlichen und lauterkeitsrechtlichen Normen auseinanderzusetzen[39]. In Deutschland bestand vergleichsweise mehr Zeit, um sich mit beiden Normenkomplexen zu befassen. Das GWB ist zwar auch in Deutschland gegenüber dem UWG das jüngere Gesetz, doch trat es bereits am 1.1.1958 in Kraft und ersetzte sogar bereits bestehende Dekartellierungsgesetze der Alliierten von 1947[40].

Auch schon vor Inkrafttreten des Kartellgesetzes hat sich die italienische Literatur und Rechtsprechung mit dem Verhältnis zwischen öffentlichrechtlichen Vorschriften - strafrechtlicher, steuerrechtlicher oder verwaltungsrechtlicher Art -

---

32 Während für das Lauterkeitsrecht der Begriff „diritto della concorrenza sleale" verwendet wird, wird das Kartellrecht als „normativa sulla libera concorrenza" bezeichnet oder schlicht „legge antitrust" genannt.

33 Vgl. jetzt noch Art. 2602-2620 C.c., die das Recht der „Consorzi" regeln, nämlich das von Unternehmenszusammenschlüssen, die auch unter den Kartellbegriff fallen können; vgl. dazu und zur Lage vor 1990 ULMER-SCHRICKER, Band V, Italien, RdNr. 27, S. 23.

34 BERNHARD, S. 99, 127, der feststellt, dass nun alle Mitgliedstaaten der EU über eine Kartellrechtskodifikation verfügen, so dass das Lauterkeitsrecht in keiner der Rechtsordnungen mehr das Kartellrecht substituieren muss.

35 Cass. v. 15.3.1985, Nr. 2018, sez. un., FI 1985, I, 1663 f. m. Anm. PARDOLESI - Sindacato nazionale rivenditori giornali c. Tirelli e Comme di Roma; ähnlich bereits Trib. Milano 24.5.1979, FP 1979, 122 ff.

36 HONORATI, S. 50 ff.; SANZO, S. 421; GIAMMARCO, GRUR Int. 1989, 29; MARCHETTI, S. 196; JAEGER, RDI, 1970, I, 5, (53 ff.), (135).

37 Es handelt sich um die früheren Artikel 85 f. EGV. Der EG-Vertrag wird in dieser Arbeit in der Fassung des Vertrages von Amsterdam v. 2.10.1997 (BGBl. 1998 II S. 387) zitiert.

38 Vgl. Art. 1 Nr. 1 des ital. Kartellgesetzes; OPPERMANN, § 14 I 4, RdNr. 1076; SANZO, S. 421; HONORATI, S. 51.

39 So auch HONORATI, S. 53 Fn. 80.

40 Amerikanisches Militärgesetz Nr. 56, Britische Militärverordnung Nr. 78 und Französische VO Nr. 96, vgl. den Text bei Rowedder. Diese sehr weitgehenden Verbote wurden von der deutschen Rsp. im Lichte des amerikanischen Antitrustrechts ausgelegt, vgl. BGH v. 8.2.1952, BGHZ 5, 71, (73) - Kundenschutz.

zum Schutze des Wettbewerbs (norme pubblicistiche), worunter auch kartellrechtliche im weiteren Sinne zu verstehen sind[41], und lauterkeitsrechtlichen Vorschriften (norme in materia di concorrenza sleale) beschäftigt. Dabei ging und geht es vor allem um die Frage, ob ein Verstoß gegen eine solche öffentliche Interessen schützende Norm zwingend auch ein Lauterkeitsverstoß zur Folge hat. Es werden folgende Ansichten vertreten:

Nur eine Mindermeinung[42] sieht in jedem Verstoß gegen eine die öffentlichen Interessen schützende Norm (norma pubblicistica) *ipso iure* auch immer einen Verstoß gegen die Grundsätze der berufliche Korrektheit (principi della correttezza professionale) im Sinne des Art. 2598 Nr. 3 C.c.
Nach Ansicht der Rechtsprechung, die aber auch in der Literatur Zustimmung findet[43], sind beide Rechtsgebiete jedoch als weitgehend voneinander unabhängig anzusehen. Aus einem Verstoß gegen eine Vorschrift oder gesetzgeberische Maßnahme öffentlichen Charakters, deren Zweck die Einhaltung des freien Wettbewerbs ist, könne nicht bereits ein Verstoß gegen das Lauterkeitsrecht gefolgert werden. Die geschützten Interessen seien grundverschieden. Denn die „norme pubblicistiche“ schützten öffentliche Interessen des Staates und der Gesamtheit aller Unternehmer, während das Lauterkeitsrecht allein den Schutz der Interessen der einzelnen Unternehmer im Auge habe.
Das Verhalten in seiner Gesamtheit sei nur dann (auch) unlauter, wenn es die Wettbewerbsverhältnisse auf dem Markt derart verändert, dass es sich schädigend auf das Vermögen eines Mitbewerbers und dessen Unternehmen auswirke[44]. Ein Verstoß gegen eine öffentlichrechtliche Vorschrift kann also, muss aber nicht einen Verstoß gegen das Lauterkeitsrecht zur Folge haben[45].

---

[41] Auch das dt. Kartellrecht gehört zumindest zu einem großen Teil dem (Wirtschafts-)Verwaltungsrecht an, während das Lauterkeitsrecht vorwiegend dem Zivilrecht zuzuordnen ist, vgl. RITTNER, Wettbewerbs- u. Kartellrecht, Einl. RdNr. 7 u. 9.

[42] So insb. AULETTA, Azienda, S. 355 f.; RAVÀ, S. 355, 424.

[43] So z.B. MANSANI, S. 78; FRANCESCHELLI, EGiur 1988, VII, 1, (12 f.); GUGLIELMETTI, RDCo 1965, I, 249, (276 ff.); GHIDINI, La concorrenza sleale, S. 299; SANZO, S. 422; vgl. auch weitere Nachweise bei HONORATI, S. 55 Fn. 82.

[44] So Cass. v. 23.2.1976, Nr. 582, sez. un., GADI 1976, 42 ff. = RDCo 1976, II, 125 ff. m. Anm. ALPA - Guadagno c. Cinestazione S.p.a.: „[la condotta diviene illecita solo quando la lesione del precetto normativo sia] elemento di una più complessa attività ... che, attraverso un malizioso ed artificiale squilibrio delle condizioni di mercato, si rifletta direttamente sulla sfera patrimoniale del concorrente danneggiandone l'azienda“. Zur Möglichkeit eines parallelen Rechtsschutz nach Art. 2598 C.c. und nach Art. 33 des ital. Kartellgesetzes vgl. SANZO, S. 422 ff., der auch folgende Beispiele aus der Rsp. nennt: App. Milano v. 25.9.1995, GADI 1996, 429, App. Roma v. 20.8.1993, DInf 1994, 972 m. Anm. RISTUCCIA-SPADETTA u. Trib. Milano v. 26.5.1994, GADI 1994, 759.

[45] SCIRÈ, Concorrenza sleale, Bd. III, S. 128: „[...] a convincere il giudice che, *nonostante* la violazione di norma pubblica, vi può *anche* essere un illecito concorrenziale“.

Eine dritte, nur in der Literatur vertretene, Ansicht[46] vereinigt gewissermaßen die beiden oben erwähnten Standpunkte. Innerhalb der sehr weiten und vagen Kategorie des „Verstoßes gegen Normen öffentlich-rechtlichen Charakters“ unterscheidet sie zwischen Vorschriften, die eine wettbewerbsrechtliche Funktion haben, und solchen, die diese nicht aufweisen können. Einerseits gebe es Vorschriften, die das Verhalten der Unternehmen im Interesse der Verbraucher und der Gesamtheit der Marktteilnehmer regeln, oder deren Zweck es ist, den Wettbewerb zu disziplinieren. Dazu zähle auch das Kartellgesetz von 1990[47]. Andererseits bestünden Bestimmungen, die anderen Zwecken dienen als der Regelung des Marktes, wie z.B. steuerrechtliche Vorschriften.
Eine Zuwiderhandlung gegen diese zweite Gruppe von Vorschriften, sei nur dann auch unlauter im Sinne des Art. 2598 C.c., wenn aus der Handlung ein Wettbewerbsvorsprung resultiere (z.B. weil ein Konkurrent dadurch die Ware zu einem geringeren Preis anbieten kann). Die Nichtbeachtung der Vorschriften der ersten Gruppe bedeute hingegen stets auch einen Verstoß gegen das Lauterkeitsrecht, denn jeder Wettbewerber soll darauf vertrauen dürfen, dass auch die anderen Marktteilnehmer die öffentlichrechtlichen Vorschriften zur Regelung des Wettbewerbs beachten[48].

Aus der zweiten und dritten Ansicht ist zu entnehmen, dass in Italien traditionsgemäß beide Rechtsgebiete auseinandergehalten werden. Während die Vorschriften gegen Wettbewerbsbeschränkungen der Aufrechterhaltung des freien Wettbewerbs dienen, sollen die lauterkeitsrechtlichen Vorschriften sicherstellen, dass die somit geschaffene und erhaltene Wettbewerbsfreiheit auch auf lautere Weise genutzt wird[49]. Auch in Italien mehren sich jedoch die Stimmen, die beide Rechtsmaterien einem einzigen Zweck unterstellen wollen, nämlich, ähnlich wie die herrschende Meinung in Deutschland[50], dem zum Schutze einer einheitlichen Wettbewerbsordnung[51].

1.2.2 Das Verhältnis des Lauterkeitsrechts zum gewerblichen Rechtsschutz

1.2.2.1 Rechtslage in Deutschland

Unter dem Sammelbegriff „Gewerblicher Rechtsschutz“ versteht man eine Reihe dem Privatrecht zuzuordnenden Materien, die dem Schutz des geistig-

---

[46] Vgl. AUTERI, S. 416; SCIRÈ, Concorrenza sleale, Bd. III, S. 135; wohl auch nach 1990 noch LAMANDINI, DInd 1994, 873, (875).
[47] HONORATI, S. 55.
[48] MARCHETTI, S. 205: „l'interesse «formale» di ogni imprenditore a che gli altri imprenditori rispettino le norme di diritto pubblico dirette alla tutela specifica della concorrenza“.
[49] So HONORATI, S. 56; ASCARELLI, RDI 1959, I, 5 ff. und FABIANI, S. 2068 ff.
[50] S.o. 1.2.1.1.
[51] HONORATI, S. 57; vgl. bereits JAEGER, RDI 1970, I, 5, (135).

gewerblichen Schaffens dienen. Eine einhellige Meinung über den Umfang dieses Rechtsgebietes besteht nicht[52].
Die deutsche Rechtslehre fasst darunter üblicherweise fünf Gebiete zusammen: das Patent-[53], Gebrauchsmuster[54]- und Geschmacksmusterrecht[55] einerseits und das Lauterkeitsrecht mitsamt dem Kennzeichenrecht[56] andererseits. Das entspricht dem Begriff des „gewerblichen Eigentums" (propriéte industrielle) in der Pariser Verbandsübereinkunft zum Schutze des gewerblichen Eigentums vom 20. März 1883 (PVÜ)[57].

Der gewerbliche Rechtsschutz soll den Schutz geistig-gewerblicher Schöpfungen garantieren.

Diesem Schutzzweck dienen direkt das Patent- und Musterrecht. Sie geben ein Ausschließlichkeitsrecht an einem bestimmten Schutzobjekt, dessen Eigenart darin liegt, dass es sich um ein unkörperliches Gut handelt. Dieses besteht in einem eigenen schöpferischen Gedanken, der aber von der Person des Schöpfers losgelöst ist.
Auch das Kennzeichenrecht gewährt zwar dem Kennzeicheninhaber subjektive ausschließliche Rechte an der geschäftlichen Bezeichnung (§ 12 BGB, §§ 5, 14, 15 MarkenG) und schützt somit gewissermaßen eine geistig-schöpferische Leistung, die in der Wahl eines bestimmten Kennzeichens liegt. Dieser Wertungsgedanke tritt aber hinter dem Grundsatz zurück, dass es unlauter ist, im Verkehr durch Kennzeichen Verwechslungen herbeizuführen und fremden Ruf zum Vorspann für die eigenen Leistungen zu machen[58].
Das Gesetz gegen den unlauteren Wettbewerb gewährt keinerlei Ausschließlichkeitsrecht[59], sondern sorgt im Interesse der Mitbewerber und der Allgemeinheit dafür, dass sich der freie Wettbewerb in den Schranken der Lauterkeit hält[60].

Wenn sich aber die Zuordnung zum gewerblichen Rechtsschutz danach misst, ob ein Stoffgebiet dem Schutz des gewerblichen Schaffens dient, kann auch das

---

52 Vgl. BAUMBACH/HEFERMEHL, Allg RdNr. 91; RITTNER, Wettbewerbs- u. Kartellrecht, § 1 C II 1, RdNr. 32 f.
53 Neufassung v. 16.12.1980, BGBl. 1981 I S. 1.
54 Neufassung v. 28.8.1986, BGBl. 1986 I S. 1455.
55 Gesetz betreffend das Urheberrecht an Mustern und Modellen (Geschmacksmustergesetz) v. 11.1.1876, RGBl. S. 11, BGBl. III 442-1.
56 Darunter fällt der Schutz des Namens, der Firma, der Marke u. der geschäftlichen Bezeichnung sowie des Unternehmenskennzeichens und des Werktitels.
57 Vgl. Art. 1 Abs. 2 der PVÜ, in deren ursprünglichem Text der unlautere Wettbewerb allerdings fehlt; er wurde aufgrund der Washingtoner Konferenz von 1911 eingefügt.
58 Dieser Gedanke wurde vom englisch-amerikanischem Recht entwickelt u. als „passing-off" bezeichnet.
59 Skeptisch deshalb zur Einteilung unter den Gewerblichen Rechtsschutz, RITTNER, Wettbewerbs- u. Kartellrecht, § 1 C II 2, RdNr. 34 f.
60 Besonders deutlich: BGH v. 30.6.1961, BGHZ 35, 329, (333) - Kindersaugflaschen.

Lauterkeitsrecht darunter fallen[61]. Denn durch objektive Verhaltensnormen (Interessenschutz)[62] umspannt es kraft seiner ordnenden Zielsetzung auch gleichzeitig den gesamten Bereich der gewerblichen Tätigkeit[63].

Nicht zum gewerblichen Rechtsschutz gehören hingegen das Urheberrecht[64] und das Kartellrecht[65].
Das Urheberrecht dient zwar ebenfalls dem Schutz unkörperlicher Güter. Es schützt jedoch nicht gewerblich-technische Rechte, sondern das Recht des Werkschöpfers an seinem individuellen geistigen Werk oder an einem Geschmacksmuster. Urheberrechte entstehen nicht erst durch Eintragung, sondern mit der Werkschöpfung. Auch Urheberrechte können gewerblich genutzt werden, doch ist ihre Verwertbarkeit keine Schutzvoraussetzung.
Das Kartellrecht sichert die Freiheit des Wettbewerbs, dient aber weder dem Schutz gewerblichen Schaffens, noch bekämpft es unlauteres Verhalten im Wettbewerb. Es erkennt aber gewerbliche Schutzrechte an. Kartellrecht und Urheberecht haben den gewerblichen Rechtsschutz in vielerlei Hinsicht mit zu bedenken[66].

1.2.2.2 Rechtslage in Italien

Das Recht des unlauteren Wettbewerbs wird in Italien nicht wie in Deutschland in einem gesonderten UWG-Gesetz, sondern im ersten Kapitel des zehnten Titels vom 5. Buch des Codice Civile in den Art. 2598-2601 (Della concorrenza sleale) gesetzlich abschließend geregelt[67].

---

[61] Das ist auch der entscheidende Grund für die Zusammenfassung der Materien in der PVÜ.
[62] BAUMBACH/HEFERMEHL, Allg RdNr. 96; vgl. auch HUBMANN, S. 1 a.E.
[63] Vgl. RITTNER, Wettbewerb- u. Kartellrecht, § 1 C II 2, RdNr. 35.
[64] Vgl. Gesetz über Urheberrecht und verwandte Schutzrechte vom 9.9.1965, BGBl. I S. 1273, BGBl. III/FNA 440-1; **a.A.** ELSTER, S. 3 ff., der das Urheberrecht wegen seiner Schutzfunktion und des mit ihm verbundenen Schutzes von Ausschließlichkeitsrechten zum Gewerblichen Rechtsschutz zählte.
In BGHZ wird seit dem 16. Bd. gegliedert in: Gewerblicher Rechtsschutz - Urheberrecht - Unlauterer Wettbewerb. Ähnlich die Gliederung in BGBl. Teil III (Nr. 42, 43, 44).
[65] BAUMBACH/HEFERMEHL, Allg RdNr. 99; RITTNER, Wettbewerbs- u. Kartellrecht, § 1 C II 1, RdNr. 32 f.
[66] RITTNER, Wettbewerbs- u. Kartellrecht, § 1 C II 2, RdNr. 35. Jemand kann eine fremde Leistung, die urheberrechtlich nicht mehr geschützt ist, in unlauterer Weise gewerblich ausnutzen: BGH v. 22.1.1952, BGHZ 5, 1, (10) - Hummelfiguren; BGH v. 13.10.1965, BGHZ 44, 288, (296) - Apfelmadonna.
[67] Das gilt nur für die privatrechtliche Seite des unlauteren Wettbewerbs. Zu den im Strafgesetzbuch (Codice penale) verankerten Wettbewerbsvorschriften wie z.B. Art. 473 f., 498, 515, 517 C.p., vgl. SCHULTZ, WRP 1991, 556, (561). Zu den zahlreichen Bestimmungen des ital. Wirtschaftsverwaltungsrechts mit Auswirkungen auf den Wettbewerb u. die zulässige Werbung (z.B. Gesetze zu Herkunftsangaben u. Ursprungsbezeichnungen, Regelungen der Sonderveranstaltungen, Vorschriften zur Gewerbeausübung u. vor allem Vorschriften für die Erzeugung u. den Handel von Lebens- u. Genussmitteln, die den Verbraucher vor Täuschungen

Da sich der Gesetzgeber bewusst war, dass es eine ganze Reihe von Überschneidungen zwischen dem Recht des unlauteren Wettbewerbs und den anderen Bereichen des gewerblichen Eigentums (istituti della protezione della proprietà industriale) gibt[68], hat er in Art. 2598 C.c. gleich zu Beginn einen klarstellenden Hinweis eingebracht, wonach „unbeschadet der Bestimmungen über den Schutz der Unterscheidungszeichen und gewerblichen Schutzrechte" unlauteren Wettbewerb begeht, wer einen der drei dort nachfolgend im Einzelnen aufgelisteten Tatbestände verwirklicht. Dieser Hinweis kann aber auf zweierlei Art und Weise verstanden werden. Er kann sowohl dahingehend interpretiert werden, dass das Lauterkeitsrecht in einem Verhältnis der Ausschließlichkeit (esclusività) zu den anderen Schutzrechten steht, so dass es nur in den Fällen zur Anwendung kommt, wenn kein spezielleres gewerbliches Schutzrecht greift als auch dahingehend, dass das Lauterkeitsrecht selbständig, ergänzend neben den anderen Sondermaterien des gewerblichen Rechtsschutzes, anwendbar ist[69]. In der Rechtsprechung und Literatur hat sich hauptsächlich diese letzte Interpretationsweise durchgesetzt[70].

Im Einzelnen gilt es jedoch zu unterscheiden. Der Wettbewerbsschutz absolut geschützter Zeichenrechte wie das der Marke[71], des Namens[72], der Firmen-[73]

---

u. Gesundheitsgefahren schützen sollen), vgl. Abdrucke bei ULMER-SCHRICKER, Bd. V, Italien, S. 8 ff, 282 ff., 290 ff. u. GHIDINI/MARIOTTI, Codice del Diritto del consumo e dell'utenza. Zur Entstehung u. Entwicklung des modernen ital. Wettbewerbsrechts siehe statt aller, kurzer Überblick bei SANZO, S. 5 ff.

68 HONORATI, S. 43 f.; SANZO, S. 131 ff.

69 HONORATI, S. 43 f.; vgl. auch SANZO, S. 134.

70 Vgl. im Einzelnen HONORATI, S. 44 ff.; SANZO, S. 133 ff.; ULMER-SCHRICKER, Bd. V, Italien, RdNr. 21 ff., insb. S. 81 mwN.; QUIRING, S. 109 ff. mwN. zu Lit. u. Rsp. insb. in Fn. 159-161.

71 Das Warenzeichenrecht als Teil des Kennzeichenrechts wird in Italien sowohl durch den Codice Civile als auch durch spezielles Markenrecht geschützt. Der Schutz richtet sich nach der Entstehungsart des Rechtes.
Die eingetragene Marke (marchio registrato) wird durch die mit der Eintragung verbundenen Erteilung des Schutzrechtes (brevetto) erworben, vgl. Art. 2569 C.c. und Art. 4 des Markengesetzes (legge sui marchi) R.D. Nr. 929 v. 21.6.1942 (Bl.f.PMZ 1943, 29 ff.). Diesbezüglich hat das D.Lgs v. 4.12.1992, Nr. 480, Gazz. Uff. v. 16.12.1992 Nr. 130, welches die RL 89/104/EWG des Rates v. 21.12.1988 zur Angleichung der Rechtsvorschriften der Mitgliedstaaten über die Marken, ABlEG 11.2.1989 L 40/1-7 umgesetzt und das Markenrechtsgesetz teilweise modifiziert hat, nichts geändert. Eine Übersetzung des Markenrechtsgesetzes in der geänderten Fassung ist abgedruckt in GRUR Int. 1994, 218 ff.
Die „tatsächliche Marke" (marchio di fatto) entsteht ohne Eintragung durch effektive Benutzung (Art. 2569 Abs. 2 u. Art. 2571 C.c., Art. 9 des Markengesetzes). Bei der „tatsächlichen Marke" ist strittig, ob sie nicht nur durch die Normen gegen den unlauteren Wettbewerb geschützt ist, vgl. ULMER-SCHRICKER, Bd. V, Italien, RdNr. 23 a.E.; zum aktuellen Streitstand in Rsp. u. Lit. vgl. HONORATI, S. 47 Fn. 68.

72 Art. 6 ff. C.c.

73 Art. 2563 C.c. verleiht der Firma des Einzelunternehmers (ditta) ein ausschließliches Recht; bezüglich der Firma von Gesellschaften (ragione sociale) verweist Art. 2567 C.c. auf die Regelung im Gesellschaftsrecht.

und Geschäftsbezeichnungen[74] tritt nach überwiegender Lehre und einhelliger Rechtsprechung selbständig neben den durch die jeweilige Sondermaterie gewährleisteten Schutz[75]. Der Kläger kann dann, sowohl die Klage wegen unlauteren Wettbewerbs als auch die aus dem absoluten Recht zu erheben[76].
Auch neben einer Klage aus Patent-[77], Gebrauchs- bzw. Geschmacksmusterrecht[78] ist nach herrschender Ansicht die aus unlauterem Wettbewerb, etwa wegen sklavischer Nachahmung, möglich[79]. Gleiches gilt, wenn der nachgeahmte Gegenstand Urheberrechtsschutz genießt[80]. Nach Ablauf der Schutzfrist oder vor dessen Beginn greift aber nur das Lauterkeitsrecht[81].

---

[74] ULMER-SCHRICKER, Bd. V, Italien, RdNr. 77, S. 81 f. mwN. weist darauf hin, dass Herkunftsbezeichnungen u. Ursprungsangaben ebenfalls zu den Unterscheidungszeichen zählen, aber keinen absoluten Schutz genießen.

[75] Vgl. die Aufzählung der Vertreter der h.M. bei ULMER-SCHRICKER, Bd. V, Italien, RdNr. 77, S. 82, Fn. 4 und QUIRING, S. 111 Fn. 163; vgl. in Ergänzung dazu auch FRANCESCHELLI, EGiur 1988, VII, 1, (9); SCIRÉ, Concorrenza sleale, Bd. I, S. 32 f., 85 f.; SANZO, S.133 ff.
In diesem Sinne auch die h.M. in der Rsp., vgl. dazu ULMER-SCHRICKER, Band V, Italien, RdNr. 77, S. 82, Fn. 4 und in Ergänzung zu den dort aufgezählten Entscheidungen für die Markenklage: Cass. v. 11.11.1976, Nr. 4154, GADI, 1976, 128 ff. - Giordani c. Montanelli e soc. Biemma; App. Napoli v. 27.2.1976, RDI, 1977, II, 208 ff.; App. Napoli v. 17.10.1975, RDI 1977, II, 228 ff. m. Anm. MARESCA; App. Bologna v. 20.3.1984, GADI, 1984, 388 ff.; für Klagen zum Schutz der Firma Trib. Firenze v. 14.6.1988, GADI, 1988, 654 ff.; Trib. Roma 12.12.1985, GADI, 1985, 859 ff.; App. Bologna v. 26.4.1983, GADI, 1983, 582 ff.
Zu den Vertretern der Ansicht, die einen Wettbewerbsschutz nach Art. 2598 Nr. 1 für absolut geschützte Unterscheidungszeichen grundsätzlich für ausgeschlossen halten, vgl. ULMER-SCHRICKER, Bd. V, Italien, RdNr. 77, S. 84, Fn. 1 u. 2; vgl. zusätzlich ROTONDI, Diritto industriale, S. 503 ff., AGHINA, RDI 1970, I, 161 (181 f.) und RAVÀ, S. 164.
Nach einer Mindermeinung in der Rsp. verdrängt eine Klage, die sich auf ein spezielleres Recht stützt, eine solche nach Art. 2598 ff. C.c., vgl. für das Kennzeichenrecht Trib. Roma v. 16.11.1954, RDI 1957, II, 147 ff.; für den Schutz der Firma, vgl. Trib. Milano v. 25.9.1986, GADI, 1987, 270 ff. u. Cass. v. 1.3.1986, Nr. 1310, RDI, 1987, II, 473 ff. = GADI, 1986, 72 ff. - Soc. Star c. Star stabilimenti alimentari.

[76] ULMER-SCHRICKER, Bd. V, Italien, RdNr. 23, S. 21.

[77] Vgl. ital. Patentgesetz (legge sui brevetti), R.D. Nr. 1127 v. 29.6.1939, mit zahlreichen Rechtsänderungen, abgedruckt in GRUR Int. 1980, 490-500 m. Anm. VOHLAND.

[78] Vgl. ital. Gesetz über gewerbliche Muster u. Modelle (legge sui modelli), R.D. Nr. 1411 v. 25.8.1940, abgedruckt in Bl.f.PMZ 1940, 196.

[79] ULMER-SCHRICKER, Bd. V, Italien, RdNr. 111, S. 126 mwN. aus Rsp. u. Lit.; vgl. auch SANZO, S. 152 ff., mit ausführlichen Nachweisen zu den Standpunkten in Lit. u. Rsp.; HONORATI, S. 46.

[80] Vgl. ital. Urheberrechtsgesetz (legge sul diritto d'autore) Nr. 633 v. 22.4.1941, geändert durch D.Lgs. Nr. 518 v. 29.12.1992 (suppl. Gazz. Uff. Nr. 306 v. 31.12.1992); vgl. ULMER-SCHRICKER, Bd. V, Italien, RdNr. 111, S. 127 und SANZO, S. 160 ff. jeweils mwN. zu den Standpunkten in Lit. u. Rsp.

[81] ULMER-SCHRICKER, Bd. V, Italien, RdNr. 111, S. 127, Fn. 4 mwN. aus Rsp. u. Lit.; vgl. zusätzlich Cass. v. 28.10.1983, Nr. 6382, GADI 1983, 172 - Valli e Colombo S.p.a. c. Calí S.n.c; differenzierend: App. Milano v. 14.11.1958, RDI 1960, II, 121, (136 ff.) bejaht grds. die Möglichkeit des Vorliegens von unlauterem Wettbewerb durch sklavische Nachahmung eines Geschmacksmusterrechtes nach Ablauf des Sonderschutzes, verneint jedoch unlauteren Wettbewerb in der Form von sklavischer Nachahmung, wenn eine Unterscheidung der Form nicht möglich ist, wenn also das Modell keine Beifügungen oder Varianten erlaubt, ohne da-

Die Rechtsprechung sieht heute im Lauterkeitsschutz gem. Art. 2598 C.c. sowohl eine lückenfüllende (funzione complementare) als auch ergänzende (funzione integrativa) Funktion gegenüber den sonstigen gewerblichen Schutzrechten[82].

„Lückenfüllend" ist das Lauterkeitsrecht, weil es neben dem spezielleren Recht zur Anwendung kommen soll, wenn die zu beurteilende Handlung neben beispielsweise markenrechtlichen Aspekten auch gleichzeitig lauterkeitsrechtliche aufweist[83]. Da Art. 2598 C.c. gegenüber Normen aus gewerblichem Rechtsschutz als generellere Vorschrift angesehen wird[84], hat er auch Auffangfunktion für auf dem Gebiet des gewerblichen Rechtsschutz nicht eindeutig zuzuweisende Fälle[85].

„Ergänzend" ist das Lauterkeitsrecht, weil es oft auch dann noch anwendbar ist, wo die spezielleren gewerblichen Schutzrechte wie beispielsweise das Markenrecht oder Firmenrecht keinen Schutz mehr gewähren[86].

1.2.3 Relevanz der Einteilung für das internationale Privatrecht

Das Verhältnis des Lauterkeitsrechts zu den anderen gewerblichen Schutzrechten und zum Kartellrecht ist für das Kollisionsrecht dann relevant, wenn es um die Frage der Qualifikation dieser Rechtsgebiete geht. Je enger das Lauterkeitsrecht mit den Immaterialgüterrechten, also den gewerblichen Schutzrechten und Urheberrechten verzahnt ist, desto eher wird man eine einheitliche Qualifikation vertreten können. Da es sowohl in Italien als auch in Deutschland vielfältige Überschneidungen zwischen den Immaterialgüterrechten und dem Lauterkeitsrecht gibt[87], ist es denkbar, die einzelnen unter den Sammelbegriff des gewerblichen Rechtsschutzes fallende Rechtsgebiete einheitlich anzuknüpfen[88]. Wegen der Schnittpunkte, die es in beiden Ländern zwischen dem Lauterkeits- und dem Kartellrecht insbesondere bei der Bekämpfung des Boykotts gibt[89], ist es ebenfalls denkbar, diese beiden Rechtsgebiete einem einheitlichen Statut zu unterstellen[90].

---

durch seine Eigenheiten u. seinen ästhetischen Wert zu verlieren, d.h. wenn es zum Gemeingut geworden ist. Dem zustimmend FRANCESCHELLI, RDI 1960, II, 121 ff.

[82] Ausführlich HONORATI, S. 45 ff.

[83] Vgl. Rsp. s.o. Fn. 75.

[84] So für das Verhältnis Lauterkeitsrecht u. Markenrecht DI CATALDO, S. 8 „[l'art. 2598 è] norma di base della protezione dei segni distintivi".

[85] So auch HONORATI, S. 49 f.

[86] Vgl. insb. Cass. v. 11.11.1976, Nr. 4154, GADI, 1976, 128 ff. - Giordani c. Montanelli e soc. Biemma; vgl. auch HONORATI, S. 47 mwN. aus der Rsp. in Fn. 68.

[87] BERNHARD, S. 66, 102.

[88] S. ausführlicher unten 5.5.2.2.

[89] Vgl. § 1 UWG u. § 26 Abs. 1 bzw. Abs. 2 GWB einerseits u. Art. 2598 Nr. 3 C.c. und Art. 2 u. 3 des ital. Kartellgesetzes (Legge Nr. 287/90) andererseits.

[90] S. ausführlicher unten 5.2.2.3.

Bereits an dieser Stelle kann festgehalten werden, dass bei der Suche nach dem anwendbaren Recht Zielsetzung und materieller Anwendungsbereich der einzelnen Rechtsgebiete genau im Auge behalten werden müssen.

Geht man aber davon aus, dass die erwähnten Rechtsgebiete grundsätzlich unterschiedlich zu qualifizieren sind, stellt sich die zusätzliche Frage, welche Rechtsordnung über die Zulässigkeit der Kumulation einer lauterkeitsrechtlichen und markenrechtlichen Anspruchsgrundlage zu entscheiden hat, da nicht alle Rechtordnungen eine solche Kumulation zulassen[91].

Diese Frage ist in diesem Zusammenhang, soweit ersichtlich, bisher noch nicht diskutiert worden[92]. Bei der vergleichbaren Frage der Kumulierbarkeit von vertraglichen und deliktischen Ansprüchen wird einerseits angenommen, dass eine solche dann zu bejahen ist, wenn sie sowohl vom Vertrags- als auch vom Deliktsstatut zugelassen wird und auch die *lex fori* dem nicht entgegensteht[93]. Teilweise wird aber auch zwischen der durch den Richter nach der *lex fori* vorzunehmenden Feststellung, ob die geltend gemachten Ansprüche vertraglicher oder außervertraglicher Natur sind und der anschließend nach dem für die jeweiligen Ansprüche geltenden materiellen Recht zu entscheidenden Frage nach der konkreten Zulässigkeit einer Kumulation von außervertraglichen und vertraglichen Ansprüchen unterschieden[94].
Nicht beantwortet ist aber damit, inwieweit die vorgeschlagenen Lösungen auch bei der Frage nach der Kumulierbarkeit von markenrechtlichen und lauterkeitsrechtlichen Anspruchsgrundlagen wirklich weiterzuhelfen vermögen[95].

1.3 Die Abgrenzung zwischen Delikts- und Wettbewerbsrecht

1.3.1 Das Wettbewerbsverhältnis als Abgrenzungsmerkmal zum Deliktsrecht

Sowohl das UWG als auch die Art. 2598 ff. C.c. setzen ein konkretes Wettbewerbsverhältnis (rapporto di concorrenza) als ungeschriebenes Tatbestandsmerkmal voraus[96].

---

[91] Während nach in Deutschland als auch in Italien h.M. bei einer markenrechtlichen Verletzung aus Markenrecht und aus Lauterkeitsrecht geklagt werden kann (s.o. Fn. 75), schließt z.B. in Belgien die Klage aus Markenrecht, die aus unlauterem Wettbewerb aus, wenn es um die Verletzung eines eingetragenes Warenzeichen geht, vgl. dazu ULMER-SCHRICKER, Bd. II/1, Belgien, Luxemburg, S. 82 f.. Vgl. zu dieser Fragestellung bereits HONORATI, S. 48 ff. mwN.

[92] Die Frage lässt auch HONORATI, S. 48 unbeantwortet.

[93] So BIRK, S. 20.

[94] So SARAVALLE, S. 283 ff. u. DAVÌ, S. 77 ff. mwN.

[95] Offengelassen auch bei HONORATI, S. 49.

[96] Das Bestehen eines Wettbewerbsverhältnisses ist auch Voraussetzung für das Handeln „zum Zwecke des Wettbewerbs" wie es u.a. die Generalklausel § 1 UWG voraussetzt, vgl.

In Italien wird von der Literatur und Rechtsprechung vereinzelt bezweifelt, ob ein Wettbewerbsverhältnis tatsächlich erforderlich sei[97]. Dies hängt mit dem Wortlaut des Art. 2598 C.c zusammen, der den Anschein erweckt, dass „jedermann“ (chiunque) unlauter handelt, der sich verhält, wie in den nachfolgenden Absätzen Nr. 1-3 näher beschrieben wird. Anders als beispielsweise in §§ 1, 3 UWG wird nicht ausdrücklich darauf hingewiesen, dass damit gemeint ist, „wer im geschäftlichen Verkehr“ handelt.

Die ganz herrschende Meinung in Literatur und Rechtsprechung hält hingegen am Erfordernis des Wettbewerbsverhältnisses fest[98]. Dies wird vor allem damit begründet, dass der Begriff „chiunque“ in Art. 2598 C.c. nicht in seinem wörtlichen Sinn zu verstehen ist, sondern im weiteren Sinne von „irgendein Konkurrent“ (qualunque concorrente)[99].

Auf einen engen, ein Wettbewerbsverhältnis voraussetzenden Anwendungsbereich des Rechts gegen den unlauteren Wettbewerb weist im Übrigen auch dessen systematische Stellung im X. Titel „Della disciplina della concorrenza e dei consorzi“ (Regelung des Wettbewerbs und der Unternehmenszusammenschlüsse) des 5. Buches des Codice Civile, sowie der im Gesetz gebrauchte Begriff des „unlauteren Wettbewerbs“ (concorrenza sleale) hin. Außerdem stellt die Generalklausel in Art. 2598 Nr. 3 C.c. auf den Maßstab der „beruflichen Korrektheit“ (correttezza professionale), also speziell auf die Regeln des anständigen Verhaltens im Geschäftsleben ab[100].

---

dazu RITTNER, Wettbewerbs- u. Kartellrecht § 2 A I 3, RdNr. 9, 10; BAUMBACH/HEFERMEHL, Einl UWG RdNr. 219; GLOY-GLOY, § 11 RdNr. 1, 7ff.; es ist auch Voraussetzung für die Klagebefugnis aus unlauterem Wettbewerb, vgl. GLOY-GLOY, § 10 RdNr. 3.
In Italien sieht die inzwischen ganz h.L. u. Rsp. nur Handlungen innerhalb eines Wettbewerbsverhältnisses als unlauteren Wettbewerb an, vgl. ULMER-SCHRICKER, Bd. V, Italien, RdNr. 28, S. 25 mwN. in Fn. 1 u. 2, SANZO, S. 53 ff. mwN.

[97] Diese Mindermeinung verzichtet auf das Erfordernis eines Wettbewerbsverhältnis und will grundsätzlich jede Handlung als unlauteren Wettbewerb beurteilen, die im übrigen die Merkmale eines der in Art. 2598 C.c. umschriebenen Tatbestände erfüllt, vgl. dazu die Nachweise bei ULMER-SCHRICKER, Bd. V, Italien, RdNr. 28 S. 26 mwN. in Fn. 2 und BASTIAN, S. 32 in Fn. 65.

[98] Vgl. Nachweise zu Literatur und Rechtsprechung bereits bei BASTIAN, S. 29 mwN. in Fn. 41 u. S. 32 mwN. in Fn. 64.

[99] Vgl. SANZO, S. 59 mwN.; ULMER-SCHRICKER, Bd. V, Italien, RdNr. 28, S. 25 mwN.

[100] Vgl. zum Inhalt der „correttezza professionale“ ausführlich SANZO, S. 194 ff.; ULMER-SCHRICKER, Bd. V, Italien, RdNr. 28, S. 25; QUIRING, S. 99 ff.; TROLLER, K., S. 8 Fn. 3 mwN. zur Definition des Begriffs in Lit. u. Rsp. u. S. 9 Fn. 1 mwN. zur Frage, inwiefern er mit dem Begriff der anständigen Sitten in Art. 10bis Abs. 2 PVÜ übereinstimmt. Im Übrigen sei angemerkt, dass auch das dt. Lauterkeitsrecht in § 1 UWG einen Verstoß gegen „die guten Sitten“ verlangt, womit auf eine spezifische „Rechtsethik des Wettbewerbslebens“ verwiesen wird, also auf eine spezielle Sozialmoral, u. zwar auf den „Moralkodex“ des geschäftlichen Wettbewerbs. Darin unterscheidet sich der Maßstab des § 1 UWG von dem der §§ 138, 826 BGB, die sich auf die allgemeine Sozialmoral beziehen, vgl. hierzu RITTNER, Wettbewerbs- u. Kartellrecht, § 2 A I 4, RdNr. 14 ff.

Das Bestehen eines Wettbewerbsverhältnisses zwischen den streitenden Parteien ist somit sowohl in Deutschland[101] als auch in Italien[102] Abgrenzungsmerkmal zum Deliktsrecht.

Ein Wettbewerbsverhältnis liegt nach überkommener deutscher Auffassung vor, wenn zwischen den Vorteilen, die jemand durch eine Maßnahme für sein Unternehmen oder das eines Dritten zu erreichen sucht, und den Nachteilen, die ein anderes Unternehmen dadurch erleidet, eine Wechselbeziehung in dem Sinn besteht, dass auf diese Weise der eigene Wettbewerb gefördert und der fremde Wettbewerb beeinträchtigt werden kann[103].

Für das italienische Recht hat Franceschelli[104] immer wieder präzisierend versucht, eine allgemeingültige Definition des Wettbewerbsverhältnisses zu geben: „Es sind Wettbewerber oder stehen im Wettbewerb zwei oder mehr Unternehmen, die innerhalb einer bestimmten Zeitspanne Waren oder Dienstleistungen anbieten (oder nach ihnen fragen) oder anbieten können (oder nach ihnen fragen können), die im Stande sind, gleiche, ähnliche oder komplementäre Bedürfnisse auf demselben aktuellen oder unmittelbar potentiellen Marktsegment, sei es auch nur im Wege des Ersatzes, zu befriedigen, auch wenn sich der Wettbewerb aus der Gesamtheit von untereinander austauschbaren Waren oder Dienstleistungen ergibt oder die Unternehmen versuchen, ein dem Wettbewerb unterliegendes Angebot in ein monopolistisches umzuwandeln, stets aber unter der Voraussetzung, dass die dabei angewandten Methoden, unter Berücksichtigung ihres sozialen Nutzens, von der Rechtsordnung anerkannt und als schützenswert eingestuft werden“[105].

---

[101] Vgl. RITTNER, Wettbewerbs- u. Kartellrecht, § 2 A I 3, RdNr. 8; GLOY-GLOY, § 11 RdNr. 1.

[102] ULMER-SCHRICKER, Bd. V, Italien, RdNr. 28 ff, S. 24 ff.; vgl. zur Abgrenzung von unlauterem Wettbewerb u. Deliktsrecht (concorrenza sleale ed illecito civile) in Rsp. u. Lit. jüngst auch SANZO, S. 19 ff.

[103] Diese Definition wurde von der strafrechtlichen Praxis des RG entwickelt u. sodann von den Zivilgerichten übernommen, vgl. Nachweise bei BAUMBACH/HEFERMEHL, Einl UWG RdNr. 216; vgl. auch GLOY-GLOY, § 10 RdNr. 1, der anschließend noch zwischen konkretem u. abstraktem Wettbewerbsverhältnis unterscheidet. Vgl. schließlich auch § 13 Abs. 2 Nr. 1 UWG, wo das Wettbewerbsverhältnis ebenfalls umschrieben wird.

[104] FRANCESCELLI, RDI 1956, I, 28, (63 ff.); DERS., S. 506 ff.; DERS., EGiur 1988, VII, 1, (2); Zu den beiden das Wettbewerbsverhältnis charakterisierenden Elementen der „Mehrzahl der Wettbewerber“ (pluralità di operatori economici) u. der Identität des Marktes“ (identità di mercato), deren jeweilige nähere Definition umstritten ist, vgl. vor allem SANZO, S. 56 ff.; Das Wettbewerbsverhältnis wird im Ergebnis eher weit definiert, zu Nachweisen in Rsp. u. Lit. s. statt aller TROLLER, K, S. 7 Fn. 4 mwN.

[105] FRANCESCHELLI, EGiur 1988, VII, 1, (2): „Sono concorrenti o si trovano in concorrenza, due o più imprese che in un determinato periodo di tempo offrano (o domandino) o possano offrire (o domandare) beni o servizi suscettibili di soddisfare, anche in via succedanea, lo stesso bisogno o bisogni simili o complementari nel medesimo ambito di mercato attuale o immediatamente potenziale, ancorché la concorrenza risulti da un insieme di beni o servizi fungibili tra loro o le imprese si valgano di elementi intesi a trasformare in offerta di monopo-

Kurz zusammengefasst bedeutet dies, dass die Wettbewerber im gleichen geschäftlichen Umfeld Waren oder Dienstleistungen auf lautere Weise anbieten müssen.

Nur bei Vorliegen einer (auch potentiellen) wettbewerblichen Beziehung zu einem oder mehreren Gewerbetreibenden kann also sowohl nach deutschen als auch nach italienischen Recht von einer „Wettbewerbshandlung“ gesprochen werden[106].

Neben dem objektiven Vorliegen eines Wettbewerbsverhältnisses ist im deutschen Recht nach ganz herrschender Meinung auch die Absicht erforderlich, mittels der Wettbewerbshandlung den eigenen oder fremden Wettbewerb zum Nachteil eines anderen Mitbewerbers zu fördern[107]. Das Tatbestandsmerkmal „zu Zwecken des Wettbewerbs“ in § 1 UWG setzt z.B. subjektiv die Absicht voraus, im Wettbewerb zu handeln. Dabei begründet die Bejahung des objektiven Wettbewerbsverhältnisses die (widerlegbare) Vermutung, in Wettbewerbsabsicht gehandelt zu haben[108].
Im Unterschied dazu reicht nach italienischem Recht, folgt man der herrschenden Lehre und Rechtsprechung, das rein objektive Vorliegen eines Wettbewerbsverhältnis aus[109].

1.3.2 Das Verschulden als Voraussetzung im Delikts- und teilweise im Wettbewerbsrecht

Während Art. 2043 C.c. für das Deliktsrecht ein Verschulden voraussetzt, indem er von der vorsätzlich oder fahrlässig begangenen Handlung spricht („fatto dolo-

---

lio l'offerta concorrenziale, sempre che tali elementi siano quelli che, in considerazione della loro utilità sociale, l'ordinamento giuridico riconosce in via specifica e tutela“. Vgl. auch die ähnliche Definition der Cass. v. 6.7.1962, Nr. 1733, GC 1962, I, 1412 - Eternit S.p.a. c. Bogoyalenski, deren Entscheidung in der hier interessierenden Passage bereits von ULMER-SCHRICKER, Bd. V, Italien, RdNr. 30, S. 29 wie folgt übersetzt wurde: „Die Möglichkeit einer Wettbewerbssituation kann unzweifelhaft auch in Hinblick auf wesensmäßig verschiedene und materiell unverwechselbare Produkte vorliegen ... Das wesentliche Moment ist diesbezüglich nicht die Identität oder Ähnlichkeit der Erzeugnisse, sondern die Möglichkeit, dass diese, da sie fungibel und gegenseitig ersetzbar sind und so analoge oder komplementäre Bedürfnisse befriedigen können, die Konsumenten in den Stand setzen, eine alternative Wahl zu treffen ...“.

[106] GLOY-GLOY, § 10 RdNr. 2; SANZO, S. 63 ff.

[107] Vgl. statt aller BAUMBACH/HEFERMEHL, Einl UWG RdNr. 232 ff.; ULMER-REIMER, Bd. III, Deutschland, RdNr. 73; a.A. lediglich REIMER, D., Kap. 75 Anm. 5; KRAFT, S. 189 ff., 192.

[108] Vgl. BGH v. 6.7.1954, BGHZ 14, 163 - Constanze II; ULMER-REIMER, Bd. III, Deutschland, RdNr. 67 mwN.

[109] ASCARELLI, RTDPC 1954, 873, (927); PASTERIS, S. 83 ff.; vgl. auch ULMER-SCHRICKER, Bd. V, Italien, RdNr. 28, S. 26 mwN. zur Ausnahme bei Fällen von Anschwärzung, wo die subjektive Komponente in der Rsp. vereinzelt doch eine Rolle zu spielen scheint.

so o colposo)[110], ist davon in Art. 2598 C.c. nichts erwähnt. Auch die deutsche Generalklausel, § 1 UWG, verlangt seinem Wortlaut nach kein Verschulden[111]. § 823 BGB setzt hingegen ebenfalls ein Verschulden ausdrücklich voraus („Wer vorsätzlich oder fahrlässig [...]").

Sowohl in Italien als auch in Deutschland genügt deshalb für die Unterlassungsklage (azione di inibizione), dem Kernstück der wettbewerblichen Sanktionen in beiden Ländern, und dem Beseitigungsanspruch (azione di rimozione) die objektive Rechtswidrigkeit bzw. Ungerechtigkeit[112].
Für die Erlangung von Schadensersatz ist aber jeweils das Vorliegen von Verschulden Voraussetzung (Art. 2600 C.c., § 13 Abs. 6 UWG)[113].

Das Bewusstsein der Sittenwidrigkeit ist Schuldelement. Wer in Kenntnis des Sachverhalts objektiv sittenwidrig (wettbewerbswidrig) handelt, der handelt grundsätzlich auch schuldhaft. Für das italienische Recht regelt dies Art. 2600 Abs. 3 C.c.[114].

1.3.3 Verstoß gegen objektive Verhaltensnormen als Kennzeichen des unlauteren Wettbewerbs

Eine unlautere Wettbewerbshandlung offenbart sich sowohl nach deutschem als auch nach italienischem Recht bereits in der Anwendung unlauterer Mittel (slealtà del mezzo)[115]. Ein Verstoß gegen ein individuelles Recht oder Rechtsgut braucht nicht vorzuliegen. Im Unterschied zum allgemeinen Deliktsrecht genügt

---

[110] Art. 2043 C.c. lautet: „Qualunque fatto doloso o colposo, che cagiona ad altri un danno ingiusto, obbliga colui che ha commesso il fatto a risarcire il danno" (Jedwede vorsätzliche oder fahrlässige Handlung, die einem anderen einen ungerechten Schaden zufügt, verpflichtet denjenigen, der sie begegangen hat, den Schaden zu ersetzen).
[111] BAUMBACH/HEFERMEHL, Einl UWG RdNr. 65, 140.
[112] Für das dt. Recht vgl. TROLLER, K., S. 5 f. mwN. in Fn. 5; BAUMBACH/HEFERMEHL, Einl UWG RdNr. 125, 141; BGH v. 29.1.1957, BGHZ 23, 184 f. - Spalttabletten.
Für das ital. Recht vgl. TROLLER, K., S. 9 mwN. in Fn. 2; SANZO, S. 20: „l'atto di concorreza sleale rileva nell'ordinamento giuridico per il solo fatto di essere stato compiuto".
Während die Unterlassungsklage die Unterlassung einer künftigen Störung zum Ziel hat, zielt die Beseitigungsklage auf die Beseitigung einer fortdauernden Störung ab; vgl. dazu ULMER-BEIER, Bd. I, EWG, RdNr. 92 f.
[113] Für Italien vgl. TROLLER, K., S. 9 mwN. in Fn. 2; SANZO, S. 490 ff. Für Deutschland TROLLER, K., S. 5 f. Fn. 5; BAUMBACH/HEFERMEHL, Einl UWG RdNr. 142: „Es verstößt gegen einen festen Grundsatz deutschen Rechts, wenn man, von wenigen Ausnahmen (Gefährdungs- oder Garantiehaftung) abgesehen, eine Ersatzhaftung ohne Verschulden eintreten lässt".
[114] Für das dt. Recht vgl. BAUMBACH/HEFERMEHL, Einl UWG RdNr. 142; vgl. auch TROLLER, K., S. 5; Für das ital. Recht SANZO, S. 481 ff.
[115] BAUMBACH/HEFERMEHL, Einl UWG RdNr. 50; FRANCESCHELLI, RDI 1963, I, 257, (272 f.); TROLLER, K., S. 9 Fn. 3, S. 31 Fn. 1.

im Wettbewerbsrecht grundsätzlich der Verstoß gegen objektive Verhaltensnormen[116].

Während die deutsche Generalklausel (§ 1 UWG) lediglich voraussetzt, dass „gegen die guten Sitten“, freilich „im geschäftlichen Verkehr“ und „zu Zwecken des Wettbewerbes“ verstoßen wird[117], verlangt die italienische in Art. 2598 Nr. 3 C.c. ihrem Wortlaut nach neben einem Verstoß gegen die berufliche Korrektheit (correttezza professionale), dass das angewandte Mittel „geeignet ist, das Unternehmen eines anderen zu schädigen“ (idoneo a danneggiare l'altrui azienda). Vielleicht zeigt sich an diesem Tatbestandsmerkmal am besten, dass das italienische Lauterkeitsrecht enger mit dem Deliktsrecht verbunden ist als dies in Deutschland der Fall ist[118]. Im Unterschied zum allgemeinen Deliktsrecht (Art. 2043 C.c.) reicht im Rahmen des Art. 2598 Nr. 3 C.c. aber unstreitig die Gefahr eines Schadenseintritts aus; ein effektiver Schaden für das Unternehmen des Mitbewerbers muss also nicht eingetreten sein[119].

Da die Tatbestände in Art. 2598 Nr. 1 und 2 C.c. aber eine solche Schadensgefahr für das gegnerische Unternehmen nicht voraussetzen, ist in der Lehre ein Streit darüber entstanden, ob dieses zusätzliche Erfordernis nur für die Generalklausel in Art. 2598 Nr. 3 C.c. gilt, oder auch für die beiden ihr vorangehenden Tatbestände Voraussetzung ist.
Ein Teil des Schrifttums[120] ist der Ansicht, der unlautere Wettbewerb sei stets durch zwei Elemente gekennzeichnet. Dazu gehöre das der beruflichen Unkorrektheit (scorrettezza professionale) ebenso wie die Gefahr der Schädigung des Unternehmens eines Wettbewerbers (pericolo di danno). Art. 2598 Nr. 1 und 2 C.c. seien lediglich nicht abschließende Beispiele und unterlägen somit ebenso wie Art. 2598 Nr. 3 C.c. dem Erfordernis des Beweises der Gefahr des Schadenseintritts.
Die wohl herrschende Meinung ist hingegen der Auffassung, dass das Vorliegen der in Art. 2598 Nr. 3 C.c. erwähnten Schadensgefahr im Prozess nicht speziell bewiesen werden muss, da sie bereits bei Verwirklichung der Tatbestände des Art. 2598 Nr. 1 und 2 C.c. gegeben ist[121]. Einige Stimmen innerhalb der herr-

---

[116] Für das dt. u. ital. Recht vgl. bereits TROLLER, K., S. 30 ff. mwN.
[117] Vgl. BAUMBACH/HEFERMEHL, Einl UWG RdNr. 215 u. 232 zu den objektiven und subjektiven Voraussetzungen des „Handelns zu Zwecken des Wettbewerbes“; danach kommt es darauf an, ob die Wettbewerbshandlung äußerlich geeignet und auch die Absicht darauf gerichtet ist, eigene oder fremde wirtschaftliche Betätigung zum Nachteil einer anderen Person zu fördern.
[118] TROLLER, K., S. 8.
[119] ULMER-BEIER, Bd. I, EWG, RdNr. 94; vgl. Nachweise bei TROLLER, K., S. 8 mwN. in Fn. 1; ULMER-SCHRICKER, Bd. V, Italien, RdNr. 35, S. 34 Fn. 6; SCIRÈ, Concorrenza sleale, Bd. I, S. 32 f., 85 f.; SANZO, S. 21: „l'illecito concorrenziale, invece, si riscontra per il sol fatto che l'attività compiuta abbia in sé una potenzialità dannosa“ (Handlungen aus unlauterem Wettbewerb zeichnen sich bereits dadurch aus, dass die Handlung potentiell schädlich ist).
[120] So ROTONDI, Diritto industriale, S. 488; ASCARELLI, S. 213; AUTERI, S. 358.
[121] So MINERVINI, S. 20; GHIDINI, La concorrenza sleale, S. 240.

schenden Meinung sind der Ansicht, dass Art. 2598 Nr. 1 und 2 C.c. selbständig neben die Generalklausel Art. 2598 Nr. 3 C.c. treten und schon deshalb keine Schadensgefahr voraussetzen[122]. Insoweit wird aber eingeräumt, dass die in Art. 2598 Nr. 1 und 2 C.c. genannten Fällen des Hervorrufens von Verwechslungen, Anschwärzung und Ausbeutung praktisch fast immer auch eine Schadensgefahr für das Unternehmen des Konkurrenten mit sich bringen. Der Streit ist somit letztlich doktrinärer Natur[123].

1.3.4 Rückgriff auf das Deliktsrecht bei Nichtvorliegen eines Wettbewerbsverhältnisses

Besteht keine tatsächliche Wettbewerbssituation zwischen den Beteiligten, so bleibt nach deutschem und italienischem Recht nur der Rechtsschutz über das System der unerlaubten Handlungen übrig[124].

Da das italienische Wettbewerbsrecht in einem Verhältnis der Besonderheit (rapporto di specialità) zu dem des Deliktsrechts steht, sind auf unerlaubte Wettbewerbshandlungen die Regelungen des allgemeinen Deliktsrechts (Art. 2043 C.c.) anwendbar, wenn nicht die speziellen Regelungen der Art. 2598 - 2601 C.c. einschlägig sind[125]. Das Verhältnis der Reglungen des unlauteren Wettbewerbs zu denen der unerlaubten Handlung ist folglich vom Prinzip der notwendigen Subsidiarität (principio di sussidiarità necessaria) geprägt[126].
Die italienische Literatur ist aber, was das Verhältnis der Normen des unlauteren Wettbewerbs zum allgemeinen Deliktsrecht angeht, keineswegs einheitlich. Handlungen aus unlauterem Wettbewerb werden einerseits als Unterart des Zi-

---

[122] Vgl. CASANOVA, Impresa ed azienda, S. 636 u. RAVÀ, S. 161, die deshalb auch einen Verstoß gegen die berufliche Korrektheit (correttezza professionale) nicht als Voraussetzung für Art. 2598 Nr. 1 u. 2 C.c. sehen.

[123] So i.E. auch HONORATI, S. 15 f.

[124] Vgl. GLOY-GREUNER, § 4 RdNr. 25; BAUMBACH/HEFERMEHL, Einl UWG RdNr. 58, 61; SCHULTZ, WRP 1991, 556, (557 f.); ULMER-SCHRICKER, Bd. V, Italien, RdNr. 28 S. 26 mwN.; BASTIAN, S. 29.

[125] Cass. v. 9.8.61, Nr. 1930, GI 1961, I, 1, 1510, die im übrigen darauf hinweist, dass auch die allgemeine deliktsrechtliche Verjährung wie sie in Art. 2947 C.c. geregelt ist, auf unerlaubte Wettbewerbshandlungen Anwendung findet: „Ne consegue che all'atto di concorrenza sleale si applicano le norme generali sull'illecito di cui all'art. 2043 codice civile salvo la integrazione di disciplina desumibile dagli artt. 2598-2601 e che pertanto il termine prescrizionale delle azioni di concorrenza sleale è quello previsto dall'art. 2947 che riguarda tutte le azioni da fatto illecito in generale“; vgl. auch SANZO, S. 22 ff. mwN.; BONASI-BENUCCI, RTDPC 1957, 563, (558 f.).

[126] SANZO, S. 25 ff. mwN. aus der jüngeren Rsp.; hier sei nur Cass. v. 3.7.1980, Nr. 4225, GADI, 1980, 81 - Sacs c. RENP zitiert, wonach die Regelungen des unlauteren Wettbewerbs eine spezifische Anwendung des Grundsatzes i.S.v. Art. 2043 C.c. darstellen, einem anderen keinen Schaden zuzufügen („le norme sulla concorrenza illecita rappresentano una applicazione specifica del dovere generico di non cagionare ad altri un danno ingiusto (art. 2043 c.c.)“); vgl. auch FLEISCHER, S. 282 ff.

vilvergehens angesehen (l'illecito concorrenziale come specie dell'illecito civile)[127], andererseits werden Zivilvergehen und Lauterkeitsvergehen einer generellen Kategorie unerlaubten Handelns unterstellt (illecito concorrenziale ed illecito civile come species della generale categoria dell'illecito)[128], und schließlich werden sie als völlig von einander losgelöste und eigenständige Tatbestände betrachtet (illecito concorrenziale ed illecito civile come fattispecie del tutto estranee)[129]. Zuzustimmen ist der ersten Ansicht, die das Lauterkeitsvergehen als Unterart des Zivilvergehens ansieht. Sie entspricht nicht nur der Auffassung in der Rechtsprechung, sondern auch der herrschenden Meinung in der Literatur[130].

Wettbewerbliche Tatbestände sind nach deutschem Recht grundsätzlich nach UWG-Recht und nicht nach BGB-Vorschriften zu beurteilen. § 823 BGB kann jedoch herangezogen werden, wenn es darum geht, Lücken des Lauterkeitsrechts zu schließen[131]. Decken sich ein wettbewerbsrechtlicher und ein bürgerlich-rechtlicher Tatbestand nicht ganz, besteht Anspruchskonkurrenz. Es ist deshalb stets genau zu prüfen, ob eine der Regelungen bereits erschöpfend die jeweilige Teilfrage regelt und deshalb die andere ausschließt[132].

Gegenüber einer auf Wettbewerbsrecht gestützten Schadensersatzklage hat die auf Deliktsrecht basierende jedoch einige Nachteile. Schadensersatzforderungen aus unlauterem Wettbewerb setzen zwar ebenfalls ein Verschulden voraus, doch wird dessen Vorliegen vermutet[133]. Ferner muss im Deliktsrecht ein konkreter Schaden nachgewiesen werden, während es im Rahmen des Art. 2598 Nr. 3 C.c. genügt, dass nur die Gefahr eines Schadenseintritts für das Unternehmen des Mitbewerbers bewiesen wird[134].
Außerdem sieht das Deliktsrecht als Sanktion die Verpflichtung zum Schadensersatz vor (Art. 2043 C.c., § 823 Abs. 1 BGB), während im Bereich des unlauteren Wettbewerbs vor allem die Abgabe von Unterlassungserklärungen von praktischer Bedeutung ist (Art. 2599 C.c., § 1, 3 UWG)[135].

---

127 SANTINI, S. 115; AUTERI, S. 345; BONASI-BENUCCI, RTDPC 1957, 563, (588 f.).
128 FRANCESCHELLI, RDI, I, 1963, 257, (269 ff.); JAEGER, RDI 1961, I, 124, (132); GUGLIELMETTI, S. 458-459.
129 FLORIDA, S. 249 f.
130 Vgl. auch SANZO, S. 38 ff. mwN.; HONORATI, S. 21.
131 BAUMBACH/HEFERMEHL, Einl UWG RdNr. 61, 130.
132 GLOY-GREUNER, § 4 RdNr. 25; BAUMBACH/HEFERMEHL, Einl UWG RdNr. 61; BGH v. 22.12.1961, BGHZ 36, 252, (257) - Gründerbildnis; BGH v. 26.1.1984, NJW 1985, 1023, (1024) - Intermarkt II.
133 S.o. 1.3.2.
134 S.o. 1.3.3.
135 Vgl. BASTIAN, S. 29 zum diesbezüglichen Unterschied zwischen Delikts- und Wettbewerbsrecht im ital. Recht. Nach dt. Recht können gem. §§ 823 Abs. 1, 1004 BGB zwar auch Abwehransprüche geltend gemacht werden, doch bestehen sie nur bei Lücken innerhalb des Wettbewerbsrechts, vgl. BAUMBACH/HEFERMEHL, Einl UWG RdNr. 58; PALANDT-HELDRICH[60], Einf v § 823 RdNr. 16 ff.

1.3.5 Bedeutung des Verhältnisses des Wettbewerbsrechts zum Deliktsrecht für das internationale Privatrecht

Während in Deutschland, aber auch in der Schweiz und Österreich die einzelnen, das sog. Marktrecht ausmachenden Gebiete als weitgehend selbständig und vom Deliktsrecht losgelöst betrachtet werden, ist das italienische Lauterkeitsrecht im allgemeinen Deliktsrecht immer noch stark verwurzelt und vergleichsweise weniger entwickelt[136]. Das mag seinen Grund auch darin haben, dass es später kodifiziert wurde. Das italienische Recht des unlauteren Wettbewerbs hat sich aus der allgemeinen deliktsrechtlichen Generalklausel des Codice Civile von 1865 richterrechtlich entwickelt[137]. Im alten Codice Commerciale von 1882 befanden sich keine Regelungen auf dem Gebiet des unlauteren Wettbewerbs. Erst im Codice Civile von 1942 wurden die Art. 2598 bis 2601 C.c. eingeführt[138].
Das (deutsche) Gesetz gegen den unlauteren Wettbewerb trat hingegen bereits am 1.10.1909 in Kraft.

Die engere Verbundenheit des italienischen Lauterkeitsrechts mit dem allgemeinen Deliktsrecht macht sich auch auf der internationalprivatrechtlichen Ebene bemerkbar. Das Wettbewerbskollisionsrecht wurde bisher in Italien sowohl in der Lehre als auch in der Rechtsprechung noch mehr als in Deutschland aus dem Blickwinkel des Deliktsrechts betrachtet[139].

Inzwischen beginnt man sich aber auch in Italien Gedanken über die weiterbestehende Richtigkeit einer derart strengen Einordnung des Lauterkeitsrechts in das Deliktsrecht zu machen. Es wird nach alternativen Wegen gesucht, die der Eigenart des Lauterkeitsrechts eher gerecht werden. Je weiter sich das Wettbewerbsrecht in Italien materiellrechtlich fortentwickelt und sich dem Niveau desjenigen anderer Länder annähert, deren Lauterkeitsrecht fortgeschrittener ist, desto mehr besteht der Druck, auch das Wettbewerbskollisionsrecht dieser Entwicklung anzupassen[140]. Entwickelt sich das italienische Wettbewerbsrecht dahin weiter, dass es neben den Konkurrenten auch stärker die anderen Marktbeteiligten und die Wettbewerbsordnung als solche schützt, so wird dies auch auf

---

136 HONORATI, S. 74 f.

137 HONORATI, S. 5.

138 Vgl. SANZO, S. 5 ff. für einen kurzen Überblick zur Entstehungsgeschichte des italienischen Lauterkeitsrechts.

139 Vgl. auch HONORATI, S.74. Diese Monografie stellt übrigens eine der ganz wenigen wirklich ausführlichen ital. Untersuchungen dar, die sich überdies aktuell nur mit dem speziellen Gebiet des internationalen Wettbewerbs beschäftigen. Aber selbst sie befasst sich keineswegs nur mit dem ital. IPR des Lauterkeitsrechts, sondern geht ausführlich auch auf andere Rechtsordnungen ein. Die Autorin scheint angesichts der letztlich mageren Beiträge der ital. Lehre u. Rsp. zum Thema fast dazu gezwungen, bei der Schilderung bestimmter Gedanken auf die Beiträge ausländischer, insbesondere deutscher Autoren u. Gerichtsentscheidungen zurückzugreifen.

140 Vgl. HONORATI, S. 75.

internationalprivatrechtlicher Ebene zu berücksichtigen sein. Man wird sich beispielsweise die Frage stellen müssen, ob die Anknüpfung im Wettbewerbsrecht nicht aus einem anderen Blickwinkel betrachtet werden muss als im Deliktsrecht, wo es um die Zweierbeziehung „Täter" und „Opfer" geht[141]. Gleichen sich die materiellen Rechte zunehmend an, so wird man auch eine in einer anderen Rechtsordnung herausgearbeitete Anknüpfungsmethode eher übernehmen können. So könnte das deutsche Wettbewerbskollisionsrecht dem italienischen als Vorbild dienen, wenn der Schutzzweck des italienischen materiellen Lauterkeitsrecht ähnlich umfassend werden würde, wie der des deutschen[142].

1.4 Schutzgegenstand des klassischen Wettbewerbsrechts

Wann eine Wettbewerbshandlung lauter oder unlauter ist, lässt sich nicht deduktiv im Wege des Subsumptionsschlusses, sondern nur induktiv im Hinblick auf die Funktion des Wettbewerbs, die geschützten Interessen und den Schutzzweck des Lauterkeitsrechts erschließen[143].

Geht es um die Frage, was Ziel und Zweck der gesetzlichen Wettbewerbsordnung ist, welches Rechtsgut geschützt werden soll, spricht man präzisier vom Schutzobjekt des Wettbewerbsrechts. Demgegenüber umschreibt das Schutzsubjekt die vom Lauterkeitsrecht geschützten Personen.

1.4.1 Schutzobjekt des Wettbewerbsrechts

1.4.1.1 Schutzobjekt des deutschen Lauterkeitsrechts

Es ist immer wieder streitig gewesen, ob Schutzobjekt des Lauterkeitsrechts die Persönlichkeit des Gewerbetreibenden, das Unternehmen selbst oder die wirtschaftliche Handlungsfreiheit des Einzelnen ist.

Grundsätzlich lassen sich drei große Richtungen unterscheiden[144]:
Die erste, besonders im älteren Schrifttum vertretene Ansicht betrachtet die Persönlichkeit in ihrer gewerblichen Betätigung als das vom Wettbewerbsrecht geschützte Rechtsgut[145]. Der freie Wettbewerb finde dort seine Grenzen, wo die

---

[141] Vgl. v. BAR, IPR II, § 6 RdNr. 695, der bei der Darlegung der Anknüpfung von Wettbewerbstatbeständen nach dt. Recht diese Frage an den Anfang stellt.

[142] So wohl auch HONORATI, S. 74 f.

[143] BAUMBACH/HEFERMEHL, Einl UWG RdNr. 113.

[144] BAUMBACH/HEFERMEHL, Einl UWG RdNr. 44.

[145] KOHLER, S. 17 ff.; ROSENTHAL, S. 5, 130; NERRETER, S. 86 ff.; FIKENTSCHER, Wettbewerb, S. 227; vgl. bereits vor Inkrafttreten des UWG auch v. GIERKE, S. 748 ff., 764; OSTERRIETH, S. 403 ff.; LOBE, S. 145 ff., 174 ff.

Persönlichkeit des Gegners verletzt werde[146]. Das Unternehmen sei dabei nichts anderes als die Persönlichkeit in ihrem zusammenhängenden Wirken.
Als Schutzgegenstand wurde das Persönlichkeitsrecht jedoch als zu verschwommen angesehen, weshalb Nerreter[147] und später auch Fikentscher[148] an dessen Stelle ein eigenes wirtschaftliches Betätigungsrecht setzten. Beeinträchtige ein Wettbewerber durch sein Verhalten die Persönlichkeit eines anderen in ihrer gewerblichen Betätigung, so ließen sich Konfliktlagen nur aufgrund einer Interessenabwägung lösen. Damit werde aber das Persönlichkeitsrecht (als ein absolutes Recht) abgewertet[149]. Statt eines einheitlichen Persönlichkeitsrechts sei Schutzgut des UWG das Recht des Einzelnen auf wirtschaftliche Betätigung[150].
Kritisch ist anzumerken, dass das wirtschaftliche Betätigungsrecht lediglich ein Teilaspekt des Rechts auf freie Entfaltung der Persönlichkeit ist und ein recht vager noch dazu. Außerdem lässt sich nicht jeder Wettbewerbsverstoß als eine Verletzung des Individualrechts auf freie wirtschaftliche Betätigung werten. Auch kommt es vielfach weniger auf den Schutz der Person, als auf ihre Leistung und die von ihr geschaffenen Werte an. Der Wettbewerber macht der Person des Mitbewerbers nicht das Recht auf wirtschaftliche Betätigung streitig. Er kennt den Mitbewerber oft nicht, zumindest ist ihm dessen Person meist gleichgültig. Er greift durch unlauteres Handeln das Produkt bzw. die Leistung des Mitbewerbers an[151].

Die zweite Richtung sieht in dem Unternehmen selbst das Schutzgut des unlauteren Wettbewerbs[152]. Das Unternehmen sei als Zusammenfassung von rechtlich geschützten Werten ein für sich geschütztes Immaterialgut. Unlauterer Wettbewerb richte sich nicht gegen die Person des Gewerbetreibenden, sondern gegen sein Unternehmen.
Gegen diese Auffassung spricht jedoch bereits der Wortlaut der Generalklausel des § 1 UWG. Sie setzt lediglich eine Handlung voraus, die gegen die guten Sitten verstößt, nicht jedoch auch einen Eingriff in ein individuelles Recht oder Rechtsgut der Mitbewerber. Das hat darin seinen Grund, dass nicht alle Wettbewerbsverstöße als Unternehmensverletzungen zu begreifen sind, vor allem nicht in einer Marktwirtschaft[153].

---

[146] KOHLER, S. 22.
[147] NERRETER, S. 97.
[148] FIKENTSCHER, Wettbewerb, S. 227 f.
[149] FIKENTSCHER, Wettbewerb, S. 224.
[150] FIKENTSCHER, Wettbewerb, S. 229.
[151] Vgl. zur Kritik auch ULMER-REIMER, Bd. III, Deutschland, RdNr. 28; BAUMBACH/HEFERMEHL, Einl UWG RdNr. 45 mwN.
[152] CALLMANN, S. 28 ff.; TETZNER, S. 13; GODIN-HOTH, S. 2; REIMER, E., Wettbewerbsrecht[3], 2. Kapitel des II. Teils, 2. Abschnitt, RdNr. 3 = S. 8 ff.; BAUMBACH/HEFERMEHL, 1. bis 5. Aufl., Kap. 5 unter der Überschrift „Das geschützte Rechtsgut", in der 2. Aufl. S. 67.
[153] Vgl. eingehender hierzu BAUMBACH/HEFERMEHL, Allg RdNr. 113 mwN.

Eine dritte Auffassung geht davon aus, dass das Schutzobjekt des Lauterkeitsrechts die Lauterkeit des Wettbewerbs selbst ist, wie es der Begriff schon sagt. Unlauteres Konkurrenzverhalten, das im Verstoß gegen objektive Verhaltensnormen liege, die den lauteren Wettbewerb im Interesse der Mitbewerber, der Verbraucher und der übrigen Marktbeteiligten sowie der Allgemeinheit schützen, solle verhindert werden[154]. Durch unlauteren Wettbewerb werden nach dieser Auffassung nicht ein Individualrecht oder Immaterialgut, sondern objektive Verhaltensnormen verletzt, die schutzwürdigen individuellen und sozialen Interessen dienen[155].
Dementsprechend stehen sowohl den Mitbewerbern als auch den Verbänden zur Förderung gewerblicher Interessen und zur Wahrnehmung von Verbraucherinteressen sowie den Kammern Abwehransprüche zu[156].
Auch die neuere Rechtsprechung hat sich von der Vorstellung frei gemacht, dass der unlautere Wettbewerb ein bestimmtes subjektives Recht oder Rechtsgut verletze[157].

Auch wenn teilweise behauptet wird, dass man sich auf eine gänzlich einheitliche Definition des geschützten Rechtsguts noch nicht geeinigt hat[158], besteht meines Erachtens kein Zweifel mehr daran, dass die letztgenannte Auffassung sich inzwischen eindeutig durchgesetzt hat.

1.4.1.2 Schutzobjekt des italienischen Lauterkeitsrechts (oggetto tutelato)

Auch in Italien wurde die Frage nach dem Schutzobjekt des unlauteren Wettbewerbs heftig diskutiert[159].

Einerseits wird die Ansicht vertreten, dass das Schutzobjekt ein absolutes subjektives Recht des Unternehmers sein müsse, das gewährleiste, dass sich seine Mitbewerber ihm gegenüber nicht unlauterer Mittel bedienen. Dieses subjektive Recht kann persönlichkeits- oder vermögensrechtlicher Natur sein. Es wird sowohl im Recht am Unternehmen, als Summe der organisierten Produktionsfak-

---

[154] BAUMBACH/HEFERMEHL, Einl UWG RdNr. 49 ff.; EMMERICH, § 3, S. 12 ff.; SCHRAUDER, S. 130 ff.; RAISER, S. 145, 156.; ULMER-BEIER, Bd. I, EWG, RdNr. 76 ff., S. 54; KOPPENSTEINER, Wettbewerbsrecht II, S. 15.
[155] BAUMBACH/HEFERMEHL, Einl UWG RdNr. 50 mwN.
[156] Vgl. § 13 Abs. 2 und 3 UWG.
[157] Grundlegend BGH v. 30.6.1961, BGHZ 35, 329, (333) - Kindersaugflaschen: „Die Vorschriften gegen den unlauteren Wettbewerb gewähren kein Ausschließlichkeitsrecht an einem bestimmten Schutzobjekt. Sie dienen der Verhinderung von Mißbräuchen im Konkurrenzkampf, indem sie den Wettbewerbern verbieten, sich in diesem Kampf unlauterer Mittel zu bedienen".
[158] Vgl. auch ULMER-REIMER, Bd. III, Deutschland, RdNr. 28; BRIEM, S. 11 ff.
[159] Vgl. bereits den Überblick in dt. Sprache bei ULMER-SCHRICKER, Bd. V, Italien, RdNr. 36 mwN.

toren (azienda)[160] gesehen, als auch im Recht am „good will" (avviamento)[161], an der Kundschaft (clientela)[162] und an der Ausübung der unternehmerischen Tätigkeit (esercizio dell'attività imprenditoriale)[163].
Angesichts der Regelung in Art. 2598 Nr. 3 C.c., die vom „Schutz des Unternehmens" (azienda) spricht, haben die einzelnen Auffassungen nunmehr eher theoretischen Wert[164].

Deutlich zu trennen ist hiervon die andere Ansicht, nach der das Lauterkeitsrecht objektive Verhaltensnormen enthält und nicht subjektive Rechte zu schützen bestimmt ist[165]. Durch diese wurde auch auf italienischer Seite die Aufmerksamkeit auf die wirtschaftliche und soziale Funktion des Wettbewerbs gelenkt[166].

1.4.2 Schutzsubjekt des Wettbewerbsrechts

1.4.2.1 Schutzsubjekt des deutschen Lauterkeitsrechts

Auch die Frage nach dem Schutzsubjekt wurde nicht einheitlich behandelt. Heute gilt es in Deutschland indes als gesicherte Erkenntnis, dass die Normen gegen den unlauteren Wettbewerb nicht nur Belange der Mitbewerber, sondern auch die Interessen der Allgemeinheit an einem lauteren Wettbewerb schützen[167].

---

[160] FERRARA, S. 121 f.; MARESCA, RDI 1980, I, 358, (361) in Fn. 6; CASANOVA, Novissimo Digesto Italiano Bd. III S. 993-1000 (Stichwort „concorrenza").
Aus der Rsp. vgl. App. Milano v. 28.1.1972, FP 1973, I, 34 f.
Das ital. Recht unterscheidet per Legaldefinition zwei Unternehmensbegriffe: Gem. Art. 2555 C.c. ist „azienda" die Gesamtheit der vom Unternehmer zur Ausübung der „impresa" organisierten Güter.

[161] ROTONDI, Diritto industriale, S. 479 ff., DERS., Il valore giuridico del principio della libera concorrenza, S. 345 f.; DERS., ZHR 118 (1955), 57, (66); GRECO, S. 449 f.

[162] AULETTA, Azienda, S. 335 ff.; AULETTA/MANGINI, S. 138; GIORDANO, Giur.Cass.Civ. 1944, 16, (22), (26).

[163] ASCARELLI, S. 204 ff., 221 ff., nach dem der Unternehmer ein (persönliches) Recht daran habe, dass Konkurrenten unlauteren Wettbewerb unterlassen.

[164] Vgl. ULMER-SCHRICKER, Bd. V, Italien, RdNr. 37, S. 36 mwN. in Fn. 3.

[165] So JAEGER, RDI 1970, I, 5, (41), der das Lauterkeitsrecht betrachtet als „disciplina di diritto oggettivo, riguardante cioè la violazione di doveri, anziché la tutela di posizioni giuridiche soggettive"; im gleichen Sinne bereits SANTINI, S. 128, der der Auffassung ist, dass die Vorschriften über den unlauteren Wettbewerb keine absoluten Rechte, wie etwa die Immaterialgüterrechte schützen, sondern repressive Normen objektiven Rechts sind („non attribuiscono alcun diritto assoluto, analogo ai diritti sui beni immateriali [... ma costituiscono] norme repressive di diritto oggettivo").
Vgl. auch ULMER-SCHRICKER, Bd. V, Italien, RdNr. 37 Fn. 8 zu weiteren Vertretern, die in den Lauterkeitsvorschriften lediglich objektive Schranken für die freie wirtschaftliche Initiative sehen und nicht den Schutz eines subjektiven Rechts oder einer geschützten Position.

[166] HONORATI, S. 58; GIAMMARCO, GRUR Int. 1989, 29 f.

[167] ULMER-REIMER, Bd. III, Deutschland, RdNr. 29 mwN. in Fn. 40.

Doch das klassische Wettbewerbsrecht wurde ursprünglich als reiner Mitbewerberschutz verstanden. Seit 1914 zeigte sich zuerst in der höchstrichterlichen Rechtsprechung des Reichsgerichts[168] eine Tendenz, dem Mitbewerberschutz das Interesse der Allgemeinheit an einem sauberen und lauteren Wettbewerb und an seinem Schutz vor Auswüchsen im Wettbewerb an die Seite zu stellen. Diese Zielrichtung ist heute nicht nur in der Rechtsprechung, sondern auch im Schrifttum nahezu allgemein anerkannt[169]. Durch die Gesetzesnovelle von 1965[170] wurde mit der Einführung des § 13 Abs. 1 a (jetziger § 13 Abs. 2 Nr. 3) auch normativ bestätigt, dass neben den Belangen der Mitbewerber auch die der Verbraucher zu den durch das UWG geschützten Interessen gehören. Dennoch werden den Verbrauchern im Unterschied zu den Mitbewerbern mit Ausnahme eines Rücktrittsrechts nach § 13 a UWG keine eigenen Ansprüche eingeräumt[171].

Der Schutz sonstiger Marktbeteiligter (Abnehmer, Lieferanten) und der Allgemeinheit ist letztlich Ausfluss der Entwicklung des gesamten Privatrechts von einem rein individualen zu einem sozialen Recht[172]. Der Wettbewerb reicht in seiner sozialen Wirkung über die Interessensphäre der rivalisierenden Mitbewerber hinaus und berührt sowohl die Interessen aller am Markt beteiligten Personen (Mitbewerber, Abnehmer, Lieferanten) als auch darüber hinaus die der Allgemeinheit. Die Bekämpfung des unlauteren Wettbewerbs liegt somit im privaten und im öffentlichen Interesse[173]. Die Lauterkeit des Wettbewerbs ist nicht nur unter individual-, sondern auch unter sozialrechtlichen Gesichtspunkten zu schützen[174].

---

[168] RG v. 7.4.1914, MuW 1916 (XV), 48 - Ärztlicher Bezirksverein; RG v. 27.5.1924, RGZ 108, 272, (274) - Merx; RG v. 24.1.1928, RGZ 120, 47, 49 - Markenschutzverband; RG v. 29.4.1930, RGZ 128, 330, 342 - Graf Zeppelin.

[169] Aus der ständigen Rsp. des BGH vgl. z.B. BGH v. 8.7.1955, GRUR 1955, 541 - Bestattungswettbewerb; BGH v. 26.2.1965, GRUR 1965, 489, (491) - Kleenex; BGH v.18.12.1968, GRUR 1969, 287, (289) - Stuttgarter Wochenblatt; BGH v. 19.6.1970, GRUR 1970, 523, (524) - Telefonwerbung; BGH v. 17.12.1976, GRUR 1977, 608, (611) - Feld u. Wald II. Zum Schrifttum vgl. Nachweise bei BAUMBACH/HEFERMEHL, Einl UWG RdNr. 42.

[170] Gesetz v. 21.7.1965, BGBl. I S. 625. Die Klageberechtigung gem. § 13 Abs. 2 Nr. 3 wurde durch die UWG-Novelle v. 25.7.1994, BGBl. I S. 1738, deren Aufgabe die Einschränkung der abstrakten Klageberechtigung zwecks Reduzierung der missbräuchlichen Geltendmachung von Unterlassungsansprüchen ist, nicht berührt, vgl. BAUMBACH/HEFERMEHL, § 13 RdNr. 2a, 34. Zur Änderung durch das Fernabsatzgesetz v. 27.6.2000, s.u. 1.4.3.1 Rechtslage in Deutschland.

[171] Ausführlicher s.u. 1.4.3.1.

[172] Die Rsp. hat seit BGH v. 27.1.1956, BGHZ 19, 392 - Anzeigenblatt - die soziale Funktion des UWG-Rechts in steigendem Maße betont. Nachweise bei BAUMBACH/HEFERMEHL, Einl UWG RdNr. 42.

[173] BAUMBACH/HEFERMEHL, Einl UWG RdNr. 42.

[174] BAUMBACH/HEFERMEHL, Einl UWG RdNr. 42 ff, §13 RdNr. 34. Die Interessen der Mitbewerber, Verbraucher, übrigen Marktbeteiligten sowie der Allgemeinheit werden dabei jedoch nicht absolut, sondern im Rahmen einer Interessenabwägung geschützt, BAUM-

Durch die Einbeziehung der Interessen der Verbraucher und der Allgemeinheit hat sich das Wettbewerbsrecht von einem deliktischen Verhaltensrecht, das sich auf die Regelung des Verhaltens einzelner Wettbewerber gegenüber ihren Mitbewerbern beschränkte, zu einem Marktverhaltensrecht gewandelt, das das Verhalten der Wettbewerber gegenüber allen Marktbeteiligten, insbesondere gegenüber dem Verbraucher und der Allgemeinheit regelt[175].
Der Schutz der Verbraucher, gewerblichen Abnehmer, Lieferanten und der Allgemeinheit setzt zwar eine wettbewerbliche Beziehung (zwischen den Wettbewerbern) voraus[176], ist aber keine bloße Neben- oder Reflexwirkung des Schutzes der Mitbewerber[177]. Das bedeutet, dass auch die Wettbewerbshandlung nicht nur aus der Sicht der miteinander konkurrierenden Unternehmen zu beurteilen ist, sondern auch die Belange sonstiger Marktbeteiligter und der Allgemeinheit für die Bewertung der Wettbewerbshandlung entscheidend sind[178].

1.4.2.2 Schutzsubjekt des italienischen Lauterkeitsrechts (soggetto tutelato)

Entsprechend der deliktsrechtlichen Abkunft und der individualrechtlichen Ausrichtung der Art. 2598 ff. C.c. gilt der Zweck des Lauterkeitsrechts in Italien traditionell nur dem Schutz des Mitbewerbers[179]. Nach herrschender Meinung in Literatur[180] und Rechtsprechung[181] muss der Wettbewerber gleichzeitig zwei

---

BACH/HEFERMEHL, Einl UWG RdNr. 41, 83; V. GAMM, Gesetz gegen den unlauteren Wettbewerb, Einf. A RdNr. 27.
Auch die Rsp. weist in zunehmendem Maße auf die soziale Funktion des Lauterkeitsrechts hin: BGH v. 27.1.1956, BGHZ 19, 392 - Anzeigenblatt; BGH v. 22.2.1957, BGHZ 23, 371 - Suwa; BGH v. 26.2.1965, BGHZ 43, 278 - Kleenex; BGH v. 19.6.1970, BGHZ 54, 188, (190) - Telefonwerbung.

175 BAUMBACH/HEFERMEHL, Einl UWG RdNr. 82 (u. 40ff, 55ff, 88); MüKO-KREUZER, Art. 38 EGBGB RdNr. 226; CAEMMERER-KREUZER, S. 263 f.; AHRENS, S. 19; V. BAR, IPR II, § 6 RdNr. 695; BEIER/SCHRICKER/ULMER, GRUR Int. 1985, 104, (107); DEUTSCH, S. 27; EMMERICH, § 3, S. 15 ff.; SCHRICKER, GRUR Int. 1973, 453, (459); STAUDINGER-V. HOFFMANN, Art. 38 EGBGB RdNr. 509; TRUTMANN, S. 180; WIRNER, S. 98 ff.; V. GAMM, Gesetz gegen den unlauteren Wettbewerb, Einf. A RdNr. 16; SCHOOFS, S. 111 („Vom Wettbewerberschutz zum Wettbewerbsschutz"). Vgl. auch BGH v. 30.6.1961, BGHZ 35, 329, (333) - Kindersaugflaschen.

176 BAUMBACH/HEFERMEHL, Einl UWG RdNr. 42 f., 55.

177 BAUMBACH/HEFERMEHL, Einl UWG RdNr. 43.

178 BAUMBACH/HEFERMEHL, Einl UWG RdNr. 55; V. GAMM, Gesetz gegen den unlauteren Wettbewerb, Einf A RdNr. 29.

179 Zur Frage, inwiefern bereits ein im Entstehen begriffenes bzw. ein bereits in Konkurs gegangenes Unternehmen darunter fällt, vgl. ausführlich bei SANZO, S. 110 ff.

180 ASCARELLI, S. 201 ff.; DERS., RTDPC 1954, 873, (927); GUGLIELMETTI, S. 62 ff.; COTTINO, S. 388 f.; FLORIDA, S. 60; GALGANO, S. 101; STOLFI, S. 595; FABIANI, S. 2077 Fn. 39; DE CUPIS, S. 77; differenzierend FRANCESCHELLI, EGiur 1988, VII, 1, (18).

181 Vgl. Cass. v. 4.9.1962, Nr. 2387, RDI 1962, II, 121 - Alessandroni c. Commissione; Cass. v. 21.10.1988, Nr. 5716, RDI, 1989, II, 3 - Soc. Star c. Star stabilimenti alimentari; Trib. Ro-

Eigenschaften erfüllen, um sich als Schutzsubjekt des Lauterkeitsrechts zu qualifizieren. Er muss sowohl Mitbewerber (concorrente) als auch Unternehmer (imprenditore) sein.
Neben einer zu vernachlässigenden Mindermeinung[182], die lediglich die Eigenschaft als Unternehmer voraussetzt, gewinnt zunehmend eine Meinung[183] an Bedeutung, die den Wettbewerber bereits dann als wettbewerbsrechtlich qualifiziert ansieht, wenn er sich als Konkurrent erweist.
Nur nach der letzten Ansicht sind auch jene Angehörigen freier Berufe durch das Lauterkeitsrecht geschützt, die sich nicht zu einem Unternehmen zusammengeschlossen haben, wie etwa ein Musikensemble[184]. Diese Meinung entspricht am ehesten der deutschen, die ebenfalls nicht voraussetzt, dass der Wettbewerber notwendigerweise ein Unternehmer im Sinne des handelsrechtlichen Gewerbebegriffes (§ 84 Abs. 1 HGB) ist, um als Schutzsubjekt in Frage zu kommen. Ausreichend ist vielmehr, dass er als Freiberufler am Wirtschaftsverkehr teilnimmt[185].
Kritisiert wurde diese Ansicht aber, weil sie in einem gewissen Widerspruch zu dem Gesetzeswortlaut steht. In Art. 2598 Nr. 3 C.c. heißt es nämlich, dass unlauteren Wettbewerb begeht, wer sich eines sonstigen Mittels bedient, das geeignet ist „das Unternehmen eines anderen zu schädigen“ (a danneggiare l'altrui azienda). Der Begriff der „azienda“ ist in Art. 2555 C.c. gesetzlich definiert als „die Gesamtheit der Güter, derer ein Unternehmer zum Betrieb seines körperschaftlich organisierten Unternehmens (impresa) bedarf“[186]. Demnach würden

---

ma v. 22.3.1973, GM, 1976, I, 73; App. Bologna v. 7.12.1989, GADI, 1990, 262; App. Roma v. 23.9.1985, GADI 1985, 744; Pret. Roma v. 3.4.1985, GADI 1986, 180 = FI 1986, I, 839.

[182] In der Lit.: FERRARI, RDI 1956, II, 425, (434); BONASI-BENUCCI, RTDPC 1957, 563, (598); BERNINI, RDI 1957, I, 288, (326 ff.); PELLEGRINO, FP 1953, I, 181 ff.
In der Rsp.: App. Firenze v. 7.2.1955, RDI, 1956, II, 431.

[183] In der Lit.: JAEGER, RDI 1971, I, 169, (175 ff.), der es ausreichen lässt, dass die Wettbewerber lediglich am Wirtschaftsverkehr teilnehmen (operatori economici), dabei aber nicht unbedingt Unternehmer sein müssen; SCIRÈ , Concorrenza sleale, Bd. I, S. 90 ff.; CARNELUTTI, RDCo 1911, I, 166 ff.; GHIRON, S. 95 Fn. 1; FRANZOSI, RDI 1962, II, 99, (102); ROVELLI, S. 9.
In der neueren Rsp. zeigen sich ebenfalls Ansätze in Richtung dieser Meinung: vgl. z.B. Trib. Roma v. 7.10.1981, GADI, 1981, 590.

[184] Vgl. hierzu SANZO, S.109 mwN.

[185] GLOY-GREUNER § 2 RdNr. 5; BAUMBACH/HEFERMEHL, Einl UWG RdNr. 202.

[186] Art. 2555 C.c lautet: „L'azienda è il complesso dei beni organizzati dall'imprenditore per l'esercizio dell'impresa“. LUTHER/BECHER, S. 488 übersetzt: „Der Betrieb ist die Gesamtheit der Gegenstände, die vom Unternehmer für die Ausübung der Unternehmung zusammengefasst sind“.
„Unternehmung“ (impresa) bzw. „Unternehmer“ (imprenditore) ist wiederum in Art. 2082 C.c. gesetzlich definiert: „È imprenditore chi esercita professionalmente una attività economica organizzativa al fine della produzione o dello scambio di beni o di servizi.“ Übersetzung bei LUTHER/BECHER, S. 395: „Unternehmer ist, wer berufsmäßig eine Wirtschaftstätigkeit ausübt, die dem Zweck der Erzeugung oder des Austausches von Gütern oder Dienstleistungen dient“.
„Azienda“ in Art. 2598 Nr. 3 C.c. und Art. 2555 C.c. wird teilweise mit „Betrieb“ (vgl. LUTHER/BECHER, S. 488, 496 u. BAUER/ECCHER/KÖNIG, Codice Civile, S. 1289, 1309), teilweise

nicht unter den Begriff der „azienda“ fallen die Freiberufler, die Künstler, die Mehrheit der kleinen Unternehmer, aber auch alle mittleren und großen Unternehmer, die keiner Organisation ihrer Güter bzw. ihres Vermögens für ihre (wirtschaftliche) Tätigkeit bedürfen[187].

Doch ist nicht ganz nachvollziehbar, weshalb letztere nur dieser Legaldefinition wegen aus dem Schutze des Lauterkeitsrechts herausgenommen werden sollen[188].

Daran zeigt sich zumindest, dass fünfzig Jahre nach Inkrafttreten des Codice Civile die sozioökonomischen Gegebenheiten sich derart geändert haben, dass man auch den Begriff „azienda“ weiter als bisher auslegen muss, um die Frage nach dem Schutzsubjekt im modernen italienischen Wettbewerbsrecht angemessen beantworten zu können[189].

Ein Schutz der Verbraucher und der Allgemeinheit ist in den Art. 2598 ff. C.c. nicht vorgesehen[190]. Nur indirekt berücksichtigt das Gesetz das Interesse der Verbraucher: Schützt das Wettbewerbsrecht das Interesse der Unternehmen, die eigenen Gewinnerwartungen nicht durch wettbewerbswidriges Verhalten der Konkurrenten beeinträchtigt zu sehen, wird als Folge damit indirekt auch das Interesse der Verbraucher geschützt, nämlich hinsichtlich der Beurteilungs- und Bewertungsmöglichkeiten der angebotenen Produkte und des Ausschlusses irreführender Werbung[191].

Die mangelnde, direkte Berücksichtigung des Verbraucherschutzes in den Art. 2598 ff. C.c. wird im jüngeren Schrifttum zunehmend kritisiert[192]. Es wird der

---

mit „Unternehmen“ übersetzt (vgl. z.B. ULMER-SCHRICKER, Bd. V, Italien RdNr. 4, S. 6 u. SCHALTENBERG, S. 241, BASTIAN, S. 211).

Die unterschiedlichen Übersetzungen lassen sich damit erklären, dass die Begriffe Unternehmen (Unternehmung) u. Betrieb in der dt. Umgangssprache meist synonym verwendet werden. Lediglich in der Betriebswirtschaftslehre werden sie im Deutschen mit teils unterschiedlicher Bedeutung verwandt; vgl. SCHMIDT, Handelsrecht, § 4 I 2.

Beide Übersetzungsmöglichkeiten sind anerkannt, wesentlich ist, dass sie für Art. 2598 Nr. 3 C.c. u. Art. 2555 C.c. einheitlich erfolgen. Entscheidend ist, dass zum Ausdruck kommt, dass der ital. (rechtliche) Begriff „azienda“ dem der „impresa“ übergeordnet ist.

[187] So JAEGER, RDI 1971, I, 169, (192 f.): „L'esclusione dei professionisti e degli artisti dalla disciplina [della concorrenza sleale nonché degli] imprenditori che non siano, o non siano ancora, titolari di un'azienda, e cioè, in primo luogo, di gran parte dei piccoli imprenditori, ma anche di imprenditori medi o grandi i quali non abbiano bisogno di un'organizzazione di beni per l'esercizio della loro attività [sarebbe conseguenza di tale interpretazione]“.

[188] SANZO, 103 f.

[189] I.E. auch SANZO, S. 103 ff.; JAEGER, RDI 1971, I, 169, (192 f.).

[190] Vgl. ULMER-SCHRICKER, Bd. V , Italien, RdNr. 37 mwN. zu Lit. u. Rsp. in Fn. 1; SCHALTENBERG, S. 18 f., 58 ff.; SCHULTZ, WRP 1991, 556, (557), der ebenfalls betont, dass Opfer eines Wettbewerbsverstoßes nur ein Unternehmer sein kann, denn dieser muss gemäß Art. 2598 Nr. 3 C.c. geeignet sein, „einem fremden Betrieb“ Schaden zuzufügen.

[191] Vgl. SCHULTZ, WRP 1991, 556, (557).

[192] JAEGER, RDI 1971, I, 169 ff.; DERS., RDI 1970, I, 5, (101 ff.); PINNARÒ, passim; SANTAGATA, S. 2 ff., LIBERTINI, S. 66f.; GHIDINI, Slealtà della concorrenza, S. 196 ff.; vgl. auch

italienischen Regelung vorgeworfen, sich den neuen wirtschaftssozialen Umständen nicht genügend angepasst zu haben[193].
Die Funktion des Lauterkeits- aber auch des Kartellrechts hängt maßgeblich von der jeweiligen Wirtschaftsordnung ab. Diese hat sich jedoch in Deutschland und Italien weitgehend parallel entwickelt, wie der folgende kurze historische Abriss zeigen soll. Es wäre demnach nur konsequent, wenn auch das italienische Lauterkeitsrecht die gewandelte Funktion des gesamten Wettbewerbsrechts berücksichtigen würde.

In der Phase des europäischen Liberalismus des 19. Jahrhunderts wurde die die vorliberale Zeit prägende Machtverteilung der feudalen und merkantilistischen Gesellschaft u.a. durch Aufhebung der mittelalterlichen Zunftverfassung beseitigt. Jede wirtschaftliche Betätigung wurde als zulässig erachtet; um jedoch das Funktionieren einer nach dem Freiheitsideal orientierten Wirtschaft zu ermöglichen, wurden lediglich Vertragsfreiheit, Eigentum und Erbrecht gewährleistet[194].

Da aber das staatliche Recht keinen Schutz gegen unlauteren Wettbewerb bot und folglich auch die Rechtsprechung diesbezüglich hilflos war[195], entbrannte in einer zweiten Phase ein rücksichtsloser Konkurrenzkampf, der zwangsläufig zur Anwendung unlauterer Kampfmittel führte, um den Mitbewerber auszuschalten. Die Wirtschaft schritt zur Selbsthilfe und begann Ende des 19. Jahrhunderts vorerst Kartelle zu bilden[196]. Diese Zusammenschlüsse rechtlich und wirtschaftlich selbständiger Unternehmen hatten den Zweck, den gegenseitigen Wettbewerb auszuschalten, um den jeweiligen Wirtschaftsablauf zu regulieren. Zwar konnten dadurch unlautere Wettbewerbsmethoden eingeschränkt werden, doch führte dies letztlich zum unbefriedigenden Zustand, dass die Wettbewerbsfreiheit auf Grund der Vertragsfreiheit eingeengt und aufgehoben wurde.

So wurde in einer dritten Phase das Wettbewerbsrecht durch staatliche Gesetze kodifiziert. In Deutschland wurde bereits am 27.5.1896 ein erstes Gesetz zur Bekämpfung des unlauteren Wettbewerbs verabschiedet, das dann durch das

---

HONORATI, S. 13 u. 62 f.; SANZO, passim, insb. S. 7, 187 ff., 207 f., 220, 423; SCHULTZ, WRP 1991, 556, (557) jeweils mit mwN.; **a.A.**, also entschieden gegen die Annahme, das Lauterkeitsrecht schütze auch den Verbraucher, FRANCESCHELLI, EGiur 1988, VII, 1, (24).

193 Vgl. HONORATI, S. 65 mwN. in Fn. 104 zu den europäischen Kodifikationen des unlauteren Wettbewerbs, die sich im Unterschied zur italienischen bereits den neuen wirtschaftssozialen Umständen angepasst haben.

194 BAUMBACH/HEFERMEHL, Allg RdNr. 37; HONORATI, S. 58 f. mwN.

195 Vgl. aus der dt. Rsp. z.B. RG v. 30.11.1880, RG 3, 67 - Apollinarisbrunnen, wonach das RG jedes Mittel im Wettbewerb für erlaubt ansah, das nicht durch besonderes Gesetz verboten war.

196 Die Rsp. in Deutschland und Italien befürwortete zunächst die Bildung solcher Kartelle, vgl. BAUMBACH/HEFERMEHL, Allg RdNr. 38 für das deutsche und HONORATI, S. 59 für das ital. Recht.

noch heute geltende Gesetz gegen den unlauteren Wettbewerb vom 7.6.1909 abgelöst wurde[197].

In Italien wurden entsprechende Regelungen erst 1942 in den Codice Civile aufgenommen[198]. Vorher konnten sich die italienischen Gerichte bei der Bekämpfung unlauteren Wettbewerbs nur auf die deliktsrechtliche Generalklausel in Art. 1151 des Codice Civile von 1865 stützen, nach der eine rechtswidrige und schuldhafte Schadenszufügung zum Ersatz verpflichtete[199].

Erst als 1925 auf der Haager Revisionskonferenz Art. 10bis PVÜ u.a. um eine Definition des unlauteren Wettbewerbs ergänzt wurde und diese Fassung der Pariser Verbandsübereinkunft in Italien ratifiziert wurde[200], konnten sich die italienischen Gerichte bei der Feststellung, wann eine Wettbewerbshandlung im Rahmen des Art. 1151 C.c. rechtswidrig ist, erstmals auf eine, wenn auch rudimentäre, Wettbewerbsregelung berufen[201].

In beiden Ländern bleibt bis heute das Lauterkeitsrecht vor allem aber Richterrecht. Die Generalklauseln § 1, 3 UWG und Art. 2598 Nr. 3 C.c. fördern und legitimieren zugleich die Herausbildung einer umfangreichen Rechtsprechung zum Lauterkeitsrecht[202].

An die Stelle des Selbstschutzes trat der staatliche Schutz. Es wurden objektive Verhaltensnormen aufgestellt.

Es mag nun an diesem zeitlichen Unterschied liegen, in dem die Rechtsmaterien kodifiziert wurden, dass der deutsche Gesetzgeber mehr Gelegenheiten hatte, neben dem Mitwerber auch den Verbraucher immer stärker in den Schutz des UWG mit einzubinden[203], was in Italien in den das Lauterkeitsrecht regelnden Art. 2598 ff. des Codice Civile bisher (noch) nicht geschehen ist[204]. Die Rechtsprechung schafft nur mühsam Teiländerungen in diese Richtung. Seit den 70er Jahren wird aber in der italienischen Lehre zumindest versucht, den Anwendungsbereich des Wettbewerbsrechts dahingehend zu erweitern, dass er den vielfältigen Interessen, die sich auf dem Markt begegnen, gerecht wird. Entgegen dem Gesetzeswortlaut, wonach nur der Unternehmer geschützt ist, versuchte das Schrifttum zeitweilig, auch den Verbraucher direkt in den Schutz des Lauterkeitsrechts einzubeziehen[205].

---

197 Vgl. zur Entstehung des UWG BAUMBACH/HEFERMEHL, Einl UWG RdNr. 17 u. HABERMEIER, S. 60 ff., der parallel dazu auch die fast zeitgleiche Entstehung des Wettbewerbskollisionsrecht aufzeigt.

198 S.o. 1.3.5. Entsprechend zeitversetzt erfolgt auch die Kodifikation des Kartellrechts in beiden Ländern; Deutschland kennt seit 1957, Italien erst seit 1990 ein Kartellgesetz.

199 Vgl. BASTIAN, S. 5 mwN. In Fn. 2.

200 VO Nr. 169 v. 10.1.1926 i.V.m. Gesetz Nr. 2701 v. 29.12.1927.

201 S.u. 2.1.3; vgl. auch BASTIAN, S. 6.

202 Vgl. BAUMBACH/HEFERMEHL, Einl UWG RdNr. 17.

203 Vgl. im einzelnen BAUMBACH/HEFERMEHL, Einl UWG RdNr. 19.

204 Vgl. auch BASTIAN, S. 25 f.

205 So HONORATI, S. 62 f.; vgl. aber zum ital. Verbraucherschutzgesetz Nr. 281 v. 30.7.1998 s.u. 1.4.3.2 und zur GesetzesVO Nr. 74 v. 25.1.1992, die die EG-Richtlinie 84/450/EWG über irreführende Werbung umsetzt, s.u. 3.3.2.1.3. Durch beide gesetzgeberischen Maßnahmen

Ein Teil der Literatur gelangte zu diesem Ergebnis, indem sie Art. 2598 C.c. im Lichte des Art. 41 Abs. 2 der italienischen Verfassung[206] auslegte[207]. Auch die italienische Rechtsprechung schien anfangs dieser Auslegung zuzustimmen oder sie zumindest zu fördern, indem sie den Standpunkt vertrat, dass sich die private wirtschaftliche Betätigung (l'iniziativa economica privata) nicht gegen den gesellschaftlichen Nutzen richten dürfe (l'utilità sociale)[208].
Ein anderer Teil des Schrifttums weigerte sich, einen derart weitgehenden Schutz des Art. 2598 C.c. aus der Verfassung abzuleiten, da der dort verankerte Grundsatz allenfalls mittelbare Wirkung für das Lauterkeitsrecht habe. Den Ausgleich der sonstigen Interessen, die auf dem Markt eine Rolle spielen, wollte er deshalb entweder direkt über das europäische Gemeinschaftsrecht[209] oder mittels des Prinzips der beruflichen Korrektheit (correttezza professionale)[210] berücksichtigt wissen.

Die ganz herrschende Lehre und die einhellige Rechtsprechung ist auch heute noch gegenteiliger Auffassung[211]. Art. 41 der Verfassung sei nicht unmittelbar anwendbar (non immediata precettività dell'art. 41 Cost.). Die Einbeziehung des Prinzips des gesellschaftlichen Nutzens (principio dell'utilità sociale) müsse durch den Gesetzgeber erfolgen und könne nicht in die bestehende Regelungsmaterie des Lauterkeitsrechts hineininterpretiert werden, um auch die Verbraucher oder das allgemeine Interesse an der Lauterkeit des Wirtschaftsverkehrs zu schützen[212].

Diese materiellrechtliche Lücke im Gesetz stellt auch das italienische internationale Privatrecht vor große Schwierigkeiten, denn es sieht sich gezwungen, die Anwendung eines von der Lehre umstrittenen, von der Rechtsprechung uneinheitlich behandelten Rechtsgebiets zu bestimmen, dessen Normen veraltet und

---

wurde der Verbraucherschutz, wenn auch nicht im Rahmen des Art. 2598 C.c., in Italien angehoben.

206 Art. 41 Cost. lautet:
(1) L'iniziativa economica privata è libera.
(2) Non può svolgersi in contrasto con l'utilità sociale o in modo da recare danno alla sicurezza, alla libertà, alla dignità umana.
(3) La legge determina i programmi e i controlli opportuni perché l'attività economica pubblica e privata possa essere indirizzata e coordinata a fini sociali.

207 In der Lit. wurde die sich auf Art. 41 Cost. stützende Argumentation insb. von Ghidini entwickelt, vgl. GHIDINI, EDir. XXVI, 806 ff, 818 ff.; DERS., Slealtà della concorrenza, S. 79 ff.

208 Bereits Trib. Milano v. 29.4.1974, GADI, 1974, 643 ff.; Trib. Milano v. 22.3.1976, GADI 1976, 319 f. (Nr. 816) u. eine weitere Entscheidung des Trib. Milano desselben Tages, GADI 1976, 335 f. (Nr. 817); vgl. auch Cass. v. 16.4.1983, Nr. 2634, GADI 1983, 52, (56 ff.) - Federazione Italia Editori Giornali c. Moselli; zum Begriff der „utilità sociale" s. SANZO, S. 178-181; 206 f., 220, 421.

209 SANTAGATA, S. 177 ff.

210 JAEGER, RDI 1970, I, 5, (132).

211 Vgl. HONORATI, S. 64 f.; GIAMMARCO, GRUR Int. 1989, 29, (30 f. mwN in Fn. 14).

212 Vgl. FRANCESCHELLI, EGiur 1988, VII, 1, (24) und ROTONDI, Diritto industriale, S. 512.

dessen über den Wortlaut hinausgehende Auslegung eine Reihe verschiedener Ansichten hervorgebracht hat.

Zusammenfassend kann festgestellt werden, dass der Schutz des Mitbewerbers im Mittelpunkt steht, während der Schutz des Konsumenten immer noch als Reflexwirkung gilt. Das Attribut „Marktrecht" kann der italienischen Regelung nicht uneingeschränkt zugeschrieben werden[213].

1.4.3 Auswirkungen des Schutzgegenstandes auf die Klagebefugnis

Die Zweckrichtung des Wettbewerbsrechts wirkt sich insbesondere bei der Gestaltung der Aktivlegitimation aus[214].

1.4.3.1 Rechtslage in Deutschland

Die typische Pluralität der Schutzadressaten in Deutschland findet ihre prozessuale Entsprechung in der Aktivlegitimation für Abwehransprüche. Neben dem aktuell oder auch nur potentiell Verletzten[215] sind auch die in § 13 Abs. 2 bis 5 UWG aufgeführten Personen, Verbände, „qualifizierte Einrichtungen" und Kammern klagebefugt.

Was unter „qualifizierten Einrichtungen" zu verstehen ist, ist in dem durch das Fernabsatzgesetz vom 27.6.2000[216] abgeänderten § 13 Abs. 2 Nr. 3 UWG näher geregelt. Qualifiziert im Sinne dieses Paragraphen sind alle Einrichtungen, die in der vom Bundesverwaltungsamt zu führenden Liste nach § 22a AGBG eingetragen sind oder in dem von der Kommission nach Art. 4 Abs. 3 der Richtlinie 98/27/EG vom 19.5.1998 über Unterlassungsklagen zum Schutz der Verbraucherinteressen[217] zu erstellenden und im Amtsblatt der Europäischen Gemeinschaften alle sechs Monate zu veröffentlichenden Verzeichnis aufgeführt sind. Die Voraussetzungen für die Eintragung in die Liste des Bundesverwaltungsamtes und in das Verzeichnis der Kommission werden in § 22a Abs. 2 AGBG bzw. Art. 3 RL 98/27/EG genannt. In beiden Fällen ist jeweils u.a. Voraussetzung, dass die Einrichtung dem kollektiven Interesse der Verbraucher dient. Für Verbraucherzentralen und andere Verbraucherverbände, die mit öffentlichen

---

213 So auch BERNHARD, S. 102.

214 ULMER-SCHRICKER, Bd. V , Italien, RdNr. 37; SCHOOFS, S. 48.

215 Dies wird vom Gesetz als selbstverständlich vorausgesetzt u. nicht ausdrücklich erwähnt, vgl. RITTNER, Wettbewerbs- u. Kartellrecht, § 4 B I 2 a), RdNr. 20; EMMERICH, § 22/2, S. 340; BAUMBACH/HEFERMEHL, § 13 RdNr. 2.

216 Gesetz über Fernabsatzverträge und andere Fragen des Verbraucherschutzrechts sowie zur Umstellung von Vorschriften auf Euro vom 27.6.2000, BGBl. 29.6.2000 I S. 897.

217 RL 98/27/EG des Europäischen Parlaments und des Rates vom 19.5.1998 über Unterlassungsklagen zum Schutz der Verbraucherinteressen, ABlEG 11.6.1998 L 166/51.

Mitteln gefördert werden, wird dies unwiderleglich gem. § 22a Abs. 2 S. 2 AGBGB vermutet.

Da Art. 4 Abs. 1 RL 98/27/EG zur Anerkennung der Klagebefugnis von Verbraucherverbänden anderer Mitgliedstaaten verpflichtet, sind auch ausländische Verbände ausdrücklich befugt, im Inland wegen der Verletzung ausländischen Wettbewerbsrechts zu klagen.
Offen bleibt aber weiterhin die Frage, ob ein inländischer Verbraucherverband gem. § 13 Abs. 2 Nr. 3 UWG befugt ist, auch Verstöße gegen ausländisches Wettbewerbsrecht vor inländischen Gerichten geltend zu machen[218].

Obwohl also Verbraucherverbände über ein Klagerecht verfügen, steht es dem einzelnen Verbraucher nicht zu[219]. Der Versuch, im Umweg über § 823 Abs. 2 (und § 1004) BGB dem Verbraucher dennoch zu solchen Ansprüchen zu verhelfen, scheitert an der klaren Regelung der Aktivlegitimation, die der Gesetzgeber in § 13 UWG getroffen hat. §§ 1, 3 UWG werden nicht als Schutzgesetze i.S.d. § 823 Abs. 2 BGB zum Schutze individueller Verbraucher angesehen[220].

Die Interessen der Verbraucher sollen mittelbar, nämlich bei der Durchsetzung von Ansprüchen durch gewerbliche Interessensverbände und Mitbewerber, gewahrt werden. Unmittelbar geschützt ist der Verbraucher nur als Abnehmer im Falle einer unwahren und zur Irreführung geeigneten Werbeangabe. Der 1986 eingefügte § 13 a UWG[221] gibt ihm allerdings keinen Schadensersatzanspruch, sondern gewährt ihm nur ein Rücktrittsrecht[222].

1.4.3.2 Rechtslage in Italien

In Italien ist der unmittelbar geschädigte Konkurrent ebenfalls klagebefugt, was sich indirekt aus Art. 2601 C.c. ergibt[223]. Während bei den in Art. 2598 Nr. 1

[218] Offengelassen hat dies BGH v. 26.11.1997, NJW 1998, 1227, (1228) - Gewinnspiel im Ausland; vgl. auch STAUDINGER-V. HOFFMANN, Art. 38 EGBGB RdNr. 550.
[219] Die nach § 13 UWG klagebefugten Verbände klagen aus eigenem Recht. Sie sind mithin keine Prozessstandschafter, die über Rechte anderer verfügen können. Näher zur Verbandsklage vgl. LINDACHER, FS Lüke, S. 377; vgl. auch RITTNER, Wettbewerbs- u. Kartellrecht, § 4 B I 2 f), RdNr. 31; BGH v. 14.5.1974, GRUR 1975, 150 – Prüfzeichen.
[220] RITTNER, Wettbewerbs- u. Kartellrecht, § 4 B I 2 f), RdNr. 31 mwN.; vgl. auch BAUMBACH/HEFERMEHL, § 1 RdNr. 912, § 3 RdNr. 440, § 13a RdNr. 1; EMMERICH, § 14/10 c), S. 201 f., § 23/2, S. 354 f.; a.A. LINDACHER, BB 1975, 1311 ff; vgl. auch Nachweise bei EMMERICH, §14/10 c), S. 202 Fn. 133.
[221] Gesetz v. 25.7.1986, BGBl. I S. 1169.
[222] BAUMBACH/HEFERMEHL, § 13 a UWG, RdNr. 1; NORDEMANN, RdNr. 15 u. 588a-588d; TILMANN, BB 1994, 1793, (1795).
[223] Dort heißt es u.a. „l'azione per la repressione della concorrenza sleale può essere promossa anche dalle associazioni professionali" (die Wettbewerbsklage kann *auch* von den Berufsver-

und 2 C.c. aufgeführten Tatbeständen nur der speziell verletzte Wettbewerber klagen kann[224], sind im Rahmen der Generalklausel des Art. 2598 Nr. 3 C.c. auch Berufsvereinigungen (associazioni professionali) klagebefugt[225], soweit die Wettbewerbsverstöße die Interessen der vertretenen Berufsgruppe verletzen (Art. 2601 C.c.)[226]. Eine bestimmte Berufsvereinigung kann folglich keine Klage erheben, die das allgemeine Interesse an der Lauterkeit des Handels geltend macht[227].

Verbraucher, Verbraucherschutzverbände und die Industrie- und Handelskammern werden in Art. 2601 C.c. nicht erwähnt.
Während den einzelnen Verbrauchern deshalb, wie im deutschen Recht, nicht die Befugnis zusteht, Unterlassungsansprüche geltend zu machen, sind die Industrie- und Handelskammern nunmehr ausdrücklich laut Art. 2 des Gesetzes vom 29.12.1993 Nr. 580 über die Neuordnung der Handelskammern i.S.d. Art. 2601 C.c. dazu befugt[228].
Verbraucherverbänden steht inzwischen gem. Art. 3 Abs. 1 lit. a) des Gesetzes Nr. 281 vom 30.7.1998 über den Schutz der Rechte der Verbraucher und Abnehmer[229] ebenfalls das Recht zu, vor dem jeweils zuständigen Gericht auf Un-

---

einigungen erhoben werden). Daraus schließt man, dass neben diesen erst recht dem unmittelbar verletzten Wettbewerber eine Klagebefugnis zusteht.

[224] Allgemeine Meinung, vgl. ULMER-SCHRICKER, Bd. V, Italien RdNr. 49; SORDELLI, S. 131 mwN. aus Lit. u. Rsp.

[225] Nach der Rsp. klagen die Berufsvereinigungen in eigenem Namen (iure proprio), vgl. Cass. v. 28.3.1960, Nr. 671, RDI 1961, II, 321 ff. = GI 1960, I, 1, 1259 - Corsi c. Chianti; Cass. v. 15.11.1984, Nr. 5772, GADI 1984, 80, (81 f.) - Oldmoor Whisky c. Scotch Whisky; weitere Nachweise zum Stand der Rsp.: vgl. ULMER-SCHRICKER, Bd. V, Italien RdNr 52 und in Ergänzung hierzu SANZO, S. 435 ff.
Die ganz h.M in der Lit. ist hingegen der Ansicht, dass die Berufsvereinigungen nur als Prozessstandschafter klagen können, Nachweise bei ULMER-SCHRICKER, Bd. V, Italien RdNr.52 u. SANZO, S. 435 ff.

[226] Zur Fortgeltung des ursprünglich auf die Zwangsverbände der korporativen (syndikalen) faschistischen Staatsordnung zugeschnittenen Art. 2061 C.c. nach Rsp. u. Lit., vgl. ULMER-SCHRICKER, Bd. V, Italien RdNr. 50; ULMER-BEIER, Unlauterer Wettbewerb, Bd. I, EWG, RdNr. 75; zu neueren Auffassungen bzw. Entscheidungen in Lit. u. Rsp. für eine Fortgeltung des Art. 2061 C.c. vgl. SANZO, S. 433 f. mwN.; **a.A.** nur GUGLIELMETTI, RDI 1961, II, 321, (333); DERS., S. 217.

[227] Cass. v. 20.12.1996, Nr. 11404, GADI 1997, 19: „Non è dunque concepibile nel nostro ordinamento una azione di concorrenza sleale da parte di un'associazione di categoria che alleghi il generico interesse alla correttezza del commercio".

[228] Legge sulle Camere di Commercio (Riordinamento delle camere di commercio, industria, artigianato e agricoltura) Nr. 580 v. 29.12.1993, Gazz. Uff. v. 11.1.1994 Nr. 7 suppl. ord.; Art. 2 lautet auszugsweise: „[...] le Camere di Commercio possono [...] promuovere l'azione per la repressione della concorrenza sleale ai sensi dell'art. 2601 del codice civile."; vgl. auch SANZO, S. 444 f.

[229] „Disciplina dei diritti dei consumatori e degli utenti", Gazz. Uff. v. 14.8.1998 Nr. 189; http://www.senato.it/parlam/leggi/98281l.htm; zum bereits am 17.1.1991 vom italienischen Senat eingebrachten Gesetzesentwurf, der schließlich zu dem genannten Gesetz führte, vgl. SCHULTZ, WRP 1991, 556, (560).

terlassung von Verhaltensweisen zu klagen, die die Interessen der Verbraucher und Abnehmer verletzen[230]. Das Recht aus diesem Spezialgesetz, das u.a. ebenfalls der Umsetzung der Richtlinie 98/27/EG dient, geht der Regelung in Art. 2601 C.c. vor[231].
Die Klagebefugnis steht aber nicht allen Verbraucherschutzverbänden zu, sondern nur denjenigen, die die in Art. 5 des Gesetzes Nr. 281/1998 näher beschriebenen Voraussetzungen, z.B. bezüglich der Anzahl der Mitglieder, der Buchführung und Bestehenszeit erfüllen.
Durch dieses Gesetz wurde ein nationaler „Verbraucherschutzrat" (Consiglio nazionale dei consumatori e degli utenti, CNCU[232]) eingerichtet, der sein Amt am 9.12.1998 unter dem Ministero dell'Industria, Commercio ed Artigianato (Industrie-, Handels- und Handwerksministerium) antrat und den bisher „stiefmütterlich" behandelten Verbraucherschutz in Italien generell vorantreiben und auf ein europäisches Niveau bringen soll. Der für die Dauer von drei Jahren gewählte Verbraucherschutzrat (CNCU), der einer deutschen bundesunmittelbaren Behörde ähnelt, setzt sich sowohl aus Vertretern von eingetragenen Verbraucherschutzorganisationen als auch einem Repräsentanten der Regionen und der Provinzen zusammen (Art. 4 Abs. 2 Gesetz Nr. 281/1998). Der Verbraucherschutzrat hat unter anderem die Aufgabe, Gutachten zu Gesetzesentwürfen zu verfassen, die die Rechte der Verbraucher tangieren könnten, Vorschläge für Untersuchungen und Aufklärungskampagnen zu erarbeiten und in der Öffentlichkeit Bewusstsein und Sensibilität für verbraucherschutzrelevante Positionen zu schaffen, sowie Kontakt mit ähnlichen Organisationen in anderen europäischen Ländern aufzunehmen (Art. 4 Abs. 4).

Mit dem Gesetz Nr. 281/1998 kam der Gesetzgeber auch der Aufforderung der Corte Costituzionale (Verfassungsgericht) nach, Vorschriften für den Schutz des Verbrauchers zu schaffen. Die Corte Costituzionale hatte es stets abgelehnt, *praeter legem* ein Klagerecht von Verbraucherschutzverbänden einzuführen[233]. Es sei nicht Aufgabe des Richters, sondern des Gesetzgebers, über die strafrechtlichen Vorschriften (vgl. Art. 444 C.p.) hinaus dem Verbraucher den erforderlichen Schutz zu verschaffen; hierbei - so das Verfassungsgericht - könnten die vom deutschen und schweizerischen Recht zugunsten der Verbraucherver-

---

[230] Art. 3 Abs. 1 lit. a) lautet:
„Le associazioni dei consumatori e degli utenti [...] sono legittimate ad agire a tutela degli interessi collettivi, richiedendo al giudice competente: a) di inibire gli atti e i comportamenti lesivi degli interessi dei consumatori e degli utenti."

[231] Ein Gesetzesentwurf von 1993, der aber nicht weiter verfolgt wurde, wollte den Verbraucherverbänden eine Klagebefugnis durch die Hinzufügung eines diesbezüglich regelnden Absatzes in Art. 2601 C.c. einräumen, vgl. BASTIAN, S. 28.

[232] Aktuelle Information findet sich auf: http://www.minindustria.it/Dgatm/CNCU/index.htm.

[233] Vgl. SCHULTZ, WRP 1991, 556, (560) (mwN. in Fn. 30); kritisch ggü. dem Fehlen eines solchen Verbandklagerechts aus dem Blickwinkel des EG-Rechts, bereits UBERTAZZI, GRUR Int. 1979, 80, (85 f.).

bände vorgesehenen Klagemöglichkeiten dem italienischen Gesetzgeber als Modell dienen[234].

Im Schrifttum machten sich schon vor Inkrafttreten des Gesetzes Nr. 281/1998 Stimmen für einen Verbraucherschutz im Lauterkeitsrecht stark[235]. Es verstoße gegen den Gleichheitsgrundsatz (Art. 3 Cost.)[236], wenn eine unlautere Handlung auch Verbraucherinteressen beeinträchtige (wie z.B. bei der Verwechslung, Anschwärzung, Täuschung), den Verbrauchern aber im Unterschied zu den Unternehmern keine Klagebefugnis vor den ordentlichen Gerichten zustehe[237]. Es könne auch nicht darauf verwiesen werden, dass die Verbraucherinteressen auf andere Weise, etwa durch den „Kodex der Werbeselbstkontrolle", geschützt würden, denn wenn es darum gehe, verfassungsrechtlich geschützte Interessen durchzusetzen, müsse dies auf jeder Ebene der Rechtsordnung geschehen[238]. Vereinzelt sprach das Schrifttum[239], aber auch die Rechtsprechung[240], den Verbraucherverbänden bereits aufgrund des Art. 2601 C.c. ein Klagerecht zu. Von der Rechtsprechung wurde diese Ansicht aber nicht weiter verfolgt. Sanzo

---

234 Corte Cost. v. 21.1.1988, Nr. 59 ord., GADI, 1988, 11: „pertanto compete al legislatore e non già al Giudice delle leggi di apprestare, per il consumatore, adeguati strumenti di salvaguardia, attualmente limitati alla tutela penale (cfr. art. 444 c.p.), prevedendo e le forme e l'ambito di azioni specifiche, sul modello di quelle contemplate dalle legislazioni tedesca e svizzera in favore delle associazioni dei consumatori". Der Fall wurde der Corte Costituzionale vorgelegt vom Trib. Milano v. 7.2.1980, GADI 1980, 204 m. Anm. SPOLIDORO = GCo 1982, II, 74 ff.

235 GHIDINI, Slealtà della concorrenza, S. 200 ff.; FLORIDA, S. 298 f.; vgl. auch SCHRICKER, GRUR Int. 1990, 112, (116); SANZO, S. 182 ff., 439 ff.

236 Art. 3 Cost. lautet:
„Tutti i cittadini hanno pari dignità sociale e sono eguali davanti alla legge, senza distinzione di sesso, di razza, di lingua, di religione, di opinioni politiche, di condizioni personali e sociali.
È compito della Repubblica rimuovere gli ostacoli di ordine economico e sociale, che, limitando di fatto la libertà e l'eguaglianza dei cittadini, impediscono il pieno sviluppo della persona umana e l'effettiva partecipazione di tutti i lavoratori all'organizzazione politica, economica e sociale del Paese."

237 GHIDINI, Slealtà della concorrenza, S. 201 f. : „in una serie [...] di atti di concorrenza sleale (ad es. per confusione, denigrazione, mendacio) [...] l'attuale sistema nega l'accesso alla tutela giurisdizionale ai portatori di quegli interessi [i.e. consumatori], riservandolo esclusivamente agli imprenditori. [...] Con ciò si attua una ingiustificata disparità di trattamento a danno dei portatori di interessi costituzionalmente rilevanti (in quanto riconducibili alla sfera dell'«utilità sociale»): e ci si scontra pertanto in pieno con il principio di cui all'art. 3 [Cost.]".

238 GHIDINI, Slealtà della concorrenza, S. 201 f.: „Né ovviamente [...] può assumere alcun rilievo la considerazione che la tutela degli interessi sociali in parola sia ricercabile «in altre sedi»: è facile replicare che, ove si tratti di garantire interessi costituzionalmente rilevanti, l'incidenza del principio di eguaglianza non può che investire l'ordinamento giuridico in ogni sua parte."

239 RUFFOLO, RdNr. 41, S. 96; UBERTAZZI, GRUR Int. 1979, 80, (86) sieht in der Anerkennung einer Klagebefugnis nur für Berufsvereinigungen eine Ungleichbehandlung und Diskriminierung nach EG-Recht.

240 Trib. Ravenna v. 18.9.1984, CG, 1984, 621, (624 f.) = GADI, 1985, 228 m. Anm. ANDREIS.

vermutet, dass aufgrund der verschiedenen neuen Gesetzgebungsinitiativen, vor allem im Bereich des Kartellrechts und der irreführenden Werbung[241], dem einzelnen Verbraucher und dessen Interessensverbänden ein ausreichender Schutz zugesprochen werde, so dass sich ein Rückgriff auf Art. 2601 C.c. erübrige[242].

Da subjektive Rechte des einzelnen Verbrauchers im Rahmen des Art. 2598 C.c. nicht anerkannt sind[243], hätte m.E. eine Klagebefugnis der Verbraucherschutzverbände sowieso nur den Sinn, die indirekt damit auch geschützten Interessen der Verbraucher an der Unterlassung einer bestimmten Wettbewerbsmaßnahme durchzusetzen. Schadensersatz kann Verbrauchern, aber auch Verbraucherschutzverbänden nur über die deliktische Haftung gewährt werden.

Der Schutz des Verbrauchers konzentriert sich in Italien vielmehr auf die freiwillige Werbeselbstkontrolle. Die weitaus größere Anzahl (ca. 80 %) an Fällen unlauterer Werbung wird von der Jury (Giurì) der italienischen Werbeselbstkontrolle und nicht von den ordentlichen Gerichten entschieden[244]. Das italienische System der Werbeselbstkontrolle wurde seit Anfang der sechziger Jahre entwickelt[245]. Zentrales Regelwerk ist der seit dem 12.5.1965 geltende „Codice di Autodisciplina Pubblicitaria“ (Kodex der Werbeselbstkontrolle)[246]. Er hat zum Ziel, „zu gewährleisten, dass die Werbung in ihrer besonders nützlichen Rolle im Wirtschaftsprozess unter besonderer Berücksichtigung ihres Einflusses auf den Verbraucher als Dienstleistung zur Information der Öffentlichkeit ausgeführt wird“[247]. Art. 2 C.a.p.[248] verbietet in einer Generalklausel jede Form irreführender Werbung.

---

[241] Zum Verbraucherschutz nach der VO Nr. 74 v. 25.1.1992 u. zur Umsetzung der RL 84/450/EWG über irreführende Werbung im Verfahren vor der „Autorità Garante“ (Behörde zum Schutz des Wettbewerbs u. des Marktes), s.u. 3.3.2.1.3.

[242] SANZO, S. 443.

[243] S.o. 1.4.2.2.

[244] Vgl. SCHULTZ, WRP 1991, 556, (559); BASTIAN, S. 155 ff.

[245] Vgl. SCHULTZ, WRP 1991, 556, (561); SCHRICKER, GRUR Int. 1990, 112, (117 f.); ausführlicher SCHALTENBERG, S. 75 ff.; BASTIAN, S. 155 ff.

[246] Inzwischen liegt er in seiner 29. Fassung vom 13.12.1999 vor. Zur jeweils neusten Fassung des Kodex der Werbeselbstkontrolle vgl. Istituto dell'Autodisciplina Pubblicitaria (I.A.P): http://www.iap.it/it/codice.htm; Vgl. ausführlich statt aller zur ital. Werbeselbstkontrolle, BASTIAN, S. 155 ff. mit dt. Übersetzung S. 221 ff.

[247] Vgl. Norme preliminari e generali (Einleitende u. allgemeine Vorschriften) des Kodex: „Il Codice di Autodisciplina Pubblicitaria ha lo scopo di assicurare che la pubblicità, nello svolgimento del suo ruolo particolarmente utile nel processo economico, venga realizzata come servizio per il pubblico, con speciale riguardo alla sua influenza sul consumatore.“

[248] Art. 2 C.a.p. lautet:
„Die Werbung muss jede Erklärung oder Darstellung vermeiden, welche geeignet ist, die Verbraucher irrezuführen, auch mittels Unterlassungen, Zweideutigkeiten oder nicht völlig offensichtlichen Übertreibungen, insbesondere wenn sie sich auf die Eigenschaften u. Wirkungen eines Produkts, den Preis, die Unentgeltlichkeit, die Verkaufsbedingungen, den Vertrieb, die Identität der abgebildeten Personen, die Prämien oder Anerkennungen bezieht.“ So die dt. Übersetzung bei BASTIAN, S. 221, vgl. auch die bei SCHALTENBERG, S. 243.

An den Kodex ist über die Zugehörigkeit zu den Verbänden der Werbewirtschaft oder mittels einer Unterwerfungsklausel die große Mehrheit aller am Werbegeschäft Beteiligten in Italien direkt gebunden.
Bei der Giurì handelt sich um eine Art Schiedsgericht, das bei Beschwerden über Verstöße gegen den C.a.p. abschließend entscheidet. Die eingegangenen Anzeigen gegen eine bestimmte Werbung werden der Giurì nach vorheriger Prüfung seitens des „Comitato di Controllo" vorgelegt. Das „Comitato di Controllo", welches neben der Giurì besteht und mit ihr zusammenarbeitet, kann aber der Giurì auch selbständig Werbebotschaften vorlegen, die es mit dem C.a.p. nicht für vereinbar hält (Art. 32 C.a.p.)
Stellen diese Organe einen Wettbewerbsverstoß fest, können sie zwar keinen Schadensersatz gewähren, jedoch als wichtigste Sanktion die Einstellung einer bestimmten Werbung anordnen (Art. 38 f. C.a.p.).
Aktivlegitimiert sind nach Art. 36 C.a.p. alle, die glauben, durch eine nicht dem Kodex entsprechende Werbung einen Nachteil erlitten zu haben[249]. Nach der Entscheidung der „Giurì" vom 21.5.1976[250] ist als beschwerdebefugt „jede Person anzusehen, welche sich mit anderen im Streit um die Konformität einer Werbung mit den Vorschriften des C.a.p. befindet". Antragsbefugt sind daher neben privaten und öffentlichen Unternehmern und Unternehmensverbänden auch die Verbraucher und ihre Verbände. Keine Voraussetzung ist das Bestehen eines wie auch immer gearteten Wettbewerbsverhältnisses zwischen den streitenden Parteien[251].

Die Giurì stellt höhere Anforderungen an den Werbenden als die nationalen Gerichte. Während letztere grundsätzlich von einem urteilsstarken „Durchschnittsverbraucher" ausgehen, stellt die Giurì auf den weniger gebildeten Werbeadressaten und Verbraucher ab, der den Aussagen und Darstellungen der Werbung unkritischer gegenübersteht[252].

Das italienischen System der freiwilligen Werbeselbstkontrolle blieb nicht unkritisiert. Zwar wird deren Berechtigung als effektives, funktionierendes Selbstkontrollsystem nicht in Frage gestellt, doch müsse auch der staatliche Lauterkeitsschutz der Werbung vom öffentlichen Wohl und dem Verbraucherschutz geprägt sein und könne nicht der Werbewirtschaft allein überantwortet werden[253].

In Deutschland übt der 1972 gegründete Deutsche Werberat eine Werbeselbstkontrolle aus. Auf ein dem italienischen Kodex vergleichbares Regelwerk kann er sich jedoch nicht stützen. Zwar gibt er Leitlinien und Verhaltensregeln heraus, diese sind jedoch in der Praxis nicht so verbindlich wie der C.a.p., der für

[249] Vgl. BASTIAN, S. 184.
[250] Entscheidung der Giurì v. 21.5.1976 Nr. 31/1976, RDI 1977, II, 512 ff.
[251] SCHULTZ, WRP 1991, 556, (561).
[252] SCHULTZ, WRP 1991, 556, (559) mit Bsp. aus der Rsp.
[253] Zum Diskussionsstandpunkt SCHALTENBERG, S. 236 f.

die Beteiligten schon deshalb zwingend ausgestaltet ist, weil sich nahezu alle auf dem Gebiet der Werbung Tätigen dem Kontrollsystem unterworfen haben. Primäre Aufgabe des deutschen Werberates ist auch nicht die Verfolgung von Verstößen, sondern die Korrektur gesellschaftspolitisch unerwünschter Entwicklungen der Werbung „in der Grauzone im Vorfeld der gesetzlich gezogenen Grenzen“[254].

Während in Italien der Kodex als eine Art „privates Werbegesetz“ anerkannt wird und den Mittelpunkt der Selbstkontrolle bildet und der den Kodex herausgebende Dachverband der Werbewirtschaft, das Istituto dell'Autodisciplina Pubblicitaria (I.A.P), eher im Hintergrund bleibt, kommt in Deutschland eindeutig dem Deutschen Werberat selbst, also der Institution, welche die Kontrolle ausüben soll, zusammen mit dem sie tragenden Dachverband, dem Zentralverband der deutschen Werbewirtschaft (ZAW e.V.) größere Bedeutung zu. Deutschland ist auch deswegen nicht auf einen solchen detaillierten Kodex angewiesen, weil die Regelungsdichte im Bereich des staatlichen Werberechts bereits höher ist als in Italien[255].

---

254 BASTIAN, S. 156 f. mwN.

255 Vgl. BASTIAN, S. 156 f. mwN.

2.Kapitel: Globales Wettbewerbsrecht

Globalisierung und Liberalisierung prägen die internationale Wirtschaftstätigkeit der letzten Jahrzehnte[1]. Es wird vom „Zeitalter der Globalisierung", der „globalen Märkte" und der „globalen Konkurrenz der Wirtschaftsstandorte" gesprochen[2].
Unter Globalisierung wird im weitesten Sinne verstanden, dass immer weltumfassender mit Waren, Dienstleistungen und Kapital gehandelt wird[3], aber auch die Produktion an verschiedenen Standorten stattfindet. Es liegt bereits in der Natur des Handels, dass er die Landesgrenzen überschreitet. Durch den technologischen Fortschritt begünstigt, verfolgen immer mehr Unternehmen globale Strategien. Die ganze Welt scheint zu einem einzigen Markt zu werden[4].
Die Globalisierung geht einher mit Deregulierung statt staatlicher Aufsicht, mit Liberalisierung von Handel und Kapitalverkehr sowie der Privatisierung von staatlichen Unternehmen[5].
Auch das internationale System des gewerblichen Rechtsschutzes antwortet auf diese Globalisierung der Weltwirtschaft. Bereits im ausgehenden 19. Jahrhundert versuchten Staaten aufgrund von zwei- und mehrseitigen Verträgen, bestimmte Gebiete des Wettbewerbsrechts zu vereinheitlichen (Internationales Verbandsrecht). Seit Errichtung des GATT (1947)[6] wurden dann den Handelsbarrieren, wie z.B. den Einfuhrzöllen, ihre Bedeutung immer mehr genommen. Daraus folgte eine erhebliche Intensivierung des internationalen Waren- und Dienstleistungsverkehrs sowie (ausländischer) Direktinvestitionen[7].

Der heute bereits erreichte Stand der Liberalisierung und insbesondere die Erfolge der Uruguay-Runde (1994)[8] würden aber gefährdet, falls den gegenüber Staaten durchgesetzten Maßnahmen keine entsprechenden Regelungen für das Verhalten von Unternehmern folgen. Dass die Errichtung einer internationalen Wettbewerbsordnung vorangetrieben wird, entspricht also dem eigenen Interesse der globalen Akteure an möglichst großer Rechtssicherheit und geringen Transaktionskosten[9].

---

[1] MÜKO-IMMENGA, Nach Art. 37 EGBGB RdNr. 92.
[2] BOXBERGER/KLIMENTA, S. 10.
[3] BOXBERGER/KLIMENTA, S. 11.
[4] MARTIN/SCHUMANN, S. 37.
[5] MARTIN/SCHUMANN, S. 19.
[6] Das „General Agreement on Tarifs and Trade" (Allgemeines Zoll- u. Handelsabkommen) trat am 1.1.1948 in Kraft.
[7] MÜKO-IMMENGA, Nach Art. 37 EGBGB RdNr. 29. Ausführlich unter Berücksichtigung der Uruguay-Runde: EG-Kommission, Mitteilung an den Rat - Auf dem Weg zu einem internationalen Wettbewerbsrecht, KOM (96) 284 endg., S. 2 f.
[8] Zum im Rahmen der Uruguay-Runde vereinbarten, revidierten Zoll- u. Handelsabkommen GATT 1994 s.u. 2.2.3.1.
[9] MÜKO-IMMENGA, Nach Art. 37 EGBGB RdNr. 92; vgl. auch IMMENGA, FS Mestmäcker, S. 594 ff. mwN.

In Anbetracht der Tatsache, dass es kein „Weltrecht" gibt und auch die United Nations Organisation (UNO) die nationalen Staaten nicht aus ihrer Gesetzgebungskompetenz verdrängt, ist die anzustrebende einheitliche Regelung eines Wirtschaftssachverhalts im Wesentlichen mit zwei Instrumenten zu erreichen. Ausländer sollen wie Inländer behandelt werden (Inländerbehandlung); dafür müssen bei aller Unterschiedlichkeit der nationalen Regelungen gewisse Mindestmaßstäbe einheitlichen Vorgehens ausgearbeitet werden (Mindeststandards)[10].

2.1 *Pariser Verbandsübereinkunft zum Schutz des gewerblichen Eigentums*

2.1.1 Geltungsbereich und Schutzgegenstand der PVÜ auf dem Gebiet des unlauteren Wettbewerbs

Das zentrale mehrseitige Abkommen auf dem Gebiet des gewerblichen Rechtsschutzes stellt die Pariser Verbandsübereinkunft zum Schutz des gewerblichen Eigentums (Unionsvertrag) vom 20. März 1883 (PVÜ) dar. Sie ist als Dachabkommen das völkerrechtliche Mutterrecht für eine Reihe weiterer, in ihrem Rahmen abgeschlossener Sonderabkommen (Art. 19 PVÜ)[11].

Die Verbandsländer werden nach Art. 1 Abs. 2 PVÜ u.a. verpflichtet, den Verbandsangehörigen einen wirksamen Schutz gegen unlauteren Wettbewerb zu sichern. Dabei handelt es sich um eine „obligatorische", dem Völkerrecht zuzuordnende Bestimmung, die nur die Mitgliedstaaten verpflichtet. Sie bilden einen körperschaftlich organisierten Verband[12].

Seit ihrer Entstehung wurde die PVÜ mehrfach revidiert[13], zuletzt in Stockholm am 14.7.1967. Für Verbandsstaaten, die sie unterzeichnet haben, erlangt die

---

[10] Vgl. FIKENTSCHER, Wirtschaftsrecht I, § 6 III 3 b), S. 153.

[11] Vgl. Übersicht bei FEZER, IntMarkR RdNr. 2 ff., es gehören u.a. dazu:

a) das Madrider Abkommen über die Unterdrückung falscher oder irreführender Herkunftsangaben auf Waren (MHA) vom 14.04.1891;

b) das Madrider Abkommen über die internationale Registrierung von Fabrik- oder Handelsmarken (MMA) vom 14.04.1891 u. dessen Protokoll (PMMA);

c) das Nizzaer Abkommen über die internationale Klassifikation von Waren u. Dienstleistungen für die Eintragung von Marken (NKA) vom 15.06.1957;

d) das Lissaboner Abkommen über den Schutz der Ursprungsbezeichnungen u. ihre internationale Registrierung (LUA) vom 31.10.1958;

e) der Vertrag über die internationale Registrierung von Marken (Trademark Registration Treaty - TRT) vom 12.07.1973;

f) der Markenrechtsvertrag (Trademark Law Treaty - TLT) vom 27.10 1994.

[12] Organe des Verbands sind die Verbandsversammlung (Art. 13 PVÜ), ihr Exekutivausschuss (Art. 14 PVÜ), das Internationale Büro (Art. 15 PVÜ), der Generaldirektor (Art. 15 Abs. 1 lit. c PVÜ), die Revisionskonferenzen (Art. 18 Abs. 2 PVÜ) u. der Internationale Gerichtshof (Art 28 PVÜ). Nach überwiegender Meinung ist der Verband eine juristische Person, vgl. FEZER, Art. 1 PVÜ, RdNr. 1 mwN.

[13] Vgl. im Einzelnen FEZER, Art. 1 PVÜ RdNr. 3.

PVÜ in ihrer jeweiligen Fassung Geltung, wenn sie ratifiziert wird. Wird die PVÜ nicht zuvor unterzeichnet, kann ihr dennoch durch Beitritt Geltung verschafft werden (Art. 20 PVÜ). Die Stockholmer Fassung trat für Deutschland am 19.9.1970, für Italien am 24.4.1977 in Kraft[14], womit sie innerstaatliches Recht geworden ist, und zwar mit Vorrang vor dem nationalen Recht, das nur dann eingreift, wenn sich aus Staatsverträgen nichts anderes ergibt.

Die PVÜ enthält weder Kollisionsnormen noch unmittelbar zwischen Privatrechtssubjekten anwendbare Sachvorschriften[15]. Sie enthält aber vor allem im wettbewerbsrechtlichen Bereich fremdenrechtliche Regelungen[16]. Dabei handelt es sich um Sachrecht für Fremde, das im Hinblick auf die Fremdeneigenschaft für bestimmte Sachverhalte Sonderregeln aufstellt, die vom allgemeinen inländischen Sachrecht abweichen[17].
Art. 10bis PVÜ verpflichtet die Mitgliedstaaten, innerstaatliche Regeln gegen den unlauteren Wettbewerb zu schaffen. Sie sollen dabei Mindestschutzbestimmungen (Art. 10bis Abs. 3 PVÜ) einhalten[18], sowie Angehörigen der Mitgliedstaaten der PVÜ und dort ansässigen Drittstaatlern in Bezug auf den Schutz des gewerblichen Eigentums eine den Inländern gleiche Behandlung zukommen lassen[19].

2.1.2 Prinzip der Inländerbehandlung und der Mindeststandards

Die PVÜ schafft nicht gleichlautendes Recht für alle Verbandsangehörige. Sie stellt vielmehr gem. Art. 2 Abs. 1 S. 1 PVÜ den verbandsangehörigen Ausländer dem Inländer gleich (Grundsatz der Inländerbehandlung[20]).
Jeder Verbandsangehörige steht hinsichtlich des Schutzes seines gewerblichen Eigentums und damit auch des Schutzes vor unlauterem Wettbewerb[21] den An-

---

[14] Die Bekanntmachung der Stockholmer Fassung (BGBl. 1970 II S. 293, 391, auch abgedruckt in GRUR Int. 1968, 418 ff.) erfolgte in Deutschland am 13.10.1970 (BGBl. II S. 1073, ber. 1971 II S. 1015), in Italien durch Gesetz vom 28.4.1976, Nr. 424 (vgl. hierzu HONORATI, S. 5 Fn. 3 mwN. u. SANZO, S. 174 ff.). Eine Übersicht über den Geltungsbereich der Verbandsverträge in der jeweils gültigen Fassung findet sich bei FEZER, S. 1558-1563.

[15] MüKo-KREUZER, Art. 38 EGBGB RdNr. 227; CAEMMERER-KREUZER, S. 235; FRORIEP, S. 14; DEUTSCH, S. 17; REGELMANN, S. 11; WEBER, S.8; WIRNER, S. 38 ff.

[16] MüKo-KREUZER, Art. 38 EGBGB RdNr. 227; WEBER, S. 8 mit mwN. in Fn. 27; LICHTENSTEIN, NJW 1964, 1208, (1210); GROßKOMM UWG/SCHRICKER, Einl F 157; STAUDINGER-V. HOFFMANN, Art. 38 EGBGB RdNr. 505.

[17] Vgl. GROßKOMM UWG/SCHRICKER, Einl F 155; MüKo-SONNENBERGER, Einl IPR, RdNr. 341.

[18] Dies veranlasst GROßKOMM UWG/SCHRICKER, Einl F 157 zu folgern, dass die PVÜ insofern für Verbandsbegünstigte unmittelbar anwendbares internationales Sachrecht des unlauteren Wettbewerbs schaffe.

[19] Vgl. auch STAUDINGER-V. HOFFMANN, Art. 38 EGBGB RdNr. 505.

[20] Das Prinzip der Inländerbehandlung wird auch Assimilationsprinzip genannt.

[21] Die Definition des „gewerblichen Eigentums“ in Art. 1 Abs. 2 PVÜ umfasst bereits nach ihrem Wortlaut auch Ansprüche aus unlauterem Wettbewerb, denn Art. 1 Abs. 2 PVÜ lautet auszugsweise:

gehörigen des Verbandslandes gleich, dessen Schutz er beansprucht, wobei Wohnsitz oder Niederlassung in diesem Land nicht Voraussetzung sein dürfen (Art. 2 Abs. 2 PVÜ). Dieser Grundsatz wird gem. Art. 3 PVÜ durch das Territorialitätsprinzip ergänzt, wonach Angehörige der Verbandsländer allen Personen gleichgestellt sind, die im Schutzstaat einen Wohnsitz oder eine Niederlassung haben.

Dem verbandsangehörigen Ausländer wird gem. Art. 2 Abs. 1 S. 1 PVÜ ein Mindestschutz eingeräumt, der von ihm in allen Verbandsländern in Anspruch genommen werden kann. Praktische Bedeutung hat dieser Mindestschutz jedoch nur dann, wenn er weiter reicht als der nationale Rechtsschutz. Nur in einem solchen Fall kommen die sonst nur subsidiären Rechte der PVÜ unmittelbar zur Geltung[22]. Soweit die besonderen Rechte der Konvention jedoch günstiger sind als die Vorschriften des nationalen Rechts, gilt das nationale Recht nicht als abgeändert. Somit kann es geschehen, dass einem verbandsangehörigen Ausländer deshalb ein Wettbewerbsvorsprung zukommt, weil er sich im Gegensatz zum Inländer z.B. auf die weniger strengen Mindeststandards der PVÜ berufen kann[23].
Dies schließt nicht aus, die Vorschriften des inländischen Rechts im Geiste der Konvention auszulegen und gegebenenfalls Gesetzeslücken entsprechend zu schließen[24].
Es wird sogar die Meinung vertreten, dass die PVÜ gerade wegen des Problems der Inländerdiskriminierung eine Schrittmacherfunktion für die Entwicklung des nationalen gewerblichen Rechtsschutzes übernommen habe[25].

2.1.3 Schutz gegen unlauteren Wettbewerb nach Art. 10bis PVÜ

Die Entwicklung des Lauterkeitsrechts im Rahmen der PVÜ hat auf der Revisionskonferenz von Washington 1911 mit der Einführung der Art. 10bis PVÜ und Art. 10ter PVÜ und in der Anerkennung der Bekämpfung unlauteren Wettbewerbs als Bestandteil des Schutzes des gewerblichen Eigentums in Art. 2 PVÜ

„Der Schutz des gewerblichen Eigentums hat zum Gegenstand [...] die Unterdrückung des unlauteren Wettbewerbs".
Art. 2 PVÜ spricht zwar nur von „gewerblichem Eigentum", bezieht sich aber implizit auch auf die in Art. 10bis PVÜ angesprochenen Ansprüche aus unlauterem Wettbewerb und die in Art. 10ter PVÜ hierfür vorgesehenen Rechtsbehelfe; vgl. hierzu auch FIKENTSCHER, Wirtschaftsrecht I, § 7 III 4, S. 252.

22 FEZER, Art. 2 PVÜ RdNr. 2.

23 Diese Besserstellung des Ausländers nach den Konventionsregeln verstößt nicht ohne weiteres gegen das Gleichbehandlungsgebot des Art. 3 GG bzw. Art. 3 Cost. oder das Diskriminierungsverbot des Art. 6 EGV, vgl. FEZER, Art. 2 PVÜ, RdNr. 2; BGH v. 14.11.1975, GRUR 1976, 355 f. - P-tronics.

24 SOERGEL-HEFERMEHL, Anh. zu § 133 BGB, RdNr. 12; FEZER, Art. 2 PVÜ RdNr. 2 mwN. zum Markenrecht.

25 So SCHRICKER/BODEWIG-HENNING-BODEWIG, S. 44.

ihren Anfang genommen. Seit der Lissaboner Revisionskonferenz 1958, auf der die irreführende Werbung in den Katalog der ausdrücklich verbotenen Verhaltensweisen aufgenommen wurde, ist keine Neuregelung des Schutzes gegen unlauteren Wettbewerb im Rahmen der PVÜ mehr erfolgt[26].
Während Art. 10bis PVÜ das sachliche Recht regelt, betrifft Art 10ter PVÜ den Rechtsschutz. Beide Artikel verpflichten, soweit sie Verbote oder Rechtsschutzmaßnahmen enthalten, die Verbandsstaaten, einen entsprechenden Schutz zu schaffen und die geeigneten Rechtsbehelfe zu sichern[27]. Das ist in Deutschland vor allem durch das UWG geschehen, in Italien durch Art. 2598 ff. C.c.

Auch Art. 10bis Abs. 2 PVÜ, wo unlauterer Wettbewerb definiert wird als „jede Wettbewerbshandlung, die den anständigen Gepflogenheiten in Gewerbe oder Handel zuwiderläuft", schafft keine Ansprüche der Verbandsangehörigen, ist jedoch durch die Transformation in den Mitgliedstaaten materielles Recht (in Gestalt einer Definitionsnorm)[28].
Was im einzelnen unter unlauterem Wettbewerb zu verstehen ist, bleibt letztlich Sache des nationalen Rechts[29]. Es wird aber darüber diskutiert, ob bei der Beurteilung der „anständigen Gepflogenheiten in Gewerbe oder Handel" nicht ein internationaler Maßstab anzulegen sei, und nationale Bewertungen allenfalls mitentscheiden sollen[30]. Anhaltspunkte für die Ermittlung eines internationalen Maßstabes könnten durch Heranziehung der von der internationalen Handelskammer erstellten Richtlinien für die Lauterkeit in der Werbung gewonnen werden[31].

Bei Art. 10bis Abs. 3 PVÜ handelt es sich um Mindestschutzbestimmungen die für ausländische Verbandsangehörige einzuhalten sind[32].
In einer nicht abschließenden Aufzählung[33] normiert er drei Fallkonstellationen unlauteren Wettbewerbs. Gemeinsam haben sie die Untersagung von Handlungen, die eine Irreführung bzw. Verwechslung hervorzurufen geeignet sind.

---

26 HONORATI, S. 6 f.; SCHRICKER/BODEWIG-HENNING-BODEWIG, S. 26 a.E.
27 So auch FEZER, Art. 10bis PVÜ, RdNr. 1 und MIOSGA, S. 107.
28 FIKENTSCHER, Wirtschaftsrecht I, § 7 III 1 a), S. 249; vgl. auch FEZER, Art. 10bis PVÜ, RdNr. 2, der von Art. 10bis Abs. 2 als einer Begriffsbestimmung des unlauteren Wettbewerbs spricht, die im Unterschied zu § 1 UWG nicht auf die Sittenwidrigkeit abstellt.
29 FIKENTSCHER, Wirtschaftsrecht I, § 7 III 3, S. 251; HONORATI, S. 9.
30 Problematisierend zu den „anständigen Gepflogenheiten in Gewerbe und Handel" s. WEBER, S. 10 mwN. Fn. 33; WIRNER, S. 29; für die Abstellung auf die Sicht des jeweiligen Schutzlandes ist SCHRICKER/BODEWIG-HENNING-BODEWIG, S. 31.
31 MIOSGA, S. 109; Die Richtlinien sind abgedruckt bei ULMER-BEIER, Bd. I, EWG, S. 322-329.
32 MÜKO-KREUZER, Art. 38 EGBGB RdNr. 227; STAUDINGER-V. HOFFMANN, Art. 38 EGBGB RdNr. 505; WENGLER, RabelsZ 19 (1954), 401, (404 ff.); WEBER S. 8 ff. mwN; FIKENTSCHER, Wirtschaftsrecht I, § 7 III 5, S. 252.
33 Nach allgemeiner Auffassung ist die Generalklausel des Art. 10bis Abs. 2 PVÜ weit genug, um auch die in Art. 10bis Abs. 3 PVÜ nicht gesondert aufgeführten Wettbewerbshandlungen zu erfassen, vgl. SCHRICKER/BODEWIG-HENNING-BODEWIG, S. 28.

Auch wenn die verbotenen Handlungen in Art. 10bis Abs. 3 PVÜ recht konkret gefasst sind[34], ist zu bedenken, dass die nationalen Gesetzgeber bei der Durchsetzung dieser Verpflichtung sowohl in der formellen Ausgestaltung wie inhaltlich in der Gewährung von darüber hinausgehendem Rechtsschutz durch weitergehende Vorschriften völlig frei sind[35].
Sie können zum Beispiel frei darüber bestimmen, ob sie den unlauteren Wettbewerb durch besondere oder allgemeine Gesetze oder etwa durch die unmittelbare Anwendung des Art. 10bis Abs. 3 PVÜ bekämpfen wollen[36].

In Deutschland gewährleistet das UWG die nationale Umsetzung der in Art. 10bis PVÜ enthaltenen Mindeststandards. Die Generalklausel des § 1 UWG, die jede „gegen die guten Sitten" verstoßende Wettbewerbshandlung verbietet, entspricht Art. 10bis Abs. 2 PVÜ[37]. Ferner sind Angaben oder Behauptungen im Handelsverkehr, die eine Irreführung des Verkehrs über die Beschaffenheit, die Herstellungsart, die wesentlichen Eigenschaften, die Brauchbarkeit oder die Menge der Waren herbeiführen können (Art. 10bis Abs. 3 Nr. 3 PVÜ) durch das Verbot der irreführenden Angaben über geschäftliche Verhältnisse gem. § 3 UWG in deutsches Recht umgesetzt.
Art. 10bis PVÜ geht insgesamt nicht weiter als das deutsche Wettbewerbsrecht[38]. Das UWG, das neben dem Schutz des Mitbewerbers auch den des Verbrauchers und der Allgemeinheit bezweckt, geht vielmehr umgekehrt erheblich über den Schutz des Art. 10bis PVÜ hinaus[39].

In Italien vertritt die ganz herrschende Lehre nunmehr die Auffassung, dass Art. 2598 C.c. und Art. 10bis PVÜ grundsätzlich identisch sind[40], zumal Art. 2598 C.c. auf der Grundlage des Art. 10bis PVÜ entstanden ist[41]. Daraus wird dann gefolgert, dass die Bestimmung der PVÜ durch deren Rezeption im später entstandenen Codice Civile „überflüssig" geworden sei[42]. Es wird sogar die Meinung vertreten, dass Art. 10bis PVÜ nach dem Inkrafttreten des Codice Civile auf die italienischen Staatsbürger nicht anwendbar sei, da durch Art. 2598 C.c. überholt[43].

---

[34] ULMER-BEIER, Bd. I, EWG, S. 23 spricht von einem „wesentlichen Fortschritt".
[35] BODENHAUSEN, Art. 10bis (b); MIOSGA, S. 107; TROLLER, A., IntEncCompL, S. 34-3.
[36] So WEBER, S. 9 mwN. in Fn. 31 u. 32; zweifelnd aber WIRNER, S. 27 ff.; ablehnend MIOSGA, S. 107.
[37] HENNING-BODEWIG, GRUR Int. 1994, 151.
[38] FEZER, Art. 10bis PVÜ RdNr. 5.
[39] HENNING-BODEWIG, GRUR Int. 1994, 151.
[40] Die „usages honnêtes" in Art. 10bis Abs. 2 PVÜ entsprächen den „principi della correttezza professionale" in Art. 2598 Nr. 3 C.c., vgl. FRANCESCHELLI, RDI 1963, I, 257, (261 f.).
[41] FRANCESCHELLI, RDI 1963, I, 257, (261 f.); SANZO, S. 184 f. mwN. zur h.L.
[42] Vgl. SANZO, S. 185: „Dalla affermata, sostanziale identità tra le due norme, i più fanno scaturire una sorta di sopravvenuta «superfluità» della disciplina convenzionale, che sarebbe stata di fatto integralmente recepita nel testo del codice civile."
[43] MINERVINI, RDI 1957, I, 237, (245 ff.).

Andererseits wird aber von einer Mindermeinung[44] auch die gleichzeitige Anwendbarkeit beider Normen vertreten, denn der aktuelle Text der PVÜ sei nach dem Codice Civile entstanden. Art. 10bis PVÜ beauftrage den jeweiligen nationalen Gesetzgeber, nationales Recht zu schaffen. Der Wille beider sich ergänzenden Vorschriften sei zu beachten. Würde man das Gegenteil behaupten wollen, müsse man Unmögliches beweisen, nämlich, dass die Interpretation beider Texte notwendigerweise zu dem selben Ergebnis führe, oder dass die in Art. 10bis PVÜ enthaltene Aufforderung zur Schaffung eines wirksamen Schutzes gegen unlauteren Wettbewerb nicht die Anpassung des nationalen Rechts an die PVÜ bewirken könne; mit dem Ergebnis, dass Italien seiner internationalen Verpflichtung nicht nachkäme[45].
Schließlich wird auch die Ansicht vertreten, dass Art. 10bis PVÜ als die weitere Norm wenig gemeinsam mit Art. 2598 C.c. habe, da die in Art. 10bis Abs. 2 PVÜ beschriebenen „anständigen Gepflogenheiten", anders als die „Grundsätze der beruflichen Korrektheit" (principi della correttezza professionale) in Art. 2598 Nr. 3 C.c., dem Schutze des Verbrauchers (consumatore) dienen würden und nicht nur dem des Wettbewerbers (imprenditore concorrente)[46].
Die Rechtsprechung[47] geht hingegen einstimmig von der Identität der beiden Normen aus und begründet dies wie die herrschende Lehre damit, dass Art. 2598 C.c. letztlich aus Art. 10bis PVÜ hervorgegangen sei. Auf einen eventuellen Unterschied bei der Auslegung des Begriffs der „anständigen Gepflogenheiten" und dem der „Grundsätze der beruflichen Korrektheit" in Bezug auf den Schutz des Verbrauchers geht sie nicht ein[48].

Obwohl die PVÜ trotz ihrer mehrfachen Überarbeitungen in ihrer jetzigen Fassung keinen gleichwertigen Rechtsschutz in allen Verbandsländern garantiert[49], kann die Schaffung eines zumindest annähernd gleichwertigen Rechtsschutzes gegen wettbewerbliche Übergriffe wie sie in Art. 10bis Abs. 3 PVÜ beschrieben

---

[44] Vor allem RAVÀ, S. 158 f.; vgl. auch AUTERI, S. 342 f. u. CASANOVA, Impresa e azienda, S. 995. Auch HONORATI, S. 8 ist der Meinung, dass beide Normen gemeinsam zur Regelung des unlauteren Wettbewerb bestimmt seien, wobei sie in Fn. 6 die Meinung von GUGLIELMETTI, S. 26 kritisiert, der Art. 10bis PVÜ auf Ausländer, den Art. 2598 C.c. hingegen auf Inländer angewandt wissen möchte und somit beiden einen unterschiedlichen Anwendungsbereich zuspricht.

[45] RAVÀ, S. 159: „Per sostenere l'opposto bisognerebbe dimostrare l'indimostrabile, e cioè che l'interpretazione dei due testi porti necessariamente allo stesso risultato, oppure che l'ordine di esecuzione non può produrre l'adattamento del diritto interno alla Convenzione; con la conseguenza che l'Italia risulterebbe inadempiente rispetto al suo impegno internazionale".

[46] SANTAGATA, S. 207 ff.

[47] Cass. v. 22.10.1956, Nr. 3805, RDI 1957, II, 209; Cass. v. 17.4.1962, Nr. 752, GC 1962, I, 601 - Soc. Allemagna panettoni c. Soc. Motta; App. Milano v. 16.1.1981, RDI 1982, II, 306.

[48] Vgl. SANZO, S. 189, der in seinen Anmerkungen auf S. 190 f. darauf hinweist, dass seit der Einführung des Art. 10bis Abs. 3 Nr. 3 PVÜ durch die Lissaboner Fassung vom 31.10.1958 (dem auch die Stockholmer weiterhin entspricht) im ital. nationalen Wettbewerbsrecht für den Verbraucherschutz nicht viel getan wurde; ähnlicher Ansicht ist HONORATI, S. 7.

[49] Vgl. auch MIOSGA, S. 108.

werden, die Ausrichtung der kollisionsrechtlichen Entscheidung an den Grundsätzen der internationalprivatrechtlichen Gerechtigkeit erleichtern[50].

Es wird auch erwogen, die PVÜ als einen „ordre public“ des Wettbewerbs aufzufassen bzw. als „Ersatzrecht“ anzuwenden, wenn das eigentlich berufene Recht nicht zu ermitteln ist, oder aber die Regelungen in Art. 10bis PVÜ als übergeordnete Rechtsgrundsätze heranzuziehen[51].

2.1.4 Vereinheitlichung des Rechtsschutzes nach Art. 10ter PVÜ

Art. 10ter Abs. 1 verpflichtet die Verbandsstaaten zur Gewährung geeigneter Rechtsbehelfe u.a. gegen die in Art 10bis PVÜ genannten Verstöße. Diese Rechtsbehelfe gewährt das deutsche Recht vor allem über das UWG[52].
Art. 10ter Abs. 2 PVÜ verpflichtet die Verbandsstaaten außerdem zur Gleichstellung der Wirtschaftsverbände der Verbandsstaaten mit den einheimischen u.a. hinsichtlich der Unterdrückung der in Art. 10bis PVÜ genannten Verstöße[53]. Diese Gleichstellung spricht das deutsche Recht nicht ausdrücklich aus. § 13 Abs. 1 UWG ist aber so zu verstehen, dass er auch ausländische Wirtschaftsverbände berechtigt, soweit sie im Inland in zivilen Rechtsstreitigkeiten klagebefugt sind, denn der deutsche Rechtsschutz ist grundsätzlich für Ausländer wie Inländer offen[54].

Gleiches gilt auch für die italienische Regelung in Art. 2601 C.c., die ebenfalls im Sinne des Art. 10ter Abs. 2 PVÜ ausländische Wirtschaftsverbände berechtigt, was aber auch hier nicht ausdrücklich geschieht[55].

Entscheidende Schwäche der PVÜ ist das Fehlen eines eigenen Sanktionsmechanismus. Zwar sieht Art. 28 PVÜ eine Klage vor dem internationalen Gerichtshof in Den Haag vor, doch erfordert dies das beidseitige Einverständnis der Beteiligten. Dadurch wird aber eine solche Klage, berücksichtigt man zudem noch die in Art. 28 Abs. 2 PVÜ enthaltene Vorbehaltsklausel, praktisch bedeutungslos[56].

---

[50] FILSECK, GRUR 1962, 247, (249).
[51] Vgl. WEBER, S. 11 u. S. 230 mwN. in Fn. 184.
[52] FEZER, Art. 10ter PVÜ, RdNr. 1.
[53] Mehr als die Gleichstellung verlangt aber Art. 10ter PVÜ nicht, vgl. Cour de Paris v. 15.10.1959, GRUR Int. 1961, 67 m. Anm. AYMOND S. 56 - Old Scotch Whisky, die die Klage eines Verbandes wegen fehlender Prozessfähigkeit abwies.
[54] FEZER, Art. 10ter PVÜ, RdNr. 1.
[55] MARCHETTI/UBERTAZZI, Art. 10ter-11, RdNr. 3 a.E.; vgl. auch ORIGONI DELLA CROCE, RDI 1977 volume celebrativo, 833, (846).
[56] Vgl. SCHMID, GRUR Int. 1998, 475, (489).

2.2 *Kartell- und lauterkeitsrechtliche Vereinheitlichungsbemühungen auf UN/UNCTAD-Ebene*

2.2.1 Der RBP-Kodex

Nach dem zweiten Weltkrieg hat man in der Havanna-Charta von 1947/48 versucht, einheitliche Standards für transnationale Wettbewerbsbeschränkungen festzulegen. Sie trat jedoch niemals in Kraft[57].

Dafür existiert aber ein UN-Kodex (RBP-Kodex[58]), dessen Ziel die Beseitigung wettbewerbsbeschränkender Geschäftspraktiken ist[59].
Er wurde am 5.12.1980 als UN-Generalversammlungs-Resolution verabschiedet[60]. Gemäß Art. 10, 13 der UN-Charta[61] ist er unverbindlich und trägt den Charakter einer Empfehlung. Adressaten der Empfehlung sind die Mitglieder der Vereinten Nationen und weltwirtschaftlich tätige Unternehmen. Da es sich um eine Empfehlung handelt, ist eine Transformation in nationales Recht nicht vorgesehen.

Der RBP-Kodex sieht eine „abgeschwächte" Inländerbehandlung vor[62]. Bei der Kontrolle wettbewerbsbeschränkender Geschäftspraktiken sollen die Staaten in Übereinstimmung mit den anerkannten Rechtsgrundsätzen eine Treu und Glauben entsprechende, gerechte und gleichmäßige Behandlung aller Unternehmen gewährleisten. Die „Gleichmäßigkeit der Behandlung" („on the same basis") ist schon in Abs. 9 der Präambel vorgezeichnet.

Er verzichtet hingegen darauf, nationale Mindeststandards für die Regelung von transnationalen Wettbewerbsbeschränkungen vorzuschreiben. Das hängt vermutlich damit zusammen, dass er sich als unverbindliche Resolution der UN-Generalversammlung nicht das Ziel gesetzt hat, transformiert zu werden[63].

---

[57] Die Ratifizierung scheiterte am Widerstand des amerikanischen Kongresses. Vgl. FIKENTSCHER, GRUR Int. 1995, 529 f; KOPPENSTEINER, § 2 RdNr. 25 mwN. in Fn. 56.

[58] RBP steht für „Set of Multilaterally Agreed Equitable Principles and Rules for the Control of Restrictive Business Practices", vgl. MÜKO-IMMENGA, Nach Art. 37 EGBGB RdNr. 93 mwN. in Fn. 256.

[59] Vgl. FIKENTSCHER, Wirtschaftsrecht I, §7 II 2, S. 215 ff.; NEBEL, S. 44.

[60] Dt. u. engl. Text in WuW 1982, 32; UN-Quelle: Doc. A/Res/35/63 of Dec. 16, 1982, UN Sales Pub.No 1981.II.D.5; vgl. dazu auch FIKENTSCHER/STRAUB, GRUR Int. 1982, 637 ff. u. GRUR Int. 1982, 727 ff. mit Abdruck des engl. Textes.

[61] Charta der Vereinten Nationen vom 26.5.1945 in Yearbook of the United Nations 1969, S. 953.

[62] Vgl. Abschnitt E 3 des RBP-Kodex. (Er gliedert sich in die Abschnitte A-G, denen eine Präambel vorgeht). Vgl. dazu FIKENTSCHER, Wirtschaftsrecht I, § 7 II 4, S. 232 f.

[63] Vgl. ausführlicher FIKENTSCHER, Wirtschaftsrecht I, § 7 II 5b, S. 233 f.

2.2.2 Tätigkeitsbereiche der OECD

Während auf UN/UNCTAD[64] Ebene mit dem RBP-Kodex die Vereinheitlichung nationaler Kartellgesetzgebung angestrebt wird, konzentriert sich die Tätigkeit der Organisation für wirtschaftliche Zusammenarbeit und Entwicklung (O-ECD)[65] auf die Förderung der Kooperation zwischen nationalen Kartellbehörden[66].

Zu diesem Zweck wurden die „Verhaltensrichtlinien für Multinationale Unternehmen (1976)"[67] und die „Empfehlung über die Formen der Zusammenarbeit der OECD-Staaten im Bereich der Wettbewerbspolitik und des internationalen Handels"[68] verabschiedet.
Auch hier liegt die Schwäche dieser Ansätze in ihrem Charakter als unverbindliche Empfehlung (soft law). Die Richtlinien für multinationale Unternehmen besitzen lediglich völkerrechtliche Verbindlichkeit[69].
Da es sich um Verhaltensrichtlinien und nicht um zwingendes Recht handelt, ist die an sich mögliche Transformation in nationales Recht nicht angestrebt. Der Inhalt dieser Richtlinien entspricht aber ohnehin weitgehend nationalem Kartell- und Lauterkeitsrecht[70]. Außerdem beachten die multinationalen Unternehmen im allgemeinen diese Richtlinien, auch wenn sie kein zwingendes Recht sind[71].

Die OECD-Richtlinien über multinationale Unternehmen gehen ebenfalls vom Prinzip der Inländerbehandlung aus und sehen Mindeststandards vor. Die Mitglieder sichern sich gegenseitig zu, alle ausländischen Gesellschaften wie inlän-

---

[64] UNCTAD steht für „United Nations Conference on Trade and Development" (Handels- u. Entwicklungskonferenz der Vereinten Nationen). Sie ist durch Beschluss der UN-Vollversammlung vom 30.12.1964 als ständiges Organ der UN eine institutionalisierte Weltwirtschaftskonferenz. Hauptaufgabe ist, zur Formulierung der Entwicklungsstrategie der UN beizutragen u. bei der Verwirklichung der Entwicklungsziele durch Vorschläge u. praktische Maßnahmen auf dem Gebiet des Handels u. der Weltrohstoffmärkte mitzuwirken.

[65] OECD steht für „Organization for Economic Cooperation and Development". Sie existiert seit 30.9.1961 als Nachfolgeorganisation der OEEC (Organization for European Economic Cooperation). Eines der Hauptziele der OECD ist die Koordinierung der Wirtschaftspolitik. Grundlage für die Verwirklichung dieses Ziels soll u.a. die Förderung der Ausweitung des Welthandels, eines stetigen Wachstums u. der Produktivität sein, vgl. GABLERS Wirtschaftslexikon, Stichwort „OECD", S. 2448.

[66] Hierzu allgemein FIKENTSCHER-HEINEMANN, WuW 1994, 97, (98 ff.) mwN.

[67] Declaration on International Investment and Multinational Enterprises by the Governments of OECD Member Countries of 21st June 1976; dt. Fassung in GROSSFELD/HÜBNER, ZGR 1978, 156 ff.

[68] Competition Policy and International Trade - OECD Instruments of Cooperation, OECD Paris 1987.

[69] Dies gilt nicht für alle Länder der OECD. Völkerrechtlich bindend sind jedoch die Richtlinien u.a. für Deutschland und Italien, vgl. FIKENTSCHER, Wirtschaftsrecht I, § 6 III 3 b), S. 153, Fn. 64.

[70] FIKENTSCHER, Wirtschaftsrecht I, § 6 III 3 b), S. 153 mwN. in Fn. 63.

[71] FIKENTSCHER, Wirtschaftsrecht I, § 6 III 3 b), S. 152 f.

dische zu behandeln und multinationale Unternehmen nur auf „transparente" Weise zu fördern als auch deren unlautere Handlungen abzuwehren[72].

2.2.3 Das TRIPs-Übereinkommen

2.2.3.1 Die WTO

Eines der Ergebnisse der sog. Uruguay-Runde von 1994 war die Umformung des Weltfreihandelsabkommens (GATT) in die Welthandelsorganisation (Agreement establishing the World Trade Organisation, WTO)[73]. Das Regelungssystem der am 1.1.1995 gegründeten WTO umfasst für alle Mitgliedstaaten der Organisation verbindliche „multilateralen Vereinbarungen". Dazu zählen das teilweise revidierte Zoll- und Handelsabkommen (GATT 1994)[74], die Vereinbarung über den internationalen Dienstleistungsverkehr (General Agreement on Trade in Services - GATS)[75] sowie das Abkommen über handelsbezogene Aspekte der Rechte des geistigen Eigentums (Agreement on Trade-Related Aspects of Intellectual Property Rights Including Trade in Counterfeit Goods - TRIPs)[76].

In das Regelungssystem der WTO wurden nicht nur Handels-, sondern in bescheidenem Maße auch bereits Wettbewerbsfragen verbindlich aufgenommen[77]. So wird in Art. XIX GATS darauf hingewiesen, dass nur durch eine weitere Liberalisierung (progressive liberalization), ein wirksamer Marktzugang (effective market access) erreicht werden kann. Damit werden auch Regelungen zur Bekämpfung wettbewerbsbeschränkender Verhaltensweisen befürwortet. In der Präambel des TRIPs-Abkommen wird ferner das Ziel formuliert, Verfälschungen des internationalen Handels reduzieren zu wollen („Desiring to reduce distortions and impediments to international trade [...]").

Da die WTO auch über ein sehr effizientes, weil zeitlich gerafftes Streitschlichtungssystem verfügt, das keiner Einstimmigkeitsentscheidungen bedarf, besteht in der internationalen Diskussion kaum ein Zweifel daran, dass sie den geeigne-

---

[72] Vgl. hierzu insbes. den ersten der drei Teile der OECD-Richtlinien. Der 3. Teil enthält Ratsbeschlüsse bezüglich der Inländerbehandlung u. gemeinsame Maßstäbe für die Kontrolle multinationaler Unternehmen, vgl. dazu FIKENTSCHER, Wirtschaftsrecht I, § 6 III 3 b), S. 153.
[73] BGBl. 1994 II S. 1442 (engl.), S. 1625 (dt.); http://www.wto.org.
[74] Das General Agreement on Tariffs and Trade (GATT 1994) ist als Teil des Annexes 1A „Agreements on Trade in Goods" Bestandteil des am 15.4 1994 in Marrakesch unterzeichneten WTO-Abkommens. Eine (engl.) Volltextausgabe des GATT-1994-Abkommens findet sich auch im Internet unter http://trading.wmw.com/gatt/
[75] GATS ist Annex 1B des WTO-Abkommens.
[76] Das TRIPs ist als Annex 1C in das WTO-Abkommen aufgenommen. Engl. Text in GRUR Int. 1994, 128 ff., dt. in BGBl. 1994 II S. 1730 ff.; vgl. auch MÜKO-KREUZER, Nach Art. 38 EGBGB Anh. II RdNr. 35a mwN. zum Schrifttum in Fn. 135.
[77] MÜKO-KREUZER, Nach Art. 37 EGBGB RdNr. 94.

ten institutionellen Rahmen für eine internationale Wettbewerbsordnung darstellen könnte[78].

2.2.3.2 *Die Grundsätze des TRIPs-Übereinkommens und dessen Verhältnis zur PVÜ*

In der Uruguay-Runde wurden erstmals die handelspolitischen Aspekte der gewerblichen Schutzrechte in die GATT-Verhandlungen miteinbezogen. Das TRIPs- Übereinkommen bezweckt vor allem die Sicherung der Handelsfreiheit durch den Schutz der Rechte des geistigen Eigentums. Darunter versteht das Übereinkommen alle Immaterialgüterrechte, also - trotz der scheinbar eingrenzenden englischen Bezeichnung „Intellectual Property Rights" - nicht nur Urheberrecht und verwandte Schutzrechte, sondern auch gewerbliche Schutzrechte.

Das TRIPs-Übereinkommen beruht wie die PVÜ ebenfalls auf dem Grundsatz der Inländerbehandlung[79], dem Mindestschutzprinzip[80], enthält aber auch Regeln über die Rechtsdurchsetzung (Art. 41 ff. TRIPs)[81] und eine Meistbegünstigungsklausel (Art. 4 TRIPs)[82].
Nach dem Meistbegünstigungsgrundsatz dürfen die Angehörigen eines TRIPs-Mitgliedstaates hinsichtlich des gewerblichen Rechtsschutzes nicht schlechter gestellt werden als die Angehörigen eines anderen TRIPs-Mitgliedstaates. Während der Grundsatz der Inländerbehandlung darauf abzielt, Diskriminierungen von (TRIPs-)Ausländern gegenüber Inländern zu verhindern, soll das Prinzip der Meistbegünstigung Diskriminierungen im Vergleich mit anderen (TRIPs-)Ausländern vermeiden. Da das Meistbegünstigungsprinzip aber nicht dazu führen darf, dass Angehörige der TRIPs-Mitgliedstaaten am höheren Schutzniveau anderer Abkommen teilhaben, ohne dass ihr Staat diesem Abkommen beitreten oder selbst einen weitergehenden Schutz als den TRIPs-Mindestschutz gewähren muss, sieht das TRIPs-Abkommen in Art. 4 lit. a bis d eine Reihe von Ausnahmen von der Meistbegünstigungsklausel vor. Nach Art. 4 lit. d gilt die Meistbegünstigung nicht, soweit Vorteile aufgrund internationaler Abkommen zum Schutz des geistigen Eigentums, die vor Inkrafttreten des WTO-Übereinkommens in Kraft getreten sind, gewährt werden, und diese Abkommen

---

[78] MüKo-Kreuzer, Nach Art. 37 EGBGB RdNr. 94 mwN. in Fn. 260.

[79] Vgl. Art. 3 TRIPs (National Treatment). Der Grundsatz der Inländerbehandlung besagt, dass jeder Angehörige eines TRIPs-Mitgliedstaates hinsichtlich des Schutzes seines gewerblichen Eigentums den Angehörigen des Mitgliedstaates gleichsteht, dessen Schutz er beansprucht. Wie bei der PVÜ wird es durch das Territorialitätsprinzip ergänzt. Letzteres ist zwar nicht ausdrücklich normativ fixiert, ergibt sich aber aus der Eingliederung der auf dem Territorialitätsprinzip beruhenden multilateralen Übereinkommen (u.a. der PVÜ) gem. Art. 2 Abs. 2 TRIPs; vgl. dazu ausführlicher Katzenberger, GRUR Int. 1995, 447, (459 f.).

[80] Vgl. Art. 1 Abs. 1 TRIPs (Nature and Scope of Obligations).

[81] Ausführlicher zu Teil III des TRIPs, Dreier, GRUR Int. 1996, 205 u. Fezer, IntMarkenR, RdNr. 20.

[82] Most-Favoured-Nation Treatment. Vgl. dazu Fezer, IntMarkenR, RdNr. 19.

dem Rat für TRIPs[83] notifiziert, d.h. bekannt gemacht werden. Am 19.12.1995 haben aber die EU und ihre Mitgliedstaaten dem Rat für TRIPs mitgeteilt, dass der EU- und der EG-Vertrag als internationale Abkommen anzusehen sind, aus denen keine Rechte aufgrund der Meistbegünstigungsklausel abgeleitet werden können. Von der Notifikation ist auch das gegenwärtige und zukünftige sekundäre Gemeinschaftsrecht erfasst[84].

Interpretiert man den Regelungsbereiches des unlauteren Wettbewerbs weit, so lässt sich behaupten, dass das TRIPs-Abkommen auch einige lauterkeitsrechtliche Vorschriften enthält[85]. Diese beschränken sich freilich auf das Gebiet der Immaterialgüterrechte.
Wettbewerbsrechtliche Elemente liegen z.B. bei Art. 22 Abs. 2 TRIPs vor, wonach geografische Herkunftsangaben gegen jede unlautere Benutzung geschützt sind[86]. Für den Schutz von Briefgeheimnissen - in TRIPs als „nicht offenbarte Informationen" (undisclosed informations) bezeichnet - verweist Art. 39 Abs. 1 TRIPs auf Art. 10bis PVÜ.

Durch das TRIPs-Abkommen hat sich der territoriale Anwendungsbereich der PVÜ ausgeweitet, denn über Art. 2 Abs. 1 TRIPs verpflichtet das TRIPs-Abkommen alle TRIPs-Mitglieder, auch wenn sie nicht PVÜ-Mitglieder sind, bezüglich bestimmter Teile des Abkommens, die Art. 1 bis 12 sowie 19 der PVÜ in ihrer Stockholmer Fassung zu befolgen[87]. Aus Art. 2 Abs. 1 TRIPs folgt aber nicht, dass der materiellrechtliche Standard der PVÜ nunmehr auch für die Inländerbehandlung durch die Mitgliedsländer der WTO gilt[88].
Obwohl insbesondere durch die Bezugnahme auf die PVÜ in Art. 2 Abs. 1 TRIPs das Wettbewerbsrecht - gleichsam durch die Hintertür - doch noch in das TRIPs-Abkommen hineingekommen ist, kann es nicht in eine der PVÜ vergleichbare internationale Regelung des Wettbewerbsrechts umgedeutet werden[89]. Höchstens indirekt, nämlich über die Verweisung auf die PVÜ ist von

---

83 Er ist gem. Art. 68 TRIPs eingerichtet, zuständig für die Verwaltung des TRIPs-Abkommens u. für die Zusammenarbeit mit der WIPO.

84 FEZER, IntMarkenR, RdNr. 19.

85 Vgl. auch HEINEMANN, GRUR Int. 1995, 535 ff.; FIKENTSCHER, GRUR Int. 1995, 529, (532 f.); SCHRICKER/BODEWIG-HENNING-BODEWIG, 34 f.

86 Art. 22 Abs. 2 b TRIPs verweist in Ergänzung zu Abs. 2 a auf Art. 10bis PVÜ: „In respect of geographical indications, Members shall provide the legal means for interested parties to prevent: (a) [...] (b)any use which constitutes an act of unfair competition within the meaning of article 10bis of the Paris Convention (1967)". Eingehender KNAAK, GRUR Int. 1995, 642 ff.

87 Dies ist auch der Grund, weshalb das TRIPs-Abkommen sich kurz als „Paris-Plus-Ansatz" bezeichnen lässt, so jedenfalls KUR, GRUR Int. 1994, 987, (989); KOPPENSTEINER, § 37 RdNr. 15; FEZER, IntMarkenR RdNr. 29.

88 SCHRICKER/BODEWIG-HENNING-BODEWIG, S. 35.

89 SCHRICKER/BODEWIG-HENNING-BODEWIG, S. 35, 44; vgl. aber auch BRAEUMER auf dem 11. Ringberg-Symposium, Tagungsbericht bei SCHMID, GRUR Int. 1998, 475, (490), der darauf hinweist, dass sich nach der allgemeinen Meinung das TRIPs-Abkommen nicht auch auf Art. 10bis PVÜ erstreckt. Da sich aber diese Ansicht vertreten ließe, gehe jedenfalls die WIPO

dem TRIPs-Abkommen ein gewisser Druck zu Schaffung von Wettbewerbsgesetzen zu erwarten[90].

2.2.4 Die WIPO und die „Model Provisions on Protection against Unfair Competition"

2.2.4.1 Die WIPO und ihre Verwaltungs- und Koordinierungsfunktion der PVÜ

Die Verwaltung und Koordinierung der PVÜ und seiner nachfolgenden Abkommen[91] obliegt der World Intellectual Property Organisation (WIPO) als Dachorganisation für alle internationalen Übereinkommen auf dem Gebiet des gewerblichen, literarischen und künstlerischen Eigentums[92]. Sie wurde 1970 aufgrund einer 1967 unterzeichneten Konvention gegründet. Das Übereinkommen zur Errichtung der Weltorganisation für geistiges Eigentum vom 14.7.1967 (WIPO-Konvention) wurde von 43 Staaten, darunter auch Deutschland und Italien unterzeichnet und ratifiziert[93]. Sie ist Völkerrechtssubjekt und seit 17.12.1974 eine Sonderorganisation der Vereinten Nationen mit Sitz in Genf. Ihr gehören heute 157 Staaten an[94].

Bevor im April 1994 auf der Uruguay-Runde erstmals die handelspolitischen Aspekte der gewerblichen Schutzrechte in die GATT-Verhandlungen miteinbezogen wurden, war die WIPO auf internationaler Ebene für den gewerblichen Rechtsschutz allein zuständig.

---

gewissermaßen „vorsichtshalber" davon aus, dass die TRIPs-Unterzeichnerstaaten auch ohne eine Zugehörigkeit zur PVÜ deren Art. 10bis PVÜ in ihr Recht übernehmen sollten.

[90] Die praktische Relevanz der materiellrechtlichen Bestimmungen des TRIPs u. damit der PVÜ hängt natürlich erheblich von ihrer unmittelbaren Anwendbarkeit ab. Die Frage kann derzeit nicht als zureichend geklärt gelten, vgl. KOPPENSTEINER, § 37 RdNr. 15. Sie wird von DEXEL, GRUR Int. 1994, 777, (783 ff.) mit beachtlichen Gründen bejaht, obwohl der EuGH die unmittelbare Anwendbarkeit des GATT abgelehnt hat, vgl. dazu EuGH v. 12.12.1995, RS C-469/93, EWS 1996, 58 - Chiquita.

[91] Zu den Abkommen s.o. Fn. 11.

[92] Vgl. KOPPENSTEINER, § 37 RdNr. 13.

[93] Deutschland trat am 19.9.1970, Italien am 20.4.1977 der WIPO bei. S. dt. amtl. Text der WIPO-Konvention in GRUR Int. 1968, 413 ff.; vgl. die engl. u. franz. Fassung in GRUR Int. 1967, 528 ff.

[94] FEZER, IntMarkenR, RdNr. 16.

2.2.4.2 *Der Inhalt der „Model Provisions on Protection against Unfair Competition"*

Was der DIAC[95] für das Kartellrecht ist, sind die „Model Provisions on Protection against Unfair Competition" für das Lauterkeitsrecht.
Ende 1996 hat die WIPO die sog. „Model Provisions" (MP) mit begleitenden Erläuterungen (notes) veröffentlicht[96]. Laut der Erläuterung 1.01 und 1.02 zu Art. 1 MP soll das Modellgesetz den Staaten, die sich bei der Einführung von Gesetzen gegen unlauteren Wettbewerb mit Bitte um Rat an die WIPO wenden, eine Hilfe an die Hand geben, diese im Einklang mit den sich aus Art. 2 Abs. 1 TRIPs und somit auch aus Art. 10bis PVÜ resultierenden Verpflichtungen zu gestalten. Potentielle Adressaten seien in erster Linie die Entwicklungs- und Reformländer in Osteuropa und in der ehemaligen Sowjetunion[97]. Von seiten der WIPO wird bei der Beratung stets darauf geachtet, dass die Vorschläge dem jeweiligen Rechtskreis angepasst sind. Dadurch erhalten die „Model Provisions" einen individuellen Beratungszweck. Weder die „Model Provisions" noch die WIPO selbst können jedoch eine bindende Interpretation der PVÜ vorgeben[98].

Sie knüpfen sowohl an die PVÜ, insbesondere Art. 10bis PVÜ, als auch an das TRIPs-Abkommen an. Das geht außer aus dem Text der „Model Provisions" selbst, auch aus deren zahlreichen Anmerkungen hervor, die zur Erklärung oder näheren Definition der verwendeten Begriffe öfters auf die PVÜ und das TRIPs-Abkommen mitsamt seinen Fußnoten verweisen[99].

---

[95] DIAC steht für: „Draft International Antitrust Code", auch „Munich Code" genannt. Vgl. den Text bei FIKENTSCHER/IMMENGA, Draft International Antitrust Code. Nach diesem im System der WTO verankerten Modellgesetz (model law) wäre ein Abkommen über eine internationale Wettbewerbsordnung erstrebenswert, das die völkerrechtliche Verpflichtung der beteiligten Staaten vorsieht, die darin enthaltenen Kartellrechtsregeln in nationales Recht zu transponieren.

[96] WIPO Publication No. 832 (E), ISBN 92-805-0642-0.

[97] So BAEUMER auf dem auf dem 11. Ringberg-Symposium des Max-Plank-Instituts für ausländisches u. internationales Patent-, Urheber- u. Wettbewerbsrecht, vgl. Tagungsbericht bei SCHMID, GRUR Int. 1998, 475, (489).

[98] Hierzu fehlt es der WIPO an der Zuständigkeit, vgl. SCHMID, GRUR Int. 1998, 475 mwN. in Fn. 52.

[99] So basiert z.B. Art. 4 Abs. 1 MP auf Art. 10bis Abs. 3 Nr. 3 PVÜ (vgl. note 4.01 u. 4.02 MP), während sich Art. 4 Abs. 2iv MP in seiner Definition des „geographical origin" an den der „geographical indication" des Art. 22 Abs. 1 TRIPs anlehnt (vgl. 4.11 MP). Art. 6 MP beruht auf Art. 39 TRIPs (vgl. 6.01 MP). Art. 6 Abs. 2 MP zählt Beispiele auf, unter denen ein Verstoß gegen die Geheimhaltungspflicht unlauteren Wettbewerb darstellt; Erläuterung 6.10 MP weist darauf hin, dass diese Beispiele dem entsprechen, was in Art. 39 Abs. 2 Fn. 10 TRIPs mit „contrary to honest commercial practices" (entgegen anständiger Gepflogenheiten in Gewerbe u. Handel) gemeint ist. Vgl. hierzu auch Art. 10bis Abs. 2 PVÜ: „concurrence contraire aux usages honnêtes". Der Begriff „secret information" in Art. 6 Abs. 3 MP soll laut Erläuterung 6.16 MP dem der „undisclosed information" in Art. 39 Abs. 2 TRIPs entsprechen. Art. 6 Abs. 4 MP soll ferner laut 6.21 MP Art. 39 Abs. 3 TRIPs entsprechen.

Die Regelungstechnik der PVÜ wurde beibehalten; die „Model Provisions" gehen aber über den dort vorgesehenen Schutz hinaus. Der Generalklausel (Art. 1 MP[100]), die mit der Verweisung auf das Merkmal der „honest practices" („anständige Gepflogenheiten") das Herzstück der Regelung bildet, folgen speziell geregelte Beispielsfälle (Art. 2-6 MP). Im Gegensatz zu Art. 10bis PVÜ erfordert die Generalklausel des Art. 1 MP jedoch nicht mehr das Bestehen eines direkten Wettbewerbsverhältnisses (vgl. note 1.06 MP)[101]. Die Erläuterungen weisen wiederholt darauf hin, dass, anders als bei der PVÜ, ausdrücklicher Regelungszweck auch der Verbraucherschutz ist[102]. Verbraucherschutzverbände (consumer associations) sollen ebenfalls gegen unlauteren Wettbewerb vorgehen können[103].

Entgegen der PVÜ und des TRIPs-Abkommens haben die „Model Provisions" aber keine Bindungswirkung. Sie sind als Diskussionsvorschlag zu sehen. Eine gewisse Relevanz kommt ihnen aber schon allein dadurch zu, dass sie von der WIPO fixiert wurden[104].

In den „Model Provisions" finden sich zumindest Ansätze zur Lösung verfahrensrechtlicher Probleme[105]. Eine bruchstückhafte, weil unvollständige Regelung der Sanktionen findet sich in Art. 1 Abs. 1 b MP[106]. Was die gerichtliche Geltendmachung betrifft, wird in den Erläuterungen 1.08 und 1.09 auf Teil III

---

[100] Artikel 1 (General Principles) lautet auszugsweise:
(1) [General Provision]
(a) In addition to the acts and practices referred to in Articles 2 to 6, any act or practice, in the course of industrial or commercial activities, that is contrary to honest practices shall constitute an act of unfair competition.

[101] Dort heißt es: „This means that the Model Provisions apply also in situations where there is no direct competition between the party who commits the act and the party whose interests are affected by the act. Where an act is not directed against a competitor of the person who has committed the act, it may nevertheless influence competition in the market by increasing the competitiveness of that person in relation to his competitors."

[102] Vgl. z.B. 1.06 MP: „consumers also are protected"; 4.01 MP: „misleading acts are primarily targeted at consumers and not directly against competitors"; 4.05 MP: „has to be prohibited in the interest of both consumers and competitors".

[103] Vgl. 1.10 MP: „remedies [...] should [...] be available also to consumers and consumer associations". In 5.05 MP wurde hingegen auch an *durch* Verbraucherschutzverbände begangenen unlauteren Wettbewerb gedacht: „not only competitors but also [...] consumer associations [...] maybe acting in a manner contrary to the principles of fair competition".

[104] SCHRICKER/BODEWIG-HENNING-BODEWIG, S. 38.

[105] Der DIAC ist in der Lösung der verfahrensrechtlichen Probleme wesentlich ausführlicher. Er sieht die Einrichtung einer Internationalen Antitrustbehörde (IAA) u. eines internationales Antitrust-Panel (IAP) vor. Kommt ein Staat seinen Verpflichtungen aus dem plurilateralen Abkommen nicht nach (z.B. setzt er die Normen nicht um), so ist dies eine Verletzung völkerrechtlicher Verpflichtungen, über die das IAP zu entscheiden hat; vgl. eingehender MÜKO-IMMENGA, Nach Art. 37 EGBGB RdNr. 96.

[106] Art. 1 Abs. 1 b MP lautet:
„Any natural person or legal entity damaged or likely to be damaged by an act of unfair competition shall be entitled to the remedies referred to in ... ."

des TRIPs-Abkommens mit der Überschrift „Enforcement of Intellectual Property Rights“ verwiesen.

Es mag dahingestellt bleiben, ob die „Model Provisions“ zu global angelegt sind[107]. Doch geben sie ein Bild von dem, was derzeit mehr oder weniger weltweit als unlauterer Wettbewerb wahrgenommen wird und zu bekämpfen ist[108].

---

[107] Vgl. zur Kritik auf dem 11. Ringberg-Syposium den Tagungsbericht in SCHMID, GRUR Int. 1998, 475, (489): Weil zu global, dürfe man sie jedenfalls nicht isoliert umsetzen; das Umfeld des sonderrechtlichen Schutzes u. die wirtschaftlichen Rahmenbedingungen bedürften stets besonderer Berücksichtigung.

[108] Bezeichnend hierfür ist z.B., dass eine Vorschrift über sklavische Nachahmung (slavish imitation) nicht in die „Model Provisions“ aufgenommen wurde. Dies wird in den Erläuterungen 1.11 MP damit begründet, dass es bisher (noch) nicht möglich war, allgemein akzeptierte Voraussetzungen auszumachen, bei deren Vorliegen sklavische Nachahmung als unlauter zu bekämpfen ist („[...] because, at least for the time being, it has not been possible to establish generally accepted conditions for such protection“).

3. Kapitel: Rechtsangleichung und -vereinheitlichung des Lauterkeitsrechts innerhalb der Europäischen Gemeinschaft

3.1 Überblick über die Harmonisierungsbemühungen auf europäischer Ebene

3.1.1 Sachrechtliche Ebene

Am 25.3.1957 wurde in Rom die Europäische Wirtschaftsgemeinschaft errichtet. Bereits kurz nach Inkrafttreten des Rom-Vertrages wurden Vorarbeiten zur Vereinheitlichung des Wettbewerbsrechts aufgenommen, die das in der Präambel festgeschriebene Ziel verfolgen sollten, „eine beständige Wirtschaftsausweitung, einen ausgewogenen Handelsverkehr und einen redlichen Wettbewerb zu gewährleisten“. Während sich schon bald erste Erfolge im Bereich des Patentrechts[1] und sodann auch des Marken- und Musterrechts[2] zeigten, erwies sich die Harmonisierung des Wettbewerbsrechts von Anfang als schwieriger, weil das Wettbewerbsrecht in den sechs ursprünglichen Mitgliedstaaten unterschiedlich weit entwickelt war und von verschiedenen rechtlichen Ansätzen ausging[3]. Außerdem brachte der Wandel der Schutzzwecke eine weitere Komplikation mit sich, denn seit Mitte der 60er Jahre nahm der Gedanke des Verbraucherschutzes breiten Raum ein und gesellte sich gleichrangig neben den Konkurrentenschutz und den Schutz der Allgemeinheit, wobei auch diese Entwicklung in den einzelnen Mitgliedstaaten unterschiedlich verlief[4]. Schließlich wirkte die Schaffung eines Europäischen Markenrechts sich hemmend auf die Harmonisierung aus, da ein erheblicher Regelungsbereich, nämlich der der Verwechslungsgefahr durch Benutzung der Marke, in das Markenrecht aufgenommen und aus der wettbewerbsrechtlichen Vereinheitlichung herausgenommen wurde[5].

Bevor ernsthafte Vereinheitlichungsarbeiten beginnen konnten, musste naturgemäß zunächst der Ist-Zustand der nationalen Wettbewerbsrechte festgestellt werden. Diese Notwendigkeit ergab sich auch daraus, dass die Bedeutungsinhalte der einzelnen Begriffe in den nationalen Rechten voneinander abwichen und geklärt werden musste, wie diese Begriffe in den nationalen Rechten aufgrund von Tradition und Rechtsprechung verstanden werden. Im Auftrag der EG-Kommission erstellte das Max-Planck-Institut für ausländisches und internationales Patent-, Urheber- und Wettbewerbsrecht in München unter Leitung von

---

[1] Vgl. dazu ULMER, GRUR Int. 1962, 537 ff.

[2] Näher dazu BEIER, GRUR Int. 1963, 83 ff.; HEYDT, GRUR Int. 1960, 348 ff.; SCHRICKER, GRUR Int. 1990, 771, (772 f.).

[3] Auch der Beitritt von Großbritannien und Irland, die kein ausgebildetes „unfair competition law“ kannten, erschwerte die Harmonisierung zusätzlich, vgl. GLOY-JACOBS/SCHULTE-BECKHAUSEN, § 25 RdNr. 1; BEIER, GRUR Int. 1984, 61, (62); SCHRICKER, FS Zweigert, S. 537 ff.; BRIEM, S. 158.

[4] BEIER, GRUR Int. 1984, 61, (66 f.); SCHRICKER, FS Zweigert, S. 538 f.

[5] Vgl. SCHRICKER, FS Zweigert, S. 539.

Eugen Ulmer eine umfassende Bestandsaufnahme der nationalen Wettbewerbsrechte und legte ab 1965 ein rechtsvergleichendes Gutachten mit Länderberichten über die damaligen sechs Mitgliedstaaten vor. Im ersten Band dieses Gutachtens wird ein Rechtsvereinheitlichungsvorschlag gemacht, der den Abschluss eines völkerrechtlichen Vertrages vorsieht, an dessen Spitze eine an Art. 10bis Abs. 2 PVÜ angelehnte Generalklausel, gefolgt von Einzeltatbeständen stehen soll[6].

Die Harmonisierungsbemühungen der Europäischen Union im Wettbewerbsrecht sind, im Gegensatz zu anderen Gebieten des gewerblichen Rechtsschutzes wie dem Patent- und Markenrecht, nicht entscheidend und nur punktuell vorangekommen[7]. Derzeit besteht ein Flickenteppich im gemeinschaftsrechtlichen Wettbewerbsrecht[8]. Eine einheitliche und harmonisierte Generalklausel wie etwa §§ 1, 3 UWG fehlt nach wie vor[9]. Gleichwohl ist diese Harmonisierung zu Recht zwar als langwieriges, nicht aber aussichtsloses Unterfangen bezeichnet worden[10].

3.1.2 Kollisionsrechtliche Ebene (Rom II-Verordnung)

Auf internationalprivatrechtlicher Ebene scheinen die europäischen Harmonisierungsbestrebungen leichter und nunmehr wieder schneller voranzuschreiten.
Zu Beginn der 70er Jahre enthielt der Vorentwurf eines EWG-Übereinkommens über das auf vertragliche und außervertragliche Schuldverhältnisse anwendbare Recht auch Kollisionsnormen für das Deliktsrecht[11]. Um die Fertigstellung zumindest eines Teils des Übereinkommens nicht zu verzögern, entschied man sich, unter besonderem Bedauern von Italien und Deutschland, den Teil über außervertragliche Schuldverhältnisse fallen zu lassen.
Der verbleibende Teil mündete dann im Römischen EWG-Übereinkommen über das auf vertragliche Schuldverhältnisse anzuwendende Recht vom 19.6.1980 (Rom I-Übereinkommen)[12].

---

6 ULMER-BEIER, Bd. I, EWG, S. 247 ff.

7 Vgl. zum Patentrecht und Markenrecht statt aller GLOY-JACOBS/SCHULTE-BECKHAUSEN, § 25 RdNr. 3 Fn. 9.

8 Vgl. jüngst DETHLOFF, JZ 2000, 179.

9 Eine solche Generalklausel hat SCHRICKER, GRUR Int. 1990, 771, (776) vorgeschlagen und formuliert.

10 SCHRICKER GRUR Int. 1990, 771, (777); PIPER, WRP 1992, 685, (687).

11 Vgl. WAGNER, EuZW 1999, 709; dt. Fassung (Art. 10-12, 14) abgedruckt in RabelsZ 38 (1974), 211; ital. Fassung (Progetto preliminare di convenzione sulla legge applicabile alle obbligazioni contrattuali e non contrattuali) bei DI MARCO, S. 402-415, Art. 10 bis 14 mit ausführlicher Anm. GIULIANO, der Art. 10 des Vorentwurfs auch auf Fälle unlauteren Wettbewerbs angewandt wissen möchte (S. 405).

12 Vgl. SPICKHOFF, IPRax 2000, 1; DERS., NJW 1999, 2209; DI MARCO, S. 401; Art. 57 ital. IPRG nimmt auf das Rom I-Übereinkommen direkt Bezug.

Inzwischen wird in Brüssel über den Entwurf einer Verordnung des Rates über das auf außervertragliche Schuldverhältnisse anwendbare Recht vom 21.6.1999 (Rom II-Verordnung) verhandelt[13]. Diese lässt eine umfassende Vereinheitlichung des Internationalen Lauterkeitsrechts in Europa erwarten, denn sie geht in ihrer jetzigen Fassung auch speziell auf das Lauterkeitsrecht ein.
Gem. Art. 3 Abs. 1 Rom II-VO[14] ist grundsätzlich das Recht des Staates zu dem die engste Verbindung besteht, maßgeblich. Für den Bereich des unlauteren Wettbewerbs enthält Art. 3 Abs. 6 Rom II-VO[15] die Vermutung, dass die engste Verbindung zu dem Staat besteht, in dem sich die schädigende Handlung auswirkt. Danach würde das sog. Marktortprinzip gelten, wonach Ansprüche aus unlauterem Wettbewerb dem Recht des Staates unterliegen, auf dessen Markt eingewirkt wird[16]. Eine solche Anknüpfung an den Marktort sehen tatsächlich schon einige europäische Länder *de lege lata* vor[17]. Aber auch in anderen europäischen Ländern, die keine besondere Wettbewerbskollisionsnorm kennen und von der deliktsrechtlichen Anknüpfung an die *lex loci delicti* ausgehen, tragen den Besonderheiten des Wettbewerbsrechts auf kollisionsrechtlicher Ebene oft

[13] Der nur in franz. Sprache vorliegende Entwurf vom 21.6.1999 ist nicht veröffentlicht, wurde mir aber freundlicherweise von Frau Dr. N. Dethloff zur Verfügung gestellt. Daraus wird im Folgenden zitiert. Vgl. zu diesem Entwurf DETHLOFF, JZ 2000, 179, (180); WAGNER, EuZW 1999, 709; TETTENBORN, K&R 2000, 59, (60).
Ein früherer Entwurf, der auf der Tagung für Internationales Privatrecht in Luxemburg vom 25.-27.9.1998 vorgelegt wurde, ist in IPRax 1999, 286-288 in franz. Sprache abgedruckt; vgl. dazu JAYME, IPRax 1998, 140 f.; DERS., IPRax 1999, 298.
[14] Art. 1 Abs. 1 lautet:
„L'obligation non-contractuelle dérivant d'un fait dommageable est régie par la loi du pays avec lequel elle présente les liens les plus étroits".
[15] Art. 3 Abs. 6 lautet:
„En cas de concurrence déloyale ou de pratique commerciale restrictive, le dommage est présumé survenir dans le pays où le fait dommageable produit ses effets".
[16] DETHLOFF, JZ 2000, 179, (180); TETTENBORN, K&R 2000, 59, (60).
[17] Vgl. § 48 Abs. 2 österr. IPR-Gesetz:
(Außervertragliche Schadenersatzansprüche)
(1) Außervertragliche Schadenersatzansprüche sind nach dem Recht des Staates zu beurteilen, in dem das den Schaden verursachende Verhalten gesetzt worden ist. Besteht jedoch für die Beteiligten eine stärkere Beziehung zum Recht ein und desselben anderen Staates, so ist dieses Recht maßgebend.
(2) Schadenersatz- und andere Ansprüche aus unlauterem Wettbewerb sind nach dem Recht des Staates zu beurteilen, auf dessen Markt sich der Wettbewerb auswirkt."
Vgl. Art. 4 des span. Gesetzes über unlauteren Wettbewerb (Ley de Competencia Desleal), dt. Übersetzung in GRUR Int. 1991, 551, (553) u. bei BERNHARD, S. 236:
(Territorialer Anwendungsbereich)
Das vorliegende Gesetz ist auf unlautere Wettbewerbshandlungen, die wesentliche Wirkungen auf den spanischen Markt haben oder haben können, anwendbar.
Vgl. auch die Regelung der nicht der EU zugehörigen Schweiz in Art. 136 Schweizer IPRG:
(1) Ansprüche aus unlauterem Wettbewerb unterstehen dem Recht des Staates, auf dessen Markt die unlautere Handlung ihre Wirkung entfaltet.
(2) Richtet sich die Rechtsverletzung ausschließlich gegen betriebliche Interessen des Geschädigten, so ist das Recht des Staates anzuwenden, in dem sich die betroffene Niederlassung befindet.

Rechnung und identifizieren den Begehungsort mehr oder weniger eindeutig mit dem Marktort[18]. Somit entspricht die geplante Vereinheitlichung durch die Rom II-Verordnung einer bislang in den nationalen europäischen Kollisionsrechtsordnungen schon vorherrschenden Tendenz[19].

3.2 Vereinheitlichungsbestimmungen im EG-Vertrag

3.2.1 Lauterkeitsrechtliche Sachvorschriften

Der Vertrag zur Gründung der Europäischen Gemeinschaft (EGV) enthält selbst in der Fassung vom 2.10.1997[20] keine Vorschriften zum Lauterkeitsrecht.
Immerhin wurde aber durch den Vertrag von Amsterdam inzwischen die Schaffung und Aufrechterhaltung von Wettbewerb in die in Art. 2 EGV ausdrücklich genannten Ziele der Europäischen Gemeinschaft mit aufgenommen[21]. Ansätze zu einer Harmonisierung findet man in der Präambel[22] und in Art. 3 lit. g, wonach die Tätigkeit der Gemeinschaft auf die Errichtung eines Systems abzielt, „das den Wettbewerb innerhalb des Binnenmarkts vor Verfälschungen schützt".
Diese Tätigkeit umfasst in der Wirtschafts- und Währungsunion „die Einführung einer Wirtschaftspolitik, die auf einer engen Koordinierung der Wirtschaftspolitik der Mitgliedstaaten, dem Binnenmarkt und der Festlegung gemeinsamer Ziele beruht und dem Grundsatz einer offenen Marktwirtschaft mit freiem Wettbewerb verpflichtet ist" (Art. 4 Abs. 1, 98 u. 105 EGV)[23].
Es sollen im innergemeinschaftlichen Handel alle „Hindernisse für die Freiheit des Waren-, Personen-, Dienstleistungs- und Kapitalverkehrs zwischen den Mit-

---

[18] Inwiefern dies für das dt. aber auch teilweise für das ital. Wettbewerbskollisionsrecht zutrifft, s.u. Kapitel 4 und 5; vgl. BERNHARD, S. 140 ff. für einen Überblick über das Wettbewerbskollisionsrecht aller europäischen Länder.

[19] DETHLOFF, JZ 2000, 179, (180).

[20] Durch den am 1.11.1993 in Kraft getretenen Vertrag von Maastricht über die Europäische Union (EUV) v. 7.2.1992 (BGBl. 1992 I S. 2086, II S. 1251) wurde die Europäischen Wirtschaftsgemeinschaft (EWG) in „Europäischen Gemeinschaft" (EG) umbenannt. Entsprechend wurde der Vertrag zur Gründung der Europäischen Wirtschaftsgemeinschaft (EWGV) v. 25.3.1957 in den Vertrag zur Gründung der Europäischen Gemeinschaft (EGV) geändert. Der EUV erweiterte die Zusammenarbeit der EG in einigen Bereichen. Er erhält aber ebenfalls keine spezielle Bestimmungen zum Lauterkeitsrecht. Sowohl der EGV als auch der EUV wurden in ihren Fassungen v. 7.2.1992 wiederum durch den Vertrag von Amsterdam v. 2.10.1997, BGBl. 1998 II S. 387, (465), (454) abgeändert.

[21] Dort heißt es nun zusätzlich: „Aufgabe der Gemeinschaft ist es, [...] einen hohen Grad von Wettbewerbsfähigkeit [...] zu fördern."

[22] In der Präambel heißt es u.a.: „In der Erkenntnis, dass zur Beseitigung der bestehenden Hindernisse ein einverständliches Vorgehen erforderlich ist, um [...] einen redlichen Wettbewerb zu gewährleisten, [...]".

[23] Mit diesen Festlegungen geht das Recht der Gemeinschaft weit über das deutsche Grundgesetz hinaus. Dieses enthält - jedenfalls ausdrücklich - keine Festlegung auf eine bestimmte Wirtschaftsverfassung. Das BVerfG spricht von der wirtschaftspolitischen Neutralität des Grundgesetzes, vgl. BVerfG v. 20.7.1954, BVerfGE 4, 7, 17.

gliedstaaten" beseitigt werden (Art. 3c EGV). Ziel ist die Verschmelzung zu einem einheitlichen Markt, dessen Bedingungen denjenigen eines wirklichen Binnenmarktes möglichst nahe kommen[24]. Das Gebot wird in Art. 14 EGV konkretisiert. Danach war bis zum 31.12.1992 ein gemeinsamer Markt als Binnenmarkt zu verwirklichen, „in dem der freie Verkehr von Waren, Personen, Dienstleistungen und Kapital [...] gewährleistet ist". Da es sich nicht um eine Ausschlussfrist handelte, besteht diese Zielforderung nach wie vor[25]. Dabei hat die Europäische Gemeinschaft das Subsidiaritätsprinzip gem. Art. 5 EGV nicht zu beachten, denn es hat für das gemeinschaftsrechtliche Wettbewerbsrecht keine Bedeutung. Auf dem Gebiet des Wirtschaftsrechts, zu dem das Wettbewerbsrecht gehört, besitzt die EG die ausschließliche Rechtszuständigkeit[26].

Das europäische Gemeinschaftsrecht hat den Vorrang vor dem nationalen Recht der Mitgliedstaaten[27]. Nur soweit ein Rechtsbereich vom Gemeinschaftsrecht nicht zusammenfassend geregelt - kodifiziert - ist, bleibt das nationale Recht maßgebend. Da bisher weder für das Lauterkeits- noch für das Markenrecht eine unmittelbare europäische Regelung besteht, ist grundsätzlich das jeweils nationale Recht anwendbar.

Dadurch werden Einwirkungen des Gemeinschaftsrechts auf diese Rechtsgebiete jedoch nicht ausgeschlossen. Bereits das Primärrecht sieht in den Art. 28 u. 29 EGV ein grundsätzliches Verbot mengenmäßiger Ein- und Ausfuhrbeschränkungen und aller wie diese wirkenden Maßnahmen vor. Durch diese Vorschriften können auch nationale Irreführungsverbote im Einzelfall zum Schutz der Warenverkehrsfreiheit eingeschränkt werden[28].

Aber auch das Sekundärrecht beeinflusst die nationalen Rechte durch Verordnungen und Richtlinien (Art. 249 EGV) und Vorabentscheidungen des EuGH (Art. 234 EGV). Dadurch wird auf eine dem Gemeinschaftsrecht konforme Auslegung der nationalen Rechtsnormen hingewirkt. Die Beurteilung von Wettbewerbshandlungen darf nicht auf den nationalen Markt begrenzt, sondern muss auf den europäischen Binnenmarkt ausgerichtet sein, um eine offene Marktwirtschaft bei freiem Wettbewerb im Rahmen der Lauterkeit herzustellen[29].

Eine solche „offene Marktwirtschaft mit freiem Wettbewerb" kann für Europa im Ergebnis nur bedeuten, dass der Steuerung des Wirtschaftssystems durch

[24] Vgl. bereits EuGH v. 5.5.1982, RS 15/81, Slg. 1982, 1409, (1431) - Schul/Inspecteur.

[25] BAUMBACH/HEFERMEHL, Einl UWG RdNr. 606.

[26] PIPER, WRP 1992, 685, (686); ULLMANN, JZ 1994, 928, (929); RITTNER, JZ 1990, 838, (839 f.): „Ohne Wettbewerb könnte ein Gemeinsamer Markt weder geschaffen noch aufrechterhalten werden".

[27] Art. 249 EGV, 24 GG, BVerfG v. 29.5.1974, BVerfGE 37, 271, (278) - Solange I; BVerfG v. 22.10.1986, BVerfGE 73, 339, (366 ff.) - Solange II; vgl. ausführlicher BAUMBACH/HEFERMEHL, Allg RdNr. 90 mwN.

[28] BAUMBACH/HEFERMEHL, Einl UWG RdNr. 645.

[29] BAUMBACH/HEFERMEHL, Einl UWG RdNr. 608a; vgl. auch RITTNER, AcP 188 (1988), 101, (126 f.), der betont, dass der Wettbewerb auf den fundamentalen Prinzipien der Gleichheit (Art. 12 EGV) und der Freiheit der Rechtspersonen beruht.

Wettbewerb im Verhältnis zu wettbewerbsfremden Steuerungsmechanismen grundsätzlich Vorrang zukommt[30].

3.2.2 Kartellrechtliche Sachvorschriften

Art. 81 und 82 EGV überlagern ebenfalls nicht die nationalen Rechte, sondern regeln eine gemeinsame Wettbewerbspolitik in Bezug auf die Ausgestaltung von Verträgen und die missbräuchliche Ausnutzung einer marktbeherrschenden Stellung[31]. Sie gehören zum europäischen Recht gegen Wettbewerbsbeschränkungen und sind grundsätzlich neben den nationalen Kartellgesetzen anzuwenden, wenn eine diesen unterfallende Wettbewerbsbeschränkung zugleich geeignet ist „den Handel zwischen Mitgliedstaaten zu beeinträchtigen“[32]. Dies ist ein materiellrechtliches Tatbestandsmerkmal der Art. 81, 82 EGV und nicht etwa eine Kollisionsnorm[33].
Wirkt sich die Wettbewerbsbeschränkung nicht im Inland aus (vgl. z.B. § 130 Abs. 2 GWB), so ist gegebenenfalls allein das europäische Kartellrecht anzuwenden[34]. Die parallele Anwendbarkeit beider Kartellrechte stört materiellrechtlich gesehen grundsätzlich nicht, soweit beide zu derselben Rechtsfolge führen[35]. Falls jedoch ein Normenkonflikt droht, hat das nationale Recht dem Gemeinschaftsrecht zu weichen; es gilt auch hier der Grundsatz des Vorrangs des Gemeinschaftsrechts[36].

3.2.3 Kollisionsrechtliche Regelung im EGV

Wenn das Gemeinschaftsrecht nach seinen eigenen Anwendungsnormen nicht einschlägig ist, so entscheidet sich der Rechtsstreit anhand des nationalen Sachrechts, das vom (nationalen) Kollisionsrecht berufen ist.
Was als „europäisches Kollisionsrecht“ oder „Gemeinschaftskollisionsrecht“ bezeichnet wird, ist dagegen nicht auf die Lösung von Rechtskollisionen gerichtet, sondern einseitiges Rechtsanwendungsrecht, dessen Funktion sich in der Festlegung des Anwendungsbereiches der gemeinschaftsrechtlichen Normen erschöpft[37]. Es ist nicht Gegenstand des internationalen Privatrechts, sondern

---

[30] Dreher, WuW 1998, 656, (657 a.E.).
[31] Gloy-Jacobs/Schulte-Beckhausen, § 25 RdNr. 1.
[32] Art. 81 Abs. 1 EGV.
[33] Eine Kollisionsnorm sieht lediglich Art. 83 Abs. 2 lit. e) EGV vor; vgl. Rittner, § 6 C II 2 a, RdNr. 105.
[34] Vgl. z.B. BGH v. 10.11.1983, WuW 1984, 623 = WuW/E BGH 2061 -Valium Roche.
[35] Art. 81 EGV kann Schutzgesetz i.S.d. § 823 Abs. 2 BGB sein; vgl. BGH v. 23.10.1979, WuW 1980, 191, (193) = WuW/E BGH 1643, (1645) - BMW-Importe.
[36] Grundlegend zur sog. „modifizierten Zweischrankentheorie“: EuGH v. 13.2.1969, RS 14/68, Slg. 1969, 1 = WuW 1969, 193, (196 f.) - Farbenhersteller.
[37] Sonnenberger, ZVglRWiss 95 (1996), 3, (5); Roth, RabelsZ 55 (1991), 623, (628); Kreuzer, Müller-Graff, S. 474.

alleiniger Gegenstand des Gemeinschaftsrechts. Es verweist deshalb entgegen dem nationalen Kollisionsrecht auch nicht direkt auf andere Rechtsordnungen.

Das Gemeinschaftsrecht, insbesondere das sog. „europäischen Kollisionsrecht", kann aber das nationale internationale Privatrecht beeinflussen.

In diesem Zusammenhang stellt sich zunächst die Frage, ob das Primärrecht für das Lauterkeitsrecht nicht vielleicht gemeinschaftsrechtliche „Kollisionsnormen" enthält, die das nationale Wettbewerbskollisionsrecht verdrängen. Ausdrückliche Regelungen enthält der EGV nicht[38]. Selbst Art. 28 und 49 EGV enthalten ihrem Wortlaut nach keine kollisionsrechtliche Regelung[39].

Ferner lässt sich fragen, ob nicht bestimmte im EGV niedergeschriebene Prinzipien das einzelstaatliche internationale Privatrecht des unlauteren Wettbewerbs beeinflussen[40].
Denkbar ist es, aus dem allgemeinen Diskriminierungsverbot des Art. 12 EGV eine wettbewerbsrechtliche Anknüpfungsregel herzuleiten. Nach Art. 12 EGV ist jede Diskriminierung aus Gründen der Staatsangehörigkeit verboten. So könnte etwa die Anknüpfung an den Marktort nach Art. 12 EGV geboten sein, weil sie im Unterschied zu anderen Anknüpfungsmethoden nicht diskriminierend ist[41].
Die Marktortregel bedeutet die Anknüpfung an den Ort, wo sich der Wettbewerb ereignet, wo Werbung auf die Adressaten einwirkt. Unerheblich ist dabei der Handlungsort und grundsätzlich auch das Personalstatut, d.h. der Unternehmenssitz des beeinträchtigten und/oder des schädigenden Marktteilnehmers[42].
Der entscheidende Gesichtspunkt, der für die Marktortregel spricht, ist die Gewährleistung der *par conditio concurrentium*[43], nämlich das Gebot, Marktbeteiligte auf lokalen Märkten gleich zu behandeln[44]. Gegen eine solche *par conditio concurrentium* verstößt aber grundsätzlich jede Anknüpfung an Herkunft oder Ursprung, sei es in Gestalt einer Anknüpfung an ein ausländisches Personalstatut, sei es in Gestalt eines im Ausland gelegenen Handlungsortes[45]. Nicht mehr

---

[38] GROßKOMM UWG/SCHRICKER, Einl F 324; SONNENBERGER, ZVglRWiss 95 (1996), 3, (8); DREHER, WuW 1998, 656; ROTH, RabelsZ 55 (1991), 623, (630 f.); vgl. auch bereits MARAZZI, RDE 1962, 791 ff.
[39] Dazu ausführlich s.u. 3.4.
[40] Die Frage stellte sich bereits BERNHARD, S. 247.
[41] Vgl. bereits ausführlich KOTTHOFF, S. 19 ff.
[42] Vgl. BERHARD, S. 250 mwN., der in Fn. 1080 darauf hinweist, dass insbes. die Rsp. Italiens Tendenzen zeigt, der Sache nach über eine alternative Anknüpfung an das Sitzrecht von Schädiger bzw. Geschädigtem die Anwendung der *lex fori* zu erreichen; zu Entwicklung und Stand der ital. Rsp. s.u. 5.4.
[43] Korrekte Schreibweise: *par condicio concurrentium*, die im Text verwendete mittellateinische Form hat sich jedoch im Deutschen durchgesetzt.
[44] Vgl. dazu CAEMMERER-KREUZER, S. 275.
[45] BERNHARD, S. 250 mwN.

der für alle Teilnehmer gleiche Markt, sondern die jeweils unterschiedliche Herkunft wäre dann entscheidend.
Fraglich ist aber, ob das Gebot der *par conditio concurrentium* und somit die Marktortregel im Gleichbehandlungsgebot des Art. 12 EGV tatsächlich festgeschrieben ist, d.h. ob sich die Marktortregel aus dem Diskriminierungsverbot des Art. 12 EGV ableiten lässt. Dies wäre nur dann der Fall, wenn andere Anknüpfungskriterien nicht mit Art. 12 EGV vereinbar wären.
In der Anknüpfung an den Handlungsort bzw. den Unternehmenssitz[46] kann zwar eine Differenzierung nach nationaler Herkunft gesehen werden, doch steht damit nicht notwendigerweise ihr Verstoß gegen das Diskriminierungsverbot fest. Denn unzulässig ist allein eine willkürliche Differenzierung nach nationalen Kriterien. Wenn sachgerechte Gründe vorliegen, bleibt Raum für rechtspolitische Optionen[47]. Solche lassen sich für die Anknüpfung an den Handlungsort bzw. den Unternehmenssitz finden. Das Interesse des Betroffenen an „Kontinuität" spricht beispielweise für eine derartige Anknüpfung. Dieser soll sein Handeln an den Regeln seiner gewohnten Umgebung ausrichten können, selbst wenn der Erfolg seiner Handlungen innerhalb eines fremden Rechtskreises eintritt[48].
Art. 12 EGV toleriert demnach eine Anknüpfung an den Markt (Marktortregel), gebietet sie aber nach ganz herrschender Meinung nicht[49].

3.3 Richtlinien zur Angleichung des Lauterkeitsrechts in der Europäischen Union

3.3.1 Richtlinien als grundsätzlich geeignetes Mittel zur Harmonisierung des Sachrechts

Während die von Rat oder Kommission erlassenen Verordnungen, die gem. Art. 249 EGV unmittelbar in allen ihren Teilen in jedem Mitgliedstaat verbindlich

---

46 Bei Unternehmen fällt der Handlungsort typischerweise mit Sitz und Produktionsort des (exportierenden) Unternehmens zusammen, vgl. BERNHARD, S. 251.

47 Im Kontext des IPR vgl. ROTH, RabelsZ 55 (1991), 623, (643) sowie V. BAR-FISCHER, EG-Recht und IPR, S. 163, nach deren Ansicht der Grund für eine Ungleichbehandlung in innerem Zusammenhang mit dem Ziel der differenzierenden Regelung stehen und zu dessen Verwirklichung erforderlich sein muss.

48 Vgl. BERNHARD, S. 251 ff. mwN. und Bsp.; V. BAR-FISCHER, EG-Recht und IPR, S. 157 ff.; DETHLOFF JZ 2000, 179, (183) sieht für unteilbare grenzüberschreitende Multistate-Wettbewerbshandlungen in der Anknüpfung an das Herkunftsland die einzig praktikable und richtige Lösung.

49 MÜKO-KREUZER, Art. 38 EGBGB RdNr. 227a; MÜKO-SONNENBERGER Einl IPR, RdNr. 146; SONNENBERGER, ZVglRWiss 95 (1996), 3, (16 f.); BERHARD, S. 247 ff.; zum Einfluss des Art. 12 EGV auf die Anwendung des Art. 38 EGBGB a.F., vgl. LINDACHER, FS Piper, S. 358 ff.; vgl. auch V. BAR-FISCHER, EG-Recht und IPR, S. 157 ff., der die Anknüpfung an das gemeinsame Personalstatut als Ausnahme zur Marktortregel auf Vereinbarkeit mit dem EGV untersucht.

gelten, aber eher eine zweitrangige Bedeutung haben[50], erfolgte eine - wenn auch punktuelle - Angleichung des Lauterkeitsrechts primär durch Richtlinien und durch eine stets wachsende Anzahl von EuGH-Entscheidungen.

Die Richtlinien gelten im Unterschied zur Verordnung nicht unmittelbar, sie müssen erst umgesetzt werden. Erst wenn ein Mitgliedstaat seiner Umsetzungspflicht nicht fristgerecht nachkommt, gewinnt die Richtlinie als Bestandteil des Gemeinschaftsrechts auch Außenwirkung[51]. Hinsichtlich des zu erreichenden Ziels sind sie jedoch für jeden Mitgliedstaat verbindlich (Art. 249 EGV)[52]. Das Recht der Mitgliedstaaten muss richtlinienkonform ausgelegt werden, insofern tragen die Richtlinien zur Herstellung der Rechtseinheit in den Mitgliedstaaten bei. Das den Richtlinien angeglichene Recht ist nationales Recht. Ihr Vorteil gegenüber der Verordnung ist, dass sie den Mitgliedstaaten einen Spielraum für die Gestaltung im Einzelnen belassen.

Allerdings kann es bei der Auslegung von Richtlinien zu erheblichen Divergenzen kommen, da die nationalen Wettbewerbsordnungen teilweise ganz unterschiedliche dogmatische Ansatzpunkte haben[53].

3.3.1.1 Wettbewerbsrechtlich relevante Richtlinien

Die bisher einzige allgemeine Richtlinie zur Angleichung des Wettbewerbsrechts[54] ist die Richtlinie des Rates vom 10.9.1984 zur Angleichung der Rechts- und Verwaltungsvorschriften der Mitgliedstaaten über irreführende Werbung (84/450/EWG)[55], die durch die Richtlinie (97/55/EG)[56] des Europäischen Parlaments und des Rates der Europäischen Union vom 6.10.1997 zwecks Einbeziehung der vergleichenden Werbung geändert wurde.

Neben dieser allgemeinen Richtlinie über irreführende und vergleichende Werbung gibt es noch eine Reihe weiterer, auf bestimmte Bereiche beschränkte

---

[50] Vgl. zu wettbewerbsrechtlich relevanten Verordnungen BAUMBACH/HEFERMEHL, Einl UWG RdNr. 609.

[51] EuGH v. 5.4.1979, RS 148/78, Slg. 1979, 1629, 1645 - Ratti.

[52] Einzelne Personen können aus einer Bestimmung der Richtlinien nicht in Anspruch genommen werden. Sie haben aber einen Schadensersatzanspruch gegenüber dem Mitgliedstaat, der die RL nicht rechtzeitig oder vollständig umsetzt, wenn der dadurch entstandene Schaden dem Mitgliedstaat zuzurechnen ist; vgl. näher dazu BAUMBACH/HEFERMEHL, Einl UWG RdNr. 610 b und 610 c.

[53] FLEISCHER, S. 369 f. mwN.

[54] Vgl. auch GLOY-JACOBS/SCHULTE-BECKHAUSEN, § 26 RdNr. 42.

[55] ABlEG 19.9.1984 L 250/17; die RL ist auch abgedruckt in BAUMBACH /HEFERMEHL, EG-Richtlinie (84/450/EWG) Texte, S. 42-45 und GRUR Int. 1984, 688-690. Ital. Titel: „Direttiva in materia di pubblicità ingannevole".

[56] ABlEG 23.10.1997 L 290/18; auch abgedruckt in BAUMBACH/HEFERMEHL, EG-Richtlinie (97/55/EG) Texte, S. 46-51 und GRUR 1998, 117-119.

wettbewerbsrechtlich relevante Angleichungsmaßnahmen, die je nach Regelungsbereich differenziert werden[57] zwischen medien-[58] und produktspezifischen[59] Richtlinien bzw. Verordnungen und zwischen solchen, die den Verbraucherschutz[60] oder den Leistungsschutz[61] im weiteren Sinne betreffen.

---

[57] Vgl. generell zur Unterscheidung z.B. KUR, GRUR Int. 1998, 771 ff.; SCHRICKER/BODEWIG-KUR, S. 117 ff.

[58] Die RL des Rates vom 3.10.1989 zur Koordinierung bestimmter Rechts- und Verwaltungsvorschriften der Mitgliedstaaten über die Ausübung der Fernsehtätigkeit (89/552/EWG), ABlEG 17.10.1989 Nr. L 298/23, berichtigt in ABlEG 16.11.1989 L 331/51, geändert durch RL des Europäischen Parlaments und des Rates v. 30.6.1997 zur Änderung der RL 89/552/EWG, ABlEG 30.7.1997 L 202/60, gilt als nicht auf ein Produkt bezogene Regelung. Die inhaltlichen Bestimmungen dieser RL sind relativ umfassend; sie betreffen u.a. produktspezifische Werbeverbote bzw. -beschränkungen, Regelungen über die Fernsehwerbung gegenüber Kindern und Jugendlichen sowie Regelungen des Sponsoring.

[59] Insbesondere die RL des Rates v. 31.3.1992 über die Werbung für Humanarzneimittel (92/28/EWG), ABlEG 30.4.1992 L 113/13; ferner die RL 98/43/EG des Europäischen Parlaments und des Rates v. 6.7.1998 zur Angleichung der Rechts- und Verwaltungsvorschriften der Mitgliedstaaten über Werbung und Sponsoring zugunsten von Tabakerzeugnissen (ABlEG v. 30.7.1998, L 213/9). Letztere wäre gem. deren Art. 6 bis zum 30.7.2001 umzusetzen gewesen. Der EuGH hat die RL jedoch am 5.10.2000 für nichtig erklärt, weil der EU für ein vollständiges Verbot der Tabakwerbung die Zuständigkeit fehle (EuGH v. 5.10.2000, JZ 2001, 32 = GRUR Int. 2001, 41). Nun versucht die WHO ein entsprechendes globales Tabakwerbeverbot anzustreben, vgl. F.A.Z. v. 11.10.2000, Nr. 236, S. 13. Schließlich zählen auch die RL des Rates vom 27.7.1976 zur Angleichung der Rechtsvorschriften der Mitgliedstaaten über kosmetische Mittel (76/768/EWG), ABlEG 27.9.1976 L 262/171 (vgl. deren Art. 6) sowie zahlreiche Etikettierungs- und Kennzeichnungsvorschriften für Lebensmittel dazu, s. im Einzelnen Nachweise bei KUR, GRUR Int. 1998, 771 Fn. 4 a.E.

[60] RL des Rates v. 20.12.1985 betreffend den Verbraucherschutz im Falle von außerhalb von Geschäftsräumen geschlossenen Verträgen (85/577/EWG), ABlEG 31.12.1985 L 372/31; RL des Rates v. 13.6.1990 über Pauschalreisen (90/314/EWG), ABlEG 23.6.1990 L 158/59; RL des Rates v. 22.12.1986 zur Angleichung der Rechts- und Verwaltungsvorschriften der Mitgliedstaaten über den Verbraucherkredit (87/102/EWG), ABlEG 12.2.1987 L 42/48, geändert durch die RL des Rates v. 22.2.1990 zur Änderung der RL 87/102/EWG, ABlEG 10.3.1990 L 61/14; RL des Europäischen Parlaments und des Rates v. 26.10.1994 zum Schutz der Erwerber im Hinblick auf bestimmte Aspekte von Verträgen über den Erwerb von Teilzeitnutzungsrechten an Immobilien (94/47/EG), ABlEG 29.10.1994 L 280/83; RL des Europäischen Parlaments und des Rates v. 20.5.1997 über den Verbraucherschutz bei Vertragsabschlüssen im Fernabsatz (97/7/EG), ABlEG v. 4.6.1997, L 144/19, die die Abwicklung von Verbrauchergeschäften via Katalog, TV und Internet regelt. Die RL wurde umgesetzt durch das Gesetz über Fernabsatzverträge und andere Fragen des Verbraucherrechts sowie zur Umstellung von Vorschriften auf Euro vom 27.6.2000 (BGBl. 29.6.2000 I S. 897), das am 30.6.2000 in Kraft getreten ist.
Richtlinien zum Verbraucherschutz haben insbes. gemeinsam, dass sie bestimmte Informationspflichten bereits bei der Werbung auferlegen. Insofern ist eine Parallele zu den produktspezifischen Richtlinien festzustellen.

[61] RL über den Rechtsschutz von Computerprogrammen (91/250/EWG), ABlEG 17.5.1991 L 122/42; Datenbankenrichtlinie 96/9/EWG, ABlEG 27.3.96 L 77/20; Erste RL des Rates vom 21.12.1988 zur Angleichung der Rechtsvorschriften der Mitgliedstaaten über Marken (89/104/EWG), ABlEG 11.2.1989 L 40/1.

Manchmal wird aber auch ganz allgemein zwischen Richtlinien unterschieden, die Bestimmungen für Werbung[62] und solchen, die spezielle Irreführungsverbote enthalten[63].

Auch ist es möglich und durchaus üblich, eine eigenständige Gruppe als sogenannte Etikettierungsrichtlinien[64] zu definieren, worauf auch die Bezeichnung „Etikettierungsrechtsprechung" oder „Kennzeichnungsrechtsprechung" beruht[65].

3.3.1.2 Kollisionsrechtliche Ansatzpunkte in Richtlinien

Gemeinschaftsrechtliche Richtlinien sind Anweisungen an die Mitgliedstaaten, Rechtsnormen anzugleichen. Sie enthalten selbst aber keine Normen. Daher ist auch hier Vorsicht geboten, wenn man von Kollisionsnormen in Richtlinien spricht[66].
Da sich Richtlinien nach Art. 94 f. EGV auf die Angleichung derjenigen Rechtsvorschriften der Mitgliedstaaten beziehen, die sich unmittelbar auf die Errichtung oder das Funktionieren des gemeinsamen Marktes auswirken, gibt es keine allgemeine Richtlinienkompetenz der Europäischen Union zur Angleichung des nationalen Kollisionsrechts. Nur in den Rechtsmaterien, für die eine gemeinschaftsrechtliche Kompetenz zur Sachrechtsangleichung begründet ist, kann auch Kollisionsrecht angeglichen werden, wobei aber eine IPR-Angleichung mitgliedstaatlichen Rechts durch Richtlinien eher die Ausnahme ist[67]. In erster Linie geht es beim Europäischen Kollisionsrecht darum, durch Annex-Kollisionsnormen innergemeinschaftlich den Anwendungsbereich von nicht angeglichenem Sachrecht zu bestimmen[68].
An Richtlinien mit wettbewerbsrechtlichen Bestimmungen, die darüber hinaus auch noch Bestimmungen internationalprivatrechtlichen Gehaltes aufweisen, fehlt es nicht[69]. Sie enthalten jedoch keine einheitliche kollisionsrechtliche Aussage über das anwendbare Recht[70].
So sieht einerseits die Richtlinie 85/611/EWG zur Koordinierung der Rechts- und Verwaltungsvorschriften betreffend bestimmte Organismen für gemeinsame Anlagen in Wertpapieren (OGAW)[71] in Art. 44 Abs. 2 vor, dass bei der Wer-

---

[62] Vgl. Aufzählung bei BAUMBACH/HEFERMEHL, Einl UWG 612; GLOY-JACOBS/SCHULTE-BECKHAUSEN, § 25 RdNr. 4 a.E.
[63] Vgl. Aufzählung bei BAUMBACH/HEFERMEHL, Einl UWG RdNr. 646.
[64] Zu den zahlreichen Etikettierungs- und Kennzeichnungsvorschriften für Lebensmittel, vgl. Nachweise bei KUR, GRUR Int. 1998, 771 Fn. 4 a.E.
[65] Vgl. SCHMID, GRUR Int. 1998, 475, (485) und BRIEM, S. 165-167.
[66] Vgl. SONNENBERGER, ZVglRWiss 95 (1996), 3, (31 mwN. in Fn. 148).
[67] SONNENBERGER, ZVglRWiss 95 (1996), 3, (31 f.).
[68] SONNENBERGER, ZVglRWiss 95 (1996), 3, (31 mwN. in Fn. 149).
[69] Vgl. auch Auflistung bei SONNENBERGER, ZVglRWiss 95 (1996), 3, (32 f.); MÜKO-KREUZER, Art. 38 EGBGB RdNr. 227a; GROßKOMM UWG/SCHRICKER, Einl F 159.
[70] Vgl. ROTH, IPRax 1994, 165, (170 f.).
[71] RL des Rates v. 20.12.1985, ABlEG 31.12.1985 Nr. L 375/3.

bung im Vertriebsstaat die hierfür in diesem Staat geltenden Bestimmungen einzuhalten sind[72]. Ähnliches gilt nach Art. 41 der Dritten Richtlinie Schadenversicherung (92/49/EWG)[73] und der Dritten Richtlinie Lebensversicherung (92/96/EWG)[74], wonach die Versicherer im Mitgliedstaat der Zweigniederlassung bzw. der Dienstleistung „etwaige für Form und Inhalt dieser Werbung geltende Bestimmungen, die aus Gründen des Allgemeinwohls gerechtfertigt sind, einzuhalten haben." Eine entsprechende Bestimmung enthält auch Art. 21 Abs. 11[75] der Zweiten Bankenrichtlinie (89/646/EWG)[76].
Dagegen sehen andererseits die „Fernsehrichtlinie"[77] und die E-Commerce-Richtlinie[78] eine Anknüpfung an das Recht des Herkunftslandes (Sendeland) vor. Wenn auch zahlenmäßig die Richtlinien überwiegen, die am Bestimmungsland anknüpfen, so regeln diese beiden Richtlinien jedoch einen ganz besonders wichtigen Bereich unlauteren Wettbewerbsverhaltens, da im Fernsehen und im Internet besonders häufig geworben wird.
Bemerkenswert ist insoweit, dass auch die 1992 gegründete European Advertising Standards Alliance (EASA), zu der sich nationale Einrichtungen der Werbeselbstdisziplin, u.a. auch aus Italien (Istituto dell'Autodisciplina Pubblicitaria) und Deutschland (Zentrale zur Bekämpfung unlauteren Wettbewerbs e.V. und Deutscher Werberat), zusammengeschlossen haben, die im Herkunftsland des Werbeträgers geltenden nationalen Vertragsregeln als maßgebend erachtet[79].

---

[72] Art. 44 Abs. 2 lautet:
„Jeder OGAW kann in dem Staat des Vertriebs Werbung betreiben. Er hat die hierfür in diesem Staat geltenden Bestimmungen zu beachten."

[73] RL des Rates v. 18.6.1992 zur Koordinierung der Rechts- und Verwaltungsvorschriften für die Direktversicherung (mit Ausnahme der Lebensversicherung) sowie zur Änderung der RL 73/239/EWG und 88/357/EWG (Dritte Richtlinie Schadenversicherung), ABlEG 11.8.1992 L 228/1.

[74] RL des Rates v. 10.11.1992 zur Koordinierung der Rechts- und Verwaltungsvorschriften für die Direktversicherung (Lebensversicherung) sowie zur Änderung der RL 79/ 267/EWG und 90/619/EWG (Dritte Richtlinie Lebensversicherung), ABlEG 9.12.1992 L 360/1.

[75] Art. 21 Abs. 11 lautet:
„Dieser Artikel hat nicht zur Folge, dass es Kreditinstituten mit Hauptsitz in einem anderen Mitgliedstaat untersagt ist, ihre Dienstleistungen über alle verfügbaren Kommunikationskanäle im Aufnahmemitgliedstaat anzubieten, vorbehaltlich etwaiger für Form und Inhalt der Werbung geltender Bestimmungen, die aus Gründen des Allgemeininteresses gerechtfertigt sind".

[76] RL des Rates v. 15.12.1989 zur Koordinierung der Rechts- und Verwaltungsvorschriften über die Aufnahme und Ausübung der Kreditinstitute und zur Änderung der RL 77/780/EWG, ABlEG 30.12.1989 L 386/1.

[77] Ausführlich s.u. 3.3.2.2.

[78] Ausführlich zur E-Commerce-RL s.u. 7.2.3.3.2.

[79] Vgl. MüKo-Kreuzer, Art. 38 EGBGB RdNr. 227a; Beckmann, WRP 1991, 702, (706 f.); ders., WRP 1993, 651, (657). Zur EASA, ihren Mitgliedern und den dazugehörenden nationalen Einrichtungen der Werbedisziplin vgl. http://www.easa-alliance.org und http://www.ftc.gov/bcp/icpw/comments/easa.htm.

3.3.2 Die Richtlinien im Einzelnen

3.3.2.1 Richtlinie zur Angleichung der Rechts- und Verwaltungsvorschriften der Mitgliedstaaten über irreführende Werbung und deren Änderung zwecks Einbeziehung der vergleichenden Werbung

Zur Teilharmonisierung des Lauterkeitsrechts in der Europäischen Gemeinschaft hat der Rat am 10.9.1984 die Richtlinie 84/450/EWG zur Angleichung der Rechts- und Verwaltungsvorschriften der Mitgliedstaaten über irreführende Werbung erlassen. Sie wurde durch die Richtlinie 97/55/EG des Europäischen Parlaments und des Rates der Europäischen Union vom 6.10.1997 zur Änderung der Richtlinie 84/450/EWG zwecks Einbeziehung der vergleichenden Werbung ergänzt[80].

3.3.2.1.1 Regelung über irreführende Werbung

Die Richtlinie soll sowohl den Schutz des Verbrauchers vor irreführender Werbung gewährleisten (Art. 1 RL[81]) als auch die Durchführung von Werbekampagnen, welche die Grenzen eines Staates überschreiten, erleichtern und so den freien Verkehr von Waren und Dienstleistungen sicherstellen[82]. Sie setzt Mindestkriterien fest, nach denen sich ergibt, ob eine Werbung zur Täuschung geeignet ist und Mindestanforderungen in Bezug auf Einzelheiten des Schutzes gegen eine solche Werbung[83].

Nach Art. 2 Nr. 2 RL ist unter „irreführender Werbung" jede Werbung zu verstehen, „die in irgendeiner Weise - einschließlich ihrer Aufmachung - die Personen, an die sie sich richtet oder die von ihr erreicht werden, täuscht oder zu täuschen geeignet ist und die infolge der ihr innewohnenden Täuschung ihr wirtschaftliches Verhalten beeinflussen kann oder aus diesen Gründen einen Mitbewerber schädigt oder zu schädigen geeignet ist". Dabei geht die Richtlinie von einem verschuldens- und schadensunabhängigen Verbot der irreführenden Werbung aus[84].

Nach Art. 4 Abs. 1 RL haben die Mitgliedstaaten „im Interesse sowohl der Verbraucher als auch der Mitbewerber und der Allgemeinheit für geeignete und

---

[80] S.o. Fn. 55 und 56.

[81] Die Artikel der RL werden in der durch die RL 97/55/EG geänderten Fassung zitiert.

[82] So die Erwägungsgründe des Rates zur RL 84/450/EWG, vgl. diese in GRUR Int. 1984, 688.

[83] So die Auslegung des EuG im Urt. v. 13.12.1990, RS 238/89, Slg. 1990, I-4827 = GRUR Int. 1991, 215 Nr. 22 - Pahl/Dahlhausen; vgl. auch BAUMBACH/HEFERMEHL, Einl UWG RdNr. 652.

[84] GLOY-JACOBS/SCHULTE-BECKHAUSEN, § 26 RdNr. 52.

wirksame Möglichkeiten zur Bekämpfung der irreführenden Werbung" zu sorgen, wobei jedem Mitgliedstaat überlassen bleibt, ob über das Vorliegen einer irreführenden Werbung ein Gericht und/oder eine Verwaltungsbehörde zu entscheiden hat (Art. 4 Abs. 1 RL).
Wird jedoch das Verfahren ausschließlich vor einer Verwaltungsbehörde durchgeführt, so ist jedenfalls ein gerichtliches Revisionsverfahren vorzusehen (Art. 4 Abs. 3 RL).
Die gerichtliche Klagemöglichkeit oder das verwaltungsbehördliche Vorgehen muss den betroffenen „Personen oder auch Organisationen [zustehen], die nach dem nationalem Recht ein berechtigtes Interesse an der Verhinderung irreführender Werbung [...] haben" (Art. 4 Abs. 1 S. 2 RL). Damit wird innerhalb der Europäischen Gemeinschaft auch den Verbänden ein Klagerecht eingeräumt[85].
Diese Bandbreite an prozessualen Möglichkeiten, die die Richtlinie den Mitgliedstaaten eröffnet, fördert aber nicht unbedingt die Harmonisierung der einzelnen nationalen Regelungen und ist eher als eine Schwachstelle der Richtlinie bezeichnet worden[86].

Gem. Art. 7 Abs. 1 RL werden die Mitgliedstaaten nicht daran gehindert, „Bestimmungen aufrechtzuerhalten oder zu erlassen, die einen weiterreichenden Schutz der Verbraucher, der einen Handel, ein Gewerbe, ein Handwerk oder einen freien Beruf ausübenden Personen sowie der Allgemeinheit vorsehen".
Eine solche strengere Regelung wird z.B. in § 3 UWG gesehen[87]. Danach genügt es, dass über „geschäftliche Verhältnisse" irreführende Angaben gemacht werden, ohne dass es wie nach Art. 2 Nr. 2 RL zusätzlich darauf ankommt, ob durch die Täuschung das „wirtschaftliche Verhalten" des Getäuschten beeinflusst werden kann. Da er keinen einschränkenden Zusatz enthält, liegt eine Irreführung nach § 3 UWG bereits früher vor als dies im Rahmen der Richtlinie der Fall ist. Der Irreführungsbegriff nach § 3 UWG ist somit weiter als der der Richtlinie.
Die Aufrechterhaltung des weiten Irreführungsbegriffs in § 3 UWG wäre nur dann gerechtfertigt, wenn sich der Vorbehalt in Art. 7 Abs. 1 RL nicht nur auf die Sanktionen gegen irreführende Werbung, sondern auch auf den materiellen Irreführungstatbestand beziehen würde. Der weiterreichendere deutsche (nationale) Verbraucherschutz dürfte gem. Art. 7 Abs. 1 RL in diesem Fall aufrechterhalten bleiben[88].

---

[85] GLOY-JACOBS/SCHULTE-BECKHAUSEN, § 26 RdNr. 52.
[86] SCHRICKER/BODEWIG-OHLY, S. 73 ff.; vgl. auch SCHMID, GRUR Int. 1998, 475, (479).
[87] Vgl. auch SCHRICKER, GRUR Int. 1990, 112, (120 f.); DERS., GRUR Int. 1990, 771, (772 f.); PIPER, WRP 1992, 685, (687).
[88] So GLOY-JACOBS/SCHULTE-BECKHAUSEN, § 25 RdNr. 4; GLOY-HELM, § 49 RdNr. 9; SCHRICKER, GRUR Int. 1990, 771 f. Fn. 13; KEßLER, EuZW 1991, 107, (111); MEYER, WRP 1993, 215, (217); DERS. GRUR Int. 1996, 98, (101); PIPER WRP 1992, 685, (691); KISSELER, WRP 1994, 1 ff.; ROTH, FS Mestmäcker S. 736 f., 739; GROßKOMM UWG/LINDACHER, § 3 RdNr. 12 ff; TELMANN, FS Piper S. 481 ff., 486 ff.; DEUTSCH, GRUR 1996, 541, (546); REUTHAL, WRP 1997, 1154, (1161); DOEPNER, FS Lieberknecht S. 167, 194.

Ist man hingegen der Meinung[89], dass sich der Vorbehalt nur auf die Sanktionen gegen irreführende Werbung, nicht aber auch auf den materiellen Irreführungstatbestand bezieht, darf die strengere nationale Vorschrift gem. Art. 7 Abs. 1 RL nicht aufrechterhalten bleiben. Somit würde die Richtlinie einen einheitlichen und abschließenden Irreführungsbegriff vorgeben. Eine Anpassung des nationalen Rechts wäre dann in Deutschland unumgänglich[90].

Notwendig ist somit eine Begriffsbestimmung des „weiterreichenden Schutzes" in Art. 7 Abs. 1 RL durch den EuGH[91]. Erst nach einer entsprechenden Verständigung wird man zu einer Senkung bzw. Anhebung des jeweiligen (materiellen) nationalen Schutzniveaus in den Mitgliedstaaten kommen, um den in Art. 2 Nr. 2 RL vorgeschriebenen Schutz zu gewährleisten.

3.3.2.1.2 Regelung über vergleichende Werbung

Nach dem ursprünglichen Vorschlag der Kommission sollte die Richtlinie über irreführende Werbung 84/450/EWG auch einige Vorschriften der Mitgliedstaaten über unlautere Werbung umfassen[92], doch wurde dieses Vorhaben zunächst fallengelassen. Erst durch die Änderungsrichtlinie 97/55/EG wurde es in Bezug auf die vergleichende Werbung wieder aufgenommen.
Die Änderungsrichtlinie bezweckt, die Vorschriften über vergleichende Werbung in den Mitgliedstaaten zu harmonisieren, damit die Vorteile verschiedener, vergleichbarer Erzeugnisse objektiver dargestellt werden und für den Verbraucher dadurch eine größere Transparenz des immer vielfältigeren Angebots auf dem Binnenmarkt hergestellt wird[93]. Darüber hinaus zielt sie allgemein auf die weitere Vereinheitlichung des Werberechts innerhalb der Europäischen Gemeinschaft, auf die Sicherstellung des freien Waren- und Dienstleistungsverkehrs und auf die Verhinderung von Wettbewerbsverzerrungen[94].

---

[89] Diese Meinung vertreten u.a.: KÖHLER, GRUR Int. 1994, 396 ff.; FEZER, WRP 1995, 671, (676); STEINDORFF, WRP 1993, 139, (150); TEPLITZKY, Kap. 21 RdNr. 34; BAUMBACH/HEFERMEHL, Einl UWG RdNr. 650 mwN.

[90] So die Auffassung von BAUMBACH/HEFERMEHL, Einl UWG RdNr. 650. Für das dt. Recht sind aber Anpassungsmaßnahmen dennoch letztlich nicht erfolgt, vgl. BAUMBACH/HEFERMEHL, Einl UWG RdNr. 612 und s.u. 3.3.2.1.3.

[91] So auch KÖHLER, GRUR Int. 1994, 396, (402); MEIER, EuZW 1994, 391, (395); KISSELER, WRP 1994, 1 ff.

[92] Vgl. insb. den ursprünglich vorgeschlagenen Art. 5 der RL: „Die Mitgliedstaaten erlassen geeignete und wirksame Rechtsvorschriften gegen irreführende und unlautere Werbung [...]", abgedruckt in GRUR Int. 1978, 246, mit Änderung v. 10.7.1979 in GRUR Int. 1980, 30.

[93] Vgl. Begründungserwägung (2) zur RL 97/55/EG; vgl. den Vorschlag der Kommission für eine RL des Rates über vergleichende Werbung und zur Änderung der RL 84/450/EWG über irreführende Werbung (91/C 180/15), ABlEG 11.7.1991 C 180/14 u. den geänderten Vorschlag (94/C 136/4), ABlEG 19.5.1994 C 136/4; Text auch bei BAUMBACH/HEFERMEHL, EG-Richtlinie (97/55/EG) Texte, S. 46.

[94] Vgl. Begründungserwägung (3) zur RL 97/55/EG.

Der durch die Richtlinie 97/55/EG neu hinzugefügte Art. 2a RL definiert „vergleichende Werbung“ als jede Werbung, die „unmittelbar oder mittelbar einen Mitbewerber oder die Erzeugnisse oder Dienstleistungen, die von einem Mitbewerber angeboten werden, erkennbar macht“.
Der ebenfalls neu eingefügte Art. 3a RL zählt die Bedingungen auf, unter denen vergleichende Werbung zulässig ist, nämlich dann, wenn sie „wesentliche, relevante, nachprüfbare und typische Eigenschaften“ der in Frage stehenden Waren und Dienstleistungen für den gleichen Bedarf oder dieselbe Zweckbestimmung objektiv vergleicht und weder irreführend ist, noch Verwechslungen zwischen dem Werbenden und dessen Mitbewerber verursacht. Vergleichende Werbung ist hingegen nach dieser Vorschrift unzulässig, wenn sie Mitbewerber herabsetzt, verunglimpft oder verächtlich macht oder hauptsächlich darauf abzielt, den Ruf eines Warenzeichens oder den Handelsnamen eines Mitbewerbers auszubeuten.
Die Erwähnung oder die Wiedergabe von vergleichenden Tests von Erzeugnissen oder Dienstleistungen, die von einem Dritten vorgenommen wurden, ist in der Werbung nur zulässig, sofern die Person, die den Test durchgeführt hat, dem ausdrücklich zustimmt. In solchen Fällen übernimmt der Werbende die Verantwortung für den vergleichenden Test, als wäre er von ihm selbst oder unter seiner Leitung vorgenommen worden[95].

Im Übrigen gelten die Bestimmungen für die irreführende Werbung auch für die vergleichende Werbung. Eine Ausnahme davon macht der neu eingefügte Art. 7 Abs. 2 RL[96]. Danach soll die Freiheit der Mitgliedstaaten, Bestimmungen aufrechtzuerhalten oder erlassen zu dürfen, die einen weiterreichenden Schutz der Verbraucher, Gewerbetreibenden oder der Allgemeinheit bezwecken, nur bezüglich irreführender, nicht aber bei vergleichender Werbung gelten, soweit es sich um den Vergleich handelt.
Der Vorschlag der Kommission für die Richtlinie über vergleichende Werbung begründet dies in der Erwägung Nr. 14 bzw. 13[97] damit, dass der Zweck der Richtlinie gerade darin bestehe, die vergleichende Werbung unter denselben Voraussetzungen auf einem hohen Schutzniveau in allen Mitgliedstaaten zuzulassen.
Damit sind die Irreführungsstandards der Richtlinie bezüglich des Verbots der Irreführung durch Werbevergleiche nicht mehr bloße Mindeststandards, sondern

[95] Vgl. Begründungserwägung (10) zur RL 97/55/EG.
[96] Art. 7 RL lautet in den ersten beiden Absätzen:
(1) Diese Richtlinie hindert die Mitgliedstaaten nicht daran, Bestimmungen aufrechtzuerhalten oder zu erlassen, die *bei irreführender Werbung* [Hervorhebung hinzugefügt] einen weiterreichenden Schutz der Verbraucher, der einen Handel, ein Gewerbe, ein Handwerk oder einen freien Beruf ausübenden Personen sowie der Allgemeinheit vorsehen.
(2) Abs. 1 gilt nicht für vergleichende Werbung, soweit es sich um den Vergleich handelt.
[97] Vgl. Begründungserwägung (14) zur RL 97/55/EG des Vorschlags (91/C 180/15), ABlEG 11.7.1991 C 180/14. Entspricht Begründungserwägung (13) des geänderten Vorschlags (94/C 136/4), ABlEG 19.5.1994 C 136/4.

Feststandards, die von den Mitgliedstaaten weder unter- noch überschritten werden dürfen[98].

Abgesehen von diesen Feststandards schafft die Richtlinie im übrigen weder Einheitsrecht noch enthält sie Kollisionsnormen[99]. Auch hat sich auf dem von ihr geregelten Teilgebiet die kollisionsrechtliche Frage nach dem anwendbaren Recht nicht erübrigt, denn die Richtlinie geht stillschweigend von der Anwendung der nationalen Kollisionsnormen und davon aus, dass diese in der Regel auf das Recht des jeweils von der Wettbewerbshandlung berührten Marktes verweisen[100]. Somit kommt es zur Anwendung nationaler Sachnormen, die weiterhin erheblich voneinander abweichen können. An diesem Punkt scheitern die Harmonisierungsbestrebungen der Richtlinie, denn sie setzt voraus, dass das materielle Werberecht angeglichen wird, wozu sie selbst nur teilweise beiträgt[101].

3.3.2.1.3 EG-Richtlinienumsetzung in Deutschland und Italien

Deutschland hält eine Anpassung seiner Gesetzgebung an die Richtlinie 84/450/EWG nicht für notwendig[102]. Eine gesonderte Umsetzung der Ergänzungsrichtlinie Richtlinie 97/55/EG ist hingegen jüngst erfolgt. Am 1.9.2000 ist das Gesetz zur vergleichenden Werbung und zur Änderung wettbewerbsrechtlicher Vorschriften in Kraft getreten[103]. Zweck dieses Gesetzes ist die Umsetzung der Richtlinie 97/55/EG in nationales Recht. Der BGH hatte aber bereits in einer Reihe von Urteilen[104] die liberale Haltung der Richtlinie 97/55/EG berücksichtigt und sich von seiner bisherigen Rechtsprechung verabschiedet, wonach vergleichende Werbung als wettbewerbs- und sittenwidrig im Sinne des § 1 UWG galt. Bereits diese Urteile ließen es zu, in Werbeschaltungen die eigenen Produkte mit denen des Konkurrenten direkt objektiv zu vergleichen.

---

[98] Vgl. SACK, WRP 1998, 241, (242) mwN. in Fn. 11.

[99] MÜKO-KREUZER, Art. 38 EGBGB RdNr. 227a; STAUDINGER-V. HOFFMANN, Art. 38 EGBGB RdNr. 505a; GROßKOMM UWG/SCHRICKER, Einl F 159.

[100] Vgl. bereits zur RL 84/450 EWG GROßKOMM UWG/SCHRICKER, Einl F 368; SCHRICKER-SCHRICKER, Bd. 1, Einführung, RdNr. 78; BERNHARD, S. 43; **a.A.** SACK, GRUR Int. 1988, 320, (342), der meint, dass bei Wettbewerbsfällen, die in den räumlichen, sachlichen und persönlichen Anwendungsbereich der RL fallen, auf die kollisionsrechtliche Feststellung des anwendbaren Rechts verzichtet werden kann.

[101] GROßKOMM UWG/SCHRICKER, Einl F 159 u. F 368 mwN zu den Begründungserwägungen; SCHRICKER, GRUR Int. 1990, 112, (115); MÜKO-KREUZER, Art. 38 EGBGB RdNr. 227a.

[102] GLOY-HELM, § 49 RdNr. 9; SCHRICKER-SCHRICKER, Bd. 1, Einführung, RdNr. 161; SCHRICKER, GRUR Int. 1990, 112, (120).

[103] BGBl. v. 13.9.2000 Nr. 42 I S. 1374.

[104] BGH v. 5.2.1998, GRUR 1998, 824 - Testpreis-Angebot; BGH v. 23.4.1998, GRUR 1999, 69 - Preisvergleichsliste II; BGH v. 15.10.1998, GRUR Int. 1999, 453 - Vergleichen Sie; s. zu diesen Urteilen HENNING-BODEWIG, GRUR Int. 1999, 385 ff.

Italien hat hingegen beide Richtlinien umgesetzt, mit Gesetzesverordnung Nr. 74 vom 25.1.1992 die EG-Richtlinie über irreführende Werbung 84/450/EWG[105] und mit Gesetzesverordnung Nr. 67 vom 25.2.2000 die Richtlinie 97/55/EG[106].

Die Gesetzesverordnung Nr. 74 von 1992 (VO) hat das Verbraucherschutzniveau in Italien angehoben, um es der Richtlinie 84/450/EWG anzupassen[107]. Die Gesetzesverordnung Nr. 67 aus dem Jahr 2000 hat hingegen die Gesetzesverordnung 74/1992 um Vorschriften über die vergleichende Werbung ergänzt[108].

Gem. Art. 1 Nr. 2 VO muss Werbung „offenkundig, wahr und zutreffend sein". Wie die Richtlinie dient die Gesetzesverordnung dem dreifachen Zweck des Schutzes der Anbieter, der Verbraucher und der Allgemeinheit (Art. 1 Nr. 1 VO). „Werbung", „irreführende Werbung" und „vergleichende Werbung" werden im Sinne der Richtlinie definiert (Art. 2 Nr. 1a, b und b-*bis* VO)[109]. Übernommen wurden sowohl die Vorschrift über die Beurteilungskriterien, wann eine Werbung irreführend ist (Art. 3 VO) als auch die Bedingungen, die erfüllt sein müssen, damit vergleichende Werbung zulässig ist (3-*bis* VO)[110]. Der deutsche Gesetzgeber hat sich bei der Umsetzung der Richtlinie 97/55/EG von dessen Wortlaut insofern weiter entfernt, als er umgekehrt vergleichende Werbung für grundsätzlich zulässig erachtet und nur in besonders genannten Fällen verbietet (§ 2 Abs. 2 UWG).
Neu gegenüber der EG-Richtlinie ist in der italienischen Gesetzesverordnung hingegen die Forderung, dass Werbung als solche erkennbar sein muss (Art. 4 Nr. 1 VO). Ein Erfordernis, das übrigens bereits in der sog. Fernsehrichtlinie festgeschrieben wurde[111]. Ferner dürfen nach Art. 4 Nr. 2 VO die Begriffe „Garantie", „garantiert" u.ä. Ausdrücke „nur zusammen mit der genauen Angabe des Inhalts und der Bedingungen der angebotenen Garantie verwendet werden". Subliminale Werbung wird grundsätzlich verboten (Art. 4 Nr. 3 VO).

---

[105] D.Lsg. v. 25.1.1992 Nr. 74 - Attuazione della direttiva 84/450/CEE in materia di pubblicità ingannevole, Gazz. Uff. 13.2.1992 Nr. 36 suppl. ord. Nr. 26.; vgl. dt. Übersetzung in GRUR Int. 1992, 825 f. und bei BASTIAN, S. 212-218; die Umsetzung erfolgte aufgrund des Ermächtigungsgesetzes Nr. 428 v. 29.12.1990; vgl. auch Bericht zur Verordnung Nr. 74/1992 in GRUR Int. 1992, 479 f.; GROßKOMM UWG/SCHRICKER, Einl F 265 u. F. 350; BASTIAN, S. 95 ff.

[106] DLsg. v. 25.2.2000 Nr. 67 - Attuazione della direttiva 97/55/CE che modifica la direttiva 84/450/CEE in materia di pubblicità ingannevole e comparativa, Gazz. Uff. v. 27.3.2000 Nr. 72, berichtigt in Gazz. Uff. v. 2.5.2000 Nr. 100; http://www.parlamento.it/parlam/leggi/deleghe/00067dl.htm.

[107] BASTIAN, S. 125 f.

[108] Zitiert wird im Folgenden die VO Nr. 74/1992 in der Fassung, die sie durch die VO Nr. 67/2000 erhalten hat.

[109] Vgl. Art. 2 Nr. 1, 2 u. 2a RL.

[110] Vgl. Art. 3 u. 3a RL.

[111] S. Art. 10 der FernsehRL, dazu s.u. 3.3.2.2.

Werbung für Erzeugnisse, die die Gesundheit und Sicherheit der Verbraucher gefährden können, wird ohne entsprechende Warnhinweise als irreführend eingestuft (Art. 5 VO).

Zur Anwendung der Gesetzesverordnung ist die durch das Kartellgesetz von 1990 geschaffene Behörde zum Schutz des Wettbewerbs und des Marktes in Rom (Autorità Garante)[112] berufen (Art. 7 Nr. 1 VO). Von deren Effizienz hängt der Erfolg der Verfolgung wettbewerbswidrigen Verhaltens ab. Interessierte Wettbewerber, Verbraucher, Verbände und Organisationen können von dieser Behörde verlangen, dass irreführende oder unzulässige vergleichende Werbung verboten wird und ihre Folgen beseitigt werden (Art. 7 Nr. 2 VO). Die Behörde kann Eilmaßnahmen verfügen (Art. 7 Nr. 3 VO), Beweise der Richtigkeit der Werbung verlangen (Art. 7 Nr. 4 VO), die irreführende oder unzulässige vergleichende Werbung verbieten, die Veröffentlichung der Entscheidung sowie gegebenenfalls einer berichtigenden Erklärung anordnen (Art. 7 Nr. 6 VO). Der Verstoß gegen die Anordnung ist strafbar (Art. 7 Nr. 9 VO).
Rechtsmittel können bei den Verwaltungsgerichten eingelegt werden (Art. 7 Nr. 11 VO). Die Zuständigkeit der ordentlichen Gerichte für unlautere Wettbewerbshandlungen bleibt aber unberührt (Art. 7 Nr. 13 VO), denn neben dem Verfahren vor der Autorità Garante kann nach Art. 7 Nr. 13 VO gemäß Art. 2598 C.c. wegen unlauteren Wettbewerbs vor den Zivilgerichten vorgegangen werden[113]. Art. 7 Nr. 14 VO stellt klar, dass Verbraucherverbände in diesem Fall gem. Art. 3 des Gesetzes Nr. 281/1998 klagebefugt sind. Wird die freiwillige Selbstkontrolle angerufen, kann das Verfahren vor der Autorità Garante ausgesetzt werden (Art. 8 Nr. 3 S. 2 VO). Offen bleibt aber, ob ein Verstoß gegen die Verbote der Gesetzesverordnung auch als unlauterer Wettbewerb im Sinne der Generalklausel des Art. 2598 Abs. 3 C.c. vor den Zivilgerichten verfolgt werden kann[114].

3.3.2.2 *Fernsehrichtlinie*

Den Nachteilen einer lediglich auf das Sachrecht ausgerichteten Harmonisierung wollen insbesondere die Fernsehrichtlinie und die E-Commerce Richtlinie begegnen, indem sie auch die kollisionsrechtliche Aussage der Anknüpfung an das Herkunftsland enthalten[115]. Auf die E-Commerce Richtlinie wird unten im Zusammenhang mit den Multistate-Wettbewerbshandlungen näher eingegangen[116],

---

[112] Ausführlich zum Verfahren vor der „Autorità Garante", vgl. BASTIAN, S. 141 ff.

[113] Vgl. zum Verfahren SCHOTTHÖFER-HOFER/LÖSCH/TORRICELLI/GENTA, S. 402 ff.; SCHULTZ, WRP 1991, 556, (560 f.); LIUZZO, GRUR Int. 1992, 599.

[114] GROßKOMM UWG/SCHRICKER, Einl F 265.

[115] S.o. 3.3.1.2.

[116] S.u. 7.2.3.3.2.

im Folgenden soll die Fernsehrichtlinie (89/552/EWG)[117], die 1997 zwecks Teilkoordinierung der Fernsehwerbung durch die Richtlinie 97/36/EG[118] nochmals geändert wurde, näher beschrieben werden.

Die Fernsehrichtlinie (Fernseh-RL)[119] wird von zwei Grundsätzen beherrscht, dem Mindeststandardgebot und dem Sende- oder Ursprungslandprinzip.
Nach dem Mindeststandardgebot (Art. 3 u. 3a Fernseh-RL) sind die Mitgliedstaaten verpflichtet, ihr nationales Recht zumindest auf den Stand der Richtlinie zu bringen, dürfen jedoch für die ihrer Rechtshoheit unterworfenen Fernsehveranstalter strengere oder ausführlichere Bestimmungen vorsehen[120].
Das in Art. 2 Abs. 1 Fernseh-RL[121] statuierte Sende- oder Ursprungslandprinzip enthält hingegen die Verpflichtung der Mitgliedstaaten, durch ihr Rechtssystem zu gewährleisten, dass die von ihrem Staatsgebiet ausgehenden Sendungen dem der Richtlinie angepassten nationalen Recht entsprechen. Dafür dürfen die anderen Mitgliedstaaten grundsätzlich die Weiterverbreitung von Sendungen aus Gründen nicht behindern, die in die durch die Richtlinie koordinierten Bereiche fallen (Art. 2a Abs. 1 Fernseh-RL)[122].
Die Kontrolle im Sendestaat erfasst insbesondere das Gebot der Erkennbarkeit der Werbung und ihrer Trennung vom Programm einschließlich des Verbots der

---

[117] RL des Rates v. 3.10.1989 zur Koordinierung bestimmter Rechts- und Verwaltungsvorschriften der Mitgliedstaaten über die Ausübung der Fernsehtätigkeit (89/552/EWG), ABlEG 17.10.1989 L 298/23, abgedruckt in GRUR Int. 1990, 134, im Internet abrufbar unter http://europa.eu.int/eur-lex/de/lif/dat/1989/de_389L0552.html.

[118] RL 97/36/EG des Europäischen Parlaments und des Rates v. 30.6.1997 zur Änderung der RL 89/552/EWG, ABlEG 30.7.1997 L 202/60, abgedruckt in GRUR Int. 1998, 120-128, im Internet abrufbar unter http://europa.eu.int/eur-lex/de/lif/dat/1997/de_397L0036.html.

[119] Die im folgenden zitierten Artikel beziehen sich auf die durch RL 97/36/EG geänderte Fassung.

[120] So z.B. in Italien durch Gesetz Nr. 223 v. 6.8.1990, Gazz. Uff. v. 9.8.1990 Nr. 185, suppl. ord. Nr. 53 (Disciplina del sistema radiotelevisivo pubblico e privato) sog. „Legge Mammì". Dieses zur Umsetzung der FernsehRL erlassene Gesetz enthält Bestimmungen, die den Besonderheiten des ital. Radio- und Fernsehregelungswerks hinsichtlich seiner öffentlichrechtlichen (RAI) Stellung einerseits und der privaten (Mediaset u.a.) andererseits Rechnung trägt; vgl. hierzu HONORATI, S. 32 mwN. in Fn. 45. Zur Umsetzung der FernsehRL in Deutschland durch den Staatsvertrag über den Rundfunk im vereinten Deutschland, vgl. GROßKOMM UWG/SCHRICKER, Einl RdNr. F 375 mwN.

[121] Art. 2 Abs. 1 Fernseh-RL lautet:
„Jeder Mitgliedstaat sorgt dafür, dass alle Fernsehsendungen, die von seiner Rechtshoheit unterworfenen Fernsehveranstaltern gesendet werden, den Vorschriften des Rechtssystems entsprechen, die auf für die Allgemeinheit bestimmte Sendungen in diesem Mitgliedstaat anwendbar sind."

[122] Artikel 2a Abs. 1 Fernseh-RL lautet:
„Die Mitgliedstaaten gewährleisten den freien Empfang und behindern nicht die Weiterverbreitung von Fernsehsendungen aus anderen Mitgliedstaaten in ihrem Hoheitsgebiet aus Gründen, die Bereiche betreffen, die durch diese Richtlinie koordiniert sind."
Die Reichweite des Sendelandprinzips ist jedoch heftig umstritten, vgl. EuGH v. 9.7.1997, RS C-34, 35, 36/96, Slg. 1997, I-3843 = GRUR Int. 1997, 913 - De Agostini (Grenzüberschreitende Fernsehwerbung).

Schleichwerbung (Art. 10 Fernseh-RL), Regelungen zum Sponsoring (Art. 17 Fernseh-RL) und ein allgemeines Verbot von Werbung, die gegen grundlegende Rechtsgüter verstößt (Art. 12 Fernseh-RL)[123].
Grund für die Einführung des Sendelandprinzips war die praktische Unmöglichkeit für einen Fernsehveranstalter, sich stets nach dem Standard des strengsten Rechts der jeweiligen Empfangsstaaten zu richten. Dafür gelten nun aber möglicherweise für in demselben Land zu empfangende Fernsehsendungen unterschiedliche Wettbewerbsregelungen, nach dem Sendelandprinzip abhängig davon, in welchem Land sich die Niederlassung des jeweiligen Fernsehveranstalters befindet.

Insoweit die Fernsehrichtlinie hinsichtlich der Werberegeln allein das Ursprungsland der Sendung als für die Kontrolle zuständig erklärt, weist sie kollisionsrechtlichen Gehalt auf, denn wenn Sendungen dem Recht des Ursprungslandes entsprechen müssen, bedeutet dies zugleich die Maßgeblichkeit des - freilich durch die Richtlinie weitgehend harmonisierten - materiellen Rechts des Sendestaates[124]. Damit folgt aus dem Sendestaatsprinzip eine Anknüpfung an das Herkunftsland[125].
Da wegen des noch bestehenden Gefälles zwischen den einzelnen Staaten nicht garantiert war, dass alle Staaten die von ihrem Gebiet ausgehenden Sendungen gleichermaßen gewissenhaft überprüfen, erweiterte die Änderungsrichtlinie 97/36/EG die Fernsehrichtlinie (89/552/EWG) um die Vorschrift Art. 3 Abs. 3 Fernseh-RL[126], die es betroffenen Einzelpersonen erlauben soll, im Herkunftsland die Einhaltung der Vorschriften durchzusetzen.

Mit dem Verweis auf das Recht des Herkunftslandes bleiben Fernseh- und E-Commerce Richtlinie[127] eher die - wenn auch bedeutende - Ausnahme. Den Richtlinien, die auf das Bestimmungsland verweisen[128], könnte aber dann eine vielleicht richtungsweisende Bedeutung zukommen, wenn die derzeit nur als Entwurf vorliegende Rom II-Verordnung, die an das Recht des Landes anknüpft,

[123] Zu den grundlegenden Rechtsgütern zählen nach ihrem Art. 12 der Schutz der Menschenwürde, der religiösen und politischen Überzeugungen, der Gesundheit und Sicherheit, der Umwelt und das Verbot der Diskriminierung nach Rasse, Geschlecht oder Nationalität.
[124] Vgl. DETHLOFF, JZ 2000, 179, (180), (184 f.); GROßKOMM UWG/SCHRICKER, Einl F 159; SCHRICKER-SCHRICKER, Einführung, Bd. 1, RdNr. 182; DERS., GRUR Int. 1990, 771, (775); HONORATI, S. 244; **a.A.** ROTH, RabelsZ 55 (1991), 623, (664 ff.), (670), der offen lässt, ob das Herkunftsprinzip auch für den von der FernsehRL erfassten Bereich des Werberechts gilt, auf jeden Fall aber sei es für den Gegendarstellungsanspruch (Art. 23 RL) festgeschrieben.
[125] DETHLOFF, JZ 2000, 179, (180).
[126] Art. 3 Abs. 3 Fernseh-RL lautet:
„Die Maßnahmen schließen geeignete Verfahren ein, damit sich direkt betroffene Dritte, einschließlich Staatsangehörige anderer Mitgliedstaaten, an die zuständigen Justizbehörden oder sonstigen Stellen wenden können, um die tatsächliche Einhaltung der Bestimmungen gemäß den einzelstaatlichen Vorschriften zu erwirken."
[127] S.u. 7.2.3.3.2.
[128] S.o. 3.3.1.2.

in dem sich die Wettbewerbsmaßnahme auswirkt[129], Geltung erlangt. Ob das internationale Lauterkeitsrecht in Europa in die eine oder die andere Richtung vereinheitlicht wird, bleibt abzuwarten.

Da der Geltungsanspruch des in der Fernsehrichtlinie vorgesehenen kollisionsrechtlichen Ursprungslandprinzips jedenfalls nicht weiter reicht als ihr sachlicher Anwendungsbereich, bleibt es für den von der Richtlinie nicht behandelten gesamten Komplex der Irreführung bei den nationalen wettbewerbskollisionsrechtlichen Regelungen, die meist am Recht des Marktortes anknüpfen[130]. Damit behält der Empfangsstaat für den von der Fernsehrichtlinie nicht geregelten Bereich seine Kontrollzuständigkeit[131].

3.4 Bedeutung der Entscheidungen des EuGH für die Harmonisierung des Lauterkeitsrechts auf EG-Ebene

3.4.1 Harmonisierung des freien Waren- und Dienstleistungsverkehrs

Dem Europäischen Gerichtshof obliegt allgemein „die Wahrung des Rechts bei der Auslegung und Anwendung" der Verträge (Art. 220 EGV). Das „Recht", welches der EuGH zu wahren hat, ist das Gemeinschaftsrecht in einem weiten Sinne[132]. Seine Entscheidung ist gem. Art 249 EGV in allen Teilen für diejenigen verbindlich, die sie bezeichnet[133]. Sie kann sich an Mitgliedstaaten oder an Einzelpersonen richten.
Über die Fragen der Auslegung und Gültigkeit des Gemeinschaftsrechts entscheidet der Gerichtshof nach Art. 234 EGV auf Vorlage von Gerichten der Mitgliedstaaten im Wege der Vorabentscheidung. Lässt man die Beamtenklagen beiseite, sind ungefähr die Hälfte aller beim Gerichtshof anhängigen Verfahren solche Vorabentscheidungen[134].

---

[129] S.o. 3.1.2.
[130] S.o. 3.1.2.
[131] GROẞKOMM UWG/SCHRICKER, Einl F RdNr. 372 ff. unter Hinweis auf die Begründungserwägungen (GRUR Int. 1990, 134); KORT, GRUR Int. 1994, 594, (601); KOTTHOFF, S. 34; **a.A.** REICH, RabelsZ 56 (1992), 444, (494 f.) meint, dass jeder Sitzstaat eine gemeinschaftsweite, umfassende Überwachungspflicht habe, woraus eine räumliche Erweiterung der Kontrollzuständigkeiten des Ursprungslandes folge. Die neue Rechtsanwendungsregel im Binnenmarkt, das Ursprungslandprinzip, gelte unabhängig davon, ob der Gemeinschaftsakt dies ausdrücklich vorsehe oder nicht.
[132] Neben primärem und sekundärem Gemeinschaftsrecht auch ungeschriebene Bestandteile, wie z.B. allgemeine Rechtsgrundsätze und gewisse völkerrechtliche Elemente. Er judiziert dagegen grundsätzlich nicht über das nationale Recht der Mitgliedstaaten, vgl. OPPERMANN, § 5 RdNr. 381 mwN.
[133] Vgl. z.B. BGH v. 8.11.1984, GRUR 1985, 396 - 5-Sterne-Programm.
[134] OPPERMANN, § 8 RdNr. 756.

Bei der Rechtsangleichung im Bereich des unlauteren Wettbewerbs kommt der kontinuierlichen Rechtsprechung des Europäischen Gerichtshofes (EuGH) eine besondere Bedeutung zu[135]; das gilt sowohl für das Irreführungsrecht als auch ganz allgemein für die Begriffsbestimmung und Kasuistik der „guten Sitten im Wettbewerb“[136].
Vor allem bei ihm vorgelegten Fragen zur Auslegung des Art. 28 EGV, der - unbeschadet der Ausnahmen in Art. 30 EGV - alle mengenmäßigen Einfuhrbeschränkungen sowie Maßnahmen gleicher Wirkung verbietet, konnte der EuGH eine umfangreiche Rechtsprechung dazu entwickeln, wann nationale Regelungen bestimmter Wettbewerbsmaßnahmen der Schaffung und Bewahrung des freien Warenverkehrs innerhalb des Binnenmarktes hinderlich sind.

Im Rahmen der Auslegung des Art. 49 EGV hat der EuGH darüber hinaus in mehreren Entscheidungen geprüft, inwiefern nationale Beschränkungen der Werbung für Dienstleistungen den freien Dienstleistungsverkehr behindern[137] und somit auch diesbezüglich einheitliche europäische Maßstäbe geschaffen.

3.4.1.1 „Dassonville“-Urteil

Seit dem „Dassonville“-Urteil[138] sieht der EuGH in ständiger Rechtsprechung eine „Maßnahme gleicher Wirkung“ in jeder Handelsregelung, die „geeignet ist,

---

[135] Vgl. BAUMBACH/HEFERMEHL, Einl UWG RdNr. 613, 630; BRIEM, S. 161.

[136] Vgl. § 1 UWG „gegen die guten Sitten verstoßen“ und Art. 2598 Nr. 3 C.c. „non conforme ai prinicipi della correttezza professionale“; vgl. ferner den Überblick bei JOLIET, GRUR Int. 1994, 1 ff.; GLOY-JACOBS/SCHULTE-BECKHAUSEN, § 25 RdNr. 9; HONORATI, S. 30 f. insb. Fn. 42, 40 f. bemängelt einvernehmlich mit FUNKE, WRP 1991, 550, (551 ff.), dass der Verbraucherschutz nur einer von vielen Aspekten des Schutzes gegen den unlauteren Wettbewerb darstelle, jedoch von den im europäischen Wettbewerbsrecht behandelten Aspekten der ausgeprägteste sei.

[137] Vgl. z.B. EuGH v. 24.3.1994, RS C-275/92, Slg. 1994, I-1039 - Lotterie; EuGH v. 10.5.1995, RS C-384/93, Slg. 1995, I-1141 - Alpine Investments („cold calling“); teilweise auch EuGH v. 9.7.1997, RS C-34, 35, 36/96, Slg. 1997, I-3843 - De Agostini (Grenzüberschreitende Fernsehwerbung), s.u. 3.4.1.5.

[138] EuGH v. 11.7.1974, RS 8/74, Slg. 1974, 837 = GRUR Int. 1974, 467 - Dassonville.
Sachverhalt: Der Großhändler G. Dassonville mit Niederlassung in Frankreich und sein Sohn B., der in Belgien eine Zweigniederlassung des väterlichen Handelsunternehmens leitet, führten im Jahr 1970 „Scotch Whisky“ der Marken „Johnnie Walker“ und „Vat 69“ nach Belgien ein, die sie bei französischen Import- und Vertriebsgesellschaften dieser beiden Marken eingekauft hatten. Auf den Etiketten haben sie den Vermerk „British Customs Certificate of Origin“ angebracht, gefolgt von einer handschriftlichen Angabe der Nummer und des Datums des Freigabeauszuges aus dem französischen Zollabfertigungsregister. Dieses stellt bereits alleine nach den französischen Rechtsvorschriften das erforderliche Begleitpapier dar, das einem Erzeugnis mit Ursprungsbezeichnung beigegeben werden muss. Eine Ursprungsbescheinigung verlangt Frankreich für „Scotch Whisky“ nicht. Stattdessen hat die belgische Regierung die Ursprungsbezeichnung „Scotch Whisky“ rechtsgültig zugelassen. Art. 1 der belgischen Königlichen Verordnung Nr. 57 v. 20.12.1934 untersagt es, Branntwein mit einer von der belgischen Regierung rechtsgültig zugelassenen Ursprungsbezeichnung einzuführen

den Handel innerhalb des Binnenmarktes unmittelbar oder mittelbar, tatsächlich oder potentiell zu behindern“[139] (sog. „Dassonville“-Formel).
Zum Schutz der Freiheit des Warenverkehrs muss daher grundsätzlich die Einfuhr aller im Herkunftsland rechtmäßig hergestellten und in den Verkehr gebrachten Waren unbeschränkt zugelassen werden. In Folge der „Dassonville“-Entscheidung verbot der EuGH deshalb in einer Reihe weiterer Urteile Maßnahmen, die die Einfuhr von Waren etwa durch zeitraubende und kostspielige Grenzabfertigungen, durch Qualitätskontrollen, durch für Inlandswaren vorbehaltene Bezeichnungen, insbesondere Aufmachungen und Verpackungsvorschriften, unmittelbar zu beschränken[140]. Zu „Maßnahmen gleicher Wirkung“ zählt er jedoch auch Vorschriften, die bestimmte Methoden der Absatzförderung oder bestimmte Arten und Formen der Werbung verbieten[141]. Schließlich hat der EuGH in einer Reihe weiterer Entscheidungen als „Maßnahmen gleicher Wirkung“ solche Regelungen betrachtet, die unterschiedslos für inländische und importierte Produkte geltende Preisregelungen und Regelungen der Handelsspannen enthalten, wenn sie aufgrund des gewählten Preisniveaus die importierte Ware gegenüber den inländischen Waren benachteiligen[142].

3.4.1.2 „Cassis de Dijon“-Urteil

Im „Cassis de Dijon“-Urteil[143] hat der EuGH die weite „Dassonville“-Formel etwas eingeengt, indem er in teilweiser Überschneidung mit Art. 30 EGV klar-

---

bzw. zu verkaufen, wenn dem Branntwein kein amtlicher Begleitschein beiliegt, aus dem sich ergibt, dass diese Bezeichnung zu Recht geführt wird. Die handschriftliche Angabe der Nummer und des Datums des Freigabeauszuges aus dem französischem Zollabfertigungsregister genügt dieser Anforderung nicht.

[139] Leitsatz Nr. 1 der „Dassonville“-Entscheidung.

[140] EuGH v. 26.6.1980, RS 788/79, Slg. 1980, 2071 = RIW 1980, 648 = EuR 1981, 43 m. Anm. MEIER - Obstessig I; EuGH v. 19.2.1981, RS 130/80, Slg. 1981, 527 = RIW 1981, 620 - Brioches; EuGH v. 10.11.1982, RS 261/81, Slg. 1982, 3961 = EuR 1983, 168 m. Anm. RABE - Margarineform; EuGH v. 13.3.1984, Slg. 1984, 1299 = RIW 1984, 302 - Bocksbeutel; EuGH v. 9.12.1981, RS 193/80, Slg. 1981, 3019 = RIW 1982, 277 - Obstessig II; EuGH v. 16.12.1980, RS 27/80, Slg. 1980, 3839 = RIW 1981, 474 - Fietje (Berentzen Apfelkorn). Vgl. auch GLOY-JACOBS/SCHULTE-BECKHAUSEN, § 25 RdNr. 10 mwN.

[141] EuGH v. 15.12.1982, RS 286/81, Slg. 1982, 4575, (4587 Nr. 15) - Oosthoek (Zugabeverbot); EuGH v. 7.3.1990, RS C-362/88, Slg. 1990, I-667, (689 Nr. 21) - GB-Inno-BM I; EuGH v. 12.12.1990, RS C-241/89, Slg. 1990, I-4695, (4729 Nr. 29) - SARPP; EuGH v. 25.7.1991, RS C-1/90 und C-176/90, Slg. 1991, I-4151 ff. - Aragonesa; EuGH v. 18.5.1993, RS C-126/91, Slg. 1993, I-2361, (2388 Nr. 10) - Yves Rocher (zum damals noch nicht aufgehobenen § 6e UWG). Vgl. auch BAUMBACH/HEFERMEHL, Einl UWG RdNr. 618 mwN.

[142] EuGH v. 24.1.1978, RS 82/77, Slg. 1978, 25 - van Tiggele; EuGH v.7.6.1983, RS 78/82, Slg. 1983, 1955 - Tabakwarenmonopol; EuGH v. 29.11.1983, RS 181/82, Slg. 1983, 3849 = NJW 1985, 544 - Arzneimittelhöchstpreise.

[143] EuGH v. 20.2.1979 , RS 120/78, Slg. 1979, 649 = GRUR Int. 1979, 468 = EuR 1979, 417-427 m. Anm. MILLARG - Cassis de Dijon.

gestellt hat, dass bestimmte Maßnahmen nicht unter das Verbot des Art. 28 EGV fallen[144]. „Hemmnisse für den Binnenhandel der Gemeinschaft, die sich aus den Unterschieden der nationalen Regelungen über die Vermarktung [... der] Erzeugnisse ergeben, müssen hingenommen werden, soweit diese Bestimmungen notwendig sind, um zwingenden Erfordernissen gerecht zu werden, insbesondere den zwingenden Erfordernissen einer wirksamen steuerlichen Kontrolle, des Schutzes der öffentlichen Gesundheit, der Lauterkeit des Handelsverkehrs und des Verbraucherschutzes" („Cassis de Dijon"-Formel)[145]. In späteren EuGH-Urteilen wurde dann auch etwa der Umweltschutz[146] und der Schutz der Kinokultur[147] als zwingende Erfordernisse anerkannt.
Es wurde also ein Kompromiss zwischen den Rechten des Herkunftslandes und denen des Bestimmungslandes geschaffen, weil weder die volle Unterwerfung des Warenverkehrs unter die Vorschriften des Bestimmungslandes gefordert noch jede Wareneinfuhr, die den Vorschriften des Herkunftslandes entspricht, zugelassen wurde[148]. Ein- oder Ausfuhrbeschränkungen sind grundsätzlich verboten, können aber also ausnahmsweise aus zwingenden Gründen zum Schutze des Allgemeininteresses zugelassen werden.

Die „Cassis de Dijon-Formel" bezieht sich nur auf die unterschiedslos für einheimische und ausländische Erzeugnisse geltenden Bestimmungen[149]. Nicht unterschiedslose Regelungen stellen in jedem Fall eine nach Art. 28 EGV verbotene Maßnahme dar, die nur gem. Art. 30 EGV gerechtfertigt werden kann.
Die Rechtfertigung einer bestimmten Maßnahme nach Art. 30 EGV und die nach der „Cassis de Dijon"-Formel über den Begriff der „zwingenden Erfordernisse" stehen eng nebeneinander. Nach Art. 30 S. 1 EGV stehen den „Bestim-

---

Sachverhalt: Der französische Fruchtsaftlikör „Cassis de Dijon" mit 16-20 % Weingeist sollte als Trinkbranntwein nach Deutschland eingeführt werden. Das deutsche Branntweinmonopolgesetz verlangte jedoch einen Mindestweingeistgehalt von 32 %. Die Berufung auf die Festsetzung eines Mindestweingeistgehalts wurde vom EuGH als eine gem. Art. 28 EGV verbotene „Maßnahme mit gleicher Wirkung wie eine mengenmäßige Beschränkung" eingestuft.

144 Die Entscheidung enthält eine klarstellende, ergänzende bzw. eingrenzende Auslegungsregel der Dassonville-Formel; zutreffend JESTAEDT/KÄSTLE, EWS 1994, 26 ff.; GLOY-JACOBS/SCHULTE-BECKHAUSEN, § 25 RdNr. 9; BAUMBACH/HEFERMEHL, Einl UWG RdNr. 619; GROẞKOMM UWG/SCHRICKER, Einl F 378 f.; **a.A.** REICH, ZIP 1993, 1815, (1818 RdNr. 8): Sie sei nur eine widerlegbare Vermutung, dass „Verkaufsmodalitäten" nicht unter Art. 28 EGV fallen.

145 EuGH v. 20.2.1979, RS 120/78, Slg. 1979, 649, (662 Nr. 8) - Cassis de Dijon; vgl. auch EuGH v. 13.3.1984, RS 16/83, Slg. 1984, 1299, (1327 Nr. 25) - Bocksbeutel.
Die nationale Rechtsprechung hinsichtlich der sklavischen Nachahmung wurde als ein solches „zwingendes Erfordernis" angesehen in EuGH v. 2.3.1982, RS 6/81, Slg. 1982, 707 = GRUR Int. 1982, 439 - Industrie Diensten Groep; vgl. hierzu auch JOLIET, GRUR Int. 1994, 1, (2 f.).

146 EuGH v. 7.2.1985, RS 240/83, Slg. 1985, 531, (549) -Altöle; EuGH v. 20.9.1988, RS 302/86, Slg. 1988, 4607 - Pfandflaschen.

147 EuGH v. 11.7.1985, RS 60 und 61/84, Slg. 1985, 2605 - Cinéthèque.

148 BAUMBACH/HEFERMEHL, Einl UWG RdNr. 619.

149 GLOY-JACOBS/SCHULTE-BECKHAUSEN, § 25 RdNr. 9; BAUMBACH/HEFERMEHL, Einl UWG RdNr. 620.

mungen der Artikel 28 und 29 [...] Einfuhr-, Ausfuhr- und Durchfuhrverbote oder -beschränkungen nicht entgegen, die aus Gründen der öffentlichen Sittlichkeit, Ordnung und Sicherheit, zum Schutze der Gesundheit und des Lebens von Menschen, Tieren oder Pflanzen, des nationalen Kulturguts von künstlerischem, geschichtlichem oder archäologischem Wert oder des gewerblichen und kommerziellen Eigentums gerechtfertigt sind". Da aber beispielweise der Begriff der „öffentlichen Sicherheit" nicht so weit reicht, dass er auch den Verbraucherschutz und den Schutz der Lauterkeit des Handelsverkehrs umfasst, können Verbraucher- und Lauterkeitsschutz im Rahmen des Art. 30 EGV nur unter dem Aspekt „zwingender Erfordernisse" berücksichtigt werden[150].

Doch nicht jede Regelung bzw. Maßnahme eines Mitgliedstaates, die durch „zwingende Erfordernisse" im Sinne der „Cassis de Dijon"-Formel gerechtfertigt ist, rechtfertigt auch eine Einschränkung des Handelsverkehrs. Die Regelung muss vielmehr in einem angemessenen Verhältnis zum verfolgten Zweck und zum gemeinschaftlichen Interesse am freien Warenverkehr stehen, wobei es auf die Abwägung zwischen diesem und dem nationalen Interesse ankommt[151]. Das bedeutet, dass auf einfuhrbeschränkende Maßnahmen nur dann zurückgegriffen werden darf, wenn das gleiche oder vergleichbare Ziel nicht mit weniger einschneidenden Mitteln erreicht werden kann (Übermaßverbot). Sind mehrere Maßnahmen gleichermaßen zur Erreichung desselben Ziels geeignet, ist das Mittel zu wählen, das den freien Warenverkehr am wenigsten beeinträchtigt (Verhältnismäßigkeitsgrundsatz)[152].

Schließlich kann eine staatliche Regelung auch dann zulässig sein, wenn sie ein im Allgemeininteresse liegendes und aus der Sicht des Gemeinschaftsrechts gerechtfertigtes Ziel verfolgt[153]. Zugelassen wurden z.B. ein der Verbesserung der

---

[150] BAUMBACH/HEFERMEHL, Einl UWG RdNr. 624; GROßKOMM UWG/SCHRICKER, Einl F 378; EuGH v. 20.2.1979, RS 120/78, Slg. 1979, 649 - Cassis de Dijon; EuGH v. 17.6.1981, RS 113/80, Slg. 1981, 1625 = GRUR Int. 1982, 117 - Irische Souvenirs; EuGH v. 6.11.1984, RS 177/83, Slg. 1984, 3651 = GRUR Int. 1985, 110 - r+r.

[151] Vgl. BAUMBACH/HEFERMEHL, Einl UWG RdNr. 622; STREINZ/LEIBLE, ZIP 1995, 1239; EuGH v. 20.2.1979, RS 120/78, Slg. 1979, 649, (664 Nr. 14) - Cassis de Dijon; vgl. auch EuGH v. 12.3.1987, RS 178/84, Slg. 1987, 1227, (1270 Nr. 28) - Reinheitsgebot für Bier; EuGH v. 18.5.1993, RS C-126/91, Slg. 1993, I-2361, (2389 Nr. 15) - Yves Rocher; EuGH v. 6.7.1995, RS C-470/93, Slg. 1995, I-1923, (1941 Nr. 15) - Mars.

[152] Eine Definition des Verhältnismäßigkeitsgrundsatzes gibt EuGH v. 16.1.1992, RS C-169/91, Slg. 1992, I-6654, (6658) - B&Q: „Die Frage der Verhältnismäßigkeit einer nationalen Regelung, die ein gemeinschaftsrechtlich gerechtfertigtes Ziel verfolgt, erfordert eine Abwägung des nationalen Interesses an der Erreichung dieses Ziels mit dem Gemeinschaftsinteresse am freien Warenverkehr. Bei der Prüfung, ob die beschränkenden Wirkungen der fraglichen Regelung auf den innergemeinschaftlichen Warenverkehr das zur Ereichung des angestrebten Ziels Erforderliche nicht überschreiten, ist darauf abzustellen, ob diese Wirkungen unmittelbar, mittelbar oder nur hypothetisch sind und ob sie den Absatz eingeführter Erzeugnisse nicht stärker beeinträchtigen als denjenigen einheimischer."

[153] GRABITZ-MATTHIES, Art. 30 RdNr. 27a; STEINDORFF, ZHR 150 (86), 688, (696 ff.); BAUMBACH/HEFERMEHL, Einl UWG 626.

Arbeitsbedingungen dienendes Nachtbackverbot[154] und das der Förderung der Filmproduktion dienende Verbot der Verbreitung von Filmen auf Videokassetten für die ersten Monate der Vorführung in Filmtheatern[155] und die dem Schutz der Krankenversicherung dienende Versagung des Kostenersatzes für bestimmte Arzneimittel, wenn auf dem Markt billigere Erzeugnisse mit gleicher therapeutischer Wirkung erhältlich sind[156].
Sobald jedoch die Gemeinschaft für einen bestimmten Sektor eine gemeinsame Marktorganisation errichtet hat, sind die Mitgliedstaaten verpflichtet, sich aller einseitigen Maßnahmen zu enthalten, die der Zuständigkeit der Gemeinschaft unterliegen[157].

3.4.1.3 „Keck"-Urteil

3.4.1.3.1 „Keck"-Formel

In der „Keck"-Entscheidung[158] engte der EuGH das Verbot der Diskriminierung von Erzeugnissen aus anderen Mitgliedstaaten nach der „Dassonville"-Formel noch stärker ein, indem er staatliche Regelungen reiner Verkaufsmodalitäten, die nicht diskriminierender Art sind, bei denen also In- und Ausländer gleich behandelt werden, von vornherein nicht in den Verbotsbereich des Art. 28 EGV fallen lässt („Keck"-Formel). Mit anderen Worten, Regelungen von bestimmten Verkaufsmodalitäten, die sich auf Formen der Vermarktung ohne körperliche Verbundenheit mit der Ware selbst beziehen (vertriebsbezogene Maßnahmen), werden nach der „Keck"-Formel nicht mehr generell von Art. 28 EGV erfasst. Sie fallen aber nur in zwei Fällen nicht in den Anwendungsbereich des Art. 28

---

[154] EuGH v. 14.7.1981, RS 15/80, Slg. 1981, 1993 - Nachtbackverbot (Oebel).
[155] EuGH v. 11.7.1985, Slg. 1985, 2605 - Cinéthèque.
[156] EuGH v. 7.2.1984, RS 238/82, Slg. 1984, 523 - Duphar.
[157] EuGH v. 14.7.1988, RS C-407/85, Slg. 1988, 4233 = NJW 1988, 2169 - Italienisches Reinheitsgebot für Teigwaren (Drei Glocken); EuGH v. 2.2.1989, RS 247/87, Slg. 1989, 229 = NJW 1989, 1428 - Reinheitsgebot für Fleischerzeugnisse (Wurst); EuGH v. 11.5.1989, RS 76/86, Slg. 1989, 1021 = NJW 1989, 2184 - Verkehrsverbot für Milchersatzstoffe (Constanzo/Stadt Mailand).
[158] EuGH v. 24.11.1993, RS C-267/91 und C-268/91, Slg. 1993, I-6097 = GRUR Int. 1994, 56 = ZIP 1993, 1813 m. Anm. REICH = WRP 1994, 99 m. Anm. MEYER - Keck und Mithouard.
Sachverhalt: Die Leiter B. Keck und D. Mithouard von zwei Supermärkten in Frankreich haben das alkoholische Getränk „Picon bière" und den Kaffee der Marke „Sati rouge" zu einem unter dem tatsächlichen Einkaufspreis liegenden Preis weiterverkauft. Der EuGH hatte auf Vorlage zu entscheiden, ob Art. 1 des französischen Gesetzes Nr. 63-628 vom 2.7.1963 in der Fassung des Art. 32 der Ordonnance Nr. 86-1243 vom 1.12.1982, wonach der Verkauf von Erzeugnissen in unverändertem Zustand zu einem Verlustpreis verboten wird, gegen den freien Warenverkehr gem. Art. 28 EGV verstößt. Er entschied, dass die nationale Regelung im Ergebnis keine Maßnahme mit gleicher Wirkung wie eine mengenmäßige Einfuhrbeschränkung darstelle, sondern lediglich eine sog. „Verkaufsmodalität". Art. 28 EGV sei dahin auszulegen, dass er keine Anwendung auf Rechtsvorschriften eines Mitgliedstaates finde, die den Weiterverkauf zu einem Verlustpreis verbieten.

EGV, nämlich dann, wenn sie erstens „für alle betroffenen Wirtschaftsteilnehmer gelten, die ihre Tätigkeit im Inland ausüben" und zweitens „den Absatz der inländischen Erzeugnisse und der Erzeugnisse aus anderen Mitgliedstaaten rechtlich wie tatsächlich in der gleichen Weise berühren"[159].

Was unter diesen sog. „bestimmten" Verkaufsmodalitäten im Einzelnen zu verstehen ist, hat der EuGH nicht näher definiert, aber durch eine umfangreiche Kasuistik präzisiert. Nicht von Art. 28 EGV werden neben dem Verbot des Weiterverkaufs importierter und inländischer Waren unter dem Einstandspreis („vente à perte")[160] auch das an die Apotheker gerichtete nationale Verbot jeder Form der Werbung für apothekenpflichtige Waren außerhalb der Apotheke[161] und das Verkaufsverbot in Supermärkten an Sonn- und Feiertagen[162] erfasst. Ferner zählt zu den bestimmten Verkaufsmodalitäten die Regelung der Öffnungszeiten für den Verkauf an Tankstellen[163]. Wenn Fernsehwerbung für bestimmte Sektoren der Wirtschaftstätigkeit untersagt wird, betrifft dies ebenfalls nur eine Verkaufsmodalität, wenn dadurch nur eine Form der Förderung einer bestimmten Methode des Absatzes von Erzeugnissen verboten wird[164]. Schließlich stellt auch das Verbot des Verkaufs von Milch für Säuglinge außerhalb von Apotheken nicht eine „Maßnahme gleicher Wirkung" i.S.v. Art. 28 EGV dar[165].
Aufgrund dieser Präzedenzfälle wurde in der Literatur mehrfach der Versuch unternommen, die Verkaufsmodalitäten im Sinne der „Keck"-Formel zu definieren oder zu umschreiben. Überwiegend werden sie als Normen angesehen, die „das Wann, Wo, Wie, Durch-wen, Zu-welchem-Preis festlegen"[166].

159 EuGH v. 24.11.1993, RS C- 267/91 und C-268/91, Slg. 1993, I-6097, (6131 Nr. 16 und 17) - Keck und Mithouard. Dieser Grundsatz wurde auch in folgenden Entscheidungen bestätigt, vgl. EuGH v. 15.12.1993, RS C-292/92, Slg. 1993, I 6787, (6823 Rn. 21) - Hünermund - als frühes Beispiel und EuGH v. 9.7.1997, RS C-34, 35, 36/96, Slg. 1997, I-3843, (3890 Nr. 40) - De Agostini (Grenzüberschreitende Fernsehwerbung) - als spätes Beispiel; zu weiteren Entscheidungen, die das „Keck"-Urteil bestätigen vgl. SACK, WRP 1998, 103, (104 Fn. 25); vgl. auch BAUMBACH/HEFERMEHL, Einl UWG RdNr. 627; GLOY-JACOBS/SCHULTE-BECKHAUSEN, § 25 RdNr. 12.

160 EuGH v. 24.11.1993, RS C-267/91 und C-268/91, Slg. 1993, I-6097, (6131 f. Nr. 17 f.) - Keck und Mithouard.

161 EuGH v. 15.12.1993, RS C-292/92, Slg. 1993, I-6787 = GRUR 1994, 299 - Hünermund.

162 EuGH v. 2.6.1994, RS C-69/93 und C-258/93, Slg. 1994, I-2355 = EuZW 1994, 434 - Punto Casa.

163 EuGH v. 2.6.1994, RS C-401/92 und C-402/92, Slg. 1994, I-2199 = EuZW 1994, 435 - Öffnungszeiten von Tankstellen (t'Heuskske).

164 EuGH v. 9.2.1995, RS C-412/93, Slg. 1995, I-179 = EuZW 1995, 250 ff. = WRP 1995, 470 ff. m. Anm. KOTHOFF - Leclerc-Siplex. Verboten wurde Fernsehwerbung für Getränke mit Alkoholgehalt von mehr als 1,2%; vgl. zu dieser Entscheidung PECHSTEIN, EuZW 1996, 109, (110).

165 EuGH v. 29.6.1995, RS C-391/92, Slg. 1995, I-1642 = EuZW 1995, 612 ff. - Milchprodukte für Säuglinge.

166 HEERMANN, GRUR Int. 1999, 579, (582 mwN.).

3.4.1.3.2 Beschränkung des Euro- bzw. Global-Marketing

Heftig umstritten ist, ob auch staatliche Beschränkungen von grenzüberschreitenden Werbestrategien („Euro"- bzw. „Global"-Marketing) nur Regelungen bestimmter Verkaufmodalitäten darstellen und daher nicht als Maßnahmen gleicher Wirkung im Sinne des Art. 28 EGV zu beurteilen sind.

Die Befürworter dieser Meinung[167] sehen auch in der grenzüberschreitenden Werbung deshalb nur bestimmte Verkaufmodalitäten, weil es sich um mit dem Produkt körperlich nicht verbundene Werbung handle. Sie berufen sich darauf, dass der EuGH unter ausdrücklicher Aufgabe der bisherigen Rechtsprechung („entgegen der bisherigen Rechtsprechung"[168]) erklärt habe, dass die Anwendung bestimmter Verkaufmodalitäten auf Erzeugnisse aus anderen Mitgliedstaaten zur Beschränkung der Warenverkehrsfreiheit im Sinne des Art. 28 EGV nicht geeignet sei. Die „Keck"-Doktrin unterscheide also nicht zwischen rein inländischen und grenzüberschreitenden Verkaufsmodalitäten Deshalb seien z.B. auch die EuGH-Entscheidungen „Oosthoek"[169], „GB-INNO-BM I"[170] und

---

[167] BAUMBACH/HEFERMEHL, UWG Einl RdNr. 627; weitere Nachweise bei SACK, WRP 1998, 103, (106 in Fn. 42).

[168] So EuGH v. 24.11.1993, RS C-267/91 und C-268/91, Slg. 1993, I-6097, (6131 Nr. 16) = GRUR Int. 1994, 56, (59 Nr. 16) - Keck und Mithouard. Die „Cassis De Dijon"-Rechtsprechung bleibt davon, wie der Gerichtshof ausdrücklich hervorhebt, unberührt. Bezüglich der Frage, ob die bisherigen Grundsätze zur Produktgestaltung und zur Werbung bei grenzüberschreitenden Sachverhalten durch das „Keck"-Urteil unberührt geblieben sind, vgl. KOPPENSTEINER, § 22 RdNr. 3 mwN. in Fn. 10, § 24 RdNr. 7.

[169] EuGH v. 15.12.1982, RS 286/81, Slg. 1982, 4575 = GRUR Int. 1983, 648 - Oosthoek (Zugabeverbot).
Sachverhalt: Die niederländische Firma Oosthoek hat in den Niederlanden, in Belgien und Nordfrankreich verschiedene Nachschlagewerke in niederländischer Sprache verkauft. In der Zeitungs- und Zeitschriftenwerbung hat sie allen Subskribenten eines Nachschlagewerkes als Zugabe ein Wörterbuch, einen Weltatlas oder ein weiteres kleines Nachschlagewerk angeboten.
Der EuGH hat festgestellt, dass eine niederländische Zugaberegelung, die verbietet, den Käufern eines Nachschlagewerkes Zugaben in Form von Büchern zu gewähren, wenn nicht zwischen der Zugabe und dem Erzeugnis, das dem Zugabeangebot zugrunde liegt, ein Verwendungszusammenhang besteht, nur dann nicht gegen Art. 28 EGV verstößt, wenn sie geeignet ist, zum Verbraucherschutz und zur Lauterkeit des Handelsverkehrs beizutragen.

[170] EuGH v. 7.3.1990, RS C-362/88, Slg. 1990, I-667 = GRUR Int. 1990, 955 m. Anm. HAKENBERG/HARLES - GB-Inno-BM I.
Sachverhalt: Das beklagte belgische Unternehmen GB-INNO-BM betrieb auf belgischem Territorium im belgisch-luxemburgischen Grenzgebiet mehrere Supermärkte und ließ sowohl in Belgien als auch in Luxemburg Werbezettel mit zeitlich befristeten Sonderangeboten unter Hinweis auf die bisherigen Preise verteilen. Diese Werbemaßnahme war nach belgischem Recht zulässig, während es nach der luxemburgischen Großherzoglichen Verordnung über den unlauterem Wettbewerb v. 23.12.1974 verboten war, die Angabe einer Befristung für Sonderangebote zu machen und gleichzeitig auf die früheren Preise hinzuweisen.
Der EuGH erklärte das luxemburgische Verbot für gemeinschaftswidrig. Es verstoße gegen Art 28, 30 EGV, wenn auf eine in einem anderen Mitgliedstaat rechtmäßig durchgeführte

„Yves Rocher“[171], die gewisse Varianten grenzüberschreitender Werbung betreffen und auf die der EuGH Art. 28 EGV angewandt hat, nach der „Keck“-Entscheidung überholt.
Die daraus eventuell resultierende kostenintensivere Einstellung auf unterschiedliche nationale Werberegelungen, die gegebenenfalls unterschiedliche nationale Werbestrategien erfordere, könne nicht als Diskriminierung des Absatzes eingeführter Waren bewertet werden. Vielmehr bewirke der Wegfall von Kostenvorteilen, den eine einheitliche Werbestrategie für mehrere Mitgliedstaaten bieten würde, nur eine Gleichstellung mit der auf einen Mitgliedstaat beschränkten Werbung für inländische und eingeführte Waren.
Nach der Gegenmeinung[172] fallen alle staatlichen Beschränkungen grenzüberschreitender Werbung in der Europäischen Gemeinschaft nach wie vor unter das Verbot des Art. 28 EGV, da die vom EuGH vorgenommene Unterscheidung von produktbezogenen und vertriebsbezogenen Regelungen nicht sinnvoll sei, weil auch Regelungen von Verkaufsmodalitäten den Marktzutritt für Erzeugnisse aus anderen Mitgliedstaaten schwieriger gestalten oder sogar verhindern könnten. Die „Keck“-Rechtsprechung enge den in der „Dassonville“ und „Cassis“-Rechtsprechung noch weit umschriebenen Begriff der Maßnahmen gleicher Wirkung auf solche nationalen Vermarktungsregeln ein, die inländische und ausländische Erzeugnisse entweder schon formell, d.h. nach Wortlaut und Auslegung ungleich behandeln oder jedenfalls tatsächlich, also in der praktischen Wirkung, ungleich berühren. Trotz dieser Einengung sei aber die Formulierung noch weit genug, um nicht nur jede faktische Erschwernis für ausländische Pro-

---

Werbeaktion strengere nationale Rechtsvorschriften, die grenzüberschreitende Werbung verbieten, angewendet würden, wenn deren Anwendung nicht durch zwingende Erfordernisse oder Art. 30 EGV gerechtfertigt sei. Der freie Warenverkehr betreffe nicht nur den gewerblichen Handel, sondern auch Privatpersonen. Sie hätten ein Recht darauf, Zugang zu dem im Einkaufsland erhältlichen Werbematerial zu erhalten.

[171] EuGH v. 18.5.1993, RS C 126/91, Slg. 1993, I-2361 = GRUR 1993, 747 = GRUR Int. 1993, 763 m. Anm. LEHMANN - Yves Rocher.
Sachverhalt: Die Yves Rocher GmbH vertreibt in Deutschland im Versandhandel Kosmetika, die von ihrer Muttergesellschaft in Frankreich hergestellt werden. Die Werbung für diese Erzeugnisse, für die die Muttergesellschaft eine einheitliche Konzeption für die verschiedenen betroffenen Mitgliedstaaten festgelegt hat, wurde in Katalogen und Verkaufsprospekten verbreitet, die mit der Überschrift „Sparen Sie bis zu 50% und mehr bei 99 Yves Roches Favoriten“ warben, wobei neben dem durchgestrichenen alten Preis der neue niedrigere Preis in dicken roten Zahlen angegeben war, was gegen den inzwischen aufgehobenen § 6e Abs. 1 UWG verstieß und auch nicht gem. § 6e Abs. 2 UWG gerechtfertigt war.
Der EuGH entschied, dass § 6e Abs. 1 UWG nicht mit Art. 28 EGV vereinbar sei, da § 6e UWG eine Vorschrift mit gleicher Wirkung darstelle wie eine mengenmäßige Einfuhrbeschränkung, die die Freiheit des Warenverkehrs zwischen den Mitgliedstaaten behindere.

[172] EBENROTH, FS Piper S. 133 ff., 167 ff.; BASEDOW, RabelsZ 59 (1995), 1, (9 f.); HEERMANN, GRUR Int. 1999, 579, (590 f.); SCHWINTOWSKI, RabelsZ 64 (2000), 38, (45 ff.), (58); weitere Nachweise bei SACK, WRP 1998, 103, (106 Fn. 44).

dukte zu erfassen, sondern auch jede Behinderung europaweiter Absatzstrategien, wie etwa im Falle „Oosthoek“[173].

Letztere Meinung scheint mir deshalb vorzugswürdig, weil sich Marketing und Produkt nicht immer klar voneinander trennen lassen. Bestimmte Vertriebsregulierungen können dazu führen, dass auch tatsächlich weniger Produkte abgesetzt werden. So kann es sich auf den Import negativ auswirken, wenn bestimmte Vorschriften über Öffnungszeiten oder solche, die den Verkauf in bestimmten Gegenden, z.B. Wohngebieten, verbieten, den Verkauf der Importware erschweren. Außerdem kann sich aus der Anwendung absatzrelevanter nationaler Vorschriften eine Verteuerung von Importwaren des Einfuhrlandes ergeben, z.B. durch vorgeschriebene Mindestpreise, und insofern eingeführte und einheimische Waren „ungleich berühren“. Es kann aber nicht im Interesse des EuGH liegen, die Unternehmen mit europaweiten Absatzinteressen, die wesentliche Beiträge zur Verwirklichung des rechtlich vorgegebenen Binnenmarktes leisten, in Zukunft schlechter zu stellen[174].

3.4.1.3.3 Spürbarkeitsgedanke als Ergänzung zur „Keck“-Formel

Der EuGH behandelt vertriebs- und produktbezogene Regelungen ungleich, indem er nach der „Keck“-Formel erstere grundsätzlich aus dem Anwendungsbereich des Art. 28 EGV ausklammert, auf letztere hingegen Art. 28 EGV immer anwendet. Diese generelle Ungleichbehandlung zwischen produktbezogenen und vertriebsbezogenen Regelungen wurde in Frage gestellt, da im Einzelfall (nicht diskriminierende) vertriebsbezogene Regelungen die Einfuhr sogar wesentlich stärker behindern könnten als produktbezogene. So könne z.B. ein generelles Werbeverbot für ein bestimmtes Erzeugnis sich fast wie ein Importverbot auswirken („Ortscheit“-Entscheidung)[175].

Es wird daher vorgeschlagen, Art. 28 EGV auf diskriminierende staatliche Regelungen immer anzuwenden, auf nicht-diskriminierende hingegen nur dann, wenn sie geeignet sind, eine „wesentliche Beschränkung“ des Markzugangs für Waren aus anderen Mitgliedstaaten zu bewirken (Spürbarkeitsgedanke)[176]. Zwar hatte der EuGH es ursprünglich abgelehnt, die Anwendbarkeit von Art. 28 EGV davon abhängig zu machen, ob die fragliche Handelsregelung den Absatz einge-

---

[173] So BASEDOW, RabelsZ 59 (1995), 1, (9).

[174] BASEDOW, RabelsZ 59 (1995), 1, (10). Vgl. SCHWINTOWSKI, RabelsZ 64 (2000), 38, (47 ff.), (58) mit diesen und weiteren Beispielen, wo Marketing und Produkt zu einer untrennbaren Einheit verschmelzen.

[175] EuGH v. 10.11.1994, RS C-320/93, Slg. 1994, I-5243 ff. - Eurim Pharma (Ortscheit); vgl. auch SACK, WRP 1998, 103, (109 a.E.), (115); SCHWINTOWSKI, RabelsZ 64 (2000), 38, (48 ff. unter 3.); s.o. 3.4.1.3.2.

[176] Vgl. Nachweise bei SACK, WRP 1998, 103, (116 Fn. 152).

führter Ware spürbar beeinträchtigt[177]. Neuere Entscheidungen des EuGH lassen jedoch eine strikte Ablehnung des Spürbarkeitserfordernisses nicht mehr erkennen. So erklärte der EuGH z.B. in der „Yves Rocher"-Entscheidung „rein hypothetische" Auswirkungen auf den innergemeinschaftlichen Handel für irrelevant[178]. Da sich das Spürbarkeitskriterium als ungeschriebenes Tatbestandsmerkmal bereits bei der Einschränkung des Anwendungsbereiches von Art. 81 EGV bewährt hat, wird auch im Schrifttum teilweise eine Übertragung auf das Lauterkeitsrecht befürwortet[179]. Sowohl Art. 28, 49 EGV als auch Art. 81 EGV hätten das gemeinsame Ziel, den zwischenstaatlichen Handel gegen staatliche und/oder private Behinderungen und Verfälschungen zu schützen. Wenn nun Art. 81 EGV anerkanntermaßen nur auf spürbare Behinderungen und Verfälschungen des zwischenstaatlichen Handels anwendbar sei, bestehe kein sachlich gerechtfertigter Grund, bei den dasselbe Ziel verfolgenden Art. 28, 49 EGV anders zu verfahren.

Die Spürbarkeitstheorie zu Art. 28 und 49 EGV ließe sich im übrigen auch mit der „Keck"-Formel in Einklang bringen. Nach ihr werden nur „bestimmte" Verkaufsmodalitäten nicht (mehr) von Art. 28 EGV erfasst. Die Entscheidung darüber, ob dies der Fall ist oder nicht, könne anhand des Spürbarkeitskriterium gefällt werden. Danach seien Art. 28, 30 EGV auf nicht spürbare Vermarktungsmodalitäten nicht mehr anwendbar[180].

3.4.1.3.4 *Keine Trendwende in der Rechtsprechung des EuGH durch die „Keck"-Formel*

Die Ausklammerung bestimmter, reiner Verkaufsmodalitäten aus dem Anwendungsbereich des Art. 28 EGV („Keck"-Formel) begründete der EuGH lapidar damit, dass sich die Wirtschaftsteilnehmer immer häufiger auf Art. 28 EGV berufen hätten, wenn sie sich im Vertrieb ihrer Produkte gehindert fühlten[181]. Dar-

---

[177] Vgl. z.B. EuGH v. 13.3.1984, RS 16/83, Slg. 1984, 1299, (1326 Nr. 20, 24) - Bocksbeutel; weitere Nachweise bei SACK, WRP 1998, 103, (116 Fn. 154).

[178] EuGH v. 18.5.1993, RS C-126/91, Slg. 1993, I-2361, (2390 Nr. 21) - Yves Rocher. Vgl auch EuGH v. 17.10.1995, RS C-140/94, C-141/94 und C-142/94, Slg. 1995, I-3257, (3297 Nr 29) - DIP, wo es heißt, dass Art. 28 EGV nicht anwendbar sei, wenn die Beeinträchtigung des zwischenstaatlichen Handels „zu ungewiss und zu mittelbar sei". Weitere Nachweise bei SACK, WRP 1998, 103, (116 mwN. in Fn. 156).

[179] Für eine Übertragung des Spürbarkeitskriteriums sind u.a. FEZER, JZ 1994, 317, (324); DERS., JZ 1994, 623, (624); JESTAEDT/KÄSTLE, EWS 1994, 26, (28); STEINDORFF, ZHR 143 (1979), 559, (563); KEßLER, S. 186 f.; SACK, WRP 1998, 103, (117 mwN. zu Vertretern dieser Ansicht in Fn. 157).
Gegen eine Übertragung des Spürbarkeitsgedankens wegen unterschiedlicher Adressaten in Art. 28, 49 EGV einerseits und Art. 81 EGV andererseits sind HÖDL, S. 41 f., 154 f.; KOTTHOFF, S. 87 f.; weitere Nachweise bei SACK, aaO.

[180] SACK, WRP 1998, 103, (119).

[181] EuGH v. 24.11.1993, RS C-267/91 und C-268/91, Slg. 1993, I-6097, (6131 Nr. 14) - Keck und Mithouard.

aus könnte entnommen werden, dass der EuGH mittels der „Keck"-Formel versucht, bestimmte Wettbewerbsfälle von vornherein abwegig zu entscheiden, um zu keiner Super-Revisionsinstanz für einen jeden wettbewerblichen Rechtsstreit mit Auslandsberührung zu werden[182].
Ob aber deshalb von einer Trendwende in der Rechtsprechung des EuGH gesprochen werden kann, ist zumindest fraglich. Seit dem „Clinique"-Urteil[183] ist er zu seiner bisherigen Rechtsprechung zurückkehrt und sieht in vertriebsbezogenen Regelungen nicht unbedingt immer „reine Verkaufsmodalitäten". Es kann also nicht von einer grundsätzlichen Trendwende gesprochen werden, sondern allenfalls von einem Signal größerer Zurückhaltung des Europäischen Gerichtshofes in solchen Fragen[184].

3.4.1.3.5 Umgekehrte Diskriminierung

Die sich in der „Keck"-Entscheidung andeutende größere Zurückhaltung des EuGH bei der Annahme eines Verstoßes gegen Art. 28 EGV findet ihren Grund vermutlich auch darin, dass es zu einer „umgekehrten Diskriminierung" führen kann, wenn sich ausländische Unternehmen immer öfter auf Art. 28 EGV berufen. Tun sie dies, können sie Werbestrategien, die sie erfolgreich im Ausland praktizieren, trotz entgegenstehender nationaler Wettbewerbsvorschriften, auch im Inland verfolgen. Damit sind aber noch lange nicht auch ihre inländischen Konkurrenten an diese Regeln gebunden[185]. Für sie gilt vielmehr nach wie vor uneingeschränkt das nationale Recht mit der Folge, dass sie insoweit gegenüber ausländischen Mitbewerbern benachteiligt sind.

---

[182] Vgl. GLOY-WILDE, § 6 RdNr. 64.

[183] EuGH v. 2.2.1994, RS C-315/92, Slg. 1994, I-317, (334 Nr. 10) - Clinique; dazu s.u. 3.4.1.4.
Vgl. auch BASEDOW, RabelsZ 59 (1995), 1, (9 Fn. 33), der der Ansicht ist, dass sich aus der „Clinique"-Entscheidung ergebe, dass die „Oosthoeck"-Entscheidung auch nach der „Keck"-Entscheidung ihre volle Bedeutung behält. In der „Clinique"-Entscheidung hat sich der EuGH tatsächlich ausdrücklich auf die „Pahl-Dahlhausen"- Entscheidung (EuGH v. 13.12.1990, RS 238/89, Slg. 1990, I-4827, (4850 Nr. 22) berufen, wonach ein Verbot, das gegen RL 84/450/EWG verstößt, nur durch zwingende Erfordernisse des Verbraucherschutzes oder der Lauterkeit des Handelsverkehrs gerechtfertigt werden kann. Es ist aber anzumerken, dass die „Clinique"-Entscheidung in Slg. 1994, I-317, (335 Nr. 13) auch auf die „Keck"-Entscheidung verweist und deren Grundsätze generell anerkennt. Im entscheidenden Fall hat sie aber das nationale Verbot, das i.S.d. „Keck"-Entscheidung eigentlich eine reine Verkaufmodalität dargestellt hätte, nicht als solche eingestuft, sondern als eine Regelung, die den Warenverkehr unmittelbar betrifft.

[184] So auch GLOY-WILDE, § 6 RdNr. 65; a.A. SCHWINTOWSKI, RabelsZ 64 (2000), 38, (43), der von einer „grundlegenden Änderung" spricht.

[185] Vgl. GLOY-WILDE, § 6 RdNr. 66.

Das Problem ist weitgehend noch ungelöst[186]. Teilweise wird die Meinung vertreten[187], dass eine auf inländische Unternehmen beschränkte Geltung nationaler wettbewerbsrechtlicher Vorschriften gegen den Gleichheitsgrundsatz (Art. 3 GG / Art. 3 Cost.) verstoße. Für die Verwirklichung eines vereinigten Europas (Art. 23 GG / Art. 11 Cost.) und somit auch eines einheitlichen europäischen Binnenmarkts, sei es unabdingbar, dass alle Markteilnehmer gleiche Rechte und Chancen hätten. Damit sei aber eine Regelung unvereinbar, die auf engen innerstaatlichen Märkten In- und Ausländer unterschiedlichen wettbewerbsrechtlichen Regeln unterwerfe.
Der BGH entschied jedoch, dass es nicht gegen Art. 3 GG verstoße, wenn In- und Ausländer für ihre Produkte unterschiedlichen Kennzeichnungsregeln unterliegen[188].
Welche Ansicht sich letztlich durchsetzen wird, bleibt abzuwarten.

Auch wird versucht, das Problem durch Heranziehung des Art. 29 EGV zu lösen. Danach werden nationale Exportverbote im Gemeinsamen Markt für unzulässig erklärt. Es stelle eine erhebliche Erschwerung des Exportes dar, wenn ein inländisches Unternehmen im In- und Ausland unterschiedliche Werbe- und Absatzstrategien verfolgen müsse[189].
Es ist allerdings zu beachten, dass der EuGH in der „Oosthoek"-Entscheidung[190] es ausdrücklich abgelehnt hat, Art. 29 EGV auf Konstellationen der hier vorliegenden Art anzuwenden.

In Anbetracht der Gefahr einer umgekehrten Diskriminierung kann es wichtig erscheinen, bestimmte Maßnahmen aus dem Regelungsbereich des Art. 28 EGV herauszunehmen. Es stellt sich aber die Frage, ob dies einfach durch die Klassifizierung vertriebsbezogener Regelungen als „reine Verkaufsmodalitäten" geschehen kann, was gleichzeitig zu einer Ungleichbehandlung von produkt- und vertriebsbezogenen Regelungen führt, oder ob nicht stets im Einzelfall zu prüfen ist, ob eine vertriebsbezogene Regelung den freien Warenverkehr nicht tatsächlich behindert und deshalb nicht vom Verbot des Art. 28 EGV erfasst wird. Seit der „Clinique"-Entscheidung scheint der EuGH von einer formelhaften Lösung wieder Abstand zu nehmen[191].

---

[186] GLOY-WILDE, § 6 RdNr. 66; zum Meinungsstand KLEIER, RIW 1988, 623 ff.; SCHÖNE, RIW 1989, 450 ff; SPÄTGENS, FS Gamm S. 201 ff.; HEERMANN, WRP 1993, 578 ff.; TILMANN, GRUR 1990, 87 ff.; MOENCH, NJW 1987, 1109, (1112); BAUMBACH/HEFERMEHL, Einl UWG RdNr. 622; WILDE, FS Rothoeft, S. 201 ff.

[187] SPÄTGENS, FS Gamm S. 201 ff.; KLEIER, RIW 1988, 623 ff.; WILDE, FS Rothoeft, S. 201 ff.; **a.A.** HEERMANN, WRP 1993, 578 mwN.

[188] BGH v. 28.2.1985, GRUR 1985, 886 - Cocktail-Getränk.

[189] So SCHÖNE, RIW 1989, 450, (452) mwN. in Fn. 30.

[190] EuGH v. 15.12.1982, RS 286/81, Slg. 1982, 4575 = GRUR Int. 1983, 648 = NJW 1983, 1256 - Oosthoek (Zugabeverbot). So auch KLEIER, RIW 1988, 623, (723 ff.); HEERMANN, WRP 1993, 578.

[191] S.o. 3.4.1.3.4.

3.4.1.4 „Clinique"-Entscheidung

3.4.1.4.1 Irreführende Produktbezeichnung

Der „Clinique"-Entscheidung[192] lag folgender Sachverhalt zugrunde:
Nachdem die Produkte des US-Unternehmens Estée Lauder in Deutschland bislang unter dem Namen „Linique" vertrieben worden waren, wollte es nunmehr einheitlich die Bezeichnung „Clinique" verwenden. Es kam zu der Frage, ob es mit Art. 28 und 30 EGV vereinbar sei, dass die Einfuhr und der Vertrieb eines in einem anderen EU-Land rechtmäßig hergestellten und/oder rechtmäßig vertriebenen kosmetischen Produkts in der Bundesrepublik Deutschland mit der Begründung untersagt werden dürfe, dass der Verbraucher gem. § 3 UWG, 27 LMBG durch den Produktnamen „Clinique" irregeführt werden kann, da er darunter ein medizinisches Produkt verstehen könne.

Der EuGH sah in der Bezeichnung des Produktes nicht eine „bestimmte Verkaufsmodalität" im Sinne der „Keck"-Entscheidung. Damit konnte die Untersagung einer bestimmten Bezeichnung grundsätzlich als Regelung eingestuft werden, die den Warenverkehr unmittelbar betrifft. Dennoch hat der EuGH eine Irreführung durch die Bezeichnung „Clinique" im Ergebnis verneint. Bei der unter dieser Bezeichnung vertriebenen Serie handele es sich erkennbar um kosmetische Erzeugnisse, die auch in den anderen EU-Ländern rechtmäßig unter der Bezeichnung „Clinique" vertrieben werden. Daher sei das Verbot der Verwendung dieser Bezeichnung in der Bundesrepublik Deutschland nicht notwendig, um den Erfordernissen des Schutzes der Verbraucher oder der Gesundheit von Menschen gerecht zu werden[193]. Der deutsche Verbraucher bedürfe keines höheren Schutzes als die übrigen EG-Verbraucher.

Der EuGH hat sich somit darauf beschränkt, festzustellen, dass das Produkt in anderen EU-Ländern unbeanstandet vertrieben wird. Er hat nicht geprüft, ob und gegebenenfalls in welchem Ausmaß die Verbraucher in den anderen EU-Ländern durch die Verwendung der Bezeichnung „Clinique" tatsächlich irregeführt werden.
Das deutsche Irreführungsrecht, das einen möglichst umfassenden Verbraucherschutz bezweckt und deshalb besonders streng ist, wird in Zukunft nicht aufrechtzuerhalten sein[194]. Es wird sich an den deutlich niedrigeren europäischen Standards orientieren müssen. Insoweit ergänzen die Erwägungen der „Clinique"-Entscheidung die Richtlinie über irreführende Werbung[195], die auf dem

---

[192] EuGH v. 2.2.1994, RS C-315/92, Slg. 1994, I-317 = GRUR 1994, 303 - Clinique.
[193] EuGH v. 2.2.1994, RS C-315/92, GRUR 1994, 303 f. Nr. 21, 22 - Clinique.
[194] GLOY-JACOBS/SCHULTE-BECKHAUSEN, § 26 RdNr. 16; REGELMANN, S. 13 Fn. 33; KEILHOLZ, GRUR Int. 1987, 390, (394).
[195] Dazu s.o. 3.3.2.1.

Gebiet der irreführenden Werbung lediglich zu einer Teilharmonisierung der nationalen Rechte geführt hat[196].

3.4.1.4.2 *Das Verbraucherleitbild des EuGH im Vergleich zu dem der deutschen und italienischen Rechtsprechung*

Die deutsche Rechtsprechung stellt vergleichsweise niedrige Anforderungen an den Verbraucher. Sie stuft Werbung bereits dann als irreführend ein, wenn 10-15%, bei einer gesundheitsbezogenen Werbung unter Umständen sogar nur 5-6%, der potentiellen Abnehmer getäuscht werden. Der Schutz setzt bereits beim Hilfsschülerniveau ein, das die Demoskopen bei ca. 5% ansiedeln[197].

Stattdessen wird in Italien auf den „Durchschnittsverbraucher" abgestellt. Dabei wird dessen Verständnis nicht etwa mit Mitteln der Demoskopie erforscht wird - demoskopische Umfragen als Beweismittel werden nur in Deutschland herangezogen -, sondern vom Richter festgestellt; er setzt sein - meist aufgeklärtes - Verständnis in der Regel mit dem des „Durchschnittsverbrauchers" gleich[198].

Ein so strenger Maßstab an den Verbraucherschutz wie in Deutschland wird in keinem anderen Mitgliedstaat angelegt[199]. In Italien musste das Verbraucherschutzniveau sogar durch die Gesetzesverordnung Nr. 74 vom 25.1.1992 angehoben werden, um der Richtlinie über irreführende Werbung (84/450/EWG) angepasst zu werden[200]. Lediglich das höhere Schutzniveau der italienischen Werbeselbstkontrolle erinnert an Maßstäbe deutscher Gerichte[201].

---

[196] GLOY-JACOBS/SCHULTE-BECKHAUSEN, § 26 RdNr. 16.

[197] Vgl. statt aller BAUMBACH/HEFERMEHL, § 3 RdNr. 27 auch zu Nachweisen aus der Rsp. und Lit.
Allein das Bundesverfassungsgericht scheint von einem etwas weniger strengen Verbraucherleitbild auszugehen. In seiner Entscheidung zu Warnhinweisen hinsichtlich der Gefahren des „Dauernuckelns" von Kindertee (BVerfG v. 16.10.1996, BVerfGE, WRP 1997, 23 - Baby-Bottle-Syndrom) hat es ausgeführt, dass es von Verfassung wegen unerheblich sei, wenn möglicherweise nur 20 % der Verbraucher die Gebrauchsanweisungen eines als ungefährlich angesehenen Produktes lesen. Solch nachlässiges Verhalten von Einzelnen könne nicht dazu führen, die Folgen dieses Verhaltens anderen aufzubürden, indem man diesen erhöhte Pflichten auferlege, auch wenn diese Einzelnen die Mehrheit darstellen.

[198] Vgl. SCHRICKER, FS Zweigert, S. 563. Das nimmt allerdings der Rechtsanwaltschaft die Möglichkeit, das ermittelte Ergebnis durch Vorbringen anderer Tatsachen, beispielsweise durch Gegenumfragen, zu entkräften. Gegen den deutschen Alleingang spricht aber die schwere Vereinbarkeit mit den Harmonisierungsbestrebungen auf europäischer Ebene. In Deutschland können Meinungsumfragen aber dann durch die Lebenserfahrung und Sachkunde des Richters ersetzt werden, wenn der Richter selbst zu den angesprochenen Verkehrskreisen gehört und eine Irreführung bejahen möchte, vgl. BAUMBACH/HEFERMEHL, § 3 RdNr. 111 ff. mwN.

[199] SCHRICKER, FS Zweigert, S. 563.

[200] S.o. 3.3.2.1.3.

[201] S.o. 1.4.3.2.

Der Europäische Gerichtshof stellt ebenfalls im Unterschied zu Deutschland hohe Anforderungen an die Aufmerksamkeit und Kritikfähigkeit des Verbrauchers. Über Art und Weise sowie über die Grenzen des Verbraucherschutzes hat er eine ganz eigene „europäische Auffassung". Er geht vom Leitbild des umsichtigen, kritisch prüfenden und verständigen Verbrauchers aus, der aufgrund ausreichender Information in der Lage sein muss, seine Entscheidung auf dem Markt frei zu treffen[202]. Im Hinblick auf Werbeaussagen bedeutet dies, dass von einer Werbung, anders als von einer Gebrauchsanweisung, nicht alle relevanten Angaben zu verlangen sind[203].

Diese Linie des Europäischen Gerichtshofs setzt sich auch bei der Frage der Erheblichkeit der Irreführungsgefahr fort. Bereits durch einen klarstellenden Zusatz kann die Eignung zur Irreführung entfallen[204].
Von einer irreführenden Werbung kann nach der „Nissan"-Entscheidung[205] erst gesprochen werden, wenn durch die fraglichen Angaben oder das Verschweigen

---

[202] EuGH v. 7.3.1990, RS C-362/88, Slg. 1990, I-667, (687 Nr. 11) - GB-Inno-BM I; EuGH v. 6.7.1995, RS C-470/93, Slg. 1995, I-1923, (1943 Nr. 22, 24) - Mars; EuGH v. 16.7.1998, RS C-210/96, Slg. 1998, I-4657 = WRP 1988, 848, (850 Nr. 31) - Gut-Springheide; EuGH v. 28.1.1999, RS C-303/97, Slg. 1999, I-513, (546 f. Nr. 36 u. 38) - Sektkellerei; vgl. auch SACK, WRP 1998, 264 mwN. in Fn. 1-11; KLAUER, S. 377 f.; FEZER, WRP 1995, 671 ff.; BAUMBACH/HEFERMEHL, Einl UWG RdNr. 647; RITTNER, Wettbewerbs- und Kartellrecht, § 3 RdNr. 13.

[203] Vgl. auch SCHMID, GRUR Int. 1998, 475, (486).

[204] Beispiele aus der Rsp. des EuGH finden sich bei SACK, WRP 1998, 264, (266). Genannt sei hier nur EuGH v. 9.12.1981, RS 193/80, Slg. 1981, 3019 - Obstessig II, wonach die ital. Bezeichnung „aceto" (Essig) nicht dem „Weinessig" vorbehalten werden darf, wenn bei importiertem Obstessig eine Irreführung des Verbrauchers über den Grundstoff durch eine entsprechende Etikettierung verhindert werden kann. Außerdem sei auf EuGH v. 13.3.1984, RS 16/83, Slg. 1984, 1299 - Bocksbeutel hingewiesen, wonach die Benutzung von Bocksbeuteln für Südtiroler Wein nicht verboten werden darf, wenn durch deutlich lesbare Hinweise auf dem Etikett klargestellt wird, dass die betreffenden Weine nicht aus Franken, sondern aus Südtirol stammen. Nach dt. Recht reichen solche Zusätze meist nicht aus, um unrichtige Angaben richtigzustellen, vgl. zum „Bocksbeutel"-Fall BAUMBACH/HEFERMEHL, § 3 UWG RdNr. 94.

[205] EuGH v.16.1.1992, RS C-373/90 Slg. 1992, I-131 = GRUR Int. 1993, 951 = WRP 1993, 233 - Nissan; vgl. auch MEYER, GRUR Int. 1996, 98, (101); BÜTTNER, GRUR 1996, 533 ff.
Sachverhalt: Ein Autohaus in Frankreich hat in der Presse mit Anzeigen geworben, die die Aufforderung „Kaufen Sie Ihren Neuwagen billiger" mit dem Zusatz „Herstellergarantie 1 Jahr" enthielt. Die Werbung bezog sich auf aus Belgien eingeführte Nissan-Fahrzeuge, die im Hinblick auf die Einfuhr zugelassen, aber niemals gefahren worden sind und in Frankreich billiger als zu den von den örtlichen Vertragshändlern verlangten Preisen verkauft wurden, weil die belgischen Grundmodelle gegenüber dem französischen mit weniger Zubehör ausgestattet waren. Der EuGH entschied, dass diese Praxis nicht gegen die RL des Rates 84/450/EWG v. 10.9.1984 zur Angleichung der Rechts- und Verwaltungsvorschriften der Mitgliedstaaten über irreführende Werbung verstoße.

von Informationen die Kaufentscheidung einer „erheblichen Zahl" angesprochener Verbraucher beeinflusst werden kann[206].
Zwar setzt dies nicht unbedingt eine höhere Irreführungsquote voraus als sie in den einzelnen Mitgliedstaaten gefordert wird[207], doch soll die Notwendigkeit des Verbraucherschutzes im Rahmen des freien Warenverkehrs geprüft werden[208]. Letztlich soll somit anhand einer Interessenabwägung festgestellt werden, ob eine wettbewerbsrechtlich relevante Irreführungsgefahr besteht[209]. Dabei sind auf der Seite des Werbenden die zumutbaren Vorkehrungen zu berücksichtigen, die eine Irreführungsgefahr seiner Werbung vermeiden helfen. Vonseiten des angesprochenen Verbrauchers ist hingegen das zumutbare Maß an Selbstinformation, Verstand und Kritikfähigkeit zu verlangen, das erforderlich ist, um die wahre Kernaussage der Werbung unverfälscht zu erfassen. Schließlich muss je nach beworbenem Produkt differenziert werden, denn für den Kauf alltäglicher Gebrauchsgüter ist ein anderer Maßstab anzulegen als etwa bei der Inanspruchnahme transnationaler Finanzdienstleistungen.

Um das Verbraucherleitbild des BGH, das mehr von einem „flüchtigen" bzw. „oberflächlichen" Durchschnittsbetrachter, -leser oder -hörer ausgeht[210], zu rechtfertigen, wurde vorgetragen, dass die höheren Anforderungen, die der EuGH an den Verbraucher stellt, diejenigen Verbraucher benachteiligen, die diesen nicht gerecht werden, was gegen das von der Gemeinschaftsrechtsordnung zu gewährleistende Grundrecht der Chancengleichheit verstoße[211].
Außerdem stehe das Verbraucherleitbild des EuGH in einem gewissen Widerspruch zu dem in Art. 3 Abs. 1 lit. t EGV niedergelegten Grundsatz, nach dem sich die Gemeinschaft um eine „Verbesserung des Verbraucherschutzes" zu bemühen hat[212]. Nach den Sonderregelungen der Art. 95 Abs. 3 und 153 Abs. 1 EGV soll nämlich ausdrücklich ein „hohes Verbraucherschutzniveau" gewährleistet werden, was einer Senkung der Anforderung an den Verbraucher gleichkommt.

---

[206] EuGH v. 16.1.1992, RS C-373/90, Slg. 1992, I-131, (150, Nr. 16) = GRUR Int. 1993, 951, (952 Nr. 16) - Nissan.
[207] Vgl. BAUMBACH/HEFERMEHL, Einl UWG RdNr. 648 und 651 a.E.; DEUTSCH, GRUR 1997, 44 f., der unter Hinweis auf die französische Version des Entscheidungsgrundes Nr. 16 der „Nissan"-Entscheidung meint, dass es nach Auffassung des EuGH darauf ankomme, dass eine „signifikante" i.S.v. „bedeutsame" Anzahl von Verbrauchern irregeführt werden kann. Damit stelle der EuGH aber gerade nicht auf eine zahlenmäßige Quantifizierung ab.
[208] Vgl. EuGH v. 2.2.1994, RS C-315/92, Slg. 1994, I-317 - Clinique.
[209] So bereits SACK, WRP 1998, 264, (269) mwN. in Fn. 72.
[210] Zu den Verbraucherleitbildern in Gesetz und Rsp. s. SACK, WRP 1998, 264 ff., (266) mwN.
[211] So REUTHAL, WRP 1997, 1154, (1160) ausgehend von EuGH v. 14.5.1974, RS 4/73, Slg. 1974, 491, (507) - Nold/Komission. Kritisch auch KISSELER, WRP 1994, 1, (6); vgl. auch GLOY, FS Vieregge, S. 297 ff., 314.
[212] So SACK, WRP 1998, 264, (269); TRÄGNER, S. 163 ff, 165.

Dennoch hat sich der EuGH neuerdings in der „Lifting-Creme"-Entscheidung, bei der es um eine Gesichtscreme des Kosmetikkonzerns Lancaster geht, ausdrücklich gegen die Aufrechterhaltung der strengen deutschen Maßstäbe ausgesprochen[213]. Es reiche aus, wenn die deutschen Gerichte bei der Entscheidung, ob eine Werbung irreführend sei, von einem „durchschnittlich informierten, aufmerksamen und verständigen Durchschnittsverbraucher" ausgingen.
Stattdessen hatten die deutschen Gerichte, bevor der Fall dem EuGH vorgelegt wurde, nicht auf den Durchschnittsverbraucher abgestellt, sondern hatten eine irreführende Werbung angenommen, weil 10-15% der Verbraucher wegen des Wortes „Lifting" sich von der Creme eine ähnlich dauerhafte Wirkung erhoffen wie von einer Operation.

3.4.1.5 „De Agostini"-Entscheidung

Im „De Agostini"-Urteil[214] hat der EuGH von den („bestimmten") Verkaufsmodalitäten im Sinne der „Keck"-Rechtsprechung erstmalig solche ausgenommen, die zwar die erste Voraussetzung der „Keck"-Formel erfüllen, nicht aber die zweite, die also wie die „bestimmten" Verkaufmodalitäten für alle betroffenen Wirtschaftsteilnehmer gelten, die ihre Tätigkeit im Inland ausüben, jedoch anders als diese, den Absatz von inländischen Erzeugnissen und den aus anderen Mitgliedstaaten rechtlich und tatsächlich *nicht* gleichermaßen berühren („sonstige" Verkaufsmodalitäten)[215].
Der schwedische Verbraucherschutzbeauftragte untersagte in drei Fällen Fernsehwerbung aufgrund des schwedischen Gesetzes über Handelspraktiken[216]. Die Werbung wurde jeweils in schwedischer Sprache sowohl über den in Schweden ansässigen Sender TV 4 als auch über den in Großbritannien ansässigen Sender TV 3, in diesem Fall über Satellit, ausgestrahlt und in Schweden empfangen. Im ersten Fall warb eine schwedische Gesellschaft, die zu der italienischen Gruppe Istituto Geografico De Agostini gehört, im Fernsehen für die enzyklopädische Kinderzeitschrift „Allt om dinosaurier" (Alles über Dinosaurier), wobei sich die Werbung direkt an Kinder unter 12 Jahren richtete, was gegen § 11 des schwedischen Rundfunkgesetzes[217] verstößt. Im zweiten bzw. dritten Fall ging es um eine angeblich irreführende Werbung für Hautpflege- bzw. Reinigungsmittel.

---

[213] EuGH v. 13.1.2000 - RS C-220/98, NJW 2000, 1173 - Lifting-Creme.
[214] EuGH v. 9.7.1997, RS C-34, 35, 36/96, Slg. 1997, I-3843 = GRUR Int. 1997, 913 - De Agostini (Grenzüberschreitende Fernsehwerbung).
[215] Vgl. HEERMANN, GRUR Int. 1999, 579, (586). Zur „Keck"-Formel und ihren Voraussetzungen s.o. 3.4.1.3.1.
[216] Marknadsföringslag SFS 1975, 1418, abgedruckt in GRUR Int. 1978, 350.
Nach Art. 2 Abs. 1 Marknadsföringslag kann einem Gewerbetreibenden, der bei der Vermarktung und der Förderung des Absatzes eines Erzeugnisses Werbung betreibt, die durch Verstoß gegen lauteres Geschäftsgebaren oder auf andere Weise gegenüber dem Verbraucher oder anderen Gewerbetreibenden unlauter ist, die Fortsetzung dieser Werbung untersagt werden.
[217] Radiolog (1996:755).

Auf Vorlage hat der EuGH entschieden, dass es gegen das in der Fernsehrichtlinie (89/552/EWG) enthaltene Herkunftslandprinzip (Sendelandprinzip) verstoße, wenn der Empfangsstaat (Schweden) eine Fernsehsendung eines anderen Mitgliedstaates (Großbritannien) durch eine „zweite Kontrolle", nämlich durch die Anwendung von § 11 des schwedischen Rundfunkgesetzes, das dem Schutz Minderjähriger dient, verbietet. Da der Minderjährigenschutz in den von der Richtlinie 89/552/EWG koordinierten Bereich falle (vgl. Art. 16 Fernseh-RL), sei nur das Herkunftsland Großbritannien zur Kontrolle befugt[218].

Bezüglich der wegen Irreführung beanstandeten Werbung (Fall 2 u. 3) sei das Sendelandprinzip der Fernsehrichtlinie nicht anwendbar, da dieser Bereich von der Richtlinie 84/450/EWG über irreführende Werbung geregelt werde, die nicht von einem solchen Prinzip ausgehe. Deshalb sei einem Mitgliedstaat (Schweden) nicht verwehrt, gemäß einer allgemeinen Regelung zum Schutz der Verbraucher gegen irreführende Werbung, Maßnahmen gegenüber einem Werbetreibenden wegen einer von einem anderen Mitgliedstaat (Großbritannien) aus ausgestrahlten Fernsehwerbung zu treffen, sofern diese Maßnahmen die Weiterverbreitung im eigentlichen Sinne von Fernsehsendungen aus diesem anderen Mitgliedstaat (Großbritannien) im Hoheitsgebiet des erstgenannten Mitgliedstaates (Schweden) nicht verhindere[219].

Ferner stellte der EuGH fest, dass Art. 28 EGV dahin auszulegen sei, dass er es einem Mitgliedstaat nicht verbiete, gemäß seinen nationalen Rechtsvorschriften Maßnahmen gegen einen Werbetreibenden wegen einer Fernsehwerbung zu treffen. Eine Ausnahme solle davon nur dann gemacht werden, wenn diese Vorschriften den Absatz der inländischen Erzeugnisse und der Erzeugnisse aus anderen Mitgliedstaaten rechtlich wie tatsächlich nicht in der gleichen Weise berühren, aus zwingenden Gründen des Allgemeininteresses oder zur Erreichung eines der im Art. 30 EGV genannten Ziele nicht erforderlich sind, hierzu nicht in einem angemessenen Verhältnis stehen, oder diese Ziele oder zwingenden Gründe durch Maßnahmen erreicht werden können, die den innergemeinschaftlichen Handel weniger beeinträchtigen[220].

Die noch in der „Keck"-Entscheidung wesentliche, formelhafte Unterscheidung zwischen produkt- und vertriebsbezogenen Maßnahmen hat durch die „De Agostini"-Entscheidung weiter an Bedeutung verloren[221]. Insofern liegt sie in einer Linie mit dem „Clinique"-Urteil[222]. Auch die „De Agostini"-Entscheidung

---

[218] EuGH v. 9.7.1997, RS C-34, 35, 36/96, GRUR Int. 1997, 913, (916 Nr. 34, 59 ff.) - De Agostini; Vgl. auch BODEWIG, GRUR Int. 2000, 475, (479).
[219] So Leitsatz Nr. 1 der „De Agostini"-Entscheidung, vgl. Slg. 1997, I-3843, (3889 Nr. 37 u. 38).
[220] So Leitsatz Nr. 2 der „De Agostini"-Entscheidung, Slg. 1997, I-3843, (3891 Nr. 47).
[221] NOVAK, DB 1997, 2589, (2591).
[222] S.o. 3.4.1.3.4 und 3.4.1.4.

hat demnach also nicht zu einer Kehrtwende in der EuGH-Rechtsprechung zu Art. 28 EGV geführt[223].
Der EuGH hat in der „De Agostini"-Entscheidung zumindest indirekt eingestanden, dass „bestimmte Verkaufsmodalitäten" den freien Warenverkehr ebenso behindern können wie Produktmodalitäten. Während er „bestimmte Verkaufsmodalitäten" im Sinne der „Keck"-Formel dem Anwendungsbereich des Art. 28 EGV entzieht, tut er dies aber nicht für „sonstige Verkaufmodalitäten".
Nach der „De Agostini"-Entscheidung kommt es im Rahmen der vertriebsbezogenen Maßnahmen demnach nur darauf an, ob die Maßnahme überhaupt eine behindernde Wirkung für ausländische Güter, Dienstleistungen und Bürger hat, also zu einer Beeinträchtigung der Grundfreiheit führt („De Agostini"-Formel)[224]. Nicht produktbezogene Regelungen der Mitgliedstaaten im Bereich der irreführenden Werbung unterliegen somit nicht mehr der Kontrolle nach Art. 28 EGV, soweit sie nicht *de jure* oder *de facto* diskriminierend sind[225]. Aus der „De Agostini"-Entscheidung ergibt sich somit für den entschiedenen Fall, dass eine Regelung, die zwar lediglich bestimmte Verkaufsmodalitäten betrifft, dabei aber das vollständige Verbot einer Form der Absatzförderung nach sich zieht, auch in Zukunft unter Art. 28 EGV fallen kann.

Eine (sonstige) Verkaufsmodalität, die die Warenverkehrsfreiheit im Sinne von Art. 28 EGV beeinträchtigt, kann wie die produktbezogenen Maßnahmen nur durch „zwingende Erfordernisse" im Sinne der „Cassis de Dijon"-Formel oder aus einem der in Art. 30 EGV aufgezählten Gründe gerechtfertigt werden[226].

Wenn schließlich die Werbung selbst eine Dienstleistung i.S.v. Art. 49 EGV darstellt, ist die „Keck"-Formel schlechthin unanwendbar. In diesem Fall ist die Maßnahme nur dann gerechtfertigt, wenn sie aus zwingenden Gründen des Allgemeininteresses erforderlich ist und dem Verhältnismäßigkeitsgrundsatz Rechnung trägt[227].
Eine Übertragung der zu Art. 28 EGV entwickelten „Keck"-Doktrin auf Art. 49 EGV hatte der EuGH bereits in der „Alpine Investments"-Entscheidung abgelehnt[228].

---

[223] Vgl. auch HEERMANN, GRUR Int. 1999, 579, (591).
[224] Vgl. NOVAK, DB 1997, 2589, (2591), der in Fn. 38 dazu anmerkt, dass bei dieser Prüfung jener Zweig in der Rsp. hilfreich sei, der auf das Kriterium der Spürbarkeit der Maßnahme abstelle.
[225] Vgl. hierzu NOVAK, DB 1997, 2589, (2591), (2593); SCHMID, GRUR Int. 1998, 475, (481).
[226] Vgl. HEERMANN, GRUR Int. 1999, 579, (588 f.); NOVAK, DB 1997, 2589, (2593).
[227] Vgl. Leitsatz Nr. 3 der „De Agostini"-Entscheidung, Slg. 1997, I-3844, (3893 Nr. 54); s. auch SACK, WRP 1998, 103, (113 mwN. in Fn. 129) u. GROẞKOMM UWG/SCHRICKER, Einl F 402 ff.
[228] EuGH v. 10.5.1995, RS C-384/93, Slg. 1995, I-1141, (1177 f. Nr. 36-38) - Alpine Investments; vgl. dazu auch SACK, WRP 1998, 103, (112 f.). Diese Entscheidung betraf einen Fall von Werbung für Dienstleistungen, die grenzüberschreitend erbracht werden sollten.
Sachverhalt: Die Alpine Investments BV, eine in den Niederlanden ansässige Gesellschaft niederländischen Rechts, die auf Warenterminverträge spezialisiert ist, wendete sich gegen

Es ist aber zu beachten, dass der Lauterkeits- und Verbraucherschutz, der Gesundheits- und Umweltschutz sowie der Arbeitnehmerschutz unter dem Aspekt des Allgemeininteresses für die Verhältnismäßigkeit und Erforderlichkeit auch bei Art. 49 EGV rechtlich relevant werden kann, wie bei Art. 28, 30 EGV[229]. So hat der EuGH im „Lotterie"-Urteil[230] entschieden, dass Art. 49 EGV den britischen Lotterievorschriften[231], die eine Dienstleistung i.S.d. Art. 50 EGV verbieten (die Einfuhr von Werbematerialien für eine bestimmte Lotterie), nicht entgegensteht, weil sie sozialpolitisch und aus Gründen der Betrugsbekämpfung gerechtfertigt seien.

3.4.2 Kollisionsrechtliche Regelungen in EuGH-Entscheidungen

3.4.2.1 Die Lehre von den „versteckten Kollisionsnormen"

Insbesondere seit der 1990 ergangenen „GB-INNO-BM I"-Entscheidung[232] des EuGH stellt sich die Frage, ob die Warenverkehrs- und die Dienstleistungsfreiheit (Art. 28 u. Art. 49 EGV) nicht versteckte Kollisionsnormen enthalten.

3.4.2.1.1 Befürwortende Meinung

Nach Auffassung eines Teils des Schrifttums ist der „GB-INNO-BM I"-Entscheidung, aber auch der „Yves Rocher"-Entscheidung[233] und bereits der „Cassis de Dijon"-Entscheidung[234] kollisionsrechtlich die Bedeutung einer „versteckt" in Art. 28 und 30 EGV verankerten Anknüpfung des internationalen Wettbewerbsrechts an das Ursprungland beizumessen[235]. Das wird damit begründet, dass der EuGH immer dann das Recht des Importlandes durch dasjenige des Herkunftslandes der Ware ersetzt, wenn das Recht des Importlandes

---

das vom niederländischen Ministerium der Finanzen ihr gegenüber ausgesprochene Verbot des sog. „cold calling", d.h. der Praxis, mit Privatleuten ohne deren vorherige schriftliche Zustimmung telefonisch Kontakt aufzunehmen, um ihnen verschiedene Finanzdienstleistungen anzubieten. Der EuGH entschied, dass dieses Verbot eine Beschränkung des freien Dienstleistungsverkehrs i.S.v. Art. 49 EGV darstelle.

[229] BAUMBACH/HEFERMEHL, Einl UWG RdNr. 637a.

[230] EuGH v. 24.3.1994, RS C-275/92, Slg. 1994, I-1039 = ZIP 1994, 557 - Lotterie; vgl. auch EuGH v. 17.12.1981, RS 279/80, Slg. 1981, 3305, (3325) - Webb.

[231] Die britischen Verbotsvorschriften sind in EuGH v. 24.3.1994, RS C-275/92, Slg. 1994, I-1039, (1082 Nr. 5) - Lotterie genannt.

[232] EuGH v. 7.3.1990, RS C-362/88, Slg. 1990, I-667 = EuZW 1990, 222 = RIW 1991, 347 = GRUR Int. 1990, 955 m. Anm. HAKENBERG/HARLES, - GB-INNO-BM I; s.o. Fn. 170 zum Sachverhalt.

[233] EuGH v. 18.5.1993, RS C 126/91 - Yves Rocher; zum Sachverhalt s.o. Fn. 171.

[234] EuGH v. 20.2.1979, RS 120/78, - Cassis de Dijon s.o. 3.4.1.2.

[235] So die Interpretation der EuGH-Rechtsprechung von BERNHARD, EuZW 1992, 437, (439 f.); FERRARI, S. 23.

„strenger" ist als das des Ursprungslandes, wenn also der zwischenstaatliche Handel durch höhere Standards des Einfuhrmarktes beeinträchtigt wird (Art. 28 EGV).

Nach der danach benannten Lehre der „versteckten Kollisionsnormen"[236] ergebe sich aus den genannten Artikeln des EGV und der zitierten EuGH-Rechtsprechung unmittelbar geltendes europarechtliches IPR, das in den Mitgliedstaaten an Stelle des bisherigen nationalen internationalen Privatrechts anzuwenden sei. Zur Erreichung eines echten Binnenmarktes müsse man von einer reinen Sachrechtsangleichung fortkommen und stattdessen der Gleichwertigkeit und gegenseitigen Anerkennung von nationalen sachrechtlichen Regelungen kollisionsrechtlich dadurch Rechnung tragen, dass in allen die Waren- oder Dienstleistungsfreiheit betreffenden Rechtsfragen (also auch die des Privatrechts) das Recht des Herkunftslandes der Waren oder Dienstleistungen anzuwenden sei[237].

Die Regel, nach der nicht lokales Marktrecht, sondern das (liberalere) Ursprungsrecht für Warenimporte anwendbar sei, wurde von einem anderen Teil des Schrifttums zum Günstigkeitsprinzip ausgeweitet, wonach ein Wettbewerbsverhalten zulässig ist, wenn es entweder mit dem Ursprungsland oder mit dem Marktortrecht vereinbar ist. Maßgebend sei stets das weniger strengere Recht, d.h. das weiter davon entfernt ist, ein gem. Art. 28 EGV verstoßendes Handelshemmnis darzustellen[238].
Für den „GB-INNO-BM"Fall bedeute dies, dass aus Art. 28 EGV folge, dass das günstigere (belgische) Recht der werbenden Niederlassung zu berücksichti-

---

[236] Vgl. zum Begriff v. BAR-DROBNIG, S. 192, 195; vgl. auch v. BAR, IPR I, § 3 RdNr. 170.
[237] BASEDOW, RabelsZ 59 (1995), 1, (4).
[238] BASEDOW, RabelsZ 59 (1995), 1, (12 ff.), (25), (49 ff. mwN); CHROCZIEL, EWS 1991, 173, (177 ff.); KROPHOLLER, § 53 VII 1 a.E. mwN.: „wenn nämlich das Recht des Marktortes strenger ist als das des Herkunftslandes [...], muss es dem Recht des Herkunftslandes weichen".
Schwankend: JAYME/KOHLER, IPRax 1992, 348: Es gehe nicht um Entwicklung von Kollisionsnormen, sondern um Korrekturen des Anwendungsergebnisses von nationalen Normen, wenn Grundfreiheiten betroffen seien und dies der Anwendung des *„ordre public"* vergleichbar sei. Ein Jahr später meint JAYME/KOHLER, IPRax 1993, 357, (370 f.) aber, dass viel dafür spreche, dass die klassische (nationale) Kollisionsregel durch Art. 28 EGV überlagert werde.
Kritisch: REMIEN, JZ 1994, 349, (350 f.), der darauf hinweist, dass bereits die „Yves Rocher"-Entscheidung, wo werbende Niederlassung und Markt in Deutschland gelegen waren, die Muttergesellschaft sich aber in Frankreich befand, deutlich zeige, dass weder der Sitz der Konzernzentrale, noch der Ursprungsort der beworbenen Ware und auch nicht der Gestaltungsort der gemeinschaftsweit einheitlich konzipierten Werbung sich als Anknüpfungspunkte für Wettbewerbsfälle eignen; FLEISCHER, S. 368 weist in diesem Zusammenhang darauf hin, dass die Anwendung des milderen, ausländischen Rechts des Herkunftslandes regelmäßig zu einer Inländerdiskriminierung führe; BERNHARD, S. 254 ergänzt noch in diesem Zusammenhang, dass die Inländerdiskriminierung nicht Ziel der europäischen Integration sein könne.

gen sei, also nicht allein das (strengere) Recht des luxemburgischen Marktes Anwendung finden dürfe.

3.4.2.1.2 *Ablehnende Meinung*

Nach herrschender Auffassung[239] schafft die „GB-INNO-BM I“-Entscheidung hingegen kein gemeinschaftsrechtliches IPR-Recht. Der EuGH überprüfe bzw. ersetze nicht das mitgliedstaatliche Wettbewerbskollisionsrecht, sondern messe das von diesem berufene materielle mitgliedstaatliche Wettbewerbsrecht am Maßstab des Gemeinschaftsrechts (Art. 28, 30 EGV). Nach Feststellung der Gemeinschaftsrechtswidrigkeit des materiellen mitgliedstaatlichen Wettbewerbsrechts im Rahmen der Vorabentscheidung gemäß Art. 234 EGV, bestimme der EuGH auf der Grundlage der Art. 28, 30 EGV das anwendbare Sachrecht nicht neu, sondern ordne nur die Nichtanwendung der als gemeinschaftsrechtswidrig beurteilten Sachnorm an[240]. Er gebe dem nationalen Gericht nicht auf, kraft europarechtlicher Vorgabe nunmehr ein anderes nationales Recht anzuwenden[241]. Das autonom-mitgliedstaatliche, d.h. nationale IPR werde demnach durch die „GB-INNO-BM I“-Entscheidung nicht berührt[242].
Von einer in einer Sachnorm versteckten Kollisionsnorm könne von vornherein nur gesprochen werden, wenn Tatbestand und Rechtsfolge der Sachnorm und ihre Verknüpfung nur eine bestimmte kollisionsrechtliche Behandlung gebieten würden. Das sei bei Art. 30 und 49 nicht der Fall, denn daraus ergebe sich nicht ohne weiteres eine bestimmte kollisionsrechtliche Wertung, die so dominiere, dass sie alles andere verdränge[243].

Die von einem Teil der Verfechter der Lehre von den versteckten Kollisionsnormen gewünschte Anwendung der Ursprungslandregel könne überdies - bei

[239] MüKo-Kreuzer, Art. 38 EGBGB RdNr. 227a; MüKo-Sonnenberger, Einl IPR RdNr. 137 und 159; Sonnenberger, ZVglRWiss 95 (1996), 3, (25 ff.); Großkomm UWG/Schricker, Einl F RdNr. 160 Fn. 13; Brödermann/Iversen, RdNr. 402 ff., S. 203 ff.; Sack, WRP 1994, 281; Lindacher, WRP 1996, 645, (646); Duintjer-Tebbens, Rev. critique 1994, 451, (473 ff.); Gebauer, IPRax 1995, 152 ff., (155); Helmberg, WBl. 1997, 89, (139); Kort, GRUR Int. 1994, 594, (601); Kotthoff, S. 23 f.; Köhler/Piper, Einf. RdNr. 84; Staudinger-v. Hoffmann, Art. 38 EGBGB RdNr. 505a; Staudinger-Fezer, Int WirtschR RdNr. 441; Firsching/v. Hoffmann, § 1 RdNr. 108 und § 11 RdNr. 48 mwN. in Fn. 128: Grundsätzlich soll das Marktortrecht gelten. Das Recht des Ursprungsstaates soll aber bei sog. Auslandssachverhalten als *local data* (Tatsachen) oder *moral data* (Bewertungsmaßstäbe) berücksichtigt werden.
[240] MüKo-Kreuzer, Art. 38 EGBGB RdNr. 227a; Staudinger-v. Hoffmann, Art. 38 EGBGB RdNr. 505a; Sonnenberger, ZVglRWiss 95 (1996), 3, (11); Sack, WRP 1994, 281, (291 f.).
[241] Sonnenberger, ZVglRWiss 95 (1996), 3, (11).
[242] MüKo-Kreuzer, Art. 38 EGBGB RdNr. 227a; MüKo-Sonnenberger, Einl IPR RdNr. 137, 159; Sonnenberger, ZVglRWiss 95 (1996) 3, (11); Sack, WRP 1994, 281, (288 ff.); Großkomm UWG/Schricker, Einl RdNr. F 160 Fn. 13.
[243] Sonnenberger, ZVglRWiss 95 (1996), 3, (10).

nicht harmonisiertem Rechtszustand - die *par conditio* der Wettbewerber im Zielstaat sowie die auch vom EGV als berechtigt anerkannten Allgemeininteressen des Zielstaates völlig ignorieren[244]. Entsprechendes gelte letztlich auch für die Günstigkeitsregel[245].

Außerdem habe der EuGH seit der „Keck"-Entscheidung[246] im Jahr 1993 damit begonnen, bestimmte Verkaufmodalitäten vom sachlichen Anwendungsbereich des Art. 28 EGV auszunehmen, so dass die „GB-INNO-BM I"-Rechtsprechung ohnehin überholt erscheine[247]. Da auch versteckte Kollisionsnormen in Tatbestand und Rechtsfolge eindeutig sein müssen, könnten sich diese schließlich nicht im Gewand von Sachnormen verstecken, die in ihrem Gehalt nach der „Keck"-Entscheidung fragwürdig geworden seien[248]. Dies gilt m.E. umso mehr als auch diese Entscheidung nicht unkritisiert blieb und die „Keck"-Formel in den Folgeentscheidungen des EuGH nicht mit letzter Konsequenz angewandt wurde[249].

Weder die Vorschriften des EGV noch das Richterrecht des EuGH enthalten somit im Ergebnis versteckte Kollisionsnormen, die nach dem Vorrangprinzip entsprechend der Hinweisnorm des Art. 3 Abs. 2 S. 2 EGBGB anzuwenden sind und das nationale internationale Privatrecht der Mitgliedstaaten zurücktreten lassen[250].

3.5 Zusammenfassung: Europäisches Wettbewerbskollisionsrecht

Die bisherigen Ausführungen haben gezeigt, dass es weder ein weltweit einheitliches noch ein europäisches Lauterkeitsrecht gibt. Zwar sind erste Ansätze zur Vereinheitlichung deutlich erkennbar, doch ist man noch weit davon entfernt,

---

[244] So GEBAUER, IPRax 1995, 152, (155 f.); SACK, WRP 1994, 281, (288 ff.).

[245] Vgl. GEBAUER, IPRax 1995, 152, (156).

[246] S.o. 3.4.1.3; vgl. von den darauffolgenden Entscheidungen: EuGH v. 15.12.1993, RS C-292/92, Slg. 1993, I-6787, (6823 Nr. 21) - Hünermund; EuGH v. 9.2.1995, RS C-412/93, Slg. 1995, I-179, (217 Nr. 21 f.) - Leclerc-Siplex.

[247] S.o. 3.4.1.3.2. Für überholt halten die „GB-INNO BM I"-Entscheidung im Ergebnis BGH v. 16.11.1995, GRUR 1997, 379, (380) - Wegfall der Wiederholungsgefahr II; OLG Düsseldorf v. 30.12.1993, NJW 1994, 741; vgl. ferner auch MÜKO-KREUZER, Art. 38 EGBGB RdNr. 227a; MÜKO-SONNENBERGER Einl IPR RdNr. 137 f.; KOTTHOFF, WRP 1996, 79, (84); SONNENBERGER, ZVglRWiss 95 (1996), 3, (11 f.); SACK, WRP 1994, 281, (292); a.A. z.B. BASEDOW, RabelsZ 59 (1995), 1, (50); WELLAN, S. 77 f. (für grenzüberschreitende Fernsehwerbung).

[248] Nach der „Keck"-Formel enthalten Art. 28, 30 EGV über ihren Wortlaut hinaus die Maßgabe, stets zu prüfen, ob das Untersagen bestimmter Wettbewerbspraktiken produktbezogen ist und den Grundfreiheiten widerspricht oder ob lediglich diskriminierungsfrei und damit in zulässiger Weise Absatzmodalitäten im Marktstaat bestimmt werden, vgl. STAUDINGER-V. HOFFMANN, Art. 38 EGBGB RdNr. 505a.

[249] S.o. 3.4.1.3.4 und 3.4.1.3.5 sowie 3.4.1.3.5.

[250] So im Ergebnis auch SONNENBERGER, ZVglRWiss 95 (1996), 3, (12).

das weitreichende Gebiet des Lauterkeitsrechts als zusammenhängende Rechtsmaterie zu vereinheitlichen[251]. Sicherlich wird es leichter sein, zunächst eine Vereinheitlichung auf europäischer Ebene zu erreichen und die damit gesammelten Erfahrungen dann auch für eine umfassendere zu nutzen.

Zwar scheint einerseits zumindest auf kollisionsrechtlicher Ebene eine Vereinheitlichung der nationalen Wettbewerbskollisionsrechte durch die geplante Rom II-Verordnung[252], die für den Bereich des unlauteren Wettbewerb letztlich eine Anknüpfung an den Auswirkungsort vorsieht, nun in greifbare Nähe gerückt zu sein. Doch stellen andererseits gerade die Richtlinien, die eine Aussage darüber machen, nach welchem Recht sich unlautere Werbung in Fernsehen und Internet zu richten hat, hingegen auf das Herkunftslandprinzip ab[253]. Eine einheitliche Tendenz ist deshalb auch auf der Ebene des Europäischen Wettbewerbskollisionsrecht nicht auszumachen[254].

Auf Sachrechtsebene wird es vorerst wohl nur bei der Harmonisierung von weiteren Kernsachverhalten des Lauterkeitsrechts, etwa durch den Erlass weiterer EU-Richtlinien, bleiben müssen. Soweit diese Richtlinien dem Verbraucherschutz dienen, hat die Europäische Union jedenfalls gem. Art. 94 und 95 EGV die Rechtsetzungskompetenz, da sie sich „unmittelbar auf die Errichtung oder das Funktionieren des Gemeinsamen Marktes auswirken"[255].

Eine Teilharmonisierung wird außerdem dadurch vorangebracht werden, dass die bisher zum Lauterkeitsrecht ergangene Rechtsprechung des EuGH zunehmend auch als Grundlage für nationales Richterrecht dienen wird[256]. So hat sich

---

[251] Vgl. zu Überlegungen zu einer „großen" europäischen Generalklausel nach dt. Muster, die nach und nach auf Grundlage bestehender und neu hinzukommender Richtlinien und der gemeinsamen Konzeption der Verbraucherschutzgesetze erarbeitet werden soll, SCHMID, GRUR Int. 1998, 475, (480).

[252] S.o.3.1.2.

[253] S.o. 3.3.1.2.

[254] Vgl. DETHLOFF, JZ 2000, 179, (181).

[255] Vgl. GROEBEN/THIESING/EHLERMANN, Art. 100 EGV RdNr. 29 ff. Vgl. auch den „Aktionsplan für den Zugang der Verbraucher zum Recht und die Beilegung von Rechtsstreitigkeiten der Verbraucher im Binnenmarkt", KOM (96) 13 endg. v. 14.2.1996.
Zwar wird auf dem 11. Ringbergsymposium, vgl. Tagungsbericht SCHMID, GRUR Int. 1998, 475, (479), bemerkt, dass den Gewerbetreibenden anders als den Verbrauchern an einer europaweiten Deregulierung gelegen sein könnte, da sie beim grenzüberschreitenden Verkehr oft der Gefahr ausgesetzt seien, gegen im Herkunftsstaat nicht bestehende Verbote zu verstoßen. Ihnen sei mehr am Schutz vor Nachahmung, vor Verwechslungen und vor der Ausnutzung des *know-how* gelegen als am Schutz vor unwahren Angaben. Dennoch seien die Voraussetzungen des Art. 95 EGV immer dann gegeben, wenn eine Wettbewerbsverzerrung oder Behinderung bei der Ausübung einer Grundfreiheit vorliege.

[256] SCHMID, GRUR Int. 1998, 475, (479): Bereits die jetzige Rsp. des EuGH zum Lauterkeitsrecht könne als Grundlage für nationales Richterrecht dienen. Dieser Rsp. liege ein in sich stimmiges Konzept zugrunde, wann eine Werbung als unlauter anzusehen sei. Die Harmonisierung könne daher auch ohne detaillierte Einzeltatbestände auskommen, wenn gleichzeitig

das Verbraucherleitbild der deutschen Rechtsprechung bereits jetzt dem des EuGH und damit dem der meisten anderen europäischen Länder anzugleichen[257].

Daraus allein entsteht aber noch kein allgemein verbindliches, europäisches Lauterkeitsrecht.
Trotz vorhandener Harmonisierungsbestrebungen im Rahmen der europäischen Union, bleibt dennoch für weite Teile des Wettbewerbsrechts das jeweilige nationale Lauterkeitsrecht maßgeblich. Dessen Anwendung bestimmt sich weiterhin durch das internationale Privatrecht des jeweiligen Mitgliedstaates, dem es angehört[258].

Das mitgliedstaatliche internationale Privatrecht kann allerdings selbst Resultat EG-rechtlicher Harmonisierung sein[259]. Wenn eine nationale kollisionsrechtliche Regelung so beschaffen ist, dass sie zur Anwendung einer Norm eines anderen Mitgliedsstaates führt, die den innergemeinschaftlichen Absatz betrifft und gegen Art. 28 und 49 EGV verstößt, kann ihr allein der Mitgliedstaat abhelfen. Das kann sachrechtlich oder kollisionsrechtlich geschehen; es kann eine neue geeignete Kollisionsnorm erlassen werden oder eine neue EGV-konforme Sachnorm, die die innergemeinschaftlichen Waren- oder Dienstleistungsangebote nicht berührt[260]; die nationalen Richter können stattdessen aber auch die Sachnorm

---

vom EuGH ein System des Rechts des unlauteren Wettbewerbs entwickelt werde. Eine etwaige Generalklausel werde mit zunehmendem Abstraktionsgrad auch inhaltsleerer und bedürfe dann sowieso in starkem Maße der Konkretisierung. Dies könne entweder durch Einzeltatbestände oder aber durch die Entwicklung eines „europäischen Richterrechts" geschehen, das sich an der Rsp. des EuGH, aber auch an der der Gerichte der Mitgliedstaaten orientieren müsse.
Eine derartige Entwicklung sei bereits im Patent- und Markenrecht zu beobachten. Es sei aber zu beachten, dass es sich beim Patent- und Markenrecht um wesentlich engere Gebiete handele. Das Lauterkeitsrecht sei gebietsübergreifend.

[257] S.o. 3.4.1.4.2. Vgl. auch BEATER, GRUR Int. 2000, 936, (974). Zum Einfluss von „europäischem Kollisionsrecht" auf nationale Rsp. s.o. 3.4.2; FLEISCHER, S. 368 u. 371; V. BAR-PIRRUNG, EG-Recht und IPR, S. 29 ff.; JAYME/KOHLER, IPRax 1991, 361, (369); BGH v. 14.10.1993, GRUR Int. 1994, 245 = GRUR 1994, 306 - Yves Rocher II.

[258] Vgl. auch STAUDINGER-V. HOFFMANN, Art. 38 EGBGB RdNr. 505a a.E.

[259] MÜKO-SONNENBERGER, Einl IPR RdNr. 159; BALLARINO, Dir.com.scambi int. 31 (1982), 8 f.

[260] Es steht im Ermessen des jeweiligen Mitgliedstaates, darüber zu entscheiden, wie er jeweils vorgehen will, MÜKO-SONNENBERGER, Einl IPR RdNr. 159 mwN. Der EuGH fordert im Urt. v. 7.3.1990, RS C-362/88, Slg. 1990, I-667 ff. - GB-INNO-BM I aber nur eine Neuformulierung des Sachrechts. Im Zweifel für die Aufrechterhaltung der Kollisionsnorm sind MÜKO-SONNENBERGER, Einl IPR RdNr. 159; SACK, WRP 1994, 281, (288 ff.); GEBAUER, IPRax 1995, 152, (155 f.); a.A. BASEDOW, RabelsZ 59 (1995), 1, (25), (49 ff.), der eher für eine Neuformulierung der Kollisionsnorm ist.
Für die Beseitigung des Verstoßes gegen das Behinderungsverbot auf der Ebene des Sachrechts spricht, dass damit zugleich der Verstoß durch das Kollisionsrecht entfallen würde; vgl. dazu MÜKO-SONNENBERGER, aaO., der darauf hinweist, dass die Gestaltung der betreffenden

EGV-rechtskonform auslegen oder sie nicht auf EGV-relevante Vorgänge anwenden[261].

Sachnorm z.B. auch in der Weise erfolgen kann, dass Auslandssachverhalte besonders berücksichtigt werden.

[261] So MÜKO-SONNENBERGER, Einl IPR RdNr. 192 ff.

4. Kapitel: Ausgangskollisionsnorm im deutschen und italienischen Wettbewerbskollisionsrecht

4.1 Aufgabe des nationalen Kollisionsrechts auf dem Gebiet des Wettbewerbsrechts

Die Weltwirtschaft befindet sich in einer Phase beschleunigter Internationalisierung, der auch die Wettbewerbs- und Marktordnungsprobleme zunehmend unterliegen. Wettbewerbskonflikte werden immer häufiger durch „Auslandsberührung" geprägt. Dadurch bekommt die Frage nach dem anwendbaren Recht eine immer zentralere Bedeutung.
Die klarste Lösung, diese sich international erstreckenden Wettbewerbskonflikte in den Griff zu bekommen, wäre die Schaffung eines international einheitlichen Sachrechts. Dann würde sich die internationalprivatrechtliche Frage auf diesem Gebiet erübrigen[1].
Das internationale Einheitsrecht des unlauteren Wettbewerbs ist jedoch nur schwach entwickelt; dies gilt sowohl für die internationalen Verträge als auch für das Recht der Europäischen Union[2]. Nach wie vor ist deshalb auch bei grenzüberschreitenden Wettbewerbskonflikten in erster Linie das nationale Recht zur Regelung berufen. Es stellt sich daher die Frage, welches nationale Recht auf Sachverhalte anzuwenden ist, die mehrere Rechtsordnungen berühren, sei es in territorialer, personeller oder sonstiger Hinsicht. Die Lösung ist im internationalen Privatrecht (Kollisionsrecht) des unlauteren Wettbewerbs zu suchen. Es handelt sich dabei im wesentlichen um nationales Recht. Jede nationale Rechtsordnung bestimmt, wann sie zur Anwendung gelangt und wann sie dem Auslandsrecht Raum gibt.

In Italien wird der Begriff des internationalen Privatrecht (diritto internazionale privato) in einem etwas weiteren Sinne verstanden als in Deutschland, wo es auch unter der Bezeichnung Kollisionsrecht hauptsächlich als das Rechtsgebiet bekannt ist, das nach anknüpfungsrechtlich relevanten Kriterien bestimmt, ob der inländischen oder einer ausländischen Rechtsordnung die Normen zur privatrechtlichen Beurteilung eines Sachverhalts zu entnehmen sind. Der Begriff des „diritto internazionale privato" umschreibt darüber hinaus generell die Rechtsmaterie, die auslandsbezogene Sachverhalte regelt[3]. Aber auch in Deutschland wird das Kollisionsrecht nicht nur von Anknüpfungsnormen und -regeln beherrscht, sondern ist auch dem Einfluss des Sachrechts sowie dem von supra- und internationalen Regelungen ausgesetzt[4].

---

[1] Bereits TROLLER, K. S. 33 mwN.; MÜKO-SONNENBERGER, Einl IPR RdNr. 4.
[2] S.o. Kapitel 2 und 3.
[3] MÜKO-SONNENBERGER, Einl IPR RdNr. 3.
[4] MÜKO-SONNENBERGER, Einl IPR RdNr. 3.

Bei der Bestimmung des anzuwendenden Rechts legen die nationalen Gerichte das internationale Privatrecht der Rechtsordnung zugrunde, der sie jeweils angehören (*lex fori*)[5].

Eine andere Frage ist, ob dem Ausländer im Inland Schutz zu gewähren ist; hier ist das Fremdenrecht einschlägig[6]. Die Anwendung fremdenrechtlicher Vorschriften setzt ihrerseits die Maßgeblichkeit inländischen Rechts, z.B. nach den Kollisionsnormen des Wettbewerbsrechts, voraus[7].
Ebenfalls nicht Gegenstand des internationalen Privatrechts ist, ob und unter welchen Voraussetzungen Begriffe des materiellen Rechts sowie Generalklauseln mit Hilfe drittstaatlicher Normen und Wertbegriffe präzisiert werden können oder sogar müssen, um damit Sachverhalten gerecht zu werden, die trotz Auslandsbezug nationalem Recht unterstehen[8].

4.2 Die wettbewerbliche Kollisionsregel im deutschen Recht

4.2.1 Fehlen einer ausdrücklichen wettbewerbsrechtlichen Kollisionsnorm

Seiner Legaldefinition nach, bestimmt das IPR aufgrund der Vorschriften des EGBGB bei Sachverhalten mit einer Verbindung zu ausländischem Recht, welche Rechtsordnungen anzuwenden sind (§ 3 Abs. 1 S. 1 EGBGB).
Dabei soll das IPR nicht ein beliebiges, sondern das der Sache angemessene Entscheidungsrecht berufen. Stellt das IPR keine Kollisionsnorm zur Verfügung, kommt nicht etwa inländisches Recht kraft faktischer Normalität zur Anwen-

[5] Kommt bei der Beurteilung eines Sachverhaltes die Anwendung ausländischen Rechts in Betracht, ist das dt. IPR von Amts wegen anzuwenden, vgl. BGH v. 7.4.1993, RIW 1993, 585; SCHRICKER, Recht der Werbung, RdNr. 77.

[6] Vgl. dazu MÜKO-SONNENBERGER, Einl IPR, RdNr. 341; GROẞKOMM UWG/SCHRICKER, Einl F 155. Fremdenrecht ist nicht Kollisionsrecht, das über das anwendbare Sachrecht entscheidet, sondern Sachrecht für Fremde, das im Hinblick auf die Fremdeneigenschaft für bestimmte Sachverhalte Sonderregeln aufstellt, die vom allgemeinen inländischen Sachrecht abweichen; s. bereits oben 2.1.1.

[7] SIEHR, RabelsZ 46 (1982) 357, (366 f.); MÜKO-SONNENBERGER, Einl IPR RdNr. 347.

[8] Vgl. EHRENZWEIG, Privat international law, S. 77 ff.; EHRENZWEIG, A treatise on the conflict of laws, S. 560 ff.; JAYME, GS Ehrenzweig, S. 37 ff.; MOOK, S. 136 ff.; HABERMEIER, S. 48 ff. zur sog. „Datumstheorie", nach der die Prüfung des jeweiligen Sachverhaltes vom nationalen Richter anhand von unbestimmten Rechtsbegriffen, wie sie etwa in § 1 UWG („guten Sitten") oder Art. 2598 Abs. 3 C.c. („correttezza professionale") enthalten sind, nur mit Hilfe seiner „nationalen" Moralvorstellungen vorgenommen werden könne. Diese seien als „data moralia" zu verstehen, weshalb es keiner Bestimmung des anwendbaren Rechts bedürfe und die *lex fori* gelte.
Vgl. aus der Rsp. BGH v. 13.5.1977, GRUR 1977, 672, (674) - Weltweitclub; BGH v. 9.5.1980, IPRax 1981, 20 - Asbestimporte. Kritisch zu dem als irreführend bezeichneten Begriff der Datumstheorie MÜKO-SONNENBERGER, Einl IPR 7.

dung. Lücken im kollisionsrechtlichen Instrumentarium sind grundsätzlich mit kollisionsrechtlichen Mitteln zu schließen[9].

Ist ein Sachverhalt mit Auslandsberührung gegeben, muss als erstes die einschlägige Kollisionsnorm für den vorliegenden Sachverhalt gefunden werden. Danach ist der in der Kollisionsnorm umschriebene Anknüpfungsgegenstand und Anknüpfungspunkt herauszuarbeiten[10]. Beide zusammen führen dann zur gesuchten Sachnorm, indem der Anknüpfungsgegenstand mittels der Kollisionsnorm an einen Anknüpfungspunkt festgemacht wird[11].
Folgt man dem von Chr. v. Bar aufgestellten Koordinatenkreuz, ist die gesuchte Sachnorm dort zu finden, wo der Strang, der vom Sachverhalt über den Anknüpfungspunkt zur anwendbaren (nationalen) Rechtsordnung führt („lex“-Strang), sich mit dem komplementären Strang schneidet, der vom Sachverhalt über den Anknüpfungsgegenstand zum einschlägigen Statuttyp[12] führt[13].
Aufgabe der Kollisionsnorm ist es also, eine von ihr inhaltlich umschriebene Summe von Rechtsnormen einem nach räumlichen Gesichtspunkten bestimmten Tatbestandsmerkmal zuzuordnen bzw. einfacher ausgedrückt, Sachverhalt und Sachnorm zueinander zu bringen[14].

Wenn nun Kollisionsnormen Gruppen von Rechtsverhältnissen zusammenfassen und an ihnen entsprechende Gattungen von nationalen Sachnormen anknüpfen[15],

---

[9] Vgl. MüKo-Sonnenberger, Einl IPR RdNr. 9. Auf der Suche nach dem sachlich angemessenen Recht geht die sog. „apolitische“ Schule gemäß dem Savigny'schen Ansatz vom Lebenssachverhalt aus. Danach besteht die Aufgabe des IPR in der Bestimmung des Rechts, dem dieser seiner eigentümlichen Natur nach zugehört, bzw. mit dem er auf kennzeichnend enge Weise verbunden ist (stärkste Beziehung, Schwerpunkt der Rechtsverhältnisse, engste Berührung des Sachverhaltes mit einer Rechtsordnung). Die später entstandene „politische“ Schule geht hingegen vom Gesetz (sog. Statutentheorie) aus. Danach besteht die Aufgabe des IPR in der Festlegung des Anwendungsbereichs des Gesetzes durch diesem zugehörige einseitige Kollisionsnormen; vgl. hierzu eingehender MüKo-Sonnenberger, Einl IPR RdNr. 12 ff.
[10] Zur Terminologie vgl. v. Bar, IPR I, § 7 RdNr. 516 ff.
[11] Anknüpfungsgegenstand und Anknüpfungspunkt sind die beiden Tatbestandselemente einer Kollisionsnorm, vgl. v. Bar, IPR I, § 7 RdNr. 518.
[12] Unter Statut ist das Recht zu verstehen, das auf Grund einer Kollisionsnorm einen Sachverhalt beherrscht. Je nach Gegenstand wird z.B. unterschieden in Deliktsstatut, Erbstatut, Sachstatut ... .
[13] Deshalb meint v. Bar, IPR I, § 7 RdNr. 518 (vgl. dort auch die schematische Darstellung in Fn. 15) zu Recht, die Formulierung des Art. 3 Abs. 1 S. 1 EGBGB sei nicht ganz präzise, denn nicht die Festlegung auf „eine Rechtsordnung“ sei Rechtsfolge der Kollisionsnorm, sondern die Ermittlung einer bestimmten Gruppe von Rechtsnormen aus einer oder mehreren bestimmten Rechtsordnungen. Deshalb solle man nicht von dem IPR als „einem System von Anknüpfungen“ sprechen, wie etwa Staudinger-Raape, 9. Aufl. (1931) EGBGB, VI. Bd, 2. Teil, S. 4, sondern eher von einem „System von Kollisionsnormen“.
[14] Vgl. beide Formulierungen bei v. Bar, IPR I, § 7 RdNr. 518.
[15] Vgl. zu dieser Definition Kegel, IPR § 7 I; Neuhaus, § 3; Regelmann, S. 5 f.

stellt sich als erstes die Frage, in welchen Sammelbegriff der Normen des internationalen Privatrechts Wettbewerbsverletzungen einzuordnen sind.

Bereits dieser erste Schritt der Auffindung der Kollisionsnorm bereitet jedoch im Wettbewerbsrecht Schwierigkeiten, denn für das Recht des unlauteren Wettbewerbs existieren in Deutschland - anders als etwa in Österreich, der Schweiz und Spanien[16] - keine geschriebenen Kollisionsregeln[17].
Auch die durch das am 1.6.1999 in Kraft getretene Gesetz zum Internationalen Privatrecht für außervertragliche Schuldverhältnisse und Sachen vom 21.5.1999[18] erfolgte angebliche „Restkodifikation" des Internationalen Privatrechts hat bewusst auf eine allgemein gefasste deliktsrechtliche Anknüpfungsregel gesetzt und auf spezielle Kollisionsnormen für besondere Deliktstypen, wie etwa Ansprüche aus unlauterem Wettbewerb, aber auch für die Produkthaftung, Persönlichkeitsrechtsverletzungen, Umweltbeeinträchtigungen, Kraftfahrzeug-, Schiffs- und Flugzeugzusammenstöße verzichtet[19]. Es sollte ausdrücklich „nur einen Kernbestand kollisionsrechtlicher Grundsätze festlegen" und „auf derartige Sondernormen verzichten, da [es] sowohl bei der Tatortregel selbst als auch über die Ausweichklausel des Artikels 41 EGBGB[20] allgemein ein hohes Maß an Flexibilität vorsieht"[21].

4.2.2 Deliktsrechtliche Anknüpfung an das Recht des Tatortes als Ausgangspunkt

Für unerlaubte Handlungen im engeren Sinne (§§ 823 ff. BGB), die zu Rechts- oder Rechtsgutverletzungen führen, sieht das Einführungsgesetz zum Bürgerlichen Gesetzbuch in Art. 40 EGBGB seit der IPR-Reform von 1999 eine Regelung vor. Die bis dahin allein geltende Regelung für „außervertragliche Schuld-

---

[16] S.o. 3.1.2 und dort Fn. 17 zum Wortlaut des § 48 Abs. 2 österr. IPRG, Art. 136 schweiz. IPRG und Art. 4 span. IPRG.

[17] MüKo-Kreuzer, Art. 38 EGBGB RdNr. 228; Staudinger-v. Hoffmann, Art. 38 EGBGB RdNr. 506; Gloy-Wilde, § 6 RdNr. 3; Wirner, S. 33 f.; Hauschka, GRUR 1990, 100 ff.; Schricker, Recht der Werbung, RdNr. 85; Willms, S. 72.

[18] BGBl. v. 31.5.1999 Nr. 26 I 1026-1028. Vgl. zur Entstehungsgeschichte BTDrucks. 1.2.1999, 14/343, S. 6 f.; Wagner, IPRax 1999, 210 ff.; Spickhoff, NJW 1999, 2209 f.; Palandt-Heldrich[60], Vorb v Art. 38 EGBGB RdNr. 1 ff.

[19] Vgl. hierzu Wagner, IPRax 1999, 210; Palandt-Heldrich[60], Vorb v Art. 38 EGBGB RdNr. 3 u. Art. 40 EGBGB RdNr. 1.

[20] Soweit nicht besonders vermerkt, beziehen sich alle aus dem EGBGB zitierten Artikel auf die durch das Gesetz zum Internationalen Privatrecht für außervertragliche Schuldverhältnisse und Sachen vom 21.5.1999 geänderte Fassung,

[21] BTDrucks. 1.2.1999, 14/343, S. 10. Für v. Hoffmann, IPRax 1996, 1, (7 f.) spricht gegen die Aufnahme einer Sonderregel für Wettbewerbsverstöße in das EGBGB eine gewisse kodifikatorische Ästhetik, denn so werde das Prinzip, nur allgemeine Regeln aufzustellen, durchbrochen. Dafür spreche allerdings, dass der Praxis nützliche Handreichungen gegeben würden.

verhältnisse", Art. 38 EGBGB a.F.[22], sah ihrem Wortlaut nach nur eine Begrenzung der Deliktshaftung deutscher Staatsangehöriger bei im Ausland begangenen unerlaubten Handlungen vor: „Aus einer im Ausland begangenen unerlaubten Handlung können gegen einen Deutschen nicht weitergehende Ansprüche geltend gemacht werden, als nach den deutschen Gesetzen begründet sind". Eine gesetzlich kodifizierte Anknüpfungsregel konnte darin nicht gesehen werden. Der Regelung lag aber unausgesprochen der allgemeine Grundsatz zugrunde, dass die Rechtsfolgen eines Deliktes nach dem Recht des Tatortes zu beurteilen seien[23].

Auch die Neuregelung in Art. 40 Abs. 1 EGBGB geht vom Tatortgrundsatz aus und kodifiziert insofern den schon bisher gewohnheitsrechtlich geltenden Zustand[24].
Denn die Tatortregel, wonach Voraussetzung, Inhalt und Umfang von Ansprüchen aus unerlaubter Handlung nach dem Recht des Staates zu beurteilen sind, in welchem der haftungsbegründende Tatbestand verwirklicht wurde (*lex loci delicti commissi*)[25], beherrschte seit mehr als 100 Jahren die deutsche Praxis und Lehre und war bereits vor Inkrafttreten des EGBGB in nahezu allen Partikularrechtsgebieten anerkannt[26]. Bis zum Zweiten Weltkrieg wurde das Deliktsstatut nahezu unbestritten mit der *lex loci delicti commissi* (Tatortrecht) gleichgesetzt[27].

Traditionell geht man davon aus, dass das Recht des unlauteren Wettbewerbs dem Recht der unerlaubten Handlungen zuzuordnen ist. Lauterkeitsrecht wird auch Sonderdeliktsrecht i.S.v. Marktdeliktsrecht bezeichnet[28]. Auch in kollisionsrechtlicher Hinsicht zählt es zum Deliktsrecht[29]. Die Behandlung der Wett-

---

[22] Durch das Gesetz zur Neuregelung des Internationalen Privatrechts vom 25.7.1986 (BGBl. I S.1142) wurde der frühere Art. 12 EGBGB a.F. durch den Art. 38 EGBGB a.F. ersetzt.
[23] Vgl. MüKo-Kreuzer, Art. 38 EGBGB RdNr. 12, 35; Großkomm UWG/Schricker, Einl F 176; Schricker, Recht der Werbung, RdNr. 86; Baumbach/Hefermehl, Einl UWG RdNr. 176; Palandt-Heldrich[58], Art. 38 EGBGB RdNr. 1 u. 2 mwN.
[24] Vgl. auch BTDrucks 1.2.1999, 14/343, S. 10; Palandt-Heldrich[60], Art. 40 EGBGB RdNr. 1 u. 3.Nach Art. 40 Abs. 1 S. 1 EGBGB gilt nun aber grundsätzlich das Handlungsortrecht, doch kann der Verletzte nach Art. 40 Abs. 1 S. 2, 3 EGBGB das Recht des Erfolgseintrittsortes verlangen.
[25] Palandt-Heldrich[60], Art. 40 EGBGB RdNr. 3.
[26] Hohloch, S. 43 f. mwN. Zuvor war man der Ansicht, die Materie müsse von der *lex fori* geregelt werden, vgl. Wächter, ACP 24 (1841), 230, (390 ff.) u. Savigny, S. 275 ff. Sie wurde jedoch u.a. aufgrund der Kritik von v. Bar, C. L., Theorie und Praxis des Internationalen Privatrechts, der für eine Anknüpfung an den Handlungsort eintrat und der Einführung der gesetzlichen Vorschrift Art. 12 EGBGB (später 38 EGBGB, nunmehr 40 EGBGB) fallengelassen.
[27] Vgl. z.B. Raape, Deutsches Internationales Privatrecht II, S. 323 ff.
[28] Lindacher, WRP 1996, 645, (646); v. Bar, IPR II, § 6 RdNr. 695.
[29] Ständige Rsp., vgl. z.B. BGH v. 30.6.1961, BGHZ 35, 329, (333) - Kindersaugflaschen; BGH v. 24.2.1994, GRUR 1994, 447, (448) - Sistierung von Aufträgen; BGH v. 23.2.1995,

bewerbsverstöße als unerlaubte Handlungen folgt somit dem materiellen Recht[30]. Auch wenn Art. 40 EGBGB keine besondere Anknüpfungsregeln für einzelne Deliktstypen vorsieht, gilt er als Generalklausel für den gesamten Bereich des Deliktsrechts einschließlich der Gefährdungshaftung[31]. Zu den unerlaubten Handlungen i.S.v. Art. 40 EGBGB zählen also grundsätzlich auch unerlaubte Wettbewerbshandlungen.
Auch andere Länder, die kein eigenständiges Rechtsgebiet der unerlaubten Handlungen kennen, erfassen den unlauteren Wettbewerb übrigens gleichwohl über das vergleichbare Rechtsinstitut der „torts“[32].

4.2.2.1 *Eingrenzung der Anwendung ausländischen Rechts*

Art. 38 EGBGB a.F. war, wie bereits dargelegt, seinem Wortlaut nach eine spezielle Vorbehaltsklausel, die den Schutz des Inländers bei der Haftung für Auslandsdelikte bezweckte (sog. *privilegium germanicum*)[33].
Einerseits entspricht eine solche Vorschrift, insbesondere beim Abstellen auf die Staatsangehörigkeit des Anspruchsgegners, nicht mehr heutigen internationalprivatrechtlichen Gerechtigkeitsvorstellungen[34], andererseits würde aber ihre völlige Aufhebung den deutschen Richter vor Abgrenzungsschwierigkeiten stellen, wenn es z.B. um die Anwendung der Grundsätze einzelner Rechtsordnungen zur Bestimmung der Schadenshöhe bei Schmerzensgeld und bei mehrfachem Schadensersatz oder Strafschadensersatz („multiple“ oder „punitive damages“) geht. Dessen ersatzlose Streichung würde auch im Widerspruch zu Art. 6 EGBGB stehen, der es allgemein verbietet, eine Rechtsnorm eines anderen Staates anzuwenden, wenn ihre Anwendung zu einem Ergebnis führt, das offensichtlich mit wesentlichen Grundsätzen des deutschen Rechts unvereinbar ist[35].

GRUR 1995, 424, (425) - Abnehmerverwarnung; BGH v. 26.11.1997, GRUR 1998, 419 - Gewinnspiel im Ausland.
Vgl. auch MüKo-Kreuzer, Art. 38 EGBGB RdNr. 229; Baumbach/Hefermehl, Einl UWG RdNr. 176; GroßKomm UWG/Schricker, Einl UWG F 168; Schricker, Recht der Werbung RdNr. 85 mwN.; v. Bar, IPR II, § 6 RdNr. 695; Regelmann, S. 6 mwN. in Fn. 11; Lindacher, FS Piper, S. 356.

[30] Vgl. Caemmerer-Kreuzer, S.238 mwN.

[31] BTDrucks. 1.2.1999, 14/343 S. 11; Palandt-Heldrich[60], Art. 40 EGBGB RdNr. 1.

[32] Vgl. v. Bar, Gemeineuropäisches Deliktsrecht I, § 2 RdNr. 49, S. 61 f. u. Regelmann, S. 6 f. mwN.; zum engl. u. amerik. Wettbewerbsrecht vgl. den Überblick bei Baumbach/Hefermehl, Einl UWG RdNr. 4 u. 14.

[33] MüKo-Kreuzer, Art. 38 EGBGB RdNr. 303.

[34] BTDrucks. 1.2.1999, 14/343, S. 12; vgl. auch Wagner, IPRax 1998, S.433 mwN. in Fn. 59.

[35] BTDrucks. 1.2.1999, 14/343, aaO. Auch das Schweizer IPR-Gesetz sieht in Art. 137 Abs. 2 für Wettbewerbsbehinderungen ausdrückliche Begrenzungen vor.
Art. 137 Abs. 2 schweiz. IPRG lautet:
Unterstehen Ansprüche aus Wettbewerbsbehinderung ausländischem Recht, so können in der Schweiz keine weitergehenden Leistungen zugesprochen werden als nach schweizerischem Recht für eine unzulässige Wettbewerbsbehinderung zuzusprechen wären.

Der nun geltende Art. 40 Abs. 3 EGBGB trägt diesen Überlegungen Rechnung, indem er als spezielle *Ordre-Public*-Norm gegenüber jedermann die Anwendung fremden Rechts, das etwa zu überhöhten Schmerzensgeldansprüchen bzw. zu mehrfachem Schadensersatz (Nr. 1)[36] oder Strafschadensersatz (Nr. 2) führen würde, verbietet[37].
Die einschränkende Formulierung („wesentlich", „offensichtlich") macht dabei deutlich, dass, ebenso wie bei Art. 6 EGBGB, das ausländische Recht nur bei gravierenden Widersprüchen zu den Grundvorstellungen des deutschen Rechts eingeschränkt werden soll[38].
Eine zu starke Betonung des *ordre public* hätte auch der Begründung widersprochen, mit der man die weitgehende Geltung des Marktrechts rechtfertigt, nämlich die Rechtssicherheit und den internationalen Entscheidungseinklang zu fördern, da eine extensive Anwendung des *ordre public* letztlich ein Vehikel für die Einführung des deutschen Wettbewerbsrechts im Ausland gewesen wäre[39].

Art. 40 Abs. 3 EGBGB schützt alle nach fremdem Deliktsrecht Ersatzpflichtige und trägt damit auch dem in Art. 12 EGV verankerten Diskriminierungsverbot Rechnung[40].
Ein Teil des Schrifttums hielt nämlich die Anwendbarkeit des Art. 38 EGBGB a.F. wegen Verstoßes gegen das in Art. 12 Abs. 1 EGV enthaltene Verbot der Diskriminierung von Angehörigen der Mitgliedstaaten gegenüber EG-Bürgern für unanwendbar[41]. Das Gemeinschaftsrecht beeinflusse den Inhalt des deut-

---

[36] Nach der Stellungnahme des Bundesrates in seiner 731. Sitzung des 6.11.1998 zum Entwurf der Bundesregierung des Gesetzes v. 21.5.1999 wurde allein Art. 40 Abs. 3 Nr. 1 EGBGB dahingehend geändert, dass er in seinem Wortlaut auch auf überhöhte Schmerzensgeldansprüche Anwendung findet, vgl. BTDrucks 1.2.1999, 14/343, S. 20 u. 22; vgl. zur Abwehr exzessiven Schadensrechts im Rahmen des Art. 40 Abs. 3 EGBGB JUNKER, RIW 2000, 241, (248 f.).

[37] Da Art. 38 EGBGB a.F. bereits seit längerer Zeit als rechtspolitisch verfehlt angesehen wurde, hat bereits der Referentenentwurf eines Gesetzes zur Ergänzung des internationalen Privatrechts (außervertragliche Schuldverhältnisse und Sachen) vom 1.12.1993, abgedruckt in IPRax 1995, 132 f., in Art. 40 Abs. 3 RefE 1993 vorgesehen, dass „der Ersatzpflichtige [...] nicht zu Leistungen nach fremden Recht verpflichtet [ist], soweit sie den eingetretenen Schaden wesentlich überschreiten oder offensichtlich anderen Zwecken als einer angemessenen Entschädigung des Verletzten dienen".

[38] BTDrucks 1.2.1999, 14/343, S. 12. Vgl. auch SPICKHOFF, NJW 1999, 2209, (2213), der anmerkt, dass daraus aber keine wirkliche Verschärfung der dt. öffentlichen Ordnung gegenüber Art. 6 EGBGB folgt, denn der BGH (BGH v. 4.6.1992, BGHZ 118, 2312 = NJW 1992, 3096 - Ausschluß von *punitive damages*) habe bereits im Rahmen der Anerkennung eines fremden Urteils (§ 328 Abs. 1 Nr. 4 ZPO) über den allg. *ordre public* in Art. 6 EGBGB Ergebnisse erzielt, die mit Art. 40 Abs. 3 EGBGB korrespondieren.

[39] Vgl. GLOY-WILDE, § 6 RdNr. 54.

[40] Vgl. SPICKHOFF, NJW 1999, 2209, (2213).

[41] Generell unanwendbar DROBNIG, RabelsZ 1970, 636, (661); unanwendbar im Verhältnis zu anderen EG-Angehörigen: MEISE, S. 266 f.; NIESSEN, NJW 1968, 2170, (2172); v. HOFFMANN, IPRax 1996, 1, (7) bezeichnete Art. 38 EGBGB a.F. als „Schandfleck des EGBGB"; v. BAR, IPR II, § 6 RdNr. 681; KROPHOLLER, § 53 IV 3, S. 462; v. BAR-MARTINY, EG-Recht und IPR, S. 238; SACK, GRUR Int. 1988, 320, (331); LINDACHER, WRP 1996, 645, (650);

schen *ordre public*. Soweit das EG-Rangkollisionsrecht den Vorrang des EG-Rechts vorsehe, könne von vornherein der *ordre public*-Vorbehalt nicht mehr auf nationale Rechtsvorstellungen gestützt werden[42].
Besonders beim wirtschaftlichen *ordre public* komme der Einfluss des EG-Rechts in doppelter Weise zum Tragen. Einerseits könne der deutsche *ordre public* durch die Berücksichtigung der europäischen Warenverkehrs- und Dienstleistungsfreiheit abgemildert werden, andererseits würde die Wahrung von gemeinschaftsrechtlichen Grundregeln ihn aber auch wieder strenger machen[43].

Die *par conditio concurrentium* verlangte also eine Begrenzung der Sperrwirkung inländischen Rechts, die durch Art. 40 Abs. 3 EGBGB nunmehr auch *de lege lata* erfolgt ist.

4.2.2.2 Auflockerung des deliktsrechtlichen Anknüpfungspunktes

Nach dem Zweiten Weltkriegs wurde die Auflockerung des Deliktsstatuts in der Literatur zunehmend befürwortet. Die Rechtsprechung folgte dieser Tendenz durch Bildung von Sonderregeln für bestimmte Fallgruppen[44]. Diese Durchbrechung des Tatortprinzips hatte in der Rechtspraxis bisher zu einem verwirrenden „System“ von Ausnahmen und Gegenausnahmen geführt, die erhebliche Rechtsunsicherheit bei der Feststellung des Deliktsstatuts zur Folge hatten[45].
Die am 1.6.1999 in Kraft getretene Neuregelung des deutschen IPR bringt gerade in dieser Hinsicht einen wesentlichen Gewinn an Rechtsklarheit und eine erhebliche Vereinfachung für die Rechtspraxis[46]. Die zu Einzeldifferenzierungen führenden Sonderregeln wurden normiert. Das Gesetz sieht neben einer Sonderanknüpfung an den gemeinsamen gewöhnlichen Aufenthaltsort (Art. 40 Abs.

---

a.A. GROßKOMM UWG/SCHRICKER Einl F 39, 173 u. KÖHLER/PIPER, Einf RdNr. 86, die mit Blick auf den Inländerbehandlungsgrundsatz des Art. 2 PVÜ das Deutschenprivileg des Art. 38 EGBGB a.F. hingegen zu einem Privileg für Inländer und alle Verbandsbegünstigte ausbauen wollten.
Die Rsp. bejahte stattdessen stillschweigend eine uneingeschränkte Fortgeltung der Norm, vgl. z.B. BGH v. 6.11.1973, NJW 1974, 410; BGH v. 29.3.1978 BGHZ 71, 175 = NJW 1978, 1426; BGH v. 17.1.1983 BGHZ 86, 234 = NJW 1983, 263, aber offengelassen in BGH v. 19.12.1995, BGHZ 131, 332, (345 f.) = NJW 1996, 1128 - Caroline von Monaco.

[42] V. BAR-MARTINY, EG-Recht und IPR, S. 212, 230. Für Fälle des allgemeinen, d.h. außerhalb des Anwendungsbereichs des EGV liegenden Deliktsrechts sollte Art. 38 EGBGB a.F. hingegen einhellig uneingeschränkt weitergelten, vgl. MÜKO-KREUZER, Art. 38 EGBGB RdNr. 304.

[43] SONNENBERGER, ZVglRWiss 95 (1996), 3, (43); ROTH, RabelsZ 55 (1991), 623, (662) unter Berufung auf BGH v. 27.2.1969, NJW 1969, 978 f.

[44] Vgl. MÜKO-KREUZER, Art. 38 EGBGB RdNr. 13 mwN in Fn. 26, 30 u. 31.

[45] S.u. Kapitel 5 zu den damit einhergehenden Schwierigkeiten bei der Bestimmung der Anknüpfung von Wettbewerbsverstößen.

[46] PALANDT-HELDRICH[60], Art. 40 EGBGB RdNr. 5.

2 EGBGB) die Einführung einer Ausweichklausel (Art. 41 EGBGB) und die generelle Anerkennung einer (zumindest nachträglichen) Rechtswahl (Art. 42 EGBGB) vor.

4.2.2.2.1 Sonderanknüpfung an den gemeinsamen gewöhnlichen Aufenthalt

Erstmals während des Zweiten Weltkrieg wurde die Tatortregel durch § 1 der RAwVO von 1942[47], der eine entsprechende (einseitige) Kollisionsnorm für den Fall gemeinsamer deutscher Staatsangehörigkeit vorsah, eingeschränkt. Danach wurde bei gemeinsamer deutscher Staatsangehörigkeit der Beteiligten grundsätzlich deutsches Recht angewandt (gemeinsame Personalstatut), sofern beide Beteiligten auch ihren gewöhnlichen Aufenthalt im Inland hatten. Nach der amtlichen Begründung sollte auf diesem Wege eine Rechtsunsicherheit beiseite geräumt werden, die durch Zweifel an der Maßgeblichkeit der Tatortregel bei Kraftfahrzeugunfällen zwischen Deutschen, die sich kriegsbedingt im Ausland aufhielten, entstanden war[48]. Auch nach dem Krieg ging der Bundesgerichtshof in ständiger Rechtsprechung von der Fortgeltung der RAwVO aus[49], doch wurde sie zunehmend einschränkend ausgelegt: Sie sah die gemeinsame Staatsangehörigkeit allein als nicht mehr ausreichend für die Durchbrechung der Tatortregel an; hinzukommen müsse vielmehr der übereinstimmende Wohnsitz oder Aufenthaltsort der Beteiligten[50].

---

[47] VO des Ministerrates für die Reichsverteidigung über die Rechtsanwendung bei Schädigung deutscher Staatsangehöriger außerhalb des Reichsgebietes v. 7.12.1942, RGBl. I S. 706, BGBl. III 400-1-1. Wiedergabe des Wortlautes z.B. bei MüKo-Kreuzer, Art. 38 EGBGB vor RdNr. 1 und Palandt-Heldrich[58], Art. 38 EGBGB RdNr. 7 und Anhang I zu Art. 38 EGBGB.

§ 1 Abs. 1 lautete: „Für außervertragliche Schadensersatzansprüche wegen einer Handlung oder Unterlassung, die ein deutscher Staatsangehöriger außerhalb des Reichsgebiets begangen hat, gilt, soweit ein deutscher Staatsangehöriger geschädigt worden ist, deutsches Recht. [...]".

[48] Amtl. Begründung s. DJ 1943, 20; vgl. auch Gloy-Wilde, § 6 RdNr. 11.

[49] Seit BGH v. 2.2.1961, BGHZ 34, 222, (224); in wettbewerbsrechtlichen Fällen berief sich der BGH z.B. in folgenden Entscheidungen auf die RAwVO: BGH v. 11.3.1982, GRUR 1982, 495, (498) - Domgarten-Brand; BGH v. 20.12.1963, GRUR 1964, 316, (319) - Stahlexport; OLG München v. 16.4.1992, GRUR 1992, 634 f. - PC Professionell.

[50] Die Anknüpfung an die gemeinsame dt. Staatsangehörigkeit anstatt an das Tatortrecht war nach dieser Rsp. nur da gerechtfertigt u. unbedenklich, wo sie Ausdruck einer gemeinsamen Umwelt war, wie sie durch den gemeinsamen gewöhnlichen Aufenthalt in einem Staat gegeben war, vgl. BGH v. 8.3.1983, BGHZ 87, 95, (98 ff.); BGH v. 8.1.1985, BGHZ 93, 214, (216); BGH v. 7.7.1992, BGHZ 119, 137, wo die Anknüpfung an das Recht des gemeinsamen gewöhnlichen Aufenthalts anstatt an das des Tatorts zugelassen wurde, obwohl beide Beteiligten Angehörige des Tatortlandes waren; BGH v. 23.1.1996, NJW-RR 1996, 732; vgl. auch Wagner, IPRax 1998, 429, (433); BTDrucks 1.2.1999, 14/343, S. 12; MüKo-Kreuzer, Art. 38 EGBGB RdNr. 80 mwN.

Durch die IPR-Reform von 1999 wurde sie schließlich gemäß Artikel 4 gänzlich aufgehoben[51]. Dem Anliegen, das der RAwVO bei Schädigung deutscher Staatsangehöriger außerhalb des Reichsgebietes zugrunde lag, wird nunmehr durch die Sonderanknüpfung in Artikel 40 Abs. 2 EGBGB Rechnung getragen[52]. Danach kommt es nun überhaupt nicht mehr auf die gemeinsame Staatsangehörigkeit an, sondern nur noch auf den gewöhnlichen Aufenthalt in demselben Staat.
Nicht zufällig geht Art. 40 Abs. 2 EGBGB übrigens in dieselbe Richtung wie Art. 62 Abs. 2 des italienischen IPR-Gesetzes[53]. Bei der Formulierung des deutschen IPR-Gesetzes vom 21.5.1999 wurde ausdrücklich auf eine gewisse Übereinstimmung mit anderen neuen europäischen Kodifikationen geachtet[54]. Während jedoch Art. 62 Abs. 2 ital. IPRG neben dem gewöhnlichen Aufenthalt gleichzeitig auch die gemeinsame Staatsangehörigkeit zur Voraussetzung macht, verzichtet Art. 40 Abs. 2 EGBGB auf letztere.

Auch die in der Praxis wichtige Vorschrift des Art. 40 Abs. 4 EGBGB grenzt die Tatortregel ein. Im Interesse des Opferschutzes sieht sie bei Bestehen eines Direktanspruchs gegen den Haftpflichtversicherer vor, dass neben der Tatortregel auch das Recht gilt, dem der Versicherungsvertrag unterliegt. Einen Direktanspruch gegen den Haftpflichtversicherer sieht sowohl das deutsche wie auch das italienische Recht vor[55].

4.2.2.2.2 Rechtswahl

Liegen Handlungs- und Erfolgsort in verschiedenen Staaten, so entscheidet primär das Recht des Handlungsortes (Art. 40 Abs. 1 S. 1 EGBGB), an welchem

---

[51] Vgl. PALANDT-HELDRICH[60], Art. 40 EGBGB RdNr. 1; bereits der Regierungsvorentwurf v. 15.5.1984 zur Reform der außervertraglichen Schuldverhältnisse sah in seinem Art. 2 die Aufhebung der RAwVO vor. Dieser Regierungsentwurf wurde vom Justizministerium selbst nicht veröffentlicht, ist aber z.B. abgedruckt bei FERID, § 6-Nr. 205, S. 253 ff. u. v. BAR, IPR II, § 6 RdNr. 651.
Kritik an der VO kam u.a. von v. BAR, IPR II, § 6 RdNr. 672, 675, 700 u. BEITZKE, JuS 1966, 139, (145). Nahezu einig war sich die Lit. darüber, dass die RAwVO auf wettbewerbliche Auseinandersetzungen sowieso nicht passte, da sie Individualschädigungen im Auge hatte, während im Lauterkeitsrecht die Individualinteressen mit Abnehmerinteressen und Belangen der Allgemeinheit verflochten sind: BAUMBACH/HEFERMEHL, Einl UWG RdNr. 184; GROẞKOMM UWG/SCHRICKER, Einl F175 mwN. in Fn. 47; MÜKO-KREUZER, Art. 38 EGBGB RdNr. 251; SCHRICKER, IPRax 1983, 103, (105).
[52] Vgl. BTDrucks. 1.2.1999, 14/343, S. 12 u. 19.
[53] Zum Wortlaut des Art. 62 Abs. 2 ital. IPRG s.u. Fn. 217.
[54] Vgl. BTDrucks 1.2.1999, 14/343, S. 7, 11, 12.
[55] Vgl. für das ital. Recht Art. 18 des Gesetzes Nr. 990 v. 24.12.1969 (Assicurazione obbligatoria della responsabilità civile derivante dalla circolazione dei veicoli a motore e dei natanti) und für das dt. Recht § 3 Nr. 1 des Gesetzes über die Pflichtversicherung für Kraftfahrzeughalter (Pflichtversicherungsgesetz) v. 5.4.1965.

die für den Eintritt der Rechtsgutverletzung maßgeblichen Ursache gesetzt wurde.
Bei solchen grenzüberschreitenden Delikten kann der Verletzte aber nach Art. 40 Abs. 1 S. 2, 3 EGBGB anstelle des Rechts des Handlungsortes das des Erfolgsortes wählen (Optionsrecht)[56]. Damit bricht die neue Regelung mit der bisherigen Praxis, wonach die Ubiquitätsregel[57] galt und alternativ das Recht des Handlungs- oder Erfolgsortes (Günstigkeitsprinzip) maßgebend war[58].
Das einseitige Optionsrecht des Verletzten wurde vom Gesetzgeber gegenüber dem Günstigkeitsprinzip im Interesse des Geschädigten bewusst gewählt, um dem Richter zu ersparen, gegebenenfalls von Amts wegen und in mehreren Instanzen erneut zwei oder sogar mehrere Rechtsordnungen daraufhin zu prüfen, ob sie die geltend gemachten Ansprüche rechtfertigen[59].

Die Ausübung des Wahlrechts ist gemäß Art. 40 Abs. 1 S. 3 EGBGB auf den ersten Rechtszug beschränkt, was der Beschleunigung des Verfahrens dienen soll (Prozessökonomie)[60].

Art. 42 S. 1 EGBGB sieht zusätzlich eine nachträgliche[61] - ausdrückliche oder stillschweigende - Rechtswahl der Parteien vor, die den übrigen Anknüpfungs-

---

[56] JUNKER, RIW 2000, 241, (246 f.); PALANDT-HELDRICH[60], Art. 40 EGBGB RdNr. 3 und 4 räumt auch für den Fall, dass die Anknüpfung an den Handlungsort (Art. 40 Abs. 1 S. 1 EGBGB) zu mehreren alternativ anwendbaren Deliktsstatuten führt, dem Verletzten analog Art. 40 Abs. 1 S. 2 EGBGB ein Wahlrecht ein. Gleiches soll auch bei mehreren Erfolgsorten in verschiedenen Staaten gelten.

[57] Das Ubiquitätsprinzip besagt, dass Deliktsort (Begehungsort) jeder Ort ist, an dem (auch) nur ein Teil des gesamten Deliktstatbestandes verwirklicht wurde. Als Begehungsort wird sowohl der Handlungsort als auch der Erfolgsort angesehen. Der Schadensort gehört nach h.M. nicht mehr zum Tatbestand der unerlaubten Handlung und scheidet deshalb auch als Begehungsort aus, vgl. dazu MÜKO-KREUZER, Art. 38 EGBGB RdNr. 40 mwN.; vgl. auch BALLARINO, S. 144 a.E. zum *principio di ubiquità*.

[58] JUNKER, RIW 2000, 241, (247).

[59] BTDrucks. 1.2.1999, 14/343, S. 11; JUNKER, RIW 2000, 241, (247).

[60] Außerdem entspricht eine zeitliche Begrenzung dem Grundsatz der Waffengleichheit, vgl. BTDrucks. 1.2.1999, 14/343, S. 11.

[61] Dies begründet der Gesetzgeber lapidar mit „praktischen Erwägungen", vgl. BTDrucks 1.2.1999, 14/343, S. 14; WAGNER, IPRax 1998, 429, (434) fügt dem hinzu, dass dies auch mit „Rücksicht auf den Schutzcharakter außervertraglicher Schuldverhältnisse" geschehen sei. Bereits Art. 42 S. 1 des RefE 1993 (vgl. IPRax 1995, 132, (133)) sah nur eine nachträgliche Rechtswahl der Parteien vor.
Im allgemeinen Deliktsrecht hat die Rsp. bisher ebenfalls nur eine nachträgliche Rechtswahl zugelassen, während die h.M. in der Lit. sowohl nach als auch vor dem schädigenden Ereignis eine Rechtswahl für zulässig hielt; vgl. Nachweise bei MÜKO-KREUZER, Art. 38 EGBGB RdNr. 61 Fn. 194 mwN., der in eigener Stellungnahme darauf hinweist, dass die Rechtsbeziehungen zwischen Schädiger und Geschädigtem zwar erst durch das Schadensereignis hergestellt werden, eine antizipierte Bestimmung des Deliktsstatuts jedoch insbesondere dort sinnvoll ist, wo die Parteien in „schadensträchtigen" Vertragsbeziehungen stehen und für diese eine Rechtswahl treffen wollen (z.B. im Schifffahrtsrecht).

regelungen wie etwa der in Art. 40 f. EGBGB vorgeht[62]. Mit Rücksicht auf das Verkehrsinteresse wird gem. Art. 42 S. 2 EGBGB sichergestellt, dass Rechte Dritter unberührt bleiben. Da Art. 40 Abs. 1 S. 2 EGBGB nicht für entsprechend anwendbar erklärt wird, gilt für die Rechtswahlvereinbarung nach Art. 42 S. 1 EGBGB nicht die zeitliche Beschränkung, die für die einseitige Geltendmachung des Erfolgsortrechts maßgeblich ist[63].

Mit der Begründung, die Möglichkeit der Rechtswahl eines anderen Rechts[64] schaffe insbesondere bei Unbestimmtheit oder Mehrzahl von Begehungsorten und bei Unbestimmtheit der Kollisionsnorm Rechtsklarheit und damit Rechtssicherheit, wurde sie im allgemeinen Deliktsrecht von Rechtsprechung und Schrifttum bereits vor der Neuregelung von 1999 nahezu einhellig anerkannt[65].

4.2.2.2.3 Ausweichklausel (Berichtigungsklausel) und akzessorische Anknüpfung (Sonderverbindungsstatut)

Eine Ausnahme von der Regelanknüpfung zugunsten des Rechts desjenigen Staates, mit dem eine wesentlich engere Verbindung besteht (Ausweichklausel) regelt Art. 41 EGBGB[66]. In dessen Absatz 2 ist beispielhaft („insbesondere“) aufgezählt, wann eine solche „wesentlich engere Verbindung“ besteht.

Art. 41 Abs. 2 Nr. 1 EGBGB ermöglicht insbesondere eine akzessorische Anknüpfung[67] des Deliktsstatuts an das jeweilige Vertragsstatut, um eine einheitliche Beurteilung aller Ansprüche zu erreichen, die aus der Verletzung gleich gelagerter Verhaltenspflichten entspringen[68].
Während sich das Schrifttum auch bisher für eine sonderverbindungsakzessorische Anknüpfung aussprach, knüpfte die Rechtsprechung Delikts- und Vertragsansprüche bis zum Inkrafttreten der IPR-Neuregelung von 1999 getrennt an[69].

---

[62] BTDrucks. 1.2.1999, 14/343, S. 14; PALANDT-HELDRICH[60], Art. 40 EGBGB RdNr. 7.
[63] WAGNER, IPRax 1998, 429, (434).
[64] Die Rechtswahl ist hinsichtlich der wählbaren Rechte grundsätzlich nicht beschränkt, vgl. MÜKO-KREUZER, Art. 38 EGBGB RdNr. 62 f. mwN.
[65] Vgl. Nachweise bei MÜKO-KREUZER, Art. 38 EGBGB RdNr. 57 Fn. 179 (zur Rsp.) und Fn. 180 (zur Lit.); a.A. BRÖCKER, S. 76; TRUTMANN, S. 137 f.; einschränkend: RGRK-WENGLER, § 15 c Nr. 13, S. 436; zurückhaltend: V. BAR, IPR II, § 6 RdNr. 676 ff., der nur die Wahl der *lex fori* ermöglichen wollte.
[66] Bereits der RefE 1993 (s.o. Fn. 37) sah in seinem Art. 41 EGBGB eine Ausweichklausel vor.
[67] Bei der akzessorischen Anknüpfung geht es um die Unterstellung deliktsrechtlicher Ansprüche unter das Statut einer zwischen den Deliktsbeteiligten zum Zeitpunkt der unerlaubten Handlung bereits bestehenden rechtlichen Sonderverbindung (z.B. Vertrag); vgl. auch MÜKO-KREUZER, Art. 38 EGBGB RdNr. 65; KROPHOLLER, § 53 V 3, S. 465 ff.
[68] PALANDT-HEINRICH[60], Art. 40 EGBGB RdNr. 6.
[69] Vgl. LORENZ, NJW 1999, 2215, (2216).

Die Möglichkeit, nach Art. 41 Abs. 2 Nr. 2 EGBGB das Recht des Staates anzuwenden, in dem beide Beteiligten sich gewöhnlich aufhalten, ist mit Rücksicht auf Art. 40 Abs. 2 EGBGB nur für die ungerechtfertigte Bereicherung (Art. 38 EGBGB) und die Geschäftsführung ohne Auftrag (Art. 39 EGBGB) vorgesehen[70]. Bei unerlaubten Handlungen verdrängt die vorrangige Sonderanknüpfung in Art. 40 Abs. 2 EGBGB das Regelbeispiel in Art. 41 Abs. 2 Nr. 2 EGBGB[71].

Angesichts der nunmehr erfolgten Kodifikation der speziellen Ausweichklausel für einzelne Rechtsgebiete in Art. 41 EGBGB, mag es dahingestellt bleiben, ob eine ausdrückliche, allgemeine Ausweichklausel zu befürworten[72] oder abzulehnen[73] ist. Ein Teil der Rechtsprechung hatte eine solche allgemeine Abweichung von der Tatortregel jedenfalls der Sache nach bereits vor der IPR-Reform von 1999 anerkannt[74].

4.2.3 Funktionsunterschied zwischen Deliktsrecht und Wettbewerbsrecht

Im Unterschied zum Deliktsrecht, dessen Schutzgut grundsätzlich ein (absolutes) subjektives Recht oder Rechtsgut eines individuellen Rechtsträgers ist, bezweckt das Wettbewerbsrecht den Schutz der Interessen einer Vielzahl von Schutzadressaten (Mitbewerber, sonstige Marktteilnehmer, insbesondere Verbraucher, Allgemeinheit) durch objektive, für alle Wettbewerber geltenden Verhaltensnormen. Im Wettbewerbsrecht stehen also nicht der Individualschutz von Ausschließlichkeitspositionen und die Kompensation von individuellen Schäden (Restitution) im Vordergrund (Täter-Opfer-Ausgleich), sondern Prä-

---

Zur getrennten Anknüpfung in der Rsp. vgl. BGH v. 28.3.1961, VersR 1961, 518; s. weitere Nachweise bei MüKo-Kreuzer, Art. 38 EGBGB RdNr. 65 Fn. 208.
Für eine akzessorische Anknüpfung des Deliktsstatuts an das jeweilige Vertragsstatut war Palandt-Heldrich[58], Art. 38 EGBGB RdNr. 14 mwN.; a.A. Gottwald, IPRax 1989, 273, (274), nach dem die deliktsrechtliche Anknüpfung als die stärkere ausschlaggebend sein soll; MüKo-Kreuzer, Art. 38 EGBGB RdNr. 66 merkt an, dass die umfassend geltende Rechtsordnung nicht zwingend das Vertragsstatut, sondern auch das Deliktsstatut sein kann.

[70] Vgl. auch BTDrucks. 1.2.1999, 14/343, S. 13 f.; vgl. auch Wagner, IPRax 1998, 429, (434).

[71] Palandt-Heinrich[60], Art. 40 EGBGB RdNr. 6.

[72] Kreuzer, FS für Zajtay, S. 306 f., 324 ff.; v. Bar, IPR I, § 7 RdNr. 559; Mummenhoff, NJW 1975, 476, (481); Erman-Hohloch, Art. 38 EGBGB RdNr. 31; Hohloch, IPRax 1984, 14, (15); abwägend Kropholler, RabelsZ 33 (1969), 601, (620), aber im Ergebnis für die Anwendung des gemeinsamen Rechts, bei Übereinstimmung des gewöhnlichen Aufenthalts von Schädiger und Verletztem.

[73] MüKo-Sonnenberger, Einl IPR RdNr. 629 mwN., der darauf hinweist, dass dagegen insbes. die Rechtssicherheit sprach; Neuhaus, § 49 V; Kegel, § 6 I 4 b) cc), S. 234; Lüderitz, RdNr. 30 hielt auch eine sektorielle Ausweichklausel wie Art. 41 EGBGB RefE 1993 für zu weitgehend.

[74] Vgl. Nachweise der Rsp. bei MüKo-Kreuzer, Art. 38 EGBGB RdNr. 93 Fn. 283.

vention und Verhaltenssteuerung des Marktes, sowie der Schutz der Institution des Wettbewerbs selbst[75].
Der Schadenseintritt oder auch nur eine (konkrete) Interessensgefährdung stellen keine Tatbestandsmerkmale eines Wettbewerbsverstoßes dar[76]. Ein zuweisungsfähiges Rechtsgut als Voraussetzung eines subjektiven Rechts existiert im Wettbewerbsrecht nicht. Die wirtschaftlichen Interessen der Schutzadressaten sollen nicht generell vor Schädigung geschützt werden, sondern nur vor Schädigungen durch unlautere Wettbewerbshandlungen. Solange die Spielregeln des Wettbewerbs eingehalten werden, besteht das Prinzip des Wettbewerbs geradezu in der Verdrängung und folglich der Schädigung der Konkurrenten[77].

Diesen wettbewerblichen Besonderheiten werden die Anknüpfungsregeln des allgemeinen Deliktsrechts nicht hinreichend gerecht[78]. Die Funktion des Wettbewerbs, das Verhalten auf einem Markt zu regeln, wird nicht entsprechend berücksichtigt[79].
Auch die für das Deliktsrecht nunmehr geltende Regelanknüpfung an den Handlungsort gemäß Art. 40 Abs. 1 EGBGB, mit der Einräumung eines Bestimmungsrechts des Verletzten zugunsten des Erfolgsortes, genügt im Bereich des Wettbewerbsrechts nicht in ausreichendem Maße den Anforderungen der Rechtssicherheit (Entscheidungsvorhersehbarkeit), gewährleistet nicht die *par conditio concurrentium* und berücksichtigt auch nicht hinreichend die Rechtsanwendungsinteressen des Marktstaates. Eine wettbewerbliche Bestimmung des Begehungsortes als Anknüpfungspunkt im Wettbewerbsrecht bleibt - wie noch näher aufzuzeigen ist - weiterhin unumgänglich. Die Komplexität des materiellrechtlichen Schutzgegenstandes des Wettbewerbsrechts verbietet es, für grenzüberschreitende Fragen des Lauterkeitsrechts generell auf das allgemeine Deliktsstatut des internationalen Privatrechts zu verweisen[80].

---

[75] Vgl. CAEMMERER-KREUZER, S. 264 f.; STAUDINGER-V. HOFFMANN, Art. 38 EGBGB RdNr. 509; V. BAR, IPR II, § 6 RdNr. 695; V. MEENEN, § 7 A I 1, S. 117 f.; s.o. 1.4.1.1.
[76] BGH v. 30.6.1961, BGHZ 35, 329, (333) - Kindersaugflaschen; CAEMMERER-KREUZER, S. 265.
[77] SCHOOFS, S. 47; CAEMMERER-KREUZER, S. 265.
[78] BGH v. 30.6.1961, BGHZ 35, 329, (333 f.) - Kindersaugflaschen; CAEMMERER-KREUZER, S. 265 f, 288; SACK, GRUR Int. 1988, 320, (325); STAUDINGER-V. HOFFMANN, Art. 38 EGBGB RdNr. 516, 519.
[79] Vgl. SACK, GRUR Int. 1988, 320, (324 mwN.).
[80] Darüber herrscht Einigkeit, vgl. SCHNYDER, § 19 RdNr. 544 a.E.

4.2.4 Anknüpfung im Lauterkeitsrecht

4.2.4.1 Die wettbewerbsrechtliche Kollisionsregel

Eine wettbewerbsrechtliche Kollisionsregel sah nur der Referentenvorentwurf des Bundesministers der Justiz vom 15.5.1984[81] vor. Gemäß dessen Art. 40 Abs. 2 Nr. 2 EGBGB RefE 1984 wurde bei „Ansprüchen aus unlauterem Wettbewerb das Recht des Staates [für maßgebend angesehen], auf dessen Markt die Wettbewerbsmaßnahme einwirkt [(Marktortregel)], es sei denn, dass allein oder überwiegend die Geschäftsinteressen eines bestimmten Mitbewerbers betroffen sind“. Die Begründung zu diesem Entwurf rechtfertigt diese besondere kollisionsrechtliche Behandlung von Wettbewerbsverstößen damit, dass Handlungen des unlauteren Wettbewerbs die Interessen einer Personenvielzahl berührten; Wettbewerbsverstöße griffen damit regelmäßig in die Rechte einer großen Anzahl von Mitbewerbern ein. Für Wettbewerbssachen sei es überdies bezeichnend, dass sie fast durchweg im Eilverfahren betrieben würden, so dass die Anwendung der in Art. 40 Abs. 1 EGBGB RefE 1984 zum Ausdruck kommenden allgemeinen deliktsrechtlichen Tatortregel im Marktstaat häufig nicht zufrieden stellen werde. Wettbewerbsverstöße sollten daher nach der kollisionsrechtlichen Ausnahmebestimmung des Art. 40 Abs. 2 Nr. 2 nach dem Marktstatut beurteilt werden. Etwas anderes sei nur angebracht, wenn nur die Geschäftsinteressen eines bestimmten Mitbewerbers betroffen seien. Dann solle es, wie in Nr. 2 vorgesehen, bei der allgemeinen Tatortregel bleiben[82].

Der Referentenentwurf vom 1.12.1993 sah eine eigenständige Regelung des internationalen Wettbewerbsrechts bereits nicht mehr vor[83]. Auch das am 1.6.1999 in Kraft getretene IPR-Gesetz für außervertragliche Schuldverhältnisse und Sachen enthält eine solche nicht.
Der Verzicht auf Sonderanknüpfungsregeln für spezielle Deliktstypen blieb bereits zu Zeiten des Referentenentwurfs von 1993 nicht unkritisiert. Während das Max-Planck-Institut für Ausländisches und internationales Privatrecht in Hamburg den Referentenentwurf von 1993 inhaltlich billigte, kritisierte ihn das Max-Planck-Institut für Ausländisches und internationales Patent-, Urheber- und

---

[81] Abgedruckt z.B. bei FERID, § 6-Nr. 205, S. 253 ff. u. v. BAR, IPR II, § 6 RdNr. 651. Der RegE lehnte sich inhaltlich sowohl an die Rsp. des BGH als auch an den Vorschlag von CAEMMERER-KREUZER, S. 274 ff., 287 ff., sowie an die Empfehlungen der Schuldrechtskommission des Deutschen Rates von 1983 an.

[82] So die Wiedergabe der Begründung (S. 24) bei SANDROCK, GRUR Int. 1985, 507, (510).

[83] Text des Referentenentwurfs 1993 ist abgedruckt in IPRax 1995, 132.
Art. 40 EGBGB RefE 1993 lautet:
(1) Ansprüche aus unerlaubter Handlung unterliegen dem Recht des Staates, in dem das der Haftung zugrundeliegende Ereignis eingetreten ist. Der Verletzte kann verlangen, dass anstelle dieses Rechts das Recht des Staates angewandt wird, in dem das geschützte Interesse verletzt worden ist.
(2) Hatten der Ersatzpflichtige und der Verletzte zur Zeit des Haftungsereignisses ihren gewöhnlichen Aufenthalt in demselben Staat, so ist das Recht dieses Staates anzuwenden. [...].

Wettbewerbsrecht in München gerade mit der Begründung, dass durch die Streichung der Sonderregelung für Wettbewerbsverstöße die Fortentwicklung des Schutzzwecks und die Funktion des Lauterkeitsrechts nicht hinreichend berücksichtigt worden seien. Das Kollisionsrecht der unerlaubten Handlungen sei nicht der rechte Platz für eine wettbewerbliche Regelung, da reine Individualverletzungen in diesem Bereich kaum mehr denkbar seien[84].

In der Neuregelung des IPR von 1999, aber auch bereits im Referentenentwurf von 1993, verzichtete man auf eine gesonderte Normierung des unlauteren Wettbewerbs, weil sich spezifische Lösungen, wie etwa die Unterstellung von Wettbewerbsansprüchen unter das am Marktort geltende Recht, insbesondere im Hinblick auf die Ausweichklausel des Art. 41 EGBGB auch ohne eine entsprechende Spezialnorm erzielen ließen[85]. Mit dieser Ausweichklausel ist jedoch eine Spezialregelung für Wettbewerbsverstöße, wie sie Art. 40 Abs. 2 Nr. 2 EGBGB RefE 1984 vorsah, schwer vereinbar[86]. Der Referentenentwurf 1984 ging für das Deliktsrecht allein vom Ubiquitätsprinzip aus (Art. 40 Abs.1 EGBGB RefE 1984) und sah in seinem Art. 41 Abs. 2 EGBGB RefE 1984 eine Auflockerung nur durch einen gemeinsamen gewöhnlichen Aufenthalt der Parteien vor.

Die Streichung einer besonderen Regelung für Wettbewerbsverstöße bedeutet aber nicht, dass der Marktort als Handlungsort im Sinne der Tatortregel nicht (mehr) für unlautere Wettbewerbshandlungen gelten soll, denn sie entspricht gefestigter Rechtsprechung[87] sowie herrschender Lehre[88] und hat auch im Ausland in den neueren Kodifikationen Verbreitung gefunden[89]. Auch nach der IPR-Reform vom 21.5.1999 ist an der Anknüpfung der Wettbewerbsverstöße am

---

[84] Vgl. die kritische Stellungnahme zum RefE 1984 in BEIER/SCHRICKER/ULMER, GRUR Int. 1985, 104, (107 f.); vgl. auch GROßKOMM UWG/SCHRICKER, Einl F 168; SANDROCK, GRUR Int. 1985, 507.

[85] BTDrucks. 1.2.1999, 14/343, S. 10: „Solche grundsätzlichen Lösungen werden sich jedenfalls mit Hilfe von Artikel 41 EGBGB-E, ohne Spezialnorm, erzielen lassen". So auch bereits die Begründung des RefE v. 1.12.1993, S. 21 (Typoskript nicht veröffentlicht), vgl. den Hinweis darauf bei V. BAR, Internationales Verbraucherschutzrecht, S. 77. Dieser Ansicht auch V. HOFFMANN, IPRax 1996, 1, (6); a.A. MANKOWSKI, GRUR Int. 1999, 909 f., der die Ausweichklausel für ungeeignet hält, generelle Funktionsverfehlungen der Regelanknüpfung zu korrigieren.

[86] Vgl. bereits KROPHOLLER, § 53 VII 1, S. 475, allerdings mit Bezug auf Art. 41 EGBGB RefE 1993.

[87] Seit BGH v. 30.6.1961, BGHZ 35, 329, (334) - Kindersaugflaschen, werden Wettbewerbsverstößen an das Recht des Marktortes angeknüpft, weil dort die wettbewerbliche Interessenkollision stattfindet; vgl. auch BGH v. 15.11.1990, BGHZ 113, 11, (15) - Kauf im Ausland; PALANDT-HELDRICH[60], Art. 40 EGBGB RdNr. 11.

[88] Vgl. PALANDT-HELRICH[60], Art. 40 EGBGB RdNr. 11; STAUDINGER-V. HOFFMANN, Art. 38 EGBGB RdNr. 506; V. HOFFMANN, IPRax 1996, 1, (6 f. mwN. in Fn. 37).

[89] S.o. Fn. 16.

Marktort festzuhalten[90] und zwar unabhängig davon, ob man sie aus Art. 41 EGBGB herleiten oder mit Verweis auf Rechtsprechung und ganz herrschender Ansicht im Schrifttum begründen will[91].

Als Kollisionsnorm für das Wettbewerbsrecht kann Art. 40 Abs. 1 EGBGB deshalb - wenn überhaupt - nur als Ausgangspunkt gelten[92]. Soweit es die Funktion des Wettbewerbsrechts als Verhaltensordnung erfordert, muss von der deliktsrechtlichen Kollisionsnorm abgerückt werden. Die „Verfeinerung" der deliktsrechtlichen Kollisionsnorm, um sie nämlich an Fälle unlauteren Wettbewerbs anzupassen, wird oft auch unter dem Stichwort der „wettbewerbsspezifischen Ausformung der Tatortregel" behandelt[93].

Das Fehlen einer ausdrücklichen Kollisionsnorm für das Wettbewerbsrecht förderte eine rege Diskussion im Schrifttum mit dem Ergebnis, dass sich ein Richterrecht ausbilden konnte, das die Besonderheiten der wettbewerbsrechtlichen Rechtsanwendungskonflikte berücksichtigt und somit das wettbewerbsrechtliche Kollisionsrecht von demjenigen des Deliktsrechts weitgehend lösen konnte[94]. Bei der Anknüpfung von Wettbewerbshandlungen wird nun versucht, der wettbewerblichen Waffengleichheit der Mitbewerber (*par conditio concurrentium*) ebenso Beachtung zu schenken wie dem Rechtsanwendungsinteresse des Marktstaates. Auch soll die Befolgung des Prinzips der engsten Verbindung im Einzelfall die sachgerechtesten Rechtsordnung auffinden, ohne dabei die Entscheidungsvorhersehbarkeit (Rechtssicherheit) und den Entscheidungseinklang zu gefährden[95].

Von einer gewohnheitsrechtlichen Herausbildung von Kollisionsregeln im internationalen Wettbewerbsrecht kann hingegen weiterhin (noch) nicht gesprochen werden, da es sich noch zu sehr in Bewegung befindet, wie die späteren Ausführungen noch zeigen werden[96].

---

90 PALANDT-HELRICH[60], Art. 40 EGBGB RdNr. 11; JUNKER, RIW 2000, 241, (251); MANKOWSKI, GRUR Int. 1999, 909 f.
91 Vgl. JUNKER, RIW 2000, 241, (251); s.o. Fn. 85.
92 MANKOWSKI, GRUR Int. 1999, 909, (910) spricht sich dafür aus, die Marktortanknüpfung methodisch durch „entsprechende (korrigierende) Auslegung des Art. 40 Abs. 1 EGBGB in den Grundanknüpfensregeln selbst [zu] verankern".
93 LINDACHER, FS Piper, S. 357.; s.u. zum Versuch einer Fallgruppenregelung Kapitel 6.
94 Vgl. GROßKOMM UWG/SCHRICKER, Einl F 168; s.u. Kapitel 5.
95 Vgl. ausführlicher zu diesen Anknüpfungsmaximen SCHOOFS, S. 152 ff.
96 Vgl. MÜKO-KREUZER, Art. 38 EGBGB RdNr. 229; BRANNEKÄMPER, WRP 1994, 661, (663); SANDROCK, GRUR Int. 1985, 507, (510); s. auch unten 7.2.3.3.2.4.

4.2.4.2 Der Anknüpfungspunkt im Wettbewerbsrecht

Unter dem Anknüpfungspunkt bzw. Anknüpfungsmoment wird das für die Anknüpfung verwendete Element verstanden[97].
Anknüpfungspunkt gemäß Art. 40 Abs. 1 S. 1 EGBGB ist „das Recht des Staates, in dem der Ersatzpflichtige gehandelt hat", bzw. gem. Art. 40 Abs. 1 S. 2 EGBGB „das Recht des Staates [...], in dem der Erfolg eingetreten ist".

Will man die für das Lauterkeitsrecht maßgebliche Anknüpfungsregel an den Marktort an Art. 40 Abs. 1 EGBGB irgendwie herantragen oder festmachen, bietet es sich an, den Marktort als Erfolgsort des Wettbewerbsverstoßes zu sehen[98]. Problematisch ist dabei nur, dass anders als im italienischen Recht, wo bei unerlaubten Handlungen in erster Linie an den Erfolgsort anzuknüpfen ist (Art. 62 Abs. 1 S. 1 ital. IPRG), im deutschen Recht die Anknüpfung an den Erfolgsort gegenüber der an den Handlungsort nur sekundär ist[99].

Man sollte daher wohl eher von einem von der Rechtsprechung unter Einfluss der Diskussionen im Schrifttum eigens entwickelten Anknüpfungspunkt für Wettbewerbsverstöße am „Ort der wettbewerbsmäßigen Interessenskollision" sprechen[100]. An diesem Ort kämpfen die jeweiligen Wirtschaftssubjekte um Kunden und Marktanteile und überschneiden sich die Interessen der Beteiligten[101].
Durch die einheitliche und ausschließliche Beurteilung der Wettbewerbsverstöße nach dem Recht dieses Marktes, werden kollisionsrechtlich bedingte Wettbewerbsverzerrungen verhindert, die daraus entstehen, dass einer der Wettbewerbsteilnehmer durch die Anwendbarkeit eines anderen Rechts anderen rechtlichen Rahmenbedingungen unterliegt und dadurch einen Wettbewerbsvorteil erzielt oder einen Nachteil erleidet[102].

---

[97] V. BAR, IPR I, § 7 RdNr. 516, stellt fest, dass der Terminus „Anknüpfungspunkt bzw. -moment" ausschließlich von der Rsp. und Lit. benutzt und vom Gesetz durchgängig vermieden wird. Vgl. zum Anknüpfungsmoment (momento o circostanza di collegamento) im Allg. auch BALLARINO, S. 270 ff.

[98] So MANKOWSKI, GRUR Int. 1999, 909, (910).

[99] Dieses Problem sieht MANKOWSKI, GRUR Int. 1999, 910 und weist zudem auf Art. 40 Abs. 1 S. 3 EGBGB hin, der für die Wahl des Rechts des Erfolgsortrechts eine Frist setzt.

[100] Grundlegend BGH v. 30.6.1961, BGHZ 35, 329, (334) - Kindersaugflaschen. Was nicht im Staat der wettbewerblichen Interessenkollision geschieht, hat nur den Charakter einer Vorbereitungshandlung, vgl. v. BAR, IPR II, § 6 RdNr. 696 u. SACK, GRUR Int. 1988, 320, (324 f.).

[101] Vgl. statt aller an dieser Stelle nur v. BAR, IPR II, § 6 RdNr. 695; bei Werbemaßnahmen liegt der Marktort dort, wo die Werbung auf den Kunden einwirken soll, selbst wenn der spätere Absatz der Ware auf einem anderen Markt stattfinden soll, vgl. BGH v. 15.11.1990, IPRax 1992, 45, (46) - Kauf im Ausland u. KROPHOLLER, § 53 VII 1, S. 474 f

[102] Vgl. LINDACHER, FS Nakamura, S. 327.

Eine Unterscheidung zwischen Handlungs- und Erfolgsort ist im internationalen Wettbewerbsrecht angesichts der Tatsache, dass Wettbewerbsverstöße einen ausschließlich handlungsbezogenen Rechtswidrigkeitsbegriff kennen[103], wenig sinnvoll. Beide fallen am Ort der wettbewerblichen Interessenkollision zusammen[104].

4.2.4.3 Der Anknüpfungsgegenstand im Wettbewerbsrecht

Was nun bei einem wettbewerblichen Sachverhalt am Ort der wettbewerblichen Interessenkollision anzuknüpfen ist, bestimmt der Anknüpfungsgegenstand[105]. Den Anknüpfungsgegenstand bilden in Art. 40 Abs. 1 EGBGB die „Ansprüche aus unerlaubter Handlung"[106], im Lauterkeitsrecht sind dies „Ansprüche aus wettbewerbswidriger Handlung".
Zu den Wettbewerbshandlungen im Sinne des Kollisionsrechts zählen alle von den Normen des materiellen Wettbewerbsrechts i.e.S. (UWG, Zugabe- und Rabattrecht) erfassten marktgerichteten Verhaltensweisen[107]. Nicht marktgerichtete Wettbewerbsverletzungen sind hingegen den Anknüpfungsregeln des allgemeinen Deliktsrechts zu unterstellen[108].

Typische Streitsachverhalte, die unter den Anknüpfungsgegenstand des Wettbewerbsrechts subsumiert werden[109], sind - nach Häufigkeit geordnet - die Ausbeutung, insbesondere die Benutzung verwechslungsfähiger Zeichen, die sklavische Nachahmung sowie sonstige Formen der Anlehnung, der Kundenfang in Form der unlauteren Werbung in in- und ausländischen Presseorganen und schließlich die Behinderung, insbesondere als Anschwärzung von Konkurrenten[110].

---

[103] Nach der Lehre des Erfolgsunrechts wird im allg. Deliktsrecht die Rechtswidrigkeit durch die Tatbestandsmäßigkeit indiziert. Die Lehre des Handlungsunrechts vertritt aber auch im Deliktsrecht einen handlungsbezogenen Rechtswidrigkeitsbegriff, vgl. zu beiden PALANDT-THOMAS[60], § 823 BGB RdNr. 33 mwN. In Detailfragen können beide Lehren zu unterschiedlichen Ergebnissen führen.
[104] V. BAR, § 6 RdNr. 696 mwN. in Fn. 284.
[105] Im Anknüpfungsgegenstand (Verweisungsgegenstand oder Verweisungsbegriff) sind alle Rechtssätze gebündelt, die einer bestimmten Kategorie zugehören; vgl. v. BAR, IPR I, § 7 RdNr. 518; RAAPE/STURM, S. 98; v. MEENEN, § 7 A. I 1, S. 117.
[106] Vgl. v. HOFFMANN, IPRax 1996, 1, (4).
[107] Vgl. MÜKO-KREUZER, Art. 38 EGBGB RdNr. 235 mwN. in Fn. 874; SACK, IPRax 1991, 386, (387).
[108] Vgl. MÜKO-KREUZER, Art. 38 EGBGB RdNr. 236 insb. Fn. 876.
[109] V. BAR, IPR I, § 7 RdNr. 606.
[110] MÜKO-KREUZER, Art. 38 EGBGB RdNr. 230.

4.2.4.4 *Die Qualifikation im Lauterkeitsrecht*

Es ist Aufgabe der Qualifikation[111], im Einzelnen festzulegen, was genau Objekt der Anknüpfung ist. Dabei wird zwischen Tatbestands- und Rechtsfolgenebene unterschieden.
Auf Tatbestandsebene stellt sich die Frage, ob das deutsche oder das ausländische internationale Privatrecht bestimmen soll, was im konkreten Fall unter den Anknüpfungsgegenstand der „unerlaubten Wettbewerbshandlungen" fällt.
Auf der Ebene der Rechtsfolge ist dann weiter fraglich, ob das Kollisions- und Sachrecht, auf das die Ausgangskollisionsnorm verweist, autonom oder heteronom zu qualifizieren ist.

Bei deutschem Gerichtsstand entscheidet beispielweise das deutsche Kollisionsrecht, was unter „unlauterer Wettbewerbshandlung" zu verstehen ist, welche Fragen also bei einem Sachverhalt mit Auslandsberührung als wettbewerbsrechtlich zu qualifizieren sind und damit von den Verweisungsregeln des internationalen Wettbewerbsrecht erfasst werden[112].

Wird auf das „Recht des Ortes der wettbewerblichen Interessenkollision" verwiesen[113], stellt sich auf Rechtsfolgenebene die Frage, ob damit vollständig auf das dortige Lauterkeitsrecht verwiesen wird (heteronome Qualifikation) oder nicht das verweisende (deutsche) Recht selbst die dortige Lösung für die konkrete Rechtsfrage beruft und zwar unabhängig von ihrer systematischen Verortung im verwiesenen Recht (autonome Qualifikation).
Da es im internationalen Privatrecht grundsätzlich um die Auffindung des räumlich besten Rechts geht und nicht auch um das inhaltlich gerechtere oder „bessere" Recht[114], qualifiziert die heute herrschende Meinung autonom[115]. Nicht das

[111] Zum Begriff vgl. V. BAR, § 7 RdNr. 581, dort insb. Fn. 317 und MÜKO-SONNENBERGER, Einl IPR RdNr. 444, 447, 449, der die Qualifikation als Gesamtprozess umschreibt, bei dem eine doppelte Subsumption vorzunehmen ist: „Erstens ist zu bestimmen, ob ein bestimmter Sachverhalt [...] unter den Tatbestand der Kollisionsnorm fällt; zweitens ist zu bestimmen, welche ausländische Vorschriften auf der Rechtsfolgenseite als Regelstatut berufen werden."

[112] Vgl. allgemein für das Deliktsrecht MÜKO-KREUZER, Art. 38 EGBGB RdNr. 21; ERMAN-HOHLOCH, Art. 38 EGBGB RdNr. 46; PALANDT-HELDRICH[60], Art. 40 EGBGB RdNr. 3; STAUDINGER-V. HOFFMANN, Art. 38 EGBGB RdNr. 100; aus der Rsp.: BGH v. 21.12.1956, BGHZ 23, 65, (67); RG v. 12.11.1932, RGZ 138, 243, (245); **a.A.** WOLFF, IPR[3] S. 165 f. (lex causae); RABEL, S. 235 (rechtsvergleichende Qualifikation).

[113] Für das allgemeine Deliktsrecht wäre es das „Recht des Staates, in dem der Ersatzpflichtige gehandelt hat" (Art. 40 Abs. 1 EGBGB).

[114] KEGEL, § 1 VIII, S. 54 f.; V. BAR, IPR I, § 7 RdNr. 599.

[115] Für die autonome Qualifikation sind z.B. V. BAR, IPR I, § 7 RdNr. 600, 606 u. KEGEL, § 7 III 3, S. 254 ff; zu heteronomen Qualifikationsmethoden vgl. Nachweise bei V. BAR, IPR I, § 7 RdNr. 583 ff. u. KEGEL, § 7 III 1 u. 2.

materielle Recht, sondern das Kollisionsrecht selbst liefert also grundsätzlich die Auslegungskriterien[116].
Da es aber im Lauterkeitsrecht mangels ausdrücklicher Kollisionsnorm *de lege lata* keine systematischen Anhaltspunkte gibt, muss zwangsläufig auf Kategorien des (deutschen) materiellen Rechts zurückgegriffen werden[117].
Eine sachrechtsorientierte Gerechtigkeit ist dort, wo es eine geschriebene Kollisionsnorm nicht gibt, deshalb durchaus gerechtfertigt. Im Übrigen wird inzwischen allgemein anerkannt, dass eine Qualifikation nicht begriffsjuristisch und dogmatisch, sondern zweckgerecht sowie unter Abwägung der beteiligten Interessen vorzunehmen ist[118].

4.2.4.5 Lex fori als ultima ratio

Bei der im Wettbewerbsrecht häufigen einstweiligen Verfügung kommt es bei Verweisung des deutschen internationalen Privatrechts auf fremdes Recht vor, dass dessen Inhalt nicht binnen angemessener Frist oder nur mit unverhältnismäßigem Aufwand feststellbar ist und dies einer Nichtfeststellbarkeit gleichkommt[119]. Kann nun das kraft internationalem Privatrecht maßgebliche fremde Recht inhaltlich nicht festgestellt werden, wird man zunächst das wahrscheinlich geltende oder (nächst-)verwandte Recht oder das Recht, mit dem der Fall die engere Beziehung hat, ermitteln. Gelingt auch dies nicht, finden oft als Notbehelf die Sachnormen der *lex fori* Anwendung[120].

Die *lex fori* ist aber nur sachadäquat, sofern eine genügende Binnenbeziehung besteht.
Es ist zu prüfen, ob Inlandsnormen, welche die Widerrechtlichkeit eines Wettbewerbsverhaltens anordnen, ihrem Schutzzweck nach auch wirklich grenzüberschreitend sein wollen. Soll die kollisionsrechtliche Problematik vom Schutzzweck der Sachnormen her gelöst werden, müssen Kriterien gefunden werden, mit denen sich die Reichweite der Sachnormen feststellen lässt[121]. Dazu bedarf es einer Auslegung der Sachnormen. Ist eine inländische Sachnorm nur an der

---

[116] KOCH/MAGNUS/MOHRENFELS, S. 11. Deshalb wird auch von der „internationalprivatrechtlichen Qualifikation“ gesprochen.
[117] Vgl. v. MEENEN, § 7 A I 2, S. 120; s.u. Kapitel 6.
[118] Vgl. SIEHR, RabelsZ 37 (1973), 466, (472).
[119] MÜKO-SONNENBERGER, Einl IPR RdNr. 679, 684 f.
[120] KEGEL, § 15 V 2, S. 371 f.; MÜKO-SONNENBERGER, Einl IPR RdNr. 679 mwN.; vgl. auch BGH v. 26.10.1977, BGHZ 69, 387, (393) = NJW 1978, 496, 497 f.; BGH v. 23.12.1981, NJW 1982, 1215, (1216). Sehr zurückhaltend mit der Anwendung der *lex fori* als Ersatzrecht bei einstweiligen Verfügungen im Rahmen des Wettbewerbsrechts ist DETHLOFF, RabelsZ 62 (1998), 286, (291 f.), (295 ff.), die erst als „ultima ratio“ die *lex fori* angewandt wissen will (aaO, 303).
[121] So auch SACK, GRUR Int. 1988, 320, (327).

Beaufsichtigung des inländischen Absatzmarktes interessiert, besteht kein Anlass, ihre Rechtsfolge auch auf das Ausland zu erstrecken[122].

4.2.4.6 Auflockerung der wettbewerbsrechtlichen Anknüpfungsregelung

4.2.4.6.1 Rechtswahl

Sowohl die vorherige als auch die nachträgliche Rechtswahlvereinbarung wird vom Schrifttum für das internationale Lauterkeitsrecht ganz überwiegend abgelehnt[123]. Die deutsche Rechtsprechung hat sich im Hinblick auf Wettbewerbsverstöße noch nicht dazu geäußert[124].
Lediglich der Referentenvorentwurf hatte sich in Art. 42 Abs. 1 EGBGB RefE 1984 für die Zulassung einer nachtatlichen Rechtswahl ausgesprochen. Da er im Unterschied zur IPR-Regelung von 1999, aber auch bereits zum Referentenentwurf von 1993, in seinem Art. 40 Abs. 2 Nr. 2 EGBGB RefE 1984 explizit auch Ansprüche aus unlauterem Wettbewerb behandelte, könnte man daraus folgern, dass er mit der Zulassung der nachträglichen Rechtswahl in seinem Art. 42 Abs. 1 („Gemeinsame Vorschriften") eine solche auch für Wettbewerbsansprüche vorsehen wollte.

Gegen die Zulassung einer Rechtswahl auch im Wettbewerbsrecht, wie sie Art. 42 EGBGB nun *de lege lata* für unerlaubte Handlungen vorsieht[125], sprechen beachtliche Argumente:

---

[122] SCHNYDER, § 19 RdNr. 533; TROLLER, A., IntEncCompL, S. 17.
[123] MANKOWSKI, GRUR Int. 1999, 909, (913) u. (919 mwN. in Fn. 140); vgl. auch v. BAR, IPR II, § 6 RdNr. 698; MÜKO-KREUZER, Art. 38 EGBGB RdNr. 249 mwN. in Fn. 939; CAEMMERER-KREUZER, S. 279 f; WIRNER, S. 98; DEUTSCH, RabelsZ 27 (1962/63), 180 f.; DERS., S. 59 ff.; KROPHOLLER, § 53 VII 1, S. 475; MOOK, S. 52 f.; SACK, GRUR Int. 1988, 320, (329 f. mwN. in Fn. 116); GROßKOMM UWG/SCHRICKER, Einl RdNr. F 197 mwN. in Fn. 108; EINSELE, RabelsZ 60 (1996), 417, (429 f.); KEGEL, § 18 IV 2, S. 553 mit Verweis auf REICHERT-FACILIDES, FS Hartmann S. 205, 211 f.; REGELMANN, S. 128; BEIER/SCHRICKER/ULMER, GRUR 1985, 104, (108); SCHOOFS, S. 78; KÖHLER/PIPER, Einf. RdNr. 73 (soweit auch Drittinteressen berührt werden); dass diese ohnehin unberührt bleiben, regelt nun ausdrücklich Art. 42 S. 2 EGBGB; **a.A.** GLOY-WILDE, § 6 RdNr. 55; STAUDINGER-V. HOFFMANN, Art. 38 EGBGB RdNr. 549 und 551.
[124] Vgl. v. BAR, IPR II, § 6 RdNr. 698; STAUDINGER-V. HOFFMANN, Art. 38 EGBGB RdNr. 547; MÜKO-KREUZER, Art. 38 EGBGB Fn. 938 zitiert zwar die Entscheidung des KG v. 13.8.1993, WRP 1994, 185, (187) = IPRspr 1993, Nr. 124, weist aber selbst darauf hin, dass es sich im Ergebnis nicht um einen Wettbewerbsfall handelt. **A.A.** GROßKOMM UWG/SCHRICKER, Einl F 178 Fn. 62 a.E. meint, der BGH selbst scheine in seiner Entscheidung v. 9.10.1986, GRUR 1987, 172, 174 - Unternehmensberatungsgesellschaft I - von einem Wahlrecht auszugehen. Zu dieser Entscheidung ist aber anzumerken, dass sie ohne nach dem Schwerpunkt der wettbewerbsrechtlichen Interessensüberschneidung zu fragen, das Geschehen in mehrere Handlungsorte aufteilt.
[125] S.o. 4.2.2.2.2.

Die Zulassung einer Rechtswahl im Wettbewerbsrecht widerspricht erstens dessen Schutzzweck. Geschützt werden im Wettbewerbsrecht nicht nur Interessen der jeweiligen Prozessparteien, sondern auch die von Dritten, insbesondere die der Verbraucher und der Allgemeinheit. Das Rechtsanwendungsinteresse des Marktstaates und der übrigen Marktbeteiligten würde aber durch eine Rechtswahlvereinbarung unterlaufen werden[126]. Denn soweit es sich um Wettbewerbsnormen mit polizeilichem oder wirtschaftlichem Charakter (ZugabeVO, RabattG) handelt, fehlt den Klagebefugten das Verfügungsbedürfnis über das anzuwendende Recht, das allein nach objektiven Rechtsanwendungskriterien zu bestimmen ist[127]. Der Gesetzgeber hat insoweit nur die Verfolgung der Wettbewerbsverstöße, anstatt einer Verwaltungsbehörde, den Marktteilnehmern übertragen. Dispositives Kollisionsrecht darf grundsätzlich nicht in Betracht kommen, soweit es um die Anwendung von Eingriffsnormen geht[128].
Gegen eine Rechtswahlvereinbarung spricht zweitens, dass im Lauterkeitsrecht Parallelprozesse geführt werden können. Gehen mehrere Kläger gegen einen Beklagten wegen ein und derselben Wettbewerbshandlung vor, besteht die Gefahr, dass dieselbe Wettbewerbshandlung infolge von verschiedenen Rechtswahlvereinbarungen nach unterschiedlichem Recht entschieden wird[129].
Die Einführung einer vorherigen oder nachträglichen Rechtswahl im Lauterkeitsrecht stößt drittens auf Wertungswidersprüche gegenüber dem Kartellrecht, wenn sich die Parteien von vornherein auf ein gegenüber dem Marktstatut strengeres Lauterkeitsrecht einigen. Wählen sie stattdessen das großzügigste Recht, so bleiben beeinträchtigte Drittinteressen unter Umständen schutzlos, weil deren Schutz durch die Wahl des milderen Rechts ausgeschaltet werden kann[130].
An einer nachträglichen Rechtswahl fehlt im internationalen Wettbewerbsrecht viertens das praktische Bedürfnis, denn die konträren Interessen von Kläger und Beklagtem stehen einer einvernehmlichen Rechtswahl grundsätzlich entgegen. Der Kläger wird kaum Wert darauf legen, die Geltung eines großzügigeren, d.h. für ihn ungünstigeren Wettbewerbsrechts zu vereinbaren, während der Beklagte seinerseits kein Interesse an der Vereinbarung eines für ihn strengeren Wettbewerbsrechts haben kann[131].

---

126 STAUDINGER-V. HOFFMANN, Art. 38 EGBGB RdNr. 547 mwN, vgl. auch SCHRICKER, Recht der Werbung, RdNr. 106; CAEMMERER-KREUZER, S. 280; EINSELE, RabelsZ 60 (1996) 417, (429 f.); MOOK, S. 52 f; REICHERT-FACILIDES, FS Hartmann S. 205, 211 f; SACK, GRUR Int. 1988, 320, (329).
127 STAUDINGER-V. HOFFMANN, Art. 38 EGBGB RdNr. 550; MÜKO-SONNENBERGER, Einl IPR RdNr. 48 u.67.
128 MÜKO-SONNENBERGER, Einl IPR RdNr. 199.
129 Vgl. CAEMMERER-KREUZER, S. 280; MÜKO-KREUZER, Art. 38 EGBGB RdNr. 249; BEIER/SCHRICKER/ULMER, GRUR Int. 1985, 104, (108); SACK, GRUR Int. 1988, 320, (329 f.).
130 Vgl. SACK, GRUR Int. 1988, 320, (329 f.); V. BAR, IPR II, § 6 RdNr. 698; BEIER/SCHRICKER/ULMER, GRUR Int. 1985, 104, (108); KROPHOLLER, IPR, § 53 VII S. 475; REICHERT-FACILIDES, FS Hartmann S. 211 f.
131 Vgl. SCHOOFS, S. 82 u. GLOY-WILDE, § 6 RdNr. 55, der darauf hinweist, dass Auskünfte darüber, welches nationales Recht günstiger ist, „unschwer“ über ausländische Anwaltskanzleien einzuholen sind.

Während im bürgerlichen Deliktsrecht die Möglichkeit der Wahl der *lex fori* das Abwicklungsinteresse fördern soll, besteht fünftens im Lauterkeitsrecht dazu kein Grund, denn hier dominiert nicht der Schadensersatz- sondern der Unterlassungsanspruch[132].
Soweit es um dem allgemeinen internationalen Deliktsrecht unterliegende Wettbewerbshandlungen geht, ist wegen des Subsidiaritätsprinzips eine (nachträgliche) Rechtswahlvereinbarung jedoch zulässig[133].

Eine Mindermeinung in der Literatur ist hingegen der Ansicht, dass gegen eine Rechtswahl durch die Parteien keine durchgreifenden Bedenken bestehen, soweit die Parteien eines Wettbewerbsrechtsstreites über den Streitgegenstand einen Vergleich abschließen können[134]. Sie begründet dies damit, dass das Wettbewerbsrecht ohnehin auf eine vertragliche, außergerichtliche Erledigung von Rechtsstreitigkeiten ziele, was sich z.B. im Erfordernis einer vorherigen Abmahnung und in der üblichen Abgabe von Unterlassungserklärungen zeige.
Da die Rechtskraft auch im UWG, im RabattG und der ZugabeVO nur *inter partes* gelte[135], präkludiere eine zwischen einem Wettbewerber und dem Verletzten getroffene Rechtswahl nicht die Möglichkeit für andere Verletzte und Klagebefugte, z.B. Verbände oder sonstige betroffene Mitbewerber, sich gegen das anstößige Wettbewerbsverhalten zur Wehr zu setzen und sich ihrerseits auf die Rechtswahlvereinbarung nicht einzulassen[136]. Erst wenn keine der beteiligten Parteien den Antrag stelle, die vom Kollisionsrecht vorgegebene Lösung zu berücksichtigen, habe die Rechtswahl Bestand. Da also über die Nichtberücksichtigung der Kollisionsregeln niemals eine Partei allein entscheiden dürfe, bleibe auch die Vorhersehbarkeit im internationalen Lauterkeitsrecht gewahrt[137].
Auch die Ordnungsfunktion des Wettbewerbsrechts stehe einer Rechtswahl nicht entgegen, denn diese würde durch die auch im Wettbewerbsrecht geltende Dispositions- und Beibringungsmaxime bereits abgeschwächt. Diese Prozessgrundsätze ermöglichten beispielsweise bereits, auf eine Verfolgung von Ansprüchen ganz zu verzichten. Demgegenüber wirke aber der bloße Verzicht auf die „nicht authentische Anwendung fremden Rechts" viel schwächer[138].

---

[132] V. BAR, IPR II, § 6 RdNr. 698.
[133] In diesen Fällen ist eine Rechtswahl der *lex fori* nach Art. 42 EGBGB möglich, s.o. 4.2.2.2.2; vgl. auch MÜKO-KREUZER, Art. 38 EGBGB RdNr. 237, 249.
[134] So GLOY-WILDE, § 6 RdNr. 55 u. bezüglich des vergleichbaren Problems der Fakultativität MÜLLER-GRAFF, RabelsZ 1984, 289 ff. mwN.; Art. 132 des Schweizer IPRG, der sich auch auf Art. 136 (Unlauterer Wettbewerb) bezieht, sieht übrigens eine nachträgliche Rechtswahl vor. Art. 132 Schweizer IPRG lautet:
„Die Parteien können nach Eintritt des schädigenden Ereignisses stets vereinbaren, dass das Recht am Gerichtsort anzuwenden ist."
[135] Vgl. z.B. STAUDINGER-V. HOFFMANN, Art. 38 EGBGB RdNr. 549; BAUMBACH/HEFERMEHL, § 13 UWG RdNr. 17.
[136] MÜLLER-GRAFF, RabelsZ 48 (1984), 289, (314).
[137] Vgl. hierzu MÜLLER-GRAFF, RabelsZ 48 (1984), 289, (300 ff.).
[138] MÜLLER-GRAFF, RabelsZ 48 (1984), 289, (315).

Dennoch sprechen m.E. die besseren Argumente gegen die Einführung einer Rechtswahl im Wettbewerbskollisionsrecht. Die in ihrem Interesse an einer funktionierenden Marktwirtschaft vom Wettbewerbsrecht geschützte Allgemeinheit lässt sich schwer fragen, ob sie auf die Anwendung des kollisionsrechtlich berufenen Rechts verzichten will. Auch Artikel 42 EGBGB, der eine nachträgliche Rechtswahl ausdrücklich zulässt[139], steht im übrigen ihrer Ablehnung bei Wettbewerbsverstößen nicht entgegen, da solche vom Gesetz zum Internationalen Privatrecht für außervertragliche Schuldverhältnisse und für Sachen von 1999 bewusst nicht geregelt wurden[140].

4.2.4.6.2 Ausweichklausel (Berichtigungsklausel)

Die für vertragliche Schuldverhältnisse in Art. 28 Abs. 1 S. 1, Abs. 2, Abs. 5 EGBGB und für außervertragliche Schuldverhältnisse in Art. 41 EGBGB niedergeschriebene Ausweichklausel, nach der bei Sachverhalten mit Auslandsbezug grundsätzlich das Recht des Landes anwendbar ist, zu dem der zu beurteilende Sachverhalt die engsten Verbindungen aufweist, kann, insofern darin ein allgemeiner Grundsatz enthalten ist, auch im internationalen Wettbewerbsrecht Geltung beanspruchen[141].

Entscheidungserheblich kann dieser Grundsatz im Wettbewerbsrecht bei der Feststellung des relevanten Marktortes werden, wenn Werbe- und Absatzmarkt auseinanderfallen, d.h. wenn im Inland für ausländischen Absatz[142] oder im Ausland für inländischen Absatz[143] geworben wird[144]. Nach der inzwischen ganz herrschenden Meinung[145] ist in solchen Fällen jedenfalls zumindest auch immer das Recht des Werbemarktes anzuwenden, d.h. das Recht des Ortes, an dem durch Werbung auf die Marktgegenseite eingewirkt wird.

---

[139] S.o. 4.2.2.2.2.

[140] BTDrucks. 1.2.1999, 14/343, S. 10; s.o. 4.2.4.1.

[141] Vgl. SACK, IPRax 1992, 24, (26 mwN.); MÜKO-KREUZER, Art. 38 EGBGB RdNr. 253 mwN.; Der Entwurf der Rom II-Verordnung, stellt ebenfalls in seinem Art. 3 Abs. 1 den Grundsatz der engsten Verbindung auf. Zur Frage, inwieweit Art. 41 EGBGB überhaupt als wettbewerbsrechtliche „Kollisionsnorm" gelten kann, s.o. 4.2.4.1 und s.o. Fn. 85.

[142] Hierbei organisiert die Verkäuferseite für eine Gruppe von Verbrauchern z.B. Busfahrten ins Ausland, die neben Besichtigung von Sehenswürdigkeiten auch eine Verkaufsveranstaltung umfassen. So liegt z.B. der Sachverhalt bei BGH v. 8.10.1987, GRUR 1988, 130 - Verkaufsreisen; BGH v. 3.12.1971, GRUR 1972, 367 - Besichtigungsreisen I; BGH v. 7.11.1975 GRUR 1976, 316 - Besichtigungsreisen II; BGH v. 13.5.1977, GRUR 1977, 672 - Weltweit Club.

[143] Solche Fälle werden auch „Kaffeefahrten im Ausland" bzw. „Gran Canaria-Fälle" genannt. Letzteres, weil bei es bei dem hierzu zählenden, hauptsächlich diskutierten Fall, BGH v. 15.11.1990, BGHZ 113, 11 - Kauf im Ausland, um eine Werbeaktion auf der spanischen Insel Gran Canaria ging.

[144] Vgl. SACK, IPRax 1992, 24, (25 mwN in Fn. 16 u. 17) u. SCHOOFS, S. 160 f. mwN in Fn. 617 u. 621.

[145] Vgl. satt aller SACK, IPRax 1992, 25 mwN. in Fn. 19.

Ob daneben auch das Recht des Absatzmarktes anwendbar ist, ist hingegen umstritten.
Der BGH hat sich in seiner „Kauf im Ausland"-Entscheidung[146] jedenfalls dagegen ausgesprochen. Wenn Werbe- und Absatzmarkt auseinanderfallen, weil im Ausland für inländischen Absatz geworben wird, berechtige dies nicht dazu, von der Regelverweisung auf das ausländische Recht zugunsten des deutschen Rechts abzuweichen. Allein am Werbemarkt stießen die wettbewerblichen Interessen der Mitbewerber aufeinander, dort befinde sich der Marktort. Sofern Mitbewerberinteressen auf dem Absatzmarkt beeinträchtigt seien, handle es sich lediglich um „Auswirkungen des zu beurteilenden Wettbewerbsverhaltens"[147]. Im Kollisionsrecht des unlauteren Wettbewerbsrechts gelte nicht das Schutzprinzip, denn es würde unter den beteiligten Mitbewerber-, Abnehmer- und Allgemeininteressen einseitig den Aspekt des Verbraucherschutzes herausgreifen, ohne der Verflechtung der Interessen Rechnung zu tragen.

Die wohl herrschende Meinung in der Literatur befürwortet diese Entscheidung[148]. Wer sich im Ausland aufhalte, begebe sich unter eine fremde Marktordnung, die vom jeweiligen Auslandsrecht beherrscht werde. In den entsprechenden Ferienländern mit dem Instrument des Kollisionsrechts der Heimatländer der Touristen „Enklaven des Heimatrechts" zu schaffen, störe den internationalen Entscheidungseinklang[149].
Schenke man den bloßen Auswirkungen auf Absatzinteressen der inländischen Mitbewerber kollisionsrechtliche Beachtung, müsse man den Ort des Schadenseintritts als ebenfalls maßgeblich ansehen. Dieser stelle jedoch kein Tatbestandsmerkmal eines Wettbewerbsverstoßes dar[150]. Außerdem würden Werbemaßnahmen mit nicht mehr kalkulierbaren Risiken belastet werden, wenn neben dem Recht des Werbemarktes auch das des Auswirkungsortes zur Anwendung kommen würde. Bereits die Berücksichtigung des Marktortes führt bei „Mul-

---

[146] BGH v. 15.11.1990, BGHZ 113, 11, (16) = IPRax 1992, 45, (46) - Kauf im Ausland (s.u. 5.1.3.4.4).
[147] BGH v. 15.11.1990, IPRax 1992, 45, (46) - Kauf im Ausland mit Bezug auf SACK, GRUR Int. 1988, 320, (323 f. mwN).
[148] Für eine ausschließliche Anknüpfung am Werbemarkt haben sich ausgesprochen: BAUMBACH/HEFERMEHL, Einl UWG RdNr. 188; GROßKOMM UWG/SCHRICKER, Einl F 206 mwN.; STAUDINGER-V. HOFFMANN, Art. 38 EGBGB RdNr. 519, 538; REUTER, BB 1989, 2265, (2267); BEIER/SCHRICKER/ULMER, GRUR Int. 1985, 104, (107); LINDACHER, WRP 1996, 645, (648 f.); LÜDERITZ, IPRax 1990, 216, (217 Fn. 4); MÖLLERING, WRP 1990, 1, (3), (13); PAEFGEN, WRP 1991, 447 ff.; DERS., GRUR Int. 1994, 99, (113 f.); vgl. auch V. BAR, IPR II, § 6 RdNr. 697, der betont, dass entscheidend der Ort des Kundenfangs sei, nicht der Ort der beworbenen Sache; DERS., Internationales Verbraucherschutzrecht, S. 81, wo er spezifiziert, dass er an der Maßgeblichkeit des Werbemarktes festhalten möchte, diesen jedoch wesentlich durch den Wohnsitz der angesprochenen Verbraucher bestimmt sehe, da die personelle Zusammensetzung der Marktteilnehmer nicht ganz außer Betracht gelassen werden könne; vgl. auch V. MEENEN, § 7 III 2 a) aa) S. 149.
[149] GROßKOMM UWG/SCHRICKER, Einl F 206 a.E.
[150] S.o. 4.2.3 Fn. 76.

tistate"-Wettbewerbshandlungen oft zur gleichzeitigen Anwendbarkeit mehrerer Rechtsordnungen[151], die zusätzliche Anwendung des Rechts des Auswirkungsortes eines Wettbewerbsverstoßes auf die Mitbewerber würde die räumliche Reichweite einer einzelnen Werbeaktion in einem einzigen Land überhaupt nicht mehr vorhersehbar machen, wogegen Argumente der Rechtssicherheit und Praktikabilität sprechen[152].
Schließlich zeige die Tatsache, dass überall dort, wo der Ort der Auswirkung zur Anknüpfung gewählt wurde, nicht zuletzt wegen der Unvorhersehbarkeit der räumlichen Reichweite von Wettbewerbshandlungen, Einschränkungen unumgänglich waren[153].
Deutsches Recht soll nach der herrschenden Meinung erst dann angewandt werden, wenn der Begehungsort im Inland liegt, wenn beispielsweise in Deutschland für eine Urlaubsreise und Verkaufsschau in Italien geworben wird[154].

Eine beachtliche Mindermeinung[155] möchte hingegen bei Werbung im Ausland für inländischen Absatz eine Berichtigung der auf ausländisches Recht verweisenden Regelanknüpfung zugunsten des deutschen Rechts vornehmen, wenn sich die Werbemaßnahme ausschließlich an deutsche Touristen und nicht auch an lokale Konsumenten richte und der Anbieter nicht im Wettbewerb zu lokalen

---

[151] S.u. Kapitel 7.
[152] Vgl. ausführlicher SACK, IPRax 1992, 24, (26); SCHOOFS, S. 133.
[153] Vgl. SACK, IPRax 1992, 24, (26), der als Beispiele hierfür § 130 Abs. 2 GWB und § 48 Abs. 2 österr. IPRG (dessen Wortlaut s.o. Fn. 16) nennt.
Nach § 130 Abs. 2 GWB ist das GWB auf alle Wettbewerbsbeschränkungen anwendbar, die sich in dessen Geltungsbereich auswirken. Damit beschränkt sich die Kollisionsnorm des § 130 Abs. 2 GWB ihrem Wortlaut nach auf den Anwendungsbereich des GWB (vgl. V. GAMM, Gesetz gegen den unlauteren Wettbewerb, Einf. A RdNr. 41). Tatort im Kartellrecht ist ebenfalls der „Markt", deshalb kommt es auf das Recht des Landes an, auf dessen Territorium der Zusammenschluss vollzogen wird. Der Begehungsort ist hier immer zugleich der Erfolgsort, vgl. V. BAR, FS für Ferid, S. 31 mwN in Fn. 98.
[154] So STAUDINGER-V. HOFFMANN, Art. 38 EGBGB RdNr. 538 in Anlehnung an die Entscheidung des OLG Frankfurt v. 25.3.1993, VuR 1994, 116 = IPRspr 1993 Nr. 123, wo es um eine solche in Deutschland beworbene Verkaufsschau in Italien ging.
[155] BERNHARD, GRUR Int. 1992, 366, (369 ff.); REICH, RabelsZ 56 (1992) 444, (507); MÄSCH, S. 168 kritisiert die Rsp. jedenfalls im Fall von Massen- und Pauschalreisetourismus; KOCH, JZ 1991, 1039 ff. sieht den Marktort in Deutschland, unterscheidet aber nicht deutlich zwischen Werbe- und Absatzmarkt; WENGLER, RabelsZ 19 (1954) 401, (417) nimmt nicht ausdrücklich zum Problem des Auseinanderfallens von Werbe- und Absatzmarkt Stellung; MÜKO-KREUZER, Art. 38 EGBGB RdNr. 253 mwN. in Fn. 964, der aber für einen eventuellen Rückgriff auf die *lex fori* als Ersatzrecht ist, wenn sich die Anwendung des Marktrechts als unpraktikabel erweist; vgl. auch CAEMMERER-KREUZER, S. 280; SACK, IPRax 1992, 24, (27) befürwortet grundsätzlich die Anknüpfung an den Werbemarkt, sieht jedoch im speziellen Fall der „Kauf im Ausland"-Entscheidung lieber dt. Recht angewandt; HOTH, GRUR Int. 1972, 449, (451 f.), ist für die Anwendbarkeit des Rechts des Absatzmarktes neben dem Recht des Werbemarktes; SCHOOFS, S. 132 ff. u. 160 stimmt zwar grundsätzlich der Anwendung des Rechts des Werbemarktes zu, damit die Grundregel der Anknüpfung an das Marktrecht im internationalen Wettbewerbsrecht nicht verwässert werde, für den Fall der „Kauf im Ausland"-Entscheidung möchte er aber dennoch ausnahmsweise dt. Recht angewandt wissen.

Konkurrenten stehe[156]. In diesen Fällen entstehe eine „deutsche Insel“ auf fremden Territorium, denn die deutsche Rechtsumwelt setze sich für die Urlauber im Ausland fort[157]. Derart in „heimatlicher Sicherheit“ gewogen, sollen Teilnehmer von „Kaffeefahrten“ im Ausland nicht mit etwaigen Tücken ausländischen Rechts rechnen[158]. Da der ausländische Markt demnach nicht berührt werde, sei inländisches Recht maßgeblich[159].
Die Anwendung deutschen Rechts in solchen Fällen könne zwar die Unternehmer dazu bewegen, mit den Kunden von vornherein die Geltung ausländischen Rechts zu vereinbaren, das strenge Verbraucherschutzregeln nicht kennt, auch wenn abgesehen vom Abschlussort nur Inlandsbezüge bestehen[160]. Dies könne eventuell als rechtsmissbräuchliche Ausnutzung eines Rechtsgefälles gem. § 1 UWG geahndet werden[161]. Kollisionsrechtlich sei aber diese Umgehungsabsicht unerheblich[162].

Auch Gründe der Rechtssicherheit sprächen in diesem Fall nicht gegen die Anwendung deutschen Rechts, wenn man die Auflockerung der Marktortregel fallgruppenorientiert durchführe[163]. Denn sowohl bei den sog. Kaffeefahrten im Ausland, den sog. Gran Canaria-Fällen, als auch erst recht bei den Kaffeefahrten ins Ausland, bei denen die Gesamtumstände noch stärker ins Inland weisen und die Auslandsberührung noch schwächer ausgeprägt ist, sei ein Abweichen von der Marktortregel aus den genannten Gründen möglich und geboten[164].
Anders sei hingegen in den sog. „Basarfällen“ zu entscheiden. In solchen Fällen werden Reisegruppen im Rahmen von Pauschalreisen im Ausland in Geschäftslokale geführt, in denen einheimische Produkte von ortsansässigen Unternehmen angeboten werden[165]. Bei den „Basarfällen“ sind die Verkaufsveranstaltungen so

---

[156] MüKo-Kreuzer, Art. 38 EGBGB RdNr. 253.
[157] Bernhard, GRUR Int. 1992, 371, (373); Mäsch, S. 168; es wird auch von der „Käseglocke des deutschen Kulturraums“ (Käseglockentheorie) gesprochen, vgl. Ferid, § 6-165.
[158] Schoofs, S. 121.
[159] Schoofs, S. 122.
[160] Es könnte damit versucht werden, den dt. Verbraucherschutz durch „Verlagerung in absatzfreundlichere Gefilde auszuhebeln“, vgl. Taupitz, BB 1990, 642 u. Mäsch, S. 170; auch die Rsp. äußerte öfters diesen Verdacht, ohne den Unternehmen dies gleich unterstellen zu wollen: BGH v. 19.9.1990, BGHZ 112, 204; OLG Celle v. 28.8.1990, WM 1991, 110, (112); LG Hamburg v. 21.2.1990, NJW-RR 1990, 495, (497); OLG Frankfurt v. 1.6.1989, NJW-RR 1989, 1018, (1019).
[161] Vgl. Schoofs, S. 147 mwN. in Fn. 571, der aber darauf hinweist, dass das bloße Ausnutzen eines internationalen Rechtsgefälles nicht ohne weiteres sittenwidrig i.S.d. § 1 UWG ist.
[162] Schoofs, S. 146; Sack, IPRax 1992, 24, (26); MüKo-Kreuzer, Art. 38 EGBGB RdNr. 245.
[163] Schoofs, S. 138 weist darauf hin, dass der BGH selbst eine klare, fallorientierte Auflockerung fordert, BGH v. 8.1.1985, BGHZ 93, 214, (218).
[164] Vgl. Schoofs, S. 160, 162; MüKo-Kreuzer, Art. 38 EGBGB RdNr. 253; Caemmerer-Kreuzer, S. 280, Sack, IPRax 1992, 24, (27).
[165] LG Limburg/Lahn v. 2.5.1990, NJW 1990, 2206 m. Anm. Hohloch, JuS 1991, 247 Nr. 7; LG Düsseldorf v. 5.12.1990, NJW 1991, 2220; dazu Schoofs, S. 164; vgl. auch Sack, IPRax 1992, 24, (27), der ausländisches Recht bereits dann für anwendbar erklärt, wenn deutsche

sehr mit dem ausländischen Markt verbunden, dass es auch nach der Mindermeinung bei der Anwendung der Grundregel bleibt, ausländisches Recht anzuwenden.

Dennoch ist m.E. die Mindermeinung vor allem deshalb abzulehnen, weil das deutsche Wettbewerbskollisionsrecht nicht dazu führen sollte, einseitig den deutschen Verbraucher auch im Ausland zu schützen, sondern es soll sämtlichen sich auf dem (deutschen) Markt begegnenden Interessen Rechnung tragen[166]. Damit wird es am ehesten auch dem materiellen Schutzzweck des Lauterkeitsrecht gerecht, der Mitbewerber, Verbraucher und die Allgemeinheit gleichermaßen berücksichtigt[167].

4.2.4.6.3 Akzessorische Anknüpfung (Sonderverbindungsstatut)

Die wohl herrschende Meinung lehnt eine akzessorische Anknüpfung bei marktbezogenen Wettbewerbsverstößen aus Gründen der Rechtssicherheit und der *par conditio concurrentium* ab[168]. Aus tatsächlichen Gründen wird sie deshalb kaum in Betracht kommen, da es wohl an einem bereits bestehenden, gesetzlichen oder vertraglichen Rechtsverhältnis zwischen den im Wettbewerb stehenden Parteien mangeln wird, nach dem sich die Ansprüche aus unlauterem Wettbewerb dann richten könnten[169].

Einer akzessorischen Anknüpfung nicht grundsätzlich ablehnend steht v. Hoffmann gegenüber. Seiner Ansicht nach kommt es auf die Schutzrichtung der Norm an[170].
Während er sich ebenfalls gegen eine akzessorische Anknüpfung bei Wettbewerbsnormen mit vorwiegend polizeilichem bzw. wirtschaftspolitischem Charakter ausspricht, solle eine solche bei Vorschriften, die vornehmlich dem individuellen Schutz des einzelnen Verbrauchers bzw. des Mitbewerbers dienen, nicht grundsätzlich ausgeschlossen werden. Anderen ebenfalls betroffenen Mitbewerbern, die keine Sonderverbindung zum Verletzten haben, bleibe es offen,

---

Urlauber im Ausland in einem Restaurant speisen, das lediglich von einem Deutschen oder einer deutschen Restaurantkette betrieben wird.

166 Vgl. auch GROßKOMM UWG/SCHRICKER, Einl F 206: „[...] im deutschen Kollisionsrecht des unlauteren Wettbewerbs gilt nicht das Schutzprinzip".

167 S.o. 1.4.2.1.

168 Dieser Ansicht auch MÜKO-KREUZER, Art. 38 EGBGB RdNr. 252 mwN; AHRENS, JZ 1987, 471, (473 f.); SCHOOFS S. 85 ff.; differenzierend STAUDINGER-V. HOFFMANN, Art. 38 EGBGB RdNr. 553.

169 MÜKO-KREUZER, Art. 38 EGBGB RdNr. 252; CAEMMERER-KREUZER, S. 279; STAUDINGER-V. HOFFMANN, Art. 38 EGBGB RdNr. 553.

170 STAUDINGER-V. HOFFMANN, Art. 38 EGBGB RdNr. 552 ff. Vgl. zu anderen Fragestellungen, bei denen der Schutzzweck der Norm entscheidend ist: s.o. 4.2.4.5; s.o. 4.2.4.6.1.

auf der Grundlage des Markteinwirkungsrechts gegen den Verletzer vorzugehen. Eine Wettbewerbsverzerrung sei daher nicht zu befürchten[171].
Bei betriebsbezogenen Wettbewerbsverstößen rechtfertige sich die Anknüpfung an ein Sonderverbindungsstatut bereits aus der Anwendbarkeit der allgemeinen Tatortregel, da bei bilateralen, unmittelbar gegen einen einzelnen Mitbewerber gerichteten Wettbewerbsverstößen der Begehungsort am Geschäftssitz des jeweiligen geschädigten Mitbewerbers liege[172].

4.3 Die wettbewerbliche Kollisionsregel im italienischen Recht

4.3.1 Fehlen einer ausdrücklichen wettbewerbsrechtlichen Kollisionsnorm

Ebenso wie im deutschen internationalen Privatrecht, fehlt es auch im italienischen an einer speziellen wettbewerbsrechtlichen Kollisionsnorm. Die noch engere Verflechtung des Lauterkeitsrechts mit dem Deliktsrecht in Italien hat zur Folge, dass auf Kollisionsebene das Lauterkeitsrecht traditionell nach deliktischen Regeln angeknüpft wird[173]. Das am 2.9.1995 in Kraft getretene Gesetz Nr. 218 vom 31.5.1995 zur „Reform des italienischen Systems des Internationalen Privatrechts" (Riforma del sistema italiano di diritto internazionale privato) (ital. IPRG)[174] sieht inzwischen zwar für einzelne außervertragliche Schuldverhältnisse besondere Regelungen in den Art. 58 ff. ital. IPRG vor, eine spezielle Wettbewerbskollisionsnorm befindet sich jedoch nicht darunter.
Obwohl dieses Gesetz ausdrücklich den Zweck haben sollte, den neuen - insbesondere europäischen - Gegebenheiten im internationalen Privatrecht zu genügen und tatsächlich eine ganze Reihe von Einzelregelungen und grundsätzlichen Änderungen theoretischer Natur enthält[175], wurde eine Wettbewerbsanknüp-

[171] STAUDINGER-V. HOFFMANN, Art. 38 EGBGB RdNr. 553.
[172] STAUDINGER-V. HOFFMANN, Art. 38 EGBGB RdNr. 552, 529. Zu den betriebsbezogenen Wettbewerbsverstößen s.u. 6.4.1.1.
[173] Vgl. HONORATI, S. 72: „Tradizionalmente lo studio della legge applicabile ad atti di concorrenza sleale è stato effettuato esclusivamente nella prospettiva del fatto illecito" und S. 152 "[...] occorre innanzitutto rilevare l'assenza nel nostro ordinamento di una disciplina specifica per tale settore [i.e. concorrenza sleale], con la conseguente necessità di desumere la disciplina applicabile dalla norma relativa all'illecito in generale".
[174] Gazz. Uff. v. 3.6.1995 Nr. 128, suppl. ord. Nr. 68. S. auch dt. Übersetzung bei JAYME/SIEHR/KRONKE, RabelsZ 61 (1997), 344-362 = IPRax 1996, 356-369. Eine Übersetzung der Art. 62 und 63 ital. IPRG finden sich auch bei STAUDINGER-V. HOFFMANN, Art. 38 EGBGB RdNr. 40.
Die Reform betrifft das internationale Privatrecht im weiten Sinne, also unter Einschluss des internationalen Zivilprozessrechts. Umfassende Kommentierung in POCAR, RDIPP 1995, 905 ff. und darauf beruhend DERS., Commentario; vgl. auch KINDLER, RabelsZ 61 (1997), 227 ff.
[175] Das noch in den „Disposizioni sulla legge in generale" (Einführungsbestimmungen zum C.c. v. 1942) geltende Prinzip des Vorherrschens der ital. Rechtsordnung wurde im IPRG v. 1995 ebenso fallengelassen, wie die grundsätzliche Anknüpfung der materiellen Rechtslage an die Staatsangehörigkeit, vgl. PESCE, RIW 1995, 977, (978). Neu ist im IPRG v. 1995 auch

fungsregel nicht mit aufgenommen, obwohl deren angebliche Notwendigkeit bereits seit längerer Zeit in der Literatur signalisiert wurde[176]. Die vom Ministero di Grazia e Giustizia (Justizministerium) am 8.3.1985 mit dem Entwurf eines neuen IPRG beauftragte Kommission war aber der Auffassung, dass es mit Ausnahme einer Regelung für außervertragliche Produkthaftung (Art. 63 ital. IPRG) keiner speziellen Regelung für besondere Fälle unerlaubter Handlungen bedürfe, da solche zufriedenstellend durch Art. 62 ital. IPRG geregelt werden könnten[177].

Eine zuvor vom Justizministerium mit Dekret vom 13.11.1982 beauftragte Kommission hatte unter der Federführung von Vitta hingegen einen Regelungsvorschlag erarbeitet, der in seinem Art. 56 noch folgende Wettbewerbsregelung vorsah: „Die Haftung für unlauteren Wettbewerb wird vom Recht des Staates oder der Staaten geregelt, in denen der unlautere Wettbewerb eine gegenwärtige Gefährdung der wirtschaftlichen Position des Beeinträchtigten darstellt“[178].
Dieser Vorschlag wurde aber ebenso abgelehnt wie der Gesetzesentwurf von 1984 zur Regelung der irreführenden Werbung mit seiner Mischung aus zivil-, straf- und verwaltungsrechtlichen Sanktionen[179].

---

die Öffnung ggü. ausländischen Rechtssystemen, vgl. insb. Art. 13 u. 14 ital. IPRG, dazu POCAR, IPRax 1997, 145, (150) u. MUNARI, JbItR 1996, 37, (47 f.), (50 f.); HONORATI, S. 155 bemerkt zu Recht, dass das IPRG von 1995 den alten Normen nicht nur einen frischen Anstrich gegeben hat, sondern die Struktur des ital. IPR radikal verändert hat (non è [...] una semplice operazione di *maquillage* delle vecchie norme di diritto internazionale privato [...], essa ha radicalmente modificato la struttura del diritto internazionale privato italiano).

[176] Vgl. HONORATI, S. 153 Fn. 2; VITTA, Diritto internazionale privato, S. 503; DI MARCO, S. 400.

[177] So die 1989 vorgelegte Begründung zum Entwurf (Relazione allegata allo schema di articolato) in RDIPP 1989, 947, (981 f.) unter Art. 65 (ital. IPRG-E).
Vgl. auch MOSCONI, S. 161 f., der bemerkt, dass im ital. materiellen Recht, die auf das römische Recht zurückgehende Unterscheidung zwischen unerlaubten Handlungen und solchen, die diesen gleichgestellt sind, aufgegeben wurde, während sie noch in anderen Rechtsordnungen und in Art. 5 Nr. 3 EuGVÜ zu finden ist. Diesem einheitlichen, umfassenden Begriff der unerlaubten Handlung im materiellen Recht entspricht auf der Ebene des IPR Art. 62 ital. IPRG („Nel nostro diritto materiale è stata abbandonata la distinzione - del resto fondata su un confine assai incerto - fra delitti e quasi delitti, distinzione di origine romanistica ancora impiegata in altri ordinamenti, tant'è vero che l'abbiamo incontrata e la ritroveremo nell'art 5 n. 3 della Convenzione di Bruxelles. [...] sono i lineamenti della responsabilità per fatto illecito nel nostro diritto materiale che permettono di ricostruire la portata, assai ampia, dell'art 62.“).

[178] Vgl. VITTA, Problemi di riforma, S. 274: „Art. 56 (Concorrenza sleale) - La responsabilità per concorrenza sleale è regolata dal diritto dello Stato o Stati in cui costituisce una attuale minaccia alla posizione commerciale di chi la subisce.“

[179] Der Gesetzesentwurf Nr. 995 wurde dem Senat am 22.10.1984 vom Minister für Industrie-, Handel und Handwerk vorgelegt (abgedruckt in RDI 1984, I, 418 ff.); vgl. dazu SCHALTENBERG, S. 72 f u. SCHRICKER, GRUR Int. 1990, 112, (117). Zum ebenfalls nicht übernommenen dt. Referentenvorentwurf v. 15.5.1984 im deutschen Recht s.o. Fn. 81.

4.3.2 Deliktsrechtliche Anknüpfung an das Recht des Tatortes als Ausgangspunkt

Außervertragliche Schuldverhältnisse sind auch nach italienischem Recht nach der Tatortregel (lex loci delicti) am Begehungsort anzuknüpfen. Dies sah bereits vor Inkrafttreten des Art. 62 Abs. 1 ital. IPRG der Art. 15 Abs. 2 des Codice Civile in der Fassung von 1939 und dann der ihn ablösende Art. 25 Abs. 2 der Einführungsbestimmungen zum Codice Civile von 1942 (Disp. prel.)[180] vor. Der Einführungsteil (Preleggi) zum Zivilgesetzbuch von 1865 hatte hingegen noch keine Vorschrift über außervertragliche Schuldverhältnisse, sondern in seinem Art. 9[181] nur eine Anknüpfung für vertragliche Schuldverhältnisse an den Handlungsort[182].

Die Anknüpfung an den Begehungsort beruht auf einem Gedanken, der noch heute Geltung hat, nämlich dass das moralische Unrecht eines Deliktsvergehens eng mit dem Ort verwurzelt ist, an dem es begangen wurde[183]. Da sich das Delikt regelmäßig in Handlung (azione) und Erfolg (evento) aufspalten lässt, die erst gemeinsam den Gesamtunrechtstatbestand darstellen[184], kann der *locus commissi delicti* grundsätzlich sowohl am Handlungs- als auch am Erfolgsort belegen sein. Lässt sich die Handlung selbst in verschiedene Teilakte aufteilen, können diese wieder jeweils an unterschiedliches Ortsrecht angeknüpft werden[185].

Bis zur Regelung in Art. 62 Abs. 1 ital. IPRG war weder gesetzlich noch gewohnheitsrechtlich geregelt, wo der *locus commissi delicti* bei Distanzdelikten (atti a distanza) tatsächlich anzusiedeln war[186]. Rechtsprechung und Lehre

---

[180] Art. 25 Abs. 2 Disp. prel. des am 21.4.1942 in Kraft getretenen Codice Civile (R.D. 16.3.1942, Nr. 262; Gazz. Uff. v. 4.4.1942 Nr. 79 ed. straord.) lautete:
„Le obbligazioni non contrattuali sono regolate dalla legge del luogo ove è avvenuto il fatto dal quale esse derivano". („Die außervertraglichen Verbindlichkeiten werden durch das Gesetz des Ortes geregelt, an dem die Tatsache eingetreten ist, aus der sie sich ableiten", so Übersetzung bei GROßKOMM UWG/SCHRICKER, Einl F 228; vgl. auch Übersetzung in RabelsZ 15 (1949/50), 118).
Gewohnheitsrechtlich galt der Grundsatz bereits im Codice von 1865, vgl. BINDER, RabelsZ 20 (1955), 425 mwN. in Fn. 109; ULMER-SCHRICKER, Bd. V, Italien, RdNr. 62, S. 65 mwN. in Fn. 4; VITTA, Diritto internazionale privato, S. 495 f.

[181] Art. 9 Disp. prel. 1865 lautete: „La sostanza e gli effetti delle obbligazioni si reputano regolati dalla legge del luogo dove gli atti furono fatti, e, se i contraenti stranieri appartengono ad una stessa nazione, dalla loro legge nazionale. È salva in ogni caso la dimostrazione di una diversa volontà".

[182] Vgl. zu den damaligen Versuchen, die Maßgeblichkeit der *lex loci delicti* dennoch anhand der Preleggi v. 1865 zu begründen, DE SANCTIS, RDInt. 1926, 125, (128 ff.).

[183] BALLARINO, S. 718 mwN.

[184] FERRARI BRAVO, RDC 1961, I, 80, (81 ff.); ORIGONI DELLA CROCE, RDIPP 1976, 782, (785).

[185] Vgl. bereits FLEISCHER, S. 349.

[186] Vgl. VITTA, Diritto internazionale privato, S. 496 ff. mwN.

schwankten ständig zwischen der Anknüpfung an den Handlungs- und Erfolgsort, ein einheitlicher Standpunkt war nicht auszumachen. Nach der sog. Theorie des Handlungsortes (teoria dell'azione) war *locus delicti* derjenige, an dem das unerlaubte Verhalten erfolgt ist (luogo in cui si è svolto il comportamento illecito del soggetto)[187]. Die sog. Theorie des Erfolgsortes (teoria dell'evento) knüpfte hingegen an den Ort an, an dem der Schaden eingetreten ist (luogo in cui si è verificato il danno)[188]. Ob an das Recht des Handlungs- oder an das des Erfolgsortes angeknüpft wurde, wurde maßgeblich von der Funktion bestimmt, die man dem Deliktsrecht geben wollte. War man eher auf den Ausgleich bzw. den Schadensersatz bedacht, knüpfte man vorwiegend an den Erfolgsort an. Wollte man hingegen dem repressiven Charakter des zivilen Deliktsrechts mehr Bedeutung zukommen lassen, knüpfte man an den Handlungsort an[189].

---

[187] Für eine Anknüpfung an den Handlungsort sprachen sich aus:
ZICCARDI, DInt 3 (1939), 50, (51 ff.), der insbes. darauf abstellte, dass die Schuld als „psychisches Element" („elemento psichico") den wesentlichen Bestandteil der Deliktshandlung ausmache. Distanzdelikte unterlägen demnach dem Recht des Ortes, an dem jemand etwas verschuldet hat, also dort, wo die unerlaubte Handlung begangen worden ist. Auch SPERDUTI, Riv. it. scienze giur. 4 (1950), 282, (301 ff.), (305) meint unter Hinweis auf das „elemento psichico", dass mit „außervertraglichen Schuldverhältnissen" i.S.d. Art. 25 Abs. 2 Disp. prel. solche gemeint seien, die dem Verhalten einer Person entspringen („obbligazioni che sorgono da comportamenti di una persona"). Für MONACO, S. 352 ff. war das - vom Willen, einen Schaden herbeizuführen getragene - Verhalten das wesentliche Element außervertraglicher Schuldverhältnisse.
Weitere Vertreter dieser Theorie waren MORELLI, S. 57 f., DIENA, S. 256 ff., CERETI, S. 198 mwN. u. BOSCO, S. 411, der aber *de iure condendo* auch die Berücksichtigung des Rechts des gemeinsamen Heimatstaates der Parteien forderte.

[188] Für eine Anknüpfung an den Erfolgsort waren:
BALLADORE PALLIERI, S. 357 ff. RdNr. 122, der dies damit begründete, dass Voraussetzung jeglicher Haftung die Entstehung eines Schadens sei („il verificarsi del danno è l'elemento indispensabile affinché di responsabilità si possa parlare"); insbesondere an der Haftung ohne Verschulden, also der Gefährdungshaftung, zeige sich, dass nicht die Handlung, sondern das schädigende Ereignis (l'evento dannoso) das wesentliche Element sei. Es gelte aber zwischen dem Schaden als schädigendem Ereignis und den Folgeschäden zu unterscheiden. Unter ersterem sei der Erfolg zu verstehen, mit dem die vom Deliktstäter ausgelöste Kausalkette abgeschlossen werde. Allein dieser sei für die internationalprivatrechtliche Anknüpfung relevant. Unerheblich sei hingegen der oder die womöglich verschiedenen Orte, an denen die Folgeschäden entstehen.
MENGOZZI, S. 189 war der Ansicht, die Theorie der Anknüpfung an den Handlungsort (teoria dell'azione) verwechsle das Zivilvergehen (illecito civile) mit dem strafrechtlichen (illecito penale), denn während letzteres durch das Begehen der Straftat entstehe, entstehe ersteres nur mit Eintritt des Schadens, also des Erfolges („Mentre [l'illecito penale] insorge in seguito alla commissione dell'azione, [l'illecito civile] - che è quello che interessa ai fini del d.i.p. - sorge solo al verficarsi del danno e quindi dell'evento.").
Ferner vertraten eine Anknüpfung an den Erfolgsort BETTI, S. 542; CANSACCHI, S. 113 ff.; VITTA, Diritto internazionale privato, S. 499 ff.; SCIPIONE, S. 274 f; VENTURINI, Diritto internazionale privato, S. 302; DERS., Studi parmensi, 6 (1956), 337 ff.

[189] HONORATI, S. 185 Fn. 38.

Auch die Rechtsprechung folgte dem Prinzip der *lex loci delicti*[190]. Sie sah den Begehungsort vor allem am Ort der Handlung gegeben[191]. Entscheidend sei der Ort, wo die den Schaden verursachende unerlaubte Handlung stattgefunden hat (luogo in cui è avvenuto il fatto illecito che ha dato origine al danno), denn wesentliches Tatbestandsmerkmal eines jeden Deliktes sei die Begehung einer Handlung durch ein Subjekt[192].
Dennoch fehlte es nicht an Entscheidungen, die an den Erfolgsort anknüpften[193]. Zur Anknüpfung an den Erfolgsort gelangte die Rechtsprechung nicht selten durch Heranziehung des inzwischen durch Art. 73 ital. IPRG aufgehobenen Art. 4 Nr. 2 C.p.c., wonach die inländischen Gerichte dann zuständig waren, wenn es um in Italien entstandene oder zu erfüllende Forderungen i.S.d. Art. 1173 C.c. ging (obbligazioni quivi sorte o da eseguirsi)[194]. Eine Schadensersatzforderung

---

[190] Cass. Torino v. 19.12.1911, RDCo 1912, II, 177 m. Anm. DIENA - Desenzani c. Scotti, vgl. dazu auch BINDER, RabelsZ 20 (1955), 401, (426); Cass. v. 2.4.1927, FI Mass 1927, II, 472 - Sasso c. S.A.S.C.O; Trib. Roma v. 18.1.1939, DInt 1939, 305.

[191] An den Handlungsort knüpfte die Rsp. im allgemeinen Deliktsrecht u.a. an in:
Pret. Roma v. 30.4.1966, RDI 1968, II, 85; Pret. Roma v. 11.4.1972, GM 1974, I, 371; Cass. v. 15.7.1976 Nr. 2796, GI Mass. 1976, 692 = RDIPP 1977, 96 - American Int. c. Iranian Oil Company, wo es um eine Explosion an Bord eines italienischen Schiffes ging. Das Gericht wandte unter Berufung auf Art. 25 Abs. 2 Disp. prel. und Art. 5 Codice navale ital. Recht an. Es reichte aus, dass sich nur ein Teil der unerlaubten Handlung auf dem Schiff ereignete, das unter ital. Flagge im iranischen Hafen lag. Das die unerlaubte Handlung charakterisierende Moment liege grundsätzlich mehr in der Handlung als im Erfolg („a volerne graduare l'importanza […] il connotato caratterizzante del fatto sta più nella condotta che nell'evento."). Wenn aber Handlung und Erfolg gleichermaßen die unerlaubte Handlung charakterisieren, also die Anknüpfung an den Handlungsort und die an den Erfolgsort gleichermaßen geeignet erscheinen, das anwendbare Recht zu bestimmen, müsse das Anknüpfungskriterium angewandt werden, das zur *lex fori* führt („quando nessuno dei criteri di collegamento […] che sembrano bilanciarsi, si presenta in astratto con un titolo poziore […] il conflitto non può che essere risolto se non in favore della *lex fori*."); Cass. v. 23.10.1979, Nr. 5542, RDIPP 1980, 438 - Digovic c. Pejcic; Cass. v. 26.5.1980, Nr. 3445, RDIPP 1982, 79 - Platzer c. Pichler: „poiché trattavasi di fatto avvenuto in Austria, doveva applicarsi la legge austriaca"; Cass. v. 21.11.1986, Nr. 6836, RDIPP 1988, 125 - Nagel c. Mowlem II: „l'obbligazione di risarcimento del danno cagionato da atto illecito sorge nel tempo e nel luogo ove è avvenuto il fatto da cui quell'obbligazione deriva (art. 25, secondo comma disp. prel. cod. civ.)."

[192] Vgl. dazu auch ANNIBALE, S. 302 „il compimento del soggetto [è] elemento essenziale dell'illecito".

[193] An den Erfolgsort knüpfte sie im allgemeinen Deliktsrecht u.a. an in:
Cass. v. 27.2.1962, Nr. 390 sez. un., RDInt. 1962, 427 ff. = FI 1962, I, 1810 - British Petroleum Co. c. S.p.a. E.P.I.M.: „non il luogo dove è posta in essere l'azione illecita, potenzialmente produttrice di danno, ma esclusivamente il luogo dove il danno effettivo si è verificato"; App. Brescia v. 23.7.1973, RDIPP 1977, 96 ff.; App. Roma v. 6.9.1983, RDIPP 1984, 167 = FI 1983, I, 2838 ff.; Cass. v. 15.3.1975, Nr. 1001, RDIPP 1975, 562 - Nagel c. Mowlem.

[194] Zu einer Übersetzung des Art. 4 Nr. 2 C.p.c. vgl. BAUER, Codice di Procedura Civile. Die ital. internationale Zuständigkeit regelt nunmehr Art. 3 ff. ital. IPRG mit Verweis auf das EuGVÜ, dazu s.u. Kapitel 8.

nach Art. 2043 C.c. (obbligazione di risarcimento del danno) entstehe aber am Erfolgsort[195].
Uneinig war sich die Rechtsprechung, wenn sie an den Erfolgsort anknüpfte, auch darüber, wo dieser genau belegen sei. Sie sah ihn teils am Ort gegeben, wo sich der Erfolg auswirkt (luogo in cui l'evento si è prodotto)[196], teils dort, wo sich der wirtschaftliche Schaden äußert (luogo dove la lesione estrinseca gli effetti economici)[197].

Die mangelnde gesetzliche Präzisierung des Begehungsortes führte dazu, dass es letztlich dem Richter überlassen blieb, ob er das Recht des Handlungs- oder des Erfolgsort wählen wollte[198].

Das italienische IPRG von 1995 nimmt die traditionelle Anknüpfung an die *lex loci delicti* auf, beruft aber das Tatortrecht nicht in neutraler Weise wie der frühere Art. 25 Abs. 2 Disp. prel.. Vielmehr ergänzt es die Anknüpfung an den Begehungsort durch nähere Bestimmungen und Einschränkungen, die sie gleichzeitig flexibler und starrer werden lässt[199].
Art. 62 Abs. 1 S. 1 ital. IPRG[200] hat sich nun bei unerlaubten Handlungen klar für die Anwendung des Rechtes des Staates ausgesprochen, in dem das schädigende Ereignis eingetreten ist und damit den jahrzehntelangen Streit und die Unsicherheiten um die Bestimmung des Begehungsortes beendet. Richterliche Beurteilungsspielräume bestehen insoweit nicht mehr, maßgeblich ist der Erfolgsort (luogo dell'evento)[201]. Dem Geschädigten wird jedoch gem. Art. 62

---

[195] So Cass. v. 27.2.1962, Nr. 390 u. Cass. v. 15.3.1975, Nr. 1001, s.o. Fn. 193; vgl. auch POCAR, Il nuovo diritto internazionale privato S. 66 f. insb. Fn. 127 u. BALLARINO, S. 720 mwN.
[196] Trib Lucca v. 17.9.1975, ARC 1976, 267; App. Roma v. 6.9.1983, RDIPP 1984, 167 = FI 1983, I, 2838.
[197] App. Bologna v. 2.12.1980, RCP 1983, 237, vgl. dazu auch ANNIBALE, S. 303 f.
[198] Vgl. DAVÌ, RDInt. 1975, 225 ff., der den Standpunkt der absoluten Äquivalenz des Handlungs- und Erfolgsortrechts vertrat; vgl. auch FERDOZZI, S. 760, der die Auffassung vertrat, dass es dem Richter überlassen bleibe, sich für den Handlungs- oder Erfolgsort zu entscheiden; FERRARI BRAVO, RDC 1961, I, 80, (96 ff.), (103 ff.); DERS., S. 115 ff. meint, der Gesetzgeber habe mit Absicht die Wahl dem Richter zufallen lassen wollen.
[199] POCAR, IPRax 1997, 145, (159); SARAVALLE, NLC 1996, 1441, (1442); HONORATI, S. 156 ff.; LUGATO, CG 1995, 1254, (1258); vgl. auch STAUDINGER-V. HOFFMANN, Art. 38 EGBGB RdNr. 40 mwN.
[200] Art. 62 Abs. 1 ital IPRG (Responsabilità per fatto illecito) lautet:
„La responsabilità per fatto illecito è regolata dalla legge dello Stato in cui si è verificato l'evento. Tuttavia il danneggiato può chiedere l'applicazione della legge dello Stato in cui si è verificato il fatto che ha causato il danno". („Die Haftung für unerlaubte Handlungen unterliegt dem Recht des Staates, in dem das schädigende Ereignis eingetreten ist. Der Geschädigte kann die Anwendung des Rechts des Staates verlangen, in dem die den Schaden verursachende Handlung begangen worden ist." So die Übersetzung bei JAYME/SIEHR/KRONKE, RabelsZ 61(1997), 344, (358) = IPRax 1996, 356, (366); vgl. auch die bei STAUDINGER-V. HOFFMANN, Art. 38 EGBGB RdNr. 40.
[201] Vgl. KINDLER, RabelsZ 61 (1997), 277, (280 mwN. in Fn. 319); PESCE, RIW 1995, 977, (982); MUNARI, JbItR 9 (1996), 37, (54); POCAR, IPRax 1997, 145, (159); LUGATO, CG 1995,

Abs. 1 S. 2 ital. IPRG die Möglichkeit eingeräumt, die Anwendung des Rechtes zu verlangen, in dem die den Schaden verursachende Handlung begangen worden ist.

Was unter dem Erfolgsort zu verstehen ist, gibt auch das IPRG von 1995 keinen Aufschluss. Die wohl herrschende Meinung[202] sieht den Erfolgsort dort, wo das geschützte Rechtsgut verletzt wird. Nicht erheblich sei der Ort oder die Orte, wo der daraus folgende Schaden entstehe.
Indem Art. 62 Abs. 1 S. 1 ital. IPRG sich zwar für den Erfolgsort als den Begehungsort entscheidet, es aber unterlässt diesen genauer zu definieren, hindert er die italienischen Gerichte nicht daran, auch in Zukunft den Ort des auch nur indirekt eingetretenen Schadens zu berücksichtigen, um - falls dieser in Italien liegt - die *lex fori* anzuwenden[203].
An dieser Stelle sei noch erwähnt, dass die von Art. 62 und 63 ital. IPRG ausgesprochenen Verweisungen stets Sachnormverweisungen sind. Zwar wurde durch die Reform von 1995 der Renvoi in das italienische IPR eingeführt[204], eventuelle Rück- oder Weiterverweisungen sind aber nach Art. 13 Abs. 2 lit. c IPRG im Fall der Haftung aus unerlaubter Handlung immer unbeachtlich[205].

1254, (1258); BALLARINO, S. 720: Nach der Begründung zum Entwurf des ital. IPRG, RDIPP 1989, 947, (981) - Art. 64 E - entspreche die grundsätzliche Anknüpfung an den Erfolgsort der h. Rsp. u. Lehre und könne als bisher schon geltendes Recht angesehen werden. Es werde nun verbindlich festgelegt, was unter dem ungenauen noch in Art. 25 Disp. prel. verwendeten Ausdruck „luogo ove è avvenuto il fatto“ zu verstehen ist, nämlich der Ort, wo das schädigende Ereignis eingetreten ist.

[202] BALLARINO, S. 721: „luogo dell'evento deve intendersi quello in cui si è prodotta la lesione del bene o interesse giuridico tutelato e che, pertanto, non abbia rilevanza il luogo in cui si producono delle conseguenze ulteriori“; DAVÌ, S. 29 f.

[203] So BALLARINO, S. 721: „È tuttavia probabile che, nel silenzio della legge, i tribunali italiani tendano a dare rilevanza ad effetti dannosi indiretti verificatisi in Italia, al fine di poter applicare la lex fori, come già era avvenuto nel sistema previgente.“

[204] Nach Art. 30 Disp. prel. war der Renvoi bisher grundsätzlich ausgeschlossen. Insbesondere die Lit. hatte das (vollständige) Renvoiverbot kritisiert, vgl. SARAVALLE, NLC 1996, 1441, (1450 mwN. in Fn. 59); MUNARI, JbItR 9 (1996), 37, (49); POCAR, IPRax 1997, 145, (150 f. mwN.).

[205] Vgl. DAVÌ, S. 13 ff.; SARAVALLE, NLC 1996, 1441, (1450); BALLARINO, S. 719; vgl. auch STAUDINGER-V. HOFFMANN, Art. 38 EGBGB RdNr. 40. Auch bei Wettbewerbshandlungen dürfte somit m.E. ein Renvoi nicht in Frage kommen.
Das dt. Recht nimmt im Unterschied zum italienischen unerlaubte Handlungen *de lege lata* nicht vom Grundsatz der Gesamtverweisung (Art. 4 Abs. 1 S. 1 EGBGB) heraus. In der dt. Lit. ist umstritten, ob ein Renvoi zu beachten ist, wenn die Verweisung auf dt. internationalen Deliktsrecht beruht, vgl. statt aller die Nachweise bei MÜKO-KREUZER, Art. 38 EGBGB RdNr. 25 Fn. 83. Die dt. Rsp. hat bei einem grenzüberschreitenden Delikt den Renvoi mit Rücksicht auf das Prinzip des günstigeren Rechts (Ubiquitätsregel) „grundsätzlich“ für ausgeschlossen gehalten, vgl. OLG Saarbrücken v. 22.10.1957, NJW 1958, 752 f.
Im dt. Wettbewerbskollisionsrecht lehnt die wohl h.M. einen Renvoi ab, vgl. MÜKO-KREUZER, Art. 38 EGBGB RdNr. 239 mwN; SACK, GRUR Int. 1988, 320, (329); BECKMANN, WRP 1993, 651, (655); BAUER, S. 205 ff. begründet dies mit dem Hinweis darauf, dass das Lauterkeitsrecht Verhaltensregeln für den Wettbewerb auf dem eigenen nationalen Markt

4.3.2.1 Auflockerung des deliktsrechtlichen Anknüpfungspunktes

4.3.2.1.1 Rechtswahl

Wie die deutsche Regelung, räumt auch die italienische dem Geschädigten ein Rechtswahlrecht ein. Während aber nach Art. 40 Abs. 1 S. 1 EGBGB grundsätzlich das Recht des Handlungsortes gilt und der Geschädigte gem. Art. 40 Abs. 1 S. 2 EGBGB die Anwendung des Rechts des Staates verlangen kann, in dem der Erfolg eingetreten ist, sieht der italienische Gesetzgeber genau umgekehrt nach Art. 62 Abs. 1 S. 2 ital IPRG vor, dass der Geschädigte das Recht des Handlungsortes an Stelle des grundsätzlich nach Art. 62 Abs. 1 S. 1 ital. IPRG geltenden Erfolgsortrechts wählen darf[206].
Die Einführung eines Wahlrechts des Klägers in Art. 62 Abs. 1 S. 2 ital. IPRG wurde von der Literatur begrüßt, da es dem allgemeinen Trend des Internationalen Privatrechts entspreche, Flexibilität garantiere und eine beschränkte Anerkennung der Privatautonomie auf dem Gebiet der unerlaubten Handlungen darstelle[207]. Vor allem aber wurde positiv angemerkt , dass es die Position des Schädigers zugunsten der des Geschädigten schwäche. Auf diese Weise werde einer sachrechtlichen Betrachtung Bedeutung beigemessen, die die kollisionsrechtliche Lösung vom Inhalt der Rechte abhängig mache, mit denen das Delikt verbunden sei[208].

Der Geschädigte muss allerdings dieses Wahlrecht auch ausdrücklich ausüben; tut er dies nicht, so hat der Richter das Recht des Erfolgsorts anzuwenden[209].
Form und Zeitpunkt der Ausübung des Wahlrechts wurden vom Gesetzgeber jedoch nicht bestimmt[210]. Im Unterschied zu Art. 40 Abs. 1 S. 3 EGBGB sieht

---

enthalte. An diesen Regeln müssten sich die Marktteilnehmer im Voraus orientieren können. Die *par conditio concurrentium* sei jedoch nur dann gesichert, wenn die Verweisung auf das Recht des betroffenen Marktes als Sachnormverweisung zu verstehen sei; **a.A.** v. BAR, IPR II, § 6 RdNr. 691 a.E., 699 Fn. 308, der weder für das Deliktsrecht noch für das Lauterkeitsrecht Gründe für eine Ausnahme von der Gesamtverweisung sieht. Es mache keinen Sinn, den Renvoi im internationalen Sachenrecht zu berücksichtigen, im Internationalen Deliktsrecht dagegen nicht; differenzierend: RIEGL, S. 240 ff.

[206] Vgl. auch KINDLER, RabelsZ 61 (1997), 227, (280 f.); POCAR, Il nuovo diritto internazionale privato S. 67; DERS., IPRax 1997, 145, (159); SARAVALLE, RDIPP 1995, 657, (668); DERS., NLC 1996, 1441, (1445) der die Rechtswahl des Geschädigten an Stelle der des Richters für lobenswert befindet.

[207] VITTA, Problemi di riforma, S. 220 ff.; KINDLER, RabelsZ 61 (1997), 227, (239); POCAR, Il nuovo diritto internazionale privato S. 68 mwN. in Fn. 131; vgl. auch die Begründung zum Entwurf des ital. IPRG in RDIPP 1989, 947, (981) - Art. 64 E: „Questo limitato accoglimento dell'autonomia della volontà nel campo della responsabilità da illecito corrisponde ad alcune più generali tendenze che si stanno recentemente affermando nel campo del diritto internazionale privato, e garantisce al sistema accolto una opportuna flessibilità".

[208] POCAR, IPRax 1997, 145, (159 mwN. in Fn. 78).

[209] POCAR, Commentario, S. 311; SARAVALLE, NLC 1996, 1441, (1448 f.).

[210] Vgl. dazu BALLARINO, S. 722 f.; DAVÌ, S.34 ff.

Art. 62 Abs. 1 S. 2 ital. IPRG keine Regelung darüber vor, bis zu welchem Zeitpunkt der Verletzte sein Wahlrecht ausüben kann[211].
Nachteilig wurde an der durch das IPRG von 1995 neu eingeführten Regelung ferner bewertet, dass die Frage über die Zulässigkeit eines Rechtswahlverzichts weder im Gesetz noch im Ministerialbericht erwähnt wurde[212]. Das Schweigen des Gesetzes und die Verbwahl „kann" (può) in Art. 62 Abs. 1 S. 2 ital. IPRG sprechen eher für die Zulässigkeit eines Rechtswahlverzichtes, jedenfalls nicht dagegen[213].
Diese Frage stellt sich so im deutschen Recht nicht, da der Geschädigte nach Ablauf der in Art. 40 Abs. 1 S. 3 EGBGB genannten Frist sein Bestimmungsrecht nicht mehr ausüben kann. Im Rahmen der deutschen Regelung stellt sich eher die Frage, ob spätestens mit dem Präklusionszeitpunkt eine getroffene Rechtswahl unwiderruflich geworden ist[214].

---

[211] ANNIBALE, S. 305 und IACCARINO, S. 290 f. sind der Ansicht, dass solange diese Frage nicht gesetzlich geregelt werde, es keine zeitliche Beschränkung für die Rechtswahl gebe. Sicher sei jedenfalls, dass eine Rechtswahl niemals vor Ausführung der unerlaubten Handlung getroffen werden könne.
Für eine weite zeitliche Beschränkung ist MOSCONI, S. 164, für den sich aus dem Prozessrecht ergibt, dass das Wahlrecht bis zum Zeitpunkt ausgeübt werden kann, wo die Parteien ihren endgültigen Antrag vor Gericht stellen („dal diritto processuale italiano [...] risulta che il termine ultimo è quello nel quale le parti presentano al giudice la propria richiesta conclusiva"); ähnlich POCAR, IPRAx 1997, 145, (159); DERS., RDIPP 1995, 905, 1210, (1212 ff.). **A.A.** SARAVALLE, NLC 1996, 1441, (1447): Der Geschädigte habe die Rechtswahl bereits in der Klageschrift auszuüben. Außerdem habe sie in der ersten Instanz zu erfolgen und könne später nicht mehr geändert werden, da ansonsten die Rechte des Verletzers zu sehr beschnitten würden („[...] scelta che la parte lesa deve effettuare nell'atto di citazione nel giudizio di primo grado. [...] il danneggiato [non può] revocare, in un successivo grado del giudizio, la scelta in precedenza effettuata"); ähnlich BALLARINO, S. 723: die Rechtswahl müsse grundsätzlich spätestens während der ersten Gerichtsverhandlung („prima udienza di trattazione") erfolgen, falls der Richter nicht von sich aus einen weiteren peremptorischen Termin hierfür anordnet („salvo concessione di un ulteriore termine perentorio dal giudice").
[212] Vgl. ANNIBALE, S. 305, BALLARINO, S. 722 f. und den MINISTERIALBERICHT, RDInt 1990, 741, (785 f.).
Im Bereich der Produkthaftung ist der Geschädigte hingegen nach Art. 63 ital. IPRG verpflichtet, eine Wahl zu treffen. Dabei kann er sich zwischen dem Recht des Erwerbsortes und dem des Herstellersitzes entscheiden. Dieses Wahlrecht wird aber zugunsten des Produzenten eingeschränkt: Kann der Hersteller beweisen, dass das Produkt ohne sein Einverständnis in dem Staat, in dem das Produkt erworben wurde, in den Handel gelangt ist, so ist die Anwendung des Rechts des Erwerbsorts ausgeschlossen, vgl. STAUDINGER-V. HOFFMANN, Art. 38 EGBGB RdNr. 40.
[213] Für ein Rechtswahlverzicht haben sich ausgesprochen: IACCARINO, S. 290; DAVÌ, S. 36 f.; MOSCONI, S. 165 bemerkt, dass ein Verzicht nur nach dem Schadenseintritt erfolgen kann; **a.A.** POCAR, Il nuovo diritto internazionale privato S. 69; DERS., RDIPP 1995, 905, 1210, (1214); SARAVALLE, NLC 1996, 1441, (1448), da ein jedenfalls vor Schadenseintritt erfolgter Rechtswahlverzicht dem vom Gesetz ausdrücklich gewollten Optionsrecht widerspreche.
[214] Für die Widerruflichkeit hat sich JUNKER, RIW 2000, 241, (248) ausgesprochen, der dies u.a. mit dem Wortlaut des Art. 40 Abs. 1 S. 2 EGBGB („kann verlangen") begründet; **a.A.** vgl. Nachweise bei JUNKER, aaO. Fn. 66.

4.3.2.1.2 *Ausweichklausel (Berichtigungsklausel)*

Die *lex-loci-delicti*-Regel wird auch bei bloß zufälliger Beziehung der Beteiligten zum Tatort durchbrochen. Nach Art. 62 Abs. 2 ital. IPRG ist Abs. 1 nicht anwendbar, wenn alle Beteiligten Angehörige desselben Staates sind und dort auch ihren Wohnsitz haben. Da in einem solchen Fall eine engere Verbindung zu diesem gemeinsamen Staat besteht, ist auch dessen Recht anzuwenden, wenn die Beteiligten auf dem Territorium eines anderen Staates handeln[215].
Wie auch Art. 40 Abs. 2 EGBGB[216] lässt Art. 62 Abs. 2 ital. IPRG die gemeinsame Staatsangehörigkeit als alleiniges Anknüpfungskriterium nicht mehr ausreichen und verlangt zur Durchbrechung der Tatortregel das Hinzukommen der weiteren Bedingung des gemeinsamen gewöhnlichen Aufenthalts (residenza)[217].
Während aber Art. 40 Abs. 2 EGBGB bereits dann eine Ausnahme von der Anknüpfung an den Tatort macht, wenn der Ersatzpflichtige und der Verletzte zur Zeit des Haftungsereignisses ihren gewöhnlichen Aufenthalt in demselben Staat haben[218], schränkt Art. 62 Abs. 2 ital. IPRG die Abweichung von der traditionellen Regel noch weiter ein, indem er sie an die doppelte Bedingung des gemeinsamen gewöhnlichen Aufenthaltes und der gemeinsamen Staatsangehörigkeit bindet.

Aber auch sonst sieht das deutsche Kollisionsrecht in diesem Bereich mehr Möglichkeiten einer Abweichung von der Tatortregel vor. Während das italieni-

---

215 STAUDINGER-V. HOFFMANN, Art. 38 EGBGB RdNr. 40; KINDLER, RabelsZ 61 (1997), 227, (281); ANNIBALE, S. 306; Vgl. auch FLEISCHER, S. 360, der meint, Art. 62 Abs. 2 IPRG erinnere an die vom BGH (z.B. in der „Stahlexport"-Entscheidung) gelegentlich vorgenommene Anknüpfung an gemeinsames dt. Heimatrecht beim Auslandswettbewerb von Inländern, mit dem Unterschied dass sie in der Praxis, im Gegensatz zur ital. Regelung, nur einseitig angewandt worden sei.

216 Zur dt. „Parallelvorschrift" Art. 40 Abs. 2 EGBGB, die die Regelanknüpfung an den Erfolgsort verdrängt, s.o. 4.2.2.2.1.

217 Art. 62 Abs. 2 ital. IPRG lautet:
„Qualora il fatto illecito coinvolga cittadini di un medesimo Stato in esso residenti, si applica la legge di tale Stato."
JAYME/SIEHR/KRONKE, RabelsZ 61 (1997), 344, (358) = IPRax 1996, 356, (366) übersetzen wie folgt:
„Sind ausschließlich Angehörige eines Staates mit gewöhnlichem Aufenthalt in demselben beteiligt, so ist das Recht dieses Staates anzuwenden."
STAUDINGER-V. HOFFMANN, Art. 38 EGBGB RdNr. 40 übersetzt stattdessen wie folgt:
„Falls nur Angehörige eines Staates mit Wohnsitz in demselben beteiligt sind, ist das Recht dieses Staates anzuwenden."
M.E. ist erstere Übersetzung vorzuziehen, da „residenza" mit „gewöhnlichem Aufenthalt" übersetzt wird, was auch der Legaldefinition in Art. 43 C.c. entspricht, wonach „residenza" der Ort ist, an dem tatsächlich länger verweilt wird. Dem „Wohnsitz" i.S.d. § 7 BGB entspricht im ital. Recht der Begriff „domicilio", vgl. zu den Begriffen TRABUCCHI, RdNr. 48, S. 104 f. u. PALANDT-HEINRICHS[60], § 7 RdNr. 1 bis 3. Auf den „domicilio" kommt es nur in Art. 63 ital. IPRG an, s.u. Fn. 235.

218 Dazu s.o. 4.2.2.2.1.

sche Kollisionsrecht sich in Art. 62 Abs. 2 ital. IPRG auf einen - wenn auch häufigen - Fall beschränkt, bei dem die Anwendung der *lex loci delicti* unangebracht ist[219], wird gemäß der den Art. 40 Abs. 2 EGBGB verdrängenden, weit gefassten Ausweichklausel in Art. 41 EGBGB das Recht des Staates für anwendbar erklärt, mit dem eine wesentlich engere Verbindung besteht[220].

Liegen die Voraussetzungen des Art. 62 Abs. 2 ital. IPRG vor, ist eine Rechtswahl nach Art. 62 Abs. 1 S. 2 ital. IPRG natürlich ausgeschlossen[221]. Bei einem Direktanspruch gegen den Versicherer ist Art. 62 Abs. 2 ital. IPRG hingegen nicht anzuwenden, da dieser nicht beteiligte Person im Sinne dieser Vorschrift ist[222].

Obwohl Art. 62 Abs. 2 ital. IPRG bereits einschränkend formuliert ist[223], ist - anders als bei dem noch allein auf die *lex loci delicti* abstellenden Art. 25 Abs. 2 Disp. prel. - nicht ausgeschlossen, dass er zur Anwendung eines anderen Rechts als dem des Handlungs- oder Erfolgsortes führt. Deshalb muss, wenn es um die Befolgung von allgemeinen Verhaltensregeln geht, die jeder in einem bestimmten Staat gleichermaßen zu befolgen hat, wie beispielsweise die Verkehrsgeschwindigkeitsregelungen oder das Rechts- bzw. Linksfahrgebot, Art. 62 Abs. 2 ital. IPRG noch zusätzlich einschränkend ausgelegt werden. Diese für alle in einem Land gleichermaßen geltenden „Standards" können nicht gem. Art. 62 Abs. 2 ital. IPRG umgangen werden, indem z.B. das Recht eines anderen Landes als das des Handlungsortes zur Anwendung kommt[224]. Dogmatisch gesehen könnten diese „Standards" zu *local data* im Sinne der Datumstheorie erhoben werden[225].

---

219 Vgl. SARAVALLE, NLC 1996, 1441, (1449 mwN. in Fn. 52).

220 Vgl. Art. 41 Abs. 1 EGBGB; BTDrucks. 1.2.1999, 14/343, S. 12; s.o. 4.2.2.2.3.

221 IACCARINO, S. 291. Zu dem die Regelanknüpfung im dt. Recht verdrängenden Art. 40 Abs. 2 EGBGB, s.o. 4.2.2.2.1.

222 So jedenfalls die Meinung von BALLARINO, S. 725. Das in diesem Fall anwendbare Recht regelt allein Art. 62 Abs. 1 ital. IPRG. Auch das dem Versicherungsvertrag unterliegende Recht ist nicht anwendbar, da das Schadensersatzrecht des Geschädigten seinen Ursprung nicht im Versicherungsvertrag hat, sondern im Anspruch gegen den Schädiger, vgl. dazu BALLARINO, S. 728 a.E. mwN.; Anders hingegen die dt. Regelung in Art. 40 Abs. 4 EGBGB, die es erlaubt, neben dem Recht des Tatorts notfalls auch das Recht anzuwenden, dem der Versicherungsvertrag unterliegt.

223 Durch die Formulierung „soltanto" (nur) wird u.a. klargestellt, dass Art. 62 Abs. 2 ital. IPRG gegenüber anderen an der unerlaubten Handlung beteiligten Personen, die nicht dieselbe Staatsangehörigkeit und denselben gewöhnlichen Aufenthalt haben, unanwendbar ist, vgl. SARAVALLE, NLC 1996, 1441, (1449).

224 So sieht es z.B. Art. 142 Abs. 2 des Schweizer IPRG vor, dass „Sicherheits- und Verhaltensvorschriften am Ort der Handlung [...] zu berücksichtigen [sind]".

225 DAVÌ, S. 42 ff. spricht sich ausdrücklich für die Einführung der Datumstheorie ins ital. Recht aus. Zur Datumstheorie s.o. 4.1 Fn. 8.

4.3.2.1.3 Akzessorische Anknüpfung (Sonderverbindungsstatut)

Das italienische Schrifttum ist in der Anerkennung einer sonderverbindungs-akzessorischen Anknüpfung im allgemeinen Deliktsrecht geteilt[226]. Teils spricht es sich für eine Anknüpfung nach dem Sonderverbindungsverhältnis (rapporto sottostante) aus[227], teils lehnt sie aber auch ausdrücklich eine akzessorische Anknüpfung unerlaubter Handlungen ab[228].
Das italienische IPRG von 1995 hat diese Frage für das Deliktsrecht jedenfalls nicht geregelt[229]. Für das Lauterkeitsrecht wurde diese Frage bisher nicht gesondert behandelt[230].

4.3.2.1.4 Lex fori als Ersatzregelung

Gem. Art. 16 Abs. 1 ital. IPRG darf das ausländische Recht nicht angewandt werden, wenn es mit den ethischen und sozialen Grundsätzen der italienischen Rechtsordnung (ordre public), die im fraglichen Zeitpunkt in Betracht gezogen und geprüft werden, unvereinbar ist[231]. Art. 16 Abs. 2 ital. IPRG soll einen vorschnellen Rückgriff auf die *lex fori* vermeiden helfen[232]. Demnach kommt die *lex fori* nur als *ultima ratio* zum Zuge (Art. 16 Abs. 2 S. 2)[233].

---

[226] Vgl. ausführlicher LUGATO, CG 1995, 1254, (1258 f.); DAVÌ, S. 59 ff.
[227] So FERRARI BRAVO, Recueil des Cours 146 (1975), III, 341, (383 f.), (387 f.); s. weitere Nachweise zu Befürwortern einer akzessorischen Anknüpfung bei DAVÌ, S. 60 Fn. 2.
[228] So GESTRI, RDIPP 1988, 53, (59 ff.); BALLARINO, S. 727; DAVÌ, S. 59 ff., 64 f.: Zwar seien Persönlichkeitsrechte (diritti della personalità) gem. Art. 24 Abs. 1 HS 2 ital. IPRG akzessorisch anzuknüpfen, eine Übertragung dieser Regelung auch auf das Deliktsrecht entbehre aber jeden Grundes; s. weitere Nachweise zu Gegnern einer akzessorischen Anknüpfung bei DAVÌ, S. 65 Fn. 9.
Auch die ital. Rsp. knüpft Delikts- u. Vertragsansprüche getrennt an, vgl. Cass. v. 22.9.1983, Nr. 5638, FI Mass. 1983, 1180 = GC Mass. 1983, II, 2009 - Morante c. Ministero di Grazia e Giustizia; Cass. v. 17.6.1967, Nr. 1430, RCP 1968, 286 - Società Lever c. Ditta Prodotti Tessili Montini; vgl. weitere Nachweise bei SARAVALLE, S. 273 ff. insb. Fn. 8, 10, 11, 16 und HONORATI, RDIPP 1994, 281, (296 Fn. 31).
[229] ANNIBALE, S. 307.
[230] HONORATI, S. 49.
[231] Art. 16 Abs. 1 ital. IPRG entspricht in seiner Konzeption § 6 EGBGB.
Eine Qualifizierung des *ordre public* hat das Gesetz nicht angeboten. Es kann damit aber nur der „internationale *ordre public*" gemeint sein, der als die Gesamtheit der fundamentalen Grundsätze und Werte, die der ital. Rechtsordnung zugrunde liegen, verstanden wird; vgl. dazu POCAR, IPRax 1997, 145, (152), PESCE, RIW 1996, 977, (980) und KINDLER, RabelsZ 61 (1997), 227, (255 f.). Letzterer weist darauf hin, dass der bisherige Art. 31 Disp. prel. die internationale Komponente nicht ausdrücklich genug berücksichtigt habe.
[232] KINDLER, RabelsZ 61 (1997), 227, (257 mwN. in Fn. 177).
[233] Auch Art. 14 Abs. 2 ital. IPRG erlaubt es dem Gericht nur als letztes Hilfsmittel, wenn das ausländische Recht überhaupt nicht feststellbar ist, auf das ital. Recht zurückzugreifen; vgl. zur Anwendbarkeit der *lex fori* nach Art. 14 Abs. 2 S. 2 und 16 Abs. 2 S. 2 ital. IPRG ausführlicher POCAR, IPRax 1997, 145, (151 f.).

Ausnahmsweise soll nach einigen italienischen Autoren[234] die *lex fori* auch dann als Ersatzrecht zur Anwendung kommen, wenn sich sowohl Erfolg als auch Handlung in einem unbestimmbaren Territorium abspielt (z.B. bei Polarexpeditionen oder Bohrinseln auf offenem Meer). An einer engeren Beziehung zu einem bestimmten Recht fehle es aber dann nicht, wenn z.B. die Expedition von einer einem bestimmten Recht unterliegenden Organisation durchgeführt werde, die das Zusammenleben der Menschen an Ort und Stelle regele.

4.3.3 Anknüpfung im Lauterkeitsrecht

Die Gesetzesreform von 1995 verzichtet, wie bereits dargelegt, auf eine Sonderregel für das Wettbewerbsstatut. Da aber der Gesetzgeber nur hinsichtlich der Produkthaftung in Art. 63 ital. IPRG[235] eine Sonderregelung einführt, gilt Art. 62 ital. IPRG für alle Deliktstypen.
Demnach regelt Art. 62 ital. IPRG grundsätzlich auch das auf Wettbewerbshandlungen anwendbare Recht[236].

Aber gerade was die Distanzdelikte im Wettbewerbsrecht angeht, scheint Art. 62 Abs. 1 S. 1 ital. IPRG, mit seiner klaren Regelung zugunsten des Erfolgsortes überall dort Probleme zu bereiten, wo eine Handlung mit einer Vielzahl von Erfolgsorten in verschiedenen Ländern korrespondiert, da es zur gleichzeitigen Anwendung mehrerer, unterschiedlicher Rechte kommen kann[237].

Wie in Deutschland bleibt auch in Italien die Lösung dieses Problems wohl der Rechtsfortbildung in Literatur und Rechtsprechung überlassen[238].

Sofern die Literatur nicht direkt eine mehr oder weniger von Art. 62 ital. IPRG losgelöste Anknüpfung an den Marktort befürwortet[239], nimmt sie jedoch zumindest indirekt auf die Besonderheiten des Wettbewerbsrechts als Marktortrecht Rücksicht[240]. So weicht z.B. die modifizierte Handlungsort-Theorie[241] bei

---

[234] DAVÌ, S. 33.; FERRARI BRAVO, RDC 1961, I, 80, (111 ff.).

[235] Art. 63 ital. IPRG (Außervertragliche Produkthaftung) übersetzt bei JAYME/SIEHR/KRONKE, RabelsZ 61 (1997), 344, (359) = IPRax 1996, 356, (366):
„Die Haftung für von einem Produkt herrührende Schäden unterliegt nach Wahl des Geschädigten dem Recht des Staates des Wohnsitzes oder der Verwaltung des Produzenten oder des Staates, in dem das Produkt erworben wurde, sofern der Produzent nicht beweist, dass es dort ohne sein Einverständnis in den Handel gelangt ist."

[236] BALLARINO, S. 729.

[237] SARAVALLE, NLC 1996, 1441, (1447); MOSCONI, S. 166; ANNIBALE, S. 303; POCAR, Il nuovo diritto internazionale privato S. 67; BALLARINO, S. 729.

[238] Ausführlich s.u. Kapitel 5.

[239] S.u. 5.5.1.

[240] ANNIBALE, S. 304 ff.; ORIGONI DELLA CROCE, RDIPP 1976, 782, (788); VENTURINI, RDI 1977 volume celebrativo, 1177, (1180); MAGELLI, RDI 1975, I, 270 ff.

[241] S.u. 5.5.2.

der kollisionsrechtlichen Behandlung von Lauterkeitsfällen von der gesetzlichen Regelanknüpfung an den Erfolgsort in Art. 62 Abs. 1 S. 1 ital. IPRG ab. Da unlautere Wettbewerbshandlungen i.S.d. Art. 2598 C.c. Verhaltensunrecht darstellen, seien sie grundsätzlich an den Handlungsort anzuknüpfen. Weil es aber nicht die reine Handlung (semplice azione) sei, die den unlauteren Wettbewerb kennzeichne, sondern die schadensgeneigte (l'azione pericolosa)[242], liege der *locus commissi delicti* dort, wo die Wettbewerbshandlung erstmals geeignet sei, einen Schaden zu verursachen, bzw. dort, wo eine abstrakte Schadensgefahr zu einer konkreten werde[243]. Das sog. „Gefahrenunrecht" (illecito di pericolo) tritt aber meistens dort auf, wo auf den Markt eingewirkt wird[244].
Die zur deutschen vergleichsweise spärliche einschlägige italienische Rechtsprechung knüpfte im Wettbewerbsrecht bisher vorwiegend am Ort an, an dem sich die Handlung verwirklicht (luogo in cui si verifica l'azione). Dabei war ausreichend, dass die Planung des unlauteren Wettbewerbs in Italien stattfand oder die „Tat" auf eine andere Weise von Italien ausging[245]. Es fehlte aber auch nicht an Entscheidungen, die an den Erfolgsort anknüpfen, der als Ort verstanden wurde, wo erstmals in die Rechtssphäre des Klägers eingegriffen wird[246]. Vor allem das Tribunale di Milano hat sich in jüngeren Entscheidungen zu Art. 25 Abs. 2 Disp. prel. praktisch ausschließlich für eine Anknüpfung an den Erfolgsort ausgesprochen[247]. In seinem Urteil vom 13.4.1995 hat es die Entscheidung der Corte di Cassazione vom 23.1.1958, Nr. 161, die sich noch für eine Anknüpfung an den Handlungsort aussprach, sogar als überholt erklärt[248]. Die italienische Rechtsprechung schien also von der Richtigkeit der Anknüpfung von Wettbewerbshandlungen an den Handlungsort nicht vollends überzeugt zu sein[249].

---

[242] S.o. 1.3.3.
[243] HONORATI, S. 203 ff.; DAVÌ, S. 29: „occorre avere riguardo al luogo nel quale la cosa o altra fonte di pericolo che si trova all'origine del danno è sfuggita al controllo o nel quale comunque l'astratto rischio da essa creato si è materializzato. Il luogo dell'evento dannoso è quello in cui si è prodotta la lesione del bene o interesse giuridico tutelato". ANNIBALE, S. 304: „il *locus commissi delicti* è quello in cui l'atto concorrenziale acquista per la prima volta un'effettiva idoneità a produrre danno, in cui la potenzialità a pregiudicare, da qualifica astratta diviene pericolo reale e immediato"; SARAVALLE, NLC 1996, 1441, (1447 f.): „Per quanto riguarda la concorrenza sleale, ad esempio, sembra condivisibile il recente suggerimento di localizzare l'evento dannoso nel luogo ove si verificano gli effetti dell'atto di concorrenza".
[244] HONORATI, S. 189 ff. u. 204 f.
[245] BALLARINO, S. 729: „La giurisprudenza italiana, piuttosto scarsa, manifesta una notevole tendenza ad applicare la legge italiana, purché solo alcuni atti di concorrenza sleale siano stati commessi nel territorio italiano." S. auch u. 5.4.2.
[246] S.u. 5.4.3.
[247] Trib. Milano v. 2.7.1988, GADI 1988, 662; Trib. Milano v. 19.7.1993, GADI 1994, 376; Trib. Milano v. 13.4.1995, GADI 1995, 946.
[248] Trib. Milano v. 13.4.1995, GADI 1995, 946, (950): „Risulta, in tal guisa, del tutto superata Cass. 23 gennaio 1958 n. 161, in cui era ritenuta decisiva la verificazione in Italia della condotta concorrenziale illecita".
[249] So bereits HONORATI, S. 197 f., ohne dass sie die Entscheidung des Trib. Milano v. 13.4.1995 berücksichtigen konnte.

Auch wenn dies nicht höchstrichterlich bestätigt wurde, kann von einer vermehrten Tendenz zur ausschließlichen Berücksichtigung des Erfolgsortes gesprochen werden.

Zur Rechtslage nach der Reform des IPR von 1995 hat sich die Rechtsprechung, soweit ersichtlich, noch nicht geäußert. Im Rahmen des Art. 62 Abs. 1 ital. IPRG, der sich anders als Art. 25 Abs. 2 Disp. prel. ausdrücklich für eine Regelanknüpfung an den Erfolgsort ausspricht, stellt sich die Frage nach der Anknüpfung im Lauterkeitsrecht nunmehr in einer etwas anderen Form.
Zum einen steht die Rechtsprechung - will sie nicht zwingend an den Erfolgsort anknüpfen, falls der Verletzte sich nicht nach Art. 62 Abs. 1 S. 2 ital. IPRG für das Recht des Handlungsortes entscheidet - nun vor allem vor der Frage, ob sie dem teilweise von der Literatur gemachten Vorschlag folgt, das Lauterkeitsrecht losgelöst von der gesetzlichen Regelung anzuknüpfen. Bisher hat sich die italienische Rechtsprechung aber nicht, wie etwa die deutsche, für eine vom allgemeinen Deliktsrecht losgelöste Anknüpfungsregel entschieden. Auch wenn sie nicht, wie die deutsche, direkt am „Ort der wettbewerbsmäßigen Interessenkollision“ anknüpft, stellte sie trotzdem in einer großen Anzahl ihrer bisherigen Entscheidungen, unabhängig davon, ob sie an den Handlung- oder an den Erfolgsort anknüpfte oder diese Frage offen ließ, letztlich einheitlich auf den Ort ab, wo die Marktstellung des Konkurrenten beeinträchtigt oder gefährdet wurde: Die Marktposition des Konkurrenten werde bereits am Ort der Herstellung der sklavisch nachgeahmten Produkte gefährdet[250]. Beeinträchtigt werde sie dort, wo ihm Kunden durch den Wettbewerbsverstoß abhanden kommen[251] und wo die sklavisch nachgeahmt hergestellte Ware vertrieben wird[252].
Zum anderen besteht auch nach dem neuen IPRG die Frage weiter, welcher unter mehreren Erfolgs- oder auch Handlungsorten maßgeblich sein soll, wenn der Wettbewerbsverstoß sich gleichzeitig an mehreren Orten auswirkt, bzw. erst durch ein Zusammenwirken an verschiedenen Orten zustande kommt (z.B. die sklavisch nachgeahmte Ware im Rahmen eines räumlich aufgeteilten Produktionsprozesses entsteht)[253].
Bisher hat die italienische Rechtsprechung es zur Anwendung des italienischen Rechts stets genügen lassen, dass zumindest ein Teil des Wettbewerbsverstoßes, ein Teil der Handlung oder des Erfolges, sich auf italienischem Territorium ereignet hat[254]. Wie die Rechtsprechung in Zukunft entscheiden wird, bleibt abzuwarten.

---

[250] Cass. v. 23.1.1958, Nr. 161, GI 1958, I, 1 1039 - Prominet c. Fiocchi. Ausführlicher zu diesem und den folgenden Urteilen s.u. 5.4.
[251] Trib. Milano v. 2.7.1988, GADI 1988, 662.
[252] App. Milano v. 7.3.1978, FP 1978, I, 38; Trib. Milano v. 13.4.1995, GADI 1995, 946.
[253] So BALLARINO, S. 729.
[254] HONORATI, S. 199 spricht von der „einzigen Konstante“ in der ital. Rechtsprechung; s. auch BALLARINO, S. 720; MENGOZZI, S. 190; BERNHARD, S. 219; FLEISCHER, S. 350; ULMER-SCHRICKER, Bd. V, Italien, RdNr. 62; WIRNER, S. 71; TROLLER, K. S. 91.

5. Kapitel: Entwicklung der internationalprivatrechtlichen Rechtsprechung und Literatur zum Lauterkeitsrecht in Deutschland und Italien

5.1 Entwicklung und Stand der Rechtsprechung in Deutschland

5.1.1 Das Universalitätsprinzip

Bei Wettbewerbshandlungen von Inländern auf Auslandsmärkten wurde das anwendbare Recht ursprünglich nach dem sog. Auswirkungsprinzip bestimmt. Danach kam es auf den Ort der Auswirkung einer Wettbewerbshandlung an. Dieser war in der Praxis der Rechtsprechung immer der Unternehmenssitz des Verletzten[1]. In allen einschlägigen Entscheidungen hatte das Reichsgericht Wettbewerbsverstöße zu beurteilen, die von einem Inländer im Ausland begangen wurden und zur Schädigung eines konkurrierenden inländischen Wettbewerbers führten. Beide Parteien waren also Inländer. Obwohl das Reichsgericht dies - jedenfalls ausdrücklich - nie zur Voraussetzung für die Anwendbarkeit inländischen Wettbewerbsrechts machte, kam es in seinen Entscheidungen stets zur Anwendung deutschen Rechts[2].
Das hing vor allem mit der Übertragung des markenrechtlichen Universalitätsprinzips[3] auf den unlauteren Wettbewerb zusammen. Dieser Schritt erfolgte erstmals in der „Gratisschnittmuster"-Entscheidung[4]. Wettbewerbsverstöße wurden demnach als Verletzung absoluter Rechte angesehen, die am Sitz des Rechtsträgers belegen waren.
Die damalige herrschende Lehre[5] war der Auffassung, dass der Schutz der Persönlichkeit und der Persönlichkeitsrechte räumlich nicht begrenzt seien. Stets sei es die gleiche Persönlichkeit, die verletzt werde, gleichgültig, ob dies in Deutschland oder im Ausland geschehe. Daraus wurde gefolgert, dass die Verletzung eines deutschen Persönlichkeitsrechtes bereits dann in Deutschland ge-

---

[1] Besonders deutlich RG v. 16.6.1903, RGZ 55, 199, (200) - Üble Nachrede; vgl. auch RG v. 22.10.1901, JW 1901, 851 f. - Gratisschnittmuster; RG v. 31.3.1916, RGZ 88, 183 ff. - Sackpflüge; RG v. 2.12.1921, MuW XXII (1922/23), 61 f. - Milchseparatoren; vgl. auch SACK, GRUR Int. 1988, 320, (321).

[2] Vgl. SACK, GRUR Int. 1988, 320, (321); NUßBAUM, S. 339 ff. hat später von dieser Feststellung ausgehend die nach ihm benannte „Nußbaumsche Formel" aufgestellt, wonach bei gemeinsamem Heimatrecht der Parteien grundsätzlich dieses anzuwenden sei.

[3] Vgl. dazu RG v. 2.10.1886, RGZ 18, 28, (31 f.) - Hoff; in der Lit. vgl. KOHLER, S. 22 ff.; GIERKE, S. 713.

[4] RG v. 22.10.1901, JW 1901, 851, (852) - Gratisschnittmuster, mit Verweisung auf RG v. 2.10.1886, RGZ 18, 28 - Hoff.
Sachverhalt: Beide Parteien waren deutsche Firmen. Die Beklagte hat gegenüber der Klägerin in Modezeitungen gegen § 1 UWG verstoßende Angaben gemacht. Sie hat die Zeitungen selbst im Inland herausgegeben und von da aus in Gebieten des Deutschen Reichs und auch in Österreich verbreitet.

[5] LOBE, S. 398 ff.; KOHLER, S.305; FINGER, § 24 RdNr. 20, § 27 RdNr. 7; PINNER/EYCK, S. XVI; ausführlicher zur Lit. während dieser frühen Phase der Rsp., WEBER, S. 35 ff.

ahndet werden könne, wenn die inländische Gerichtsbarkeit vorliege, unabhängig davon, ob die Verletzung im Inland oder im Ausland erfolgt sei (Universalitätsprinzip)[6].
Damit wurde das Problem von der Ebene des internationalen Privatrechts auf die Ebene des internationalen Prozessrechts verlagert. Es wurde nicht nach dem „räumlich besten Recht“ gesucht, sondern nur gefragt, ob ein Anknüpfungspunkt für die inländische Gerichtsbarkeit vorliege. Im Ergebnis führte dies dazu, dass in beinahe allen Wettbewerbsstreitigkeiten mit internationalem Bezug ein Anknüpfungspunkt an das deutsche Recht gefunden oder konstruiert wurde[7].

In seiner Entscheidung „Üble Nachrede“[8] hatte das Reichsgericht darüber hinaus den Grundsatz aufgestellt, dass inländische Gewerbetreibende auch im Ausland die Vorschriften des deutschen Lauterkeitsrechts beachten müssen. Zur Begründung führte es an, dass der im Ausland begangene Wettbewerbsverstoß auf die geschäftlichen Beziehungen des verletzten Mitbewerbers, dessen Hauptniederlassung im Inland besteht, geradeso zurückwirke, als sei er im Inland erfolgt[9]. Damit wurde die kollisionsrechtliche Entscheidung nicht mehr alleine auf den Universalitätsgedanken gestützt, sondern es wurden mit der Berücksichtigung des Schadenseintrittsortes auch deliktsrechtliche Gesichtspunkte herangezogen[10].

5.1.2 Die Tatortregel

Nach der Aufgabe des Universalitätsprinzips für das subjektive Markenrecht[11] rückte das Reichsgericht[12] auch in wettbewerbsrechtlichen Entscheidungen allmählich von der Auffassung ab, dass Ort der Auswirkung einer von Inländern im Ausland vorgenommenen schädigenden Wettbewerbshandlung stets der Unternehmenssitz des verletzten (deutschen) Konkurrenten sei.

---

[6] Vgl. BRIEM, S. 19.
[7] TROLLER, K., S. 76 ff.
[8] RG v. 16.6.1903, RGZ 55, 199 - Üble Nachrede.
[9] RG v. 16.6.1903, RGZ 55, 199, (209) - Üble Nachrede.
[10] BAUMBACH/HEFERMEHL, Einl UWG RdNr. 175; GROßKOMM UWG/SCHRICKER, Einl F 176; MÜKO-KREUZER, Art. 38 EGBGB RdNr. 231; GLOY-WILDE, § 6 RdNr. 4; REGELMANN, S. 19; WILLMS, S. 75.
[11] Seit RG v. 20.9.1927, RGZ 118, 76, (80) - Springendes Pferd (Hengstenberg).
Sachverhalt: Die deutsche Widerbeklagte hatte in Deutschland ein Warenzeichen für Konservendosen. Sie veräußerte diese Dosen in Deutschland an einen Exporteur, von dem sie wusste, dass er sie nach Italien exportieren werde. In Italien aber hatte die italienische Widerklägerin für Konservendosen ein Warenzeichen, das mit dem der Widerbeklagten verwechselt werden konnte.
Das Gericht stützte sich auf deutsches Recht, da ein Teil der beanstandeten Handlung in Deutschland geschehen sei.
[12] RG v. 17.1.1929, IPRspr. 1929, Nr. 52; RG v. 31.3.1931, JW 1931, 1904 f. - Standard; RG v. 8.7.1930, RGZ 129, 385, (387) - Vacuum Oil.

Die im Schrifttum[13] ohnehin heftig kritisierte Auswirkungstheorie wurde somit zugunsten der Tatortregel[14] und des gemeinsamen Heimatrechtes[15] aufgegeben[16].
Man entschied sich, Verstöße gegen das Recht des unlauteren Wettbewerbs ausschließlich als deliktische Handlungen zu qualifizieren und somit nach den deliktischen Regeln des internationalen Privatrechts, d.h. nach dem Recht des Begehungsortes (Tatortregel), anzuknüpfen[17]. Davon löste man sich auch später nie vollkommen[18].
Als Begehungsort kommen nach der Tatortregel der Handlungs- und der Erfolgsort in Frage. Ersterer ist der Ort, an dem eine Handlung ganz oder teilweise ausgeführt wird, an dem, kurz gesagt, gehandelt wird. Letzterer ist der Ort, an dem der tatbestandsmäßige Verletzungserfolg eingetreten ist[19].

Sowohl der Handlungs- als auch der Erfolgsort wurden weit ausgelegt. Als Erfolgsort im Sinn der *lex loci delicti* wurde der inländische Geschäftssitz des Geschädigten angesehen[20], was dazu führte, dass die international zuständigen deutschen Gerichte auf jegliche, auch im Ausland getroffenen Wettbewerbsmaßnahmen eines Unternehmens gegen seinen Konkurrenten mit Sitz in Deutschland deutsches Wettbewerbsrecht zur Anwendung kommen ließen[21]. Aber auch der Begriff des Handlungsortes wurde von der Rechtsprechung ursprünglich sehr weit ausgedehnt. In der „Saccharin"-Entscheidung[22] genügte beispielsweise bereits die Absendung eines an das Ausland gerichteten Briefs im Inland, um die Anwendbarkeit deutschen Wettbewerbsrechts zu begründen. Diese weite Auslegung des Handlungsortes führte ebenfalls dazu, dass deutsche Gerichte in allen entschiedenen Fällen zur Anwendung deutschen Wettbewerbsrechts kamen[23].

---

[13] BAUMBACH, S. 81 f.; NUßBAUM, S. 339 f.; ULMER, JW 1931, 1906, (1908); im neueren Schrifttum ebenso MOOK, S. 51.
[14] RG v. 8.7.1930, RGZ 129, 385, (387) - Vacuum Oil.
[15] RG v. 17.2.1933, RGZ 140, 25, (29) - Mundharmonika; RG v. 19.5.1933, GRUR 1933, 653 - Democrat Club; RG v. 28.9.1940, GRUR 1940, 564, (568) - Lodix-Schuhcreme; RG v. 14.2.1936 RGZ 150, 265, (269) - Stecknadeln.
[16] Überblick zu weiterer Rechtsprechung bei SACK, GRUR Int. 1988, 320, (321 Fn. 6 und 7).
[17] ULMER, JW 1931, 1906 f.; WILLMS, S. 76.
[18] Vgl. dazu WIRNER, S. 56 f., der auch auf die sich daraus ergebenden dogmatischen Widersprüche eingeht.
[19] S.o. 4.3.2 und MÜKO-KREUZER, Art. 38 EGBGB RdNr. 44 u. 48.
[20] RG v. 2.12.1921, MuW XXII (1922-23), 61 f. - Milchseparatoren; vgl. auch STAUDINGER-V. HOFFMANN, Art. 38 EGBGB RdNr. 507; BINDER, RabelsZ 20 (1955), 401, (413).
[21] LOBE, S. 389 f.; CAEMMERER-KREUZER, S. 238.
[22] RG v. 19.6.1923, RGZ 108, 8 - Saccharin-Entscheidung.
Sachverhalt: Der Beklagte war Generalvertreter einer holländischen Süßstofffabrik in Rotterdam. Von seinem Wohnsitz in Berlin aus hatte er einen Brief zur Post gegeben, mit dem er einem im Ausland ansässigen Unternehmen „Saccharin Marke ‚Hollandia'" anbot. Für die Klägerin war seit 1896 das Wort „Saccharin" als Warenzeichen für Süßstoff eingetragen. Sie erhob u.a. Klage auf Grund des UWG.
[23] STAUDINGER-V. HOFFMANN, Art. 38 EGBGB RdNr. 507 a.E. mwN.

Diese reine Zweckkonstruktion des Reichsgerichts war aber nicht immer dem deutschen Wettbewerb nützlich. Sie unterwarf den deutschen Mitbewerber häufig strengeren Regeln als den ausländischen und benachteiligte ihn dadurch[24].

In der „Mundharmonika"-Entscheidung[25] wurde dann auch die bis dahin praktizierte weite Auslegung des Erfolgsorts wieder eingeschränkt, da die Anknüpfung an den Ort der Schadensauswirkung als zu weitgehend angesehen wurde[26]. Die Parteien hatten ihren Sitz im Inland und stellten beide Mundharmonikas für den Export nach Indien her. Die Klägerin bezeichnete ihre Mundharmonikas mit einem für sie geschützten und in Indien bekannten Zeichen „Hohner's Nr. 13". Die Beklagte verwendete die nicht geschützte Bezeichnung „Mouth organ No. 2113".
Das Reichsgericht verneinte einen inländischen Begehungsort am Sitz der Klägerin, da zu einem Wettbewerbsvergehen Handlung und Verletzung gehörten, nicht aber die Schadensfolge. Sie sei nicht Tatbestand einer unlauteren Handlung[27]. Damit trug es der Kritik der Lehre[28] Rechnung, welche die Anknüpfung an den Ort der Schadensauswirkung als zu weitgehend betrachtete und als einen Eingriff in die fremde Gerichtsbarkeit bezeichnete.
Um aber dennoch zur Anwendung deutschen Rechts zu gelangen und nicht indisches Recht anwenden zu müssen, statuierte es in der „Mundharmonika"-Entscheidung unter Bezugnahme auf Nußbaum den Grundsatz, „dass alle Gewerbetreibenden, die im Inland eine Niederlassung haben, untereinander ihren gesamten Wettbewerb auch für das Ausland nach den inländischen Vorschriften gegen den unlauteren Wettbewerb einrichten müssen"[29].
Nußbaum begründete seine Erklärung nicht näher[30]. Er sah diese Handlungsanweisung lediglich als zwingende „Auflage, welche an die Ausübung des inländischen Gewerbebetriebes geknüpft wird"[31]. Paradox ist aber, dass Nußbaum seinen Grundsatz von der Feststellung ausgehend entwickelt hat, dass das Reichsgericht in allen seinen bis dahin einschlägigen Entscheidungen, bei denen beide Parteien Inländer waren, deutsches Recht angewandt hat[32]. Nußbaum war selbst

[24] BAUMBACH/HEFERMEHL, Einl UWG RdNr. 175.
[25] RG v. 17.2.1933, RGZ 140, 25 - Mundharmonika.
[26] Vgl. auch STAUDINGER-V. HOFFMANN, Art. 38 EGBGB RdNr. 507; BINDER, RabelsZ 20 (1955), 401, (413); SCHOOFS, S. 53.
[27] RG v. 17.2.1933, RGZ 140, 25, 29 - Mundharmonika: „wo das Geschäftsunternehmen des Verletzten seinen Sitz hat, ist [...] ohne Bedeutung. Zum Vergehen gehören Handlung und Verletzung, nicht die Schadensfolge, die kein Tatbestandsmerkmal ist"; später bestätigt durch BGH v. 20.12.1963, BGHZ 40, 391, (395) - Stahlexport; BGH v. 15.11.1990, BGHZ 113, 11, (15) - Kauf im Ausland.
[28] Insb. BAUMBACH, S. 81 f.
[29] RG v. 17.2.1933, RGZ 140, 25, (29) - Mundharmonika; NUßBAUM, S. 339 ff.
[30] So auch REGELMANN, S. 21.
[31] NUßBAUM, S. 339 f. Zur Frage, ob darin eine eigenständige Kollisionsnorm zu sehen ist oder der Nußbaumsche Grundsatz nur stets in Verbindung mit der Tatortregel verwendet wurde, vgl. WILLMS, S. 76 Fn. 401 mwN.
[32] Vgl. SACK, GRUR Int. 1988, 320, (321 Fn. 4).

ein entschiedener Gegner der weiten Auslegung des Begehungsortes und versuchte mit diesem von ihm aufgestellten Lehrsatz (nur) die frühere Rechtsprechungspraxis des Reichsgerichts (Gewohnheitsrecht) zu rechtfertigen. Indem das Reichsgericht in der „Mundharmonika"-Entscheidung die Anwendung deutschen Rechts mit dem Nußbaumschen Grundsatz rechtfertigte, hat es sich also letztlich auf die eigene Rechtsprechungspraxis berufen. Somit hat es m.E. im Ergebnis nur *obiter dictum* entschieden.

Um die weltweite Geltung des UWG unter Deutschen zu begründen, hat sich das Reichsgericht in seiner ständigen Rechtsprechung fortan auf die Nußbaumsche Regel bezogen[33]. Das deutsche Wettbewerbsrecht wurde schließlich als eine „Art Standesrecht ehrbarer Kaufleute" betrachtet[34].

Angesichts der hiergegen im Schrifttum vorgetragenen Kritik[35] schränkte das Reichsgericht den Nußbaumschen Grundsatz jedoch zunehmend ein. Voraussetzung für die Anwendung deutschen Wettbewerbsrechts wurde seit der „Stecknadel"-Entscheidung, dass „ein Stück der unlauteren Wettbewerbshandlung [...] im Inland begangen" sein müsse[36]. Es genügte allerdings bereits, dass ein deutsches Unternehmen seine US-amerikanische Tochtergesellschaft nicht von irreführenden Behauptungen über einen deutschen Mitbewerber abhielt[37].

Durch diese weite Auslegung des Handlungsortbegriffes, die auch kennzeichnend für Folgeentscheidungen[38] ist, konnte die Anwendung ausländischen Wettbewerbsrechts auch weiterhin vermieden werden[39].

---

[33] RG v. 19.5.1933, GRUR 1933, 653, (654) - Demokraten-Club; RG v. 10.1.1936, GRUR 1936, 670, (674) - Gummiartikel; RG v. 28.9.1940, GRUR 1940, 564, (567) - Lodix-Schuhcreme.

[34] RG v. 28.9.1940, GRUR 1940, 564 - Lodix-Schuhcreme, wo es um den Schutz des Ansehens deutscher Kaufleute in der Welt ging.
Inzwischen hat sich das Wettbewerbsrecht vom „Standes"- zum Marktordungsrecht gewandelt, vgl. hierzu bereits WENGLER, RabelsZ 19 (1954) 401, (414 ff.) und s.o. 1.2.

[35] Z.B. KÖHLER, MuW 1933, 332, (334).

[36] RG v. 14.2.1936, RGZ 150, 265, (271) - Stecknadeln; vgl. auch RG v. 12.3.1937, GRUR 1937, 466, (470) - Mulla 500.

[37] Damit konnte auch erstmals ein Unterlassen Teil der unlauteren Handlung sein.

[38] RG v. 15.11.1935, MuW 1936, 95 = JW 1936, 923 - Präservativ; RG v. 12.3.1937, GRUR 1937, 466 - Mulla 500; RG v. 15.2.1939, GRUR 1939, 925 - Boardef.

[39] Vgl. auch SACK, GRUR Int. 1988, 320, (321); CAEMMERER-KREUZER, S. 240; GLOY-WILDE, § 6 RdNr. 6; SCHOOFS, S. 54.

5.1.3 Die Korrektur der reichsgerichtlichen Rechtsprechung durch den Bundesgerichtshof und die Literatur

5.1.3.1 Fortsetzung der reichsgerichtlichen Rechtsprechung

Der BGH schloss sich in den ersten Entscheidungen nach dem Kriege zunächst der Rechtsprechung des Reichsgerichts an.
Angeknüpft wurde an das Wettbewerbsverhalten des Angreifers nach der Tatortregel.
Der BGH blieb dem vom Reichsgericht aufgestellten Grundsatz treu, dass der Auslandswettbewerb unter Gewerbetreibenden mit Sitz im Inland deutschem Wettbewerbsrecht unterliege, soweit die inländischen Konkurrenten auf diesen Auslandsmärkten betroffen seien und der Handlungsort auch nur zum Teil im Inland liege[40].

So wendete der BGH in konsequenter Fortsetzung der Rechtsprechung des Reichsgerichtes[41] in der „Uhrenrohwerke"-Entscheidung[42] aus dem Jahre 1956 noch den allgemeinen deliktsrechtlichen Grundsatz der Geltung der *lex fori delicti commissi* und somit deutsches Recht an.
Der BGH gab der Unterlassungsklage eines Schweizer Herstellers gegen ein deutsches Unternehmen, das dessen Uhrenrohwerke identisch nachbaute und im In- und Ausland absetzte, in vollem Umfang statt. Deutsches Recht greife auch insoweit ein, als diese Uhrenrohwerke für den Export bestimmt seien, weil eben ein wesentlicher Teil der Wettbewerbshandlung, nämlich die Herstellung, sich im Inland vollzogen habe.

Der BGH wandte gelegentlich sogar dann deutsches Recht an, wenn ein nicht wesentlicher Teil der Wettbewerbshandlung im Inland begangen wurde. So wurde etwa die Beauftragung eines ausländischen Rechtsanwaltes vom Inland aus, im Ausland gegen einen Konkurrenten vorzugehen[43], ebenso wie die bloße Durchfuhr von Exportlieferungen[44] als inländischer Teil einer Wettbewerbshandlung im Ausland qualifiziert und damit die Anwendung des deutschen Lauterkeitsrechts gerechtfertigt.
Ein inländischer Begehungsort wird demnach im Ergebnis bereits dann angenommen, wenn auch nur ein Teil des widerrechtlichen Tatbestandes im Inland

---

[40] BGH v. 13.7.1954, BGHZ 14, 286, (291) - Farina/Belgien; BGH v. 11.1.1955, GRUR 1955, 411, (413) - Zahl 55; BGH v. 2.10.1956, BGHZ 22,1 = GRUR 1957, 215, (219) - Flava/Erdgold; BGH v. 13.7.1956, BGHZ 21, 266, (270 ff.) - Uhrenrohwerke; BGH v. 15.1.1957, GRUR 1957, 231 ff. und 352 ff. - Pertussin I u. II.
Vgl. auch STAUDINGER-V. HOFFMANN, Art. 38 EGBGB RdNr. 507 mwN.
[41] Vgl. RG v. 31.3.1931, JW 1931, 1904, (1905) - Standard.
[42] BGH v. 13.7.1956, BGHZ 21, 266 = IPRspr 1956/57 Nr. 169 - Uhrenrohwerke.
[43] BGH v. 13.7.1954, BGHZ 14, 286 = GRUR 1955, 150 - Farina/Belgien.
[44] BGH v. 15.1.1957, GRUR 1957, 231 u. 352 - Pertussin I u. II.

erfüllt wurde. Ein derart weites Verständnis des (Handlungs-)Begehungsortes[45] folgte der Absicht, deutsches Recht anzuwenden, ohne näher auf das nach der Ubiquitätsregel in Frage kommende ausländische Recht eingehen zu müssen[46].

5.1.3.2 Kritik der Lehre an der Fortsetzung der reichsgerichtlichen Rechtsprechung

Bis in die fünfziger Jahre hinein hat die Literatur[47] teilweise die weite Interpretation des Tatortes begrüßt. Die Auffassung, dass deutsche Unternehmen sich auch im Ausland im Wettbewerb untereinander an deutsche Standards eines fairen Wettbewerbsverhaltens zu halten hätten, fand Beifall[48].

Der Rechtsprechung wurde aber auch entgegengehalten, dass sie die deutschen Wettbewerber auf ausländischen Märkten einenge und diese gegenüber ihren ausländischen Konkurrenten, die dem strengen deutschen Wettbewerbsrecht nicht unterworfen seien, ungerechtfertigt benachteilige[49]. So wurde seit Anfang der fünfziger Jahre im Schrifttum zunehmend Kritik an dieser den Anwendungsbereich deutschen Rechts überdehnenden Rechtsprechung des BGH geübt[50].

5.1.3.3 Stufenweise Einengung des Begehungsortes durch den BGH

5.1.3.3.1 Abkehr vom Universalitätsprinzip

Seit Ende der fünfziger Jahre hat die Rechtsprechung unter dem Einfluss der Kritik des Schrifttums an der Geltung des strengen deutschen Wettbewerbs-

---

[45] Vgl. auch die Formulierung des OLG Düsseldorf in seinem Beschluss v. 7.11.1956, WRP 1957, 121: „Der Begriff des Handlungsortes ist weit auszulegen, um möglichst den Wettbewerb von inländischen Unternehmen im Ausland einheitlich den deutschen Wettbewerbsregeln zu unterwerfen".

[46] MüKo-Kreuzer, Art. 38 EGBGB RdNr. 231 mwN. in Fn. 849; Briem S. 21; Bernhard, S. 149; Staudinger-v. Hoffmann, Art. 38 EGBGB RdNr. 507.

[47] Becher, § 28 Anm. 2; Callmann, § 28 RdNr. 26; Rosenthal/Leffmann, Einl RdNr. 31; Schmidt, FS für Lehmann, S. 189; Reu, S. 75; Ulmer, JW 1931, 1906.

[48] Obwohl Nußbaum, anders als die in der vorgehenden Fußnote genannten Autoren, ein entschiedener Gegner der weiten Auslegung des Begehungsortes war, so war er mit ihnen doch über die Pflicht deutscher Unternehmen zur Einhaltung deutscher Wettbewerbsstandards auch im Ausland einig, vgl. Nußbaum, S. 339 ff.

[49] Köhler, MuW 1933, 332, (334); weitere Nachweise bei Schikora, S. 88 Fn. 1.

[50] Kritik kam u.a. von Wengler, S. 401 f.; Binder, RabelsZ 20 (1955) 401 f.; Baumbach/Hefermehl[8], Einl UWG, RdNr. 114; Raape, Internationales Privatrecht[3], S. 366 und Internationales Privatrecht[4], S. 539.

rechts bei Auslandswettbewerb unter Inländern den Anwendungsbereich des deutschen Wettbewerbsrecht stetig eingeschränkt[51].

Zunächst geschah dies in beschränktem Maße für Wettbewerbsimportfälle. Eine vorsichtige Abkehr von dieser universellen Geltung des deutschen Wettbewerbsrechts deutete die „Zeiss“-Entscheidung[52] an. Der BGH hielt zwar an der Auffassung fest, dass es ausreiche, wenn nur ein Teil der objektiven Tatbestandshandlung im Inland verwirklicht werde. Jedoch berücksichtigte er bei der Anwendung deutschen Wettbewerbsrechts auf ausländische Wettbewerbsmaßnahmen fortan die im Ausland herrschenden Anschauungen bzw. dort geltenden Wettbewerbsvorschriften.
Somit hat sich die Wende zur Beachtung ausländischen Rechts zunächst auf sachrechtlicher Ebene vollzogen[53].

5.1.3.3.2 Aufgabe der Ubiquitätsregel

5.1.3.3.2.1 „Kindersaugflaschen“-Entscheidung

Abermals unter dem kritischen Einfluss des Schrifttums[54], das zunehmend die uneingeschränkte Geltung des Tatortrechts in Frage stellte, gab der BGH im „Kindersaugflaschen“-Fall[55] schließlich endgültig die Ubiquitätsregel und somit auch die strikte Anknüpfung an den Handlungsort für das internationale Wettbewerbsrecht auf[56].

---

[51] Der folgende Überblick beschränkt sich hauptsächlich auf die höchstrichterliche Rechtsprechung. Vgl. hingegen BERNHARD, S. 151 ff., der in seinem Überblick häufiger auch auf Urteile des LG oder OLG eingeht.
[52] BGH v. 24.7.1957, GRUR 1958, 189 m. Anm. HEFERMEHL S. 197 ff = IPRspr. 1956/57 Nr. 170 - Zeiss;
Sachverhalt: Das beklagte ostdeutsche Unternehmen „VEB Zeiss Jena“ hat unter dieser Firma Waren ins Ausland geliefert. Dagegen klagte das westdeutsche Unternehmen „Carl Zeiss“ u.a. wegen Verstoßes gegen § 1 UWG.
Zur Einschränkung des Geltungsbereichs des dt. Wettbewerbsrechts vgl. später auch BGH v. 18.12.1959, GRUR 1960, 372, (377) - Kodak; BGH v. 27.3.1968, GRUR 1968, 587 = NJW 1968, 1572, 1574 f - Bierexport.
[53] BERNHARD, S. 149 mwN. Fn. 594; vgl. als Beispiel einer jüngeren Entscheidung, die auf Auffassungen und Anschauungen ausländischen Rechts Rücksicht nimmt, OLG Frankfurt v. 25.10.1990, IPRspr. 1990 Nr. 155, 307, (309 f.) - Physikerzeitschrift.
[54] Vgl. z.B. WENGLER, RabelsZ 19 (1954), 401, (414 ff.); BINDER, RabelsZ 20 (1955), 401, (494); WIRNER, S. 106; FRORIEP, S. 59; GLOEDE, GRUR 1960, 464 ff.
[55] BGH v. 30.6.1961, BGHZ 35, 329, (333 f.) = NJW 1962, 37, (38) = IPRspr. 1960-61 Nr. 155 = GRUR 1962, 243 m. Anm MOSER/V. FILSECK = GRUR Int. 1962, 88 m. Anm. WIRNER = JuS 1962, 201 m. Anm. NICKLISCH - Kindersaugflaschen.
[56] Zur diesbezüglichen Wende in der Rsp. siehe die Übersicht bei v. MEENEN, S. 133 Fn. 6 mwN.; MÜKO-KREUZER, Art. 38 EGBGB RdNr. 229.

Er wies die Klage eines US-amerikanischen Herstellers von Kindersaugflaschen gegen einen deutschen Nachahmer seiner Produkte ab, der diese Saugflaschen zwar im Inland herstellte, jedoch ausschließlich im Ausland auf den Markt brachte.
Auch wenn unlautere Wettbewerbshandlungen grundsätzlich kollisionsrechtlich als unerlaubte Handlungen angesehen werden könnten, verbiete es diese Erwägung, den für Delikte maßgeblichen Begehungsort kurzerhand mit dem Handlungsort gleichzusetzen[57].
So erklärte der BGH statt dessen erstmals das Recht desjenigen Staates für maßgebend, „wo die wettbewerblichen Interessen der Mitbewerber aufeinanderstoßen; denn nur an dem Ort der wettbewerblichen Interessenüberschneidungen wird das Anliegen der Verhinderung unlauterer Wettbewerbshandlungen berührt“[58]. „Tritt somit das angeblich nachgeahmte Erzeugnis nur auf dem Auslandsmarkt zu seinem Vorbild in Wettbewerb und ruft es nur dort die Gefahr einer Irreführung des Publikums hervor, so kann auch nur im Ausland unlauterer Wettbewerb begangen sein“[59]. Der BGH sah also das wettbewerbswidrige Verhalten nicht in der nachahmenden Herstellung der Kindersaugflasche, sondern in „der Verwendung des nachgeahmten Erzeugnisses im Kampf um den Kunden“[60].

Seit der „Kindersaugflaschen“-Entscheidung begrenzt also der BGH den Begehungsort gemäß des „Wesens des Wettbewerbsrechts“ und sieht somit allein darin, dass der Inländer die Mittel im Inland bereitstellt, die er im Ausland für seinen Wettbewerb einsetzen will, keinen Teil einer unerlaubten Wettbewerbshandlung mehr[61]. Der Ort, an dem nur „ein Tatbestandsmerkmal einer unerlaubten Handlung verwirklicht ist, bietet bei Wettbewerbsverstößen deshalb in der Regel keinen sicheren Anhaltspunkt für das anzuwendende Recht, weil im Gegensatz zu der Mehrzahl anderer unerlaubter Handlungen die Tatbestandsmerkmale der Wettbewerbsverstöße in den Rechtsordnungen der verschiedenen Länder unterschiedlich geregelt sind. Solange indessen die Frage des anzuwendenden Rechts noch offen steht, besteht keine Möglichkeit an konkrete Tatbestandsmerkmale anzuknüpfen, die nur einer bestimmten Rechtsordnung entnommen werden können, um festzustellen, wo diese verwirklicht wurden[62]“.

Das Aufgeben der Tatortregel in der „Kindersaugflaschen“-Entscheidung hatte zur Folge, dass seitdem weder der Ort der Absendung von Geschäftsbriefen und

[57] BGH v. 30.6.1961, BGHZ 35, 329, (333) - Kindersaugflaschen.
[58] BGH v. 30.6.1961, BGHZ 35, 329, (334) - Kindersaugflaschen.
[59] BGH v. 30.6.1961, BGHZ 35, 329, (336) - Kindersaugflaschen
[60] BGH v. 30.6.1961, BGHZ 35, 329, (334) - Kindersaugflaschen.
[61] BGH v. 30.6.1961, BGHZ 35, 329, (334) - Kindersaugflaschen; BAUMBACH/HEFERMEHL, Einl UWG RdNr. 182.
[62] BGH v. 30.6.1961, BGH 35, 329, (336) - Kindersaugflaschen; anders noch BGH v. 13.7.1954, BGHZ 14, 286, (291) - Farina/Belgien; BGH v 2.10.1956, BGHZ 22, 1, (18) - Flava/Erdgold; RG v. 14.2.1936, RGZ 150, 265, (270 f.) - Stecknadeln.

Werbeangeboten[63] noch der, an dem für den Export bestimmte Waren sklavisch nachahmend hergestellt werden[64] noch der der Vorbereitung bzw. Einleitung der Wettbewerbshandlung einen inländischen Begehungsort begründen kann[65]. Der Begehungsort wurde stattdessen fortan wettbewerbsspezifisch bestimmt[66]. Er liegt dort, wo die wettbewerblichen Interessen der Mitbewerber aufeinanderstoßen, d.h. am Marktort.

5.1.3.3.2.2 „Stahlexport"-Entscheidung

Wiederum waren Untersuchungen in der Literatur[67] Anstoß für einen weiteren Schritt seitens der Rechtsprechung zur Konkretisierung des Begehungsortes. Die „Stahlexport"-Entscheidung[68] des BGH vom 20.12.1963 betraf den Fall eines Stahlhandelsunternehmens mit Sitz im Inland, das an eine Vielzahl ausländischer Kunden Fernschreiben versandte, in denen u.a. zwei Mitarbeiter mit der Bemerkung vorgestellt wurden, dass sie früher in leitender Position für einen direkten, inländischen Konkurrenten tätig gewesen seien. Der BGH hielt diese Ausbeutung des geschäftlichen Rufs eines Mitbewerbers für wettbewerbswidrig und gab daher der Klage des betroffenen Mitbewerbers statt. Er bestätigte das im „Kindersaugflaschen"-Urteil niedergelegte Anknüpfungsprinzip der wettbewerblichen Interessenkollision und ergänzte es um Regeln für die Anwendung des gemeinsamen deutschen Personalstatuts (gemeinsame Niederlassung). We-

---

63 BGH v. 30.6.1961, BGHZ 35, 329, (336) - Kindersaugflaschen; anders noch RG v. 19.6.1923, RGZ 108, 8 = GRUR 1924, 85 - Saccharin.

64 BGH v. 30.6.1961, BGHZ 35, 329, (336) - Kindersaugflaschen unter ausdrücklicher Aufgabe der gegenteiligen Auffassung in BGH v. 13.7.1956, BGHZ 21, 266, (270 f.) - Uhrenrohwerke.

65 BGH v. 30.6.1961, BGHZ 35, 329, (333) - Kindersaugflachen.

66 Diese Rsp. ist heute noch maßgebend und seither immer wieder bestätigt worden, vgl. z.B. BGH v. 20.12.1963, BGHZ 40, 391, (395) - Stahlexport; BGH v. 22.1.1964, IPRspr 1964-65 Nr. 182 - Feinstimmhalter; BGH v. 23.10.1970, NJW 1971, 323 - Tampax; BGH v. 13.5.1977, NJW 1977, 2211 - Weltweitclub; BGH v. 9.5.1980, IPRax 1981, 20 - Asbestimporte; BGH v. 11.3.1982, GRUR 1982, 495, (497) - Domgarten-Brand; BGH v. 14.7.1988, IPRax 1989, 384 - PKW-Schleichbezug; BGH v. 15.11.1990, BGHZ 113, 11 - Kauf im Ausland; BGH v. 26.11.1997, GRUR 1998, 419, (420) - Gewinnspiel im Ausland. Weitere Nachweise bei MüKo-Kreuzer, Art. 38 EGBGB RdNr. 233 Fn. 860 u. Staudinger-v. Hoffmann, Art. 38 EGBGB RdNr. 508. Vgl. auch Schoofs, S. 56 m.N. in Fn. 227.

67 Allen voran Troller, K., passim; aber auch Hillgenberg, NJW 1963, 2198, (2199); Deutsch, S. 43. Der BGH ist jedoch in der „Stahlexport"-Entscheidung der Konsequenz des Lösungsvorschlages von Troller insofern ausgewichen, als er auf das gemeinsame Heimatrecht abgestellt und somit die Bedeutung des Ortes der wettbewerblichen Interessenkollision relativiert hat. Nach Troller wäre in diesem Fall nämlich ausländisches Recht anzuwenden gewesen, vgl. hierzu bereits Regelmann, S. 50 Fn. 15.

68 BGH v. 20.12.1963, BGHZ 40, 391 = GRUR 1964, 316 m. Anm. Höpffner = IPRspr. 1962-63 Nr. 164 = JZ 1964, 369 m. Anm. Wengler - Stahlexport; vgl. auch die Rezension von Beitzke, JuS 1966, 139 ff.

der der Unternehmenssitz des Klägers[69] noch der des Beklagten[70] konnten demnach für sich einen inländischen Begehungsort begründen.
Auch für den Wettbewerb zwischen Inländern auf ausländischen Märkten wurde der Begehungsort der wettbewerblichen Interessenkollision (Marktort) als maßgeblich angesehen[71], was im Gegensatz zu dem bis dahin geltenden Grundsatz stand, dass für den Wettbewerb deutscher Unternehmen untereinander auch im Ausland stets deutsches Recht anzuwenden sei.

Zur Anwendbarkeit des deutschen Rechts führte der BGH im Einzelnen aus, dass bei Wettbewerb von Inländern auf ausländischen Märkten deutsches Recht nicht grundsätzlich, sondern nur dann anwendbar sei, wenn entweder auf diesem ausländischen Markt nur inländische Unternehmen tätig sind (Ausnahmeregelung 1) oder wenn sich eine Wettbewerbsmaßnahme eines inländischen Unternehmens direkt und gezielt gegen einen deutschen Konkurrenten richtet (Ausnahmeregelung 2)[72]. Letzteres wurde in der „Stahlexport"-Entscheidung mit der Begründung angenommen, die Anwendung deutschen Rechts sei „unter dem Gesichtspunkt ausreichender Schutzgewährung geboten und für den Verletzer nicht unbillig, [...] denn durch die unmittelbare Richtung der Wettbewerbshandlung gegen einen Inländer ist eine besondere Inlandsbeziehung gegeben"[73].

Der erste Ausnahmefall, der in der Stahlexportentscheidung nicht einschlägig war, scheint auch sonst noch nicht gerichtlich festgestellt worden zu sein[74]. Vermutlich ist dies nicht zuletzt darauf zurückzuführen, dass bei einer funktionierenden Marktwirtschaft neben den ausländischen oft auch lokale Mitbewerber vorhanden sind. Wegen der verschwindend geringen „praktischen Relevanz" dieser Ausnahmeregelung wurde seine Berechtigung als kollisionsrechtliche Sonderregelung insgesamt in Frage gestellt[75].

---

[69] BGH v. 20.12.1963, BGHZ 40, 391, (395) - Stahlexport; bereits RG v. 17.2.1933, RGZ 140, 25, (29) - Mundharmonika; a.A. aber noch RG v. 16.6.1903, RGZ 55, 199, (200) - Üble Nachrede.
[70] BGH v. 20.12.1963, BGHZ 40, 391, (395) - Stahlexport.
[71] BGH v. 20.12.1963, BGHZ 40, 391, (395) = GRUR 1964, 316, (318) - Stahlexport.
[72] BGH v. 20.12.1963, BGHZ 40, 391, (397) - Stahlexport; vgl. auch BAUMBACH/ HEFERMEHL, Einl UWG RdNr. 185 mwN.; WILLMS, S. 80: Bei dieser doppelten Ausnahmeregelung handele es sich um „eine als einseitige Kollisionsnorm ausgestaltete doppelt gestrickte Ausweichklausel hin zum Heimatrecht".
[73] BGH v. 20.12.1963, BGHZ 40, 391, (397) - Stahlexport.
[74] V. GAMM, Wettbewerbsrecht[5], Kap. 15 RdNr. 18; CAEMMERER-KREUZER, S. 281: „Die erste Ausnahme-Fallgruppe ist wohl eher theoretischer Natur."
[75] WIRNER, GRUR Int. 1962, 93, (94 a.E.): „Es ist kaum denkbar, dass die deutschen Unternehmen sich im Ausland allein gegenüberstehen"; V. MEENEN, S. 136 Fn. 21: „Die einzig denkbare Möglichkeit wäre ein Konkurrenzkampf zwischen zwei Oligopolisten derselben Nationalität auf einem ausländischen Markt, wo sie die einzigen Anbieter eines bestimmten Produktes sind und keine ausländische Konkurrenz zu befürchten haben".
V. BAR, IPR II, § 6 RdNr. 699f; BEITZKE, JuS 1966, 139, (149); MUMMENHOFF, NJW 1975, 476, (479 f.); SACK, GRUR Int. 1988, 320, (3269; WENGLER, JZ 1964, 372 f.; a.A. SCHOOFS, S. 75, der mit Hinweis auf die Stahlexportentscheidung und die Entscheidung des OLG Kob-

Der zweite Ausnahmefall liegt dann vor, wenn sich die im Ausland begangene Wettbewerbshandlung nach Art und Zielsetzung ausschließlich oder überwiegend gegen die schutzwürdigen (Individual-)Interessen eines inländischen Mitbewerbers richtet[76]. Das ist vor allem bei betriebsbezogenen Wettbewerbsmaßnahmen der Fall[77]. Die besondere Inlandsbeziehung kommt dann im Anknüpfungspunkt zum Tragen[78]. Dennoch bleibt der gemeinsame Inlandsitz nur ein zusätzliches, das inländische Recht rechtfertigende Merkmal[79].

Das Schrifttum stimmte den in der „Stahlexport"-Entscheidung aufgestellten Ausnahmeregelungen nur selten uneingeschränkt zu[80]. Überwiegend wurden sie kritisiert[81], manchmal beschränkte sich die Kritik aber auch nur auf die erste[82] bzw. die zweite Regelung[83]. Kritisiert wurden die Ausnahmefälle, weil sie vorschnell zum deutschen Sitz- oder Niederlassungsrecht führen und damit das kollisionsrechtlich berufene Marktrecht verdrängen[84]. Insbesondere bei marktbezogenen Wettbewerbshandlungen widerspreche dies nicht nur den Interessen des Marktstaates an der Geltung der eigenen Wettbewerbsordnung bei unlauteren Handlungen auf seinem Territorium, sondern auch den Rechtsanwendungsinte-

---

lenz v. 25.2.1993, NJW-RR 1993, 1196 für eine Anknüpfung an das Personalstatut in Fällen eintritt, wo die schwerwiegende Beeinträchtigung von Individualinteressen diejenigen Dritter und der Allgemeinheit in den Hintergrund stellt.

[76] BGH v. 20.12.1963, BGHZ 40, 391, (397) - Stahlexport; vgl. auch BGH v. 14.7.1988, GRUR 1988, 916, 917 = IPRax 1989, 384 m. Anm. LEDERER S. 362 ff - PKW-Schleichbezug; ebenso OLG München v. 16.4.1992, RIW 1993, 231 = GRUR 1992, 634 - PC Professionell; OLG Koblenz v. 25.2.1993, NJW-RR 1993, 1196; OLG Düsseldorf v. 23.1.1992, NJW-RR 1993, 171; OLG Nürnberg v. 13.12.1983, IPRspr. 1983 Nr. 123; OLG Frankfurt v. 15.12.1977, DB 1978, 1535; LG Weiden v. 6.10.1982, IPRax 1983, 192; vgl. auch DEUTSCH, S. 48 f; V. BAR-FISCHER, EG-Recht und IPR, S. 157, 176 mwN.

[77] WILLMS, S. 81.

[78] V. MEENEN, S. 135.

[79] BGH v. 20.12.1963, BGHZ 40, 391, (398) - Stahlexport.

[80] So z.B. V. GAMM, Wettbewerbsrecht[5], Kap. 15 Einf. A RdNr. 49; BAUMBACH/HEFERMEHL, Einl UWG RdNr. 185; PALANDT-HELDRICH[58], Art. 38 EGBGB RdNr. 16; KEGEL, § 18 IV 1 a) bb), S. 537; ERMAN-HOHLOCH, Art. 38 EGBGB RdNr. 43; FIRSCHING, § 35 2c cc, S. 289 f.

[81] Gegen die Auflockerung der Marktortregel durch die „Stahlexport"-Entscheidung: V. BAR, IPR II, § 6 RdNr. 700; KROPHOLLER, § 53 VII 1, S. 474 f.; MÜKO-KREUZER, Art. 38 EGBGB RdNr. 251; SACK GRUR Int. 1988, 320, (325 f.), DERS., IPRax 1992, 24, (27); STAUDINGER-V. HOFFMANN, Art. 38 EGBGB RdNr. 523; GROẞKOMM UWG/SCHRICKER, Einl F 196; DERS., GRUR Int. 1982, 720 ff; DERS., IPRax 1983, 103, (104); GLOY-WILDE, § 6 RdNr. 21, 27; JOERGES, RabelsZ 36 (1972), 421, (481ff.), (488).

[82] FERID, § 6-194; WEBER, GRUR Int. 1983, 26, (29); V. MEENEN, S. 135 f.

[83] BEITZKE, JuS 1966, 139, (144).

[84] V. BAR, IPR II, § 6 RdNr. 700; MÜKO-KREUZER, Art. 38 EGBGB RdNr. 251; CAEMMERER-KREUZER, S. 279; STAUDINGER-V. HOFFMANN, Art. 38 EGBGB RdNr. 523; MUMMENHOFF, NJW 1975, 476, (479 a.E.); SACK, GRUR Int. 1988, 320, (326); SCHRICKER, GRUR Int. 1982, 720, (722); DERS., IPRax 1983, 103, (104); SPÄTGENS, GRUR 1980, 473, (475); VEELKEN, RabelsZ 50 (1986), 508, (541); WEBER, GRUR Int. 1983, 26, (28).

ressen der übrigen Marktbeteiligten[85]. Es sei eine nicht zu rechtfertigende Ungerechtigkeit, wenn ausländische Unternehmen in Deutschland stets dem deutschen Recht unterworfen seien, deutsche Unternehmen aber - wenn auch nur in einigen Ausnahmesituationen - nicht dem ausländischen Marktstatut, sondern deutschem Recht.
Da das unvorhersehbare Hinzutreten eines (ausländischen) Konkurrenten zu einer Änderung des Wettbewerbsstatuts führen könnte, gefährden die Ausnahmefallgruppen zusätzlich die *par conditio concurrentium* ebenso wie die Anknüpfungs- bzw. Rechtssicherheit[86].

Die in der „Stahlexport"-Entscheidung genannten Ausnahmevoraussetzungen gelten aber nicht ausnahmslos, sondern nur „in der Regel"[87]. Den durch die doppelte Ausnahmeregelung gestörten inneren und äußeren Entscheidungseinklang hat den BGH zu einer stärkeren Berücksichtigung materiellrechtlicher Grundlagen gezwungen[88]: Bei der Anwendung deutschen Rechts unter den genannten Ausnahmevoraussetzungen sind nämlich außerdem stets die ausländischen Rechts- und Verkehrsauffassungen zu berücksichtigen[89]. Auch ist zu prüfen, ob die inländische Sachnorm nur den inländischen Wettbewerb zu regeln bestimmt ist[90].
In den Ausnahmeregelungen kann insofern eine Fortführung des Nußbaumschen Grundsatzes gesehen werden, als auch sie zur Anwendung deutschen Rechts bei Auslandswettbewerb unter Inländern führen. Im Gegensatz zum Nußbaumschen Grundsatz haben sie jedoch nur Ausnahmecharakter. Vorrangig sieht die „Stahlexport"-Entscheidung genau wie die „Kindersaugflaschen"-Entscheidung eine Anknüpfung an den Marktort vor[91]. Dies zeigt sich auch darin, dass der Wettbewerb, der sich zwischen einem Unternehmen mit Sitz in Deutschland und einem mit Sitz im Ausland auf einem Auslandsmarkt vollzieht, auch in der

---

[85] AHRENS, JZ 1987, 471, (473 f.); DEUTSCH, S. 34; MÜKO-KREUZER, Art. 38 EGBGB RdNr. 251 f.; CAEMMERER-KREUZER, S. 279; SACK, GRUR Int. 1988, 320, (326); STAUDINGER-V. HOFFMANN, Art. 38 EGBGB RdNr. 523.
[86] MÜKO-KREUZER, Art. 38 EGBGB RdNr. 251; CAEMMERER-KREUZER, S. 279; WEBER, GRUR Int. 1983, 26, (29); GLOY-WILDE, § 6 RdNr. 23.
[87] BGH v. 20.12.1963, BGHZ 40, 391, (398) - Stahlexport.
[88] WILLMS, S. 82.
[89] BGH v. 20.12.1963, BGHZ 40, 391, (400) - Stahlexport; vgl. bereits BGH v. 24.7.1957, GRUR 1958, 189, (197) - Zeiss (s.o. 5.1.3.3.1); vgl. auch BGH v. 18.12.1959, GRUR 1960, 372 ff., 377 (IV.2.c) - Kodak; BGH v. 22.6.1989, IPRspr. 1989, Nr. 167 = GRUR 1989, 832 = NJW-RR 1989, 1383 = WRP 1990, 321 - Schweizer Außenseiter - berücksichtigt den wettbewerbsrechtlichen Schutz der Vertriebsbindung nach ausländischem (Schweizer) Recht im Rahmen des materiellrechtlichen Erfordernisses internationaler Lückenlosigkeit der Vertriebsbindung.
[90] BGH v. 20.12.1963, BGHZ 40, 391, (400) - Stahlexport.
[91] Vgl. auch WILLMS, S. 82 mwN. in Fn. 448.

„Stahlexport"-Entscheidung ausschließlich nach dem Recht des ausländischen Marktortes beurteilt wird[92].

5.1.3.4 *Obiter dictum der Rechtsprechung und stetige Einkreisung des Begehungsortes*

Zusammen mit der ihr zugrunde liegenden „Kindersaugflaschen"-Entscheidung bestimmt die „Stahlexport"-Entscheidung noch heute die Grundsätze der Rechtssprechung zum internationalen Wettbewerbsrecht[93]. Im Folgenden seien noch einige zumeist höchstrichterliche Entscheidungen genannt, die die Anknüpfung an den Ort der wettbewerblichen Interessenkollision bestätigt, in ihrem Anwendungsbereich ausweitet und teilweise näher bestimmt.

5.1.3.4.1 *Rechtsprechung der 60er Jahre*

In der „Feinstimmhalter"-Entscheidung[94] beurteilte der BGH die Klage eines österreichischen Herstellers von Musikartikeln gegen einen deutschen Hersteller, der die äußere Form der Feinstimmsaitenhalter des Klägers sklavisch nachahmte, mit Verweis auf die „Kindersaugflaschen"-Entscheidung nach deutschem Recht. Er begründete seine Entscheidung damit, dass das Berufungsgericht im Unterschied zum Vortrag der Beklagten feststellen konnte, dass die Parteien auch auf dem deutschen Markt mit ihren Feinstimmhaltern miteinander in Wettbewerb stehen.

In der Entscheidung „Bierexport"[95] wandte der BGH die zum Wettbewerbskollisionsrecht entwickelten Grundsätze im Rahmen der Frage an, ob ein dem deutschem Recht unterliegendes Provisionsversprechen sittenwidrig sei.
Ein Angestellter eines italienischen Getränkevertriebsunternehmens war von einer deutschen Bierexportfirma bestochen worden, um den Abschluss eines Liefervertrages mit dem italienischen Unternehmen zu vermitteln. Da der deutsche Exporteur die Zahlung des vertraglich als Provision vereinbarten Bestechungsgeldes verweigerte, verklagte der Angestellte ihn auf Rechnungslegung.
Im Rahmen der Beurteilung des Vertrages nach § 138 BGB ist nach BGH grundsätzlich die Auffassung der Rechtsordnung des Staates zu berücksichtigen, „auf dessen Gebiet der Wettbewerb stattfindet"[96]. Da das Bier in Italien abge-

---

[92] BGH v. 30.6.1961, BGHZ 35, 329, (332 ff.) - Kindersaugflaschen; BGH v. 20.12.1963, BGHZ 40, 391, (395) - Stahlexport.
[93] SACK, GRUR Int. 1988, 320, (322); STAUDINGER-V. HOFFMANN, Art. 38 EGBGB RdNr. 508.
[94] BGH v. 22.1.1964, IPRspr. 1964-65 Nr. 182 - Feinstimmhalter.
[95] BGH v. 27.3.1968, GRUR 1968, 587 m. Anm. LEHMPFUHL = IPRspr. 1968/1969 Nr. 170 = NJW 1968, 1572 = WRP 1968, 292 - Bierexport.
[96] BGH v. 27.3.1968, GRUR 1968, 587, (589) - Bierexport.

setzt werden sollte, käme demnach die Auffassung der italienischen Rechtsordnung zum Tragen. Unter mehrfacher Berufung auf die „Stahlexport"-Entscheidung hat der BGH jedoch deutsches Recht für maßgeblich erklärt, falls „ausschließlich oder in erster Linie" deutsche Biererzeuger im Wettbewerb um italienische Abnehmer stehen[97]. Ob dies tatsächlich der Fall war, konnte der BGH nicht abschließend beurteilen, weshalb an das Berufungsgericht zurückverwiesen wurde.
Die Anwendung der wettbewerbs(delikts)kollisionsrechtlichen Grundsätze auf diesen Fall begründet der BGH damit, dass „Schmiergeld regelmäßig auf Grund einer vertraglichen Vereinbarung gewährt oder in Gestalt einer solchen versprochen wird. Es besteht aber auch der Sache nach kein Anlass, die Sittenwidrigkeit eines Vertrages anders zu beurteilen als den wettbewerblichen Verstoß im Rahmen des Deliktsrechts, wenn ein solcher Verstoß die alleinige Grundlage für die Annahme der Sittenwidrigkeit des Vertrages bilden soll"[98].

5.1.3.4.2 Rechtsprechung der 70er Jahre

In der „Tampax"-Entscheidung[99] hat der BGH erstmals die zuvor in der „Kindersaugflaschen"- und der „Stahlexport"-Entscheidung zum Wettbewerbsexport entwickelten Grundsätze auf einen Wettbewerbsimportfall übertragen und fortgebildet[100].
Der inländische Kläger wendete sich gegen die in einer deutschsprachigen schweizerischen Zeitschrift erschienenen Werbung für Damenhygieneartikel seines britischen Konkurrenten. Die Produkte des Beklagten wurden von unterschiedlichen Vertriebsfirmen sowohl in der Schweiz als auch in Deutschland auf den Markt gebracht. Während die zu beurteilende Werbung schweizerischem Wettbewerbsrecht entsprach, verstieß sie wegen ihrer wissenschaftlich ungesicherten und möglicherweise irreführenden Behauptungen auf dem Gebiet des Gesundheitswesens gegen § 1 und § 3 UWG.
Der BGH rückte auch in diesem Wettbewerbsimportfall nicht von dem bereits in der „Kindersaugflaschen"-Entscheidung aufgestellten Grundsatz ab, dass das Recht des Ortes maßgeblich sei, an dem die wettbewerbliche Interessenüberschneidung stattfinde[101]. Diese sah er deshalb auch in Deutschland belegen, weil die Zeitschrift auch dort regelmäßig vertrieben wurde. Auch wenn der Schwerpunkt des Zeitschriftenvertriebs und der Werbung in der Schweiz liege, sei die deutsche Wettbewerbsordnung nicht nur am Rande oder in einem Nebenpunkt berührt, denn die Werbung fördere zum Nachteil der Klägerin den Wettbewerb

---

[97] S.o. unter 5.1.3.3.2.2 die Ausnahmeregelung (1) der „Stahlexport"-Entscheidung.
[98] BGH v. 27.3.1968, GRUR 1968, 587, (590) - Bierexport.
[99] BGH v. 23.10.1970, GRUR 1971, 153 m. Anm. DROSTE = NJW 1971, 323 = IPRspr. 1970 Nr. 97 = JZ 1971, 731 m. Anm. DEUTSCH - Tampax.
[100] RAINER-GROßKOMM-SCHRICKER, Einl F 188.
[101] BGH v. 23.10.1970, GRUR 1971, 153, (154) - Tampax; vgl. auch RAINER-GROßKOMM-SCHRICKER, Einl F 188.

des Unternehmens (Tampax GmbH), das in Deutschland die gleichen Produkte wie die der Beklagten vertreibt[102].

Damit ist die Entscheidung auch für die Behandlung von sog. „Multistate“-Delikten richtungsweisend[103], denn sie bestimmt, dass bei einem sog. *Spillover*, d.h. dem „Überlaufen“ von für fremde Märkte konzipierter Werbung, für jeden Markt das dortige Marktrecht zur Anwendung gelangen soll. Es sei also nicht nur das Recht des Landes einschlägig, in dem das Schwergewicht der Werbung liegt, sondern die mehreren zuständigen Marktrechte seien kumulativ anzuwenden, wobei sich freilich die Sanktionen auf den Geltungsbereich des jeweiligen nationalen Rechts beschränken[104]. Das Wettbewerbsverhalten sei somit in jeweils nach Ortsrecht zu beurteilende Sektoren territorial aufzuteilen, wobei durchaus in einem Land Zulässigkeit, im anderen Unzulässigkeit festgestellt werden mag[105].

Soweit aber die Streuwerbung einen Markt nur unerheblich berühre, könne dessen Recht von vornherein außer Betracht bleiben. Hierin wird teilweise eine kollisionsrechtliche Spürbarkeitsgrenze gesehen[106].

In der „Weltweitclub“-Entscheidung[107] hatte sich der BGH mit der Frage zu beschäftigen, ob das bewusste Ausnutzen von milderen ausländischen Lauterkeitsvorschriften bei Wettbewerbshandlungen, die sich auf das Inland auswirken, wettbewerbswidrig ist.

Beide Parteien waren Zigarettenhersteller. Die Beklagte bot in deutschen Zeitschriften und Zeitungsbeilagen sog. „Peter Stuyvesant Passports“ an. Bei Vorlage dieses Clubausweises erklärten sich viele Hotels, Geschäfte und andere Handels- und Dienstleistungsunternehmen im Ausland bereit, 5% bis 10%ige Rabatte zu gewähren, was dort auch zulässig war.

Die Vorinstanz hat die Anwendung deutschen Rechts noch damit begründet, dass der Begehungsort im Inland liege, da sich die Ankündigung von Rabatt auf den deutschen Markt auswirke. Im Verhalten der Beklagten sei ein Verstoß gegen das deutsche Rabattgesetz und eine Verletzung von § 1 UWG zu sehen. Letzteres ergebe sich daraus, dass sich die Beklagte fortlaufend bewusst und planmäßig über § 1 RabattG hinweggesetzt habe und sich dadurch einen Wettbewerbsvorsprung durch Rechtsbruch verschafft habe.

Der BGH stellte ebenfalls auf den inländischen Begehungsort ab und erachtete im Anschluss an die „Kindersaugflaschen“-Entscheidung das Recht des Ortes für maßgeblich, an dem die wettbewerblichen Interessen der Konkurrenten aufeinanderstoßen. Die Beklagte habe die „Passports“ als Werbemittel für den in-

---

[102] BGH v. 23.10.1970, GRUR 1971, 153, (154) - Tampax.

[103] Ausführlicher s.u. Kapitel 7.

[104] Vgl. auch MüKo-Kreuzer, Art. 38 EGBGB RdNr. 248.

[105] Rainer-Großkomm-Schricker, Einl F 189.

[106] Rainer-Großkomm-Schricker, Einl F 190 mwN. in Fn. 91.

[107] BGH v. 13.5.1977, IPRspr. 1977 Nr. 106 = NJW 1977, 2211 = GRUR 1977, 672 m. Anm. Schricker auf S. 646 = WRP 1977, 572 - Weltweitclub; vgl. dazu auch Gloy-Wilde, § 6 RdNr. 50.

ländischen Wettbewerb auf dem Zigarettenmarkt verwendet. Die Gutscheine dienten der Sympathiewerbung in Deutschland, denn Zweck der Werbung sei gewesen, inländische Verbraucher zum Kauf der Marke Peter Stuyvesant anzuregen. Während er der Frage auswich, ob die Beklagte gegen das deutsche Rabattgesetz verstoßen habe[108], beanstandete er die Werbekampagne stattdessen nach § 1 UWG. Die beklagte Zigarettenherstellerin habe sich einen unlauteren Vorsprung vor ihren Mitbewerbern verschafft, indem sie Rabatte gewährt habe, die ihre Mitbewerber in Deutschland wegen der dort strengeren rabattrechtlichen Vorschriften nicht gewähren konnten. Ein derartiges internationales Rechtsgefälle auszunutzen, verstoße gegen die „guten Sitten“ i.S.d. § 1 UWG.

5.1.3.4.3 Rechtsprechung der 80er Jahre

Wie bereits in der „Weltweitclub“-Entscheidung[109] hat der BGH auch in seinem Urteil „Asbestimporte“[110] auf die Rechtsfigur des Ausnutzens eines internationalen Rechtsgefälles zurückgegriffen. Er hatte den Fall zweier inländischer Wettbewerber zu beurteilen, die Asbestwaren produzierten und verkauften. Die Beklagte stellte ihre Produkte jedoch nur teilweise in Deutschland her. Den anderen Teil der von ihr vertriebenen Asbestprodukte importierte sie aus Südkorea. Dort fällt die Produktion vergleichsweise billiger aus, denn während nach der deutschen Rechtsordnung die Herstellung von Asbestware unter umfangreichen und wirtschaftlich aufwendigen Sicherheitsvorkehrungen zu erfolgen hat, bestehen derartige Arbeitsschutzvorschriften in Südkorea nicht. Im Import der Waren aus Südkorea sah die Klägerin einen Verstoß gegen § 1 UWG, da zu Zwecken des Wettbewerbs die lebens- und gesundheitsgefährdenden Bedingungen bei der Herstellung von Asbesterzeugnissen in Südkorea ausgenutzt werden.
Ohne die kollisionsrechtliche Fragestellung ausdrücklich anzusprechen, verneinte der BGH in diesem Fall, anders als noch in der „Weltweitclub“-Entscheidung, einen Verstoß gegen § 1 UWG in Gestalt des Ausnutzens eines internationalen Rechtsgefälles. Er begründete dies damit, dass es nicht sittenwidrig sei, billigere Auslandprodukte zu importieren, wenn dessen Herstellung im Exportland unter Beachtung des dort geltenden Rechts erfolgt sei. Er lehnte also die Anwendung deutschen Rechts stillschweigend innerhalb und zusammen mit der Bestimmung des § 1 UWG ab[111]. Die Revision des Klägers hatte somit keinen Erfolg.
Diese nicht unbedenkliche Vorgehensweise der Hintanstellung der kollisionsrechtlichen Frage verfolgte der BGH allerdings nicht weiter. Ein Ausnutzen ei-

---

[108] REGELMANN, S. 35 sieht darin eine Umgehung der eigentlich vorrangigen kollisionsrechtlichen Entscheidung. Die Frage der Anwendung des deutschen Rabattgesetzes sei nur noch im Rahmen des Tatbestandes der Sittenwidrigkeit in § 1 UWG bedeutsam.
[109] S.o. Fn. 107.
[110] BGH v. 9.5.1980, NJW 1980, 2018 m. Anm. KNIEPER-FROMM = IPRax 1981, 20 m. Anm. KATZENBERGER S. 7 ff. - Asbestimporte.
[111] Vgl. auch REGELMANN, S. 36; KATZENBERGER, S. 8.

nes internationalen Rechtsgefälles hat er nur in der nicht unkritisiert gebliebenen[112] „Weltweitclub"-Entscheidung angenommen[113].

In der „Domgarten-Brand"-Entscheidung[114] bestätigte der BGH nochmals den bereits in der „Kindersaugflaschen"-Entscheidung aufgestellten Grundsatz der Maßgeblichkeit des Rechts des Ortes der wettbewerblichen Interessenkollision, wonach es auf das Recht desjenigen Marktes ankomme, auf dem die konkurrierenden Produkte oder Dienstleistungen aufeinandertreffen. Zugleich beantwortete diese Entscheidung aber auch die bisher offen gebliebene Frage nach dem anwendbaren Recht, falls die Wettbewerbsmaßnahme vor allem Interessen der Allgemeinheit tangiert: „Berührt aber eine Werbemaßnahme in erster Linie das Interesse der Allgemeinheit auf dem ausländischen Markt, so ist das ausländische Recht maßgebend"[115].
Der Beklagte, ein deutscher Weinproduzent, hatte Qualitätswein aus der Lage „Niersteiner Gutes Domtal" zusätzlich unter der Bezeichnung „Domgarten-Brand" im Inland abgefüllt und nach Großbritannien exportiert. Den Vertrieb in Großbritannien übernahmen britische Unternehmen. Da die Bezeichnung „Domgarten-Brand" mit der eines deutschen Konkurrenten verwechselt werden konnte, der seit 1972 in Winningen einen Wein unter dem in der Weinbergrolle eingetragenen Lagenamen „Winninger Domgarten" herstellte und vertrieb, beantragte der Kläger, ein Verein der Deutschen Weinwirtschaft, dem Beklagten zu verbieten, den Wein unter irreführenden Angaben in Deutschland abzufüllen und ins Ausland zu exportieren.
Während die Vorinstanz noch deutsches Recht mit der Begründung anwandte, die Wettbewerbsmaßnahme richte sich gezielt gegen die inländischen Hersteller des „Winninger Domgartens", denn diese sollten daran gehindert werden, in den britischen Markt einzudringen, hat der BGH die Anwendbarkeit deutschen Rechts verneint.
Nach dessen Urteil stehen dem Kläger Ansprüche aus §§ 1, 3 UWG nicht zu. Das Verhalten des Beklagten sei nur als Teilnahmehandlung an den irreführen-

---

[112] Siehe z.B. GLOY-WILDE, § 6 RdNr. 50; REGELMANN, S. 37.
[113] Vgl. aber die „Auslandsflug"-Entscheidung (s.u. 5.1.3.4.4), wo der BGH das Vorliegen eines solchen Verhaltens aber immerhin noch prüfte.
[114] BGH v. 11.3.1982, GRUR 1982, 495 = IPRspr. 1982 Nr. 121b = IPRax 1983, 118 - Domgarten-Brand. SCHRICKER, IPRax 1983, 103 bemerkt aber, dass die Prüfungsreihenfolge der „Domgarten-Brand"-Entscheidung, die erst Sach- und dann Kollisionsrecht erörtert, durchaus problematisch ist; so auch V. GAMM, Wettbewerbsrecht[5], S. 193 ff.
[115] BGH v. 11.3.1982, IPRax 1983, 118, (120) - Domgarten-Brand - mit Verweis auf BGH v. 27.3.1968, GRUR 1968, 587, (589) - Bierexport. Noch ausdrücklich offengelassen in BGH v. 20.12.1963, BGHZ 40, 391, (399) - Stahlexport: „Hiernach kann dahingestellt bleiben, ob inländisches Recht in Fällen dieser Art auch dann anzuwenden ist, wenn sich die Wettbewerbsmaßnahme in nicht unerheblichem Maße auch gegen die Interessen anderer Mitbewerber oder der Allgemeinheit richtet".
Gemäß den Grundsätzen der „Stahlexport"-Entscheidung entschieden auch OLG Nürnberg v. 13.12.1983, IPRspr. 1983 Nr. 123 u. OLG Frankfurt 27.09.1984, NJW 1985, 568 = WRP 1985, 162 = IPRspr. 1984, Nr. 118.

den Handlungen der britischen Vertriebsfirmen zu werten. Auf diese Teilnahmehandlung sei das auf die Haupttat anwendbare Recht anzuwenden. Der Begehungsort der Haupttat sei aber in Großbritannien belegen, da sich dort die konkurrierenden Erzeugnisse einander begegneten, dort also die wettbewerbliche Interessenskollision vorliege. Dem Kläger stehe deshalb auch kein Klagerecht gem. § 13 Abs. 1 UWG zu, da dieses einen nach deutschem Lauterkeitsrecht begründeten Anspruch voraussetze.
Nach Ansicht des BGH lag auch keine gezielte Behinderung des deutschen Konkurrenten vor. Letzteres ergebe sich bereits daraus, dass die Lagebezeichnung „Winninger Domgarten" erst 1972 in die Weinbergrolle eingetragen worden sei, während die beanstandete Bezeichnung „Domgarten-Brand" bereits seit 1960 in Großbritannien als Warenzeichen eingetragen war. Damit unterscheidet sich dieser Fall von der „Stahlexport"-Entscheidung, die sich mit einem zielgerichteten Verhalten gegen die Klägerin zu befassen hatte. In der „Domgarten Brand"-Entscheidung ging es statt dessen vielmehr um die Vermeidung einer Irreführung der „Allgemeinheit" der britischen Konsumenten auf dem britischen Markt.

Dass die konsequente Anwendung des Rechts der wettbewerblichen Interessenkollision auch zur tatsächlichen Anwendung ausländischen Rechts führte, zeigte die Entscheidung des OLG Hamburg vom 15.5.1986[116]. Die Parteien waren inländische Hersteller und Exporteure von Anlagen, die der Schnelltrocknung von Druckerzeugnissen dienten. Die Klägerin wandte sich gegen die Alleinstellungswerbung der Beklagten in einer französischen Zeitschrift. Das Gericht beurteilte diese Werbung nach französischem Recht, da die wettbewerblichen Interessen der Parteien auf dem dortigen Markt kollidierten[117].
Eine zur Anwendung deutschen Rechts führende Inlandsbeziehung könne nach Ansicht des OLG allerdings darin bestehen, dass, wie erstinstanzlich behauptet, zwei Abonnements der französischen Zeitschrift in Deutschland bezogen wurden. Allerdings bedürfe es einer Anknüpfung an deutsches Recht nicht, da die Anwendbarkeit französischen Rechts für die Klägerin nicht von Nachteil sei, denn die Klägerin genieße als Ausländerin in Frankreich aufgrund Art. 1 und 2 PVÜ den gleichen Schutz gegen unlauteren Wettbewerb wie französische Rechtssubjekte und könne diesen auch wie jene in Anspruch nehmen[118].

Mit der „Unternehmensberatungsgesellschaft I"-Entscheidung schien der BGH die Entwicklung hin zu einer wettbewerbsspezifischen Anknüpfung wieder rückgängig zu machen und zur rein deliktsrechtlichen Anknüpfung zurückkehren zu wollen[119].

---

[116] OLG Hamburg v. 15.5.1986, IPRspr. 1986 Nr. 115 = GRUR Int. 1987, 105.
[117] OLG Hamburg v. 15.5.1986, GRUR Int. 1987, 105, (107).
[118] OLG Hamburg v. 15.5.1986, GRUR Int. 1987, 105, (108).
[119] BGH v. 9.10.1986, BGHZ 98, 330 = GRUR 1987, 172 = JZ 1987, 466 = NJW 1987, 1323 - Unternehmensberatungsgesellschaft I.

Eine schweizerische Unternehmensberatungsgesellschaft hat sich eines deutschen Steuerberaters als Erfüllungsgehilfen bedient, um in Deutschland deutsche Kunden in Steuersachen zu beraten, was gegen das Steuerberatungsgesetz und § 1 UWG verstieß. Der BGH ging davon aus, dass Wettbewerbsverstöße unerlaubte Handlungen seien und den für diese geltenden Kollisionsnormen unterlägen. Danach sei an das Recht des Tatorts, des Handlungs- bzw. Erfolgsorts anzuknüpfen. Im vorliegenden Fall habe sowohl in Deutschland als auch möglicherweise in der Schweiz ein Handlungsort vorgelegen. Bei einer solchen Fallgestaltung könne die klagende Partei ihre Ansprüche aus der Rechtsordnung herleiten, die sie dafür am geeignetsten halte. Da sich die Klägerin für deutsches Recht entschieden habe, sei dieses anzuwenden.
Ohne nach dem Schwerpunkt der wettbewerblichen Interessenüberschneidung zu fragen, wurde das Geschehen im Sinne der alten Ubiquitätsregel[120] in mehrere Handlungsorte zerlegt und dem Kläger die Wahl unter den berührten Rechtsordnungen freigegeben.
Dieser Rückfall in den überholten älteren Rechtszustand ist sogar unter ausdrücklicher Berufung auf die „Stahlexport"-Entscheidung erfolgt[121]. Das Rad der höchstrichterlichen Rechtsprechung wurde damit aber nicht wirklich zurückgedreht[122]. Angesichts der Tatsache, dass die ständige Rechtsprechung des BGH in den Folgeentscheidungen wieder auf den Ort der wettbewerblichen Interessenüberschneidung abstellte, kann die „Unternehmensberatungsgesellschaft I"-Entscheidung als isolierter „Ausreißer" betrachtet werden[123].

So wurde die wettbewerbsspezifische Anknüpfung an den Marktort dann auch in der „Perrier"-Entscheidung[124] wieder bekräftigt.
Die deutsche Import- und Vertriebsfirma des französischen Herstellers des Mineralwassers „Perrier" hatte in Deutschland mit dem Slogan „Ein Champagner unter den Mineralwassern" geworben. Dagegen klagten eine Organisation der französischen Champagnerwirtschaft und französische Unternehmen, die Champagner nach Deutschland exportierten. Sie sahen in der Benutzung des Werbespruchs eine unzulässige Ausbeutung des Prestiges der Champagner.
Zwar lagen bei diesem Fall Handlungs- und Erfolgsort im Inland, doch waren daran ausschließlich ausländische Unternehmen beteiligt. Obwohl deshalb die Anwendung deutschen Rechts nach der Tatortregel leicht zu begründen gewesen wäre[125], stellte der BGH in seiner Begründung wieder mehr auf den Ort der Interessenkollision ab. Deutsches Recht sei anzuwenden, „weil die beanstandeten Werbebehauptungen im Inland aufgestellt worden sind und das zu schützende

[120] Aufgegeben seit der „Kindersaugflaschen"-Entscheidung, s.o. 5.1.3.3.2.1.
[121] BGH v. 9.10.1986, GRUR 1987, 173, (174 unter III 1) - Unternehmensberatungsgesellschaft I.
[122] **A.A.** SCHRICKER, Recht der Werbung, RdNr. 99, der dies noch vermutete.
[123] Vgl. GROßKOMM UWG/SCHRICKER, Einl F 192.
[124] BGH v. 4.6.1987, NJW 1988, 644 = GRUR Int. 1988, 357 - Perrier.
[125] GROßKOMM UWG/SCHRICKER, Einl F 177.

Interesse der Kläger an der Unterscheidung dieser Werbung in erster Linie deren wettbewerbliche Stellung auf dem Inlandsmarkt betrifft“[126].
Diese Begründung zeigt zudem, dass die in der „Stahlexport“-Entscheidung aufgestellte Regel, nach der eine im Ausland begangene Wettbewerbshandlung eines deutschen Unternehmens, die sich gegen deutsche Mitbewerber wendet, nach deutschem Recht zu beurteilen sei[127], nicht verallgemeinerungsfähig ist, da sonst in der „Perrier“-Entscheidung folgerichtig das gemeinsame ausländische (französische) Recht der im Inland konkurrierenden ausländischen Wettbewerber zur Anwendung hätte kommen sollen[128].
Das ausländische Recht wurde aber einmal mehr[129] bei der Ausfüllung des Tatbestandmerkmals der Sittenwidrigkeit im Sinne von § 1 UWG berücksichtigt. Der Senat hielt es für entscheidend, ob die Behauptung der Fa. Perrier zutrifft, dass nach französischem Recht die Verwendung des Slogans „Un champagne des eaux minérales“ nicht verboten sei und Perrier auch tatsächlich in Frankreich unangefochten seit Jahren mit diesem Slogan warb. Es könne „nach dem zu billigenden Rechtsempfinden der maßgeblichen inländischen Verkehrskreise nicht als sittenwidrig angesehen werden, wenn ein inländisches Vertriebsunternehmen desjenigen, der im Herkunftsland so werben darf, im Inland in gleicher Weise [verfahre].“[130]

5.1.3.4.4 Rechtsprechung der 90er Jahre

Die „Auslandsflug“-Entscheidung[131] betraf einen Sonderfall der „grenzüberschreitenden“ Rabattgewährung. Um den inländischen Absatz der von ihr vertriebenen Kreditkarte zu fördern, verteilte die Antragsgegnerin im Inland Prospekte. Diese kündigten Rabatte in Höhe von 5 % bzw. 10 % bei zollfreiem Einkauf an Bord von Flugzeugen mit deutschem Hoheitszeichen während des Flugs von Deutschland ins Ausland an. Bedingung war allerdings, dass mit dieser Kreditkarte eingekauft wurde. Die Antragstellerin beantragte im Wege der einstweiligen Verfügung die Unterlassung dieser Praktiken. Sie machte geltend,

---

[126] BGH v. 4.6.1987, NJW 1988, 644, (645) - Perrier.
[127] S.o. unter 5.1.3.3.2.2 den Ausnahmefall 2 der „Stahlexport“-Entscheidung.
[128] Die in der Stahlexportentscheidung aufgestellte kollisionsrechtliche Ausnahmeregelung (2) ist nur einseitig zu verstehen, d.h. sie erfasst nur den Auslandswettbewerb zwischen Inländern, nicht den Inlandswettbewerb zwischen Ausländern; vgl. GLOY-WILDE, § 6 RdNr. 11; BGH v. 4.6.1987, NJW 1988, 644, (645 unter II.2.a) - Perrier; ebenso im Ergebnis bereits kurz nach der Stahlexportentscheidung BGH v. 6.11.1963, GRUR 1964, 621 - Klemmbausteine.
[129] S.o. Fn. 89.
[130] BGH v. 4.6.1987, NJW 1988, 644, (646) - Perrier; vgl. auch GLOY-WILDE, § 6 RdNr. 11, der meint, dass das ausländische Recht in der „Perrier“-Entscheidung bereits deshalb berücksichtigt werden musste, weil eine Untersagung der in Frankreich zulässigen Werbung in der Bundesrepublik möglicherweise mit den Artikeln 28, 30 EGV unvereinbar gewesen wäre.
[131] KG v. 27.7.1990, NJW-RR 1991, 301 = IPRax 1991, 413 m. Anm. SACK 386 = IPRspr 1990 Nr. 153 - Auslandsflug.

dass nicht nur die Ankündigung, sondern auch die Gewährung der Rabatte nach deutschem Rabattgesetz zu beurteilen seien, da die Bezahlung der Waren durch Überweisung oder Abbuchung im Inland erfolgte.
Das Kammergericht folgte dem nicht und berief sich darauf, dass soweit die Ankündigung neben der Gewährung eines Rabattes in Betracht komme, es sich jeweils um selbständige Tatbestände handle. Der für das anwendbare Recht maßgebliche Ort der wettbewerblichen Interessenkollision sei grundsätzlich für jeden Teilakt der unlauteren Wettbewerbshandlung getrennt zu ermitteln. Demnach finde auf das Ankündigen deutsches Recht Anwendung, da die Prospekte in Deutschland verteilt worden seien. Damit seien die Interessen inländischer Anbieter von Kreditkarten ebenso betroffen wie die der inländischen Anbieter, die zu Lande dieselben Waren verkaufen, die während des Auslandsflugs preislich herabgesetzt wurden.
Bei der materiell-rechtlichen Frage, ob ein Verstoß gegen §§ 1, 2 RabattG vorliege, führte das Gericht jedoch aus, dass die Ankündigung von Rabatt als einen auf die Gewährung bezogenen „Hilfsakt" darstelle[132]. Die Rabattgewährung während Auslandsflügen, also nach Aufstieg und vor begonnenem Landevorgang, wirke sich aber unabhängig von der Frage des anzuwendenden Rechts nicht in der von den Sachnormen des deutschen Rabattgesetzes umfassten Schutzbereich aus.
Unerheblich sei, dass die Vorinstanz ausgeführt habe, dass für die Gewährung der Rabatte auf Auslandsflügen das Recht des Staates maßgebend sein soll, dessen Hoheitszeichen das Flugzeug führe, denn diese Erwägung sei lediglich kollisionsrechtlicher Natur[133].
Auch die Ausnutzung eines internationalen Rechtsgefälles führe in diesem Fall nicht zur Anwendung des § 1 UWG. Anders als bei der „Weltweitclub"-Entscheidung fehle es in diesem Fall an spürbaren Auswirkungen auf das vom Rabattgesetz geschützte Rechtsgut[134].
Auf Berufung der Antragsgegnerin wurde deshalb der Antrag auf Erlass der einstweiligen Verfügung zurückgewiesen.

In der „Kauf im Ausland"-Entscheidung[135] ging es um ausländische Werbung für inländischen Absatz. Werbe- und Absatzmarkt fielen auseinander[136]. Ein deutscher Verbraucherschutzverband klagte gegen ein inländisches Unterneh-

---

[132] Im Anschluss an SCHRICKER, GRUR 1977, 646, (647).
[133] KG v. 27.7.1990, IPRax 1991, 413, (414) - Auslandsflug; kritisch dazu SACK, IPRax 1991, 386, (391 f.), der die Zulässigkeit der Gewährung von Rabatten und Zugaben sowohl auf kollisions- als auch auf sachrechtlicher Ebene dem Recht des Landes unterstellen will, dessen Hoheitszeichen das Flugzeug trägt.
[134] KG v. 27.7.1990, IPRax 1991, 413, (414) - Auslandsflug
[135] BGH v. 15.11.1990, BGHZ 113, 11 = JZ 1991, 1038 m. Anm. KOCH = WRP 1991, 294 = WM 1991, 380 = EWiR 1991, 297 m. Anm. TESKE = JuS 1991, 695 m. Anm. HOHLOCH = IPRax 1992, 45 m. Aufs. SACK 24-29 = IPRspr 1990 Nr. 157 - Kauf im Ausland; dazu s.o. 4.2.4.6.2. Zu dieser Entscheidung auch PAEFGEN, WRP 1991, 447; v. GAMM, EWS 1991, 166, 167 f.; SACK, IPRax 1992, 24; BERNHARD, GRUR Int. 1992, 366.
[136] Zu ähnlichen Konstellationen in der Rsp. vgl. Nachweise bei SCHOOFS, S. 131 Fn. 510.

men, das zu Werbezwecken über eine spanische Gesellschaft deutsche Touristen auf Gran Canaria in deutscher Sprache zur Teilnahme an Freizeitveranstaltungen animierte, die eine kostenlose Busfahrt, sog. „Kaffeefahrt", vom Hotel zu einem Vogelpark mit einschloss, der ebenfalls kostenlos besucht werden konnte. Während des Ausflugs wurden in deutscher Sprache von deutschen Verkäufern Verkaufsveranstaltungen durchgeführt, bei denen Produkte aus der Wollfabrikation des Beklagten angeboten wurden. Die den Kaufverträgen zugrundeliegenden, in deutscher Sprache abgefassten Vertragsformulare enthielten keine Belehrung über den Widerruf von Haustürgeschäften. Der klagende Verband war der Auffassung, dass die während dieser Fahrten abgeschlossenen Kaufverträge deutschem Recht unterlägen und die Beklagte die Käufer bei Vertragsabschluß über das ihnen nach dem deutschen Gesetz über den Widerruf von Haustürgeschäften (HWiG) zustehende Widerrufsrecht hätte belehren müssen. Im Unterlassen dieser Belehrung sah der Kläger einen Verstoß gegen § 1 UWG wegen Ausnutzens von Rechtsunkenntnis bzw. Vorsprung durch Rechtsbruch aufgrund Verstoßes gegen das HWiG. Er berief sich darauf, dass Auslieferung und Bezahlung der Waren nach Rückkehr in Deutschland erfolgt seien[137].
Der BGH verneinte hingegen die Anwendbarkeit deutschen Wettbewerbsrechts. Unter Berufung auf die „Kindersaugflaschen"-Entscheidung sah er das Recht der wettbewerblichen Interessenkollision als maßgeblich an. Bei auf Kundengewinnung gerichtetem Verhalten sei dies grundsätzlich der Marktort, an dem durch dieses Verhalten im Wettbewerb mit anderen Unternehmen auf die Entschließung des Kunden eingewirkt werden soll. Dort solle das unlautere Konkurrenzverhalten verhindert und die Interessen der Konsumenten und der Allgemeinheit an einem lauteren Wettbewerb geschützt werden. Unerheblich sei hingegen für die Anknüpfung von Wettbewerbmaßnahmen der mit dem Werbemarkt nicht identische Ort, an dem die Produkte später abgesetzt werden. Bei der Beeinträchtigung des Absatzes handle es sich nur um irrelevante Auswirkungen des zu beurteilenden Wettbewerbsverhaltens[138].
Zur Maßgeblichkeit deutschen Rechts kam der BGH in diesem Fall auch nicht aufgrund des in der „Stahlexport"-Entscheidung aufgestellten Grundsatzes, wonach deutsches Recht anzuwenden ist, wenn sich eine Wettbewerbshandlung gezielt nur gegen Inländer richtet (Ausnahmefall 2). Die Werbeveranstaltung erscheine nicht als lediglich ins Ausland verlegt, wie etwa bei sog. Kaffeefahrten vom Inland in das Ausland, da sich die Verbraucher „ohnehin" als Urlauber bereits in Spanien befänden[139].

---

[137] BGH v. 15.11.1990, IPRax 1992, 45 - Kauf im Ausland; vgl. auch BERNHARD, S. 160.

[138] Im Anschluss an SACK, GRUR Int. 1988, 320, (323 f.); vgl. BGH v. 15.11.1990, IPRax 1992, 45, (46) - Kauf im Ausland.

[139] Vgl. BGH v. 15.11.1990, IPRax 1992, 45, (46); vgl. auch BERNHARD, S. 160; DERS., GRUR Int. 1992, 366, (369), (373), der darauf hinweist, dass der BGH mit dem Kriterium des „ohnehin"-Aufenthalts im Ausland unausgesprochen auf die Wertung des internationalen Schuldrechts rekurriert, wonach das inländische Verbraucherschutzrecht auf ausländischem Recht unterliegende Verträge für anwendbar erklärt wird, wenn Verkaufsfahrten im Inland ihren Ausgang nehmen, vgl. Art. 29 Abs. 1 Nr. 3 EGBGB.

Obwohl der BGH grundsätzlich die Maßgeblichkeit ausländischen Rechts bejaht hatte, wies er im konkreten Fall die Klage ab, ohne die Rechtslage danach näher zu prüfen, da der Kläger sich nicht auf die Anwendung spanischen Rechts berufen hatte. Es könne deshalb auch dahinstehen, ob der Kläger als Verbraucherschutzverband nach § 13 Abs. 2 Nr. 3 UWG auch Verstöße gegen ausländisches Wettbewerbsrecht geltend machen könne[140].

Im Urteil „Sistierung von Aufträgen" hat der BGH deutsches Recht angewandt und dies *obiter* damit begründet, dass „sittenwidrige Wettbewerbshandlungen zum Bereich der unerlaubten Handlungen gehören, für welche entsprechend dem der Vorschrift des Art. 38 EGBGB [a.F.] zugrundeliegenden Prinzip das anzuwendende Recht sich grundsätzlich nach dem Recht des Begehungsortes richtet"[141], also auf dem Marktort, wo es zur wettbewerbsmäßigen Interessenskollision kommt. Die Klägerin, eine schwedische Firma, hatte den Leiter einer ihrer Zweigniederlassungen in Deutschland wegen Einbruchs in ihre vertraglichen Beziehungen zu Dritten verklagt, weil er ihre (deutschen) Kunden zum Vertragsbruch verleitet und bestehende Verträge an sich gezogen habe. Damit habe er u.a. gegen die guten Sitten im Wettbewerb gemäß § 1 UWG verstoßen.

Mit derselben Begründung hat er in der „Abnehmerverwarnung"-Entscheidung[142] ebenfalls deutsches Recht angewandt. In diesem Fall standen die Parteien im Wettbewerb beim Vertrieb von Kupplungsvorrichtungen für Werkzeugmaschinen. Die Beklagte, eine schweizerische Gesellschaft, war der Ansicht, dass das von der inländischen Klägerin vertriebene „M-System" für Kupplungsvorrichtungen von dem ihr erteilten europäischen Patent mit erfasst werde. Deshalb hatte sie inländische Abnehmer der Klägerin angeschrieben und über ihre Ansicht informiert. Dabei hat sie ein in diesem Patentverletzungsstreit noch nicht rechtskräftiges Urteil gegen die Klägerin beigefügt und darauf Bezug genommen, was nach Ansicht des BGH gegen § 1 UWG verstieß.

Das OLG Köln hat in seiner Entscheidung vom 12.5.1995 ebenfalls festgestellt, dass sittenwidrige Wettbewerbsverletzungen grundsätzlich dem Recht des Begehungsortes zu unterstellen seien. Es ging um ausschließlich an französische Verbraucher gerichtete und vom Gebiet der ehemaligen Tschechoslowakei aus versandte Schreiben, in denen Waren sowie Sach- und Geldpreise versprochen wurden, falls zuvor eine weit unter deren Wert liegende Geldsumme eingezahlt wurde. Die Rücksendungen gingen an Postfächer eines deutschen Firmeninhabers. Der Beklagte war dabei behilflich gewesen, diesem die Postfächer einschließlich der Firmenbezeichnung zur Verfügung zu stellen. Die Versprechungen wurden nie eingelöst.

---

[140] BGH v. 15.11.1990, IPRax 1992, 46 - Kauf im Ausland.

[141] BGH v. 24.2.1994, GRUR 1994, 447, (448) = NJW-RR 1994, 728, (729) = WRP 1994, 511 = IPRspr 1994 Nr. 126 - Sistierung von Aufträgen.

[142] BGH v. 23.2 1995, GRUR 1995, 424, (425) = NJW-RR 1995, 810 = IPRspr. 1995 Nr. 122 - Abnehmerverwarnung.

Das Gericht sah den Begehungsort am Ort der wettbewerblichen Interessenkollision belegen. Wo ein etwaiger Schaden eintrete oder wo Vorbereitungshandlungen stattfänden, sei nicht maßgeblich. Es präzisierte jedoch, dass dies nicht ausschließe, „im Inland begangene Teilakte und Mitwirkungshandlungen eines sich nach obigen Vorgaben im Ausland auswirkenden Wettbewerbsverhaltens als deutschem Recht unterliegenden Wettbewerbsverstoß anzusehen, wenn diese selbständig - ohne Rücksicht auf die Handlungen der im übrigen Beteiligten - ihrerseits nach hiesigem Recht einen Wettbewerbsverstoß darstellen"[143]. Nach Ansicht des Gerichts lag es nahe, im konkreten Fall das Verhalten des Beklagten als eigenständige Wettbewerbswidrigkeit und nicht lediglich als Vorbereitungshandlung einzustufen[144].

Ausführlicher hat sich der BGH wieder in der „Gewinnspiel im Ausland"-Entscheidung[145] mit der Frage des anwendbaren Rechts beschäftigt. Der in Deutschland ansässige Beklagte, der im Inland mit Textilien, Geschenkartikeln und Neuheiten handelte, hatte in Frankreich wohnhaften Verbrauchern Schreiben in französischer Sprache zugesandt, die er in der Tschechischen Republik zur Post gegeben hatte. In diesen Schreiben forderte er die Verbraucher auf, durch Geldüberweisungen an einem „Gewinnspiel" teilzunehmen. Die darin gemachten Gewinnversprechungen wurden aber nicht eingehalten. Die Teilnehmer verloren ihr Geld oder erhielten Waren von gegenüber ihrem Einsatz geringerem Wert.
Ein deutscher Verbraucherschutzverein, zu dessen satzungsgemäßen Aufgaben es gehört, die Interessen der Verbraucher durch Aufklärung und Beratung wahrzunehmen und zu fördern, klagte gemäß § 13 Abs. 2 Nr. 3 UWG auf Unterlassung wegen Verstoßes gegen § 1 und § 3 UWG.
Der BGH kam zum Ergebnis, dass französisches Recht anwendbar sei, denn als Ort der wettbewerblichen Interessenkollision sei „grundsätzlich der Marktort anzusehen, an dem durch das unlautere Verhalten im Wettbewerb mit anderen Unternehmen auf die Entschließung des Kunden eingewirkt werden soll. Dort soll das Wettbewerbsrecht unlauteres Konkurrenzverhalten verhindern; auf diesen Ort bezieht sich auch das durch das Wettbewerbsrecht ebenfalls geschützte - und deshalb bei der Rechtsanknüpfung mitzubeachtende - Interesse der Allgemeinheit an einem lauteren Wettbewerb bei der Gewinnung von Kunden und das Interesse der möglichen Kunden, als Marktteilnehmer vor unlauterem Verhalten bei der Werbung und dem Abschluss von Verträgen geschützt zu werden".
Der Marktort, an dem die wettbewerbswidrigen Werbemaßnahmen auf den Kunden einwirken sollen, sei „auch dann der für die Bestimmung des anwend-

---

143 OLG Köln v. 12.5.1995, IPRspr 1995 Nr. 123, 234, (236) = VuR 1995, 289, (292) mit Verweis auf BGH v. 11.3.1982, GRUR 1982, 495, (497) - Domgarten-Brand.

144 Zu entscheiden hatte es diese Frage jedoch nicht, da die Klage bereits wegen fehlender Aktivlegitimation des Klägers, ein Verbraucherverband, unbegründet war.

145 BGH v. 26.11.1997, WRP 1998, 386 = GRUR 1998, 419 = NJW 1998, 1227 - Gewinnspiel im Ausland.

baren Rechts maßgebliche Ort der wettbewerblichen Interessenkollision, wenn der spätere Absatz auf einem anderen [dem deutschen] Markt stattfinden soll". Zwar sei in einem solchen Fall auch das Absatzinteresse anderer Wettbewerber auf diesem (deutschen) Markt berührt, es handele sich aber insoweit „nur um Auswirkungen des zu beurteilenden Wettbewerbsverhaltens, die nicht zur Anwendbarkeit des Rechts des Absatzmarktes führen"[146].

5.2 *Standpunkte des Schrifttums in Deutschland*

5.2.1 Übersicht

In Deutschland ist eine bis heute andauernde, umfassende Diskussion um die Anknüpfung unlauteren Wettbewerbs geführt worden. Das hängt damit zusammen, dass das deutsche Recht *de lege lata* keine gesetzlich normierte Kollisionsnorm für das internationale Wettbewerbsrecht kennt. Daran hat auch das Gesetz zum Internationalen Privatrecht für außervertragliche Schuldverhältnisse und für Sachen vom 21.5.1999 nichts geändert[147].

Seit Aufgabe der Ubiquitätsregel in der „Kindersaugflaschen"-Entscheidung[148] hat auch die Literatur verstärkt nach neuen, für das Wettbewerbsrecht geeigneteren Anknüpfungsmethoden gesucht. Gegen die Ubiquitätsregel sprach, dass sie mit der Rechtswahlmöglichkeit des Verletzten bzw. des zuständigen Richters (Günstigkeitsprinzip) zwangsläufig zur Unsicherheit über das maßgebliche Recht führte und möglicherweise bei Wahl des Niederlassungsortrechts des Verletzers als Handlungsortrecht die *par conditio concurrentium* verletzte. Vor allem aber stand diese Anknüpfung weder mit den Rechtsanwendungsinteressen des Marktstaates und der übrigen Marktbeteiligten, noch mit der Maxime der äußeren Anknüpfungsharmonie im Einklang[149].
Aber auch eine jeweils ausschließliche Anknüpfung an den Handlungs-[150] oder Erfolgsort[151] schien aus den Gründen der Unbestimmtheit und Manipulierbarkeit ungeeignet.

---

146 Beide Zitate aus BGH v. 26.11.1997, GRUR 1998, 419, (420) - Gewinnspiel im Ausland.
147 S.o. 4.2.1.
148 BGH v. 30.6.1961, BGHZ 35, 329, (333) - Kindersaugflaschen.
149 Vgl. MüKo-Kreuzer, Art. 38 EGBGB RdNr. 234 mwN. Fn. 864; Caemmerer-Kreuzer, S. 267; Staudinger-v. Hoffmann, Art. 38 EGBGB RdNr. 516; Deutsch, S. 27; **a.A.** also für die Ubiquitätsregel im Schrifttum waren noch: Becher, § 28 Anm. 2; Callmann, § 28 RdNr. 26; Rosenthal/Leffmann, Einl RdNr. 31; Schmidt, S. 175, 189; Reu, S. 75; Ulmer, JW 1931, 1906.
150 So Raape, Internationales Privatrecht^5, S. 576, der zusätzlich darauf hinweist, dass auch nach dem Recht der romanischen Länder der Begehungsort der Ort sei, an dem gehandelt werde, wobei dies gerade im italienischen Recht nicht ganz deutlich aus Art. 25 Abs. 2 Disp. prel. folge; Wolff, IPR^2, S. 102.
151 So Caemmerer-Lorenz, S. 97, 112, 124, 157.

Im Folgenden sollen die in der Literatur vertretenen Hauptkonzepte dargestellt werden, die zur Lösung der Frage nach dem auf Wettbewerbsdelikte anwendbaren Recht entwickelt wurden[152].
Eine Einteilung in Gruppen bringt zwangsweise auch eine gewisse Unschärfe mit sich. Die in Kauf zu nehmende Vereinfachung und Generalisierung soll jedoch der Übersichtlichkeit in der Darstellung der schier unendlichen Einzelmeinungen zugute kommen.

Im Wesentlichen wurden sechs kollisionsrechtliche Konzeptionen entwickelt, die teilweise immer noch diskutiert werden. Sie lassen sich wie folgt skizzieren:

1) Die ganz herrschende Meinung in der Literatur knüpft wie die Rechtsprechung Lauterkeitsdelikte an den Ort der wettbewerblichen Interessenkollision an, wobei sie diesen in ihren Einzelauffassungen näher konkretisiert.
2) Die Befürworter des Territorialitäts- oder Schutzlandprinzips lassen wegen der materiellrechtlichen Geistesverbundenheit zwischen Immaterialgüterrecht und Wettbewerbsrecht in beiden Fällen das Recht des Schutzlandes zur Anwendung kommen.
3) Die Verfechter des Auswirkungsprinzips betonen dagegen die enge Verbindung zwischen Kartellrecht und Wettbewerbsrecht und knüpfen einheitlich an den Ort an, auf dessen Absatzmarkt sich die Wettbewerbsmaßnahme auswirkt.
4) Vertreter einer sachnormzweckbezogenen Anknüpfung differenzieren bei der Anknüpfung je nach Normzweck der Wettbewerbsvorschrift.
5) Ferner werden Sachnormen für internationale Wettbewerbssachverhalte empfohlen.
6) Schließlich wird der Vorschlag gemacht, den Anwendungsbereich von Wettbewerbsnormen nach den Rechtsanwendungsinteressen der beteiligten Staaten zu bestimmen.

5.2.2 Die einzelnen Literaturmeinungen

5.2.2.1 Wettbewerbsspezifische Bestimmung des Tatortes am Ort der wettbewerbsmäßigen Interessenkollision

Die heute herrschende Lehre hat sich der Rechtsprechung angeschlossen und qualifiziert Wettbewerbsverstöße kollisionsrechtlich ebenfalls als unerlaubte Handlungen, nimmt aber zugleich eine wettbewerbspezifische Präzisierung der deliktskollisionsrechtlichen Tatortregel vor. Wie der BGH seit der „Kindersaugflaschen"-Entscheidung stellt sie bei der Frage nach dem anwendbaren Recht inzwischen ganz überwiegend auf den Ort der wettbewerblichen Interessenkollision ab.

---

152 Inwiefern sie die Rsp. beeinflusst haben, s.o. 5.1.

Dieser wird aber im Einzelnen näher konkretisiert. Insofern ist die herrschende Lehre in Einzelmeinungen zu unterteilen, je nachdem ob sie den Ort der wettbewerbsmäßigen Interessenkollision am Ort des Eingriffs in die Interessen der Konkurrenten[153], am Marktort[154], am Ort der Wettbewerbshandlung[155], am

[153] Die Vertreter dieser Ansicht berücksichtigten mit ihrem Anknüpfungsvorschlag die Interessen der Mitbewerber, aber noch nicht die der Verbraucher und Allgemeinheit:
FRORIEP, S. 59, der an den Ort anknüpft, an dem sich die Interessenkollision des Verletzers und des Geschädigten äußerlich manifestiert, also der Ort, an dem der primäre Erfolg eintritt.
HILLGENBERG, NJW 1963, 2199, (2200) knüpft an den Ort an, wo die Marktposition der Konkurrenten erstmals geschwächt wurde.
TROLLER, K., S. 127 ff., der bereits 1962 die traditionelle Anknüpfung an den Handlungs- oder Erfolgsort verwarf und stattdessen am Recht des Ortes der wettbewerblichen Interessenkollision anknüpfte. Er unterschied zwischen absatzbezogenen Wettbewerbshandlungen (z.B. Absatzbehinderung durch irreführende Werbung, herabsetzende Werbung, sklavische Nachahmung von Produkten), die an den jeweiligen Absatzmarkt anzuknüpfen seien und produktbezogenen, sich insbesondere gegen die Produktion des Mitbewerbers richtende Wettbewerbshandlungen (z.B. Ausspannen von Angestellten, Ausforschung von Geschäftsgeheimnissen mit unlauteren Methoden), die am Ort der gestörten Produktion anzuknüpfen seien.
[154] Hier knüpfen die meisten Vertreter dieser Richtung an. Sie berücksichtigt alle am Markt betroffenen Interessen:
BERNHARD, S. 288 f. unterscheidet zwischen marktvermittelten und nicht-marktvermittelten Handlungen, erstere will er an den Markteinwirkungsort, letztere an den Ort der beeinträchtigten Produktion anknüpfen. Als subsidiäre Grundregel sieht er die Anknüpfung an den Ort vor, an dem die Tat ihrem Schwerpunkt nach verwirklicht wurde.
GLOEDE, GRUR 1960, 464, (471), (473), legt den Begehungsortbegriff sehr eng aus: Bei Schadensersatzansprüchen liege er dort, wo sich der charakteristische Teil des Geschehens ereignet hat, d.h. am Marktort. Bei Unterlassungsansprüchen stellt er auf den Geschäftssitz des Verletzers ab, was zur Folge hat, dass für den Wettbewerb deutscher Firmen im Ausland gerade deutsches Wettbewerbsrecht gilt.
GLOY-WILDE, § 6 RdNr. 19 f., 25 ff. sieht die wettbewerbsmäßige Interessenkollision bei Werbemaßnahmen am Ort der Einwirkung auf den Kunden, bei betriebsbezogenen Eingriffen am Sitz des Unternehmens (RdNr. 43 ff.). Fälle der Behinderung knüpft er je nach Tatbestand unterschiedlich (RdNr. 39 ff.) an. Ob an den Markt- bzw. Betriebsort angeknüpft werden soll, hänge davon ab, an welchem Ort sich die Behinderungsmaßnahme auswirke, ob etwa auf dem ausländischen Markt oder am inländischen Sitz des Abnehmers.
WILLMS, S. 93 ff. „Ort des Marktgeschehens".
Am Ort der wettbewerbsmäßigen Interessenkollision, verstanden als Marktort, knüpfen außerdem an:
V. BAR, IPR II, § 6 RdNr. 695; BASEDOW, RabelsZ 59 (1995), 1, (49); BAUMBACH/HEFERMEHL, Einl RdNr. 173 ff.; EMMERICH, § 4, S. 33; ERMAN-HOHLOCH, Art. 38 EGBGB RdNr. 43; FEZER, JZ 1994, 317, (324); KOBLITZ, § 26 RdNr. 18; KÖHLER/PIPER, Einf. RdNr. 74; KROPHOLLER, § 53 VII 1, S. 474 f.; LINDACHER, WRP 1996, 645, (647); LÜDERITZ, RdNr. 302; MÖLLERING, WRP 1990, 1, (3 ff.); MÜLLER-GRAFF, RabelsZ 48 (1984) 289, (308); PALANDT-HELDRICH[60], Art. 40 EGBGB, RdNr. 11; PIPER, GRUR 1992, 803, (804); RABEL, S. 295 f.; REICH, RabelsZ 56 (1992), 444, (480); REUTER, BB 1989, 2265, (2266); ROTH, IPRax 1994, 165, (170); SCHWARTZ, S. 232 f.; SOERGEL-LÜDERITZ, Art. 38 EGBGB RdNr. 17.
[155] MÜKO-KREUZER, Art. 38 EGBGB RdNr. 234, 251; CAEMMERER-KREUZER, S. 274 ff., 287, nach dem der Begehungsort im Lauterkeitsrecht am Ort der wettbewerbsmäßigen Interessenkollision liegt, allerdings präzisiert als „Wettbewerbshandlungsort". Das sei der Ort, wo der Wettbewerb geschehe, wo sich jemand am Wettbewerb beteilige, bzw. der Markt, auf dem

Schwerpunktes des Wettbewerbsverstoßes[156], am Ort der Interessenbeeinträchtigung[157], am Ort des Eingriffs in die geschützte Rechtssphäre[158] oder am Ort, an dem auf den Markt bzw. die Marktgegenseite eingewirkt wird[159], verstanden wissen wollen.

---

die Wettbewerbsmaßnahme auf Abnehmer oder Lieferanten einwirken soll. Er unterscheidet zwischen marktgerichteten und nicht marktgerichteten Verstößen. Ausschlaggebend für marktgerichtete Verstöße sei der Ort, wo die Wettbewerbshandlung auf die Marktpartner (Abnehmer, Lieferanten) Einfluss nehmen soll. Für nicht marktgerichtete Wettbewerbsverletzungen sollen die Anknüpfungsregeln des allgemeinen Deliktrechts gelten. Sind ausschließlich oder überwiegend die geschäftlichen Interessen eines bestimmten Mitbewerbers betroffen, fehle es an der wettbewerbstypischen Besonderheit des Tatbestandes. Eine Anwendung des gemeinsamen Heimatstatuts hält er nur für nicht marktgerichtete Handlungen für zulässig. Vgl. auch Art. 7 (Unlauterer Wettbewerb) des Regelungsvorschlags in CAEMMERER-CAEMMERER, S. 3, 19.

BINDER, RabelsZ 20 (1955), 401, (494): „Es ist [...] nach dem Recht desjenigen Staates, in dem der Wettbewerb erfolgt, zu beurteilen [...], ob er sich im Rahmen des Erlaubten hält und welche Folgen ein Verstoß hat. [...] Aber wenn der Konkurrenzkampf sich *ausschließlich* zwischen Firmen desselben Staates abspielt, wird man [...] die Ansprüche der beiden Wettbewerber nach dem Recht des Landes beurteilen, in dem beide ihre zentrale Geschäftsniederlassung haben.“

BURMANN, DB 1964, 1801 ff., (1805), der wie Troller, K. die Maßgeblichkeit der wettbewerblichen Interessensüberschneidung befürwortet; bei unternehmensbezogener Unlauterkeit greift er jedoch auf die allgemeinen Anknüpfungsregeln des Deliktsrechts zurück.

156 WIRNER, S. 106 ff., 110 ff., der je nach Schwerpunkt differenziert anknüpfen möchte: Deliktsort für allgemeine Marktstörungen am gestörten Markt, für kundenbezogene Wettbewerbshandlungen am Ort der Einwirkung und für gezielte Störungen von Konkurrenten am Ort des gestörten Betriebs.

157 BEITZKE, JuS 1966, 139, (142 f.), (147), für den grundsätzlich das Recht des Marktes maßgeblich sein soll, auf dem die jeweiligen Produkte einander begegnen, d.h. es soll an den Ort angeknüpft werden, wo die verletzten Interessen zu lokalisieren sind. Das gemeinsame Heimatrecht wie es der BGH in der „Stahlexport“-Entscheidung berücksichtige, lehnt Beitzke auch in Fällen ab, in denen sich die Wettbewerbsmaßnahmen eines inländischen Unternehmens gezielt gegen einen inländischen Konkurrenten auf dem ausländischen Markt richtet. Es mache für das betroffene Unternehmen keinen Unterschied, ob dieser Angriff von einem in- oder einem ausländischen Wettbewerber geführt werde, so dass auch eine unterschiedliche rechtliche Behandlung nicht gerechtfertigt sei.

Vgl. auch V. GAMM, Gesetz gegen den unlauteren Wettbewerb, Einf. A RdNr. 47; KNOPP, AWD (8) 1962, 183 f.; MOOK, S.45; SCHIKORA, S. 250 f.

158 FIRSCHING, § 35 2c dd), S. 290.

159 RIEGL, S. 83: „Ansprüche aus Wettbewerbsverstößen (unlauterer und unerlaubter Wettbewerb) sind nach dem Recht des Staates zu beurteilen, auf dessen Markt (Ort der wettbewerblichen Interessenkollision der Beteiligten) die Wettbewerbsmaßnahme einwirkt.“ Auf betriebsbezogene Schädigungen bzw. speziell gegen Mitbewerber gerichtete Verstöße hält Riegl aufgrund „funktioneller Qualifikation“ die allgemeine deliktsrechtliche Kollisionsnorm mit allen ihren Auflockerungsmöglichkeiten für anwendbar, vgl. RIEGL, S. 89.

STAUDINGER-V. HOFFMANN, Art. 38 EGBGB RdNr. 519 a.E. erscheint nur der Begriff „Ort der wettbewerbsmäßigen Interessenkollision“ sprachlich etwas ungenau und formuliert deshalb eine eigene wettbewerbsrechtliche Anknüpfungsregel: „Ansprüche aus Wettbewerbsverstößen sind nach dem Recht des Staates zu beurteilen, auf dessen Markt die Wettbewerbsmaßnahme einwirkt“.

Zwar ist denkbar, dass die verschiedenen Facetten dieser Meinung in vereinzelten Fällen auch zu unterschiedlichen Ergebnissen kommen, doch meist geht es weniger um einen Streit in der Sache als um eine möglichst treffende Formulierung[160].

Das gilt auch für die dogmatische Verortung der wettbewerbsspezifischen Bestimmung des Begehungsortes[161]. Während die herrschende Meinung sie als genuin wettbewerbsrechtliche Ausformung der Tatortregel begreift[162], interpretieren sie andere als eigenständige Anknüpfungsregel, die mit der Tatortregel kontrastiert[163].

5.2.2.2 *Das Territorialitäts- bzw. Schutzlandprinzip*

Während die *lex-loci*-Regel des Deliktstatuts die Entscheidung zwischen Handlungs- und Erfolgsort trifft, fragt das Schutzlandprinzip nach dem Recht des Staates, für dessen Gebiet Rechtsschutz in Anspruch genommen wird[164]. Bei grenzüberschreitenden Immaterialgutverletzungen, wo also die Handlung in einem Staat initiiert wurde, aber der Verletzungserfolg in einem anderen eintritt, bestimmt sich die Frage nach dem anwendbaren Recht nach dem „Anwendungswillen" der jeweils verletzten, einzelstaatlichen Vorschrift, die gegebenenfalls dazu ausgelegt werden muss.

Einer Anknüpfung gemäß dem Schutzlandprinzip liegt der Gedanke zugrunde, dass das Wettbewerbsrecht als Verhaltensordnung für das gewerbliche Schaffen

---

SACK, GRUR Int. 1988, 330, (322 ff.); DERS., IPRax 1992, 24 f. vertritt ebenfalls den Standpunkt, dass an dem Ort angeknüpft werden soll, an dem auf die Marktgegenseite eingewirkt wird (Marktort). Bei Auseinanderfallen von Werbe- und Absatzmarkt komme es auf das Recht des Werbemarktes an, da dort die Werbung auf ihre Adressaten einwirke.

[160] Vgl. auch STAUDINGER-V. HOFFMANN, Art. 38 EGBGB RdNr. 516.

[161] Vgl. hierzu auch WILLMS, S. 74 f.

[162] Statt aller vgl. MÜKO-KREUZER, Art. 38 EGBGB RdNr. 240.

[163] So SCHRICKER, GRUR Int. 1982, 720, (722 f.); KOCH/MAGNUS/MOHRENFELS, § 10 III, S. 189; am deutlichsten wohl aber KOCH, JZ 1991, 1039, (1040 f.), der in der wettbewerbsspezifischen Anknüpfung einen „Abschied von der deliktsrechtlichen Tatortformel" sieht. „Sie ist angesichts der spezifischen Lokalisierung des ‚Zusammentreffens wettbewerblicher Interessen' nichtssagend geworden, zumal die mit der Tatortregel verbundenen Ubiquitäts- und Günstigkeitsprinzipien hier im Wettbewerbsrecht gerade keine Geltung beanspruchen."

[164] Vertreter dieser Richtung sind vor allem TROLLER, A., IntEncCompL, S. 7 (Nr. 9), S.14 (Nr. 15), S. 16 (Nr. 17); SANDROCK, GRUR Int. 1985, 507, (511), (517 f.).
Kamen Troller nahm in einem späteren Aufsatz, bei dem es um das auf Immaterialgüterrechte anwendbare Recht ging (TROLLER, K., IntEncCompL, S. 7 (B)) auf den zitierten Aufsatz von Alois Troller Bezug. Es ist jedoch hieraus nicht ersichtlich, dass er in Bezug auf das auf unlautere Wettbewerbshandlungen anwendbare Recht seine Meinung geändert hat (dazu s.o. Fn. 153). BERNHARD, S. 171 Fn. 708 hat m.E. Chapter 34 der IntEncCompL versehentlich Kamen T. zugeschrieben, obwohl es von Alios T. stammt und meint deshalb, Kamen T. habe seine Ansicht geändert.

das Recht der gewerblichen Schutzrechte überlagert, ergänzt und begrenzt[165]. Eine Übertragung der im Immaterialgüterrecht gleichsam weltweit geltenden Anknüpfungsregel an das Recht des Schutzlandes auf das Lauterkeitsrecht sei demnach die dogmatisch richtige kollisionsrechtliche Schlussfolgerung[166]. Pragmatisch bestechend sei die Lösung über das Schutzlandprinzip, da sie die schwierige Frage nach dem Ort der wettbewerbsrechtlichen Interessenkollision umgehe[167]. Auch ließen sich komplexe Wettbewerbsverstöße, die mehrere Länder betreffen, leichter aufteilen und dem Recht des jeweiligen Landes unterstellen[168].

Sandrock[169] geht sogar einen Schritt weiter und gelangt zum Ergebnis, dass auch das Kartellrecht zusammen mit dem Lauterkeitsrecht und dem Immaterialgüterrecht einen einheitlichen Normenkomplex bilde. Diese drei verwandten Rechtsgebiete hätten einheitlich dem Territorialitätsprinzip als einseitige Kollisionsnorm zu unterliegen. Die einheitliche Anknüpfung benachbarter Rechtsgebiete vermeide Wertungswidersprüche, die durch getrennte kollisionsrechtliche Anknüpfung entstehen.
Seiner Meinung nach ist es durchaus denkbar, das Schutzlandprinzip in der Praxis auch auf bloße Verhaltensgebote anzuwenden - also auch auf das Wettbewerbsrecht - und nicht nur auf territorial beschränkte Rechte[170].

Die Übertragung des im internationalen Immaterialgüterrecht geltenden Schutzlandprinzips auf das internationale Lauterkeitsrecht mag durchaus pragmatisch erscheinen, doch werden dabei die unterschiedlichen Interessen, die das jeweilige Sachrecht schützt[171], nicht entsprechend berücksichtigt. Das Immaterialgüterrecht bezweckt den Schutz von Rechtspositionen, die individuellen Rechtsträgern ausschließlich zugewiesen sind, während das Wettbewerbsrecht die nicht zu absoluten Rechten verdichteten Interessen einer Vielzahl von am Wettbewerb

---

165 STAUDINGER-V. HOFFMANN, Art. 38 EGBGB RdNr. 512.

166 TROLLER, A., IntEncCompL S.14 (Nr. 15), S. 16 (Nr. 17); SANDROCK, GRUR Int. 1985, 507, (518); REIMER, Wettbewerbsrecht[4], Kap. 6 RdNr. 3; BUSSMANN, Maridakis II, S. 157 ff., 173, 178.

167 TROLLER, A., IntEncCompL S.14 (Nr. 15).

168 TROLLER, A., IntEncCompL S.16 (Nr. 17): „The principle of territoriality makes it possible to divide up a unitary situation of an international extent into a number of situations which, for the purposes of applying a legal system, are restricted to separate countries."

169 SANDROCK, GRUR Int. 1985, 507, (518 ff.).

170 SANDROCK, GRUR Int. 1985, 507, (522) schlägt folgende allgemeine Kollisionsregel vor: „Der Schutz gegen unlauteren Wettbewerb richtet sich grundsätzlich nach dem Recht desjenigen Landes, für dessen Territorium der Verletzte den Schutz gegen diesen Wettbewerb in Anspruch nimmt. Inwieweit dieser Schutz über das Territorium des betreffenden Schutzlandes hinaus in Anspruch genommen werden kann, bestimmt sich nach dem materiellen Zweck derjenigen Norm, auf Grund derer der Anspruchsteller diesen außerterritorialen Schutz begehrt."

171 Dazu s.o. 1.2.2.1. Zum Unterschied zwischen Kartell- und Lauterkeitsrecht s.u. 5.2.2.3.

beteiligten Personen zu wahren sucht[172]. Da das Wettbewerbsrecht nicht den Schutz von Ausschließlichkeitsrechten zum Inhalt hat, gibt es im Wettbewerbsrecht auch kein Schutzland als Anknüpfungsmoment im Sinne des Immaterialgüterrechts[173]. Beim Wettbewerbsrecht geht es nicht, wie meist beim Immaterialgüterrecht um Registerrechte, deren Bestehen von hoheitlicher Gewährung abhängig ist, die also als staatlicher Akt territorial begrenzt sind. Entscheidend sind vielmehr die Interessen, die durch das wettbewerbliche Verhalten verletzt werden. Diese sind aber gerade keine Ausschließlichkeitsrechte[174].

Auf den „Willen" der materiellen Norm nimmt nicht nur die statutistische Anknüpfung nach dem Schutzlandprinzip Rücksicht. Auch die internationalprivatrechtliche berücksichtigt bei der Bestimmung des Ortes der wettbewerblichen Interessenkollision Wertungen des materiellen Rechts[175].

5.2.2.3 Das Auswirkungsprinzip

Die Befürworter[176] des Auswirkungsprinzips gehen von einer einheitlich öffentlichrechtlichen, das Wettbewerbsrecht umfassenden Marktordung aus, die durch das Lauterkeits- und das Kartellrecht bestimmt werde. Beide Rechtsgebiete bezwecken den Schutz des Wettbewerbs, worunter der Schutz der Interessen der

---

[172] STAUDINGER-V. HOFFMANN, Art. 38 EGBGB RdNr. 512; MÜKO-KREUZER, Art. 38 EGBGB RdNr. 234; CAEMMERER-KREUZER, S. 269 f.

[173] STAUDINGER-V. HOFFMANN, Art. 38 RdNr. 512; SCHRICKER, GRUR Int. 1973, 453, (459); GROẞKOMM UWG/SCHRICKER, Einl F Rn 162; MÜKO-KREUZER, Art. 38 EGBGB RdNr. 234 mwN. in Fn. 868; CAEMMERER-KREUZER, S. 268 f.; WILLMS, S. 85.

[174] WILLMS, S. 85 f.

[175] S.u. Kapitel 6; vgl. auch BERNHARD, S. 267.

[176] BÄR, S. 371, 375 stellt auf den Ort der Auswirkung auf die Marktgegenseite ab; BUSSMANN, Maridakis II S. 157 stellt auf das Recht des Landes ab, in dem sich der Wettbewerb auswirkt; FLEISCHER, S. 355 ff., 370 möchte das Auswirkungsprinzip für den Bereich des selektiven Wettbewerbrechts angewandt wissen; REGELMANN, S. 123 ff., 129 f., 169 tritt für die Übernahme des Auswirkungsprinzips als einseitige Kollisionsnorm ein. Ob eine anwendungsbegründende, unmittelbare Auswirkung im Geltungsbereich des deutschen Gesetzes gegen den unlauteren Wettbewerb vorliegt, bestimme der materielle Zweck der verletzten Norm; TILMANN, GRUR 1990, 87, (88) vertritt die tatbestandsorientierte Auswirkungslehre; TRUTMANN, S. 182 f. stellt auf den Ort der Störung der Wettbewerbsordnung ab; WENGLER, RabelsZ 19 (1954), 401, (415 f.) stellt auf die Auswirkung auf dem Absatzmarkt ab; vgl. auch BEIER/SCHRICKER/ULMER, GRUR Int. 1985, 104, (107); STAUDINGER-FEZER, Int WirtschR RdNr. 394 ff; DERS., JZ 1994, 317, (324); HABERMEIER, S. 158 f.; KOHTE, EuZW 1990, 150, (154 f.); KORT, GRUR Int. 1994, 594, (598 f.); LICHTENSTEIN, NJW 1964, 1208, (1213); WEBER, S. 221 ff., DERS. GRUR Int. 1983, 26, (29) ist der Auffassung, dass bei Verstößen gegen Ordnungsrecht der Erfolgsort entscheidend sei. Es sei stets zu prüfen, ob nicht Maßnahmen auf Auslandsmärkten auch Rückwirkungen auf den Inlandsmarkt haben, wobei nach Weber die Gewährleistung des freien Zugangs deutscher Unternehmen zum Export noch zum Schutze des Inlandsmarktes zählt. Hier wird die Parallele zur Festlegung des Anwendungsbereichs des deutschen Kartellrechts durch § 130 Abs. 2 GWB deutlich.

Wettbewerber, der Verbraucher und der Allgemeinheit zu verstehen sei[177]. Wegen dieses inneren Entscheidungseinklangs seien beide gleich anzuknüpfen.
Das Lauterkeitsrecht sei als Marktordungsrecht zu verstehen, das durch die Vorschriften des Kartellrechts ergänzt wird[178]. Nach § 130 Abs. 2 GWB findet deutsches Kartellrecht auf alle Wettbewerbsbeschränkungen Anwendung, die sich im Inland auswirken. Wegen der „marktordnenden Funktion" des Lauterkeitsrecht finde dieses ebenfalls für solche Handlungen Anwendung, die sich auf dem inländischen Markt auswirken. Als Anknüpfungspunkt wird das Recht des Ortes betrachtet, auf dessen „Absatzmarkt sich die Wettbewerbsmaßnahme auswirkt bzw. auswirken kann"[179].
Auswirkungen auf mehrere Absatzmärkte seien jeweils nach dem strengsten Recht zu beurteilen[180].

Wie das Kriterium der Interessenkollision, sondert auch das Kriterium der Auswirkung den Handlungsort und das (gemeinsame) Personalstatut aus. Insoweit überwindet es ebenfalls die überkommene Ubiquitätsregel.

Dieses Anknüpfungsprinzip scheitert jedoch ebenfalls an den unterschiedlichen Zielsetzungen des jeweiligen Sachrechts. Während das Kartellrecht bezweckt, den Markt von wettbewerbsverzerrenden und -beschränkenden Faktoren freizuhalten und damit die Auswirkung auf den Markt Tatbestandsmerkmal ist, sind die nach Lauterkeitsrecht zu verfolgenden Wettbewerbsverstöße vielmehr abstrakte Gefährdungsdelikte, die das Handeln eines Mitbewerbers verbieten, das äußerlich geeignet und bestimmt ist, in sittenwidriger Weise den eigenen Marktabsatz zum Nachteil der übrigen Marktanbieter zu fördern[181].
Wird nun auch auf das internationale Wettbewerbsrecht das in § 130 Abs. 2 GWB verankerte, allein marktbezogene Anknüpfungsprinzip des internationalen Kartellrechts angewandt, so riskiert man, die individualrechtlichen Aspekte des Lauterkeitsrechts zugunsten einer einseitiger Heraushebung der marktordungsrechtlichen Elemente zu vernachlässigen[182].

Die Begründung, dass sich UWG und GWB teilweise überschneiden, reicht für sich allein genommen noch nicht aus, um das kartellrechtliche Auswirkungsprinzip als einseitige Kollisionsregel auf das Internationale Privatrecht des un-

---

[177] Vgl. BAUMBACH/HEFERMEHL, Allg RdNr. 38; CAEMMERER-KREUZER, S. 263.
[178] WENGLER, RabelsZ 19 (1954), 401, (415); s.o. 1.2.1.
[179] WENGLER, RabelsZ 19 (1954), 401, (417).
[180] Hiermit bleibt Wengler ganz bei seiner deliktischen Anknüpfungssystematik, die er für das gesamte Deliktskollisionsrecht ausgearbeitet hat. Nach RGRK-WENGLER, § 15, S. 438 soll in solchen Fällen möglichst nur ein Recht zur Anwendung kommen, nämlich „das Recht, zu dem die gewichtigste Kombination sämtlicher im Einzelfall bestehender Verknüpfungen hingeht".
[181] Vgl. STAUDINGER-V. HOFFMANN, Art. 38 EGBGB RdNr. 513 mwN.; CAEMMERER-KREUZER, S. 270.
[182] So auch STAUDINGER-V. HOFFMANN, Art. 38 EGBGB RdNr. 513.

lauteren Wettbewerbs zu übertragen[183]. Mit demselben Argument der engen Verbindung beider Rechtsgebiete ließe sich ebenso gut in umgekehrter Richtung die Übernahme der *lex-loci-delicti* Regel in das Kartelldeliktsrecht befürworten[184].
Eine unilaterale Bestimmung des Anwendungsbereiches kann bei öffentlichrechtlichen Normen sinnvoll damit begründet werden, dass dadurch ein Gleichlauf zwischen internationaler Zuständigkeit und Kollisionsrecht hergestellt wird, da inländische Behörden bezüglich der Durchsetzung ausländischen öffentlichen Rechts grundsätzlich nicht zuständig sind[185]. Sinnvoll ist dies beim internationalen Lauterkeitsrecht nicht, da dieses jedenfalls nicht vorwiegend öffentlichrechtlich geprägt ist.

Um ein taugliches Anknüpfungskriterium auch im Lauterkeitsrecht zu sein, müsste außerdem der Begriff der „Auswirkung", wie schon im internationalen Kartellrecht[186] näher definiert werden. Es gelang aber noch nicht, die „Auswirkung" der Wettbewerbshandlungen derart zu konkretisieren, dass der Anknüpfungssicherheit hinreichend Rechnung getragen werden kann[187]. Das Auswirkungsprinzip stellt zu sehr auf den Ort des bloßen Schadenseintritts ab, was zu Zufälligkeiten führen kann[188]. Besonders deutlich wird dies, wenn Werbe- und Absatzmarkt auseinanderfallen. Da der Begriff der „Auswirkung" nicht nur die Verletzung des durch den Tatbestand bezeichneten Rechtsgutes (bzw. Interesses) umfasst, sondern auch die mittelbaren Folgen, insbesondere den Schadenseintritt[189], würde sich jede Beeinträchtigung des Absatzes ebenfalls als von Werbung verursachter Schaden darstellen. Doch bereits seit der „Mundharmonika"-Entscheidung[190] wurde die Anknüpfung an den Ort der Schadensauswirkung als zu weitgehend angesehen. Das Lauterkeitsrecht soll bereits das wettbewerbswidrige Verhalten selbst bekämpfen und nicht erst die ihm nachgelagerten unerwünschten Auswirkungen.

---

[183] Vgl. WILLMS, S. 87.
[184] Vor Einführung des § 130 Abs. 2 (ex § 98 Abs. 2) GWB wurden Kartellverstöße deliktisch angeknüpft; hinsichtlich der Kartelldelikte lässt sich § 130 Abs. 2 GWB als *lex specialis* zur deliktischen Anknüpfung sehen, vgl. SCHWARTZ, S. 231 f.; CAEMMERER-KREUZER, S. 261; BERNHARD, S. 263.
[185] MÜKO-IMMENGA, Nach Art. 37 EGBGB RdNr. 83 ff.; kritisch SCHURIG, S. 142; BÄR, S. 293 ff.
[186] Zur umfangreichen Dogmatik vgl. MÜKO-IMMENGA, Nach Art. 37 EGBGB RdNr. 31 ff.; IMMENGA/MESTMÄCKER-REHBINDER, § 98 Abs. 2 GWB RdNr. 22 ff.; MARTINEK, S. 16.
[187] WENGLER, RabelsZ 19 (1954), 401, (417) räumt selbst ein, dass sein Vorschlag bei der praktischen Anwendung zu Schwierigkeiten führen kann, weist aber gleichzeitig darauf hin, dass das Abstellen auf den Marktauswirkungsort „jedenfalls sinnvoller als die traditionelle Frage nach dem locus delicti ist". Kritisch zum Auswirkungsprinzip im Hinblick auf die Rechtssicherheit auch CAEMMERER-KREUZER, S. 271 f.; STAUDINGER-V. HOFFMANN, Art. 38 EGBGB RdNr. 513; IMMENGA/MESTMÄCKER-REHBINDER, § 98 Abs. 2 GWB RdNr. 55; BERNHARD, S. 269; WILLMS, S. 87.
[188] So auch MÜKO-KREUZER, Art. 38 EGBGB RdNr. 234 mwN. in Fn. 869.
[189] Nach der *lex-loci* Regel ist der Schadenseintritt irrelevant.
[190] RG v. 17.2.1933, RGZ 140, 25 - Mundharmonika; dazu s.o. 5.1.2.

Bei Übernahme des Auswirkungsprinzips für das internationale Lauterkeitsrecht müssten durch eine umfangreiche Dogmatik somit nur mittelbare Auswirkungen ausgegrenzt werden. Ohne eine solche Präzisierung würde das Auswirkungsprinzip sogar zu Ergebnissen führen, die einer Anknüpfung an die Niederlassung des beeinträchtigten Unternehmens gleichkommen[191]. Der Begriff der „Auswirkung" kann demnach bei einem territorialen Auseinanderfallen der jeweils relevanten Märkte bereits deshalb nicht weiterhelfen, da er zu undifferenziert ist.

5.2.2.4 *Die sachnormzweckbezogene Anknüpfung*

Deutsch[192] löst sich bei der Behandlung von Wettbewerbsverstößen von den Regeln des internationalen Deliktsrechts und unterwirft sie wegen ihrer Eigenart einer Sonderbehandlung. Durch eine sachnormzweckbezogene Anknüpfung möchte er den materiellrechtlich geschützten Interessen, auf deren Beeinträchtigung das unlautere Wettbewerbsverhalten zielt, kollisionsrechtliche Beachtung verschaffen. Die Anknüpfung soll je nach Ziel und Zweck der Sachnorm erfolgen. Schützt eine Wettbewerbsnorm die Interessen der Abnehmer bzw. die der Mitbewerbergesamtheit, ist an deren jeweilige Marktzugehörigkeit anzuknüpfen[193]. Die Marktverbundenheit des Abnehmers bestimmt sich nach seinem Wohnsitz, während bei der Mitbewerbergesamtheit der Ort der Teilnahme am Wettbewerb auf einem bestimmten Markt ausschlaggebend ist[194]. Dient die Wettbewerbsnorm hingegen dem Schutz eines einzelnen Konkurrenten, ist auf das Recht der gemeinsamen Niederlassung oder, wo eine solche fehlt, auf das Recht der Konkurrenzlage abzustellen[195].

Wenn auch mit einer anderen Begründung, führt die sachnormbezogene Anknüpfung in vielen Fällen also ebenfalls zur Anwendung des Rechts des Marktortes, worauf auch die Rechtsprechung abstellt[196].

Der Nachteil der sachnormzweckbezogenen Anknüpfung liegt darin, dass sie Wettbewerbsnormen voraussetzt, die jeweils nur einen persönlichen Normzweck haben[197]. Die meisten Wettbewerbsvorschriften schützen jedoch mehrere Adres-

---

[191] Vgl. BERNHARD, S. 268 mwN. in Fn. 1170.

[192] Vor allem DEUTSCH, S. 43 ff.; DERS., RabelsZ 27 (1962/63), 180 f.; vgl. auch AHRENS, JZ 1987, 471, (473), der Deutsch i.E. zustimmt.

[193] DEUTSCH, S. 60 u. S. 63.

[194] DEUTSCH, S. 63.

[195] DEUTSCH, S. 64.

[196] S.o. 5.1.3.3.2.2. So auch SCHOOFS, S. 62; STAUDINGER-V. HOFFMANN, Art. 38 EGBGB RdNr. 511; GLOY-WILDE, § 6 RdNr. 14.

[197] Aus diesem Grunde kritisch ggü. der sachnormbezogenen Anknüpfung CAEMMERER-KREUZER, S. 273 „nicht behebbarer Geburtsfehler"; STAUDINGER-V. HOFFMANN, Art. 38 EGBGB RdNr. 511; BAUMBACH/HEFERMEHL, Einl UWG RdNr. 183.

saten gleichzeitig, nämlich die Mitbewerber, die Abnehmer und die Allgemeinheit[198].

Der Versuch, den Anwendungsbereich der Wettbewerbsnormen nach Sachnormzwecken oder staatlichen Rechtsanwendungsinteressen zu bestimmen, taugt auch m.E. mehr als Anknüpfungsmaxime[199] als zur praktikablen Kollisionsregel[200].

5.2.2.5 Sachnormen für internationale Wettbewerbssachverhalte

Steindorff zählt sämtliche Verletzungen gewerblicher Schutzrechte, insbesondere auch den unlauteren Wettbewerb, zu den unerlaubten Handlungen. Auch kollisionsrechtlich möchte er diese Verletzungen grundsätzlich wie unerlaubte Handlungen behandeln[201].
Dem Wesen eines internationalen Sachverhaltes, also eines mit Auslandsberührung, widerspreche es aber, wenn er einheitlich unter ein einziges Recht subsumiert wird. Ein derartiger Sachverhalt lasse sich nur schwer oder gar nicht einem nationalen Rechtssystem unterordnen. Deshalb schlägt er vor, bei der Berührung mit Rechtsordnungen mehrerer Nationen den materiellen Maßstab nach der Regelung auszurichten, die das zahlenmäßige Übergewicht innerhalb dieser Ordnungen ausmacht[202]. Erst wenn dies im konkreten Einzelfall nicht möglich ist, möchte er anstelle präzise gefasster nationaler Sachnormen generalklauselartig weite Sachnormen (Sachnormen für internationale Sachverhalte) heranziehen, die eine Beurteilung des Sachverhaltes unter Berücksichtigung der einander widersprechenden nationalen Regelungen erlauben sollen[203].

Der Vorschlag Steindorffs, eigene Sachnormen für internationale Sachverhalte zu bilden, setzt also auf materiellrechtlicher Ebene an[204]. In Erwartung eines weltweit einheitlichen Rechts, deren tatsächlicher Realisierung er aber selbst skeptisch gegenübersteht, befürwortet er die Herausbildung besonderer Sachnormen für internationale Sachverhalte, die zu einem Interessenausgleich zwischen Rechtsordnungen mit unterschiedlichen Wertungen und Erwägungen ökonomischer und sozialer Zweckmäßigkeit führen soll[205].

---

198 S.o. 1.4.2.1. Eine Ausnahme bildet aber z.B. der Geheimnisverrat u. die Abwerbung, s.u. 6.4.1.1.
199 S.u. Kapitel 6 zu einer Systematisierung nach Fallgruppen.
200 MüKo-Kreuzer, Art. 38 EGBGB RdNr. 234; Caemmerer-Kreuzer, S. 268; Wirner, S. 101; v. Meenen, S. 139 f.; Mook S. 49 f.; Riegl, S. 77; Weber, S. 145 f.
201 Steindorff, S. 136.
202 Steindorff, S. 186 bezugnehmend auf die amerikanische „Whiteman“-Entscheidung, 114 Fed. 2d.86 (1940); vgl. auch Regelmann, S. 69 mwN. in Fn. 80.
203 Steindorff, S. 187, meint damit offene Generalklauseln wie z.B. § 1, 3 UWG. Aber auch Art. 2598 Nr. 3 C.c. kann dazu gezählt werden.
204 Steindorff, S. 37, 128 ff.
205 Steindorff, S. 19, 26, 134, 173, 187, 277 f.

Ein international gelagerter Sachverhalt brauche dann nicht mehr zwangsläufig nur einer einzigen nationalen Rechtsordnung und dessen Werten unterworfen zu werden. Die Internationalität des Sachverhaltes könne bei Anwendung solcher Sachnormen gewahrt bleiben, da sie zugleich Werte mehrerer Rechtsordnungen berücksichtigen. Auch die Rechtsprechung habe im Übrigen bei Anwendung des Gesetzes zum Schutz gegen den unlauteren Wettbewerb schon immer Rücksicht auf Vorstellungen anderer Rechtsordnungen genommen[206].

Gegen diesen Vorschlag spricht, dass dem Begriff des „internationalen Sachverhaltes" die für die Rechtsanwendung nötige Präzision fehlt[207], was eine erhebliche Anknüpfungsunsicherheit mit sich bringt[208].
Probleme können sich außerdem bei der Bestimmung von Unlauterkeit anhand von ausländischen Rechts- und Ordnungsvorschriften in an sich nach inländischem Recht zu beurteilenden Sachverhalten ergeben[209]. Bei voller Berücksichtigung der Internationalität des Sachverhaltes kann schließlich die Beachtung der nationalen Individualität desselben zu kurz kommen[210].

5.2.2.6 Die Bestimmung des Anwendungsbereichs von Wettbewerbsnormen nach den Rechtsanwendungsinteressen der beteiligten Staaten

Auch Joerges'[211] Lösungsvorschlag löst sich vom klassischen IPR-System Savignys.
Während aber Steindorff weiterhin an der klassischen Einteilung von privatem und öffentlichem Recht festhält und eine öffentlich-rechtliche Qualifikation des gewerblichen Rechtsschutzes entschieden ablehnt[212], geht Joerges einen Schritt weiter.

---

206 STEINDORFF, S. 173 nimmt hier Bezug auf die Entscheidungen des RG v. 20.9.1927, RGZ 118, 76 - Springendes Pferd (Hengstenberg), RG v. 4.6.1920, RGZ 99, 131, BGH v. 20.5.1953, BGHZ 10, 22 - Kennzeichnung von Konservendosen, BGH v. 13.7.1954, BGHZ 14, 286 - Farina/Belgien; vgl. auch GLOY-WILDE, § 6 RdNr. 17 u. WEBER, S. 74, die bemerken, dass dieser Gedanke z.B. auch in der „Zeiss"-Entscheidung des BGH v. 24.7.1957 anklingt, wenn es dort heißt, dass auch bei der Anwendung deutscher Normen auf Vorstellungen im Ausland Rücksicht zu nehmen sei.

207 Dies hat auch Steindorff selbst erkannt, STEINDORFF, S. 275.

208 Vgl. auch Kritik seitens DEUTSCH, S. 40 ff., WIRNER, S. 104; STAUDINGER-V. HOFFMANN, Art. 38 EGBGB RdNr. 510.

209 Vgl. etwa die umstrittene Entscheidung des BGH v. 13.5.1977, GRUR 1977, 672 - Weltweitclub (s.o. 5.1.3.4.2) und BGH v. 9.5.1980, GRUR Int. 1980, 668 - Asbestimporte (s.o. 5.1.3.4.3).

210 Vgl. WIRNER, S. 104 ff.; REGELMANN, S. 69; WEBER, S. 75; MÜKO-KREUZER, Art. 38 EGBGB RdNr. 234.

211 JOERGES, RabelsZ 36 (1972), 421, (435 ff.), (468), (472).

212 STEINDORFF, S. 144 ff. spricht den Normen des UWG keinen „öffentlich-rechtlichen" Charakter zu.

Er untersuchte die historischen Grundlagen des Privatrechts und kam zum Ergebnis, dass sich die politischen und gesellschaftlichen Verhältnisse im Laufe der Zeit stark verändert haben. Das habe nicht nur Einfluss auf die Sachnormen, sondern auf die gesamte Methodik des Kollisionsrechts.
Zu Zeiten Savignys beruhte das Rechtssystem noch auf dem Gedanken der „Vorstaatlichkeit" des Privatrechts und diente als System subjektiver Rechte zur Ausübung individueller bürgerlicher Freiheiten. Da die Privatrechtsordnungen in diesem System frei von staatlichen Einflussmöglichkeiten waren, waren sie damit auch im wesentlichen gleichwertig (qualitätsparitätisch) und austauschbar. Durch die Anknüpfung an den „Sitz des Rechtsverhältnisses" konnte man keine staatlichen Interessen verletzen.
Staatlich-hoheitliche Eingriffbefugnisse hätten aber mit der Zeit Einkehr in das Rechtssystem genommen und seien sogar zu seinem kennzeichnenden Bestandteil geworden[213]. Dies zeige sich z.B. bereits an der Existenz eines Wettbewerbsrechts, das notwendig geworden war, um eine zunächst schrankenlos gewährte Gewerbefreiheit staatlich zu reglementieren[214].
Wegen der nunmehr vorrangigen Verfolgung wirtschaftlicher und sozialer Interessen sei auch die Qualitätsparität der Rechtsordnungen nicht mehr gegeben, ihre Austauschbarkeit verbiete sich mithin[215]. So kommt Joerges zur Postulierung einer neuen statutistischen Anknüpfung im Wettbewerbsrecht. Die Berücksichtigung der „Disparitäten der Rechtsordnungen" verlange den Verzicht auf eine universale Anknüpfung. Über die Rechtsanwendungsfrage sollen nicht nur die Interessen der beteiligten Parteien, sondern zumindest gleichwertig auch die politischen, sozialen und ökonomischen Interessen der beteiligten Staaten mitentscheiden, so wie sie ihren Niederschlag im jeweiligen materiellen Recht gefunden haben[216].

Folgt man dem Vorschlag von Joerges kann das Kollisionsrecht weder länger als räumliche Gerechtigkeit noch als Sitz der Rechtsverhältnisse angesehen werden. Denn es wird nicht mehr nach dem Sitz des Rechtsverhältnisses im Sinne von Savigny gefragt, sondern umgekehrt, ob die der jeweiligen Rechtsnorm zugrundeliegenden wirtschaftlichen und politischen Verhältnisse es gebieten, sie auch in einem Fall mit Auslandsbezug anzuwenden.
Eine solche Vorgehensweise erfordert sowohl eine Detailanalyse des zur Entscheidung anstehenden Sachverhaltes als auch der wirtschaftspolitischen Zielsetzung der jeweils anwendbaren Normen[217]. In der Praxis kann das aber ein langwieriger Prozess werden.
Kritisiert wird seine Auffassung aber auch wegen der Überbetonung des öffentlichen Gehaltes in Privatrechtsnormen, denn das UWG schützt jedenfalls die

[213] JOERGES, RabelsZ 36 (1972), 421, (436 f.).
[214] JOERGES, RabelsZ 36 (1972), 421, (437).
[215] JOERGES, RabelsZ 36 (1972), 421, (468 f.).
[216] JOERGES, RabelsZ 36 (1972), 421, (469 f.); vgl. hierzu auch WEBER, S. 78.
[217] GLOY-WILDE, § 6 RdNr. 18.

Privatinteressen mindestens ebenso sehr wie staatliche Interessen[218]. Auch haben sich im Wettbewerbsrecht die verschiedenen Rechtsordnungen nicht in der von ihm behaupteten Allgemeinheit und Ausgeprägtheit auseinanderentwickelt. Dass es auch eine Menge übereinstimmender Werte gibt, zeigt schon die Existenz von internationalen Konventionen[219].
Es widerspricht ferner dem Rechtsstaatsgedanken, das Rechtsanwendungsinteresse der beteiligten Staaten, das nach Joerges vor allem wirtschaftspolitisch geprägt ist, der eigenen oder fremden materiellen Rechtsordnung so voranzustellen, dass man zu aus den Normen selbst nicht mehr zu entnehmenden Wertungen gelangt, die für das kollisionsrechtliche Ergebnis ausschlaggebend sein sollen[220]. Eine sachgerechte Normanalyse sollte hingegen ausschließlich von in der Norm selbst abschließend und abstrakt zum Ausdruck gelangenden gesetzgeberischen Wertvorstellungen ausgehen[221]. Werden stattdessen politische Zweckmäßigkeitserwägungen berücksichtigt, führt dies zwangläufig zu Rechtsunsicherheit[222].

5.3 Ergebnis der Entwicklung in Rechtsprechung und Literatur zur Anknüpfung im Lauterkeitsrecht in Deutschland

Seit der „Kindersaugflaschen"-Entscheidung knüpft die ständige Rechtsprechung[223] an den Ort an, wo die wettbewerblichen Interessen der Mitbewerber aufeinanderstoßen und zwar unabhängig davon, ob es sich nun um Wettbewerb von Ausländern und Inländern im Ausland oder einen Auslandswettbewerb inländischer Unternehmen untereinander handelt[224]. Damit schloss sie sich der ganz herrschenden Ansicht in der Literatur an, die Lauterkeitsfälle ebenfalls wettbewerbsspezifisch anknüpft[225]. Die danach maßgebliche Interessenkollision wird in der Regel dort angenommen, wo die Konkurrenten im Wettstreit um die Gunst der Käufer einander gegenübertreten, also letztlich am Marktort[226].

---

[218] S.o. 1.4.1.1; vgl. zur Kritik an der Auffassung von Joerges insoweit auch WEBER, S. 76 mwN. in Fn. 74; REGELMANN, S. 71 mwN. in Fn. 92.
[219] So WEBER, S. 79 in Fn. 75; s. dazu auch oben Kapitel 2.
[220] Vgl. hierzu die Kritik von WEBER, S. 79.
[221] Vgl. WEBER, S. 79; SCHWANDER, S. 276.
[222] Joerges war sich selbst bewusst, dass sein Vorschlag im Ergebnis nicht praxisgeeignet ist, JOERGES, RabelsZ 36 (1972), 421, (478); kritisch auch z.B. CAEMMERER-KREUZER, S. 268; v. MEENEN, S. 139; SASSE, S. 72; WEBER, S. 79; WILLMS, S. 93.
[223] S.o. Fn. 66.
[224] Vgl. aber zum ausschließlichen Wettbewerb unter Inländern im Ausland und zur gezielten Wettbewerbsmaßnahme eines Inländers gegen einen deutschen Konkurrenten BGH v. 20.12.1963, BGHZ 40, 391, (395) - Stahlexport.
[225] S.o. 5.2.2.1.
[226] Z.B. BGH v. 11.3.1982, IRax 118, (120) - Domgarten-Brand; BGH v. 4.6.1987, NJW 1988, 644, (645) - Perrier; vgl. aus der instanzgerichtlichen Rsp. z.B. auch OLG Hamm v. 11.11.1969, AWD 1970, 31, (32) - Stilmöbel; OLG Frankfurt v. 15.12.1977, DB 1978, 1535; OLG Hamburg v. 15.5.1986, IPRspr. 1986 Nr. 115.

Obwohl sittenwidrige Wettbewerbshandlungen auch internationalprivatrechtlich zu den unerlaubten Handlungen zählen[227] und deshalb grundsätzlich unter den Anwendungsbereich des seit dem Gesetz zum internationalen Privatrecht für außervertragliche Schuldverhältnisse vom 21.5.1999 neu eingeführten Art. 40 EGBGB fallen müssten, deutet nichts darauf hin, dass in Zukunft die grenzüberschreitenden Wettbewerbsverstöße nicht mehr wettbewerbsspezifisch, sondern streng nach der genannten Vorschrift angeknüpft werden.

Auch die strikte Anwendung inländischen Lauterkeitsrechts in Fällen von Inlandswettbewerb mit Ausländerbeteiligung oder sonstigem Auslandsbezug[228] weist darauf hin, dass der Marktort wesentlicher Anknüpfungspunkt für Wettbewerbsverstöße ist. Die Rechtsprechung hat, soweit ersichtlich, in Fällen, wo sich Wettbewerb auf deutschen Märkten vollzog, immer inländisches Recht und niemals ausländisches angewendet, und dies in der Regel ohne ausdrückliche Erwähnung der kollisionsrechtlichen Frage[229]. Dabei konnten die Wettbewerber teilweise oder sogar ausschließlich „ausländische" Unternehmen sein, d.h. Unternehmen mit Sitz im Ausland[230].

5.4 Entwicklung und Stand der Rechtsprechung in Italien

5.4.1 Anknüpfung an den Ort des Verstoßes gegen die öffentliche Ordnung

Wie bereits erwähnt, ist auch die italienische Rechtsprechung dazu geneigt, bei Wettbewerbsfällen mit Auslandsberührung die *lex fori* anzuwenden. Nur ganz selten wandte sie tatsächlich ausländisches Recht an. In zwei sehr frühen Entscheidungen[231], in denen sie dies tat, stellte sie nicht auf das Recht ab, das mit den sich überschneidenden Interessensphären von Privatpersonen den engsten

[227] Bereits ständige Rsp. zu Art. 38 EGBGB a.F., vgl. BGH v. BGHZ 35, 329, (333) - Kindersaugflaschen; BGH v. 26.11.1997, GRUR 1998, 419, (420) - Gewinnspiel im Ausland.
[228] Vgl. z.B. BGH v. 6.2.1986, WRP 1986, 541, (542) - Notenstichbilder; BGH v. 8.7.1955, GRUR 1955, 542 ff. - Bestattung; BGH v. 6.11.1963, GRUR 1964, 621 ff. - Klemmbausteine; BGH v. 22.1.1964, IPRspr. 1964-65 Nr. 182 - Feinstimmhalter; BGH v. 17.9.1969, GRUR 1970, 528 ff. - Migrol; BGH v. 2.4.1971, GRUR 1971, 517 ff. - SWOPS; BGH v. 3.12.1971, GRUR 1972, 367, (368 f.) - Besichtigungsreisen I; BGH v. 19.6.1974, WRP 1976, 370 ff. - Ovalpuderdose; BGH v. 7.11.1975, GRUR 1976, 316 - Besichtigungsreisen II; BGH v. 5.12.1975, GRUR 1976, 256 ff. - Rechenscheibe; BGH v. 10.2.1978, GRUR 1978, 364 ff. - Golfrasenmäher; BGH v. 28.9.1979, GRUR 1980, 110, (111) - Torch; BGH v. 23.1.1981, GRUR 1981, 517 ff. - Rollhocker; BGH v. 23.3.1985, GRUR 1985, 978, (979) - Shamrock II.
[229] Vgl. OLG Hamburg v. 18.12.1986, WRP 1987, 393 f.
[230] SANDROCK, GRUR Int. 1985, 507, (508).
[231] Cass. Torino v. 19.12.1911, RDCo 1912, II, 177 m. Anm. DIENA S. 186 ff. - Desenzani c. Scotti; Trib. Torino v. 26.7.1914, RDCo 1915, II, 166.

Zusammenhang hatte[232], sondern auf das (öffentliche) Recht des Staates, der seine staatlich-hoheitlichen Eingriffbefugnisse zu verteidigen hatte[233].
In der vorwiegend markenrechtlichen Entscheidung vom 19.12.1911 hatte die Corte di Cassazione[234] den Fall zweier in Wettbewerb stehenden italienischen Unternehmen zu entscheiden, die sich beide „Borsalino" nannten. Das eine verkaufte unter dieser Bezeichnung seine Waren in Italien, das andere im Ausland. Als das erste versuchte, seine Produkte auch im Ausland zu verkaufen, wurde es von dem zweiten in Italien verklagt, da dieses sich als allein berechtigt ansah, die Marke „Borsalino" im Ausland zu führen. Das Gericht entschied, dass auch dann, wenn auf beiden Seiten italienische Staatsbürger beteiligt sind und in Italien geklagt wird, auf unlautere Wettbewerbshandlungen die *lex loci delicti commissi* anzuwenden sei[235]. Da der Schadensersatzanspruch aus Delikt oder Quasidelikt im öffentlichen Interesse bestehe, sei das Recht des Staates maßgeblich, wo die Verletzungshandlung geschehen sei. Da die Beklagte dazu überging, ihre Waren ins Ausland zu exportieren, sei ausländisches Recht anwendbar[236].

Im dem durch das Tribunale Torino vom 26.7.1914[237] entschiedenen Fall setzte sich ein in Deutschland ansässiger Wermutfabrikant italienischer Staatsangehörigkeit gegen unlautere Werbung zur Wehr, die die Firma Cinzano in deutschen Zeitschriften verbreiten ließ.
Auch hier wandte ein italienisches Gericht ausländisches Recht an. Die Tat müsse nach deutschem Recht beurteilt werden, denn der Tatort sei in Deutschland belegen. Dort sei gegen die „öffentliche Ordnung" verstoßen worden[238].

---

232 Unter Berücksichtigung des Ortes der wettbewerblichen Interessenkollision (ausnahmsweise) nach ausländischem Recht hingegen das OLG Hamburg v. 15.5.1986, GRUR Int. 1987, 105; s.o. 5.1.3.4.3.

233 Insofern kann eine Parallele zu der Auffassung von JOERGES, RabelsZ 36 (1972), 421 ff. gezogen werden; dazu s.o. 5.2.2.6.

234 Cass. Torino v. 19.12.1911, RDCo 1912, II, 177 m. Anm. DIENA S. 186 ff - Desenzani c. Scotti; vgl. dazu auch ORIGONI DELLA CROCE, RDI 1978, I, 151, (153); DAVÌ, RDInt 1975, 225 f. Fn. 2 a.E.; TROLLER, K., S. 92; ULMER-SCHRICKER, Bd. V, Italien, RdNr. 62, S. 66; BERNHARD, S. 212 f.

235 Inzwischen ist dies gesetzlich geregelt, vgl. Art. 62 Abs. 2 ital. IPRG. Vgl. auch die entsprechende dt. Vorschrift Art. 40 Abs. 2 EGBGB.

236 Vgl. dazu TROLLER, K., S. 92 mwN. in Fn. 4; ULMER-SCHRICKER, Bd. V, Italien, RdNr. 62, S. 66.

237 Trib. Torino v. 26.7.1914, RDCo 1915, II, 166; kritisch TROLLER, K. S. 93 mwN.; vgl. auch ORIGONI DELLA CROCE, RDI 1978, I, 151, 153; ULMER-SCHRICKER, Bd. V, Italien, RdNr. 62, S. 66; BERNHARD, S. 213. Abgesehen von Troller K., weisen alle anderen hier zitierten Autoren diese Entscheidung dem Trib. Milano statt dem Trib. Torino zu. Dies entspricht nicht der oben für das Urteil zitierten Quelle.

238 Vgl. auch SPERDUTI, Riv. it. Scienze giur. 4 (1950), 282, (311 f.), der der Meinung ist, die Gesetze gegen den unlauteren Wettbewerb bezweckten vor allem den Schutz der öffentlichen Ordnung, weshalb an jenem Ort anzuknüpfen sei, wo diese verletzt werde.

5.4.2 Anknüpfung an den Handlungsort (luogo dell'azione)

Spricht man von der Anknüpfung an den Handlungsort im italienischen internationalen Privatrecht des Lauterkeitsrechts, so gilt es zwischen den Entscheidungen zu unterscheiden, die unter dem Codice Civile von 1865 und denen, die unter dem von 1939 bzw. 1942 ergangen sind. Bei den unter dem Zivilgesetzbuch von 1865 ergangenen Entscheidungen ging es nicht um die Auslegung einer internationalprivatrechtlichen Norm, da dessen Einführungsteil (preleggi) keine Vorschrift über außervertragliche Schuldverhältnisse enthielt.
Frei von einer gesetzlichen Regelung, stellte sich vor 1939 also erst einmal die Frage, ob überhaupt die *lex loci delicti* anzuwenden oder die ganze Materie nicht stets nach der *lex fori* anzuknüpfen sei[239]. Erst als man sich für die Anwendung der *lex loci delicti* entschied, ging man zum nächsten Schritt über und definierte diesen Begehungsort näher. Er wurde ganz überwiegend am Ort der Handlung gesehen, so dass die *lex loci actus* zur Anwendung kam[240].

5.4.2.1 *Entscheidungen unter dem Codice Civile von 1865*

Mit einer zweifachen Begründung wandte die Corte d'Appello in ihrem Urteil vom 8.7.1925[241] das von der Corte di Cassazione am 2.4.1927[242] bestätigt wurde, italienisches Recht an.
Es handelte sich um den Fall der italienischen Firma S.A. Sonnino per il commercio d'oltremare (S.A.S.C.O.), die Textilien unter dieser Marke verkaufte und plötzlich damit begann, unter derselben Marke „S.A.S.C.O.", Speiseöl in Rumänien zu vertreiben. Dagegen klagte in Italien die italienische Firma „Sasso e Figli" aus unlauterem Wettbewerb. Diese war sowohl in Italien als auch in Rumänien Inhaberin der bereits bekannten, ähnlich klingenden Ölmarke „SASSO". Das Gericht wandte italienisches Recht an, da der unlautere Wettbewerb im Inland begangen worden sei. In Italien, am Sitz der Beklagten, seien die Produkte mit der irreführenden Bezeichnung hergestellt worden. Dabei spiele es keine Rolle, dass sich die wettbewerbswidrige Handlung erst im Ausland ausgewirkt habe[243]. Der Schwerpunkt der Markenverletzung und der wettbewerbswidrigen Handlung sei in der Benutzung der irreführenden Bezeichnung zu sehen. Da die

---

239 ZICCARDI, DInt 3 (1939), 52 Fn. 2.; DIENA, S. 257 f.; zu dieser Frage im dt. Recht s.o. 4.2.2, dort Fn. 26.

240 Vgl. DIENA, S. 257.

241 App. Milano v. 8.7.1925, RDInt 1926, 125 m. Anm. DE SANCTIS = Mon. trib. 1925, 741 = Clunet 1926, 517. Vgl. auch BINDER, RabelsZ 20 (1955), 401, (426); WIRNER, S. 71 f.; BERNHARD, S. 212; ORIGONI DELLA CROCE, RDI 1978, I, 151, (153); TROLLER, K. S. 94 Fn. 1; ULMER-SCHRICKER, Bd. V, Italien, RdNr. 62, S. 66.

242 Cass. v. 2.4.1927, FI Mass 1927, II, 472 - Sasso c. S.A.S.C.O.

243 App. Milano v. 8.7.1925, RDInt 1926, 125: „[…] avendo la Sonnino la sua sede in Italia ed avendo quivi predisposto i mezzi per il conseguimento del suo obiettivo che aveva effetto in Rumenia debba ritenersi essersi compiuta nel Regno la parte preponderante della sua attività illecita propagatasi poscia all'estero".

Produkte in Italien hergestellt wurden und dort auch die Vorbereitungen für den Absatz im Ausland getroffen wurden, liege der Schwerpunkt der Handlung in Italien[244]. Die Corte d'Appello hat den einzigen Inlandsbezug benutzt, nämlich die Herstellung der Waren im Inland, um zur Anwendung italienischen Rechts zu gelangen[245]. Diese Begründung erinnert im Übrigen an die der späteren „Uhrenrohwerke"-Entscheidung[246] des BGH, wonach deutsches Recht anzuwenden sei, wenn ein wesentlicher Teil der Wettbewerbshandlung, nämlich die Herstellung der zum Export bestimmten Waren, sich im Inland vollziehe.
Ferner stellte das italienische Gericht fest, dass das gemeinsame Heimatrecht der Parteien deshalb zur Anwendung kommen müsse, weil die Beklagte durch ihre Handlungen die sittlichen Grundsätze verletzt habe, auf denen das Wesen ihrer eigenen Rechtsordnung beruhe. Dieser Grundsatz gelte - in Anlehnung an das auf vertragliche Schuldverhältnisse anwendbare Recht[247] - auch im Deliktsrecht immer dann, wenn sich italienische Staatsangehörige gegenüberstehen[248]. Der italienische *ordre public* gebiete in solchen Fällen die Anwendung der italienischen Lauterkeitsvorschriften auch im Ausland[249]. Auch diese Begründung erinnert an eine der deutschen Rechtsprechung, nämlich an die des Reichsgerichts in der „Mundharmonika"-Entscheidung[250]. Darin stellte es unter Berufung auf Nußbaum den Grundsatz auf, dass das UWG unter Deutschen weltweit gelte.

Um den Wettbewerb zweier italienischer Konkurrenten im Ausland ging es in der Entscheidung der Corte di Cassazione vom 15.6.1929[251]. Die Firmen Martini

---

[244] App. Milano v. 8.7.1925, RDInt 1926, 125, (126): „[...] è pur vero che così nella imitazione fraudolenta del marchio come nella concorrenza sleale il fatto preponderante e lesivo dell'altrui diritto si concentri nell'uso del marchio contraffatto e nella manovra subdola ed ingannevole posta in essere per sviare la clientela della ditta concorrente, ma è anche vero che nella specie si ha ragione di credere, essere questa complessa azione svolta in Italia dove la Sonnino non solo aveva concepito il disegno fraudolento ed apprestati i mezzi e preparato il materiale per tradurlo in atto, ma aveva addirittura corrisposto coi suoi emissari di Rumenia ed impartite le istruzioni per raggiungere l'effetto."

[245] Ebenso gut hätte das Gericht m.E. auf den Ort des Unternehmenssitzes des Schädigers abstellen können und sich damit eine derart gewundene Argumentation ersparen können.

[246] BGH v. 13.7.1956, BGHZ 21, 266 - Uhrenrohwerke; s.o. 5.1.3.1.

[247] Art. 9 Disp. Prel. 1865. S.o. 4.3.2, dort Fn. 187 zum Wortlaut.

[248] App. Milano v. 8.7.1925, RDInt 1926, 125, (127) umschrieb die „inländischen Sitten" mit: „[...] postulati essenziali del vivere civile tradizionali del nostro paese". Diese seien nationale Werte, die von Italienern stets zu beachten seien u. auch im Ausland gelten, wie es gleich im Anschluß daran heißt: „Ripugna infatti pensare che il paese che di quelle norme fu propugnatore e dispensiere alle genti nei fulgori della romanità debba sconfessarne il culto e l'osservanza da parte dei suoi cittadini operanti in territori straniero."

[249] Vgl hierzu ORIGONI DELLA CROCE, RDI 1978, I, 151, (154 mwN. in Fn. 7); VITTA, Diritto internazionale privato, S. 496 f. mwN. in Fn. 145. Kritisch hierzu in seiner Anmerkung DE SANCTIS, RDInt 1926, 125, (134 f.), der in diesem Fall ausländisches Recht angewandt wissen wollte, da der *ordre public* nur der Abwehr ausländischen, nicht aber der Ausweitung inländischen Rechts diene.

[250] RG v. 17.2.1933, RGZ 140, 25 - Mundharmonika; s.o. 5.1.2.

[251] Cass. v. 15.6.1929, GI 1929, I, 1, 984, (993) - Martini c. Cinzano, vgl. TROLLER, S. 95; BERNHARD, S. 212.

und Rossi klagten gegen die Firma Cinzano aus unlauterem Wettbewerb, weil letztere sogenannte „Martini Cocktails" mit Cinzano herstellte und auch im Ausland verkaufte.
Zwar gab das Gericht ausdrücklich zu, dass der unlautere Wettbewerb nicht in Italien geschehen sei, wandte aber dennoch italienisches Recht an, weil die Wettbewerbshandlungen in Italien organisiert worden seien und dort, am Sitz des Unternehmens, auch der Schadensort liege[252].

5.4.2.2 Entscheidungen unter dem Codice Civile von 1942

In ihrer Entscheidung vom 23.1.1958[253] hat die Corte di Cassazione ebenfalls den Auslandswettbewerb zweier italienischer Exporteure nach italienischem Recht entschieden.

Die Firma Fiocchi stellte in Italien bestimmte Waren für den Export nach Indien her. Sie verklagte in Italien die italienische Konkurrenzfirma Prominet, die diese Produkte in Italien nachahmte, sie mit der gleichen Ausstattung und Bezeichnung versah und schließlich an einen Schweizer Grossisten verkaufte, der sie dann ebenfalls nach Indien exportierte.
Nach Auffassung des Gerichts sei der italienische Richter berufen, nach italienischem Recht zu entscheiden, wenn es um die in Italien erfolgte Herstellung (fabbricazione) von für Auslandsmärkte bestimmte Produkte gehe, die jene des anderen Exporteurs sklavisch nachahmen und ihm dadurch Marktanteile entziehen. In diesen Fällen liege nicht nur der Profit aus der unlauteren Wettbewerbshandlung in Italien, sondern vor allem auch die den Schaden selbst verursachende Handlung[254]. Ferner stellte das Gericht fest, dass der Schutz des Unternehmers gegen unlauteren Wettbewerb im Übrigen auch „außerhalb des Staates, in

---

[252] Cass. v. 15.6.1929, GI 1929, I, 1, 984, (993) - Martini c. Cinzano: „imperocché la concorrenza è in Italia organizzata ed in Italia nei rispettivi bilanci delle ditte concorrenti si realizza il momento consumativo della lesione patrimoniale col rispettivo profitto o perdita che dalla concorrenza risulta".

[253] Cass. v. 23.1.1958, Nr. 161, GI 1958, I, 1, 1039 = GC Mass. 1958, 56 - Prominet c. Fiocchi. Vgl. dazu auch FRANZOSI, RDI 1976, II, 452, (453 ff.); ULMER-SCHRICKER, Bd. V, Italien, RdNr. 62, S. 66; TROLLER, S. 95; BERNHARD, S. 213 mwN.; KINDLER, JbItR 4 (1991), 87, (93) mwN.; HONORATI, S. 193 f.

[254] Cass. v. 23.1.1958, Nr. 161, GI 1958, I, 1, 1039 f. - Prominet c. Fiocchi: „[...] azione organizzata in Italia attraverso la fabbricazione di prodotti servilmente imitanti quelli dell'altro esportatore e l'usurpazione del suo mercato, benché si tratti di prodotti destinati ai mercati esteri. In tali casi, non solo il profitto dell'atto di concorrenza illecita viene realizzato in Italia, ma è qui che viene realizzato l'atto di sleale concorrenza".
Vgl. auch KINDLER, JbItR 4 (1991), 87, (93), der aber die Reihenfolge, in der das Gericht die beiden Argumente vorbringt, vertauscht.

dem der Geschädigte seinen Unternehmenssitz hat", gewährleistet werden müsse[255].

Da die Corte di Cassazione in diesem Fall sowohl den Handlungs- als auch den Erfolgsort in Italien lokalisieren konnte, gelang es ihr, dem Problem auszuweichen, sich im Rahmen von Art. 25 Abs. 2 Disp. prel. für einen von beiden entscheiden zu müssen[256].

Dieser Grundsatzentscheidung der Corte di Cassazione schloss sich die instanzgerichtliche Rechtsprechung in einer ganzen Reihe von Entscheidungen an, wo die eigentliche Interessenskollision im Ausland, das Exportprodukt aber in Italien hergestellt wurde. Abgestellt wurde auf die Herstellung der Produkte in Italien[257].

---

[255] Cass. v. 23.1.1958, Nr. 161, GI 1958, I, 1, 1039, (1040): „[...] è noto, del resto, che la protezione dell'imprenditore contro gli atti di concorrenza sleale non si pone solo nell'ambito nazionale, ma si estende anche a quello internazionale, al fine di garantire l'imprenditore da quegli atti di concorrenza illecita che indebitamente lo danneggiano non solo nel territorio nazionale, ma anche fuori dello Stato in cui ha sede l'impresa danneggiata, o quella concorrente".

[256] KINDLER, JbItR 4 (1991), 87, (93); vgl. auch TROLLER, K. S. 96 Fn. 2: „Es wurde [...] wieder einmal der falsch verstandene Erfolgsort dem Schadensort gleichgestellt".
Anders verlief die Entwicklung in Deutschland, wo die noch in der „Üble Nachrede"-Entscheidung (RG v. 16.6.1903, RGZ 55, 199) praktizierte Anknüpfung an den Schadensort durch die „Mundharmonika"-Entscheidung (RG v. 17.2.1933, RGZ 140, 25) endgültig aufgegeben wurde, also lange bevor der BGH in der „Uhrenrohwerk"-Entscheidung (BGH v. 13.7.1956, BGHZ 21, 266) auf einen Wettbewerbsexportfall inländisches Recht anwandte, weil ein wesentlicher Teil der Wettbewerbshandlung, nämlich die Herstellung, sich im Inland vollzogen habe.

[257] HONORATI, S. 193 f. spricht von einer Tendenz der frühen ital. Rsp., das anwendbare Recht nach dem Ort der anfänglichen Handlung zu bestimmen („*locus commissi delicti* era quello nel quale viene posta in essere l'azione").
Trib. Pescara v. 22.12.1960, Riv. giur. umbro-abruzzese 1961, 315 = RDI 1976, II, 449, (465 ff.) = Rep. FI 1962, 616 f. Nr. 21 (nur Leitsatz), wandte unter ausdrücklicher und ausführlicher Berufung auf die Entscheidung der Cass. v. 23.1.1958 ital. Recht mit der Begründung an, die für den Export in die USA bestimmte Teigwaren seien in Italien in eine verwechslungsfähige Verpackung gesteckt worden; der italienische Unternehmer solle auch außerhalb des italienischen Territoriums geschützt werden. Wie der Kassationshof ließ auch das Trib. Pescara die Frage nach der Maßgeblichkeit des Handlungs- oder Erfolgsortes offen, da jedenfalls beide in Italien lagen; letzteres, weil sich in Italien der „Profit" aus der unerlaubten Handlung realisierte.
Trib. Monza v. 20.12.1963, Dir. scambi internaz. 1963, 287 = RDI 1966, II, 46, (67 ff.), (auszugsweise auch in RDI 1976, II 451, (646 f.), dort ist aber die Entscheidung mit dem 30.11.1963 datiert). Das Gericht wandte auf einen Fall, wo ein franz. Unternehmen Stoffe eines italienischen sklavisch nachahmte und in die Schweiz verkaufte, ital. Recht mit der Begründung an, der Schutz des Unternehmens vor unlauterem Wettbewerb müsse auch außerhalb des Staates gewährleistet werden, wo der Geschädigte seinen Sitz hat („la protezione [...] contro gli atti di concorrenza sleale [...] non si pone soltanto nell'ambito nazionale, ma si estende, invece, in quello internazionale, al fine di garantire l'imprenditore dagli atti di concorrenza, che lo danneggiano fuori dei confini dello Stato in cui ha sede l'impresa danneggiata"). Ital. Recht sei anwendbar, da die Herstellung der mit irreführenden Kennzeichen versehenen Produkte durch die italienische Beklagte im Inland erfolgt und nur der Folgeschaden in

In der Entscheidung des Tribunale di Chieti vom 15.6.1985[258] geschah dies ohne ausdrückliche Bezugnahme auf diese Grundsatzentscheidung und nur noch äußerst verkürzt. Die Beklagte Arco Plastici S.n.c. hatte die Produkte der Klägerin Chemical Riv S.p.a. sklavisch nachgeahmt und sie wiederholt an die Firma ITC Export verkauft, die sie dann nach Saudi-Arabien exportierte, wo die Klägerin mit ihren Produkten ebenfalls auf dem Markt vertreten war. Das Gericht wandte italienisches Recht mit der lapidaren Begründung an, die nachgeahmten Produkte seien in Italien an die Exportfirma verkauft worden[259]. Die Begründung, nicht aber das Ergebnis, wurden von Guglielmetti kritisiert, der dem Gericht vorwarf, übersehen zu haben, dass die Herstellung der für den Verkauf an den Exporteur bestimmten Imitate eigentlich nur das Mittel darstelle, mit dem der Auftraggeber (Exporteur) in die Lage versetzt wird, unlauteren Wettbewerb durch Herbeiführen einer Verwechslungsgefahr zu begehen[260]. Das Gericht hätte in seiner Begründung besser darlegen sollen, dass die Herstellung und Übergabe der Imitate an den Exporteur an sich bereits eine Rechtsgutgefährdung darstelle, da sie dazu geeignet sei, dem Konkurrenten Marktanteile zu nehmen. Guglielmetti verwies

---

der Schweiz aufgetreten sei („l'atto generatore dell'evento dannoso denunciato è stato realizzato [...] a Monza, dove i tessuti esportati, contrassegnati con marchio «Redatex», sono stati fabbricati, mentre che solo l'illecito fine si sarebbe verificato in Svizzera, ove i tessuti venivano destinati"

Trib. Milano v. 8.2.1964, Mon.Trib. 1964, 1180, (1183 f.) = RDI 1976, II, 449, (463) hielt im Rahmen einer Widerklage, bei der sich die Beklagte gegen anschwärzende Äußerungen der Klägerin im Ausland (u.a. Deutschland) wandte, grundsätzlich ausländisches Recht nach Art. 25 Abs. 2 Disp. prel. für anwendbar („l'accertamento dei fatti di illecita concorrenza commessi all'estero deve compiersi in base alle norme del luogo in cui i predetti fatti illeciti sono stati commessi (cfr. Art. 25 preleggi)"). Tatsächlich wandte es aber dennoch ital. Recht mit einer zweifachen Begründung an. Die Parteien hätten nicht bewiesen, dass das ausländische Recht vom italienischen abweiche („le parti non hanno provato la divergenza dall'ordinamento italiano degli ordinamenti alla specie applicabile"). Außerdem sei verbandsangehörigen Ausländern sowieso Schutz gegen unlauteren Wettbewerb nach Art. 10bis PVÜ zu gewähren („lo Stato italiano e gli altri Paesi unionisti si sono impegnati internazionalmente ad assicurare ai cittadini dell'Unione di Parigi [...] la tutela contro la concorrenza sleale, a norma dell'art 10-*bis* della Convenzione di Parigi").

Trib. Milano v. 15.1.1970, RDIPP 1970, 685 = RDI 1971, II, 76, hat ebenfalls auf die in Italien erfolgte Herstellung der sklavisch nachgeahmten ausländischen Uhren abgestellt und ital. Recht angewandt, obwohl die Imitate dann im Ausland verkauft wurden.

Trib. Milano v. 24.5.1973, GADI 1973, 693, obwohl in diesem Fall die Parteien eine deutsche Firma (Geha) und ein deutscher Geschäftsmann (Otto Harms) waren, wurde ital. Recht gem. Art. 25 Disp. prel. angewandt, weil die unlauteren Wettbewerbshandlungen in Italien erfolgt seien („qualora la domanda di concorrenza sleale riguardi fatti compiuti in Italia si applica, ai sensi dell'art 25 disp. prel., la normativa sostanziale italiana, ancorché tutti i soggetti in causa siano stranieri").

[258] Trib. Chieti v. 15.6.1985, RDI 1989, II, 369 m. Anm. GUGLIELMETTI.

[259] Trib. Chieti v. 15.6.1985, RDI 1989, II, 369, (387): „[Nel]la vendita con carattere di continuità del prodotto Arco Plastici alla ITC Export [...] è già ravvisabile un'attività di concorrenza sleale".

[260] GUGLIELMETTI, RDI 1989, II, 369, (380 f.): „In particolare è sfuggito che il rapporto di fabbricazione per conto costituisce in realtà soltanto il mezzo con il quale il committente si pone nella condizione di compiere atti di concorrenza sleale confusoria".

diesbezüglich auf die seiner Ansicht nach bessere Begründung der Corte di Cassazione vom 23.1.1958[261].
Ebenfalls am Handlungsort, wenn auch mit einer etwas anderen Begründung als die Corte di Cassazione in ihrem Urteil vom 23.1.1958, knüpfte das Tribunale di Milano in seiner Entscheidung vom 14.6.1965[262] an. Es hatte den Fall eines deutschen Unternehmens mit dem Firmennamen Carl Zeiss zu entscheiden, das gegen ein italienisches Unternehmen klagte, das unter der Firma „V.E.B. Zeiss" in Italien auftrat. Nach Ansicht des Gerichts lag darin ein Verstoß gegen Art. 2563 und 2598 C.c.. Die Anwendung italienischen Rechts begründete es damit, dass die irreführende Bezeichnung in Italien benutzt worden sei. Der Wettbewerbsverstoß sei in Italien i.S.d. Art. 25 Abs. 2 Disp. prel. erfolgt, denn dort sei auch die Verpflichtung zum Schadensersatz aus außervertraglichem Schuldverhältnis entstanden. Die Maßgeblichkeit des Entstehungsortes einer Forderung für das anzuwendende Recht folge aus (dem inzwischen aufgehobenen) Art. 4 Nr. 2 C.p.c.[263], der auch auf außervertragliche Schuldverhältnisse anwendbar sei. Mit diesem „Kunstgriff" wurde die Frage nach dem Begehungsort (Art. 25 Abs. 2 Disp. prel.) letztlich mit der nach der Zuständigkeit der italienischen Gerichte (Art. 4 Nr. 2 C.p.c.) verbunden. Es sei aber angemerkt, dass die Rechtsprechung in solchen Fällen nicht immer dazu neigte, die Forderung am Handlungsort entstehen zu lassen[264], sondern sie gelegentlich auch am Erfolgsort entstehen ließ[265]. Es scheint so, als ob der Rechtsprechung vor allem daran gelegen war,

---

[261] GUGLIELMETTI, RDI 1989, II, 369, (380 f.): „Per giustificare la *lex fori* si sarebbe dovuto seguire un diverso *iter* argomentativo, in particolare rilevando come la fabbricazione e consegna per l'esportazione di un prodotto servilmente imitato costituisca già di per sé un atto intrinsecamente dannoso in quanto sottrae al concorrente una parte del traffico internazionale (in questo senso v. Cass. 23 gennaio 1985 n. 161 [...])".

[262] Trib. Milano v. 14.6.1965, FI 1966, I, 1104 = GI 1966, I, 2, 322 m. Anm. FRANCHI = RDIPP 1965, 721 = RDI 1967, II, 90. Vgl. den gleichgelagerten Sachverhalt in BGH v. 24.7.1957, GRUR 1958, 189 - Zeiss (s.o. 5.1.3.3.1), auf den die ital. Entscheidung auch Bezug nimmt. Zur Anwendung dt. Rechts reichte nach BGH aus, dass ein Teil der objektiven Tatbestandshandlung im Inland verwirklicht wurde.

[263] Nach Art. 4 Nr. 2 C.p.c. war der inländische (italienische) Richter dann zuständig, wenn es um Forderungen i.S.d. Art. 1173 C.c. ging, die in Italien entstanden oder zu erfüllen sind.

[264] So z.B. auch in Cass. v. 30.12.1965, Nr. 2488, sez. un., GI 1967, I, 1, 106, (113) m. Anm. FRANCHI - Fischer c. F.I.R.S.A.T., wo in Italien unlauter gehandelt wurde und die Forderung folglich in Italien entstanden sei, arg. ex Art. 4 Nr. 2 C.p.c. („[...] si denuncia come illecita una attività concorrenziale svolta in Italia, cosicché quivi sarebbero state violate le norme disciplinanti la concorrenza e, di conseguenza sarebbe sorta l'obbligazione dedotta in giudizio").

[265] So z.B. in Trib. Roma v. 7.4.1959, RDInt 1960, 331 ff. m. Anm. BARILE, wo die Forderung am Sitz des Klägers in Italien entstand (arg. ex 4 Nr. 2 C.p.c.), da ihm dort die Kunden abspenstig gemacht wurden und der Schaden eingetreten sei („[...] in ipotesi di danni di concorrenza sleale, la giurisprudenza ha ritenuto che l'obbligazione sorge dove si verifica il danno, cioè lo sviamento di clientela, che lede l'avviamento").
Auch bei allgemeinen Deliktsfällen ließ die Rsp. die Forderung im Rahmen Art. 4 Nr. 2 C.p.c. oft am Erfolgsort entstehen, dazu s.o. 4.3.2.

sie (zur Anwendung der *lex fori*) auf italienischem Territorium entstehen zu lassen.

5.4.3 Anknüpfung an den Erfolgsort (luogo dell'evento)

Die italienische Rechtsprechung war aber nicht ausnahmslos bestrebt, stets das Recht des Staates anzuwenden, von dem die wettbewerbswidrige Handlung ausgeht[266]. Vor allem jüngere Entscheidungen stellten zunehmend auf den Erfolgseintritt ab. Betrachtet man die folgenden Entscheidungen in ihrer chronologischen Reihenfolge, lässt sich eine zunehmend stärkere Tendenz zur Anknüpfung an den Erfolgsort ausmachen.

In ihrer Entscheidung vom 25.6.1971 hat die Corte di Cassazione[267] der Geeignetheit der Wettbewerbshandlung zur Marktbeeinflussung, deutlicher als noch in der Entscheidung vom 23.1.1958[268], kollisionsrechtliche Bedeutung zugesprochen. Damit stellt sie zwar nicht allein auf den Erfolgsort ab, doch berücksichtigte sie ihn zumindest gleichberechtigt neben dem Handlungsort.
Klägerin des Ausgangsverfahrens war die italienische Firma Calzaturificio Baldan di Fiesso d'Artico mit Sitz in Italien. Sie stellte Schuhe her, die fast alle zum Export bestimmt waren. Vor allem exportierte sie nach Deutschland, wo sie einen beachtlichen Umsatz erreichte. Ihre Produkte kennzeichnete sie mit „Creazione Baldan-Venezia made in Italy-Berlin-London-New York“. Die Marke „Baldan“ hatte sie 1961 registrieren lassen.
Beklagte war die deutsch-italienische Firma Calzaturificio Wessels Baldan S.p.a., die ebenfalls ihren Sitz in Italien hatte. Diese ahmte in Italien die Produkte der Klägerin sklavisch nach und exportierte sie nach Deutschland unter den Markenbezeichungen „Creazioni Amedeo Baldan-Italy“, „Creazioni A. Baldan Venezia-Italia“ und „Amedeo Baldan“. Sie glaubte zur Namensführung Baldan berechtigt zu sein, da Amedeo Baldan einer ihrer Gesellschafter war. Außerdem war sie der Ansicht, dass sie wegen des ihr vorgeworfenen unlauteren Verhaltens - wenn überhaupt - nur in Deutschland von der deutschen, dort auch ansässigen Fa. August Wessels hätte verklagt werden dürfen.
Obwohl Streitgegenstand nur der Vertrieb auf dem deutschen Markt war, befand der Kassationshof italienisches Recht für anwendbar. Dies begründete er zunächst mit dem Hinweis darauf, dass das Berufungsgericht bereits feststellen konnte, dass entgegen den Ausführungen der Beklagten, einige ihrer in Italien

---

266 HONORATI, S. 197 f.
267 Cass. v. 25.6.1971 Nr. 2011, RDI 1972, II, 203 m. Anm. LA VILLA = GC 1972, I, 172 m. Anm. SGROI = RDIPP 1972, 292 = FI 1971, I, 2199 - Wessels-Baldan c. Calzaturificio Baldan; die Entscheidung ist auch abgedruckt bei BLASE/GIARDINA, S. 270 ff.; s. zur Entscheidung auch SGROI, GC 1972, I, 173 ff.; SCIRÈ, Concorrenza sleale Bd. I, S. 325 ff.; FRANZOSI, RDI 1976, II, 452; HONORATI, S. 195 f. mwN. in Fn. 51; KINDLER, JbItR 4 (1991), 87, (93); BERNHARD, S. 215 mwN. in Fn. 921.
268 Dazu s.o. 5.4.2.2.

hergestellten Imitate auch in Italien vertrieben wurden[269]. Da deshalb feststehe, dass wettbewerbswidrige Handlungen (zumindest auch) in Italien stattgefunden haben, könne die Frage nach der genauen Bestimmung des in Art. 25 Abs. 2 Disp. prel. erwähnten Begehungsortes („luogo dove è avvenuto il fatto") dahingestellt bleiben, denn dieser liege in jedem Fall in Italien und zwar sowohl in Bezug auf die Handlung als auch in Bezug auf das schädigende Ereignis, das die Klägerin an ihrem Unternehmenssitz in Italien trifft[270].
Obiter stellte die Corte di Cassazione außerdem fest, dass der Geschädigte auch außerhalb seines Sitzlandes vor unlauterem Wettbewerb zu schützen sei[271].
Honorati will in dieser Entscheidung vor allem deshalb einen neuen Ansatz in Richtung Anknüpfung an den Erfolgsort sehen, weil die Corte di Cassazione nicht mehr der Herstellung der Imitate kollisionsrechtliche Bedeutung beimisst, sondern vielmehr ihrem Absatz und damit ihrer konkreten Geeignetheit, einen Markt zu schädigen[272].
Obwohl in beiden vom Kassationshof entschiedenen Fällen (Entscheidung vom 23.1.1958 und vom 25.6.1971) die Beklagten die Imitate in Italien hergestellt haben, hat er nur im ersten Fall besonders auf den Herstellungstellungsort der Fabrikate abgestellt, um die Anwendbarkeit italienischen Rechts zu begründen. Im zweiten stellte er hingegen insbesondere auf den Erfolgsort ab, der in Italien am Ort des geschädigten Unternehmens liege.

Von der klassischen Anknüpfung an den Ort der reinen Handlung ist noch deutlicher das Tribunale di Milano in seiner Entscheidung vom 2.7.1988[273] abgekommen. Die Firma Syntex, mit Sitz in den Bermudas, hatte britischen Konkurrenten des italienischen Unternehmens Zambon Group S.p.a. Briefe geschickt, in denen sie dessen Produkte anschwärzte.
Das Gericht entschied sich nur scheinbar für die Anknüpfung an den Handlungsort. Zwar ging es vom Grundsatz aus, dass auf Wettbewerbsdelikte das

---

[269] Cass. v. 25.6.1971, Nr. 2011, RDIPP 1972, 292, (293) - Wessels-Baldan c. Calzaturificio Baldan: „la Corte d'Appello ha accertato che parte delle calzature, prodotte dalla Wessels Baldan nello stabilimento di Noventa Padovana, sono state vendute in Italia".
[270] Cass. v. 25.6.1971, Nr. 2011, RDIPP 1972, 292, (294) - Wessels-Baldan c. Calzaturificio Baldan: „Infatti, una volta accertato che atti di concorrenza sleale sono stati posti in essere anche in Italia, ne consegue che quivi il fatto è avvenuto, sia per ciò che si riferisce all'azione, sia per ciò che concerne l'evento dannoso, risentito in Italia ove ha sede la ditta resistente."
[271] Cass. v. 25.6.1971, Nr. 2011, RDIPP 1972, 292, (294) - Wessels-Baldan c. Calzaturificio Baldan: „[...] la protezione dell'imprenditore contro gli atti di concorrenza sleale non si pone solo nell'ambito nazionale, ma si estende anche a quello internazionale, al fine di garantire l'imprenditore da quegli atti di concorrenza illecita che indebitamente lo danneggiano non solo nel territorio nazionale, ma anche fuori dello Stato in cui ha sede l'impresa danneggiata (sent. 23 gennaio 1958 n. 161). (Omissis)". Diese Aussage findet sich in verschiedenen Urteilen wieder, vgl. *obiter* auch Trib. Pescara v. 22.12.1960, s.o. Fn. 257.
[272] HONORATI, S. 195 f.: „un'impostazione innovativa rispetto a quella seguita finora e che dà rilievo non più alla fabbricazione dei prodotti imitati, quanto al loro smercio e quindi alla loro concreta idoneità a danneggiare un mercato."
[273] Trib. Milano v. 2.7.1988, GADI 1988, 662 = RDIPP 1989, 702 ff.

Recht des Landes anzuwenden sei, in dem die wettbewerbswidrigen Handlungen vorgenommen wurden, ohne dass es auf das Recht eines anderen Hoheitsgebietes ankomme, wo die eventuellen Schadensfolgen auftreten[274].
Indem es aber englisches Recht mit der Begründung für anwendbar erklärte, dass die verleumderischen und anschwärzenden Briefe dort von den britischen Kunden der italienischen Firma gelesen wurden, stellte es tatsächlich allein auf den Ort ab, an dem die unlautere Handlung ihren Erfolg hatte. Dies freilich in einem gewissen Widerspruch zu dem eigentlichen Willen des Gerichts, das Recht des Handlungsortes anzuwenden.
Das Gericht sah den Ort der relevanten Handlung weder in den Bermudas, wo die Briefe geschrieben wurden, wo also gegen die Verhaltensnorm verstoßen wurde, noch in Italien, wo sich durch die schlechteren Verkaufsmöglichkeiten ihrer Produkte der finanzielle Folgeschaden der Zambon Group S.p.a. auswirkte, sondern allein in dem „lauterkeitsrechtlichen Erfolgsort", also dort, wo der faire Wettbewerb beeinträchtigt wurde[275].
Obwohl es demnach eigentlich englisches Recht für anwendbar erklärte, hat das Gericht dann letztlich dennoch die *lex fori* angewandt, weil die Klägerin nicht beweisen konnte, dass ihr nach dem ausländischen Recht ein Anspruch zustand[276].

In seiner Entscheidung vom 19.7.1993[277] hat das Tribunale di Milano einen Fall der Anschwärzung gem. Art. 2598 Nr. 2 C.c. nach der *lex fori* entschieden und sich dabei sowohl auf die Theorie des Erfolgsortes berufen als auch darauf, dass die Klägerin den Inhalt des von ihr geltend gemachten Anspruchs nach ausländischem Recht nicht beweisen, nicht einmal die nach diesem geltenden Anspruchgrundlagen nennen konnte.
Da die Beklagte fälschlicherweise annahm, dass die Klägerin, die italienische Firma Metalloceramica Vanzetti S.p.a., gegen Urheberrechte verstoßen habe, hat die Beklagte, das israelische Unternehmen Iscar Ltd., der südafrikanischen Vertriebsstätte der Klägerin über ihre eigenen Anwälte und die ihrer Gesellschafte-

---

[274] So ein Teil des Leitsatzes, Trib. Milano v. 2.7.1988, GADI 1988, 662: „[la legge applicabile] deve individuarsi in quella del Paese ove hanno avuto compimento gli atti contrari alla correttezza professionale imprenditoriale (o che si assumono tali), senza che rilevi l'ambito territoriale diverso in cui se ne riflettono gli eventuali effetti dannosi: quanto a dire essa deve individuarsi in quella del Regno Unito".
[275] Dieser Ansicht i.E. auch HONORATI, S. 196 f. u. 207.
[276] Trib. Milano v. 2.7.1988, GADI 1988, 662, (666): „non essendo stato comprovato in giudizio il tenore di detta disciplina, l'istanza cautelare va per ciò stesso senz'altro disattesa, per una sorta di carenza di prova; sennonché questa implicita opinione non può essere accolta". Vgl. dazu auch HONORATI, S. 196 f. Fn. 53.
Vgl. auch Trib. Milano v. 8.2.1964, Mon. Trib. 1964, 1180, wo im Ausland unlauter gehandelt wurde und deshalb ausländisches Recht anzuwenden gewesen wäre, aber die Partei, die sich auf die Anwendbarkeit ausländischen Wettbewerbsrechts berief, den Nachweis der Unterschiedlichkeit des ausländischen Rechts nicht führte, so dass die inländischen Bestimmungen als maßgeblich unterstellt wurden.
[277] Trib. Milano v. 19.7.1993, GADI 1994, 376 ff. = RDIPP 1995, 125 ff.

rin in Südafrika, der Iscar s.a. Limited, ein Schreiben zukommen lassen, mit welchem sie aus diesem Grunde eine bereits erfolgte Warenbestellung für ungültig erklärte.
Obwohl sich der Fall ausschließlich in Südafrika abspielte, wandte das Gericht italienisches Recht an. Es entschied sich ausdrücklich für eine Anknüpfung an den Erfolgsort als dem Begehungsort nach Art. 25 Abs. 2 Disp. prel. und wies dabei auch ausdrücklich auf Ansichten in der Literatur hin, die Gleiches vertreten. Ferner stellte das Gericht fest, dass wenn der Schaden im Laufe der Zeit an verschiedenen Orten eintrete, der Erfolgsort dort belegen sei, wo der erste kausal mit der Handlung zusammenhängende Eingriff in die Rechtssphäre des Klägers erfolge[278].
Deshalb kam es nach Ansicht des Gerichts auch nicht auf den Ort der Verkaufsvereitelung durch die Vertriebsstätte in Südafrika an, sondern allein auf den Unternehmenssitz der Geschädigten in Italien, wo aufgrund der Annullierung der Warenbestellung der Export der Produkte aus Italien verhindert wurde[279].

Auch in seiner Entscheidung vom 13.4.1995[280] hat sich das Tribunale Milano für eine Anknüpfung an den Erfolgsort entschieden. Die belgische Gesellschaft Upjohn S.A. vertrieb bereits seit Jahren das Medikament „Togamycin" gegen Venenerkrankungen in mehreren afrikanischen Ländern, u.a. in Nigeria und Kenia. Als sie erfuhr, dass die italienische Firma Medisca S.r.l. in denselben Ländern ein pharmazeutisches Produkt mit demselben Wirkstoff und der ähnlichen Bezeichnung „Togomacin" sowie identischer Verpackung herstellte und verkaufte, verklagte sie sie wegen unlauteren Wettbewerbs i.S.v. Art. 2598 Nr. 1 und 3 C.c. und verlangte dessen Unterlassung sowie Schadensersatz.
Das Gericht wies zunächst darauf hin, dass nach einhelliger Ansicht in Literatur und Rechtsprechung das auf unlauteren Wettbewerb anwendbare Recht sich nach Art. 25 Abs. 2 Disp. prel. richte. Danach sei das Recht des Ortes anzuwenden, an dem die das außervertragliche Schuldverhältnis begründende Tatsache eingetreten sei[281]. Ob dabei auf den Handlungs- oder den Erfolgsort abzustellen

[278] Trib. Milano v. 19.7.1993, GADI 1994, 376, (382): „E tale norma [art. 25 comma 2 c.c.] non può che essere intesa nel senso di ricomprendere nel «fatto» non soltanto l'azione o l'ommissione, ma anche «l'evento dannoso» alle prime eziologicamente collegato: ed anzi è ricorrente in dottrina l'affermazione per la quale in caso di divergenza tra luogo dell'azione e quello di produzione del danno è a quest'ultimo che occorre far riferimento. Se poi il danno si manifesta in diversi ambiti spazio temporali, viene in considerazione, come luogo dell'evento dannoso, quello di prima incidenza causale dell'azione illecita nella sfera giuridica dell'attore".
[279] Trib. Milano v. 19.7.1993, GADI 1994, 376, (383): „Sulla base di tali considerazioni, detto luogo va indicato nella specie non con riguardo alle mancate vendite del rivenditore in Sudafrica [...], ma con riguardo alla mancata esportazione dall'Italia dei prodotti dell'attore in seguito all'annullamento dell'ordine, ciò che induce a riportare al domicilio del danneggiato e quindi al territorio italiano il luogo di verificazione dell'evento dannoso [...]."
[280] Trib. Milano v. 13.4.1995, GADI 1995, 946.
[281] Trib. Milano v. 13.4.1995, GADI 1995, 946, (949): „È pacifico (sia in causa che in dottrina ed in giurisprudenza) che la disposizione di diritto internazionale privato regolatrice

sei, müsse zunächst losgelöst von dieser Norm generell beantwortet werden, denn diese Frage stelle sich nicht nur im Rahmen des Art. 25 Abs. 2 Disp. prel., sondern bei anderen Vorschriften materieller oder prozessualer Art und müsse für die gesamte italienische Rechtsordnung einheitlich beantwortet werden. Insbesondere stelle sie sich auch im Rahmen des Art. 20 C.p.c.[282], der auch für außervertragliche Schuldverhältnisse gelte. Dieser stelle auf den Ort ab, an dem die Verpflichtung entstanden ist. Die höchstrichterliche Rechtsprechung habe sich in ihren jüngsten Entscheidungen hierzu mehrmals dafür ausgesprochen, diesen Ort nicht dort festzumachen, wo das gesetzeswidrige Verhalten erfolgt sei (effettuazione del comportamento antigiuridico), sondern dort, wo das schädigende Ereignis eingetreten sei (verificazione dell'evento dannoso)[283]. Für die Frage der genaueren Bestimmung des Begehungsortes nach Art. 25 Abs. 2 Disp. prel. sei insbesondere von Bedeutung, dass der Kassationshof in seiner Entscheidung vom 5.5.1991 Nr. 6381 im Rahmen des Art. 20 C.p.c. die Forderung aus außervertraglichem Schuldverhältnis an dem Ort entstehen lasse, an dem der Schaden entstehe (luogo in cui si verifica il fatto produttivo di danno).
Unter diesem Blickwinkel erscheine die Entscheidung der Corte di Cassazione vom 23.1.1958 Nr. 161 als überholt, weil der Kassationshof dort, bei der Frage des nach Art. 25 Abs. 2 Disp. prel. anwendbaren Rechts, vor allem auf den in Italien gelegenen Handlungsort abstellte, auch wenn er den Erfolgsort ebenfalls als in Italien belegen ansah. Außerdem sei diese Entscheidung und die der Corte

---

dell'illecito concorrenziale sia costituita dall'art. 25, comma 2, Preleggi [...], che individua la legge sostanziale da applicare ad opera del giudice italiano in quella del luogo in cui è avvenuto il fatto costitutivo della obbligazione extracontrattuale".

[282] Art. 20 C.p.c. lautet:
„Per le cause relative a diritti di obbligazione è anche competente il giudice del luogo in cui è sorta o deve eseguirsi l'obbligazione dedota in giudizio". Übersetzung bei BAUER, Codice di Procedura Civile: „Für Streitigkeiten aus Schuldverhältnissen ist auch das Gericht des Ortes zuständig, an dem die streitgegenständliche Verpflichtung entstanden ist oder erfüllt werden muss."

[283] Trib. Milano v. 13.4.1995, GADI 1995, 946, (949) nennt die folgenden Entscheidungen: Cass. v. 5.6.1991, Nr. 6381; Cass. v. 14.12.1989, Nr. 5625; Cass. v. 23.12.1987, Nr. 9635 und als ältere Cass. 20.2.1976, Nr. 570.
Vgl. auch Trib. Udine v. 31.8.1998, GADI 1998, 862, das ebenfalls im Rahmen des Art. 20 C.p.c. annahm, dass die Verpflichtung zum Schadensersatz dort entstanden sei, wo der Geschädigte seinen Sitz habe, weil dort der durch die unlautere Wettbewerbshandlung verursachte finanzielle Schaden entstanden sei („si è ritenuto che l'obbligazione risarcitoria fosse sorta nel luogo in cui la vittima degli atti di concorrenza sleale aveva sede, perché in tale luogo si sarebbe prodotto il danno, consistente negli effetti negativi causati al patrimonio della vittima dall'attività concorrenziale illecita").
A.A. aber offensichtlich noch Trib. Milano v. 26.10.1987, GADI 1987, 802. Dort sah das Gericht die Forderung i.S.d. Art. 20 C.p.c. als an dem Ort für entstanden an, an dem unlauter gehandelt wurde („In tema di concorrenza sleale la competenza ex art. 20 C.p.c. si radica in funzione del luogo in cui la condotta antigiuridica è stata posta in atto a prescindere dal luogo in cui si siano verificati gli eventi di danno a tale conseguenti"). Dies müsse umso eher gelten je verstreuter die aus der Handlung folgenden Schäden auftauchen („[...] e ciò a maggior ragione nell'ipotesi [...] in cui la condotta generatrice di danno ha avuto effetti per così dire «diffusi» facendo riverberare i propri effetti in luoghi diversi e situazioni disomogenee").

di Cassazione vom 25.6.1971 Nr. 2011, die den Handlungsort zumindest gleichberechtigt neben den Erfolgsort stellte, von der Literatur mehrfach deshalb kritisiert worden[284].

Von der Maßgeblichkeit der Anknüpfung an den Erfolgsort ausgehend, hat das Tribunale di Milano afrikanisches Recht für anwendbar erklärt, weil dort nach Klägervortrag das schädigende Ereignis sowohl in tatbezogener Hinsicht (Verkauf der Medikamente), als auch im Hinblick auf den Schaden (verminderter Verkauf der pharmazeutischen Produkte der Klägerin in diesen Ländern) entstanden sei. Alternativ sei sogar belgisches Recht anwendbar, da die Klägerin in Belgien ihren Firmensitz habe[285].

Das Tribunale di Milano entschied den Fall aber nicht nach ausländischem Recht, sondern wies die Klage ab, da die Klägerin sich nicht darauf berufen habe[286].

5.4.4 Anwendung italienischen Rechts bei Bestehen eines grenzüberschreitenden Wettbewerbsverhältnisses mit Auswirkungen auf den italienischen Markt

Die italienische Rechtsprechung zum internationalen Lauterkeitsrecht scheint dem Betrachter nicht zuletzt deshalb uneinheitlich[287], weil sie keine wirklich klare Entwicklung hin zu einer bestimmten Anknüpfungsmethode aufweist. Während man in der deutschen Rechtsprechung, auch wenn sicherlich mit Vorbehalten, von einer Entwicklung hin zur Anknüpfung an den Ort der Interessenkollision im Lauterkeitsrecht sprechen kann, ist eine einheitliche Tendenz in der italienischen Rechtsprechung kaum auszumachen.

So gab es abgesehen von einigen über die Jahre hinweg verstreuten Entscheidungen, die die internationalprivatrechtliche Frage gänzlich ignorierten[288], ande-

---

[284] Trib. Milano v. 13.4.1995, GADI 1995, 946, (950).

[285] Trib. Milano v. 13.4.1995, GADI 1995, 946 (950): „[...] cosicché l'evento dannoso non può che localizzarsi in quei Paesi, sia che si abbia riferimento all'aspetto fattuale sia che si abbia riferimento alla avente danno (contrazione delle vendite dell'attrice, che addirittura potrebbe evocare - alternativamente - l'applicabilità della legge della sede dell'Upjohn)."

[286] Trib. Milano v. 13.4.1995, GADI 1995, 946, (953).

[287] HONORATI, S. 199 bezeichnet sie als „heterogen", vom einheitlichen Willen die *lex fori* anzuwenden abgesehen.

[288] Diskussionslos nach ital. Recht entschied z.B. App. Genova v. 14.7.1933 GI 1934, I, 2, 58: Die Klägerin, eine ital. Tochtergesellschaft des amerikanischen „His Master's Voice"-Unternehmens, wandte sich gegen eine ital. Firma, die unter eben dieser Bezeichnung Apparate einer anderen Firma importierte, die ihrerseits von der Bezeichnung „His Master's Voice" in den USA zu Recht Gebrauch machte.

Cass. v. 29.1.1941, GI 1941, I, 401 - Fonderia Berthold c. Fonderia Pierallini-Turchi: Das Gericht wandte, ohne dies weiter zu erörtern, ital. Recht auf diesen Fall an, wo Produkte einer ausländischen Firma nachgeahmt wurden.

App. Milano v. 10.7.1953, RPII 1954, 103: Es wurde aber immerhin negativ festgestellt, dass der Begehungsort jedenfalls nicht an dem Ort liege, an dem ein nachgeahmtes Produkt weiterverkauft werde.

re, die zur Anwendung des italienischen Rechts „bereits" ausreichen ließen, dass ein grenzüberschreitendes Wettbewerbsverhältnis bestehe, welches sich auf dem italienischen Markt auswirke.

Die Corte di Cassazione hat in ihrem Urteil vom 25.10.1971[289] ein solches Wettbewerbsverhältnis zwischen dem klagenden französischen Textilhersteller S.A. J. Pansu und dem italienischen Unternehmen Tessitura Meccanica Jacquard F.lli Limonta, das einen Wandteppich des Klägers nachahmte und auch auf dem italienischen Markt vertrieb, bejaht und wandte deshalb das Recht des betroffenen italienischen Marktes an. Da das für die Ansprüche aus unlauterem Wettbewerb nach Art. 2598 ff. C.c. erforderliche Wettbewerbsverhältnis[290] als auf dem italienischen Territorium gegeben angesehen werden konnte, stand der Anwendung des italienischen Rechts auch nicht die fremde Staatszugehörigkeit des Klägers entgegen[291].
Ein grenzüberschreitendes Konkurrenzverhältnis, das sich auf den italienischen Markt auswirkt, hat ebenfalls das Tribunale di Milano in seiner Entscheidung vom 26.11.1973[292] angenommen. Die Beklagte W. Van den Broeck's Machinenfabriek N.V. wurde zwar im Unterschied zu der italienischen Klägerin, der Firma General Design S.r.l. nicht auf dem italienischen Markt tätig, dafür aber auf

---

Trib. Como v. 5.12.1958, RDI 1968, II, 227 m. Anm. FRANCESCHELLI = RDI 1976, II, 449, (472): Die ital. Beklagte hatte Halstücher der franz. Klägerin sklavisch nachgeahmt und in Italien vertrieben. Das Gericht wandte, ohne auf die internationalprivatrechtliche Fragestellung einzugehen, ital. Recht an.
Trib. Milano v. 30.5.1974, GADI 1974, 563 = RDI 1976, II, 450, (459 ff.): Das Gericht hielt den in Argentinien belegenen Handlungsort für unerheblich und urteilte ohne weitere nähere Begründung nach ital. Recht.
Trib. Torino v. 26.2.1977, GADI 1977, 337: Die ital. Beklagte hatte mehrere Angestellte der dt. Klägerin abgeworben und nach Italien kommen lassen, wo sie Betriebgeheimnisse und Produktionsverfahren der Beklagten verraten sollten. Das Gericht wandte auch hier wieder diskussionslos ital. Recht an.
Zu diesen Urteilen s. auch TROLLER, K., S. 91 ff. mwN.; FRANZOSI, RDI 1976, II, 452, (462) und BERNHARD, S. 215 f.
Auch einige dt. Gerichte wandten aber dt. Wettbewerbsrecht an, ohne sich die internationalprivatrechtliche Frage zu stellen, vgl. LG Frankfurt v. 19.8.1981, GRUR Int. 1983, 48 - PX-Läden; OLG Köln v. 20.11.1981, GRUR Int. 1982, 754 - belgischer Apfellikör; OLG Frankfurt v. 3.2.1983, IPRspr. 1983 Nr. 121 - IMS: In diesem Fall wurde dt. Recht „zumindest" mit der formelhaften Begründung angewandt, die Konkurrenten begegneten sich nicht außerhalb des inländischen Wirtschaftsraumes. Vgl. zu diesen Urteilen bereits ausführlich BERNHARD, S. 155.

[289] Cass. v. 25.10.1971, Nr. 3008, RDI 1972, II, 195 m. Anm. FRANSCESCHELLI = Dir. scambi internaz. 1972, 101 = RDCo 1972, II, 211 - S.n.c. Tessitura Meccanica Jacquard F.lli Limonta c. Etablissements J. Pansu e C.ie; vgl. dazu auch BERNHARD, S. 215.

[290] S.o. 1.3.1.

[291] Cass. v. 25.10.1971, Nr. 3008, RDI 1972, II, (195), 198: „Ove invece detto rapporto [concorrenziale] possa in concreto ravvisarsi anche sul piano territoriale, la diversa nazionalità dell'imprenditore che vanti la priorità nella produzione di un determinato oggetto, non preclude al medesimo, in Italia, la tutela di cui si discute [i.e. quella degli artt. 2598 e segg c.c.]".

[292] Trib. Milano v. 26.11.1973, RDI 1975, II, 266 ff. = RDI 1976, II, 450 m. Anm. MAGELLI.

dem „Gemeinsamen Europäischen Markt". Nach Ansicht des Gerichts genügte, dass die Parteien des Rechtsstreits gleichartige Produkte auf einem zumindest partiell einheitlichen Markt vertrieben, um ein Wettbewerbsverhältnis auch auf dem italienischen Markt anzunehmen[293] und somit italienisches Recht anzuwenden.

Schließlich bejahte auch die Corte d'Appello di Milano[294] in ihrer Entscheidung vom 7.3.1978 ein sich auf den italienischen Markt auswirkendes Wettbewerbsverhältnis zwischen der amerikanischen Klägerin Procter & Gamble USA und der italienischen Beklagten Sullivan Corporation S.r.l.. Das Gericht entschied nach italienischem Recht über den Vertrieb sklavischer Nachahmungen eines ausländischen Produktes auf dem italienischen Markt, denn das erforderliche Wettbewerbsverhältnis bestehe auch zwischen der italienischen Klägerin und ihrer Konkurrentin, der Beklagten, die zwar ihren Sitz im Ausland habe, aber über ihren Vertragshändler („Procter & Gamble S.p.a.") auf dem italienischen Markt Markenrechte besitze und somit präsent sei[295].

Erwähnenswert ist in diesem Zusammenhang die Entscheidung der Corte di Cassazione vom 11.11.1994[296]. Sie hat in einem Fall, wo in Italien unter Verstoß gegen bestehende Patente eine Industrieanlage zur Fertigung von Metallteilen aufgebaut wurde, dessen Teile von zwei ausländischen Firmen geliefert wurden, die Anwendung italienischen Rechts nicht beanstandet. Die Vorinstanz habe es für die Anwendung italienischen Rechts im Rahmen des Art. 25 Disp. prel. zu Recht ausreichen lassen, dass zumindest ein Teil der unlauteren Wettbewerbshandlung (hier wohl der Aufbau der Anlage mit dem damit verbundenen Wettbewerbsvorsprung durch Rechtsbruch, der im Patentverstoß zu sehen ist) sich auf italienischem Territorium ereignet habe[297]. Vor allem stimmte aber der Kas-

---

[293] Trib. Milano v. 26.11.1973, RDI 1975, II, 266: „Esiste rapporto di concorrenza fra imprenditori che trattando gli stessi prodotti operino in identità, anche se parziale, di mercato (nella specie, il Mercato Comune Europeo); il fatto che uno non operi nel territorio dello Stato di un altro, non esclude l'esistenza del rapporto di concorrenza perché al riguardo non può essere applicato il principio di territorialità".
MAGELLI, RDI 1977, I, 168 u. FRANZOSI, RDI 1976, II, 452, (463) sehen darin eine international-privatrechtliche Lösung: ital. Recht sei anwendbar, wenn die Waren beider Parteien auf dem europäischen Markt abgesetzt werden; **a.A.** ORIGONI DELLA CROCE, RDI 1978, I, 151, (159 f.); VENTURINI, RDI 1977 volume celebrativo, 1177, (1180) und BERNHARD, S. 219 Fn. 941, die der Ansicht sind, es handle sich lediglich um die Auslegung materiellen Rechts, dessen Maßgeblichkeit erst international-privatrechtlich bestimmt werden müsse.
[294] App. Milano v. 7.3.1978, FP 1978, I, 38.
[295] App. Milano v. 7.3.1978, FP 1978, I, 38 f.: „Sussiste rapporto di concorrenza sleale tra un soggetto attivo dell'atto che opera in Italia e un soggetto passivo straniero titolare di marchio che ne fa uso tramite impresa concessionaria"
[296] Cass. v. 11.11.1994, Nr. 9410 sez. un., GADI 1994, 119 - SMS Schloemann AG c. Continuus S.p.a. e Southwire Compay.
[297] So auch bereits die Begründung in Cass. 25.6.1971, Nr. 2011, s.o. Fn. 267, wo zur Anwendnung ital. Rechts ebenfalls ausreichte, dass wettbewerbswidrige Handlungen zumindest auch in Italien stattgefunden hatten.

sationshof der Begründung der Corte d'Appello zu, es sei ganz entscheidend, dass die beiden ausländischen Firmen schon immer erklärt hätten, auf dem italienischen Markt tätig zu sein[298].

5.5 Standpunkte des Schrifttums in Italien

Der Tendenz in der Rechtsprechung, die *lex fori* anzuwenden, steht das italienische Schrifttum nahezu einhellig entgegen[299]. Deswegen wurde auch in Italien darüber diskutiert, wie Wettbewerbsverstöße am besten anzuknüpfen seien[300]. Die Neuregelung durch Art. 62 Abs. 1 S. 1 ital. IPRG, der sich für Fälle unerlaubter Handlungen klar für eine Anknüpfung an den Erfolgsort ausspricht, hat die Diskussion über die Anknüpfung im Lauterkeitsrecht keineswegs beendet. Es werden in der Literatur seitdem sogar noch verstärkt Lösungsvorschläge diskutiert, die eine gesonderte Behandlung für Lauterkeitsfälle vorsehen.

5.5.1 Anknüpfung an den Marktort (luogo del mercato)

Anfangs in der italienischen Literatur nur vereinzelt zur Sprache gebracht, nimmt inzwischen die Zahl der Autoren zu, die eine Anknüpfung der Wettbewerbsverstöße vor allem an den Marktort anstatt an den Handlungs- oder Erfolgsort befürworten.
Als einer der ersten befürwortete Davì eine Anknüpfung der Wettbewerbshandlungen an den Marktort[301]. Bei Handlungen „longa manu", zu denen auch solche aus unlauterem Wettbewerb zählen, die auf dem Postweg oder mittels grenzüberschreitender Rundfunktätigkeit bzw. länderübergreifend tätigen Presseorganen ins Ausland gelangen, sei das letzte konstitutive Element des Tatbestandes maßgebend. Dies verhindere, dass der Täter dort handle, wo das mildeste Recht herrscht, um letztlich einen bestimmten Erfolg in einem ganz anderen Land zu

[298] Cass. v. 11.11.1994, Nr. 9410 sez. un., GADI 1994, 119, (126): „In realtà la Corte di appello ha affermato che l'attività illecita, da cui è sorta l'obbligazione, è stata posta in essere, sia pure non in via esclusiva, in Italia. Tale giudizio di fatto, congruamente motivato con il rilievo che «su tale mercato ... Southwire e Schloemann hanno sempre dichiarato di operare», è evidentemente non suscettibile di sindacato in questa sede e pertanto anche il presente motivo va disatteso."

[299] Vgl. BERNHARD, S. 219 mwN.; **a.A.** FRANZOSI, RDI 1976, II, 452, (460 ff.): Ein in Italien verwirklichter bedeutender Teil („parte significativa") des Tatbestandes genüge für die Anwendung des ital. Rechts.

[300] Überblick bei VITTA, Diritto internazionale privato, S. 496 ff.; DERS., Corso di Diritto Internazionale Privato, S. 353 ff.; BALLARINO, S. 729 f.; TROLLER, A., Immaterialgüterrecht S. 41 Fn. 3 mwN.; KINDLER, JbItR 4 (1991), 87, (92 f.); FLEISCHER, S. 351 ff.; BERNHARD, S. 219 f.; HONORATI, S. 203 ff.

[301] DAVÌ, RDInt 1975, 225, (247): „[...] la legge applicabile alla concorrenza sleale è quella dello Stato in cui la concorrenza si svolge, cioè lo Stato del mercato". Vgl auch DERS., Responsabilità extracontrattuale, S. 25 insb. Fn. 16.

erzielen. Handlung und Erfolg sollten nicht mehr als Gegensätze gegenübergestellt, sondern als eine einzige chronologisch zusammenhängende Folge von „Momenten" verstanden werden. Es solle das Recht des Staates angewandt werden, auf dessen Territorium sich der „Moment" ereignet, der den (unlauteren) Wettbewerb auslöst.
Auch der nun geltende Art. 62 ital. IPRG eigne sich nicht zur Anknüpfung von unlauteren Wettbewerbshandlungen und anderen Delikten wirtschaftlicher Natur, wie z.B. wettbewerbsbeschränkenden Handlungen, da sie zu sehr an den Ort des Marktes gebunden seien, auf den sie sich auswirken. Es wäre willkürlich, an ein anderes Recht als das des Marktauswirkungsortes (luogo dell'„effetto sul mercato") anknüpfen zu wollen[302]. Damit stimmt Davì mit der Richtung in der deutschen Literatur überein, die am Ort der wettbewerbsmäßigen Interessenkollision (Recht des Marktortes) anknüpft[303].

Auch Venturini[304] hielt bereits zu einem frühen Zeitpunkt den Marktort als den Ort, an dem die Wettbewerbstätigkeit stattfindet, kollisionsrechtlich für den entscheidenden. Seiner Ansicht nach war der ständige Streit, ob im Rahmen des Art. 25 Abs. 2 Disp. prel. der Handlungs- oder der Erfolgsort anzuwenden gewesen sei, für Wettbewerbsfälle letztlich unerheblich. Charakteristisch für Wettbewerbshandlungen gem. Art. 2598 C.c. sei deren grundsätzliche Geeignetheit, den Konkurrenten in seiner Berufstätigkeit unlauter zu beeinträchtigen. Daraus folge, dass somit der Ort anknüpfungsrelevant sein müsse, wo der Mitbewerber auf unlautere Weise beeinträchtigt werde. Der so verstandene Handlungsort müsse nicht, werde aber normalerweise mit dem Ort des Schadenseintritts übereinstimmen, da der Schaden aus unerlaubteren Wettbewerb dort eintreten wird, wo unlauter gehandelt wird, nämlich am Marktort[305].
Honorati[306] sieht auch nach der Reform des italienischen IPRG im „Ort der Wettbewerbshandlung" den einzig möglichen und richtigen Anknüpfungsort für den unlauteren Wettbewerb. In Anlehnung an Kreuzer vertritt auch Honorati die Meinung, dass der „Ort der Wettbewerbshandlung" sich nicht auf den der Vorbereitungshandlung oder des Schadenseintritts erstrecke, sondern allein auf denjenigen Ort, an dem der Wettbewerb stattfinde, „d.h. auf dem Markt, auf dem die Wettbewerbsmaßnahme auf Abnehmer oder Lieferanten einwirken soll"[307].

---

[302] DAVÌ, S. 25, dort auch Fn. 16.
[303] S.o. Fn. 154.
[304] VENTURINI, RDI 1977 volume celebrativo, 1177, (1179): „[...] i tentativi di sottoporre la concorrenza sleale ad una legge diversa da quella del luogo in cui avviene l'attività concorrenziale (legge del mercato) non risultano persuasivi". Vgl. auch DERS., Diritto internazionale privato, S. 302; DERS., Note sulla disciplina di diritto internazionale privato, S. 365 ff., 376.
[305] VENTURINI, RDI 1977 volume celebrativo, 1177, (1179): „[...] almeno nella normalità dei casi il luogo del danno viene a coincidere con quello dell'azione, poiché il danno si verifica appunto nel mercato in cui si è verificata la concorrenza".
[306] HONORATI, S. 192 übernimmt mit Verweis auf CAEMMERER-KREUZER, S. 276 auch gleich den dt. Begriff, ohne ihn zu übersetzen.
[307] HONORATI, S. 192 Fn. 47 mit Bezug auf CAEMMERER-KREUZER, S. 275 f.

Honorati übernimmt somit im Ergebnis die deutsche Anknüpfung an den „Ort der wettbewerbsmäßigen Interessenkollision“[308] für das italienische Recht.
Sie lehnt eine Anknüpfung an den Handlungsort für Wettbewerbsverstöße ausdrücklich ab[309] und begründet dies mit dem materiellrechtlichen Zweck der Wettbewerbsnormen. Diese würden nicht ein Verhalten verbieten oder bestrafen, das von vornherein keine Möglichkeit hat, sich auf einen bestimmten Markt auszuwirken. Demnach könne auch nicht einfach am Ort des (bloßen) Verhaltens angeknüpft werden, sondern nur dort, wo für dieses die Möglichkeit besteht, auf einen bestimmten Markt einzuwirken[310].
Da es auf die tatsächliche Entstehung eines ökonomischen oder sonstigen Schadens im Wettbewerbsrecht nicht ankomme, sei schließlich auch eine Anknüpfung an den Erfolgsort ungeeignet, das auf Wettbewerbshandlungen anwendbare Recht zu bestimmen[311]. Für eine korrekte Bestimmung des auf Wettbewerbsfälle anwendbaren Rechts müsse der Erfolgsort als der Ort verstanden werden, an dem die Wettbewerbshandlung auf den Markt einwirke. Der Erfolgsort werde somit zum Einwirkungsort auf den Markt[312]. Diese internationalprivatrechtliche Entwicklung folge im Übrigen der sachrechtlichen. Das Lauterkeitsrecht habe sich vom Recht zum Schutz der einzelnen konkurrierenden Unternehmen zu einem Marktordnungsrecht entwickelt, das dazu bestimmt sei, sämtliche auf dem Markt zu lokalisierenden Interessen, auf den das wettbewerbswidrigen Verhalten einwirke, zu schützen[313]. Auch der Verbraucher werde als Teilnehmer am Marktgeschehen von den Vorschriften zur Bekämpfung unlauteren Wettbewerbs geschützt, wenn auch nur mittelbar über den Schutz des Marktes[314].

---

308 HONORATI, S. 214 Fn. 80, die dies mit „luogo in cui entrano in conflitto gli interessi delle parti“ übersetzt.

309 HONORATI, S. 209.

310 HONORATI, S. 202: „D'altra parte, sempre avuto riguardo alle finalità di diritto materiale sottostanti a queste norme, pare dubbio che esse richiedano di vietare e sanzionare il (mero) comportamento nel luogo in cui esso non abbia alcuna possibilità di incidere sul regime di mercato“.

311 HONORATI, S. 209: „[...] il prodursi di un danno in senso economico è un'eventualità del tutto esterna rispetto alla fattispecie tipica [...] [del]l'illecito in questione. È evidente quindi che, in tale accezione, esso non può essere utilizzato come momento di collegamento“.

312 HONORATI, S. 216: „[...] il criterio dell'evento - ed è opportuno ribadire ancora una volta che si intende non l'evento-diminuzione patrimoniale, ma l'evento-esposizione a pericolo - ovvero dell'effetto sul mercato [...]“.

313 HONORATI, S. 218: „[Il] criterio dell'evento registra sul piano del diritto internazionale privato quell'evoluzione che è in corso nel diritto materiale della concorrenza sleale, da illecito a danno dei singoli imprenditori concorrenti, ad illecito economico che investe beni giuridici differenziati ma conclusivamente localizzabili sul mercato in cui l'atto produce i propri effetti“.

314 HONORATI, S. 228: „Nella *ratio* delle norme in materia di concorrenza sleale, infatti, non rientra la finalità di tutela del consumatore in sé e per sé, quanto esclusivamente quella di individuare un unico corpo di norme a cui tutti coloro che operano su quel mercato siano assoggettati. Il consumatore ne trarrà anch'egli un beneficio, ma in via mediata“.

Saravalle hält es in Anlehnung an Honorati zur korrekten Anknüpfung von Wettbewerbsfällen für erforderlich, den Ort des schädigenden Ereignisses i.S.d. Art. 62 Abs. 1 S. 1 ital. IPRG so auszulegen, dass er sich dort befindet, wo sich der unlautere Wettbewerb auswirkt[315]. Bei der sklavischen Nachahmung sei dies beispielsweise nicht der Ort, wo die Produkte nachgeahmt werden, sondern, wo sie auf den Markt gebracht werden[316].

Magelli[317] sprach sich bereits zur Geltungszeit des Art. 25 Abs. 2 Disp. prel. gegen eine Übernahme der Anknüpfungsmethoden des allgemeinen Deliktsrechts aus. Das Wettbewerbsdelikt sei besonderer Natur, Inhalt und Grenzen seien schwer bestimmbar[318]. Das tatsächliche Eintreten eines schädigenden Ereignisses sei nicht Voraussetzung für die Anwendung des Art. 2598 C.c., dieser verlange vielmehr, dass die Handlung geeignet ist, den Konkurrenten zu schädigen[319].
Durch den Verweis auf die enge Beziehung zwischen dem unlauteren Wettbewerb und dem Markt, auf dem er erfolgt, kommt Magelli zum Ergebnis, dass italienisches Wettbewerbsrecht immer dann anwendbar sei, wenn es um Wettbewerbsfälle geht, die einen Markt betreffen, an dem der italienische Staat in irgendeiner Weise interessiert ist[320]. Dieser ist nach Magelli der Europäische Markt, an dem Italien als Mitglied der Europäischen Gemeinschaft teilnimmt[321]. Sie weist darauf hin, dass dieses Ergebnis seine Parallele auch im materiellen Recht findet. Der Anwendungsbereich des Art. 2598 C.c. erstrecke sich nicht nur auf das Territorium des italienischen Staates, sondern darüber hinaus auch auf einen dem italienischen gemeinsamen Markt[322]. Sie erhebt Art. 2598 C.c. praktisch zur „europäischen" Norm, so dass diese innerhalb der europäischen Grenzen immer anwendbar ist. Für Wettbewerbsfälle, die sich außerhalb des europäischen Marktes abspielen, sieht sie es konsequenterweise als erforderlich

315 SARAVALLE, NLC 1996, 1441, (1447): „Per quanto riguarda la concorrenza sleale [...] sembra condivisibile il recente suggerimento di localizzare l'evento dannoso nel luogo ove si verificano gli effetti dell'atto di concorrenza".
316 SARAVALLE, NLC 1996, 1441, (1446): „Nel caso di concorrenza sleale, non si deve aver riguardo al luogo dove avviene l'imitazione servile, ma dove il prodotto viene immesso in commercio".
317 MAGELLI, RDI 1977, I, 168 ff.; DIES., RDI 1975, II, 266 ff.; **a.A.** VENTURINI, RDI 1977 volume celebrativo, 1177, (1180).
318 MAGELLI, RDI 1975, II, 266, (269): „la concorrenza sleale è un illecito di tipo particolare e che ne è difficile precisare in concreto il contenuto e i limiti".
319 MAGELLI, RDI 1975, II, 266, (269) mwN. in Fn. 8.
320 MAGELLI, RDI 1977, I, 168, (176): „[...] si è propensi a ritenere che per la soluzione del problema interessi non lo Stato del mercato (nazionale) in cui si svolge la concorrenza sleale, ma [...] il mercato di cui faccia parte anche lo Stato in qualche modo interessato".
321 MAGELLI, RDI 1975, II, 266, (271 ff.) löst sich dabei von der internationalprivatrechtlichen Anknüpfung und stellt in Anlehnung an Trib. Milano v. 26.11.1973 (s.o. Fn. 292) mehr auf den wirtschaftlichen Begriff des Marktes ab.
322 MAGELLI, RDI 1977, I, 168, (175).

an, auf die Instrumentarien des internationalen Privatrechts zurückzugreifen, d.h. auf die Anknüpfung an den Handlungs- bzw. Erfolgsort[323].

5.5.2 Anknüpfung an den Handlungsort (luogo dell'azione)

Obwohl sich Art. 62 Abs. 1 S. 1 ital. IPRG deutlich gegen eine Anknüpfung an den Handlungsort ausspricht, wenn der Geschädigte nicht gemäß Satz 2 von seinem Wahlrecht Gebrauch macht, wird teilweise die Ansicht vertreten, dass Wettbewerbsfälle entgegen diesem klaren Gesetzeswortlaut nach der „Theorie des Handlungsortes" anzuknüpfen seien, wobei diese aber ganz überwiegend in einer modifizierten Form zur Anwendung gelangen soll. Im Folgenden werden auch Autoren behandelt, die sich nur vor der Reform von 1995 zu dem Thema geäußert haben. Denn während die meisten Vertreter der Theorie der Anknüpfung an den Handlungsort[324] einfach undifferenziert auf den Ort abstellten, wo die unerlaubte Handlung oder Unterlassung geschah, äußerten sich nur wenige speziell zur Anknüpfung im Lauterkeitsrecht. Soweit sie dabei für eine vom Deliktsrecht zumindest teilweise losgelöste Anknüpfung eintraten, haben ihre Vorschläge auch nach Inkrafttreten des Art. 62 ital. IPRG nicht an Bedeutung verloren.

Vor Inkrafttreten des IPRG von 1995 ging Ghiron im Rahmen seiner Erläuterungen zu Art. 25 Abs. 2 Disp. prel. am Beispiel der Anschwärzung kurz auf den unlauteren Wettbewerb ein. Abzustellen sei darauf, wo dieser erfolgt sei. Ist beispielsweise eine Anschwärzung in Italien erfolgt, sei italienisches Recht anzuwenden, ist sie in Frankreich erfolgt, sei französisches Recht anzuwenden. Italienisches Recht sei aber auch dann anwendbar, wenn ein italienisches Unternehmen, mit Sitz in Italien mittels seiner eigenen sich im Ausland befindenden Organe dort die Anschwärzung begehe[325].

Ausführlicher äußerte sich Origoni della Croce zum internationalen Lauterkeitsrecht vor 1995. Als einer der ersten Autoren bestimmt er den Handlungsort, an dem auch Wettbewerbsfälle anzuknüpfen seien, genauer. Er hält im Rahmen der überkommenen *lex-loci-delicti*-Regel den Ort der „letzten Teilhandlung" für erheblich[326], da von dieser die wettbewerbsrechtlich relevante Gefahr des Scha-

---

[323] MAGELLI, RDI 1977, I, 168, (175). Eine Anknüpfung an den Ort, mit dem das Delikt seine engste Verbindung hat, scheint sie aber als zu unbestimmt ablehnen zu wollen, vgl. MAGELLI, RDI 1977, I, 168 f.

[324] Dazu s.o. 4.3.2, dort Fn. 191.

[325] GHIRON, S. 88: „un atto di denigrazione compiuto in Francia, può dar luogo ad un giudizio in Italia, se la denigrazione commessa in terra francese è stata compiuta da un'azienda italiana, domiciliata nel nostro paese, per tramite dei suoi organi residenti all'estero".

[326] ORIGONI DELLA CROCE, RDI 1978, I, 151, (153): „Ciò che ha effetto localizzante - a nostro avviso - è l'ultima azione del complessivo comportamento in grado di provocare una effettiva possibilità di pregiudizio".

dens ausgehe[327]. Es solle deshalb am Recht des Ortes angeknüpft werden, wo die unlautere Wettbewerbshandlung zum ersten Mal schadensgeeignet wird, wo also die tatsächliche und unmittelbare Gefahr besteht, einen Schaden zu verursachen[328].

Origoni della Croce begründet diese spezielle Anknüpfung im Lauterkeitsrecht mit dessen besonderer Natur als Verhaltensunrecht. Im Gegensatz zu den klassischen unerlaubten Handlungen fehle es den Wettbewerbshandlungen an zwei Elementen, dem des Verschuldens (colpa)[329] und dem der tatsächlichen Schadensverwirklichung (danno attuale)[330].

Diese beiden Elemente waren es, die zu Geltungszeiten des Art. 25 Abs. 2 Disp. prel., als der Gesetzgeber sich noch nicht explizit für eine Anknüpfung an den Erfolgsort entschieden hatte (Art. 62 Abs. 1 S. 1 ital IPRG), die Anknüpfung im allgemeinen Deliktsrecht bestimmten. Die Betonung des ersten Elements führte regelmäßig zur Anknüpfung an den Handlungsort, die des zweiten zu der an den Erfolgsort. Da es aber im Wettbewerbsrecht auf die objektive Handlung ankomme, ohne des psychologischen Elements der Schuld zu bedürfen, und da auch nicht der tatsächliche Eintritt des Schadens relevant sei, sondern nur die Möglichkeit bzw. die Gefahr seines Eintritts, könne weder an den Handlungs- noch an den Erfolgsort im traditionellen deliktsrechtlichen Sinn angeknüpft werden[331].

Eine Anknüpfung an den Marktort lehnt Origoni della Croce als zu unbestimmt ab, denn sie lasse die Entscheidung zwischen Handlungs- und Erfolgsort offen. Die Anknüpfung an den Marktort versage bei Tatbeständen, die keinen Kundenkontakt enthielten, wie etwa beim Eingriff in die Betriebstätigkeit, dem Boykott, der Anstiftung zum Geheimnisverrat und der Betriebsspionage. Eine Regel müsse aber alle Tatbestände des unlauteren Wettbewerbs umfassen[332]. Außerdem

---

[327] ORIGONI DELLA CROCE, RDI 1978, I, 151, (153) u. (156 ff.); DERS., RDIPP 1976, 782, (788 f.) u. (796).

[328] ORIGONI DELLA CROCE, RDIPP 1976, 782, (788 f.): „L'illecito di concorrenza sleale è per la prima volta completo dove e quando si compie quell'azione della serie che fa acquistare pericolosità effettiva al comportamento complessivamente considerato. [...] Il *locus commissi delicti* è dunque quello in cui l'atto concorrenziale acquista per la prima volta una effettiva idoneità a produrre danno, in cui la potenzialità a pregiudicare da qualifica astratta diviene pericolo reale e immediato. Legge competente sarà quella del luogo in cui si verfica il pericolo di danno, ove l'atto, senza l'aggiunta di alcun altro elemento esterno, è suscettibile di arrecare concreto pregiudizio".

Vgl. auch HONORATI, S. 204 f., die darauf hinweist, dass der Gedanke von Origoni della Croce vielleicht noch treffender von CAEMMERER-KREUZER, S. 278 formuliert wird, nämlich, dass am Ort anzuknüpfen sei „an dem die Wettbewerbsmaßnahme auf die Marktpartner einwirken soll".

[329] Gemeint ist hiermit die sog. „colpevolezza", die sich entweder in Vorsatz (dolo) oder Fahrlässigkeit (colpa) äußern kann, vgl. TRABUCCHI, S. 198 ff., 200.

[330] ORIGONI DELLA CROCE, RDIPP 1976, 782, (787): „[...] caratteristica fondamentale degli atti di concorrenza sleale [...] è la non occorrenza di due elementi essenziali all'ordinario illecito civile, quello della colpa e quello del danno attuale".

[331] ORIGONI DELLA CROCE, RDIPP 1976, 782, (788).

[332] ORIGONI DELLA CROCE, RDIPP 1976, 782, (789 Fn. 18).

würde eine Anknüpfung an den Marktort lediglich das Problem dahin verlagern, den Markt(-ort) bestimmen zu müssen. Auch beim Marktort könne aber zwischen dem Absatzmarkt, dem Ort der wettbewerblichen Interessenkollision oder dem Markteinwirkungsort unterschieden werden. Die Entscheidung für die Anwendung eines nationalen Rechts beinhalte bei internationalen Handelsbeziehungen immer eine etwas willkürliche Abgrenzung des relevanten Markts[333].
Indem Origoni della Croce den Handlungsort als den präzisiert, an dem das Wettbewerbsverhalten eine wettbewerblich relevante Gefahr schafft, entfernt er sich aber vom traditionellen Kriterium der *lex loci actus*-Theorie, die lediglich auf die Handlung abstellt und ist m.E. eher mit der Meinung in der deutschen Literatur vergleichbar, die den Ort der wettbewerbsmäßigen Interessenkollision an einem ähnlich bestimmten Handlungsort festmacht und ebenfalls zwischen betriebs- und marktbezogenen Wettbewerbsverstößen unterscheidet[334].

Annibale äußert sich zur Anknüpfung von Wettbewerbsverstößen nach der Neuregelung von 1995. Ansprüche aus unerlaubtem Wettbewerb knüpft er ebenfalls nach einer modifizierten Handlungsort-Theorie an. Wettbewerbshandlungen stellten „Handlungsunrecht“ (illecito di azione) und nicht „Erfolgsunrecht“ (illecito di evento) dar. Die Handlung allein mache diese aber nicht bereits unlauter. Es komme auf die „gefährliche“ Handlung an, also diejenige, die einen Schaden unmittelbar hervorrufen kann. Entsprechend befinde sich der *locus commissi delicti* dort, wo die Wettbewerbshandlung zum ersten Mal schadensgeeignet werde, wo die Schadensgefahr von einer abstrakten zu einer realen und unmittelbaren werde. Anzuwenden sei das Recht des Ortes, an dem die Schadensgefahr konkret auftrete und die Handlung ohne Hinzutreten eines anderen äußeren Faktors den Wettbewerb beeinträchtigen könne[335].
An den derart modifizierten Handlungsort sei insbesondere dann anzuknüpfen, wenn - was bei grenzüberschreitenden Wettbewerbsverstößen häufig vorkommt - der Erfolgsort schwer auszumachen sei oder in verschiedenen Staaten liege, es also nach Art. 62 Abs. 1 S. 1 ital. IPRG zur gleichzeitigen Anwendung mehrerer, unterschiedlicher Rechte kommen würde. Gerade für solche Fälle sehe Art.

---

[333] ORIGONI DELLA CROCE, RDIPP 1976, 782, (789 Fn. 18); DERS., RDI 1978, I, 151, (158).
[334] S.o. Fn. 155. So sieht dies wohl auch HONORATI, S. 204 f.
[335] ANNIBALE, S. 304: „[...] essendo l'azione pericolosa [...] l'elemento che caratterizza la concorrenza sleale (e quindi non l'azione semplice) il locus commissi delicti è quello in cui l'atto concorrenziale acquista per la prima volta un'effettiva idoneità a produrre danno, in cui la potenzialità a pregiudicare, da qualifica astratta diviene pericolo reale e immediato. Legge competente, dunque, sarà quella del luogo in cui si verifica il pericolo di danno, ove l'atto, senza l'aggiunta di alcun altro elemento esterno, è suscettibile di arrecare pregiudizio.“ Letztlich bestimmt er damit den Begehungsort anhand des deliktsrechtlichen Kernbegriffs der Gefahrverwirklichung. Vgl. dazu V. BAR, IPR II, § 6 RdNr. 659, der unter Berücksichtigung dieses Kernbegriffes den Begehungsort allgemein als dort gelegen ansieht, wo sich „die **abstrakte Gefahr**, um derentwillen die Haftung besteht, **zu einer konkreten Gefahr verdichtet** hat.“

62 Abs. 1 S. 2 ital. IPRG die Wahl des Rechts des Handlungsortes statt des Erfolgsortes vor[336].

5.5.3 Anknüpfung an den Erfolgs- bzw. Schadenseintrittsort (luogo dell'evento)

Wie bereits erwähnt, ist nach Art. 62 Abs. 1 S. 1 ital. IPRG die Anknüpfung an den Erfolgsort für den Richter zunächst zwingend. Damit haben sich die Vertreter der Theorie des Erfolgsortes (teoria dell'evento)[337] letztlich bei der Frage der Anknüpfung im allgemeinen Deliktsrecht durchsetzen können, denn ihre Auslegung wurde durch die Reform des italienischen IPR zum Gesetz. Ob aber auch Handlungen aus unlauterem Wettbewerb „genuin" nach dem Erfolgsort i.S.d. Art. 62 Abs. 1 S. 1 ital. IPRG angeknüpft werden sollen oder ob sie nicht doch einer gesonderten Behandlung bedürfen, bleibt auch für die Vertreter der Theorie des Erfolgsortes, soweit sie sich mit dem Thema beschäftigt haben, strittig. Zweifel an der Richtigkeit, auch auf den unlauteren Wettbewerb das Recht des Erfolgsortes anzuwenden, hatten die Vertreter dieser Theorie aber nicht erst nach der Reform des italienischen IPR-Gesetzes.

So sprach sich Vitta noch zu Geltungszeiten des Art. 25 Abs. 2 Disp. prel. für eine besondere Anknüpfung bei Wettbewerbshandlungen aus. Grundsätzlich war Vitta ein klassischer Verfechter der Erfolgsort-Theorie[338]. Er wies darauf hin, dass die zivilrechtliche Haftung nicht ausschließlich auf Verschulden (colpevolezza)[339] beruhe, was man an Tatbeständen der Gefährdungshaftung (resonsabilità obiettiva) erkennen könne[340]. Wesentliches Element der zivilrechtlichen Haftung sei - im Gegensatz zur strafrechtlichen - die Entstehung eines Schadens[341]. Während das Strafrecht aus politisch-sozialen Erwägungen bestimmte Verhaltensweisen unterbinden will und zwar auch dann, wenn sie einen bestimmten Schaden nicht verursachen, setze das Zivilrecht das Entstehen eines aus der Handlung folgenden Schadens voraus[342].

---

336 ANNIBALE, S. 304 f.

337 S.o. 4.3.2, dort Fn. 193.

338 VITTA/MOSCONI, S. 329; VITTA, Diritto Internazionale Privato, S. 500 ff.; DERS., Problemi di riforma, S. 220.

339 Zur Terminologie s.o. Fn. 329.

340 VITTA/MOSCONI, S. 328 f.: „La teoria dell'evento viene sostenuta affermando che, nel nostro ordinamento, la responsabilità non è unicamente fondata sul dolo o sulla colpa (si pensi ai vari casi di responsabilità obiettiva), cosicché si dovrebbe ritenere che l'illecito si perfezioni piuttosto con il prodursi del danno."

341 VITTA/MOSCONI, S. 329: „[...] l'obbligazione *civile* sorge solo col verificarsi del danno, e non si deve confondere il problema dell'illecito civile con quello dell'illecito penale".

342 Vgl. VITTA/MOSCONI, S. 329: „Dal punto di vista penale [...] l'azione illecita è colpita di per sé, in base a considerazioni politiche e sociali, che inducono a reprimere determinati atti illeciti anche se non produttivi di effetti. Mentre, in diritto civile, la responsabilità da illecito [...] discende unicamente dal danno conseguente all'azione".

Wegen ihrer besonders wirtschaftsbezogenen Natur könne man aber auch bei zivilrechtlich zu beurteilenden Wettbewerbsfällen nicht von dem Ort sprechen, an dem eine (gesetzeswidrige) Handlung[343] begangen worden sei bzw. sich auswirke. Stattdessen sei vom Ort zu sprechen, wo dem Mitbewerber eine Gefahr für seine wirtschaftliche Tätigkeit entstehe[344].
Dieser Gedanke spiegele sich auch in einem ersten Entwurf eines neuen IPR-Gesetzes wider, mit dem Vitta vom Ministero di Grazia e Giustizia (Justizministerium) durch Dekret vom 13.11.1982 beauftragt wurde. Unter seiner Federführung entstand dieser Entwurf, der eine spezielle Regelung für die Anknüpfung von Wettbewerbsfällen in Art. 56 vorsah: „Die Haftung für unlauteren Wettbewerb wird vom Recht des Staates oder der Staaten geregelt, in denen der unlautere Wettbewerb eine gegenwärtige Gefährdung der wirtschaftlichen Position des Beeinträchtigten darstellt"[345].
Obwohl Betti generell eine Anknüpfung an den Erfolgsort vorzieht, da eine solche an den Handlungsort stets mit der Schwierigkeit verbunden sei, diesen genau zu bestimmen[346], lässt er ausdrücklich offen, ob der Erfolgsort auch für die Anknüpfung von Wettbewerbshandlungen maßgeblich sein soll, da bereits eine Vorbereitungshandlung im Inland unlauter sein könne, die, wenn sie später im Ausland vollendet wird, dort wettbewerbswidrige Verhältnisse schaffe. Für solche Fälle könne er sich eventuell auch eine Anknüpfung an den Handlungsort vorstellen[347].

---

[343] S. zum Tatbestandsmerkmal der „Handlung" (fatto) im allg. it. Deliktsrecht TRABUCCHI, S. 198 f.

[344] VITTA, Problemi di riforma, S. 228: „Non può quindi parlarsi, propriamente, di luogo di compimento e di luogo degli effetti del «fatto», come negli altri casi di responsabilità, ma, piuttosto, di luogo in cui si profila in modo concreto una minaccia, appunto, alla posizione commerciale della ditta o commerciante vittime potenziali della concorrenza". Vitta bezieht sich dabei noch auf Art. 25 Abs. 2 Disp. prel. Der Gedanke ist aber immer noch aktuell, da auch Art. 62 ital. IPRG von „fatto" illecito spricht.

[345] VITTA, Problemi di riforma, S. 228 f., 274: „Art. 56 (Concorrenza sleale) - La responsabilità per concorrenza sleale è regolata dal diritto dello Stato o Stati in cui costituisce una attuale minaccia alla posizione commerciale di chi la subisce." Zum Regelungsvorschlag s.o. 4.3.1. Nach einer vom Consiglio Nazionale del Notariato (Nationalrat der Notare) geleiteten Studientagung am 1./2.6.1984, auf der Teile des unter Vitta erarbeiteten Entwurfs diskutiert wurden, hat Vitta aufgrund der dort gewonnenen Erkenntnisse nochmals eine Marginalie und einen neuen Entwurf verfasst. Dieser enthält keine spezielle Vorschrift für Wettbewerbsverstöße mehr, vgl. VITTA, Problemi di riforma, S. 701-707. Das lässt sich jedoch damit erklären, dass sich der neue Entwurf und die Marginalie nur mit den auf der Tagung besprochenen Themen befassten, zu denen der erwähnte Art. 56 des Anfangsentwurfs nicht gehörte. Vgl. hierzu die Vorbemerkung bei VITTA, Problemi di riforma, S. IX f.

[346] BETTI, S. 543 verweist dabei auf eine Entscheidung des Reichsgerichts. In RG v. 8.11.1906, Clunet 1909, 212 = NiemeyersZ 18 (1908), 159 hatte das Reichsgericht den Fall einer unerlaubten Handlung seitens einer Firma in Hamburg gegen eine mit Sitz in Kalkutta zu entscheiden und stellte - nach Betti vorbildlich - auf den Ort der Vermögensschädigung in Deutschland ab, um einer genauen Bestimmung des Handlungsortes auszuweichen.

[347] BETTI, S. 542. Er nimmt dabei in Fn. 8 Bezug auf Raape, Internationales Privatrecht, der ebenfalls eine Anknüpfung der Wettbewerbsdelikte an den Handlungsort favorisiert. Raape verweist seinerseits dabei auf das ital. Recht (s.o. Fn. 150).

Ghidini sprach sich, ebenfalls vor der IPR-Reform von 1995, generell für die Anknüpfung an den Erfolgsort als der moderneren Anknüpfungsmethode aus[348]. Für Wettbewerbshandlungen gebe es zwar keine spezielle Kollisionsnorm, doch könne man Art. 25 Abs. 2 Disp. prel. praktisch analog heranziehen[349]. Dabei müsse der Begriff „obbligazioni non contrattuali" (außervertragliche Schuldverhältnisse) in Art. 25 Abs. 2 Disp. prel. so ausgelegt werden, dass darunter nicht nur die Schadensersatzpflicht aus Art. 2043 C.c. verstanden wird, sondern auch die speziellen Verhaltens- oder Unterlassungspflichten, die gerade dem Lauterkeitsrecht eigen sind[350].

Miele[351] bemerkt ebenfalls, dass es im italienischen Recht an einer speziellen Kollisionsnorm für das Lauterkeitsrecht fehle. Bei der Anknüpfung von Wettbewerbsfällen sei deshalb wie folgt zu verfahren. Wirke sich der Schaden in Italien aus, was bei im Ausland begangenen Wettbewerbsverstößen zu Ungunsten von italienischen Unternehmen mit Sitz in Italien vermutet werden könne, sei in jedem Fall italienisches Recht anzuwenden. Erst wenn dies nicht der Fall sei, komme die allgemeine Deliktskollisionsnorm - er bezog sich noch auf Art. 25 Abs. 2 Disp. prel. - zum Zuge[352].

Cassoni knüpft Wettbewerbshandlungen im Ergebnis ebenfalls an den Erfolgsort an, da der Schaden Ursprung sowohl des Unterlassungs- als auch des Schadensersatzanspruchs sei[353]. Abzulehnen sei seiner Ansicht nach die Meinung von Origoni della Croce[354], der eine modifizierte Handlungsort-Theorie vertritt, wonach Wettbewerbsverstöße am Ort anzuknüpfen seien, wo die wettbewerbsrechtlich relevante Gefahr des Schadens auftrete. An diesen Ort könne deshalb nicht angeknüpft werden, weil die unlautere Wettbewerbshandlung stets schädigend sei. Art. 2599 C.c., der gerade deshalb einen Unterlassungsanspruch ge-

---

348 GHIDINI, La concorrenza sleale, S. 374 f.

349 GHIDINI, La concorrenza sleale, S. 373: „[...] mancando come è noto nel nostro ordinamento (e non ci riferiamo solo alle disp. prel. al cod. civ.) una norma apposita di diritto internazionale privato sulla concorrenza sleale, sembra giustificato [...] il ricorso alla norma di cui all'art. 25 cpv disp. prel., dettata dal legislatore con particolare riferimento alle obbligazioni da illecito extracontrattuale".

350 GHIDINI, La concorrenza sleale, S. 374: „L'applicazione dell'art 25 cpv. cit. alla materia concorrenziale implica che per „obbligazioni" ai sensi della norma cit. si intendano, oltre a quella risarcitoria (cui solitamente viene riferita, in relazione all'illecito aquiliano comune, la norma cit.), anche gli specifici obblighi di fare o non fare [...] che, come s'è visto, possono derivare a carico dell'agente dall'accertamento dell'atto sleale".

351 MIELE, S. 144 ff.; vgl. auch DERS., Giur.compar.internaz.priv. 5 (1939), 80 ff.

352 MIELE, S. 145 Fn. 1: „Mancando nel sistema italiano norme di d.i.p. circa la concorrenza sleale, riteniamo applicabile l'art. 25, 2° comma, purché gli effetti dannosi non si ripercuotano in Italia: si può presumere che si ripercuotano trattandosi di imprese aventi sede in Italia".

353 CASSONI, FP 1987, II, 49, (52): „[...] ai fini della concorrenza sleale si deve intendere il luogo in cui si è prodotto il danno perché è il danno l'elemento indispensabile, cioè la fonte sia dell'azione inibitoria che dell'azione risarcitoria".

354 S.o. 5.5.2.

währt, weil der Mitbewerber sich einer schädigenden Handlung gegenübersieht, deren Einstellung es bedarf, ergebe ansonsten keinen Sinn[355].
Abzulehnen sei auch die Anknüpfung an den Marktort, da sie zu vage und unbestimmt sei[356]. Doch stimme die Anknüpfung an den Marktort mit der an den Erfolgsort überein, wenn mit Marktort der Ort gemeint sei, wo der Mitbewerber einen Schaden erlitten habe und nicht derjenige, wo der freie Wettbewerb durch eine Handlung beeinträchtigt werde, die für den Schaden ursächlich sei[357].
Schließlich überzeugt ihn auch nicht die vom BGH vertretene „Sonderanknüpfung" für Wettbewerbshandlungen an den Ort der wettbewerblichen Interessenkollision, die in der „Stahlexport"-Entscheidung um die Regel der Anwendung des gemeinsamen deutschen Personalstatuts ergänzt wird. Eine derartige Regel entferne sich zu sehr vom Gesetzestext und überlasse dem Richter einen zu großen Spielraum[358]. Das gleichzeitige Bestehen eines Gesamtstatuts für das allgemeine Deliktsrecht und eines Sonderstatuts für das Wettbewerbsrecht führe außerdem notwendigerweise zu Qualifikationsproblemen, z.B. wenn das Recht eines Staates eine bestimmte Handlung als unlauteren Wettbewerb qualifiziert, während das eines anderen dieselbe Handlung als zum allgemeinen Deliktsrecht gehörend betrachtet. Es stelle sich dann die Frage, ob beide Statute kumulativ anzuwenden seien, oder nach der Regel „Sonderstatut bricht Gesamtstatut" zu verfahren sei[359].

Ballarino betont, dass der Gesetzgeber mit seiner Regelanknüpfung zugunsten des Erfolgsortes in Art. 62 Abs. 1 S. 1 ital. IPRG ausdrücklich den Geschädigten bevorzuge, da dieser somit grundsätzlich mit der Anwendung des Rechts des eigenen Staates rechnen könne. Der Gesetzgeber habe die Schadensersatzfunktion (Wiederherstellungsfunktion) des Deliktsrechts somit der rein sanktionsrechtlichen vorgezogen[360]. Das Gesetz schweige aber darüber, was unter dem Ort des

---

355 CASSONI, FP 1987, II, 49.
Art. 2599 C.c. lautet: „La sentenza che accerta atti di concorrenza sleale ne inibisce la continuazione e dà gli opportuni provvedimenti affinché ne vengano eliminati gli effetti". Übersetzung bei ULMER-SCHRICKER, Bd. V, Italien, RdNr. 4, S. 6: „Das Urteil, das unlauteren Wettbewerb feststellt, untersagt dessen Fortsetzung und trifft die zur Beseitigung seiner Auswirkungen erforderlichen Anordnungen".
356 CASSONI, FP 1987, II, 49, (50).
357 CASSONI, FP 1987, II, 49, (52): „Cosa, dunque si deve intendere per mercato? Il luogo dove un concorrente turba a suo favore il libero gioco della concorrenza con un fatto che è all'origine del danno, oppure il luogo in cui il concorrente ha subito il danno? In questo secondo caso, però, la legge del mercato altro non è che la legge del luogo ove è avvenuto il fatto dal quale l'atto illecito deriva [...]".
358 CASSONI, FP 1987, II, 49, (51); s.o. 5.1.3.3.2.2. Es sei angemerkt, dass eine dem nunmehr geltenden Art. 62 Abs. 2 ital. IPRG entsprechende Norm in den Disposizioni Preliminari nicht existierte.
359 CASSONI, FP 1987, II, 49, (51).
360 BALLARINO, S. 720: „Questa soluzione ha lo scopo di favorire il danneggiato, che potrà normalmente contare sull'applicazione della legge del proprio Stato, e riflette sul piano del d.i.pr. la tendenza del diritto interno a privilegiare la funzione riparatoria della responsabilità *ex delicto*, rispetto alla funzione sanzionatoria".

schädigenden Ereignisses zu verstehen sei. Nach Ballarino liegt er dort, wo das geschützte Rechtsgut oder Interesse verletzt wird und nicht, wo die weiteren Schadensfolgen auftreten[361]. Andererseits könnten aber gerade durch das Fehlen einer genauen Definition des Erfolgsortes die italienischen Gerichte nicht daran gehindert werden, in Zukunft auch den Ort des nur indirekt eingetretenen Schadens zu berücksichtigen, um - falls dieser in Italien liegt - die *lex fori* zur Anwendung gelangen zu lassen[362].
Gerade bezüglich der hier interessierenden Frage nach dem auf unlautere Wettbewerbshandlungen anwendbaren Recht scheint Ballarino jedoch keinen klaren Standpunkt einzunehmen. Zwar stellt er fest, dass Art. 62 ital IPRG zweifellos auch Wettbewerbshandlungen umfasse. Statt aber daraus ausdrücklich den Schluss zu ziehen, dass deshalb auch für das Lauterkeitsrecht der Erfolgsort in der von ihm vorgeschlagenen Auslegung maßgeblich sein soll, lässt er die Frage nach dem anwendbaren Recht offen und beschränkt sich auf den Hinweis, dass insbesondere im Wettbewerbsrecht sowohl die Handlung als auch der Erfolg gleichzeitig an mehreren Orten auftreten könnten und die daraus sich ergebenden Schwierigkeiten auch nach der Reform des IPR von 1995 weiterhin bestünden[363]. Ohne sich deshalb für eine Anknüpfung der Wettbewerbsverstöße an den Handlungsort auszusprechen, weist er ferner darauf hin, dass die spärliche Rechtsprechung auf diesem Gebiet bereits dann italienisches Recht anwende, wenn einige wenige (Teil)akte der Wettbewerbshandlung auf italienischem Territorium begangen worden seien[364].

Mosconi und Pocar sehen - auch wenn sie es nur andeuten - in Art. 62 ital. IPRG gegenüber der Regelung in den *Disposizioni Preliminari* ein eher ungeeignetes Instrument zur Anknüpfung von Wettbewerbsverstößen. Indem sich Art. 62 Abs. 1 S. 1 ital. IPRG eindeutig für eine Anknüpfung an den Erfolgsort ausspreche, sei er starrer als noch Art. 25 Abs. 2 Disp. prel., der dem Richter einen gewissen Entscheidungsspielraum gelassen habe. Mache der Verletzte nunmehr nicht von seinem Recht gem. Art. 62 Abs. 1 S. 2 ital. IPRG Gebrauch, sei allein der Erfolgsort bestimmend. Das führe bei allen Distanzdelikten, wo eine einzige Handlung mehrere schädigende Ereignisse in verschiedenen Staaten verursache - was für Fälle unlauteren Wettbewerbs nicht untypisch sei - zu einer Vielzahl von anwendbaren Rechtsordnungen, die den verschiedenen Erfolgsorten ent-

---

361 BALLARINO, S. 721: „[…] condividiamo la tesi secondo cui per luogo dell'evento deve intendersi quello in cui si è prodotta la lesione del bene o interesse giuridico tutelato e che pertanto, non abbia rilevanza il luogo in cui si producono delle conseguenze ulteriori". Dieser Ansicht sind auch DAVÌ, S. 29 f. u. GESTRI, RDIPP 1988, 53, (66).

362 BALLARINO, S. 721: „ È tuttavia probabile che, nel silenzio della legge, i tribunali italiani tendano a dare rilevanza ad effetti dannosi indiretti verificatisi in Italia, al fine di poter applicare la *lex fori*, come già era avvenuto nel sistema previgente".

363 BALLARINO, S. 729: „Nelle fattispecie a carattere internazionale gli elementi della concorrenza sleale hanno una probabilità elevata di localizzarsi separatamente nel territorio di più Stati […]. Queste difficoltà continueranno a sussistere anche nel sistema della nuova legge".

364 BALLARINO, S. 729.

sprechen[365]. Daraus ergebe sich nicht zuletzt für den Handelnden die Schwierigkeit, eine Mehrzahl von Rechtsordnungen zu beachten[366].

5.5.4 Anknüpfung an das Recht des Ortes der engsten Verbindung (collegamento più sigificativo)

Ferrari Bravo[367] kam bezüglich der näheren Bestimmung des in Art. 25 Abs. 2 Disp. prel. genannten Begehungsortes zum Ergebnis, dass weder der Theorie des Handlungsortes noch der des Erfolgsortes der Vorzug zu geben sei[368]. Beide seien letztlich für sich genommen gleichermaßen unbefriedigend. Es sei nicht richtig, wenn zur Begründung der Theorie des Handlungsortes darauf verwiesen werde, dass die Haftung aus unerlaubter Handlung immer mit einem Verschulden zusammenfalle. Die Deliktshaftung setze zwar immer ein schädigendes Ereignis voraus, nicht immer aber ein vorsätzliches oder fahrlässiges Verhalten[369]. Aber auch die Theorie des Erfolgsortes weise eindeutige Schwächen auf, da der Ort, wo das schädigende Ereignis auftrete, häufig vom Zufall bestimmt und zudem oft schwer zu individualisieren sei[370].
Ferrari Bravo stimmt daher der herrschenden Ansicht in der Rechtsprechung[371] zu. Sie wende stets die *lex fori* an, wenn zumindest ein materieller Bestandteil

---

[365] MOSCONI, S. 166: „per certi tipi di illeciti, è frequente che a un'azione unica - localizzata in un certo Stato - direttamente conseguano eventi dannosi riguardanti un solo soggetto, localizzati in una pluralità di Stati [...]. Situazioni di questo tipo possono verificarsi in materia di concorrenza sleale [...]. Ove il soggetto danneggiato non chiedesse l'applicazione della (di per sé unificante) legge del luogo dell'azione, si è rilevato che il collegamento del luogo dell'evento conduce a una frammentazione della vicenda, che comporta l'applicazione di leggi di Stati diversi rispetto alle quali potrebbero insorgere anche difficoltà di coordinamento".

[366] POCAR, Il nuovo diritto internazionale privato S. 66 f.: „[...] quando ad un'azione corrisponda una pluralità di eventi localizzabili in paesi diversi, ipotesi tutt'altro che improbabile in materia di concorrenza sleale [...] il collegamento del luogo dell'evento condurrà infatti ad un *dépeçage* del fatto illecito e all'applicabilità ad esso di leggi diverse, con le conseguenti difficoltà che il contemperamento di queste ultime può comportare in situazioni determinate, specialmente per quanto riguarda la condotta dell'agente".

[367] FERRARI BRAVO, RDC 1961, I, 80 ff.; DERS., Responsabilità civile, S. 115 ff.

[368] FERRARI BRAVO, RDC 1961, I, 80, (103).

[369] FERRARI BRAVO, RDC 1961, I, 80, (90); vgl. auch VITTA/MOSCONI, S. 328 f., der als Beispiel hierfür die Gefährdungshaftung nennt, s.o. 5.5.3.

[370] FERRARI BRAVO, RDC 1961, I, 80, (91 f.).

[371] Ferrari Bravo zitiert an dieser Stelle außer einer italienischen, eine Reihe ausländischer Entscheidungen, darunter auch eine deutsche. Als ital. Entscheidung nennt er Cass. v. 2.4.1927, FI Mass 1927, II, 472, deren Leitsatz lautet: „I mezzi illeciti e fraudolenti predisposti in Italia [...] i quali , per quanto estrinsecati all'estero, influiscono in Italia sul commercio di esportazione di altra ditta, costituiscono una concorrenza illecita consumata in Italia e quindi sottoposta nelle sue conseguenze alla giurisdizione ed alla legge italiana".
Als dt. Entscheidung nennt er RG v. 10.1.1936, JW 1936, 1291 f. = GRUR 1936, 670 - Gummiartikel: „Es genügt, um deutsches Recht anzuwenden und den gesamten Tatbestand der unlauteren Handlung nach deutschem Recht abzuurteilen, wenn auch nur ein Teil des einheitlichen Tatbestandes im Inland begangen ist".

des Deliktes sich auf dem Territorium des eigenen Staates abspiele, ohne darauf einzugehen, wie nun der *locus commissi delicti* generell auszulegen sei[372].
Nur für den Fall, dass weder der Handlungs- noch der Erfolgsort im Inland gelegen seien, spricht sich Ferrari Bravo für die Anknüpfung an den Ort aus, mit dem der streitige Sachverhalt die signifikantere Verbindung hat[373]. Dabei habe der Richter alle Elemente zu berücksichtigen, die für den konkreten Sachverhalt charakteristisch seien[374].
Insbesondere habe er darauf zu achten, ob eines der von der Kollisionsnorm theoretisch berufenen Rechte auch tatsächlich im konkreten Fall angewandt werden will („voglia" essere applicata alla specie). Ferner habe er zu berücksichtigen, dass ein und derselbe Sachverhalt deliktsrechtlich in anderen Rechtsordnungen eventuell einer anderen Qualifikation unterliegen kann, also nach ganz anderen internationalprivatrechtlichen Normen anzuknüpfen sei[375].
Eine spezielle Anknüpfung für Wettbewerbshandlungen sieht Ferrari Bravo nicht vor. Er erwähnt diese nur als Paradebeispiele dafür, wie Handlungs- und Erfolgsort auseinanderfallen und jeweils an mehreren Orten auftreten können, was ihre Lokalisierung äußerst schwer mache[376]. Es kann deshalb m.E. davon ausgegangen werden, dass er diese ebenfalls nach dem Recht des Ortes anknüpfen möchte, zu dem sie die engste Verbindung haben, wenn sich nicht zumindest ein Teiltatbestand in Italien ereignet.

Gestri[377] folgte bei der Frage, ob der *locus delicti commissi* i.S.d. Art. 25 Abs. 2 Disp. prel. als Handlungs- oder Erfolgsort auszulegen war, der Meinung von Ferrari Bravo und vertrat ebenfalls eine vermittelnde - ubiquitäre - Lösung. Je nach Sachlage soll entschieden werden, welcher der beiden Anknüpfungspunkte zum Zuge zu kommen habe. Ausschlaggebend soll dabei sein, welcher der beiden Orte, unter Berücksichtigung sämtlicher Umstände, die engste Verbindung

---

Ferner weist Ferrari Bravo, RDC 1961, I, 80, (97 in Fn. 53) auf eine Reihe weiterer dt. Entscheidungen hin, die stets dt. Recht angewandt haben, die erste noch auf den Erfolgsort (RG v. 16.6.1903, RGZ 55, 199 - Üble Nachrede), die zweite auf den Handlungsort abstellend (BGH v. 13.7.1954, BGHZ 14, 286 - Farina/Belgien), die dritte (BGH v. 13.7.1956, BGHZ 21, 266 - Uhrenrohwerke) und vierte (BGH v. 2.10.1956, BGHZ 22, 1 - Flava/Erdgold) würden es schließlich bereits genügen lassen, dass irgendein Teil des Deliktstatbestandes in Deutschland verwirklicht worden sei.

372 Ferrari Bravo, RDC 1961, I, 80, (96): „[...] l'applicazione della *lex fori* è stata fondata, puramente e semplicemente, sulla considerazione che nell'ambito del territorio dello Stato era stato posto in essere uno degli elementi materiali della fattispecie, senza che per giungere a siffatto risultato si ritenesse necessario discutere, e risolvere, in linea astratta e con valore generale, il problema del *locus commissi delicti.*"

373 Ferrari Bravo, RDC 1961, I, 80, (102 ff.).

374 Ferrari Bravo, RDC 1961, I, 80, (104): „[...] giudice, il quale dovrà tener conto [...] *di tutti gli elementi caratteristici della fattispecie concreta*".

375 Ferrari Bravo, RDC 1961, I, 80, (105).

376 Ferrari Bravo, RDC 1961, I, 80, (85), (92 in Fn. 32).

377 Gestri, RDIPP 1988, 53, (61 f.).

mit dem jeweiligen Fall habe[378]. Eine solche signifikante Verbindung solle insbesondere der Ort aufweisen, dessen Recht die möglicherweise parallel bestehenden vertraglichen Beziehungen zwischen dem Geschädigten und dem Schädiger regelt[379].
Im Unterschied zu Ferrari Bravo[380] möchte Gestri eine derartige Anknüpfung nach dem Schwerpunkt des Delikts auch bereits dann vornehmen, wenn eine der beiden fraglichen Rechtsordnungen die *lex fori* ist. Sie sei also nicht nur auf Fälle zu beschränken, wo nur ausländische Rechtsordnungen zur Wahl stehen. Dies ergebe sich bereits daraus, dass das nunmehr vorherrschende bilaterale (allseitige) Anknüpfungssystem im internationalen Privatrecht von der „Gleichwertigkeit" zwischen der inländischen und den ausländischen Rechtsordnungen ausgehe[381].
Auch Gestri geht nicht gesondert auf Wettbewerbsdelikte ein, weshalb - wie bereits bei Ferrari Bravo - angenommen werden kann, dass er auch Wettbewerbsdelikte je nach ihrem Schwerpunkt anknüpfen möchte.

Schließlich wird man zu dieser Gruppe von Vertretern auch Franzosi zählen können, der zugleich die Anwendbarkeit italienischen Rechts auf grenzüberschreitende Wettbewerbsdelikte ausweitet. Ausgangspunkt seiner Überlegungen ist die Anwendbarkeit der Kollisionsnorm für außervertragliche Schuldverhältnisse - damals noch Art. 25 Abs. 2 Disp. prel. - auf unlautere Wettbewerbshandlungen (Art. 2598 C.c.), da diese letztlich zu den allgemeinen Delikten i.S.d. Art. 2043 C.c. zählen[382]. Anwendbar sei also das Recht des Begehungsortes, des *locus delicti commissi*.
Es reiche zur Anwendung italienischen Rechts aus, dass eine ausreichende Beziehung der Wettbewerbsmaßnahme zum italienischen Territorium bestehe. Eine solche Verbindung mit dem italienischen Hoheitsgebiet bestehe stets dann, wenn entweder die Handlung oder der Erfolg sich in Italien verwirkliche oder auch nur deren signifikanter Teil[383].
Welcher Teil der Handlung oder des Erfolges eines Wettbewerbsverhaltens „signifikant" ist, könne nicht generell vorweg bestimmt werden, sondern müsse im Einzelfall ermittelt werden.

---

[378] GESTRI, RDIPP 1988, 53, (61): „Occorre cioè applicare la legge che, tenuto conto dell'insieme delle circostanze, evidenzi i contatti più intensi con la fattispecie concreta". vgl. auch FERRARI BRAVO, RDC 1961, I, 80 ff.
[379] GESTRI, RDIPP 1988, 53, (65): „ [...] riteniamo che l'opzione fra la legge del luogo dell'azione e quella del luogo dell'evento debba portare all'assoggettamento della responsabilità aquiliana alla medesima legge regolatrice del contratto". Vgl. auch KINDLER, JbItR 4 (1991), 87, (92 mwN. in Fn. 32).
[380] S.o. Fn. 372.
[381] GESTRI, RDIPP 1988, 53, (61 f.).
[382] FRANZOSI, RDI 1976, II, 452, (458); so auch Ghidini s.o. Fn. 350.
[383] FRANZOSI, RDI 1976, II, 452, (460): „Io credo che ai fini dell'applicazione della legge italiana basti un *sufficiente* aggancio col territorio italiano, e che questo sussista ogni qualvolta si verifichi in Italia o l'azione o l'evento o una parte significativa di essi".

Der ausschlaggebende Teil einer Wettbewerbshandlung wird in Italien liegen, wenn die Handlung dort unlauter wird. Bei der Anschwärzung sei dies z.B. der Fall, wenn sie in Italien zur Kenntnis gelangt, beim parasitären Wettbewerb[384], wenn die womöglich lauteren Einzelhandlungen in Italien zusammen den Unlauterkeitstatbestand erfüllen[385].
Der signifikante Teil des Erfolgs eines Wettbewerbsverhaltens liege dann in Italien, wenn die Wettbewerbsposition des Mitbewerbers in Italien auch nur potentiell gefährdet werde[386].
Franzosi zeigt anhand von neun Entscheidungen zum grenzüberschreitenden Wettbewerbsrecht aus den Jahren von 1958 bis 1974, wie auch die Rechtsprechung die Anwendung italienischen Rechts extensiv handhabte.

5.6 Ergebnis der Entwicklung in Rechtsprechung und Literatur zur Anknüpfung im Lauterkeitsrecht in Italien

Fast mehr noch als die deutsche scheint die italienische Rechtsprechung bemüht zu sein, den für das anwendbare Recht maßgeblichen Begehungsort stets im Inland zu begründen[387]. Zur Anwendung der *lex fori* gelangte sie öfters, indem sie an den Handlungsort anknüpfte, wobei sie diesen bereits dann als in Italien belegen ansah, wenn der unlautere Wettbewerb in Italien geplant wurde oder dort seinen Ursprung hatte[388]. Verschiedentlich wandte sie aber auch das Recht des Erfolgsorts an[389], den sie jedoch nicht immer einheitlich bestimmte; mal sah ihn die Rechtsprechung am Ort der Absatz[390]- bzw. Marktbeeinträchtigung[391], mal dort, wo die Handlung ihren schädigenden Einfluss auf den Konkurrenten hat[392] oder schließlich auch dort, wo ein Export von Produkten (aus Italien) vereitelt wurde[393]. Wenn es um den Verkauf sklavisch nachgeahmter Waren ins Ausland ging, wurde öfters sogar sowohl Handlungs- als auch Erfolgsort als im Inland

---

[384] Zum parasitären Wettbewerb im Unterschied zur sklavischen Nachahmung im ital. Recht s.u. 6.3.1, dort Fn. 86.
[385] FRANZOSI, RDI 1976, II, 452, (461 f.).
[386] FRANZOSI, RDI 1976, II, 452, (463): „[...] si dovrà considerarsi avverato l'evento allorché si verifichi una possibilità di danno ad una potenziale posizione concorrenziale del soggetto leso in Italia".
[387] So u.a. auch HONORATI, S. 199; s.o. 4.3.3, dort Fn. 254 zu weiteren Autoren, die dieser Ansicht sind.
[388] S.o. 5.5.2; vgl. auch FLEISCHER, S. 350; BERNHARD, S. 218. Die dt. Rsp. lässt es hingegen zur Anwendung inländischen Rechts seit BGH v. 30.6.1961, BGHZ 35, 329, (334) - Kindersaugflaschenfall - nicht mehr ausreichen, wenn die Wettbewerbshandlung vom Inland aus in die Wege geleitet worden ist; vgl. *obiter* OLG Düsseldorf v. 19.10.1993, NJW 1994, 869; OLG Hamm v. 11.11.1969, AWD 1970, 31 - Stilmöbel.
[389] S.o. 5.4.3.
[390] Cass. v. 25.6.1971 Nr. 2011, s.o. Fn. 267.
[391] Cass. v. 25.10.1971, Nr. 3008, s.o. Fn. 289.
[392] Trib. Milano v. 2.7.1988, s.o. Fn. 273.
[393] Trib. Milano v. 19.7.1993, s.o. Fn. 277.

belegen angesehen[394]. Obwohl insgesamt die Entscheidungen, die an den - wie oben verstandenen - Handlungsort anknüpfen, zahlenmäßig überwiegen, besteht in der jüngeren Rechtsprechung die Tendenz, das am Erfolgsort geltende Recht für maßgeblich zu erklären[395]. Das Tribunale di Milano hält in seiner Entscheidung vom 13.4.1995 sogar das Urteil der Corte di Cassazione vom 23.1.1958[396] und letztlich auch das vom 25.6.1971[397] für überholt und spricht sich für eine alleinige Anknüpfung an den Erfolgsort aus. Dabei stützte es sich auf die zu Art. 20 C.p.c. ergangene neuere Rechtsprechung, die den auch dort näher zu bestimmenen Begehungsort am Erfolgsort festmacht.

Obwohl Ansätze für eine marktbezogene Anknüpfung auch in der italienischen Rechtsprechung erkennbar sind[398], konnten diese noch nicht zu einer einheitlichen Regel zusammengefasst werden. Eine der „Kindersaugflaschen"- oder „Stahlexport"-Entscheidung des BGH vergleichbare Grundsatzentscheidung fehlt in der italienischen Rechtsprechung. Zwar können die Entscheidungen der Corte di Cassazione vom 23.1.1958 und die vom 25.6.1971 ebenfalls als richtungsweisend angesehen werden, weil sich die italienischen Gerichte bei der Anknüpfung von Wettbewerbsfällen öfters auf deren Begründung berufen haben. Da aber in diesen beiden Fällen, bei dem es um Inländerwettbewerb im Ausland ging, die Herstellung der nachgeahmten Produkte in Italien erfolgte und sowohl das geschädigte Unternehmen als auch dasjenige, welches von der Wettbewerbsmaßnahme profitieren sollte, ihren Sitz in Italien hatte, hatte der Kassationshof genügend Anhaltspunkte, um auch ohne genauere Bestimmung des Begehungsortes die *lex fori* anzuwenden[399].
Solange es in Italien keine gefestigte Rechtsprechung zur Frage der Anknüpfung im Lauterkeitsrecht geben wird, werden es die Gerichte nicht allzu schwer haben, für den jeweils zu entscheidenden Fall eine Begründung zu finden, um zur Anwendung der *lex fori* zu gelangen. So steht die Entscheidung des Tribunale Milano vom 30.5.1974[400], das italienisches Recht angewandt hat, obwohl der Herstellungsort im Ausland lag, im Widerspruch zu den Entscheidungen der

---

[394] Cass. v. 23.1.1958, Nr. 161, s.o. Fn. 253; Cass. v. 25.6.1971 Nr. 2011, s.o. Fn. 267; Trib. Pescara v. 22.12.1960, s.o. Fn. 257.
[395] Vor allem Trib. 13.4.1995, s.o. Fn. 280; s. auch Trib. Milano v. 2.7.1988, s.o. Fn. 273; Trib. Milano v. 19.7.1993, s.o. Fn. 277.
[396] Cass. v. 23.1.1958, Nr. 161, s.o. Fn. 253.
[397] Cass. v. 25.6.1971 Nr. 2011, s.o. Fn. 267.
[398] S.o. 4.3.3 u. 5.4.4. S. aber auch Trib. Milano 2.7.1988, s.o. Fn. 273 (Ort der Einwirkung auf die Kunden des Konkurrenten); Cass. 25.6.1971, Nr. 2011, s.o. Fn. 267 (Ort an dem die Imitate vertrieben wurden).
[399] BERNHARD, S. 218 meint in diesem Zusammenhang, dass weil diese Prinzipien ausschließlich anhand der Konstellation des Inländerwettbewerbs im Ausland entwickelt wurden, es sich verhindere, „sie auf andere Sachverhaltsgestaltungen aus[zu]dehnen, d.h. das italienische Heimatrecht des Geschädigten auch dann als maßgeblich zu erachten, wenn er mit ausländischen Unternehmen im Ausland konkurriert".
[400] Trib. Milano v. 30.5.1974, s.o. Fn. 288.

Corte di Cassazione vom 23.1.1958 und vom 25.6.1971, die gerade auf das Recht des (zwar italienischen) Produktionsortes abgestellt haben[401].

Es mag an den im Vergleich zu Deutschland wenigen, höchstrichterlichen italienischen Entscheidungen zum Wettbewerbskollisionsrecht liegen, dass dem Problem der Anknüpfung für das Lauterkeitsrecht bisher keine richtungsweisende Lösung gegeben wurde[402]. Mitursächlich für die geringere Anzahl von Entscheidungen auf diesem Gebiet in Italien ist die Tatsache, dass ca. 80% der Fälle unlauteren Wettbewerbs von der „Giurì" geschlichtet werden[403]. Doch bilden die instanzgerichtlichen Entscheidungen zum unlauteren Wettbewerb den Hauptteil der in Italien existierenden Rechtsprechung zur Bestimmung des allgemeinen Deliktsstatuts[404].

Auch die italienische Literatur beschäftigt sich mit dem Problem des auf Wettbewerbsfälle anwendbaren Rechts weitaus seltener als die deutsche[405]. Diejenigen Autoren, die sich damit befassen, treten allerdings überwiegend für eine vom allgemeinen Deliktsrecht gesonderte Anknüpfung der Lauterkeitsfälle aufgrund ihrer Eigenart ein[406]. Wenn auch im Einzelnen durchaus unterschiedliche Meinungen vertreten werden, so ist in der Literatur deutlicher als in der Rechtsprechung eine allgemeine Tendenz auszumachen, letztlich am Marktort anknüpfen zu wollen. Während einige Autoren dies ganz ausdrücklich tun[407], tun es andere versteckter. So stellen die Vertreter der Handlungsort-Theorie[408] nicht auf den Ort der reinen Handlung (semplice azione) ab, sondern auf den, wo die Wettbewerbshandlung erstmals schadensgeneigt wird (azione pericolosa). Für die Vertreter der Erfolgsort-Theorie[409] ist der Ort maßgeblich, an dem sich die Gefahr der Beeinträchtigung der wirtschaftlichen Tätigkeit des Konkurrenten

---

401 Diesen Widerspruch hat bereits BERNHARD, S. 218 erkannt. Er sah darin eine Bestätigung des Vorwurfs ggü. der ital. Rsp., unabhängig von bestimmten Anknüpfungsregeln, nach Möglichkeit stets die *lex fori* anzuwenden.

402 Von einer gewohnheitsrechtlichen Herausbildung von Kollisionsregeln im internationalen Wettbewerbsrecht kann hingegen auch in Deutschland noch gesprochen werden, da es sich noch zu sehr in Bewegung befindet, s.o. 4.2.4.1.

403 S.o. 1.4.3.2 a.E.; vgl. auch ORIGONI DELLA CROCE, RDI 1978, I, 151.

404 BERNHARD, S. 217 Fn. 933 mwN.; VITTA, Diritto internazionale privato, S. 500

405 Ausführlich zu den Autoren, die sich mit der speziellen Problematik der Anknüpfung im Lauterkeitsrecht beschäftigt haben, s.o. 5.5. Diejenigen, die hingegen nur allgemein das Problem der Anknüpfung im Deliktsrecht behandelt haben, sind in 4.3.2 unter Fn. 187 und Fn. 188 näher aufgeführt.

406 Ausdrücklich gegen eine gesonderte Anknüpfung für das Lauterkeitsrecht ist Cassoni (s.o. 5.5.3), doch gibt er selber zu, dass sein Anknüpfungsvorschlag am Erfolgsort im Ergebnis häufig zur Anwendung des Marktortrechts führt.

407 S.o. 5.5.1.

408 S.o. 5.5.2; vgl. auch 1.3.

409 S.o. 5.5.3.

äußert. In beiden Fällen stimmt der jeweils maßgeblich Anknüpfungsort aber sehr oft mit dem Ort überein, wo auf den Markt eingewirkt wird[410].
Die Vertreter[411], die das Recht des Staates anwenden wollen, mit dem das Wettbewerbsverhalten die engste Verbindung hat, allen voran Franzosi, sehen den für die Anknüpfung bedeutenden Teil der Wettbewerbsverstöße letztlich dort belegen, wo die Interessen der Mitbewerber beeinträchtigt werden. Dies ist ebenfalls ganz überwiegend der Marktort.

Die sich in der Literatur deutlich zeigende Tendenz hin zu einer Anknüpfung an den Marktort[412] ist in der Rechtsprechung nur sehr versteckt, vielleicht in einer vermehrten Anknüpfung an den Erfolgsort auszumachen. Abzuwarten bleibt, wie die Rechtsprechung Art. 62 ital. IPRG auf Wettbewerbsfälle anwenden wird, der als Regelanknüpfung eine solche an den Erfolgsort vorsieht.
Eine Anknüpfung der Lauterkeitsfälle an das Recht des Marktortes, sei es auch nur versteckt in einer an den Erfolgsort, würde jedenfalls dem bisherigen Entwurf der geplanten Rom II-Verordnung entsprechen, die bei Wettbewerbsverstößen die engste Verbindung zu dem Staat sieht, in dem sich die schädigende Handlung auswirkt („où le fait dommageable produit ses effets"). Wettbewerbsverstöße wirken sich aber grundsätzlich am Marktort aus.
Soweit im italienischen Recht von einer Anknüpfung an den Marktort gesprochen wird, ist zu beachten, das dies unter Berücksichtigung der dort belegenen Interessen der Konkurrenten geschieht. Anders als nach deutschem Recht, werden die dort meist auch belegenen Interessen der Verbraucher oder der Allgemeinheit an einem funktionierenden Wettbewerb vom Schutzzweck des italienischen Lauterkeitsrechts nach Art. 2598 C.c. nicht umfasst[413].

---

[410] Für eine Übereinstimmung von Erfolgsort und Markteinwirkungsort vgl. CASSONI, FP 1987, II, 52, dazu s.o. 5.5.3.
[411] S.o. 5.5.4.
[412] BINDER, RabelsZ 20 (1955), 425 meinte noch: „In der italienischen Lehre dürfte die Ansicht vorherrschen, das menschliche Handeln sei das entscheidende Moment". TROLLER, K., S. 42 glaubte in der Lehre bereits eine „Wandlung von der Anknüpfung an den Handlungsort zu der an den Erfolgsort" erkannt zu haben.
[413] S.o. 1.4.2.2.

6. Kapitel: Differenzierung nach Fallgruppen

6.1 Sinn und Zweck einer Einteilung nach Fallgruppen

Es sind vor allem die Generalklauseln §§ 1, 3 UWG bzw. Art. 2598 Nr. 3 C.c., die für das deutsche und italienische Recht bestimmen, wann eine Handlung unlauter ist und wann nicht. Da die lauterkeitsrechtlichen Tatbestände, die unter diese allgemein formulierten Normen fallen, äußerst vielfältig sind, hat die Wissenschaft mehrfach versucht, sie zu Fallgruppen zusammenzufassen. Dadurch konnte das ansonsten leicht unübersichtliche werdende Rechtsprechungsmaterial systematisch gegliedert werden[1].
Diese materiellrechtliche Einteilung nach Fallgruppen benutzt die deutsche Literatur zunehmend für eine bessere Klassifizierung der Sachverhalte nach kollisionsrechtlichen Gesichtspunkten und schafft dadurch eine Typologie, die Sachverhalte nach ihrer Art der Anknüpfung gliedert[2]. So unterscheidet sie zwischen marktorientierten und betriebsbezogenen Wettbewerbsverstößen. Zur genaueren Bestimmung des Marktortes schafft sie innerhalb der marktbezogenen Verstöße Untergruppen, die sich danach aufteilen, ob vorwiegend die Interessen der Mitbewerber, der Verbraucher oder der Allgemeinheit an einem funktionierenden Wettbewerb tangiert werden.

Die italienischen Literatur zum Wettbewerbskollisionsrecht kennt eine derartige fallgruppendifferenzierte Anknüpfung nicht. Die Vertreter, die an den Marktort anknüpfen, sehen keine gesonderte Anknüpfung für betriebsbezogene Wettbewerbsverstöße vor[3]. So sieht z.B. Honorati zwar, dass das Kriterium der Anknüpfung an den Marktort (criterio dell'effetto sul mercato) bei betriebsbezogenen Wettbewerbsverstößen eine gewisse Ungenauigkeit bei der Bestimmung des anwendbaren Rechts mit sich bringen kann, doch lehnt sie eine Ausnahme von diesem Anknüpfungsprinzip grundsätzlich ab[4].
Es sind die Gegner einer Anknüpfung an den Marktort, die in der italienischen Literatur, zwischen marktbezogenen und betriebsbezogenen Wettbewerbsverstöße unterscheiden. Mit dem Argument, dass die Marktortregel der Besonder-

---

[1] Für das dt. Recht vgl. RITTNER, Wettbewerbs- und Kartellrecht, § 2 B RdNr. 46 ff.; BAUMBACH/HEFERMEHL, Einl UWG RdNr. 158 ff.; EMMERICH, § 5, S. 54 f. mwN. in Fn. 90 ff.; für das ital. Recht vgl. ULMER-SCHRICKER, Unlauterer Wettbewerb, Bd. V, Italien, S. 37 ff. mwN; ROTONDI, FG Simonis, S. 307 ff.; SANZO, S. 235 ff.

[2] MÜKO-KREUZER, Art. 38 EGBGB RdNr. 243 ff.; STAUDINGER-V. HOFFMANN, Art. 38 EGBGB RdNr. 520 ff.; GROßKOMM UWG/SCHRICKER, Einl F 197 mwN. in Fn. 107; GLOY-WILDE, § 6 RdNr. 25 ff.; BAUMBACH/HEFERMEHL, Einl UWG RdNr. 188; V. MEENEN, S. 147 ff.; a.A. Weber, S. 142 f., der Wettbewerbsdelikte im Hinblick auf ihre Nähe zu sachverwandten Rechtsmaterien einteilt, wobei er selbst hinzufügt, dass der kollisionsrechtliche Gleichlauf dadurch zwar nahegelegt wird, nicht aber erzwungen werden kann, da es stets auf den Einzelfall ankomme.

[3] S.o. 5.5.1.

[4] HONORATI, S. 231 ff., 236 f., zu den Gründen ihrer ablehnenden Haltung s.u. 6.4.1.3.

heit reiner Eingriffe in die Betriebstätigkeit nicht gerecht werde, lehnen sie diese als zu unbestimmt ab und knüpfen stattdessen einheitlich entweder am Handlungsort oder am Erfolgsort oder am Ort, mit dem der Sachverhalt die engste Verbindung hat an[5].
Eine Unterteilung innerhalb der marktbezogenen Wettbewerbsverstöße wird von den Vertretern einer Marktortanknüpfung in der italienischen Literatur wohl schon deshalb nicht vorgenommen, weil sie den Verbraucher und die Allgemeinheit nicht in dem gleichen Maße wie den Konkurrenten in den Schutz des Lauterkeitsrechts mit einbeziehen[6]. Honorati sieht zwar auch den Verbraucher und die Allgemeinheit als vom Lauterkeitsrecht geschützt an, doch stellt sie lediglich auf den Auswirkungsort der Wettbewerbshandlung auf den Markt ab, ohne diesen anhand von besonderen Fallgruppen näher zu bestimmen. Es bedürfe keiner vorherigen Prüfung, ob der Wettbewerbsverstoß die Interessen der Verbraucher, der Mitbewerber im Allgemeinen oder eines ganz bestimmten Konkurrenten, oder wiederum das der Allgemeinheit an einer funktionierenden Marktwirtschaft in besonderem Maße tangiere. Das Kriterium der Marktortauswirkung sei alleine ausreichend, um das auf Wettbewerbsverstöße anwendbare Recht hinreichend zu bestimmen[7].

Die italienische Rechtsprechung geht das Problem einer gesonderten Anknüpfung betriebsbezogener Wettbewerbsverstöße schon deshalb nicht durch deren Einteilung in eine besondere kollisionsrechtliche Fallgruppe an, da sie, anders als die deutsche Rechtsprechung seit der „Kindersaugflaschen"-Entscheidung, eine direkte Anknüpfung an den Ort der wettbewerbsmäßigen Interessenkollision (Marktort) nicht kennt. Nur im Rahmen des in erster Linie nach deliktsrechtlichen Prinzipien zu bestimmenden Begehungsort (Handlungs- oder Erfolgsort) berücksichtigt sie die Auswirkung der Wettbewerbshandlung auf den (Absatz)Markt[8].
Aber selbst die deutsche Rechtsprechung behandelt das Problem betriebsbezogener Wettbewerbsverstöße lediglich als Frage der Auflockerung[9]. In Abweichung vom grundsätzlich bei Wettbewerbsverstößen geltenden Marktortrecht wendet sie das Recht der gemeinsamen Niederlassung ausnahmsweise dann an,

---

[5] S.o. Origoni della Croce (unter 5.5.2), Cassoni (unter 5.5.3), Ferrari Bravo (unter 5.5.4).
[6] S.o. 1.4.2.2.
[7] HONORATI, S. 236 f.: „[...] il criterio dell'effetto sul mercato è sufficiente a regolare tutte le fattispecie di concorrenza sleale, rendendo superflua ogni indagine preliminare volta ad accertare se l'atto sia diretto contro il pubblico, i concorrenti, un singolo imprenditore o il mercato".
[8] S.o. 5.6.
[9] S.o. 4.2.4.6.2; vgl. auch SCHOOFS, S. 128, der auf folgende Entscheidungen verweist: BGH v. 20.12.1963, BGHZ 40, 391, (395) - Stahlexport; BGH v. 11.3.1982, GRUR 1982, 495 - Domgarten-Brand; OLG München v. 16.4.1992, RIW 1993, 231; OLG Koblenz v. 25.1.1992, NJW-RR 1993, 171; OLG Nürnberg v. 13.12.1983, IPRspr 1983 Nr. 123; OLG Frankfurt v. 15.12.1977, DB 1978, 1535; LG Weiden v. 6.10.1982, IPRax 1983, 192. A.A. WEBER, S. 131 ff., der auch in der dt. Rsp. Ansätze für eine Bereitschaft sieht, nach Fallgruppen differenziert anzuknüpfen.

wenn schützenswerte Drittinteressen nicht berührt sein können, weil sich der maßgebliche Wettbewerb ausschließlich zwischen inländischen Unternehmen abspielt oder sich eine Wettbewerbshandlung nach Art und Zielrichtung ausschließlich gegen einen Mitbewerber richtet[10]. Auch dürfen Allgemeininteressen in diesen Fällen nicht „in erster Linie" betroffen sein[11].

Eine an Fallgruppen orientierte Präzisierung der Marktortregel bringt jedoch den Vorteil, dass die vielfältigen, schutzwürdigen Interessen der Einzelnen von vornherein besser gewichtet werden können als erst bei der Auflockerung und somit der Ort der wettbewerbsmäßigen Interessenkollision genauer bestimmt werden kann. Auch abstrakte Kollisionsnormen können die verschiedenen Interessen, denen im Wettbewerbsrecht Rechnung zu tragen ist, kaum durch eine einzige Anknüpfung abdecken[12]. Durch eine Verfeinerung des Kollisionsmusters anhand von am Schutzzweck orientierten Fallgruppen, kann den sachrechtlichen Gerechtigkeitsvorstellungen von Wettbewerbsnormen präziser entsprochen werden[13]. Dies geschieht freilich unter einer gewissen Einbuße an Vorhersehbarkeit, d.h. Rechtssicherheit. Eben aus diesem Grund darf auch nur in Ausnahmefällen von der Marktortregel abgewichen werden[14].

6.2 *Indizfunktion des Sachrechts für die Fallgruppenbildung*

6.2.1 Die Wettbewerbshandlung als Ausgangspunkt für die materiellrechtliche und kollisionsrechtliche Einteilung

Abgrenzungskriterium zwischen allgemeinem Deliktsrecht und Wettbewerbsrecht ist die Wettbewerbshandlung[15]. Jede Wettbewerbshandlung ist grundsätzlich zuerst einmal Markthandlung[16]. Dementsprechend ist auch der Marktort der

[10] BGH v. 20.12.1963, BGHZ 40, 391, (397) - Stahlexport.
[11] BGH v. 20.12.1982, IPRax 1983, 118, (120) - Domgarten-Brand.
[12] Vgl. SCHNYDER, § 19 RdNr. 544 a.E., der aber als Beispiel einer solchen abstrakten Kollisionsnorm Art. 136 Schweizer IPRG nennt. Es scheint ihm also nicht auszureichen, dass Art. 136 Abs. 2 Schweizer IPRG den Abs. 1 bereits dadurch konkretisiert, dass er eine Abweichung von der Anknüpfung an den Marktort für rein betriebsbezogenen Fälle vorsieht. Zum Wortlaut des Art. 136 Schweizer IPRG s.o. 3.1.2, dort Fn. 17.
[13] Hier erweist sich das Fehlen einer speziellen wettbewerbsrechtlichen Kollisionsnorm sogar von gewissem Vorteil. Vgl. zum Deliktskollisionsrecht und der sachrechtlichen Gerechtigkeit V. BAR, JZ 1985, 961, (964 ff.).
[14] Vgl. SCHOOFS, S. 128 ff., der betont, dass die grundsätzliche Geltung der Marktortregel bei betriebs- und verbraucherbezogenen Wettbewerbsdelikten nicht in Zweifel gezogen werden darf.
[15] Vgl. BAUMBACH/HEFERMEHL, Einl UWG RdNr. 214 ff.; CAEMMERER-KREUZER, S. 288; SCHOOFS, S.50 f. Eine Wettbewerbshandlung setzt das Bestehen eines Wettbewerbsverhältnisses voraus, vgl. oben 1.3.1.
[16] BAUMBACH/HEFERMEHL, Einl UWG RdNr. 247.

grundsätzliche Anknüpfungspunkt für Wettbewerbshandlungen[17]. Am Marktort treffen die beteiligten Interessen aufeinander, dort entfaltet sich die freie wettbewerbliche Tätigkeit, die das Lauterkeitsrecht regeln soll. Dort hat der Marktstaat sein berechtigtes Rechtsanwendungsinteresse und soll gleiche Bedingungen für alle Wettbewerber gewährleisten[18].
Kollisionsrechtlich unerheblich ist hingegen der Ort, an dem vorbereitende Maßnahmen einer Wettbewerbshandlung getroffen werden oder sich ihre etwaigen Auswirkungen (insbesondere der Schadenseintritt) einstellen[19].
Wettbewerbsregelungen nennt man auch „verhaltensbezogene Regularien", da sie auf das Verhalten (i.e. Handeln) einwirken sollen[20]. Wettbewerbswidrig ist stets die Handlung, nicht ihr möglicher Effekt auf dem Markt[21]. Durch die Wettbewerbshandlung versucht der Mitbewerber, auf den tatsächlichen oder möglichen Kundenkreis Einfluss zu nehmen. Sie allein bildet den Gegenstand der Beurteilung im Wettbewerbsrecht[22].

Da aber jeweils unterschiedliche Interessen von einer Wettbewerbshandlung tangiert werden können, ist der relevante Markt, auf den sie einwirkt, nicht immer leicht auszumachen. Dort, wo die jeweils beteiligten Interessen an verschie-

---

[17] SCHOOFS, S. 52 ff.; vgl. auch KEGEL, Zum heutigen Stand des internationalen Privatrechts, S. 5 f., der dort zutreffend feststellt, dass Interessen des materiellen Rechts, wie das einzelner Parteien, das des Verkehrs, das an einer vernünftigen Rechtspflege, die Anwendung des einen oder anderen Rechts beeinflussen. Dabei müsse aber die Verantwortung für die materiell richtige Lösung dem anwendbaren materiellen Recht selbst überlassen bleiben. Deshalb sei auch die materiellprivatrechtliche Gerechtigkeit von der internationalprivatrechtlichen streng zu trennen.

[18] BGH v. 30.6.1961, BGHZ 35, 329, (333 f.) - Kindersaugflaschen; BGH v. 20.12.1963, BGHZ 40, 391, (395) - Stahlexport ; BGH v. 15. 11.1990, BGHZ 113, 11, (15) - Kauf im Ausland; V. BAR, IPR II, § 6 RdNr. 695 f.; MÜKO-KREUZER, Art. 38 EGBGB RdNr. 241; SACK, GRUR Int. 1988, 320, (323 ff.); STAUDINGER-V. HOFFMANN, Art. 38 EGBGB RdNr. 508.

[19] BGH v. 30.6.1961, BGHZ 35, 329, (333 f.) - Kindersaugflaschen; BGH v 15. 11.1990, BGHZ 113, 11, (15) - Kauf im Ausland; CAEMMERER-KREUZER, S. 288; V. MEENEN, § 7 A II 2, S. 130 f.

[20] S.o. 1.4.1; vgl. auch V. BAR, Internationales Verbraucherschutzrecht, S. 77.

[21] Vgl. § 1 UWG: „Wer im geschäftlichen Verkehr zu Zwecken des Wettbewerbs *Handlungen* vornimmt ..."; vgl. auch Art. 2598 C.c. wonach unlauteren Wettbewerb begeht, wer „Namen oder Unterscheidungskennzeichen *benutzt*, die geeignet sind, Verwechslungen [...] herbeizuführen [...]" (Nr. 1), wer „Nachrichten und Werturteile über die Erzeugnisse [...] eines Wettbewerbers *verbreitet*, die geeignet sind, diese in Misskredit zu bringen [...]" (Nr. 2), wer ein „anderes Mittel *benutzt*, das mit den Grundsätzen der beruflichen Korrektheit nicht in Einklang steht und geeignet ist, das Unternehmen eines anderen zu schädigen" (Nr. 3). (Hervorhebung jeweils hinzugefügt). Vgl. Übersetzung bei ULMER-SCHRICKER, Unlauterer Wettbewerb, Bd. V, Italien, RdNr. 4, S. 5 f.

[22] BAUMBACH/HEFERMEHL, Einl UWG RdNr. 214; CAEMMERER-KEUZER, S. 288. Ein „Handeln zu Zwecken des Wettbewerbs" wird in § 1 UWG ebenso wie in einer Reihe anderer Normen (§§ 3, 6b, 12, 14, 17, 18, 20 UWG) vorausgesetzt.

denen Orten belegen sind, wird eine nach Gegenstandskategorien differenzierte Anknüpfung erforderlich[23].

Mit anderen Worten, man wird nicht umhin kommen, den allgemeinen Anknüpfungsgegenstand, der durch die Wettbewerbsverstöße gegeben ist, in verschiedene einzelne Gegenstandskategorien zu unterteilen, um diesen im Bedarfsfall verschiedene Anknüpfungspunkte zuzuordnen.

Da es *de lege lata* weder im EGBGB noch im italienischen IPRG einen speziellen Sammelbegriff für das Wettbewerbskollisionsrecht gibt, kann dem materiellen Lauterkeitsrecht eine Indizfunktion für die Formulierung eines geeigneten Anknüpfungsgegenstands zukommen[24].

6.2.2 Das Eindringen des Sachrechts in das Kollisionsrecht

Für das Kollisionsrecht könnte die Übernahme einer schutzzweck- und interessenorientierten materiellen Einteilung deshalb problematisch sein, weil es grundsätzlich wertungsneutral ist, d.h. lediglich den Anwendungsbereich von Sachnormen fixiert. Das internationale Privatrecht ist dem Sachrecht gewissermaßen vorgeschaltet und verschafft allein Zugang zu diesem[25]. Im kontinentaleuropäischen internationalen Privatrecht werden aus diesem Grund das Kollisionsrecht und das Sachrecht grundsätzlich voneinander getrennt[26]. Sie gelten als zwei unabhängige Materien, die möglichst nicht miteinander vermischt werden sollen.

Dieses Postulat der sog. Neutralität des Kollisionsrechts wird aber mehrfach durchbrochen und ist als unantastbares Prinzip nicht aufrechtzuerhalten[27]. Das Eindringen des Sachrechts in das Kollisionsrecht wird oft als bedauerlich, manchmal aber auch als unvermeidliche Ausnahme von der Regel beurteilt[28].

Somit ergänzt einerseits das Kollisionsrecht gewissermaßen das Sachrecht, andererseits wird das Kollisionsrecht durch das Sachrecht konkretisiert[29].

Das Sachrecht beeinflusst das Kollisionsrecht zum einen durch Verfassungsgrundsätze der *lex fori* und durch unbedingt geltende Sachnormen bzw. versteckte Kollisionsnormen. Außerdem können aus dem Sachrecht neue Kollisionsnormen geschöpft werden.

Inwiefern das Sachrecht auch im Wettbewerbsrecht Einfluss auf das Kollisionsrecht hat, soll im folgenden näher untersucht werden.

---

[23] So i.E. auch SACK, IPRax 1992, 24, (26 f.).

[24] Vgl. V. MEENEN, § 7 A I 2, S. 120; HONORATI, S. 75 f.

[25] SIEHR, RabelsZ 37 (1973), 466, (474).

[26] SIEHR, RabelsZ 37 (1973), 466, (474).

[27] V. BAR, JZ 1985, 961, (964 ff.); HONORATI, S. 97; POCAR, Recueil des Cours 188 (1984), V, 339, (355 ff.); KROPHOLLER, § 5 II, S. 33 ff.; KEGEL, § 1 VIII, S. 51 ff.

[28] SIEHR, RabelsZ 37 (1973), 466, (474); vgl. auch V. BAR, JZ 1985, 961, (964 f.).

[29] SIEHR, RabelsZ 37 (1973), 466, (481).

6.2.2.1 *Einseitige Konkretisierung des Kollisionsrechts durch das Verfassungsrecht*

Auch das Kollisionsrecht ist der Verfassung unterworfen. Kollisionsnormen sowie die Anwendung ausländischen Rechts müssen sich deshalb im Rahmen des Verfassungsrechts bewegen.
Das Verfassungsrecht konkretisiert gewissermaßen das Kollisionsrecht. Solange kein Kollisionsrecht für die Verfassung besteht, muss in jedem Einzelfall geprüft werden, ob die jeweils angewandte Norm und das gefundene Ergebnis mit der Verfassung, insbesondere mit den Grundrechten vereinbar ist[30].
Als Beispiel für einen Grundsatz der deutschen und italienischen Verfassung, der sich als höherrangiges Recht auf dem Gebiet des Lauterkeitsrechts selbst unmittelbar Geltung verschafft, ist die *par conditio concurrentium* zu nennen. Dieses Gebot, Marktbeteiligte auf lokalen Märkten auch kollisionsrechtlich gleich zu behandeln, ist letztlich Ausfluss der in den Verfassungen verankerten Gleichheitsgrundsätze (Art. 3 GG, Art. 3 Cost.).

Wertvorstellungen des materiellen Rechts, vor allem aber des Verfassungsrechts, können über das *Ordre-public*-Prinzip ins Kollisionsrecht gelangen. Art. 16 Abs. 1 ital. IPRG und Art. 6 EGBGB bestimmen, dass ausländisches Recht nicht anwendbar ist, wenn es den wesentlichen Grundsätzen der *lex fori* widerspricht. Als kollisionsrechtliches Hilfsmittel dient das *Ordre-public*-Prinzip einem Staat dazu, gegebenenfalls die eigenen Grundvorstellungen von materieller Gerechtigkeit durchzusetzen[31]. Art. 6 S. 2 EGBGB bestimmt ausdrücklich die Nichtanwendbarkeit ausländischen Rechts für den Fall, dass dieses mit den Grundrechten unvereinbar ist.

6.2.2.2 *In Kollisionsnormen enthaltenes Sachrecht*

6.2.2.2.1 *Unbedingt geltende Sachnormen*

Unbedingt geltende Sachnormen (norme di applicazione necessaria) sind solche, die mittels ausdrücklicher oder versteckter besonderer Vorbehaltsklauseln entgegen dem normalerweise anwendbaren Recht beachtet werden müssen[32].

---

[30] Vgl. SIEHR, RabelsZ 37 (1973), 466, (481 f.).

[31] S.o. 4.2.2.1; vgl. auch KEGEL, Zum heutigen Stand des internationalen Privatrechts, S. 6.

[32] SIEHR, RabelsZ 37 (1973), 466, (478) benutzt die auch hier gewählte Bezeichnung; WEBER, S. 143 ff. spricht von „Normen mit absolutem Geltungsanspruch“; FIRSCHING/V. HOFFMANN, § 4 RdNr. 15 von „Sachnormen mit besonderen Kollisionsnormen“, die eine Sachnorm mit einer Kollisionsnorm kombinieren. Im Ital. werden sie einheitlich „norme di applicazione necessaria“ genannt, vgl. BALLARINO, S. 186 ff., HONORATI, S. 82 Fn. 15.
Der ital. Begriff bringe nach SIEHR, RabelsZ 37 (1973), 466, (475 f. insb. Fn. 46) besser als der im Dt. u. Ital. oft auch verwandte franz. Begriff „lois d'application immédiate“ zum Aus-

Derartige Sachnormen sollen unmittelbar, also ohne Vermittlung des Kollisionsrechts, auf Fälle mit Auslandsberührung zur Anwendung kommen, wenn sich aus ihrem Wortlaut oder ihrem Sinn und Zweck ergibt, dass sie bei Auslandssachverhalten für das Forum unbedingt maßgeblich sein wollen[33].
Eine in einer unbedingt geltenden Sachnorm ausdrücklich oder versteckt enthaltene, besondere Vorbehaltsklausel wird auch einseitige Kollisionsnorm (norma di conflitto unilaterale) genannt[34]. Es sind diese implizit in den unbedingt geltenden Sachnormen enthaltenen Vorbehaltsklauseln, die aus einer Sachnorm eine solche machen, die ihren Anwendungsbereich selbst bestimmt[35]. Ist die Vorbehaltsklausel in der Sachnorm versteckt enthalten, spricht man von einer (in einer Sachnorm) „versteckten Kollisionsnorm" (Hilfsnorm). In diesem Fall ist der persönlich-räumliche Anwendungsbereich einer Rechtsordnung durch Interpretation bzw. Auslegung ihrer Sachnorm zu ermitteln[36].
Im deutschen und italienischen Privatrecht ist grundsätzlich von offenen Kollisionsnormen auszugehen. Nur ausnahmsweise wird man in unmittelbar geltenden Sachnormen versteckte Kollisionsnormen annehmen dürfen. Das wird nur dann der Fall sein, wenn Tatbestand und Rechtsfolge der privatrechtlichen Sachnorm eine bestimmte kollisionsrechtliche Behandlung voraussetzen[37].
Einen solchen unbedingten Geltungswillen haben meistens zivilrechtliche Normen mit ordnungspolitischem Charakter[38]. Hier hat der Staat ein eignes Interesse an deren unbedingter Geltung. Nicht zu verwechseln sind aber die unbedingt geltenden Sachnormen mit den Vorschriften des öffentlichen Rechts, die gar nicht erst anknüpfungsbedürftig (bzw. anknüpfungsfähig) sind.
Der hohe ordnungspolitischen Charakter einer zivilrechtlichen Sachnorm reicht jedoch nicht aus, um sie als unbedingt geltend zu qualifizieren, also in ihr eine versteckte einseitige Kollisionsnorm zu vermuten. Vielmehr muss zusätzlich begründet werden, weshalb diese ordnungpolitische Vorschrift unbedingt angewandt werden will[39].

---

druck, dass das IPR die inländischen Sachnormen nur ergänzt. Sachrecht sei insofern stets „unmittelbar anwendbar".

[33] SIEHR, RabelsZ 37 (1973), 466, (469 mwN. in Fn. 14); HONORATI, S. 79 f. Unbedingt geltende Sachnormen lassen sich wohl in allen Rechtsordnungen finden, vgl. dazu SIEHR, aaO, 470; DE NOVA, RDIPP 3 (1967), 699 ff.

[34] Einseitige Kollisionsnormen oder -regeln legen nur den räumlichen Anwendungsbereich des eigenen Rechts fest, bei negativer Entscheidung sagen sie aber nichts über die Anwendbarkeit eines anderen Rechts aus; vgl. MüKo-SONNENBERGER, Einl IPR RdNr. 439; zur uneinheitlichen Terminologie s. auch FERID, § 1-11 ff.; KEGEL, § 6 I, S. 227 ff.; KROPHOLLER, § 12 III, S. 91 f. Einseitige Kollisionsnormen können im Kollisionsrecht auch selbstständig existieren und müssen nicht immer nur in Sachnormen enthalten sein.

[35] HONORATI, S. 82 Fn. 15: „Si è affermata la convinzione che le norme di applicazione necessaria contengano un'implicita norma di conflitto unilaterale, tale per cui la loro applicazione avviene conformemente alla loro propria volontà."

[36] Seit NIEMEYER, NiemeyersZ 13 (1903), 447 f.; s.o. 3.4.2.1 zu versteckten Kollisionsnormen im Rahmen des EGV.

[37] MüKo-SONNENBERGER, Einl IPR RdNr. 432.

[38] Man spricht auch von „lois de police"; vgl. HONORATI, S. 75 ff.

[39] Vgl. WEBER, S. 145 f.; SIEHR, RabelsZ 37 (1973), 466, (470).

Hat man sich jedoch ihres unbedingten Geltungswillens versichert, so kommt die allgemeine Regel *lex specialis derogat legi generali* mit der Folge zum Zuge, dass die inländische Sachnorm und nicht das durch die allgemeine Kollisionsnorm berufene ausländische Recht zur Anwendung kommt[40].

6.2.2.2.2 Einseitige oder allseitige Kollisionsregeln im Lauterkeitsrecht

Es stellt sich also die Frage, ob die lauterkeitsrechtlichen Vorschriften einen so hohen Gehalt an ordnungspolitischem Charakter haben, dass davon ausgegangen werden kann, ihre Anwendung werde auch entgegen den kollisionsrechtlichen Regeln vom betroffenen Staat vorausgesetzt oder erwartet.

Soweit dem Lauterkeitsrecht vor allem Ordnungsrelevanz zugesprochen wird, sein Schwerpunkt in der Verfolgung staats- und wirtschaftspolitischer Ziele gesehen wird, wird man für das Lauterkeitsrecht auf einseitige Anknüpfungsregeln zurückgreifen[41]. Die fragliche Wettbewerbshandlung wird dann von der eventuell zur Anwendung kommenden Rechtsnorm her beurteilt, womit das Sachrecht unmittelbar Einfluss auf das Kollisionsrecht nimmt. Es wird kraft seines ordnungspolitischen Willens direkt angewandt, ohne dass es einer vorherigen kollisionsrechtlichen Bestimmung bedarf[42].

Die herrschende Meinung streitet dem Lauterkeitsrecht eine gewisse ordnungspolitische Funktion zwar nicht ab[43], doch reiche diese allein eben nicht aus, um eine einseitige Anknüpfung lauterkeitsrechtlicher Normen zu begründen[44]. Demnach seien im Lauterkeitsrecht allseitige Kollisionsregeln oder -normen (norme di conflitto bilaterale) zu bilden und anzuwenden[45]. Die Wettbewerbshandlung werde somit internationalprivatrechtlich vom Sachverhalt her beurteilt,

---

[40] SIEHR, RabelsZ 37 (1973), 466, (476).

[41] So vor allem REGELMANN, S. 166 ff., der sich generell für einseitige Kollisionsregeln im internationalen Lauterkeitsrecht ausspricht. Gerade die Vielzahl von unterschiedlichen Schutzzwecken und Schutzzielen im Wettbewerbsrecht laufe bei Verwendung einer allseitigen Anknüpfungsregel dem Bemühen um eine exakte Bestimmung entgegen. Vgl. auch GOTHOT, Rev. critique 1971, 209, (226 ff.), der von einer Metamorphose des Privatrechts spricht, wobei parallel zur Verprivatrechtlichung des öffentlichen Rechts, das Privatrecht immer mehr öffentlich-rechtliche Aspekte aufweise. Damit gehe auch ein immer größeres Interesse an der einseitigen Anknüpfung einher. Für unmittelbar geltende Sachnormen und eine einseitige Anknüpfungsmethode spricht sich auch QUADRI, passim aus.

[42] Vgl. HONORATI, S. 82 f. Fn. 15 mwN: „In presenza di [norme di conflitto unilaterali] l'interprete non [deve] nemmeno esaminare quale fosse la legge resa applicabile dalla competente norma di conflitto".

[43] Dazu s.o. 1.2.

[44] HONORATI, S. 86 ff.; PICONE, L'applicazione extraterritoriale, S. 196; WEBER, S. 158; CAEMMERER-KREUZER, S. 270.

[45] Allseitige Kollisionsnormen oder -regeln bestimmen selbst, wann eigenes oder fremdes Recht anzuwenden ist.

wobei versucht werden müsse, den Begehungsort so exakt wie möglich zu bestimmen, also z.B. im „Ort der wettbewerblichen Interessenkollision“[46].
Dem ist zuzustimmen, denn gegen die Annahme einer übermäßig starken, politischen und wirtschaftlichen Funktion des Lauterkeitsrechts spricht, dass es ganz auf administrative Befugnisse verzichtet, wie sie für die Gebiete des eigentlichen Wirtschaftsrechts hingegen typisch sind[47]. Ferner relativiert sich der Anteil an ordnungspolitischer Funktion des Lauterkeitsrechts, wenn man bedenkt, dass heutzutage in fast allen Bereichen des Privatrechts soziale, politische und wirtschaftliche Aspekte eine gewisse Rolle spielen. Es gibt praktisch keine privatrechtliche Norm, die nicht in einem weiten Sinne, sei es auch nur indirekt, bestimmte soziale oder politische Ziele verfolgt[48].
Außerdem wurden im Laufe der Zeit die aus stark völkerrechtlichen Anschauungen entstandenen, einseitigen Kollisionsnormen im italienischen und deutschen internationalen Privatrecht, zu einem ganz großen Teil bilateralisiert[49]. Die einseitige Anknüpfung ist die Ausnahme und muss besonders begründet werden. Die Marktortregel wurde auch von der neueren Rechtsprechung immer als allseitige Kollisionsnorm verstanden[50].
Schließlich spricht insbesondere die Gewährung der *par conditio concurrentium* im Wettbewerbsrecht für die Marktortanknüpfung im Sinne einer allseitigen (bilateralen) Kollisionsregel, denn es kann nicht Ziel des nationalen Kollisionsrechts sein, inländische Unternehmen auf Auslandsmärkten gegenüber ausländischen Konkurrenten durch die strengeren Verhaltensforderungen des eigenen Sachrechts zu benachteiligen[51].

6.2.2.2.3 Allseitige Kollisionsnormen mit materiellem Merkmal

Allseitige Kollisionsnormen schließen die Berücksichtigung von gewissen, in materiellen Normen enthaltenen, gesellschaftspolitischen und ökonomischen Aspekten nicht grundsätzlich aus[52]. So wäre es denkbar, allseitige „Kollisionsnormen mit materiellem Merkmal“[53] zu bilden, die grundsätzlich mehrere

---

[46] S.o. 5.2.2.1.
[47] Dazu RITTNER, Wettbewerbs- und Kartellrecht, Einleitung, RdNr. 12.
[48] So auch HONORATI, S. 90 ff.; REHBINDER, JZ 1973, 151 ff.
[49] Vgl. SIEHR, RabelsZ 37 (1973), 466, (475). Nach der dt. IPR-Reform durch das Gesetz zur Neuregelung des Internationalen Privatrechts vom 25.7.1986 (BGBl. I 1142), das heute in der Fassung der Bekanntmachung v. 21.9.1994 geltendes Recht ist, sind allseitige Kollisionsnormen der Regelfall, vgl. KEGEL, § 6 I 2, S. 228 f. Diese Bilateralisierung hat, wenn auch zeitlich etwas verzögert, inzwischen auch das ital. IPRG erreicht. Angedeutet bereits bei SIEHR, aaO, 475 mwN. in Fn. 45.
[50] SACK, GRUR Int. 1988, 320, (323).
[51] LINDACHER, FS Piper, S. 357.
[52] HONORATI, S. 90, 97, 104.
[53] Vgl. HONORATI, S. 98 ff., die solche bilateralen Kollisionsnormen „norme di conflitto a carattere sostanziale“ nennt; vgl. auf franz. dazu auch PATOCCHI, passim, insb. S. 251 ff., der sie „règles de rattachement à caractère substantiel“ nennt.

Rechtsordnungen zur Anwendung berufen und es durch eine alternative oder subsidiäre Anknüpfungstechnik in einem gewissen Rahmen dem Rechtsanwender überlassen, im Einzelfall das von diesen Kollisionsnormen erwünschte materiellrechtliche Ergebnis herbeizuführen[54].

Weder die italienische noch die deutsche kollisionsrechtliche Regelung der außervertraglichen Schuldverhältnisse ist indes derzeit von „Kollisionsnormen mit materiellem Merkmal" gekennzeichnet[55]. Zwar räumen sowohl Art. 40 EGBGB als auch Art. 62 ital. IPRG dem Geschädigten die Möglichkeit einer Rechtswahl ein, doch unterlassen sie es bewusst, für besondere Arten unerlaubter Handlungen, wie etwa unlautere Wettbewerbsmaßnahmen, besondere Anknüpfungsbestimmungen vorzusehen[56]. Damit fehlt ihnen aber auch von vornherein ein spezieller Bezug zum materiellen Lauterkeitsrecht[57].

Der Einbau eines materiellen Merkmals in eine (allseitige) Kollisionsnorm bedingt nämlich, dass der Gesetzgeber sich für eine bestimmte materiellrechtliche Lösung entscheidet. Dies ist aber nicht immer möglich oder wünschenswert. Der Gesetzgeber wird außerdem selten ein materielles Merkmal ausdrücklich in eine Kollisionsnorm einbauen. Er wird es eher implizit tun oder die Rechtsprechung bzw. Literatur wird durch Interpretation das materielle Merkmal an sie herantragen. In diesem Fall ist aber fraglich, ob tatsächlich noch eine „Kollisionsnorm mit materiellem Merkmal" vorliegt[58]. Außerdem setzen „Kollisionsnormen mit materiellem Merkmal" voraus, dass in den verschiedenen Rechtsordnungen auf materieller Ebene eine gewisse Einigkeit über die Regelung der entsprechenden Rechtsmaterie besteht, denn das materielle Merkmal muss grundsätzlich auch vom eventuell durch diese Kollisionsnormen berufenen ausländischen Recht anerkannt werden[59].

---

[54] HONORATI, S. 101 mwN.

[55] S. für die ital. Regelung HONORATI, S. 106.

[56] Vgl. dazu BTDrucks. 14/343 v. 1.2.1999, S. 10 und die 1989 vorgelegte Begründung zum Entwurf des ital. IPRG (Relazione allegata allo schema di articolato), RDIPP 1989, 947, (981 f. - Art. 65 ital. IPRG-E).
Eine Ausnahme bildet aber Art. 63 ital. IPRG für die außervertragliche Produkthaftung. Das dt. Recht kennt eine solche kollisionsrechtliche Sonderegelung nicht.

[57] Vgl. HONORATI, S. 107, die deshalb die Tendenz in der Literatur, die internationalprivatrechtliche Regelung außervertraglicher Schuldverhältnisse weiter zu unterteilen, um sie den materiellrechtlichen Tatbeständen der verschiedenen Deliktrechtstypen anzupassen, befürwortet und für weiter ausbaufähig hält („[...] deve essere approvata e ulteriormente sviluppata, la tendenza dottrinaria che spinge a frazionare sempre più la categoria delle obbligazioni extracontrattuali [...] così da specificarla in conformità dei caratteri di diritto materiale che informano i singoli tipi di illecito civile").

[58] HONORATI, S. 102.

[59] So i.E. auch HONORATI, S. 102 f., die darauf hinweist, dass sich „Kollisionsnormen mit materiellem Merkmal" zumindest theoretisch auch rechtsvereinheitlichend auswirken können, wenn sie in bestimmten Rechtsbereichen die Wahl eines materiellen Rechts erlauben, das sich im Unterschied zur *lex fori* normativ bereits zur Lösung eines bestimmten Rechtsproblems - sie nennt als Beispiel den Verbraucherschutz - geäußert hat („le norme a carattere sostanziale

Die Herausbildung von allseitigen „Kollisionsnormen mit materiellem Merkmal“ bildet daher eher das zumeist theoretische Endergebnis einer Entwicklung. Sie ist nicht die einzig mögliche Methode, um materielles Recht und Kollisionsrecht in eine gewisse Übereinstimmung zu bringen[60]. Sachrechtliche Besonderheiten und Wertungen können bereits sehr spezielle kollisionsrechtliche Regelungen berücksichtigen, die auf differenzierte Weise die verschiedenen, von den Sachnormen erfassten Sachverhaltskonstellationen erfassen.
Die im Folgenden näher zu erläuternden Versuche der deutschen Literatur, im Rahmen einer bereits wettbewerbsspezifischen Anknüpfung, bestimmte Fallgruppen zu bilden, um dem materiellrechtlichen Geltungswillen der einzelnen materiellen Wettbewerbsnormen besser zu entsprechen, zeigen m.E. wie weit im Wettbewerbskollisionsrecht bereits die Berücksichtigung des Sachrechts vorgedrungen ist. Durch dieses Vorgehen nimmt die sachrechtliche Gerechtigkeit in gewisser Weise auf die grundsätzlich vorrangige internationalprivatrechtliche Einfluss[61]. Es geht nicht nur darum, das räumlich beste Recht anzuwenden, sondern durch die Berücksichtigung des Schutzgegenstandes materieller Normen auch das sachlich beste.

6.2.2.4 Neuschöpfung von Kollisionsregeln aus dem Sachrecht

Wo Kollisionsnormen fehlen oder nicht mehr passen, werden durch eine wechselseitige Interpretation des Sachrechts und des Kollisionsrechts Regeln des internationalen Privatrechts neu geschöpft[62]. Wandelt sich die Funktion des Sachrechts, bedarf es gegebenenfalls einer neuen kollisionsrechtlichen Beurteilung. Ändern sich Aufgabe und Schutzzweck des materiellen Rechts, muss das Kollisionsrecht seinerseits auf den Wandel reagieren und dem Funktionswandel und veränderten Schutzzweck des materiellen Wettbewerbsrechts Rechnung tragen[63].
Der Schutzgegenstand des Lauterkeitsrechts hat sich im Laufe der Zeit geändert. Eine zunehmend größere Rolle wurde der sozial- und wirtschaftspolitischen Funktion des Wettbewerbsrechts zugesprochen. Vom reinen Unternehmerschutz entwickelte es sich zu einem Rechtsgebiet, das auch dem Schutze der Allgemeinheit und der Verbraucher vor unlauterem Handeln dient[64].

---

permettono infatti a tale Stato di «prendere a prestito» la normativa esistente in altri ordinamenti che già hanno dato una risposta normativa alle nuove esigenze“).
[60] HONORATI, S. 104; PATOCCHI, S. 258.
[61] Allgemein zum Begriff der internationalprivatrechtlichen Gerechtigkeit im Gegensatz zur materiellrechtlichen s. KEGEL, § 2, S. 106 ff.; V. BAR, JZ 1985, 961, (964 ff.) spricht von „sachrechtliche[n] Impulsen für die Anknüpfungsgerechtigkeit im IPR“.
[62] SIEHR, RabelsZ 37 (1973), 466, (478).
[63] KROPHOLLER, § 5 II S. 33 f; SCHURIG, S. 15 ff, 210 ff.; SIEHR, RabelsZ 37 (1937), 466, (478 ff.), (480); MÜKO-KREUZER, Art. 38 EGBGB RdNr. 226.
[64] S.o. 1.4.

Auch wenn der Schutz des Verbrauchers als solcher primär dem materiellen Recht überlassen bleibt und das Kollisionsrecht sich grundsätzlich nur darauf beschränkt, das anzuwendende Recht zu bestimmen, kann es die wettbewerbsrechtliche Besonderheit des zu regelnden Sachverhaltes nicht außer Acht lassen, wenn es seine Aufgabe erfüllen will, an die sachgerechteste Rechtsordnung zu verweisen[65]. Notwendig ist demnach eine der Funktion und dem Zweck der materiellen Wettbewerbsnorm gerecht werdende Anknüpfung[66].

Ein solcher Wandel ist, parallel mit der Veränderung des materiellrechtlichen Schutzgegenstandes, im deutschen Wettbewerbskollisionsrecht erfolgt, das sich von der streng deliktsrechtlichen Anknüpfung löste, um auch die Interessen der sonstigen Marktbeteiligten (Verbraucher und Abnehmer) sowie diejenigen der Allgemeinheit an einem funktionierenden Wettbewerb berücksichtigen zu können[67]. Die im deutschen Schrifttum zum Wettbewerbskollisionsrecht vorgenommene Fallgruppenbildung innerhalb der wettbewerbsspezifischen Anknüpfung bildet derzeit den Höhepunkt und das vorläufige Ergebnis dieser Entwicklung.

6.3 Einteilung der Wettbewerbsverstöße in nach ihrem Schutzzweck geordnete Gruppen

Bereits seit längerer Zeit wurde in der deutschen Literatur zum Wettbewerbskollisionsrecht die Notwendigkeit erkannt, Wettbewerbsverstöße nicht einheitlich, sondern nach unterschiedlichen Fallgruppen geordnet anzuknüpfen[68]. Dies führte im neueren Schrifttum[69] zu einer teilweise recht differenzierten Systematisierung[70]. Sie orientiert sich hauptsächlich an der materiell-systematischen Einteilung der Wettbewerbsverstöße, die sich wiederum an der Funktion des Wettbewerbsrechts orientiert[71].

---

65 Vgl. SCHOOFS, S. 114.

66 Vgl. HOHLOCH, S. 222; MÜKO-MARTINY, Art. 29 EGBGB RdNr. 2.

67 S.o. Kapitel 5.

68 DEUTSCH, S. 43 ff; WIRNER, S. 108 ff; KNOPP, AWD 8 (1962), 183 f.; TROLLER, K., S. 130 ff.

69 MÜKO-KREUZER, Art. 38 EGBGB RdNr. 243 ff.; STAUDINGER-V. HOFFMANN, Art. 38 EGBGB RdNr. 520 ff.; GROẞKOMM UWG/SCHRICKER, Einl F 197 ff.; GLOY-WILDE, § 6 RdNr. 25 ff.; BAUMBACH/HEFERMEHL, Einl UWG RdNr. 188; V. MEENEN, S. 147 ff.

70 Kritisch dazu deshalb (weil zu differenziert) WEBER, S. 134.

71 Im Unterschied zur h.M. hat sich WEBER, S. 139 ff., 142 dafür ausgesprochen, Wettbewerbsdelikte nicht nach materiell-systematischen Gesichtspunkten, sondern nach funktionalen einzuordnen, die die Nähe der jeweiligen Wettbewerbsdelikte zu sachverwandten Rechtsmaterien außerhalb des UWG berücksichtigen. Dadurch könne zugleich auf eine mögliche Konkordanz der kollisionsrechtlichen Ergebnisse im Hinblick auf sachlich-funktional zusammenhängende Gebiete geachtet werden. Eine derartige Einordnung scheint m.E. jedoch deshalb gefährlich, da dabei mehr auf einen eventuellen kollisionsrechtlichen Gleichlauf des Wettbe-

Auf materiellrechtlicher Ebene galt es insbesondere, die zahlreichen unter die Generalklausel (§ 1 UWG, Art. 2598 Nr. 3 C.c.) fallenden Formen unlauteren Wettbewerbs zwecks übersichtlicherer Darstellung zu ordnen. Dazu wurden seitens der deutschen und italienischen Literatur verschiedene Vorschläge gemacht[72].

Im Folgenden sollen nur die zwei in der deutschen Literatur verbreitetsten Vorschläge einer materiellrechtlich-systematischen Einteilung näher erörtert werden, da darauf auch das (deutsche) internationalprivatrechtliche Schrifttum bei seiner nach Fallgruppen geordneten Anknüpfung der Wettbewerbsverstöße zurückgreift.

Zurückgehend auf die von Kohler[73] eingeführte Einteilung des Fallmaterials in Irreleitungen und Feindseligkeiten, die Nerreter[74] um die Fallgruppe der ungehörigen Ausnutzung von Konkurrenten ergänzt hat, plädiert Emmerich[75] für eine Einteilung der Wettbewerbsverstöße in drei Fallgruppen, die sich in erster Linie an den verletzten Interessen ausrichtet. Für die Zuordnung in eine der drei Gruppen ist entscheidend, ob eine Wettbewerbshandlung ihrem Schwerpunkt nach gegen Interessen der Konkurrenten, der Verbraucher oder der Allgemeinheit verstößt.

Stattdessen sieht die auf Hefermehl[76] zurückgehende Einteilung sogar fünf Fallgruppen vor: (a) Kundenfang, (b) Behinderung, (c) Ausbeutung, (d) Vorsprung durch Rechtsbruch, (e) Marktstörung.
Diese Einteilung steht ebenfalls im Einklang mit den Funktionen des Wettbewerbs und gliedert die Wettbewerbsverstöße nach den durch sie schwerpunktmäßig betroffenen Interessen. Darüber hinaus berücksichtigt sie jedoch zusätzlich Art und Richtung der eingesetzten Wettbewerbsmittel[77].

Bei beiden Einteilungen bleibt im Zweifel der Schwerpunkt des Wettbewerbsverstoßes deshalb ausschlaggebend, weil sonst nicht immer möglich ist, ein bestimmtes Wettbewerbsverhalten einer Fallgruppe zuzuordnen, denn im Wettbewerbsrecht sind Sachverhalte typisch, bei denen Mitbewerber-, Verbraucher-

---

werbsrechts mit benachbarten Gebieten geachtet wird, als auf die Eigenart des Wettbewerbsrechts selbst.

[72] S.o. Fn. 1.

[73] KOHLER, S. 24, 104, 235 ff.

[74] NERRETER, S. 102 ff.

[75] EMMERICH, § 5, S. 54 f. mwN. in Fn. 95; vgl. auch BURMANN, WRP 1968, 258, (263 f.).

[76] BAUMBACH/HEFERMEHL, Einl UWG RdNr. 160 ff., vgl. auch RITTNER, Wettbewerbs- und Kartellrecht, § 2 B, RdNr. 46 ff., der diese Einteilung übernimmt.

[77] BAUMBACH/HEFERMEHL, Einl UWG RdNr. 160.

und ordnungspolitische Interessen nicht nur jeweils einzeln, sondern durchaus auch gleichzeitig beeinträchtigt werden können[78].

Die Dreiteilung hat den Vorzug größerer Klarheit und Einfachheit. Deshalb orientieren sich die Vorschläge einer fallgruppenbezogenen Anknüpfung hauptsächlich an ihr.

Ohne eine vollständige Darstellung aller materiellen Einzeltatbestände des unlauteren Wettbewerbs anzustreben, sei anhand der Dreiteilung kurz aufgezeigt, wie Wettbewerbshandlungen nach den von ihnen betroffenen Interessen eingeteilt werden können. Dabei soll rechtsvergleichend auf die deutschen und italienischen materiellen Lauterkeitsvorschriften eingegangen werden[79]. Anhand dieser Gegenüberstellung soll nochmals verdeutlicht werden, wie das italienische Lauterkeitsrecht gem. Art. 2598 ff. C.c. im Unterschied zum deutschen UWG unmittelbar nur den Konkurrenten schützt[80], weshalb die folgende Aufteilung, die von den gegen Mitbewerber gerichteten Wettbewerbsverstößen solche unterscheidet, die schwerpunktmäßig den Verbraucher bzw. die Gesamtheit am geordneten Ablauf des Geschäftslebens beeinträchtigen, für das italienische Wettbewerbskollisionsrecht nicht direkt brauchbar ist.

6.3.1 Konkurrentenschutz

Mitbewerber werden sowohl vor Wettbewerbsverstößen geschützt, die sich unmittelbar gegen ihren Betrieb richten als auch vor solchen, die sie mittelbar treffen, weil sie auf den Markt einwirken, auf dem sie tätig sind.

Unmittelbar wird der Betrieb bzw. das Unternehmen sowohl in Deutschland als auch in Italien vor Verrat von Geschäfts- und Betriebsgeheimnissen (abuso e sottrazione di segreti), also der sog. Industriespionage (spionaggio industriale) geschützt (§§ 17, 18 UWG bzw. Art. 2598 Nr. 3 C.c.). Dazu zählt sowohl der Fall, dass das Geheimnis der schädigenden Person anvertraut wurde als auch der, dass sich die schädigende Person dessen Kenntnis selbst unbefugt verschafft hat[81].
Ebenfalls zu den unmittelbar gegen den Betrieb gerichteten Wettbewerbsverstößen zählen das Abspenstigmachen von Arbeitnehmern (storno di dipendenti)

---

[78] BAUMBACH/HEFERMEHL, Einl UWG RdNr. 166; STAUDINGER-V. HOFFMANN, Art. 38 EGBGB RdNr. 532 f.; V. MEENEN, § 7 II 2, S. 130 f.
[79] Für einen kurzen Überblick vgl. auch BERNHARD, S. 58 ff. (für Deutschland), S. 94 ff. (für Italien); zu den Einzeltatbeständen im ital. Wettbewerbsrecht s. auch BASTIAN, S. 36 ff.; vgl. außerdem rechtsvergleichend ULMER-BEIER, Bd. I, EWG, RdNr. 121 ff., S. 85 ff.
[80] S.o. 1.4.2.2.
[81] Vgl. Unterscheidung des Wortlautes in § 17 Abs. 1 und 2 UWG; EMMERICH, § 9, S. 112 ff. Im ital. Recht wird dies aus der Generalklausel Art. 2598 Nr. 3 C.c. entnommen, vgl. hierzu SANZO, S. 235 ff.; ULMER-SCHRICKER, Bd. V, Italien, S. 148 ff.

und das Ausspannen von Beschäftigten eines Mitbewerbers, die sog. Abwerbung fremder Arbeitnehmer (accaparramento di mano d'opera altrui), die beide unter die Generalklauseln (§ 1 UWG bzw. Art. 2598 Nr. 3 C.c.) fallen[82]. Schließlich zählt hierzu auch das Verbot der Anschwärzung (denigrazione) von Waren, Leistungen oder der Person des Mitbewerbers dazu (§§ 1, 14, 15 UWG bzw. Art. 2598 Nr. 2 C.c.)[83].

Zu den Wettbewerbsverstößen, die die Konkurrenten hingegen nur mittelbar über ihre Einwirkung auf den Markt behindern, zählen die unlauteren Preisunterbietungen (concorrenza di prezzo), der Boykott (boicottaggio) und die diskriminierende Werbung (pubblicità discriminatoria)[84]. Sie fallen, abgesehen von der diskriminierenden Werbung, die nach italienischen Recht vom Tatbestand des Art. 2598 Nr. 2 C.c. erfasst wird, unter die lauterkeitsrechtlichen Generalklauseln (§ 1 UWG, Art. 2598 C.c.).
Ferner gehören zu dieser Art von Wettbewerbsverstößen auch die Ausbeutung der Leistung des Mitbewerbers (appropriazione di pregi altrui)[85] und die sklavische Nachahmung (imitazione servile)[86]. Beide Wettbewerbshandlungen fallen unter die deutsche Generalklausel § 1 UWG. Das italienische Recht schützt vor Ausbeutung über Art. 2598 Nr. 2 C.c., vor sklavischer Nachahmung über Art. 2598 Nr. 1 Alt. 2 C.c.
Schließlich gehören hierzu auch die ebenfalls unter die Generalklauseln § 1 UWG und Art. 2598 Nr. 3 C.c. zu subsumierenden Fälle von Rechtsbruch, bei denen ein Wettbewerber sich infolge eines Verstoßes gegen außerwettbewerbliche Normen einen wettbewerblichen Vorteil gegenüber seinen Mitbewerbern verschafft[87].

---

[82] BAUMBACH/HEFERMEHL, § 1 UWG RdNr. 583 ff.; EMMERICH, § 6, S. 75 ff.; ULMER-SCHRICKER, Bd. V, Italien, S. 155 ff.; SANZO, S. 244 ff.

[83] BAUMBACH/HEFERMEHL, § 1 UWG RdNr. 268; EMMERICH, § 8, S. 104 ff.; ULMER-SCHRICKER, Bd. V, Italien, S. 160 ff.; SANZO, S. 367 ff. mwN.; BASTIAN, S. 55 ff.

[84] BAUMBACH/HEFERMEHL, § 1 UWG RdNr. 301 ff.; EMMERICH, § 6, S. 56 ff., 68, 80 ff.; ULMER-SCHRICKER, Bd. V, Italien, S. 259 ff.; SANZO, S. 257 ff., 295 ff.

[85] BAUMBACH/HEFERMEHL, § 1 UWG RdNr. 438 ff.; EMMERICH, § 10, S. 121 ff.; ULMER-SCHRICKER, Bd. V, Italien, S. 136 ff.; SANZO, S. 402 ff.

[86] EMMERICH, § 10, S. 121 ff.; ULMER-SCHRICKER, Bd. V, Italien, S. 118 ff.; SANZO, S. 342 ff.; BASTIAN, S. 47. Von der sklavischen Nachahmung ist der parasitäre Wettbewerb (concorrenza parassitaria) zu unterscheiden, der insbes. von der ital. Rsp. als besondere Fallgruppe des Art. 2598 Nr. 3 C.c. herausgebildet wurde. Darunter ist nicht nur die Nachahmung eines Produktes des Konkurrenten zu verstehen, sondern die planmäßige Ausnutzung von dessen Arbeit und Unkosten, wie z.B. bei der Nachahmung von Werbemaßnahmen. Vgl. hierzu SANZO, S. 277 ff.; BASTIAN, S. 78; auch die dt. Rsp. kennt den unter § 1 UWG fallenden Tatbestand der Nachahmung fremder Werbung, vgl. EMMERICH, § 10, S. 133 f.

[87] BAUMBACH/HEFERMEHL, § 1 UWG RdNr. 608 ff.; EMMERICH, § 20, S. 303 ff.; RITTNER, Wettbewerbs- und Kartellrecht, § 2 B IV; SANZO, S. 269 ff.; BASTIAN, S. 77.

6.3.2 Verbraucherschutz

Die Verbraucher werden vor Täuschungen wie z.B. dem Aufstellen unwahrer Behauptungen durch irreführende Werbung, der Verwendung unzutreffender Berufsbezeichnungen oder der Vortäuschung besonderer Auszeichnungen im deutschen Recht vor allem über die §§ 1 und 3 UWG geschützt[88].

Das italienische Wettbewerbsrecht schützt über Art. 2598 Nr. 1 C.c. vor dem Hervorrufen von Verwechslungsgefahr (atti idonei a creare confusione)[89].Geschützt wird aber dadurch in erster Linie der Mitbewerber vor einer Umlenkung seiner Kunden zu denen des Konkurrenten.

Der Begriff der irreführenden Werbung (pubblicità ingannevole) ist hingegen im Tatbestand des Codice Civile nicht enthalten. Sie wird aber von Art. 2598 Nr. 2 Alt. 2 C.c. (Anmaßung von Vorzügen der Erzeugnisse eines Mitbewerbers) und der Generalklausel des Art. 2598 Nr. 3 C.c. erfasst[90].
Nach der herrschenden Meinung schützt aber Art. 2598 C.c. nur die Interessen der Konkurrenten[91]. Die Klagebefugnis für auf Art. 2598 C.c. gestützte Klagen steht ebenfalls nur dem Konkurrenten zu, nicht aber Verbrauchern und ihren Verbänden[92]. Nur der Mitbewerber kann nach Art. 2598 Nr. 3 C.c. gegen irreführende Werbung vorgehen, wenn er beweist, dass er selbst dadurch einen Schaden erleiden, er also durch die irreführende Werbung seine Kunden an einen Mitbewerber verlieren kann. Obwohl das Interesse des Wettbewerbers am Erhalt seiner Kunden und das der Verbraucher an einer unbeeinflussten Entscheidung eng miteinander verkoppelt sind, steht nur ersterem, nicht aber letzteren der Schutz vor irreführender Werbung zu. Darin wird zwar ein „anachronistischer Widerspruch" der Vorschrift gesehen[93], doch ändert dies nichts an der Tatsache, dass ihr materieller Schutzzweck direkt nur dem Konkurrenten dient.

Der Verbraucher bleibt aber deshalb auch in Italien nicht ungeschützt. Obwohl ihm der gerichtliche Weg verwehrt ist, kann er sich doch an die Autorità Garante (Behörde zum Schutz des Wettbewerbs und des Marktes) in Rom wenden, die über die Durchsetzung und Durchführung der italienischen Verordnung Nr. 74 vom 25. Januar 1992 zur Umsetzung der Richtlinie 84/450/EWG über irreführ-

---

88 BAUMBACH/HEFERMEHL, § 1 UWG RdNr. 208 ff., 363 ff., § 3 RdNr. 1 ff.; EMMERICH, § 11 ff., S. 141 ff.

89 SANZO, S. 317 ff.; BASTIAN, S. 36; ULMER-SCHRICKER, Unlauterer Wettbewerb, Bd. V, Italien, S. 81 ff.

90 ULMER-SCHRICKER, Unlauterer Wettbewerb, Bd. V, Italien, S. 203 ff.; SCHULTZ, WRP 1991, 556, (559); BASTIAN, S. 96 ff.; SANZO, S. 303 ff.; vgl. auch ausführlich dazu SCHRICKER, Die täuschende Werbung im italienischen Wettbewerbsrecht, passim.

91 S.o. 1.4.2.2.

92 S.o. 1.4.3.2; vgl. auch BASTIAN, S. 87 f., 98, 113.

93 GAMBINO, CI 1992, 411, (421); BASTIAN, S. 98.

rende Werbung[94] wacht (Art. 7 Nr. 2 der VO). Diese Verordnung schützt ausdrücklich auch den Verbraucher vor irreführender Werbung (Art. 1 Nr. 1 VO). Daneben steht es dem Verbraucher offen, sich an die Einrichtungen der Werbeselbstkontrolle zu wenden[95]. Art. 2 C.a.p.[96] schützt vor irreführender Werbung. Hat ein Verbraucher durch irreführende Werbung einen Nachteil erlitten, ist er gem. Art. 36 C.a.p. befugt, das Einschreiten der Giurì dagegen zu beantragen. Der Schutz des Verbrauchers ist in Italien also vor allem dem öffentlichen Recht vorbehalten, die Vorschriften des Codice Civile schützen ihn nur mittelbar[97]. Da der materielle Schutzzweck der Art. 2598 ff. C.c. nicht direkt auch den Verbraucher umfasst, kann sich die Frage nach der Anwendbarkeit der zivilrechtlichen Vorschriften des italienischen Lauterkeitsrechts bei Fällen mit Auslandsbezug auch nicht danach richten, ob schwerpunktmäßig dessen Interessen durch die zu beurteilende Wettbewerbsmaßnahme beeinträchtigt werden.

6.3.3 Schutz der Allgemeinheit

Während im italienischen Wettbewerbsrecht die Interessen der Allgemeinheit, neben denen der Verbraucher, nur reflexartig im Rahmen des Schutzes der Mitbewerber nach Art. 2598 C.c. geschützt werden[98], schützt das deutsche Wettbewerbsrecht direkt auch Belange der Allgemeinheit, insbesondere den unverfälscht funktionierenden Wettbewerb als Institution. Diese werden dann beeinträchtigt, wenn ein Unternehmen unlautere Mittel einsetzt, die geeignet sind, den Wettbewerb auf einem bestimmten Markt durch Beeinträchtigung der Freiheit von Angebot und Nachfrage zu verfälschen, so dass sich die bessere Leistung auf dem Markt nicht mehr durchsetzen kann und der Bestand des Wettbewerbs gefährdet wird[99].

---

[94] D.Lgs. v. 25.1.1992 Nr. 74, in Gazz. Uff. 13.2.1992 Nr. 36, suppl. ord. Nr. 26, dazu s.o. 3.3.2.1.3.

[95] Vgl. Art. 8 VO Nr. 74 v. 25.1.1992. Vgl. Art. 29 C.a.p. zur Giurì und Art. 30 C.a.p. zum Comitato di Controllo.

[96] Wortlaut s.o. 1.4.3.2, dort Fn. 248. Ausführlich zur ital. Werbeselbstkontrolle vgl. BASTIAN, S. 155 ff.

[97] BASTIAN, S. 28 f. spricht in diesem Zusammenhang von einem „zweigleisigen System“, das einerseits den Schutz des Wettbewerbs nach Art. 2598 ff. C.c. vorsieht und andererseits den der Verbraucher und der Allgemeinheit nach der VO Nr. 74/1992.

[98] S.o. 1.4.2.2.

[99] BAUMBACH/HEFERMEHL, Einl UWG RdNr. 165; Aus der Rechtsprechung: BGH v. 26.2.1965, BGHZ 43, 278 - Kleenex; BGH v. 18.12.1968, BGHZ 51, 236, (242) - Stuttgarter Wochenblatt; BGH v. 11.3.1977, GRUR 1977, 668 - WAZ-Anzeiger; BGH v. 31.1.1979, GRUR 1979, 321, (323) - Verkauf unter Einstandspreis (Mineralwasser); BGH v. 18.12.1981, GRUR 1982, 425, (430) - Brillen-Selbstabgabestellen I.

Dies geschieht bei sog. Marktstörungsfällen[100], wie etwa beim massenweisen Verteilen von Originalware und beim Gratisverteilen von Presseerzeugnissen, sowie bei Unter-Preis-Schlachten[101]. Schutz davor wird über die lauterkeitsrechtliche Generalklausel (§ 1 UWG) gewährt. Auch nach Art. 2598 Nr. 3 C.c. ist der „Verkauf unter Einstandspreis" (vendita sotto costo) untersagt[102], doch besteht dieses Verbot nach dem Willen des Gesetzes zum Schutze des Mitbewerbers.

Interessen der Allgemeinheit sind aber auch dann berührt, wenn Rechtsnormen mit vorwiegend wirtschaftspolitischem oder gewerbepolizeilichem Charakter wie solche des Rabattgesetzes bzw. des Zugabe- oder Sonderveranstaltungsrechts verletzt werden[103].

6.4 Das auf die einzelnen Fallgruppen anwendbare Recht

Wie nun das neuere deutsche Schrifttum zum Wettbewerbskollisionsrecht[104] diese materiellrechtliche Einteilung der Wettbewerbsverstöße in drei Interessensgruppen für eine Präzisierung des Ortes der wettbewerbsmäßigen Interessenkollision nutzt und die dabei gefundenen kollisionsrechtlichen Ergebnisse ordnet, sei im Folgenden näher dargelegt.

Wie bereits erwähnt, nimmt sie vorweg aus der ersten Fallgruppe all jene Wettbewerbsverstöße heraus, die sich unmittelbar gegen den Betrieb des Konkurrenten richten und unterwirft sie einer gesonderten, nicht marktbezogenen Anknüp-

---

[100] Vgl. RITTNER, Wettbewerbs- und Kartellrecht, § 2 B V 1, RdNr. 99; BAUMBACH/HEFERMEHL, Einl UWG RdNr. 165.
[101] EMMERICH, § 6, S. 56 ff., § 19, S. 296 ff.; RITTNER, Wettbewerbs- und Kartellrecht, § 2 B V, RdNr. 101 ff.
[102] Vgl. SANZO, S. 266 ff.
[103] STAUDINGER-V HOFFMANN, Art. 38 EGBGB RdNr. 539; MÜKO-KREUZER, Art. 38 EGBGB RdNr. 246.
Deutschland hat derzeit (noch) ein RabattG u. eine ZugabeVO (s.o. 1.2.1.1). Das Sonderveranstaltungsrecht ist in § 7, 8 UWG geregelt. Zur geplanten Abschaffung des dt. RabattG u. der ZugabeVO wegen Umsetzung der E-Commerce Richtlinie s.u. 7.2.3.3.2.3, dort Fn. 144.
Vgl. zum Sonderveranstaltungsrecht in Italien das Gesetz v. 19.3.1980, Nr. 80, Gazz. Uff. v. 24.3.1980 Nr. 82 über Sonder- u. Ausverkäufe (Disciplina delle vendite straordinarie e di liquidazione).
MARCHETTI/UBERTAZZI, S. 545 ff. zum Schutz vor übermäßigen Preisnachlässen über Art. 2598 Nr. 3 C.c. Ein Pendant zum dt. RabattG u. der dt. ZugabeVO kennt kein anderes EU-Mitgliedsland, vgl. für Italien ULMER-SCHRICKER, Bd. V, Italien, RdNr. 245 ff., der zwar in RdNr. 247 das sich noch in Kraft befindende R.D. v. 25.7.1940, Nr. 1077 (Servizi lotto e persone ricevitorie), Gazz. Uff. 12.8.1940 Nr. 188 suppl. ord. erwähnt, doch enthält dieses nur ein paar auf Lotterien anwendbare generelle Vorschriften zu Zugaben, Preiswettbewerb und Rabatten.
[104] S.o. Fn. 2.

fung. Die beiden anderen Fallgruppen sind hingegen bereits naturgemäß marktbezogen.

6.4.1 Betriebsbezogene Eingriffe

6.4.1.1 Schwierigkeiten bei der Einstufung von Wettbewerbshandlungen als betriebsbezogen

Bei betriebsbezogenen (bilateralen) Eingriffen handelt es sich um Wettbewerbshandlungen, die sich direkt, also nicht „über den Markt" gegen den Betrieb eines Konkurrenten richten und deshalb die Interessen der Allgemeinheit und der Abnehmer nur am Rande tangieren[105].
Während die internationalprivatrechtliche Literatur den Verrat von Geschäfts- oder Betriebsgeheimnissen (§ 17 UWG), die Verwertung von Vorlagen (§ 18 UWG), das Verleiten und Erbieten zum Geheimnisverrat (Art. 20 UWG) sowie das unter § 1 UWG fallende Ausspannen von Beschäftigten eines Mitbewerbers und die ungerechtfertigte Abmahnung (unbegründete Schutzrechtsverwarnung) unstreitig zu den betriebsbezogenen Eingriffen zählt[106], ist sie sich in Bezug auf die Einordnung der Anschwärzung (§ 14 UWG) und die geschäftliche Verleumdung (§ 15 UWG) uneinig.

Nach der wohl herrschenden Auffassung sind beide ebenfalls zu den betriebsbezogenen Eingriffen zu rechnen, da bei der Anschwärzung und der geschäftlichen Verleumdung die Aktivlegitimation auf den verletzten Konkurrenten beschränkt sei[107].

---

105 MüKo-Kreuzer, Art. 38 EGBGB RdNr. 235 f., 247 spricht insb. vom Fehlen einer kollektiven Konkurrentenbetroffenheit; Sack, GRUR Int. 1988, 320, (327), (330), ders. IPRax 1991, 386, (389) trennt „nicht marktbezogene" von „marktbezogenen" Wettbewerbshandlungen; vgl. auch Burmann, DB 1964, 1801, (1805); Lindacher, WRP 1996, 645, (649); Callmann, GRUR Int. 1962, 438, (442); Deutsch, S. 64 f.; Gloede GRUR 1960, 464, (471); Troller, K. S. 139 ff.; Wirner, S. 108 ff.; Schikora, S. 250 f; Caemmerer-Kreuzer, S. 282; Weber, S. 173; Honorati, S. 234.

106 MüKo-Kreuzer, Art. 38 EGBGB RdNr. 247 mwN. in Fn. 928 u. 929; Staudinger-v. Hoffmann, Art. 38 EGBGB RdNr. 524; Weber, S.173 f; Sack, GRUR Int. 1988, 320, (330); Gloy-Wilde, § 6 RdNr. 43 ff.; v. Meenen, S. 122; Großkomm UWG/Schricker, Einl F 212; Caemmerer-Kreuzer, S. 281 ff.; Honorati, S. 234 nennt mit Verweis auf die dt. Lit. folgende Tatbestände als zu den betriebsbezogenen gehörig: „gli atti di spionaggio industriale, lo storno di dipendenti, la denigrazione dei prodotti o del nome commerciale, l'induzione all'inadempimento".
Einschränkend Lindacher, WRP 1996, 645, (649 f.), der vorschlägt, in Zweifelsfällen einen marktbezogenen Wettbewerbsverstoß anzunehmen, wenn nach dt. Vorstellungen eine Verbandsklage möglich wäre, denn dies signalisiere das Vorhandensein von Allgemeininteresse und somit das Bedürfnis, auch kollisionsrechtlich nicht von der Anknüpfung am Marktort abzuweichen.

107 MüKo-Kreuzer, Art. 38 EGBGB RdNr. 247; Weber, S. 173; differenzierend Gloy-Wilde, § 6 RdNr. 39, 41, 46, der bei der geschäftlichen Verleumdung sowohl das am Sitz des

Nach einer anderen Ansicht wirken solche Wettbewerbsmaßnahmen hingegen unmittelbar auf den Markt oder andere Marktteilnehmer ein und treffen den Verletzten erst mittelbar[108]. Da sie somit marktbezogen seien, könnten solche Unlauterkeitstatbestände nicht zu den betriebsbezogenen Eingriffen gerechnet werden.

6.4.1.2 *Anknüpfung betriebsbezogener Wettbewerbseingriffe*

Betriebsbezogene Eingriffe sind nach der überwiegenden Meinung[109] grundsätzlich der Rechtsordnung zuzuordnen, unter der der betroffene Betrieb zu lokalisieren ist. Angeknüpft wird demnach an den Ort der Betriebstätigkeit (Produktionsort bzw. Geschäftssitz) des durch eine Wettbewerbshandlung verletzten Mitbewerbers, da hier die verletzten Interessen belegen seien. Dort wirke sich die Wettbewerbshandlung aus und trete der Schaden ein.

Eine beachtliche Mindermeinung[110] tritt hingegen bei betriebsbezogenen Eingriffen für die Anwendung der allgemeinen Tatortregel ein. Sie begründet dies damit, dass es in den Fällen betriebsbezogener Wettbewerbshandlungen an Gründen für eine Abweichung von der allgemeinen Tatortregel fehle. Wie bei der allgemeinen deliktsrechtlichen Anknüpfung stehe hier der Individualschutz

---

Unternehmens geltende Recht als auch das Recht des Ortes als anwendbar ansieht, an dem die Äußerung gefallen, d.h. dem Adressaten zugegangen ist. Zum Zuge solle aber letztlich das stärkere Recht kommen, d.h. dasjenige, welches die Interessen des Betroffenen stärker schützt. Das am Sitz des Unternehmens geltende Recht solle aber dessen ungeachtet stets dann nicht angewandt werden, wenn aufgrund konkreter Umstände davon ausgegangen werden kann, dass sich die Auswirkungen der Geschäftsehrverletzung auf einen bestimmten nationalen Markt beschränken.

[108] SACK, GRUR Int. 1988, 320, (330); STAUDINGER-V. HOFFMANN, Art. 38 EGBGB RdNr. 525 f.; vgl. auch V. MEENEN, S. 122, der die Fälle von Geschäftsehrverletzung und Anschwärzung als marktbezogen betrachtet, wenn unter „Markt" ein Sammelbegriff für alle wirtschaftlichen Beziehungen zwischen den Unternehmen gesehen wird.

[109] GROẞKOMM UWG/SCHRICKER, Einl F 213; TROLLER, K., S. 139 ff.; WIRNER, S. 115 f.; CALLMANN, GRUR Int. 1962, 438, (442); KNOPP, AWD 8 (1962), 183, (184); DEUTSCH, S. 65 f.; GLOY-WILDE, § 6 RdNr. 22, 44, 45; REUTER, BB 1989, 2265, (2267); EMMERICH, § 4 7 b), S. 33; FIRSCHING/V. HOFFMANN, § 11 RdNr. 46 S. 445; BEITZKE, JuS 1966, 139, (142); MOOK, S. 40, 46; **a.A.** GLOEDE, GRUR 1960, 464, (471): in Bezug auf Unterlassungsansprüche sei der Unternehmenssitz des Verletzers maßgeblich, weil von hier die Gefahr von Wettbewerbsverstößen drohe, bei Schadensersatz - und Beseitigungsansprüchen solle hingegen Marktortrecht anwendbar sein; SACK, GRUR Int. 1988, 320, (327), der grundsätzlich gegen eine betriebsbezogene Anknüpfung ist, weil seiner Ansicht nach Wettbewerbsverzerrungen zu befürchten seien, wenn sich das Recht des Marktortes nicht mit dem Recht des Unternehmenssitzes des Verletzers bzw. des Verletzten decke; BERNHARD, S. 274 ff, 281, der in diesen Fällen am Recht der beeinträchtigten Produktion anknüpfen möchte.

[110] STAUDINGER-V HOFFMANN, Art. 38 EGBGB RdNr. 516, 530; MÜKO-KREUZER, Art. 38 EGBGB RdNr. 236, 247; CAEMMERER-KREUZER, S. 282 f.; BURMANN, DB 1964, 1801, (1804 f.); SCHIKORA, S. 250 f.; WEBER, S. 173; BANNEKÄMPER, WRP 1994, 661, (665); V. MEENEN, S. 131, 148.

im Vordergrund. Es verbleibe folglich bei dem allgemeinen Anknüpfungsprinzip des internationalen Deliktsrechts mit allen seinen Folgen.
Auf die Rechtslage nach Inkrafttreten des IPR-Gesetzes zur Regelung außervertraglicher Schuldverhältnisse und Sachen von 1999 übertragen, kann diese Ansicht in der Literatur nur die direkte Anwendung des Art. 40 EGBGB auf betriebsbezogene Wettbewerbsverstöße bedeuten. Es wäre am Ort der „Verhaltenszentrale" des Handelnden (Handlungsort) anzuknüpfen. Wahlweise käme aber auch der Sitzort des beeinträchtigten Unternehmens (Erfolgsort) in Frage (Art. 40 Abs. 1 S. 2 EGBGB).

6.4.1.3 *Argumente für und gegen eine Unterscheidung zwischen betriebsbezogenen und marktbezogenen Wettbewerbseingriffen*

Für eine Unterscheidung zwischen betriebsbezogenen und eher marktbezogenen Wettbewerbseingriffen spricht, dass das Hauptargument, mit dem man eine wettbewerbsspezifische Anknüpfung an den Marktort rechtfertigt, auf rein betriebsbezogene Wettbewerbsverstößen nicht anwendbar ist. Bei letzteren geht es in erster Linie um individuellen Schadensausgleich (wie im allgemeinen Deliktsrecht) und nicht um die unter Abwägung der Interessen aller Marktbeteiligten und des Allgemeininteresses am Schutz der Wettbewerbsordnung erfolgende Steuerung des Marktes[111].
Im Übrigen knüpft auch das Schweizer IPR-Gesetz in Art. 136 Abs. 2[112] bei betriebsbezogenen Eingriffen an den Belegenheitsort der betroffenen Niederlassung (Geschäftssitz) an.
Auch der deutsche Referentenentwurf vom 15.5.1984 klammerte betriebsbezogene Fälle, bei denen „allein oder überwiegend die Geschäftsinteressen eines bestimmten Mitbewerbers betroffen sind" von der wettbewerbsspezifischen Anknüpfung an den Markteinwirkungsort aus (Art. 40 Abs. 2 Nr. 2 letzter Halbsatz RefE 1984)[113], so dass es in diesen Fällen bei der allgemeinen Tatortregel bleiben sollte.

Gegen eine gesonderte Anknüpfung der betriebsbezogenen Wettbewerbshandlungen spricht aber sicherlich die bereits erwähnte Schwierigkeit, diese von den marktbezogenen klar abzugrenzen. Auch wenn eine Wettbewerbshandlung sich

---

[111] So STAUDINGER-V. HOFFMANN, Art. 38 EGBGB RdNr. 520 ff.; WIRNER, S. 116; TROLLER, K., S. 139 ff.; BURMANN, DB 1964, 1801, (1805); SCHIKORA, S. 250 f.; CALLMANN, S. 438, 442; DEUTSCH, S. 64 f.; MÜKO-KREUZER, Art. 38 EGBGB RdNr. 236 f., 247; CAEMMERER-KREUZER, S. 282 f.; WEBER, S. 173 ff.; SACK, GRUR Int. 1988, 320, (330).
[112] Art. 136 Abs. 2 Schweizer IPRG lautet:
„Richtet sich die Rechtsverletzung ausschließlich gegen betriebliche Interessen des Geschädigten, so ist das Recht des Staates anzuwenden, in dem sich die betroffene Niederlassung befindet."
[113] Vgl. Abdruck des vom Justizministerium selbst nicht veröffentlichten Referentenvorentwurfs z.B. bei V. BAR, IPR II, § 6 RdNr. 651.

nur gegen einen Wettbewerber bzw. dessen Betrieb richtet, wirkt sie sich doch in gewissem Umfang stets auch auf den Markt und dessen Funktion aus[114]. Bei Interdependenz der Marktvorgänge sind „reine Individualverletzungen im wettbewerblichen Bereich kaum mehr denkbar“ und dementsprechend kommen „so gut wie immer auch überindividuelle Bezüge mit ins Spiel“[115].
Es wird daher gefolgert, dass die Anknüpfung an den Marktort völlig ausreiche, um das auf den unlauteren Wettbewerb anwendbare Recht zu bestimmen und es nicht darauf ankomme, gegen wen sich die Wettbewerbshandlung im Einzelnen richte[116].
Auch führe die Anknüpfung an den Marktort bei betriebsbezogenen Wettbewerbseingriffen in den meisten Fällen ebenfalls zur Anwendung des Rechts des Ortes, an dem der betroffene Unternehmer seinen Betriebssitz hat[117], denn dort finde die wettbewerbliche Interessenskollision statt. Die seltenen Ausnahmen hiervon könnten eine Abweichung von der Regelanknüpfung an das Recht des Marktortes nicht rechtfertigen[118].

Es scheint m.E. jedoch selbst unter Berücksichtigung der Rechtssicherheit übertrieben, an einem marktbezogenen Anknüpfungsprinzip auch dann festzuhalten, wenn der eindeutige Schutzzweck einer materiellen Wettbewerbsnorm in erster Linie dem Betrieb und nicht dem Markt gilt. Sicherlich muss zugunsten dieser materiellrechtlichen Wertung eine gewisse internationalprivatrechtliche Inkonsequenz bei der Anknüpfung hingenommen werden. Dennoch ist eine Ausklammerung ausschließlich betriebsbezogener Wettbewerbsverstöße insbesondere im Hinblick auf ihre besondere Nähe zum allgemeinen Deliktsrecht durchaus zu befürworten.

6.4.2 Marktorientierte Wettbewerbsverstöße

Marktorientierte (multilaterale) Wettbewerbsverstöße verletzen den Konkurrenten mittelbar, d.h. durch ihr Einwirken auf den Ort des Marktgeschehens, wo es um Marktanteile geht und wo der Verbraucher zum Zwecke des Produktabsatzes umworben wird[119].

---

[114] WEBER, S. 135; vgl. auch HONORATI, S. 235, die gerade die Anschwärzung (denigrazione) als Beispiel nennt, s.o. 6.4.1.1.
[115] BEIER/SCHRICKER/ULMER, GRUR Int. 1985, 104, (107).
[116] Gegen eine Unterscheidung zwischen markt- und betriebsgerichteten Wettbewerbsverstößen sind z.B. BEIER/SCHRICKER/ULMER, GRUR Int. 1985, 104, (107); MÖLLERING, WRP 1990, 1, (3); WEBER, S. 135; HONORATI, S. 236 f.
[117] HONORATI, S. 236; IMHOFF-SCHEIER, SJIR 41 (1985), 57, (73).
[118] HONORATI, S. 237 Fn. 6. Vgl. auch LINDACHER, WRP 1996, 645, (650), der zur Vorsicht bei der Bejahung von reinen Individualinteressen mahnt.
[119] STAUDINGER-V. HOFFMANN, Art. 38 EGBGB RdNr. 532; MÜKO-KREUZER, Art. 38 EGBGB RdNr. 243-246; V. MEENEN, § 7 A II 1 b, S. 121 ff. nennt als geschütztes Rechtsgut die „multilateralen Beziehungen zwischen den Marktbeteiligten“.

Bei marktbezogenen Wettbewerbsverstößen wird grundsätzlich an den Marktort angeknüpft, denn dort treffen die wettbewerblichen bzw. geschäftlichen Interessen der Parteien aufeinander. Das sind nicht alle Märkte, auf denen sich eine Wettbewerbshandlung auswirkt, sondern nur jene auf die sie einwirkt[120]. Bei Werbemaßnahmen ist dies grundsätzlich der Werbemarkt, bei Absatztätigkeiten der Absatzmarkt[121].

Da marktorientierte Wettbewerbsverstöße nicht nur die Interessen der Konkurrenten tangieren, sondern mal mehr, mal weniger gleichzeitig auch die der anderen Marktbeteiligten (Verbraucher und Abnehmer) und der Allgemeinheit an der Institution des Wettbewerbs[122], differenziert die herrschende Meinung im deutschen Schrifttum[123] bei diesen Wettbewerbsverstößen anhand der im Einzelfall durch den Wettbewerbsvorgang tangierten wettbewerblichen Interessen. Entsprechend der materiellrechtlichen Einteilung der Wettbewerbsverstöße in drei schutzzweckorientierte Fallgruppen, stellt sie darauf ab, ob der Wettbewerbseingriff schwerpunktmäßig die Interessen der Mitbewerber, der Verbraucher oder der Allgemeinheit berührt.

Innerhalb dieser drei Hauptgruppen sollte m.E. der besseren Übersichtlichkeit wegen ferner nach Art und Richtung des eingesetzten Wettbewerbsmittels unterschieden werden. Dafür bietet sich die von Hefermehl vorgeschlagene materiellrechtliche Einteilung in fünf Fallgruppen an[124].
Durch diese weitere Unterteilung kann bereits anhand der Gliederung gezeigt werden, wie bestimmte Untergruppen in den Hauptgruppen mehrmals auftreten, womit sich nochmals besonders deutlich zeigt, dass für die Anknüpfung der Wettbewerbsverstöße nicht Art und Richtung des Mittels entscheidend ist, sondern das jeweils betroffene Interesse.

6.4.2.1 *Konkurrentenschutz*

Diese Fallgruppe betrifft Sachverhalte, bei denen der Verstoß gegen objektive Verhaltensnormen, die vornehmlich dem Schutz der Mitbewerber dienen, im Mittelpunkt steht.

---

[120] SACK, GRUR Int. 1988, 320, (322), (324); **a.A.** MOOK, S. 63 f. - wegen der mit der Auslandswirkung bezweckten Inlandswirkung mancher Wettbewerbshandlungen.
[121] So etwa SACK, GRUR Int. 1988, 320, (330); kritisch dazu STAUDINGER-V. HOFFMANN, Art. 38 EGBGB RdNr. 532 f., der eine prinzipielle Trennung von Werbe- und Absatzmarkt ablehnt, da dadurch, dass die Werbung gerade den Absatz der Produkte vorbereiten soll, die beiden Märkte regelmäßig zusammenfielen.
[122] Vgl. V. MEENEN, § 7 II 1 b, S. 123.
[123] MÜKO-KREUZER, Art. 38 EGBGB RdNr. 243 ff.; STAUDINGER-V. HOFFMANN, Art. 38 EGBGB RdNr. 531 ff.; GROßKOMM UWG/SCHRICKER, Einl F 197 ff.; vgl. auch V. MEENEN, § 7 II 1 b, S. 123, § 7 III 2, S. 148 ff.
Aus der ital. Lit. zustimmend: HONORATI, S. 107.
[124] S.o. 6.3.

Abzustellen ist hier grundsätzlich auf das Recht des als Warenabsatzmarkt verstandenen Marktortes, auf dem die Mitbewerber um ihre Marktanteile kämpfen[125].

6.4.2.1.1 *Ausbeutung*

Bei Fällen der sog. Ausbeutung eines Konkurrenten richtet sich die Wettbewerbsmaßnahme nicht unmittelbar gegen den Betrieb des Mitbewerbers, sondern auf die Ergebnisse von dessen Leistung, die sich der Wettbewerber auf unlautere Weise selbst zunutze macht. Hier ist auf das Recht des Marktortes als Warenabsatzmarkt abzustellen. Im Einzelnen kann wie folgt unterschieden werden:

Bei der Ausbeutung fremden Rufs bzw. Werbung[126] ist es der Ort, wo die Waren angeboten werden, denn dort werden vor allem die Interessen der Mitbewerber, aber auch die der Verbraucher berührt[127].

In Fällen der Nachahmung oder Ausbeutung fremder Leistung[128] kommt es auf das Recht des Ortes an, wo das eigene Erzeugnis abgesetzt, d.h. auf den Markt gebracht wird.
Nicht entscheidend ist hingegen etwa das Recht des Herstellungsortes. Dies ist deshalb sachgerecht, weil der wettbewerbliche Interessenkonflikt erst dort auftritt, wo bei den Abnehmern irrige Vorstellungen über die Herkunft oder die Güte der Ware hervorgerufen werden. Die Herstellung nachahmender Produkte allein verletzt strenggenommen noch nicht die Interessen eines betroffenen Wettbewerbers, sondern erst das Inverkehrbringen der Produkte. Der Ort der Herstel-

---

[125] STAUDINGER-V. HOFFMANN, Art. 38 EGBGB RdNr. 536; MÜKO-KREUZER, Art. 38 EGBGB RdNr. 245 mwN. in Fn. 907; V. MEENEN, § 7 2 b), S. 150; vgl. aus der Rsp. das grundlegende Urteil BGH v. 30.6.1961, BGHZ 35, 329, (334) - Kindersaugflaschenfall, sowie z.B. BGH v. 4.6.1987, NJW 1988, 644, (645) - Perrier u. OLG Hamburg v. 15.5.1986, IPRspr 1986 Nr. 115.

[126] Etwa durch Anlehnung an fremden Ruf oder Werbung vgl. BGH v. 4.6.1987, NJW 1988, 644, (645) - Perrier u. GLOY-SCHMIDT-DIEMITZ, § 42 RdNr. 67 ff. Der gute Ruf der fremden Waren wird dabei zur Empfehlung der eigenen Ware ausgebeutet. In „offener" Form geschieht dies durch Gleichstellung der eigenen mit der fremden Ware oder Leistung, „versteckt" hingegen durch Verwendung der fremden Ware, Leistung oder Marke als Werbemittel für die eigene Ware oder Leistung.

[127] STAUDINGER-V. HOFFMANN, Art. 38 EGBGB RdNr. 536; MÜKO-KREUZER, Art. 38 EGBGB RdNr. 245.

[128] Typisch hierfür sind betriebliche Herkunftsverwechslungen mit einem früher auf den Markt gekommenen Produkt, dessen Hersteller bereits einen besonderen Ruf für die Güte seiner Ware (i.e. Verarbeitung und dgl.) erworben hat; vgl. z.B. BGH v. 3.5.1968, BGHZ 50, 125, (131 f.) - Pulverbehälter: „[...] weil dann zu der Gefahr bloßer Herkunftsverwechslung die Täuschung von Qualitätserwartungen des Publikums tritt".

lung ist also als solcher neutral, für kollisionsrechtliche Bewertung deshalb irrelevant[129].

Beim Ausspannen von Kunden, Arbeitskräften und Lieferanten[130] ist das Recht des Absatzmarktes anwendbar, da dort die wettbewerbsmäßige Interessenkollision stattfindet. Irrelevant ist stattdessen der bloße Ort des Sitzes des jeweiligen Lieferanten[131].

6.4.2.1.2 Kundenfang

Bei einigen Fällen des Kundenfangs wie bei der Gratisabgabe von Waren[132], der Wertreklame[133] und dem sog. Kopplungsgeschäft[134] liegt der Schwerpunkt des verletzten Interesses beim Konkurrenten. Sein Schutz steht bei diesen Wettbewerbshandlungen gegenüber dem des Verbrauchers im Vordergrund[135]. In diesen Fällen versucht der Wettbewerber sich durch eine sachwidrige Beeinflussung des Publikums in erster Linie einen Vorsprung vor seinen Mitbewerbern zu verschaffen.
Anzuknüpfen ist hier ebenfalls am Marktort, wo die Beteiligten in Wettbewerb miteinander stehen und wo dieser durch derartige Maßnahmen beeinflusst werden soll. Es kommt demnach auf den Ort an, wo auf den Kaufentschluss der

---

[129] BAUMBACH/HEFERMEHL, Einl UWG RdNr. 188 c); GLOY-WILDE, § 6 RdNr. 42; EMMERICH, § 4 7 a) S. 33; vgl. auch BGH v. 30.6.1961, BGHZ 35, 329, (334) - Kindersaugflaschen.
[130] Vgl. GLOY-WILDE, § 6 RdNr. 40; MÜKO-KREUZER, Art. 38 EGBGB RdNr. 245; BGH v. 4.6.1987, NJW 1988, 644 - Perrier.
[131] MÜKO-KREUZER, Art. 38 EGBGB RdNr. 245 mwN. in Fn. 911; GLOY-WILDE, § 6 RdNr. 40; a.A. BAUMBACH/HEFERMEHL, Einl UWG RdNr. 188 d), der bei der Abwerbung fremder Arbeitnehmer durch Verleitung zum Vertragsbruch den Ort für maßgeblich hält, wo der Betrieb des Mitbewerbers liegt, in dem der abgeworbene Arbeitnehmer tätig ist.
[132] MÜKO-KREUZER, Art. 38 EGBGB RdNr. 245; V. MEENEN, S. 129.
Bei der „Gratis(ab)gabe von Waren" handelt es sich um einen Sammelbegriff. In diesem Zusammenhang sind insbes. Lockgeschenke und sonstige unentgeltliche Dienstleistungen gemeint, die den Adressaten in seiner Entscheidung sachfremd beeinflussen, wie es z.B. bei Werbefahrten mit enger Verbindung zum Warenabsatz der Fall ist, vgl. genauer RITTNER, Wettbewerbs- und Kartellrecht, § 2 B I 2 b), RdNr. 54. Soweit der Begriff „Gratis(ab)gabe von Waren" in Verbindung mit dem Gratisverteilen von Presseerzeugnissen steht, vgl. GROẞKOMM UWG/SCHRICKER, Einl F 208.
[133] Die Wertreklame, d.h. das Werben mit geldwerten Vorteilen, ist dann sittenwidrig, wenn sie z.B. in Verbindung mit Fällen der Irreführung steht, vgl. RITTNER, Wettbewerbs- und Kartellrecht, § 2 B I 2 b), RdNr. 54 u. BAUMBACH/HEFERMEHL, § 1 UWG RdNr. 85 ff.
[134] Dabei werden mehrere Waren oder Dienstleistungen zu einem Gesamtpreis angeboten und bedrängen somit die konkurrierenden Wettbewerber, vgl. BAUMBACH/HEFERMEHL, § 1 UWG RdNr. 127 ff. u. GLOY-WILDE, § 6 RdNr. 35.
[135] Das ist inzwischen nicht mehr selbstverständlich. Während früher die Fallgruppe „Kundenfang" mehr als Reflex des Schutzes der Konkurrenten (vor dessen Wettbewerbsmethoden) gesehen wurde, hat sie sich nun zunehmend als Fallgruppe zum Schutze der Verbraucher verselbständigt, vgl. RITTNER, Wettbewerbs- und Kartellrecht, § 2 B I, RdNr. 49 ff.

Verbraucher eingewirkt wird. Dies ist ganz überwiegend der Ort des Warenabsatzmarktes[136].

6.4.2.1.3 *Rechtsbruch*

Verschafft sich ein Wettbewerber gegenüber seinem Mitbewerber infolge von Pflichtverletzungen durch Rechts- oder Vertragsbruch einen wettbewerblichen Vorteil, ist nach wohl herrschender Ansicht[137] nicht der Ort der Gesetzes- oder Vertragsverletzung für die Bestimmung des anzuwendenden Rechts entscheidend, sondern der, an dem die Wettbewerbshandlung vorgenommen wird, die sich den Rechtsbruch zunutze macht.
Dieser ist ebenfalls am Warenabsatzmarkt zu finden, denn auf diesen zielt die Wettbewerbshandlung ab. Dort treffen die wettbewerblichen Interessen der Mitbewerber aufeinander, dort wird auf die Marktgegenseite eingewirkt und findet somit der Wettbewerbskampf statt[138].
Auch bei der Ausnutzung fremden Vertragsbruchs, der erst wettbewerbswidrig ist, wenn besondere Umstände hinzutreten, wenn nämlich der Abwerbende mit dem Mitbewerber auf dem Absatzmarkt zusammentrifft, kann nur das Recht des Ortes des Warenabsatzmarktes maßgeblich sein[139].

6.4.2.2 *Verbraucherschutz*

Fälle, bei denen vor allem die Interessen der Verbraucher bzw. Abnehmer oder sonstiger am Markt Beteiligter (z.B. Lieferanten) berührt werden, sind nach deren Marktzugehörigkeit anzuknüpfen, d.h. an den Ort, wo die Werbung bestimmungsgemäß auf den Verbraucher, Abnehmer oder Lieferanten trifft, bzw. wo auf diese jeweils eingewirkt wird[140]. Es ist also das Recht des Ortes anwendbar,

---

[136] Vgl. GLOY-WILDE, § 6 RdNr. 35; V. MEENEN § 7 III 2 b) bb) S. 150; STAUDINGER -V. HOFFMANN, Art. 38 EGBGB RdNr. 536.

[137] STAUDINGER-V. HOFFMANN, Art.38 EGBGB RdNr. 537; MÜKO-KREUZER, Art. 38 EGBGB RdNr. 245; KATZENBERGER, IPRax 1981, 7, (8); V. MEENEN, § 7 2 b), S. 150, der es beim Warenabsatzmarkt belassen möchte, da hier die Wettbewerbswidrigkeit nicht so sehr bei der Rechts- oder Vertragsverletzung liege, sondern vielmehr in dem daraus resultierenden Effekt, dem Wettbewerbsvorsprung; DEUTSCH, S. 63; **a.A.** BAUMBACH/HEFERMEHL, Einl UWG RdNr. 188 e), der bei Rechtsbruchfällen grundsätzlich auf den Ort der Gesetzesverletzung abstellt.

[138] Vgl. zum Rechtsbruch durch Bestechung eines Angestellten BGH v. 27.3.1968, GRUR 1968, 587 - Bierexport, wo das Abstellen auf den Absatzmarkt in diesem Fall anscheinend so eindeutig war, dass er die kollisionsrechtliche Fragestellung gar nicht erörterte (s.o. 5.1.3.4.1); vgl. auch BGH v. 9.5.1980, NJW 1980, 2018 - Asbestimporte (s.o. 5.1.3.4.3).

[139] BAUMBACH/HEFERMEHL, Einl UWG RdNr. 188 d). Zur Ausnutzung fremden Vertragsbruch vgl. allgemein auch RITTNER, § 2 B III 2 c), S. 59.

[140] STAUDINGER-V. HOFFMANN, Art. 38 EGBGB RdNr. 538; BAUMBACH/HEFERMEHL, Einl RdNr. 188 a); MÜKO-KREUZER, Art. 38 EGBGB RdNr. 244; GROẞKOMM UWG/SCHRICKER,

wo um die Abnehmer geworben wird. Dies geschieht am Werbemarkt[141]. Es ist weder notwendig, dass der Verbraucher an diesem Ort auch die angepriesene Ware erwerben kann, noch, dass er hier seinen Wohnsitz oder seine Niederlassung hat[142].

6.4.2.2.1 Kundenfang

Im Unterschied zu den oben[143] genannten Fällen des Kundenfangs, sind hier diejenigen einzuordnen, die in erster Linie den Verbraucher schützen[144]. Sinn der Bekämpfung dieser Form unlauteren Wettbewerbs ist der Schutz der Entscheidungsfreiheit des (potentiellen) Kunden. Er soll umworben und nicht „gefangen" werden[145].
Vor allem der Kunde, darüber hinaus aber auch oft der potentielle Geschäftspartner bzw. der Mitbewerber, wird dann wettbewerbswidrig in seiner Entscheidungsfreiheit beeinflusst, wenn er durch Werbung irregeführt wird[146].

Dies geschieht zum einen durch Wettbewerbshandlungen, die den Leistungsvergleich verfälschen oder ausschalten. Als Beispiele hierfür seien die Werbung durch unwahre Angaben über die Beschaffenheit, Herkunft oder Herstellung eigener und fremder Ware, über den Preis und die Bezeichnung des Unternehmens genannt. Aber auch bei Werbung, die den Mitbewerber herabsetzt, kann unter Umständen eine derartige Irreführung angenommen werden[147].

Einl F. 203; DEUTSCH, S. 62; WIRNER, S. 112; WEBER, S. 180. Vgl. auch BGH v. 26.11.1997, GRUR 1998, 419, (420) - Gewinnspiel im Ausland, wo auf den Ort abgestellt wird „an dem [...] im Wettbewerb mit anderen Unternehmen auf die Entschließung des Kunden eingewirkt werden soll"; OLG Köln v. 20.11.1981, IPRspr 1981 Nr. 135 = GRUR Int. 1982, 754 - belgischer Apfellikör.

[141] EMMERICH, § 4 7 a), S. 33; GROßKOMM UWG/SCHRICKER, Einl F. 203.

[142] STAUDINGER-V. HOFFMANN, Art. 38 EGBGB RdNr. 538; MÜKO-KREUZER, Art. 38 EGBGB RdNr. 244; BGH v. 26.11.1997, GRUR 1998, 419 - Gewinnspiel im Ausland.

[143] S.o. 6.4.2.1.2.

[144] Sie machen das eigentliche Schwergewicht der Fallgruppe aus, RITTNER, Wettbewerbs- und Kartellrecht, § 2 B I 1, RdNr. 51.

[145] RITTNER, Wettbewerbs- und Kartellrecht, § 2 B I 1, RdNr. 49; BAUMBACH/HEFERMEHL, Einl UWG RdNr. 161.

[146] STAUDINGER- V. HOFFMANN, Art. 38 EGBGB RdNr. 538; MÜKO-KREUZER, Art. 38 EGBGB 244; BAUMBACH/HEFERMEHL, Einl UWG RdNr. 161, § 1 UWG RdNr. 57 ff.; V. MEENEN, § 7 1 b) bb), S. 124; RITTNER, Wettbewerbs- und Kartellrecht, § 2 B I 2, RdNr. 52. Die Eignung der entsprechenden Wettbewerbshandlung zur Irreführung des Verbrauchers reicht bereits aus, vgl. BGH v. 26.4.1957, GRUR 1957, 491 - Wellaform.

[147] STAUDINGER-V. HOFFMANN, Art. 38 EGBGB RdNr. 538; BAUMBACH/HEFERMEHL, Einl UWG RdNr. 161, 167, § 1 UWG RdNr. 4 ff.

Anwendbar ist in allen diesen Fällen das Recht des Marktortes, verstanden als Ort, an dem diese Maßnahmen auf den Kaufentschluss des Kunden einwirken sollen[148].

Die Entscheidungsfreiheit des umworbenen Kunden kann zum anderen aber auch durch sog. Fälle des psychologischen und moralischen Kaufzwangs beeinflusst werden.
Dies geschieht z.B. durch Anreißen, Verlockung, Ausnutzen von Spielleidenschaft, Gewinnsucht, Belästigung, Überrumpelung, Appell an Mitleid und soziale Hilfsbereitschaft[149].
In solchen Fällen wird der Marktort als Ort verstanden, an dem der Kunde zum Kaufabschluss gezwungen wird[150].

Schließlich stellt zumindest die herrschende Meinung auch bei Werbeveranstaltungen im Ausland, die sich ausschließlich an Urlauber aus dem Inland richten (z.B. den Verkaufsveranstaltungen auf Gran Canaria) nur auf den (ausländischen) Werbemarkt und nicht auch auf den (inländischen) Absatzmarkt ab, da die Interessen der Mitbewerber auf dem Absatzmarkt nur reflexartig berührt werden[151]. Maßgeblich ist danach somit nur der Ort, wo auf den Kunden eingewirkt wird. Nicht entscheidend sind diejenigen Orte, an denen sich die Wettbewerbsmaßnahme in anderer Weise negativ für den Mitbewerber auswirkt. Wegen der teilweise erheblichen territorialen Reichweite der Wettbewerbsmaßnahme sind die Auswirkungsorte im Gegensatz zum Einwirkungsort nur schwer voraussehbar und deshalb aus Gründen der Rechtssicherheit weniger gut für eine kollisionsrechtliche Beurteilung geeignet[152].

6.4.2.2.2 Ausbeutung

Werden bei der Ausbeutung, im Unterschied zu den oben genannten Fällen[153], schwerpunktmäßig die Interessen der Verbraucher bzw. Abnehmer tangiert, was z.B. bei der Rufausbeutung wegen des damit verbundenen Ausnutzens der Ver-

---

[148] BAUMBACH/HEFERMEHL, Einl UWG RdNr. 188 a); GLOY-WILDE, § 6 RdNr. 35; STAUDINGER-V. HOFFMANN, Art. 38 EGBGB RdNr. 538; V. MEENEN, § 7 III2 a) cc), S. 149.
[149] BAUMBACH/HEFERMEHL, Einl UWG RdNr. 161, § 1 UWG RdNr. 57 ff.; STAUDINGER- V. HOFFMANN, Art. 38 EGBGB RdNr. 538; RITTNER, Wettbewerbs- und Kartellrecht, § 2 B I 1 b)-d).
[150] BAUMBACH/HEFERMEHL, Einl UWG RdNr. 188 a); GLOY-WILDE, § 6 RdNr. 34; V. MEENEN, § 7 III 2 a) aa), S. 149.
[151] BGH v. 15.11.1990, BGHZ 113, 11 - Kauf im Ausland; zu den Gran Canaria-Fällen s.o. ausführlicher 4.2.4.6.2.
[152] Vgl. MÜKO-KREUZER, Art. 38 EGBGB RdNr. 241 mwN. in Fn. 902; STAUDINGER-V. HOFFMANN, Art. 38 EGBGB RdNr. 538.
[153] S.o. 6.4.2.1.1.

wechslungsgefahr geschehen kann[154], ist das Recht des Marktortes anzuwenden, verstanden als Ort, an dem durch Irreführung bestimmungsgemäß auf den Verbraucher eingewirkt wird, also die Verwechslungsgefahr ausgenutzt wird[155].

6.4.2.3 Schutz der Interessen der Allgemeinheit

6.4.2.3.1 Auf Marktstörungsfälle anwendbares Recht

Auf Fälle unlauteren Wettbewerbs durch massenweises Verteilen von Originalware bzw. durch Gratisverteilen von Presseerzeugnissen oder Unter-Preis-Schlachten ist das Recht des Marktortes anwendbar, verstanden als Ort des Marktes, auf den die Wettbewerbsmaßnahme gerichtet ist, d.h. auf den sie einwirkt[156].
Gleiches gilt für die gegen das Rabattgesetz oder das Zugabe- bzw. Sonderveranstaltungsrecht verstoßenden Wettbewerbshandlungen[157].

6.4.2.3.2 Reichweite der dem Schutz des Marktes im allgemeinen dienenden Rechtsnormen und anwendbares Recht

Weil das Rabattgesetz und die Zugabeverordnung ihrem Zweck nach nur den Wettbewerb auf deutschem Territorium erfassen sollen - insofern ähneln sie öffentlichrechtlichen Vorschriften - bereitet ihre kollisionsrechtliche Behandlung besondere Schwierigkeiten, was dazu geführt hat, dass bei Verstößen gegen diese Vorschriften grundsätzlich zwischen Ankündigung und Gewährung des Vorteils unterschieden wird. Wegen der geplanten Abschaffung des Rabattgesetzes und der Zugabeverordnung[158] soll hier nur im Überblick auf die diesbezüglich vertretenen Standpunkte in Literatur und Rechtsprechung eingegangen werden.

6.4.2.3.2.1 Inlandswerbung für Rabattgewährung im Ausland

Aus der Tatsache, dass auf Wettbewerbsmaßnahmen, die gegen Vorschriften verstoßen, die den Schutz des Wirtschaftslebens im Ganzen bezwecken, das Recht des Ortes angewandt werden soll, wo auf den Markt eingewirkt wird,

---

[154] STAUDINGER-V. HOFFMANN, Art. 38 EGBGB RdNr. 538; RITTNER, Wettbewerbs- und Kartellrecht, § 2 B III 2 b); V. MEENEN, § 7 II b 1 dd), S. 125.
[155] Vgl. STAUDINGER-V. HOFFMANN, Art. 38 EGBGB RdNr. 538; V. MEENEN, § 7 III 2 a) dd), S. 149.
[156] STAUDINGER-V. HOFFMANN, Art. 38 EGBGB RdNr. 539 f.; MÜKO-KREUZER, Art. 38 EGBGB RdNr. 246.
[157] STAUDINGER-V. HOFFMANN, Art 38 EGBGB RdNr. 539, 543; MÜKO-KREUZER, Art. 38 EGBGB RdNr. 246; GROßKOMM UWG/SCHRICKER, Einl F 219, F 220.
[158] Dazu s.u. 7.2.3.3.2.3, dort Fn. 144.

zieht ein Teil der Literatur[159] den Schluss, dass stets inländisches Recht in Betracht komme, wenn der Begehungsort im Inland liegt. Dieser liege beim Bewilligen von Rabatten immer dann im Inland, wenn die Rabattgewährung im Inland erfolgt. Auf den Ort der Ankündigung des Rabattes komme es hingegen nicht an, da dieser im Verhältnis zur Gewährung lediglich einen Hilfsakt darstelle. Demnach sei auf einen im Ausland zu gewährenden Rabatt, der im Inland lediglich angekündigt wird, ausländisches Recht anzuwenden (Rabattgewährung im Ausland bei Ankündigung im Inland)[160].
Begründet wird dies mit dem räumlich auf das Inland beschränkten Geltungsbereich des Rabattgesetzes, das ausschließlich den unerlaubten Wettbewerb in der deutschen Wirtschaft erfassen wolle. Es solle lediglich die gute Ordnung im inländischen Handel schützen und dort zur „Preisberuhigung" durch Ausschaltung des *ad hoc*-Preiswettbewerbs beitragen.

Die wohl herrschende Meinung[161] möchte hingegen bei solchen Fällen der Rabattgewährung im Ausland bei Ankündigung im Inland inländisches (deutsches) Recht angewandt wissen, da bereits auf den deutschen Markt eingewirkt werde. Ihr folgt auch die Rechtsprechung[162].

---

[159] So u.a. BAUMBACH /HEFERMEHL, RabattG Allg RdNr. 13; GROßKOMM UWG/SCHRICKER, Einl RdNr. F 219 weist dabei auch darauf hin, dass der Zweck der Rabattregelung in Deutschland aus heutiger verbraucher- und wettbewerbspolitischer Sicht fragwürdig sei. Die meisten europäischen Länder würden ein allgemeines Rabattverbot nicht kennen. Einer solchen dubiösen Regelung wie dem dt. RabattG dürfe erst recht kein exterritorialer Anwendungsbereich zuerkannt werden; SCHRICKER, GRUR 1977, 646 f.; GLOEDE, GRUR 1960, 464, (468); WIRNER, S. 92; TROLLER, K., S. 75; WEBER, S. 161 ff.; ULMER-REIMER, Bd. III, Deutschland, RdNr. 166.; REIMER/V. GAMM, Wettbewerbsrecht[4], § 1 RabattG, RdNr. 2; V. GAMM, EWS 1991, 166, (168 f.); JOERGES, RabelsZ 3 (1972), 421, (485); KÖHLER/PIPER, Einf. RdNr. 83; WIRNER, S. 91 f., 110 f.

[160] GROßKOMM UWG/SCHRICKER, Einl RdNr. F 219.

[161] STAUDINGER-V. HOFFMANN, Art. 38 EGBGB RdNr. 540 f.; GLOY-WILDE, § 6 RdNr. 35 f.; MÜKO-KREUZER, Art. 38 EGBGB RdNr. 246; BURMANN, S. 2, 9; KEGEL, § 18 IV 1 a, bb, S. 538; SACK, GRUR Int. 1988, 320 ff.; DERS., IPRax 1991, 386 ff.

[162] So z.B. OLG Düsseldorf v. 6.2.1970, NJW 1970, 1008 = GRUR Int. 1970, 164 = WRP 1970, 149 - Grenzrabatt.
Sachverhalt: Ein niederländischer Supermarkt hatte im Grenzgebiet in deutschen Zeitungen Inserate veröffentlicht, in denen er Sonderrabatte beim Einkauf in den Niederlanden anbot. Die Hauptleistung wurde hier als im Ausland erbracht angesehen. Bereits die Ankündigung der Rabatte in den deutschen Zeitungen beeinflusse den inländischen deutschen Wettbewerb, weil dadurch der niederländische Kaufmann in direkte Konkurrenz zu seinen deutschen Mitbewerbern trete.
Vgl. auch LG Hamburg v. 25.6.1975, IPRspr 1977 Nr. 106 - Weltweitclub (das Revisionsurteil BGH v. 13.5.1977, NJW 1977, 2211 - Weltweitclub hat aber offengelassen, ob das dt. RabattG i.d.F. anwendbar sei, s.o. 5.1.3.4.2); BGH v. 3.12.1971, GRUR 1972, 367 = WRP 1976, 155 - Besichtigungsreisen I, wo es um die Ankündigung von Rabatt in Deutschland bei einem Grundstückskauf in Spanien ging.
Vgl. schließlich auch KG v. 27.7.1990, IPRax 1991, 301 - Auslandsflug (s.o. 5.1.3.4.4) und OLG München v. 1.6.1995, NJW-RR 1996, 107 - Hotelgutscheine. MÜKO-KREUZER, Art. 38 EGBGB RdNr. 246 weist darauf hin, dass nur diese letzten beiden Entscheidungen, die eben-

Werden hingegen im Ausland für den direkt ins Inland gehenden Waren- und Leistungsverkehr Rabatte angekündigt und gewährt (Importgeschäft bei Rabattankündigung bzw. dessen Gewährung im Ausland), liegt dieser Ansicht nach der Marktort im Ausland, denn dort werde mit der Ankündigung oder Gewährung der Rabatte auf die Marktgegenseite eingewirkt. In solchen Fällen sei also ausländisches Recht anzuwenden[163].
Zwar gelangt auch die Gegenansicht in Fällen der Rabattgewährung im Ausland zur Anwendung ausländischen Rechts, doch ist deren Begründung, dass das Rabattgesetz nur auf dem Gebiet des rechtsetzenden Staates gelte, nach der herrschenden Meinung kollisionsrechtlich unbeachtlich[164]. Durch ihre Begründung gehe sie vielmehr auf ein anderes Problem ein, nämlich auf die Frage nach der sachlichen Reichweite einer (materiellrechtlichen) Verbotsnorm. Diese stelle sich aber erst, wenn kollisionsrechtlich auf die Verbotsnorm verwiesen werde[165].

6.4.2.3.2.2 Versprechen von Zugaben im Inland für Exportgeschäfte

Ein der Rabattgewährung entsprechendes Problem stellt sich bei der Gewährung von Zugaben.
Ein Teil der Literatur[166] sieht im Zugaberecht nicht nur ein Mittel, das der guten Ordnung auf dem inländischen Markt und dem Schutz der inländischen Mitbewerber - insbesondere der mittelständischen Gewerbetreibenden - dient, sondern auch dem Schutz der Abnehmer, insbesondere dem privaten Letztverbraucher. Anwendbar sei deshalb das Recht des Marktes, auf dem auf die Abnehmer durch Ankündigung bzw. Gewährung von Zugaben zum Schaden der Mitbewerber und unter möglicher Störung des im Allgemeininteresse liegenden Funktionierens des Wettbewerbs eingewirkt wird. Werden Zugaben im Inland für den Fall versprochen, dass Auslandsgeschäfte abgeschlossen werden, so ist dieser Ansicht nach deutsches Zugaberecht anwendbar, da der Schwerpunkt der wettbewerblichen Interessenkollision bereits auf dem deutschen Markt stattfinde.

---

falls (richtigerweise) zur Anwendung dt. Rechts gekommen seien, auch auf materiellrechtlicher Ebene korrekt erkannt hätten, dass das dt. Rabattverbot von seinem Normzweck her nicht für im Ausland abzuwickelnde Geschäfte gelte.

[163] Unerheblich sei, ob die Marktgegenseite ihren gewöhnlichen Aufenthalt im Inland habe und ihr dorthin das gekaufte Produkt geliefert werde, vgl. STAUDINGER-V. HOFFMANN, Art. 38 EGBGB RdNr. 540.

[164] Vgl. STAUDINGER-V. HOFFMANN, Art. 38 EGBGB RdNr. 540, der in diesem Zusammenhang darauf hinweist, dass auch das BGB ein Gesetz sei, dessen Geltung auf das Gebiet der Bundesrepublik Deutschland beschränkt ist; MÜKO-KREUZER Art. 38 EGBGB RdNr. 246; KREUZER, Ausländisches Wirtschaftsrecht, S. 53 f, 78 mwN.; vgl. auch V. BAR, IPR I, § 4 RdNr. 256 ff.

[165] MÜKO-KREUZER, Art. 38 EGBGB RdNr. 246.

[166] BURMANN, S. 2, 9; SACK, IPRax 1991, 386, (389 ff.); GLOY-WILDE, § 6 RdNr. 35 ff.; STAUDINGER-V. HOFFMANN, Art. 38 EGBGB RdNr. 542; aber auch GROẞKOMM UWG/SCHRICKER, RdNr. F 221, der der ZugabeVO im Unterschied zum RabattG einen weiteren territorialen Anwendungsbereich zuspricht.

Eine andere Meinung[167] möchte hingegen auf solche Fälle die deutsche Zugabeverordnung nicht anwenden und verweist dabei auf deren territorial eng begrenzten Geltungsbereich.

---

[167] BAUMBACH/HEFERMEHL, ZugabeVO Allg RdNr. 20; SCHIKORA, S. 252 f.; V. GAMM, Wettbewerbsrechtliche Nebengesetze, § 1 ZugabeVO RdNr. 5.

7. Kapitel: Das auf Multistate-Wettbewerbshandlungen anwendbare Recht

7.1 Grundsätzliche Anwendbarkeit des Rechts des Ortes der wettbewerbsmäßigen Interessenkollision

Wirkt sich eine unerlaubte Handlung etwa durch Massenmedien auf mehrere Staaten aus, spricht man von sog. Streu- oder Multistate-Delikten[1]. Handelt es sich dabei um wettbewerbswidriges Verhalten, ist es ratsam, diese auch sprachlich von den allgemeinen Streudelikten abzugrenzen und als „Multistate-Wettbewerbsdelikte" zu bezeichnen, denn schließlich werden sie auch im Hinblick auf ihre Anknüpfung gegenüber den allgemeinen Streudelikten unterschiedlich behandelt[2].
Da die unlautere Multistate-Werbung den typischsten und häufigsten Bereich der Multistate-Wettbewerbshandlungen ausmacht, wird im Folgenden insbesondere auf diese Form unlauteren Verhaltens eingegangen.

Der Werbung gelingt es durch Massenmedien inzwischen ziemlich leicht, sich weltweit auszuwirken. Sie gelangt durch Veröffentlichung in internationalen Presseerzeugnissen, durch Ausstrahlung über Satelliten in Rundfunksendungen oder durch Bereitstellung im Internet automatisch in eine Vielzahl von Ländern. Dabei ist stets typisch, dass einem Handlungsort mehrere Erfolgsorte gegenüberstehen[3].

Das auf Multistate-Wettbewerbsdelikte anwendbare Recht bestimmt sich nach dem Wettbewerbsstatut. Nach deutschem Recht ist somit auf Multistate-Wettbewerbshandlungen das Recht des Ortes der wettbewerbsmäßigen Interessenkollision anwendbar[4]. Maßgeblich ist das Recht des Staates, auf dessen

---

1 Sie sind ein Unterfall der sog. „gestreckten Delikte" oder „Distanzdelikte", MüKo-Kreuzer, Art. 38 EGBGB RdNr. 39; Honorati, S. 247 spricht von „multistate delicts".
2 Kort, GRUR Int. 1994, 594, (596) weist darauf hin, dass sie oftmals dem allgemeinen Deliktsstatut unterstellt werden, wobei er auf Kegel, § 18 IV 1a bb, S. 541 verweist. Honorati, S. 247 ff. betont ebenfalls, dass die Besonderheit der Multistate-Delikte, aufgrund einer Handlung eine Vielfalt von Erfolgen in verschiedenen Staaten zu verursachen, nicht ein typisch lauterkeitsrechtliches Problem, sondern ein viel allgemeineres deliktsrechtliches ist.
3 Staudinger-v. Hoffmann, Art. 38 EGBGB RdNr. 544; Mosconi, S. 166; Honorati, S. 248.
4 Staudinger-v. Hoffmann, Art. 38 EGBGB RdNr. 546; Mankowski, GRUR Int. 1999, 909; Kotthoff, CR 1997, 676, (677); Kort, GRUR Int. 1994, 594, (597 f.); vgl. aus der Rsp. BGH v. 23.10.1970, GRUR 1971, 153 m. Anm. Droste - Tampax; OLG Frankfurt v. 25.10.1990, IPRspr. 1990, Nr. 155 - Physikerzeitschrift; OLG Frankfurt v. 3.12.1998, NJW-CoR 1999, 302 m. Anm. Ernst, jeweils mit Verweis auf BGH v. 30.6.1961, GRUR 1962, 243 - Kindersaugflaschen.

Markt die Wettbewerbshandlung einwirkt. Die Marktortregel gilt sowohl für die Print-, Rundfunk- und Internetwerbung[5].
Die italienische Literatur geht auf die Multistate-Problematik im Lauterkeitsrecht vergleichsweise selten ein. Soweit sie dies tut, will sie auf Multistate-Wettbewerbshandlungen ebenfalls die jeweils für die Anknüpfung von Wettbewerbshandlungen gefundene Lösung angewandt wissen[6].

Wird das auf Multistate-Wettbewerbshandlungen anwendbare Recht durch den Marktort bzw. den Erfolgsort bestimmt, ist grundsätzlich für jeden betroffenen (national) abgrenzbaren Markt bzw. Staat das dort geltende Recht heranzuziehen[7].
Da es somit in vielen Fällen zur Anwendung einer derart großen Anzahl von Rechtsordnungen kommen kann, dass ihrer aller Beachtung praktisch unmöglich wird, stellt sich die Frage, inwieweit bei Multistate-Wettbewerbshandlungen die Regelanknüpfung nicht eingeschränkt oder qualifiziert werden kann und muss[8].

Diese Frage stellt sich nicht, wenn statt auf den Markt- bzw. Erfolgsort auf den Handlungsort abgestellt wird. So neigt die italienische Literatur - entgegen der nun geltenden, vorrangigen Anknüpfung an den Erfolgsort gem. Art. 62 Abs. 1 S. 1 ital. IPRG - dazu, die sich an verschiedenen Orten auswirkenden Wettbewerbsdelikte am Ort anzuknüpfen, an dem das wettbewerbswidrige Verhalten stattgefunden hat[9].

---

[5] GROßKOMM UWG/SCHRICKER, Einl F 203 mwN. in Fn. 133.
[6] HONORATI, S. 251 sieht keine Grund dafür, bei Multistate-Wettbewerbshandlungen von der Marktortanknüpfung abzuweichen; vgl. auch SARAVALLE, NLC 1996, 1441, (1447) u. DAVÌ, RDInt 1975, 225, (253). MOSCONI, S. 166 weist ebenfalls auf die grundsätzliche Maßgeblichkeit des Rechts des Erfolgsortes (Art. 62 Abs. 1 S. 1 ital. IPRG) in diesem Zusammenhang hin; ANNIBALE, S. 304 und POCAR, Il nuovo diritto internazionale privato S. 66 f. knüpfen Multistate-Wettbewerbshandlungen an den Handlungsort an; FERRARI BRAVO, RDC 1961, I, 80, (85) will den Ort der engsten Verbindung angewandt wissen.
[7] Für das dt. Recht vgl. GROßKOMM UWG/SCHRICKER, Einl F 185, F 189, F 205; MÜKO-KREUZER, Art. 38 EGBGB RdNr. 248; STAUDINGER-V. HOFFMANN, Art. 38 EGBGB RdNr. 546 a.E. mwN.; KOCH, S. 286; KORT, GRUR Int. 1994, 594, (599 f.), (602); MANKOWSKI, GRUR Int. 1999, 909 spricht von der „addierenden Anknüpfung"; WIRNER, S. 120 ff.; WENGLER, RabelsZ 19 (1954), 401, (421 ff.); SCHRICKER, GRUR Int. 1982, 720, (724); SANDROCK, GRUR Int. 1985, 507, (522); LINDACHER, WRP 1996, 645, (648); REGELMANN, S. 152 f. mwN. in Fn. 12.
Für das ital. Recht vgl. HONORATI, S. 248, 250 u. 252; FERRARI BRAVO, RDC 1961, I, 80, (85); MOSCONI, S. 166.
[8] Diese Frage stellt sich insbesondere die dt. Lit. vgl. z.B. REGELMANN, S. 150; KOTTHOFF, CR 1997, 678; MANKOWSKI, GRUR Int. 1999, 909, (915 ff.); DETHLOFF, NJW 1998, 1596, (1601 ff.).
[9] Vgl. MOSCONI, S. 166; POCAR, Il nuovo diritto internazionale privato S. 66; vgl. aber auch Betti, Cassoni und Ballarino, dazu s.o. 5.5.3.

Da sie sich, soweit ersichtlich, zur Begrenzung der anwendbaren Rechtsordnungen bei Multistate-Wettbewerbsdelikten jedoch nur sporadisch geäußert hat[10], sollen im Folgenden vor allem die von der deutschen Literatur gemachten Vorschläge zur Eingrenzung der Anknüpfung an den Marktort bei Multistate-Wettbewerbshandlungen erörtert und bewertet werden.

7.1.1 Begrenzung der tangierten Rechtsordnungen durch das Herkunftslandprinzip

Zur Begrenzung der anwendbaren Rechtsordnungen wäre es denkbar, nur diejenige des Staates anzuwenden, in dem die Wettbewerbshandlung ihren Ursprung hat (Herkunftslandprinzip).
Bei Fernsehwerbung wäre es beispielsweise der Ausstrahlungsort[11], bei Printmedien der Ort der Redaktion[12], bei Internetwerbung der Ort, an dem sich der Content-Provider befindet.
Vorteil einer solchen Anknüpfung nach dem Herkunftslandprinzip wäre die größere Rechtklarheit über das anzuwendende Recht. Diese käme in erster Linie dem Exporteur zugute, der sich nicht auf eine Vielzahl verschiedener Rechtsordnungen einstellen müsste und darauf zu achten hätte, dass seine Werbung auch mit allen lokalen Vorschriften der Orte übereinstimmt, die sie erreicht. Hohe Werbekosten, die durch die Einholung von Rechtsrat entstehen, könnten somit entfallen. Dies ist vor allem für mittelständische Betriebe mit einem nur begrenzten Werbebudget ganz entscheidend. Die Anwendung des Herkunftslandprinzips würde, so betrachtet, sogar den grenzüberschreitenden Warenverkehr fördern.

Gegen eine Anknüpfung an das Recht des Herkunftslandes wird vor allem vorgetragen, dass einem Missbrauch Tür und Tor geöffnet würden[13]. Man würde

---

[10] Ausführlicher geht zwar HONORATI, S. 247 ff. auf diese Multistate-Problematik ein. Sie vertritt aber für das Lauterkeitsrecht eine Marktortanknüpfung nach „deutschem Muster“ und verweist auch bei der Erörterung der Eingrenzung der danach anwendbaren Rechtsordnung bei Multistate-Wettbewerbshandlungen praktisch ausnahmslos auf dt. Lit. u. Rsp.

[11] S.o. 3.3.2.2 (RL 89/552/EWG u. 97/36/EG), die in Art. 2 Abs. 1 von der grundsätzlichen Maßgeblichkeit des Rechts des Sendelands als Herkunftsland ausgeht. Die Richtlinie koordiniert jedoch für das Gebiet der Werbung nur einen sehr eingeschränkten Bereich, vgl. Art. 10 ff. der Fernseh-RL zur Trennung der Werbung von anderen Programmteilen (Art. 10 Abs. 1), zur Schleichwerbung (Art. 10 Abs. 4) oder zur Tabakwerbung (Art. 13).
Vgl. auch die RL des Rates v. 6.10.1993 zur Koordinierung bestimmter urheber- und leistungsschutzrechtlicher Vorschriften betreffend Satellitenrundfunk und Kabelweiterverbreitung, (93/83/EWG), ABlEG 6.10.1993 Nr. L 248/15-21, die mit der Anwendung der Sendelandtheorie die Frage beantwortet, in welchen Ländern Satellitenfernseh-Sender die erforderlichen Urheberrechte erwerben müssen; dazu weiterführend CASTENDYK/V. ALBRECHT, GRUR Int. 1992, 734 ff.

[12] RABEL, S. 335.

nach wettbewerblichen „Haftungsoasen" (sog. *liability heaven*) suchen, um von dort aus Wettbewerbshandlungen vornehmen zu können, die erst vom Recht der entsprechenden Erfolgsorte als wettbewerbswidrig eingestuft werden. Ein Standortwettbewerb zwischen den Staaten würde einsetzen, ihre Wettbewerbsvorschriften möglichst liberal zu gestalten (race to the bottom)[14].
Wenn die Verlegung des Redaktions-, Ausstrahlungs-, oder Produktionsortes zwar noch mit einem gewissen Aufwand verbunden sein mag, so ist es ohne größeren Einsatz sachlicher oder finanzieller Mittel möglich, Webseiten auf wechselnden und beliebig veränderbaren Servern in verschiedenen Staaten zu veröffentlichen[15].

Rückt man von der Marktortregel ab, so gerät zudem die *par conditio concurrentium* auf nationalen (Export-)Märkten aus dem Gleichgewicht, was eine Inländerdiskriminierung derjenigen Unternehmen zur Folge hätte, die ihren Unternehmenssitz nicht in einen *liability heaven* verlagern können[16].

Gegen die grundsätzliche Anwendung des Herkunftslandprinzips spricht außerdem, dass jede Ware ihrem eigenen Herkunftslandrecht unterliegen würde. Für ein und dasselbe Produkt würden je nach dessen Herkunft verschiedene Werbestatute gelten. Dies steht einem einheitlichen Verbraucherschutz entgegen[17]. Da der Verbraucher nur selten wissen wird, welche Werbemethoden in welchem Land zulässig bzw. unzulässig sind, wird er m.E. oft Schwierigkeiten haben, den Wahrheitsgehalt der Werbeaussage einzuschätzen.

7.1.2 Begrenzung der tangierten Rechtsordnungen durch das Erfordernis der Marktteilnehmereigenschaft

Meist werden beim Multistate-Wettbewerb die Orte der wettbewerbsmäßigen Interessenkollision quantitativ von vornherein dadurch begrenzt, dass der klagende Konkurrent auf den entsprechenden Märkten gar nicht vertreten ist.
Nur wenn ein und derselbe Anspruchsteller auf den verschiedenen nationalen Märkten auch als Marktteilnehmer auftritt, kann er sich wahlweise auf mehrere Rechtsordnungen stützen. Ansonsten fehlt es an dem für eine Rechtswahl erforderlichen berechtigten Interesse des Anspruchstellers, denn die Wettbewerbs-

[13] So STAUDINGER-V. HOFFMANN, Art. 38 EGBGB RdNr. 545; MÜKO-KREUZER, Art. 38 EGBGB RdNr. 248; BERNHARD, S. 254 f.; KOTTHOFF, CR 1997, 676, (678 f.); KORT, GRUR Int. 1994, 594, (597); MANKOWSKI, GRUR Int. 1999, 909, (913 ff.); REGELMANN, S. 152; SACK, GRUR Int. 1988, 320, (328); SANDROCK, GRUR Int. 1985, 507, (522); WIRNER, S. 120, DEUTSCH, S. 54 f.
[14] MANKOWSKI, GRUR Int. 1999, 909, (914).
[15] KOTTHOFF, CR 1997, 676, (679).
[16] BERNHARD, S. 254; MANKOWSKI, GRUR Int. 1999, 909, (914 mwN. in Fn. 69); REITMAIER, S. 25 ff.
[17] Vgl. MANKOWSKI, GRUR Int. 1999, 909, (914 f.).

handlung wirkt sich zwar auch bei fehlender Marktteilnehmereigenschaft an dem jeweiligen (Markt-)Ort aus, ohne aber dort seine wettbewerblichen Interessen zu verletzen[18]. Diese quantitative Einschränkung der auf Multistate-Wettbewerbshandlungen anwendbare Rechte ist der Marktortregel bereits immanent.

7.1.3 Korrektur des Marktortprinzips auf sachrechtlicher Ebene

Man könnte die ausufernden Wirkungen des Marktortprinzips in Kauf nehmen und unerwünschte Folgen auf Sachebene korrigieren. Diesen Weg ging das OLG Frankfurt, das in seiner „Physikerzeitschrift"-Entscheidung[19] die Anwendbarkeit deutschen Rechts bejahte, weil der in englischer Sprache erfolgte Preisvergleich in einer amerikanischen Fachzeitschrift mit einigen hundert Abonnenten in Deutschland auch das Nachfrageverhalten inländischer Abnehmer beeinflusse, trotz seines ausschließlichen Bezugs auf den US-Markt.
Ohne den Preisvergleich auf seine Zulässigkeit nach deutschem Lauterkeitsrecht zu prüfen, hat es einen Verstoß gegen deutsches Recht mit der Begründung verneint, das Wettbewerbsverhalten stehe jedenfalls mit der ausländischen Rechtsordnung und den auf dem Auslandsmarkt anerkannten Gebräuchen und Auffassungen in Einklang. Da diese im Rahmen des § 1 UWG zu berücksichtigen seien, werde das Verhalten auch nach der maßgebenden inländischen Verkehrsauffassung nicht als wettbewerbswidrig empfunden.

Ein solches Korrektiv verwischt aber die Trennung zwischen Kollisionsrecht und materiellem Recht, denn das auf kollisionsrechtlicher Ebene abgelehnte ausländische Recht kommt dann mittelbar über das Tatbestandsmerkmal der „guten Sitten" doch wieder zur Anwendung. Außerdem geht es zulasten der Rechtssicherheit, wenn ausländische Rechtsanschauungen erforscht, in ein Verhältnis zum deutschen Standard der guten Sitten im Wettbewerb gesetzt und innerhalb der Generalklausel dann mittelbar angewandt werden müssen[20].
Zwar hat selbst der BGH gelegentlich ausländische Rechtsanschauungen im Rahmen des § 1 UWG berücksichtigt[21], die Grundsatzentscheidung „Stahlexport" kennt indes eine solche mittelbare Berücksichtigung ausländischen Rechts nicht. Allerdings ist danach deutsches Recht erst dann (unmittelbar) anzuwenden, wenn auf dem Auslandsmarkt nur deutsche Unternehmen tätig sind oder sich die Wettbewerbshandlung ausschließlich gegen deutsche Mitbewerber richtet[22].

---

18 STAUDINGER-V. HOFFMANN, Art. 38 EGBGB RdNr. 546 mwN.
19 OLG Frankfurt v. 25.10.1990, IPRspr. 1990, Nr. 155, 307, (309 f.) - Physikerzeitschrift.
20 So die Kritik von KOTTHOFF, CR 1997, 676, (679).
21 Vgl. BGH v. 24.7.1957, GRUR 1958, 189 - Zeiss; BGH v. 13.5.1977, GRUR 1977, 672, (674) - Weltweit-Club; BGH v. 4.6.1987, NJW 1988, 644, (646) - Perrier.
22 BGH v. 20.12.1963, BGHZ 40, 391, (397) - Stahlexport.

7.1.4 Erheblichkeit der Werbung auf einem Staatsgebiet (Spürbarkeitskriterium)

Erst wenn die Wettbewerbsmaßnahme eine gewisse Mindestschwelle überschreitet und geeignet ist, den Inlandsmarkt nicht nur unerheblich zu beeinflussen, ist auf sie auch dessen Recht anwendbar[23]. Nur dann kann eine wettbewerbsmäßigen Interessenkollision auf dem Markt eines bestimmten Staates angenommen werden, ist dieser also spürbar berührt.
Ob eine Werbemaßnahme eher zufällig und technisch bedingt, also unbeabsichtigt, ins Ausland gelangt oder im Ausland ganz bewusst geworben wird, soll anhand von Indizien festgestellt werden, die eine Mindestschranke für eine anzunehmende Interessenkollision darstellen sollen. Diese Indizien können sich je nach Werbeträger (internationale Periodika, Rundfunk, Internet) im Einzelnen durchaus unterscheiden. Allgemein wird jedoch das Erreichen der Spürbarkeitsgrenze anhand der Quantität der Verbreitung einer Werbung im Inland, der Regelmäßigkeit des Vertriebs des Produktes und der verwendeten Sprache ermittelt[24].

Bei Feststellung der Mindestschwelle ist zu beachten, dass auch die Einwirkung auf einen kleinen Adressatenkreis spürbar sein kann, wenn, wie beispielsweise bei Spezialgeräten, die angepriesene Ware nur in kleinen Stückzahlen abgesetzt wird[25].

Liegt aber eine spürbare Marktbeeinflussung vor, so ist unerheblich ob der *Overspill* vorhersehbar[26], beabsichtigt oder unbeabsichtigt war[27] oder ob er (zumutbar) hätte verhindert werden können[28]. Wird anhand von objektiven Indizien festgestellt, dass die Mindestschwelle überschritten wurde, kommt die Marktort-

---

[23] BGH v. 23.10.1970, GRUR 1971, 153, (154 unter III.2.a) - Tampax; MüKo-Kreuzer, Art. 38 EGBGB RdNr. 248 mwN. in Fn. 932; Baumbach/Hefermehl, Einl RdNr. 187; Gloy-Wilde, § 6 RdNr. 31 ff.; Gloy-Jacobs/Schulte-Beckhausen, § 28 RdNr. 14 ff.; Staudinger-v. Hoffmann, Art. 38 EGBGB RdNr. 546; Großkomm UWG/Schricker, Einl RdNr. F 190 f., F 206; v. Bar, IPR II § 6 RdNr. 697; Mankowski, GRUR Int. 1999, 909, (916); Kotthoff, CR 1997, 676, (680); vgl. auch Sack, GRUR Int. 1988, 320, (329), der aber der Ansicht ist, dass wenn die Mindestschwelle nicht überschritten wird, es nicht an einem Begehungsort fehle, sondern an dem erforderlichen Rechtsanwendungsinteresse.
[24] Vgl. statt aller Kotthoff, CR 1997, 676, (680 mwN. in Fn. 25, 26, 27).
[25] Sack, GRUR Int. 1988, 320, (328); Hoth, GRUR Int. 1972, 449, (454).
[26] Sack, GRUR Int. 1988, 320, (329); Schricker, GRUR Int. 1982, 720 ff., 724; **a.A.** Mook, S. 58, 67, der nur das Recht des Landes für anwendbar hält, in das ein *spill-over* vorhersehbar war, bei Unvorhersehbarkeit hingegen eine Wettbewerbsabsicht und im Falle von Schadensersatzansprüchen auch ein Verschulden verneint.
[27] Sack, GRUR Int. 1988, 320, (329); Schricker, GRUR Int. 1982, 720, (724); **a.A.** Gloy-Jacobs/Schulte Beckhausen, § 28 RdNr. 17, 18 u. Fn. 52, der aus der „Stahlexport"-Entscheidung entnimmt, dass eine aus dem Ausland „importierte" Sendung, wenn sie fürs Inland bestimmt ist, also dort ausgestrahlt wird und den inländischen Markt beeinflusst, deutschem Recht unterliegt.
[28] Sack, GRUR Int. 1988, 320, (329); Schricker, GRUR Int. 1982, 720, (724).

regel voll zur Anwendung, bei welcher, wie bereits erwähnt, für jeden betroffenen, national abgrenzbaren Markt grundsätzlich das dort geltende Recht heranzuziehen ist. Doch wird man über das Spürbarkeitskriterium oft schon eine ganze Reihe von potentiell anwendbaren Rechtsordnungen ausscheiden können, da der national abgrenzbare Markt, auf den sie sich jeweils beziehen, durch die Wettbewerbsmaßnahme nur unerheblich berührt wird. In solchen Fällen gebietet weder der Schutz der Marktbeteiligten noch jener des Marktes als Institution die Anwendung des entsprechenden Marktrechts[29].

Obwohl dieses im Wettbewerbskollisionsrecht verwendete Spürbarkeitskriterium mit dem internationalkartellrechtlichen Auswirkungsprinzip verwandt ist, besteht Einigkeit darüber, dass es ihm nicht gleichzusetzen ist[30]. Während das Kartellrecht an die Folgen eines bestimmten Verhaltens anknüpft (§ 130 Abs. 2 GWB, Art. 81, 82 EGV), wird im Lauterkeitsrecht an das Verhalten selbst angeknüpft. Dieser Unterschied hat seinen Grund auch darin, dass es in der Praxis äußerst schwer festzustellen ist, ob z.B. eine Werbemaßnahme tatsächlich ihre beabsichtigte Wirkung erfüllt hat, d.h. ob die Kunden ihretwegen von einem Mitbewerber zum Konkurrenten übergelaufen sind[31].
Nicht zuletzt aus diesen praktischen Erwägungen wird im Lauterkeitsrecht schon eine Stufe früher angeknüpft. Es reicht aus, dass ein Verhalten potentiell geeignet ist, die Marktposition des Wettbewerbers zu verschieben.

7.2 Die für die einzelnen Medien mit globalem Verbreitungsgrad anwendbaren Kriterien zur Ermittlung einer spürbaren Marktbeeinflussung

Da in jedem Medium mit zumindest potentiell globaler Verbreitung sowohl im Hinblick auf die Werbekonzeption als auch auf die dabei verwendeten technischen Mittel unterschiedlich geworben wird, kann die Frage, wann im Einzelnen die Spürbarkeitsgrenze überschritten ist und an welchen Kriterien oder Anhaltspunkten sich diese festmachen lässt, nur durch eine genauere Bestimmung der Besonderheiten der einzelnen Werbeträger beantwortet werden.

---

29 DETHLOFF, NJW 1998, 1596, (1600); MANKOWSKI, GRUR Int. 1999, 909, (916 mwN. in Fn. 84).

30 MANKOWSKI, GRUR Int. 1999, 909, (916 mwN. in Fn. 87); KOTTHOFF, CR 1997, 676, (678); KORT, GRUR Int. 1994, 594, (598); DETHLOFF, NJW 1998, 1596, (1599 f.).

31 Vgl. auch MANKOWSKI, GRUR Int. 1999, 909, (916) u. (919). Zur Frage, wie schwer die Marktrelevanz im Einzelfall feststellbar ist, vgl. OLG Düsseldorf v. 19.2.1987, WRP 1987, 476, (477).

7.2.1 Werbung in international verbreiteten Periodika

Bei Printmedien ergibt sich die objektive Zweckbestimmtheit einer Werbung bereits aus dem Charakter der Anzeige und des Presseerzeugnisses, in dem sie erscheint.
Bei einer Werbeanzeige in international ausgerichteten Printmedien wird grundsätzlich vermutet, dass sie auf alle Märkte einwirken soll, in denen der Werbeträger bestimmungsgemäß verbreitet wird[32]. Die ganz herrschende Meinung in Schrifttum und Rechtsprechung wendet aber deshalb damit nicht schon das Recht der bestimmungsgemäßen Vertriebsorte an, sondern verlangt vielmehr zu prüfen, ob die aus der Sicht des Verlagsortes ins Ausland gelangenden Exemplare mit ihren Werbeanzeigen geeignet sind, den ausländischen Wettbewerb spürbar zu beeinflussen[33]. Erst wenn auch dies der Fall ist, wird das entsprechende Vertriebsortrecht anwendbar.
Im Rahmen der Prüfung, ob die international verbreiteten Periodika durch ihre Werbeanzeigen den ausländischen Wettbewerb spürbar beeinflussen können, ist z.B. zu berücksichtigen, inwieweit die angesprochenen Kreise die in der Werbung benutzte Sprache verstehen und ob die angepriesenen Waren auf dem betreffenden Markt überhaupt erhältlich sind[34].
Deutsches Recht wurde bei Werbung in ausländischen, auch in Deutschland vertriebenen internationalen Zeitungen bereits bei einer möglichen Beeinträchtigung des Nachfrageverhaltens von nur zwei[35], bzw. im vom BGH entschiedenen „Tampax"-Fall von dreihundertdreiundsechzig[36] inländischen Abonnenten angewandt.

---

[32] KOTTHOFF, CR 1997, 676, (681); DERS., S. 28 ff.

[33] HOTH, GRUR Int. 1972, 449, (452); GLOY-WILDE, § 6 RdNr. 32; SACK, GRUR Int. 1988, 320, (328); BAUMBACH/HEFERMEHL, Einl UWG RdNr. 187; GROßKOMM UWG/SCHRICKER, Einl F 189, F 190 f., F 206; V. BAR, IPR II § 6 RdNr. 697; SCHRICKER, GRUR Int. 1982, 720, (724); REUTER, BB 1989, 2265, (2267); **a.A.** wohl KOTTHOFF, CR 1997, 676, (681); DERS., S. 28 ff., STAUDINGER-V. HOFFMANN, Art. 38 EGBGB RdNr. 546 u. MÜKO-KREUZER, Art. 38 EGBGB RdNr. 248, die nur auf die bestimmungsgemäße Verbreitung der Periodika abstellen, ohne zumindest zu erwähnen, dass die Werbung geeignet sein muss, den ausländischen Wettbewerb spürbar zu beeinflussen.
Aus der Rsp. BGH v. 23.10.1970, GRUR 1971, 153 - Tampax; **a.A.** OLG Düsseldorf v. 19.2.1987, WRP 1987, 476, (477), das nur auf den bestimmungsgemäßen Vertrieb abstellt und das Erfordernis der Feststellung der Geeignetheit der tatsächlichen Beeinflussung ablehnt, da eine derartige Marktrelevanz im Einzelfall nur äußerst schwer feststellbar sei.

[34] GROßKOMM UWG/SCHRICKER, Einl F 191; SCHRICKER, GRUR Int. 1982, 720, (724); HOTH, GRUR Int. 1972, 449, (453).

[35] Im vom OLG Hamburg v. 15.5.1986, GRUR Int. 1987, 105, (107) entschiedenen Fall wurden zwei Exemplare einer französischen Zeitung regelmäßig in Deutschland im Abonnement bezogen.

[36] BGH v. 23.10.1970, GRUR 1971, 153 - Tampax, dazu s.o. 5.1.3.4.2.
Maßgebend für die Anwendung dt. Rechts war, dass durch den Vertrieb der Schweizer Zeitschrift an die 363 Abonnenten in der BRD die deutsche Wettbewerbsordnung „nicht nur am Rande oder in einem Nebenpunkt berührt worden sei".

Wird eine Zeitung oder Zeitschrift in einem bestimmten Land hingegen nicht bestimmungsgemäß vertrieben, so bleibt dessen Recht folglich auch dann außer Betracht, wenn eine geringe Stückzahl dennoch in dieses Land gelangt[37]. Eine Ausnahme hiervon kann gemacht werden, wenn der Werbung in einer solchen Zeitung ein zielgerichteter Eingriff in das inländische Wettbewerbsgeschehen dieses Landes zu entnehmen ist[38].

7.2.2 Satellitenübertragene Rundfunkwerbung (Hörfunk und Fernsehen)

Lehnt man eine Anknüpfung an den Ausstrahlungsort aufgrund der oben erwähnten Betrachtungen ab, kommt auch bei über Satellit ausgestrahlter Werbung nur der Empfangsstaat als Ort der Interessenkollision in Betracht.

Dem Ausstrahlungsvorgang selbst kann kein bestimmtes nationales Recht zugeordnet werden, denn das Signal nimmt seinen Weg über Satelliten, die über dem Äquator in einer Höhe außerhalb der Hoheitsgebiete einzelner Länder stationiert sind[39]. Aus diesem Grund macht aber auch der *Footprint*, d.h. das Bestrahlungsgebiet, an den nationalen Grenzen nicht Halt und deckt in aller Regel mehrere Länder ab. Diese technisch bedingte Mitbestrahlung anderer Länder ist nicht neu. Auch bei der terrestrischen Ausstrahlung gibt es seit langem das sog. „*Overspill*-Phänomen"[40]. Um eine ausreichende und gleichbleibende Empfangsqualität im zugewiesenen Versorgungsgebiet zu gewährleisten, muss das Sendegebiet aus technischen Gründen weiter gezogen werden als das Versorgungsgebiet, weil atmosphärische Veränderungen die Reichweiten der Signale verändern können[41].

Auch bei der durch Satellit übermittelten Rundfunkwerbung kommt es deshalb grundsätzlich darauf an, ob die Werbung in dem betreffenden Land bestimmungsgemäß verbreitet wurde. Wird Werbung aus dem Ausland über Satellit in die Bundesrepublik gebracht, unterliegt sie grundsätzlich dem deutschen Wettbewerbsrecht, wenn sie dort empfangbar ist und der Ort der Interessenkollision in Deutschland liegt[42]. Das ist z.B. der Fall, wenn die Werbung zumindest auch für den deutschen Markt bestimmt ist und das beworbene Produkt im Inland ver-

---

[37] SACK, GRUR Int. 1988, 320, (328 f.); MÜKO-KREUZER, Art. 38 EGBGB RdNr. 248; a.A. KOTTHOFF, CR 1997, 676, (681), der dies auch für eine große Stückzahl annimmt.
[38] KOTTHOFF, CR 1997, 676, (681 Fn. 38).
[39] Vgl. auch GLOY-JACOBS/SCHULTE-BECKHAUSEN, § 28 RdNr. 12; SCHRICKER, GRUR Int. 1984, 592, (594).
[40] Dazu eingehender KÜHN, ZUM 1985, 299 ff.
[41] GLOY-JACOBS/SCHULTE-BECKHAUSEN, § 28 RdNr. 16.
[42] GLOY-JACOBS/SCHULTE-BECKHAUSEN, § 28 RdNr. 12 mwN. in Fn. 40.

trieben wird[43]. Im Einzelnen ist zwischen der Übertragung über Fernmeldesatellit und der Ausstrahlung über Direktempfangssatellit zu unterscheiden:

Erfolgt nur die Übertragung des Fernsehsignals per Fernmeldesatellit[44], wird es aber dann in inländische Kabelnetze eingespeist, wird vermutet, dass die Werbung bewusst und zweckgerichtet ins Inland gelangt und sich auf dem dortigen Markt auswirkt[45]. Solche Werbung ist der direkt über Kabel ausgestrahlten gleichzusetzen, die inländischem Recht unterliegt.

Wird die Werbung hingegen über Direktempfangssatelliten ausgestrahlt und ist somit das Signal nur mit einer Satellitenschüssel und dem entsprechenden Receiver empfangbar, muss erst anhand von Indizien festgestellt werden, ob eine spürbare Marktbeeinflussung vorliegt[46].
Die herrschende Meinung stellt dabei darauf ab, ob die Werbung im ganzen Gebiet oder weiten Teilen des betreffenden Staates empfangbar ist oder nur in Randzonen[47]. Überdeckt der *Footprint* nicht nur Randbereiche, sondern erhebliche Teile eines Empfangstaates, so wird vermutet, dass der Ort der Interessenkollision zumindest auch in diesem Staat liegt, die Wettbewerbsinteressen dieses Staates also nicht nur peripher tangiert sind.
Da es sich aber trefflich darüber streiten lässt, ob der *Footprint* nur einen Randbereich eines Landes oder nicht schon etwas mehr als einen solchen erfasst, ist zu berücksichtigen, ob das Signal nur aus technischen Gegebenheiten über die Grenzen hinweg in Bereiche eines anderen Landes gelangt, ohne für dessen

43 GROßKOMM UWG/SCHRICKER, Einl F 206; DERS., GRUR Int. 1982, 720, (724); BAUMBACH/HEFERMEHL, Einl UWG RdNr. 178 ff.; GLOY-JACOBS/SCHULTE-BECKHAUSEN, § 28 RdNr. 12 mwN. in Fn. 40.

44 Es handelt sich hierbei um Satelliten, die als Relaisstationen zwischen Erdfunkstellen dienen, indem sie die Signale der Sendestation empfangen und verstärkt an die Empfangsstation weitersenden. Damit können interkontinentale Entfernungen überbrückt werden. INTELSAT betreibt z.B. für den überregionalen öffentlichen Nachrichtenverkehr solch ein globales internationales Satellitensystem, vgl. DTV-LEXIKON, Bd. 12, Stichwort „Nachrichtensatellit".

45 GLOY-JACOBS/SCHULTE-BECKHAUSEN, § 28 RdNr. 12; KOTTHOFF, CR 1997, 676, (681).

46 Einige Autoren verneinen bei einem *Overspill* grds. eine spürbare Beeinträchtigung, vgl. HERLEMANN, S. 59 f., KOTTHOFF, CR 1997, 676, (681), der bei Werbung über Direktempfangssatelliten sogar „in der Regel keinen zielgerichteten Eingriff in den Inlandswettbewerb" annimmt, damit aber m.E. Fälle von *Overspill* meint; vgl. auch HONORATI, S. 244 ff., die bei *Overspill* das Rechtsanwendungsinteresse des nur mitbestrahlten Staates verneint („in un caso di *spill-over* viene meno [...] ogni interesse dell'ordinamento ad essere applicato").

47 GLOY-WILDE, § 6 RdNr. 33, der der Ansicht ist, dass bei Sendungen, die in weiten Bereichen Süddeutschlands empfangen werden, eine „tendenzielle Auswirkung auf den Inlandsmarkt nicht zu leugnen ist"; REUTER, BB 1989, 2265, (2267) und SCHRICKER, GRUR Int. 1982, 720, (724), wollen unabhängig davon, ob der *Overspill* beabsichtigt ist oder nicht, dt. Recht anwenden, wenn „ein nennenswerter Anteil der potentiellen Abnehmer in Deutschland die Funkwerbung empfangen kann"; GLOY-JACOBS/SCHULTE-BECKHAUSEN, § 28 RdNr. 12 stellt zwar vorwiegend auf den intendierten Sendebereich ab und nicht auf das Spürbarkeitskriterium (insofern Mindermeinung s.o. Fn. 27), nimmt diesen aber als beabsichtigt an, wenn die Werbung in weiten Teilen des Inlands empfangbar ist.

Markt bestimmt zu sein, oder dies ganz bewusst erfolgt. Was im Einzelfall zutrifft, müsste anhand objektiver Indizien festgestellt werden. Ist beispielsweise die entsprechende Ware auf dem betreffenden Markt gar nicht erhältlich, nimmt die herrschende Ansicht in der Literatur auch bei einer flächenmäßig größeren Bestreuung eines Landes noch einen technisch bedingten *Overspill*-Effekt an und möchte das Wettbewerbsrecht jenes bestrahlten Staates nicht anwenden[48]. Dieser Fall wird aber angesichts der Tatsache, dass es immer leichter wird, jede (ausländische) Ware im oder ins Inland zu bestellen, in Zukunft immer seltener werden. Man wird daher in der Regel dazu tendieren, immer seltener einen nur technisch bedingten *Overspill* anzunehmen.

Ist das Produkt auch auf dem inländischen Markt erhältlich, kann m.E. auch dann nicht mehr von einer fehlenden Spürbarkeit der Marktbeeinträchtigung gesprochen werden, wenn die Werbung nicht in der Landessprache des Empfangslandes verfasst ist. Da inzwischen immer mehr ausländische Mitbürger über Satellitenschüsseln und dazugehörige Receiver verfügen, um auch Programme des Heimatlandes zu empfangen[49], steigt entsprechend auch der Anteil des Fernsehpublikums, der fremdsprachige Werbung versteht[50].

7.2.3 Internetwerbung

Auf das weltweit ausgerichtete Kommunikationsmedium Internet können inzwischen Menschen aus fast allen Staaten der Welt zugreifen[51]. Das Medium scheint deshalb wie geschaffen dafür zu sein, um im geschäftlichen Verkehr weltweit Waren und Dienstleistungen günstig anzubieten und für sie zu werben.

---

[48] So im Ergebnis auch GLOY-JACOBS/SCHULTE-BECKHAUSEN, § 28 RdNr. 15, 17; GROßKOMM UWG/SCHRICKER, Einl F 191, 206; HOTH, GRUR Int. 1972, 449, (453); KORT, GRUR Int. 1994, 594, (600); DETHLOFF, NJW 1998, 1596, (1599 in Fn. 41); SCHRICKER, GRUR Int. 1982, 7250, (724).

[49] Nicht selten werden sogar gleich zwei Schüsseln installiert bzw. ein Drehmotor eingebaut, um über verschiedene Satelliten empfangen zu können.

[50] A.A. noch SCHRICKER, Recht der Werbung RdNr. 107 Fall Nr. 7, wo es um in franz. Sprache über Satellitensender ausgestrahlte Werbung für ein Produkt ging, das auch in Deutschland erhältlich war. Er verneinte „eine spürbare Marktwirkung in Deutschland" wegen der immer noch geringen Verbreitung geeigneter Empfangsantennen und angesichts der Sprachbarriere.

[51] Es sind vor allem politische Gründe, weshalb gewisse Länder sich nicht dem Internet anschließen (z.B. Eritrea, Libyen, Republik Kongo), bzw. Filter vorschalten, damit nur bestimmte Informationen abrufbar sind (Iran), oder den Abruf der Information ständig überwachen. Eine statistische Auswertung der University of Wisconsin - Madison über die ans Internet angeschlossenen Länder wird seit der 16. Version (ftp://nic merit.edu/Internet/connectivity/) nicht mehr fortgeführt, da nur noch einige wenige Länder nicht mit dem Internet verbunden sind, so Larry Landweber, Computer Science Dept., University of Winsconsin-Madison, lhl@cs.wisc.edu, auf Anfrage am 5.4.1999 „I realized that there were only a handful of countries that were not connected. Therefore the map would no longer convey much useful info".

Auf unlauteren Wettbewerb im Internet sind nicht nur die allgemeinen Regelungen des materiellen Wettbewerbsrechts anwendbar[52], sondern es ist grundsätzlich auch an den Ort der wettbewerblichen Interessenkollision anzuknüpfen[53].

Insoweit das Internet eigene spezifische Wettbewerbsverstöße hervorgebracht hat, sind diese praktisch immer auf klassische Formen unlauteren Wettbewerbs zurückzuführen und entsprechend anzuknüpfen[54]: Das *domain grabbing*[55] ist, sofern nicht nur markenrechtlich, sondern auch wettbewerbsrechtlich relevant, als eine Form des Behinderungswettbewerbs einzustufen, das dem Recht des Marktes unterliegt, auf den sich die Behinderung auswirkt. Dies geschieht überall dort, wo das Auftreten des behinderten Unternehmens nicht möglich ist oder erschwert wird[56]. Auch das *spamming*[57] kann aufgrund der Belästigung durch ungewollte Werbung auf die Fallgruppe des unlauteren Kundenfangs zurückgeführt werden. Es ist mit der Handzettel- bzw. Briefkastenwerbung vergleichbar, wo ebenfalls mehr oder weniger nach dem Zufallsprinzip schriftliche Werbeinformationen in der Hoffnung verschickt werden, dass sie zumindest teilweise auf fruchtbaren Boden fallen[58]. Da die Werbe-e-mails dort einwirken, wo sie empfangen werden, unterliegt das *spamming* dem jeweiligen Recht der angeschriebenen E-Mail-Adressen[59]. Dies gilt auch dann, wenn es ursprünglich der Empfänger war, der an den Anbieter herangetreten ist, indem er ihn um Zusendung von Werbematerial gebeten hat oder sich auf eine *Mailing*-Liste hat setzen lassen, dann aber über seinen Wunsch hinaus in übermäßiger Anzahl Werbenachrichten erhält[60].

---

[52] STRÖMER, S. 131; GLOY-JACOBS/SCHULTE-BECKHAUSEN, § 27 RdNr. 52.

[53] Vgl. aus der Rsp. OLG Frankfurt v. 3.12.1998, NJW-CoR 1999, 302 m. Anm. ERNST = K&R 1999, 138 m. Anm. KOTTHOFF; aus der Lit. MANKOWSKI, GRUR Int. 1999, 909, (910 mwN. in Fn. 10); RÜßMANN, K&R 1998, 422, (425).

[54] Vgl. dazu bereits ausführlich MANKOWSKI, GRUR Int. 1999, 995 ff.

[55] Darunter wird grds. die Benutzung einer fremden Internetadresse (Internet Domain Name) verstanden. Speziell lauterkeitsrechtlich relevant ist jene Form des *domain grabbing*, bei der eine verwechslungsfähige oder an einen bekannten Namen anlehnende Internetadresse verwendet wird oder man sich eine Vielzahl von Namensadressen registrieren lässt, ohne sie tatsächlich zu benutzen, bzw. sie dann zu einem entsprechend hohem „Lösegeld" zu verkaufen.

[56] MANKOWSKI, GRUR Int. 1999, 995, (998).

[57] Gemeint ist das Versenden einer großen Anzahl ungewollter Werbe-e-mails; „Spam" steht für „Send Phenomenal Amounts of Mail". Diese Form von Werbesendungen ist für Anbieter sehr lukrativ, da sich mit geringem technischen und finanziellen Aufwand eine sehr große Anzahl potentieller Kunden erreichen lässt, vgl. IRLBECK, S. 756.

[58] Zu Recht vergleicht DETHLOFF, NJW 1998, 1596, (1601) das Versenden von Spam-Mails mit der Direktwerbung durch Briefe, Telefax und Telefonmarketing.

[59] MANKOWSKI, GRUR Int. 1999, 995, (1001); DETHLOFF, NJW 1998, 1593, (1601).

[60] Vgl. DETHLOFF, NJW 1998, 1593, (1601), die aber ausnahmsweise am Recht des Unternehmenssitzes anknüpfen möchte, wenn das Unternehmen sich selbst nicht virtuell an den Marktort des Empfängers begibt, etwa weil sich sein Absatz erkennbar nicht auf den ausländischen Markt des E-Mail-Empfängers richtet.

Schließlich weisen auch das *framing*[61], *deep linking*[62] und *meta tagging*[63] wettbewerbskollisionsrechtlich keine Besonderheiten auf und sind nach dem Marktortrecht anzuknüpfen[64].

Unbeachtlich ist daher der Standort des Servers, auf dem die Werbung zum Abruf bereitsteht[65]. Auch ist nicht auf die *Top-Level*-Domäne[66], dem Schlusskürzel einer Internetadresse (z.B. „.de" für Deutschland, „.it" für Italien) abzustellen[67]. Dass diese keine geographische Identifizierung enthalten müssen, zeigen nicht nur die nicht länderreservierten *Top-Level*-Domänen, wie z.B. „.edu" oder „.com", sondern vor allem die Tatsache, dass jüngst die Länder-Top-Level-Domäne „.tv" des UNO-Mitgliedstaates Tuvalu, dessen Staatsgebiet ein Atoll in der Südsee ist, an ein kalifornisches Unternehmen verkauft werden konnte[68].

Da die Internetwerbung mit einem Schlag die ganze Welt erreicht, besteht theoretisch die Möglichkeit, dass jeder Markt der Erde praktisch gleichzeitig von ihr betroffen ist[69]. Die Verbreitung der Werbung im Internet auf national begrenzte Gebiete zu beschränken, ist derzeit technisch nicht möglich[70]. Man spricht deshalb auch von unteilbaren Wettbewerbshandlungen[71]. Begehungsort ist nach der Marktortregel grundsätzlich jeder Ort, von dem aus die Werbung abgerufen

---

[61] Hier wird ein fremde Internetseite in den graphisch-optischen Rahmen der Ausgangseite importiert. Dabei kann es z.B. zu Behinderungswettbewerb kommen, wenn die Werbung, der fremden Seite dabei ausgeblendet wird. Es kann aber auch ein Fall der Ausbeutung vorliegen, wenn fremde Inhalte über den Rahmen der Ausgangsseite nicht mehr als fremd gekennzeichnet sind und dies geeignet ist, die Marktposition des Konkurrenten zu beeinträchtigen.

[62] Dabei werden fremde optische Symbole (icons), die Inhalte dieser Seiten wiedergeben, auf die eigene Homepage importiert. So kann ein attraktives Umfeld für den Vertrieb von eigenen Werbeflächen geschaffen werden, da der Interessent, der im Internet eigentlich nach einer fremden Seite sucht, auf die eigene geleitet wird. Darin kann ein Fall der anlehnenden Werbung gesehen werden.

[63] Es werden besonders bekannte Firmennamen in den Dokumentkopf der eigenen Homepage versteckt, so dass die Suchmaschinen diese Homepage auch bei Eingabe des bekannten Namens anzeigt. Darin kann ebenfalls ein Fall der Ausbeutung fremden Rufs oder eine Behinderung gesehen werden, letzteres, weil Kunden durch die Fehlleitung eine weitere Suche aufgeben können.

[64] MANKOWSKI, GRUR Int. 1999, 995, (998 ff.), (1003).

[65] BAUMBACH/HEFERMEHL, Einl UWG RdNr. 188 f) mwN.; DIESTELHORST, ZUM 1998, 293, (294); MANKOWSKI, GRUR Int. 1999, 909, (910 mwN. in Fn. 22).

[66] Eingedeutschter Begriff für *top-level-domain*, vgl. IRLBECK, S. 380, 824.

[67] MANKOWSKI, GRUR Int. 1999, 909, (916); RÜßMANN, K&R 1998, 422, (425 f.).

[68] Vgl. hierzu ZEKRI, F.A.Z. v. 25.4.2000, Nr. 96, S. 57.

[69] Vgl. MANKOWSKI, GRUR Int. 1999, 909, (921); RÜßMANN, K&R 1998, 422, (425) spricht von „allstate"-Problematik.

[70] GLOY-JACOBS/SCHULTE-BECKHAUSEN, § 27 RdNr. 56; DETHLOFF, NJW 1998, 1596, (1602); MANKOWSKI, GRUR Int. 1999, 909, (916).

[71] Vgl. z.B. DETHLOFF, JZ 2000, 179, (182).

werden kann[72]. Das würde aber bedeuten, dass stets das Recht aller ans Internet angeschlossenen Staaten auf Werbung im *World Wide Web* anwendbar wäre[73]. Es stellt sich somit zwingend die Frage nach einem Kriterium, anhand dessen feststellt werden kann, auf welche Märkte und Verkehrskreise tatsächlich eingewirkt wird. Anhaltspunkte dafür sind der „verobjektivierten Zielrichtung" der Internetwerbung zu entnehmen[74]. Die Internetwerbung wirkt mit anderen Worten dort ein, von wo aus sie bestimmungsgemäß abgerufen werden kann[75]. Dort liegt ihr Begehungsort.

Unbeachtlich ist hingegen die subjektiv-finale Sichtweise des Werbenden[76]. Etwaige Warnhinweise (Disclaimer) auf einer Internetseite, die Werbung sei für ein gewisses Land nicht bestimmt, können die Anwendung dessen Rechts nicht ausschließen[77].
Irrelevant ist auch, ob die Internetseite tatsächlich abgerufen wird, denn das Wettbewerbsrecht schützt bereits vor potentieller Marktbeeinflussung[78].

7.2.3.1 Kriterien zur Feststellung der verobjektivierten Zielrichtung der Internetwerbung

Der Marktort ist nur dann am Sitz des jeweiligen Kunden zu lokalisieren, wenn eine Analyse der konkreten Wettbewerbshandlung ergibt, dass sie geeignet ist, dort den Wettbewerb spürbar zu beeinflussen[79]. Bei nur minimaler Einwirkung auf den Markt eines Staates erfordern weder der Schutz der Marktbeteiligten noch der des Marktes als Institution die Anwendung des betreffenden Marktrechts.

---

[72] BAUMBACH/HEFERMEHL, Einl UWG 188 f).
[73] SCHWARZ-PESCHEL, Kapitel 5-2.1, S. 8d; DIESELHORST, ZUM 1998, 293, (294).
[74] MANKOWSKI, GRUR Int. 1999, 909, (917) spricht von „Kriterien für die objektive Ausrichtung einer Webseite"; KOTTHOFF, CR 1997, 676, (682), von „Anhaltspunkten für die Zielrichtung einer Werbung im Internet"; DETHLOFF, NJW 1998, 1596, (1600), von „Indizien" zur Feststellung der „Finalität bei Wettbewerbshandlungen"; so auch RÜßMANN, K&R 1998, 422, (426 f.); HOEREN, WRP 1997, 992, (998) spricht von „objektiven Kriterien" die bestimmen, „auf welche Verkehrskreise eine Werbekampagne im Internet zielt". SCHWARZ-PESCHEL, Kapitel 5-2.1, S. 14 spricht gar von „subjektiven Kriterien" zur Feststellung der Bestimmung der Werbung im Internet. Gemeint sind aber stets objektive Indizien für die Feststellung der spürbaren Beeinflussung eines bestimmten Marktes.
[75] HOEREN, WRP 1997, 992, (998).
[76] MANKOWSKI, GRUR Int. 1999, 909, 917 mwN. in Fn. 107), (919 f.); HOEREN, WRP 1997, 992, (998); KOTTHOFF, CR 1997, 676, (680 f.); allgemein zur Irrelevanz der subjektiven Ausrichtung einer Werbeanzeige BGH v. 23.10.1970, GRUR 1971, 153, (154) - Tampax.
[77] Vgl. ERNST, NJW-CoR 1999, 302, (303); DIESELHORST, ZUM 1998, 293, (295).
[78] DETHLOFF, NJW 1998, 1596, (1600).
[79] DETHLOFF, NJW 1998, 1596, (1599).

Von einer Eignung zur spürbaren Marktbeeinflussung ist grundsätzlich auszugehen, wenn sich die Maßnahme gezielt auch an Kunden auf den betreffenden ausländischen Märkten richtet[80].

Die objektive Ausrichtung einer Internetseite kann sich aus der inhaltlichen Ausgestaltung der Werbebotschaft herleiten[81].
Als Indiz für die Absicht, nur eine bestimmte, räumlich begrenzte Kundengruppe zu erreichen, wird die Sprache vorgeschlagen, in der die Internetseite verfasst ist[82]. Auch dem Umstand, dass das Absatzgebiet einer Ware oder Dienstleistung auf ein oder nur bestimmte Länder beschränkt ist, wird als Anhaltspunkt dafür genannt, dass nur die entsprechenden Märkte angesprochen werden sollen[83].
Ferner gilt das Zahlungsmittel als weiteres Indiz. Sollen Zahlungen ausschließlich in Deutsche Mark oder über Konten deutscher Kreditinstitute vorgenommen werden, kann dies eine Beschränkung auf den deutschen Markt bedeuten wollen[84].
Auch aus der Platzierung der Werbung wird teilweise eine gewisse Finalität herausgelesen[85]. Werden z.B. Werbebanner auf fremde Seiten gesetzt, die sich ihrem Inhalt nach nur an ein lokal sehr begrenztes Publikum richten, kann daraus gegebenenfalls ein gewisses Indiz dafür entnommen werden, dass sie sich nur an lokalen Abnehmer richtet.

Diese Kriterien, die sich um weitere ergänzen lassen[86], mögen zwar in einigen wenigen Fällen einen gewissen Hinweis für die objektive Ausrichtung einer Werbung im Internet geben. Sie indizieren diese m.E. aber nur selten mit der nötigen Sicherheit, um darauf die Anwendung oder Nichtanwendung eines bestimmten Rechts, mit den entsprechend weiten Folgen, zu begründen.
So ist beispielsweise die weltweit geläufige englische Sprache zu der des Internets schlechthin geworden. Sie eignet sich kaum als Abgrenzungskriterium. Insbesondere in der Werbung wird eher eine einfache und einprägsame Ausdrucksweise verwendet. Ein sehr großer Teil der Weltbevölkerung verfügt über

---

80 HOEREN, S. 43.
81 Da es an einer körperlichen Verbreitung der Werbung im Internet fehlt, kann diese - anders als bei Printmedien - nicht den Ort der Interessenkollision indizieren, vgl. DETHLOFF, NJW 1998, 1596, (1599).
82 DETHLOFF, NJW 1998, 1596, (1600); MANKOWSKI, GRUR Int. 1999, 909, (917); SCHWARZ-PESCHEL, Kapitel 5-2.1, S. 15; HOEREN, WRP 1997, 992, (998); KOTTHOFF, CR 1997, 676, (682); DIESELHORST, ZUM 1998, 293, (295).
83 DETHLOFF, NJW 1998, 1596, (1600) nennt Werbung für einen lokalen Pizzabringdienst bzw. ortsansässigen Zahnarzt als Beispiele; MANKOWSKI, GRUR Int. 1999, 909, (918); HOEREN, WRP 1997, 992, (998); KOTTHOFF, CR 1997, 676, (682); DIESELHORST, ZUM 1998, 293, (295); GLOY-JACOBS/SCHULTE-BECKHAUSEN, § 27 RdNr. 55.
84 HOEREN, WRP 1997, 992, (998); MANKOWSKI, GRUR Int. 1999, 909, (918).
85 MANKOWSKI, GRUR Int. 1999, 909, (919).
86 Vgl. z.B. MANKOWSKI, GRUR Int. 1999, 909, (917 ff.).

die entsprechenden Englisch-Grundkenntnisse, um zumindest die Hauptaussage der in dieser Sprache verfassten Werbung zu verstehen[87].
Aber auch andere Weltsprachen wie Französisch und Spanisch sind für die Feststellung des Ortes der Interessenkollision im Internet wenig hilfreich[88]. Mittels automatischer Übersetzungsprogramme lässt sich außerdem jede Internetseite zumindest in der Rohübersetzung bereits in vielen Sprachen abrufen[89].
Wächst die Anzahl der Internetanschlüsse, nimmt damit auch die solcher Benutzer zu, die in einem bestimmten Land einer fremdsprachigen Gemeinschaft angehören. Dadurch wird eine Werbung auch außerhalb ihres sprachlichen Kerngebietes immer häufiger verstanden[90].

Der Versuch, die objektive Ausrichtung anhand des angegebenen Zahlungsmittels festzustellen, verkennt, dass im Internet meist über Kreditkarten gezahlt wird. Diese lassen aber ebenso wenig auf einen bestimmten national begrenzten Markt rückschließen, wie das im Internet durchaus gebräuchliche Kartengeld (Mondex) oder Netzgeld (Digicash) zeigt[91]. Wird die Zahlungswährung in Euro angegeben, kann höchstens vermutet werden, dass sich die Werbung an den europäischen Markt richtet. Da aber bisher ein einheitliches europäisches Lauterkeitsrecht fehlt, lässt sich dadurch allein das anwendbare Recht nicht bestimmen. Soweit die angegebene Währung mit der des Landes übereinstimmt, in dem der Anbieter ansässig ist, kann daraus sowieso keine bestimmte Zielrichtung der Werbung entnommen werden, sondern eher der Wille, Verluste durch eventuell ungünstige Wechselkurse zu vermeiden.

Die Angebotsreichweite einer Leistung ist oft nur ein schwaches Indiz, die Finalität einer Werbung im Internet festzustellen, denn es werden viele Waren und Dienstleistungen *online* angeboten und erbracht. Das ist z.B. der Fall, wenn Software zum Herunterladen (download) angeboten wird, die Recherche in Datenbanken vom eigenen Rechner aus gewährt wird und Beratungen direkt über das Internet erfolgen. Sobald die Leistung digital übermittelt wird, ist sie nur durch die Reichweite des Internets beschränkt, wird also praktisch weltweit angeboten[92].

---

[87] Vgl. OLG Frankfurt v. 22.12.1988, NJW-RR 1990, 1067 (beauty without cruelty).
Einzige Ausnahme könnten in der Werbung häufig vorkommende Wortspiele sein, die mehr als sprachliche Grundkenntnisse erfordern.
[88] ERNST, BB 1997, 1057, (1061); LEHMANN-WALTL, S. 185 (190); HOEREN, WRP 1997, 992, (998 f.).
[89] Das geht entweder mittels der den Suchmaschinen meist eingebauten Übersetzungsprogramme, vgl. dazu DETHLOFF, NJW 1998, 1596, (1600 Fn. 48) oder über kostenlos im Netz zur Verfügung stehende Dienste, z.B. http://systran.heisoft.de/.
[90] Vgl. auch MANKOWSKI, GRUR Int. 1999, 909, (917), der auf den hohen Anteil der türkischen und italienischen Wohnbevölkerung in Deutschland und auf die dort lebenden „japanischen communities" hinweist.
[91] Vgl. HOEREN, WRP 1997, 992, (998); ESCHER, WM 1997, 1173 ff.; MANKOWSKI, GRUR Int. 1999, 909, (918).
[92] Vgl. auch DETHLOFF, NJW 1998, 1596, (1601).

Aber auch Versandhandelsware kann inzwischen, dank verbesserter Infrastruktur und global agierender Zustellungsunternehmen, immer öfter fast weltweit ausgeliefert werden. Für solche Ware ist es ebenfalls schwer, einen national abgegrenzten Markt auszumachen; auch sie ist für eine unbestimmte Vielzahl von Märkten bestimmt[93].
Richtig ist zwar, dass einige Waren und Dienstleistungen nur in gewissen Gegenden sinnvollen Einsatz finden[94], doch kann m.E. daraus nicht immer geschlossen werden, dass die Werbung für solche Produkte nur für diese Gebiete bestimmt ist bzw. nur dort Sinn macht. Sofern sie neben Produktwerbung beispielsweise auch Imagewerbung enthält, wirkt sie sich über das direkt angesprochene Produkt hinaus auch auf eventuelle, andere Produkte des Unternehmens aus. Durch die Werbung für ein einzelnes Produkt, kann das Unternehmen nämlich indirekt z.B. die allgemein gute Verarbeitung, Sicherheit und Zuverlässigkeit seiner auch anderswo einsetzbaren Produkte hervorheben. Der Werbung für ein territorial begrenzt verwendbares Produkt kann über die darin enthaltene Imagewerbung also globale Bedeutung zukommen[95].
Unabhängig davon scheint es m.E. äußerst fragwürdig, das anwendbare Recht von einem Indiz abhängen zu lassen, das letztlich darauf abstellt, ob die Ware oder Dienstleistung nur in einem bestimmten territorial begrenzten Gebiet ihre typische Verwendung findet. Zu vielfältig können die Motive für den Erwerb sein. Der Käufer muss keineswegs immer mit dem Endverbraucher übereinstimmen. Zu denken ist an einen Erwerb zur Weiterverarbeitung oder zum Wiederverkauf.

Es zeigt sich also, dass eine länderspezifische Zielrichtung der Werbung im Internet besonders schwer auszumachen ist. In diesem globalen Kommunikationsmedium wird grundsätzlich weltweit geworben. Ausnahmen davon anhand von Indizien festzustellen ist nicht nur äußerst schwierig, sondern würde auch der grundsätzlichen Ausrichtung der Internetwerbung widersprechen. Durch Werbung im *World Wide Web* sollen alle Kunden angesprochen werden, die an der angepriesenen Leistung oder allgemein an solchen des Anbieters ein Interesse haben könnten.
Begehungsort im Internet bleibt somit grundsätzlich jeder Ort, an dem die Werbung abgerufen werden kann[96]. Das Kriterium der Spürbarkeit ist nur selten geeignet, die Anzahl der nach dem Marktortprinzip anwendbaren Wettbewerbsordnungen auf ein praktikables Maß zu reduzieren.

---

93 Vgl. DETHLOFF, NJW 1998, 1596, (1600 f.). Vgl. auch OLG Frankfurt v. 3.12.1998, K&R 1999, 138, das bei englischsprachiger Werbung für einen Füllfederhalter auf einer Internetseite deutsches Recht u.a. deshalb für anwendbar erklärt, da diese Produkte „weltweit verwendbar sind".
94 Vgl. MANKOWSKI, GRUR Int. 1999, 909, (918 f.).
95 Vgl. auch KOTTHOFF, CR 1997, 676, (682 f.), der aber eher dazu tendiert, die Vertriebs- und Marketingfunktion einer Werbewebseite voneinander zu trennen.
96 BAUMBACH/HEFERMEHL, Einl UWG RdNr. 188 f).

7.2.3.2 Grenzen der Anknüpfung an den Marktort bei unlauterem Wettbewerb im Internet

Die Anwendung der Marktortregel auch für unlautere Wettbewerbshandlungen im Internet ist konsequent. Sie wird von der Literatur befürwortet und dient auch der Rechtsprechung als Anknüpfungskriterium[97]. Sie führt aber in einer nicht vertretbaren Anzahl von Fällen fast zwangsläufig zur Anwendbarkeit des Lauterkeitsrechts sämtlicher Staaten der Welt, da eine Eingrenzung der Begehungsorte nach dem Spürbarkeitskriterium, wie bereits dargestellt, nur äußerst schwer durchzuführen ist.
Das Marktortprinzip stößt insbesondere bei Werbung im Internet insofern an seine Grenzen als es allzu oft misslingt, die Anzahl der von der Interessenkollision tangierten Wettbewerbsordnungen auf ein für die Praxis vernünftiges Maß zu reduzieren[98]. Damit geht der Marktortregel ihre Funktion verloren, das anwendbare Recht zu bestimmen, da nicht mehr das Wettbewerbsrecht eines oder mehrerer bestimmter Staaten für anwendbar erklärt werden kann, sondern dasjenige aller[99].

Faktisch führt dies zur Maßgeblichkeit des strengsten Lauterkeitsrechts[100], denn der Werbende wird sich bei der Gestaltung seiner Werbung sicherheitshalber von vornherein danach richten. Er muss damit rechnen, dass der Anspruchsteller sein Unterlassungsbegehren darauf stützen wird, weil er damit die größten Erfolgsaussichten haben wird. Obsiegt der Anspruchsteller, wird eine unteilbare Wettbewerbsmaßnahme[101] außerdem dadurch gleichzeitig auch auf anderen betroffenen Märkten verhindert, die einem weniger strengen Lauterkeitsrecht unterliegen[102].

Da es dem Vermarkter von Waren und Dienstleistungen selbst obliegt, herauszufinden, welche Wettbewerbsordnung für eine bestimmte Werbung im Internet jeweils die strengste ist, stellt für ihn die Marktortregel eine erhebliche Beschränkung dar. Er muss bei Erstellung seiner Werbung im Vorfeld gleichzeitig viele verschiedene Rechtsordnungen beachten oder sie im nachhinein bei jedem

---

[97] Vgl. OLG Frankfurt v. 3.12.1998, K&R 1999, 138 u. MANKOWSKI, GRUR Int. 1999, 909, (910 mwN. aus der Lit. in Fn. 21).

[98] I.E. auch DETHLOFF, NJW 1998, 1593, (1601 f.), (1603); AHRENS, CR 2000, 835, (837).

[99] So i.E. auch DETHLOFF, NJW 1998, 1593, (1603); **a.A.** MANKOWSKI, GRUR Int. 1999, 909, (995), der keine Abweichung von der Marktortregel für nötig hält, da die Vielzahl der Begehungsorte durch das Spürbarkeitskriterium auch bei Internetwettbewerbsdelikten ausreichend reduziert werden könne.

[100] DETHLOFF, NJW 1998, 1596, (1602); GLOY-JACOBS/SCHULTE-BECKHAUSEN, § 27 RdNr. 56; KRONKE, S. 71: „In the case of the ad on the Internet all markets where the competitor's interests meet are *loci delicti*. That means that one has to observe the highest standards and be prepared to be judged by the strictest rules in force in any country targeted for making business."

[101] S.o. Fn. 70.

[102] DETHLOFF, NJW 1998, 1596, (1602); SACK, GRUR Int. 1988, 320, (329).

gerügten Verstoß berücksichtigen. Werbung im Internet wird auch preislich damit nicht mehr sonderlich attraktiv[103]. Allein die Beantwortung der Frage, welches Recht im konkreten Fall nun das strengste ist, könnte das Werbebudget eines kleinen Unternehmens, das im Internet werben möchte, bereits völlig ausschöpfen.

Auch die Anpassung der Werbung an die verschiedenen lauterkeitsrechtlichen Standards der einzelnen Länder ist im Internet praktisch unmöglich. Während „konventionelle" Werbung, notfalls unter erheblichem Kostenaufwand, den einzelnen Länderrechten angepasst werden kann, wird dies bei Internetwerbung auf unüberwindliche Schwierigkeiten stoßen. Zum einen lässt sich technisch ihre Verbreitung nicht auf bestimmte Länder begrenzen, zum andern würde es mangels geeigneter Kriterien oftmals schwer fallen, Internetwerbung nur für ein bestimmtes Land zu konzipieren. Eine für Großbritannien auf englisch verfasste Werbung wäre ihrer objektiven Zielrichtung nach z.B. grundsätzlich auch für alle anderen Staaten bestimmt[104].

Beim Schadensersatzanspruch zeigen sich die Grenzen einer territorialen Aufspaltung des Geschehens mit der Folge der Anwendbarkeit einer Vielzahl von Rechtsordnungen besonders deutlich. Da eine Gesamtschadensliquidation nach einem Wettbewerbsstatut unzulässig ist, ist der Schaden für jedes Staatsgebiet nach dem dort jeweils geltenden Recht gesondert zu berechnen[105]. Je größer aber die Anzahl der von der Wettbewerbsmaßnahme tangierten Staaten und dadurch der dabei zu beachtenden Rechtsordnungen ist, desto aufwendiger gestaltet sich auch die Schadensberechnung insgesamt[106].

Wie bereits dargelegt, haben es die deutschen und die italienischen Gerichte nach Möglichkeit stets vermieden, eine fremde Rechtsordnung anzuwenden. Es ist kaum davon auszugehen, dass sie gewillter sind, für eine Berechnung des Schadensersatzes aus unlauterer Werbung im Internet eine gegebenenfalls sehr hohe Anzahl fremder Statute zu berücksichtigen[107]. Bereits die Anwendung nur

---

[103] Vgl. DETHLOFF, NJW 1998, 1596, (1602).

[104] S.o. 7.2.3.1.

[105] MÜKO-KREUZER, Art. 38 EGBGB RdNr. 248 begründet dies damit, dass ansonsten „Anspruchsvoraussetzungen und -folgen zum Teil aus unterschiedlichen Rechten entnommen würden und überdies ein Anreiz zum *forum shopping* bestände."; STAUDINGER-V. HOFFMANN, Art. 38 EGBGB RdNr. 546.

[106] DETHLOFF, NJW 1998, 1596, (1602); REGELMANN, S. 153; **a.A.** wohl BINDER, RabelsZ 20 (1955), 401, (475), der darauf hinweist, dass einer Partei durch eine besondere Schadensberechnung für jeden Staat „keine unverhältnismäßige Kosten" entstehen würden, „da sie für den Nachweis des einzelnen Schadens ebensoviel aufwenden müsste, wäre nur in einem einzigen Staat ein Delikt begangen".

[107] DETHLOFF, NJW 1998, 1596, (1602), die darauf hinweist, dass auch der „Kindersaugflaschen"-Fall sich nicht von ungefähr durch einen Vergleich erledigte. Das vorinstanzliche Gericht, an das die Rechtssache vom BGH zurückverwiesen wurde, hielt die Prüfung der Rechtslage sämtlicher in Betracht kommender Auslandsrechte Mittel- und Südamerikas für undurchführbar; vgl. dazu BGH v. 30.6.1961, IPRspr. 1960-1961 Nr. 155 Anm. 9 - Kindersaugflaschen.

eines ausländischen Rechtes ist mit einer größeren Unsicherheit der richtigen Anwendung behaftet[108]. Diese Unsicherheit potenziert sich mit zunehmender Anzahl der zu berücksichtigenden Statute.

Bedenkt man schließlich, dass die meisten wettbewerblichen Verfahren im Wege des einstweiligen Rechtsschutzes durchgeführt werden[109], und dort ebenso wie im Hauptverfahren grundsätzlich die Pflicht zur Anwendung des kollisionsrechtlich berufenen Rechts besteht[110], erweist sich die Ermittlung und Anwendung einer Vielzahl von Wettbewerbsordnungen in der knappen, zur Verfügung stehenden Zeit als eine praktisch nicht zu bewältigende Aufgabe[111].
Die ganz herrschende Rechtsprechung versucht deshalb häufig, den Konflikt zwischen Eilbedürftigkeit des einstweiligen Rechtsschutzverfahrens und Dauer der Ermittlung ausländischen Rechts zu lösen, indem sie letztlich den Parteien die Glaubhaftmachungslast auferlegt[112]. Die herrschende Lehre[113] will dagegen die *lex fori* als Ersatzrecht angewandt wissen. Beide Lösungen sind Kompromisse. Erst eine Loslösung von der Anknüpfung an das Recht des Marktortes hin zu einer an das Herkunftsland würde das praktische Problem der Vielzahl der zu berücksichtigenden Rechtsordnungen in seinem Kern lösen.

7.2.3.3 Anwendung des Herkunftslandprinzips zur Regelung der Internetwerbung im Binnenmarkt

Obwohl auch gegen eine Anwendung des Herkunftslandprinzips Bedenken bestehen[114], greift das sekundäre Gemeinschaftsrecht in der E-Commerce-Richtlinie[115], wie bereits in der Fernsehrichtlinie[116], für den von ihr koordinierten Bereich der Werbung darauf zurück.

---

[108] Vgl. z.B. ZWEIGERT, RabelsZ 37 (1973), 435, (440), der von einer amerikanischen Untersuchung Max Rheinsteins berichtet, nach der bei 32 auf 40 untersuchten Fällen ausländisches Recht unrichtig angewandt worden sei.
[109] TEPLITZKY, Kap. 53 RdNr. 1; AHRENS, FS Nakamura, S. 1 ff.; MÜLLER-GRAFF, RabelsZ 48 (1984), 289, (294 Fn. 15), der darauf hinweist, dass gerade in wettbewerbsrechtlichen Streitigkeiten einstweilige Verfügungen die wettbewerblichen Positionen der Betroffenen bereits nachhaltig beeinflussen können.
[110] GROßKOMM UWG/SCHRICKER, Einl RdNr. F 222; DETHLOFF, RabelsZ 62 (1998), 286, (287).
[111] DETHLOFF, NJW 1998, 1596, (1602); SCHNYDER, § 19 RdNr. 528, S. 420.
[112] So z.B. OLG Bremen v. 21.8.1959, IPRspr 1958-1959 Nr. 7 A; OLG Hamburg v. 8.6.1989, IPRax 1990, 400 - Arrestprozeß; vgl. auch DETHLOFF, RabelsZ 62 (1998), 286, (292 mwN. in Fn. 18) u. DIES., NJW 1998, 1596, (1602 Fn. 60) jeweils mwN.
[113] V. BAR, IPR I, § 5 RdNr. 375; MÜKO-SONNENBERGER, Einl IPR RdNr. 682; vgl. auch hierzu DETHLOFF, RabelsZ 62 (1998), 286, (291 mwN. in Fn. 15).
[114] S.o. 7.1.1.
[115] S.u. 7.2.3.3.2.
[116] S.o. 3.3.2.2.

Ihre Absicht, die Mitgliedstaaten dazu zu bewegen, freiwillig ihre divergierenden Rechtsvorschriften auf dem Gebiet der kommerziellen Kommunikation aneinander anzugleichen, sie vor allem aber einheitlich nach dem Herkunftslandprinzip zu behandeln, hat die Europäische Kommission bereits in ihrem „Grünbuch über kommerzielle Kommunikation im Binnenmarkt" und dessen Folgedokument geäußert.
Wegen des übergeordneten politisch-programmatischen Charakters des Grünbuchs, soll darauf vorweg kurz eingegangen werden.

7.2.3.3.1 Das Grünbuch über kommerzielle Kommunikation und sein Folgedokument

Werbung ist ein Teil der sog. kommerziellen Kommunikation mit dem Verbraucher, die in Anbetracht der kulturellen, soziologischen und rechtshistorischen Einflüsse von Staat zu Staat unterschiedlich ausfallen kann. Für ein reibungsloses Funktionieren des Binnenmarktes ist es erforderlich, absatzfördernde Maßnahmen und Werbebotschaften jedenfalls innerhalb der Europäischen Union denselben rechtlichen Standards zu unterwerfen[117]. Bislang geschah dies jedoch nur vereinzelt, insbesondere durch Richtlinien, die sich auf bestimmte Aspekte der kommerziellen Kommunikation beschränkten oder sich nur auf bestimmte Medien bezogen[118].

Wohl deshalb hat die Europäische Kommission 1996 ein „Grünbuch über kommerzielle Kommunikation im Binnenmarkt"[119] vorgelegt, das im März 1998 durch das „Folgedokument zum Grünbuch über kommerzielle Kommunikation im Binnenmarkt" ergänzt wurde[120]. In diesem breit angelegten Regelungswerk legt sie Richtung und Ziele ihrer zukünftigen Politik auf dem gesamten Gebiet der kommerziellen Kommunikation dar, wobei sie auf sämtliche Formen von Werbung, Direktmarketing, Sponsoring und Öffentlichkeitsarbeit eingeht.

Im Grünbuch wird festgestellt, dass die unterschiedlichen rechtlichen Regelungen auf diesem Gebiet ein Hindernis für das ordnungsgemäße Funktionieren des Binnenmarktes darstellen, da der zwischenstaatliche Handel grenzüberschreitende, durch die Medien verbreitete Werbekampagnen erfordere, die jedoch nur dann kostengünstig sein können, wenn sie sektorspezifisch und nicht länderspe-

---

[117] Vgl. HENNING-BODEWIG, GRUR Int. 1999, 233.
[118] S.o. 3.3.1.1.
[119] Grünbuch, Kommerzielle Kommunikation im Binnenmarkt, KOM (96) 192 end. v. 8.5.1996; http://europa.eu.int/comm/internal_market/comcom/docs/greende.pdf; vgl. dazu ausführlich HENNING-BODEWIG, GRUR Int. 1997, 515 ff.
[120] Mitteilung der Kommission an den Rat und das Europäische Parlament und den Wirtschafts- und Sozialausschuss: Folgedokument zum Grünbuch über kommerzielle Kommunikation im Binnenmarkt, KOM (1998) 121 endg. v. 4.3.1998; http://europa.eu.int/comm/ internal_market/comcom/docs/follupde.pdf.

zifisch sind[121]. Die deshalb notwendige Harmonisierung der Vorschriften über die kommerzielle Kommunikation soll nach dem Grünbuch nicht zuletzt durch die Anwendung des Herkunftslandprinzips erfolgen. Es ist „dringend erforderlich, rechtliche Rahmenbedingungen zu schaffen, die auf den Grundsätzen des Binnenmarkts und speziell, wo dies möglich und angemessen erscheint, auf der Kontrolle des Herkunftslandes beruhen. Dies lässt sich am besten am Beispiel des Internet demonstrieren. Sowie sich eine Nachricht im Internet befindet, kann sie sofort weltweit empfangen werden. Eine auf der Herkunftslandkontrolle beruhende Regelung wird die Möglichkeit, potentielle Zuwiderhandlungen zu verhindern, deutlich vergrößern."[122]

Das Folgedokument zum Grünbuch ging einen Schritt weiter. Bezüglich des unlauteren Wettbewerbs und der damit zusammenhängenden Fragen hat die Kommission darin zwar keine umfassende Harmonisierung des Rechts des unlauteren Wettbewerbs vorgeschlagen, sich aber für eine Angleichung zwischen den unterschiedlichen nationalen Rechtsvorschriften zu Rabatten, Gutscheinwerbung, Gratisangeboten und Werbegeschenken, Preisausschreiben, Lotterien und Gewinnspielen sowie zum Schneeballsystem und einigen Praktiken progressiver Kundenwerbung ausgesprochen[123].

7.2.3.3.2 Die E-Commerce-Richtlinie

Mit der Richtlinie 2000/31/EG des Europäischen Parlaments und des Rates vom 8. Juni 2000 über bestimmte rechtliche Aspekte der Dienste der Informationsgesellschaft, insbesondere des elektronischen Geschäftsverkehrs, im Binnenmarkt („Richtlinie über den elektronischen Geschäftsverkehr")[124] wurde damit begonnen, die im Grünbuch angekündigten Maßnahmen umzusetzen. Die Kommission hatte bereits am 18.11.1998 einen ersten Vorschlag zu dieser sog. E-Commerce-Richtlinie vorgelegt[125]. Am 17.8.1999 folgte dann ein geänderter Vorschlag[126],

---

[121] Grünbuch S. 27; vgl. auch HENNING-BODEWIG, GRUR Int. 1999, 233, (234).

[122] Grünbuch S. 18; vgl. auch HENNING-BODEWIG, GRUR Int. 1999, 233, (239), die - anders als P. Waterschoot, Direktor der Generaldirektion für Binnenmarkt und Finanzdienstleistungen der Europäischen Kommission (GD XV) meint, man könne deshalb dem Grünbuch nicht entnehmen, dass bei grenzüberschreitenden Sachverhalten ausschließlich das Land, von dem die kommerzielle Kommunikation ausgeht, zur rechtlichen Überprüfung berechtigt sei, während dem Land, in dem sich die Maßnahme (auch) auswirkt, keinerlei Prüfungskompetenz zustehe.

[123] Folgedokument S. 15 f.; vgl. diesbezgl. (zum Grünbuch u. Folgedokument) den Bericht von HENNING-BODEWIG, GRUR Int. 1999, 233, (234 ff.), (237).

[124] ABlEG v. 17.7.2000 L 178/1; http://europa.eu.int/eur-lex/de/dat/2000/l_178/l_17820000717de00010016.pdf.

[125] KOM (1998) 586 endg., ABlEG v. 5.2.1999 C 30/4, Ratsdokument 98/0325 (COD), mit Begründung und Kommentar auch als BRDrucks. 29/99. Der Vorschlag wurde dem Parlament am 23.12.1998 übermittelt. Er wurde am 6.5.1999 vom Parlament vorbehaltlich vorgeschlagener Änderungen (insgesamt sechzig) angenommen.

der am 28.2.2000 unter erneuten Änderungen zu einem Gemeinsamer Standpunkt des Rates zum Richtlinienvorschlag führte[127]. Dieser Vorschlag wurde in zweiter und letzter Lesung am 4.5.2000 unverändert angenommen[128]. Die Richtlinie ist mit Veröffentlichung im Amtsblatt der Europäischen Union in Kraft getreten. Die 18-monatige Umsetzungsfrist wird am 17.1.2002 ablaufen[129].

Kernbereich der Richtlinie ist die Verankerung des Herkunftslandprinzips (Art. 3 Abs. 1 und Abs. 2 der E-RL)[130] für den von ihr koordinierten Bereich.
In ihrem zweiten Abschnitt widmet sie sich in den Artikeln 6 bis 8 speziell der „kommerziellen Kommunikation"[131]. Gem. Art. 6 a) E-RL muss z.B. Werbung klar und als solche erkennbar sein. Nach Art. 7 E-RL sollen Verbraucher gegen unerwünschte Werbemethoden, wie dem sogenannten *spamming*, geschützt werden. Eine Vorschrift wie die des Art. 3 Abs. 3 Fernseh-RL 97/36/EG[132], die es betroffenen Einzelpersonen erlauben soll, im Herkunftsland die Einhaltung der Vorschriften durchzusetzen, fehlt jedoch in der E-Commerce Richtlinie[133].

---

126 Geänderter Vorschlag gem. Art. 250 Abs. 2 EGV, KOM (1999), 427.

127 Gemeinsamer Standpunkt (EG) Nr. 22/2000. Text befindet sich im ABlEG 2000/C 128/02 S. 32-50.

128 Vgl. BODEWIG, GRUR Int. 2000, 475 u. F.A.Z. v. 5.5.2000, Nr. 104, S. 13.

129 Laut Aussage des Bundeswirtschaftsministers Werner Müller ist eine Umsetzung in Deutschland bis Sommer 2001 geplant, vgl. F.A.Z. v. 8.4.2000, Nr. 84, S. 13.Einen ersten Entwurf für ein „Gesetz über rechtliche Rahmenbedingungen für den elektronischen Geschäftsverkehr" hat das Bundeswirtschaftsministerium bereits vorgelegt, vgl. F.A.Z. v. 9.12.2000, Nr. 287, S. 22. Vgl. den Entwurf eines Gesetzes über rechtliche Rahmenbedingungen für den elektronischen Geschäftsverkehr (Elektronischer Geschäftsverkehr-Gesetz – EGG) vom 1.12.2000 des Bundeswirtschaftsministeriums unter http://www.iid.de/iukdg/EGG-01-12-00-E.pdf nebst erläuternder Hinweise unter http://www.iid.de/iukdg/EGG-Begruendung.pdf.

130 Art. 3 E-RL lautet in den ersten beiden Absätzen:
(1) Jeder Mitgliedstaat trägt dafür Sorge, dass die Dienste der Informationsgesellschaft, die von einem in seinem Hoheitsgebiet niedergelassenen Diensteanbieter erbracht werden, den in diesem Mitgliedstaat geltenden innerstaatlichen Vorschriften entsprechen, die in den koordinierten Bereich fallen.
(2) Die Mitgliedstaaten dürfen den freien Verkehr von Diensten der Informationsgesellschaft aus einem anderen Mitgliedstaat nicht aus Gründen einschränken, die in den koordinierten Bereich fallen.
Zum ähnlichen Wortlaut in Art. 2 Abs. 1 und Art. 2a Abs. 1 der Fernseh-RL s.o. 3.3.2.2, dort Fn. 121 f.

131 „Kommerzielle Kommunikation" definiert die E-Commerce-Richtlinie in Art. 2 f) als „alle Formen der Kommunikation, die der unmittelbaren oder mittelbaren Förderung des Absatzes von Waren und Dienstleistungen oder des Erscheinungsbilds eines Unternehmens, einer Organisation oder einer natürlichen Person dienen, die eine Tätigkeit in Handel, Gewerbe oder Handwerk oder einen reglementierten Beruf ausübt; [...]".

132 Zum Wortlaut s.o. 3.3.2.2 unter Fn. 126.

133 HENNING-BODEWIG, GRUR Int. 1999, 233, (239); zum Schutz vor *spamming* hat sich die E-RL in Art. 7 Abs. 2 sogar die „opt-out"-Variante gewählt, wonach die Verbraucher, die von vornherein keine Werbung wünschen, sich in „Robinson-Listen" eintragen müssen. Die verbraucherschützendere in Deutschland geltende „opt-in"-Variante (Zulässigkeit nur bei vorliegender Zustimmung), wie sie auch in Art. 10 Abs. 1 der Fernabsatzrichtlinie (s.o. 3.3.1.1,

Für die Werbebotschaften der „reglementierten Berufe" i.S.d. Art. 2 g) E-RL sollen europäische Verhaltenskodizes aufgestellt werden (Art. 8 E-RL).

Im Folgenden soll näher untersucht werden, welche Auswirkungen die Anwendung des Herkunftslandprinzips in Art. 3 E-RL auf das Wettbewerbskollisionsrecht, aber auch das materielle Wettbewerbsrecht hat.

7.2.3.3.2.1 Das Verhältnis zwischen dem Herkunftslandprinzip und den nationalen Regeln des internationalen Privatrechts

Nach dem Herkunftslandprinzip darf ein Dienst der Informationsgesellschaft, der in einem Mitgliedstaat rechtmäßig erbracht wird, im Zugang zum Binnenmarkt nicht behindert werden (Art. 3 Abs. 2 E-RL). Die Aufsicht über den Dienst unterliegt dabei dem Mitgliedstaat, in dem sich der Dienstanbieter niedergelassen hat (Art. 3 Abs. 1 E-RL), also dort, wo er für eine unbestimmte Zeit seinen wirtschaftlichen Schwerpunkt hat[134].
Diese Regelung erlaubt es dem Dienstanbieter, sich nach einer Rechtsordnung zu richten und sich nur an eine Aufsichtbehörde zu halten[135]. Vor allem kleinen und mittleren Unternehmen wird dadurch erleichtert, auch grenzüberschreitend tätig zu werden, da sie sich künftig nicht mehr nach den unterschiedlichen Vorschriften der Bestimmungsländer richten müssen, sondern sich kostengünstiger nur noch an die ihres Heimatlandes zu halten brauchen.

Da über das Herkunftslandprinzip eine Vollharmonisierung nicht erreicht wird und abweichende Vorschriften in den Mitgliedstaaten grundsätzlich zugelassen werden, ist es für eine effektive Regelung durch das Herkunftslandprinzip erforderlich, dass die Mitgliedstaaten den von der Richtlinie geregelten Bereich selbst bereits hinreichend reguliert haben. Auch bedarf es der gegenseitigen Anerkennung der Vorschriften und Standards unter den Mitgliedsstaaten[136]. Anders als das jeweilige nationale Kollisionsrecht der Mitgliedstaaten bestimmt nämlich das Herkunftslandprinzip nicht direkt das anwendbare Recht. Es ersetzt das jeweilige Wettbewerbskollisionsrecht auch nicht, sondern beschränkt lediglich die Anwendung des von ihm berufenen Rechts.

Dass die E-Commerce-Richtlinie weder zusätzliche Regeln im Bereich des internationalen Privatrechts schafft noch sich mit der Zuständigkeit der Gerichte

dort Fn. 60) vorgesehen ist, kann aber aufrechterhalten bleiben, weil die „opt-out"-Variante unbeschadet nationaler Bestimmungen gelten soll; vgl. hierzu TETTENBORN, K&R 1999, 252, (256); DERS., K&R 2000, 59, (62 Fn. 22).
[134] HAMANN, ZUM 2000, 290, (292).
[135] TETTENBORN, K&R 1999, 252, (255).
[136] TETTENBORN, K&R 1999, 252, (255); MANKOWSKI, GRUR Int. 1999, 909, (913 f.).

befasst, besagt Art. 1 Abs. 4 E-RL und bereits der erste Halbsatz der Begründungserwägung (23)[137].

Im zweiten Halbsatz dieser Begründungserwägung wird zusätzlich auf Folgendes hingewiesen: „Vorschriften des anwendbaren Rechts, die durch Regeln des Internationalen Privatrechts bestimmt sind, dürfen die Freiheit zur Erbringung von Diensten der Informationsgesellschaft im Sinne dieser Richtlinie nicht einschränken".

Die Frage, inwieweit deshalb das in Art. 3 E-RL niedergelegte Herkunftslandprinzip die spezifischen Wettbewerbskollisionsregeln überlagert, kann nur dahingehend verstanden werden, dass das nach den Regeln des internationalen Privatrechts eigentlich anwendbare Recht zurücktritt, sobald es über den Standard des Herkunftslands hinausgeht. Das Herkunftslandprinzip soll dann gelten, wenn das anwendbare Recht zu einer Behinderung des Dienstes der Informationsgesellschaft führt[138]. Wenn sich demnach die Dienste der Informationsgesellschaft (nur) nach dem Recht des Mitgliedstaates richten müssen, in dem der Dienstanbieter niedergelassen ist, ist das Herkunftslandprinzip aber gleichbedeutend mit einer Verweisung auf das materielle Recht des Herkunftslandes[139].

7.2.3.3.2.2 Die Auswirkungen des Herkunftslandprinzips auf das materielle Wettbewerbsrecht

Das Herkunftslandprinzip in Art. 3 E-RL hindert die Mitgliedstaaten grundsätzlich nicht daran, strengere (materiellrechtliche) Regelungen für die eigenen Staatsbürger beizubehalten[140].

Eine strengere Regelung für Inländer ist nicht immer von Nachteil, wie z.B. das Reinheitsgebot für Bier in Deutschland und für Teigwaren in Italien zeigt[141]. Jedoch wird befürchtet, dass insbesondere in Deutschland mit seinem vergleichsweise strengen Wettbewerbsrecht ein Anpassungsdruck hin zu einem möglichst niedrigen Standard entsteht (race to the bottom), da sich die Dienstanbieter ansonsten für ihren Standort nach Möglichkeit den Mitgliedstaat aussuchen werden, der für sie die günstigsten Regelungen vorsieht (place of business shopping)[142].

---

[137] Begründungserwägung (23) lautet im ersten Halbsatz:
„Diese Richtlinie zielt weder darauf ab, zusätzliche Regeln im Bereich des internationalen Privatrechts hinsichtlich des anwendbaren Rechts zu schaffen, noch befasst sie sich mit der Zuständigkeit der Gerichte".

[138] Vgl. TETTENBORN, K&R 2000, 59, (60); DERS., K&R 1999, 442, (444).

[139] Vgl. DETHLOFF, JZ 2000, 179, (181); i.E. auch MANKWOSKI, GRUR Int. 1999, 909, (912 f.), der aber zunächst den kollisionsrechtlichen Gehalt der RL überhaupt in Frage stellt.

[140] TETTENBORN, K&R 1999, 252, (255).

[141] Vgl. TETTENBORN, K&R 1999, 252, (255 mwN. in Fn. 38).

[142] TETTENBORN, K&R 1999, 252, (256); MANKOWSKI, GRUR Int. 1999, 909, (914), der in diesem Zusammenhang zu Recht auf eine Präzisierung des allgemein gebräuchlichen Begriffs des *forum shopping* drängt.

Auch die inzwischen betagten Vorschriften des deutschen Rabattgesetzes und der Zugabeverordnung geraten durch das Herkunftsprinzip unter Druck, denn mancher Unternehmer wird beispielweise nach Portugal auswandern, das kein Zugabe- und Rabattrecht kennt[143]. Das sog. Powershopping, bei dem sich Interessenten auf Zeit zu Einkaufsgemeinschaften zusammenschließen, um bei den Verkäufern Mengenrabatte zu erzielen, wäre in Portugal unstreitig zulässig. Pläne für die Abschaffung des Rabattgesetzes und der Zugabeverordnung sind bereits im Gange[144].

7.2.3.3.2.3 Ausnahmen vom Herkunftslandprinzip

Nach der E-Commerce-Richtlinie gilt das Herkunftslandprinzip jedoch nicht uneingeschränkt. Es findet weder auf die in Art. 1 Abs. 5 E-RL genannten Tätigkeiten Anwendung[145], noch auf die in Art. 3 Abs. 3 i.V.m. dem Anhang des E-RL[146] genannten Bereiche, zu denen u.a. auch das Urheberrecht, verwandte Schutzrechte, gewerbliche Schutzrechte (u.a. Verbraucherverträge) und die kommerzielle Kommunikation mittels elektronischer Post zählen[147].

Soweit die E-Commerce-Richtline bestimmte Bereiche nicht dem Herkunftslandprinzip unterstellt, kann dies zu Rechtsunsicherheit und einer Behinderung des E-Commerce führen.
So wurde bereits mehrfach bemängelt, dass zwar das Wettbewerbsrecht, nicht aber das Verbrauchervertragsrecht vom Herkunftslandprinzip erfasst wird. Das führt zur misslichen Lage, dass bei über Werbung im Verbraucherstaat angebahnten Verträgen das Recht des Verbraucherstaates zur Anwendung kommen

---

[143] HENNING-BODEWIG, GRUR Int. 1999, 233, (241); TETTENBORN, K&R 1999, 442, (444); MANKOWSKI, GRUR Int. 1999, 909, (914); HOEREN, F.A.Z. v. 14.4.2000, Nr. 89, S. 23.

[144] Wirtschaftsminister W. Müller und Justizministerin H. Däubler-Gmelin sind sich bereits darüber einig, das Rabattgesetzes und die Zugabeverordnung ersatzlos zu streichen (F.A.Z. v. 13.12.2000, Nr. 290, S. 17). Vgl. dazu den Entwurf eines Rabattanpassungsgesetzes (BTDrucks 14/4423 v. 25.10.2000) und den eines Zugaberechtsanpassungsgesetzes (BTDrucks 14/4424 v. 25.10.2000).

[145] Im RL-Vorschlag v. 18.11.1998 und im geänderten RL-Vorschlag v. 17.8.1999 war dies noch in Art. 22 Abs. 1 i.V.m. Anhang I geregelt. Art. 1 Abs. 5 E-RL v. 28.2.2000 erweitert den Ausnahmekatalog noch zusätzlich, z.B. um den Bereich der Besteuerung und um bestimmte Fragen des Kartellrechts.

[146] Der Anhang trägt die Überschrift: „Ausnahmen im Rahmen von Artikel 3" E-RL. In den dem Gemeinsamen Standpunkt des Rates vom 28.2.2000 vorangehenden RL-Vorschlägen, war dieser Ausnahmekatalog noch in einem Anhang II geregelt.

[147] Vgl. auch Art. 3 Abs. 4 E-RL, der die Einschränkung des freien Verkehrs eines Dienstes der Informationsgesellschaft aus Gründen des Schutzes der öffentlichen Ordnung, Gesundheit, Sicherheit und Schutz des Verbrauchers erlaubt. Das entspricht ungefähr den in Art. 30 EGV aufgezählten Ausnahmen von Art. 28 EGV, wobei nur noch die seit der „Cassis de Dijon"-Entscheidung als systemimmanente Schranke des Art. 28 EGV anerkannte „Lauterkeit des Handelsverkehrs" fehlt, die nicht unter die Ausnahmevorschrift des Art. 30 EGV fällt, so HENNING-BODEWIG, GRUR Int. 1999, 233, (240 mit Fn. 51).

würde, während für den außervertraglichen, wettbewerbsrechtlichen Bereich des E-Commerce kollisionsrechtlich das Recht der Herkunftslandes gelten soll[148].

Weshalb nicht gleich alle Bereiche des elektronischen Geschäftsverkehrs dem Herkunftslandprinzip unterstellt wurden, lässt sich wohl damit erklären, dass man wegen der vielen zu bedenkenden Punkte zunächst die Erfahrungen aus einigen Bereichen abwarten und gründlich auswerten möchte[149].

Die ursprünglich im Grünbuch geäußerte Absicht der Kommission, ein „Gesamtkonzept" auf dem Gebiet der kommerziellen Kommunikation zu erarbeiten[150] konnte auch durch die E-Commerce Richtlinie nicht verwirklicht werden. Stattdessen hat man sich darauf beschränkt, bestimmte Fragen aus Schlüsselbereichen zu regeln.

7.2.3.3.2.4 Vereinbarkeit des gemeinschaftsrechtlichen Herkunftslandprinzips mit der Anknüpfung an den Marktort

Obwohl sich die Anknüpfung an das Recht des Marktortes grundsätzlich als eine praktikable und vorhersehbare Anknüpfungsmaxime erwiesen hat, die den Besonderheiten des Lauterkeitsrechts mit seiner verhaltenssteuernden Funktion gerecht wird[151], weist sie bei unteilbaren Multistate-Wettbewerbshandlungen, wie der Werbung im Internet, insofern Schwächen auf, als sie zur Anwendung einer Vielzahl von Marktrechtsordnungen führt, die nicht mit genügender Rechtssicherheit durch ein kollisionsrechtliches Spürbarkeitskriterium eingegrenzt werden können.
Es stellt sich deshalb die Frage, inwiefern eine Abweichung vom Grundsatz der Anknüpfung an den Marktort, die nicht zuletzt der Rechtssicherheit und der *par conditio concurrentium* wegen nur ausnahmsweise erfolgen darf, bei unteilbaren Wettbewerbshandlungen wie der Internetwerbung gerechtfertigt ist[152]. Die Beantwortung dieser Frage ist auch für die nachgelagerte entscheidend, ob nämlich die nationalen kollisionsrechtlichen Regelungen zum Lauterkeitsrecht für außer-

---

[148] TETTENBORN, K&R 2000, 59, (60); MANKOWSKI, GRUR Int. 1999, 909, (915); V. LACKUM, JurPC Web-Dok. 130/1999 Abs. 33 http://www.jura.uni-sb.de/jurpc/aufsatz/19990130.htm; BRISCH, CR 1999, 235, (236).
[149] HENNING-BODEWIG, GRUR Int. 1999, 233, (240), die auch die Erfahrungen mit der FernsehRLnie einbezieht, die ja ebenfalls vom Herkunftslandprinzip ausgeht.
[150] Vgl. dazu HENNING-BODEWIG, GRUR Int. 1999, 233, (240).
[151] S.o. Kapitel 5; nicht ohne Grund wird sie auch von der Rom II-Verordnung in Art. 3 Abs. 6 vorgeschlagen.
[152] Für eine generelle Vereinbarkeit zwischen dem gemeinschaftsrechtlichen Herkunftslandprinzip und der Marktortanknüpfung ist DETHLOFF, JZ 2000, 179, (181 ff.); **a.A.** MANKOWSKI, GRUR Int. 1999, 909, (912 ff.), der dies u.a. mit der Notwendigkeit der Einführung einer Metakollisionsnorm begründet; vgl. auch TETTENBORN, K&R 2000, 59, (60), der aber das Problem nur kurz anspricht.

europäische Sachverhalte bei unteilbaren Wettbewerbsdelikten eine Anknüpfung am Herkunftsland vorsehen sollen[153].

Eine Abweichung von der Grundregel der Marktortanknüpfung bei unteilbaren Multistate-Wettbewerbshandlungen wäre dann gerechtfertigt, wenn der verhaltenssteuernden Funktion des Wettbewerbsrechts bei dieser Art von Wettbewerbshandlungen nur durch eine Abweichung von der kollisionsrechtlichen Grundregel entsprochen werden kann. Da jedoch das materielle Lauterkeitsrecht diese Funktion nur dann voll entfalten kann, wenn seine Anwendbarkeit sicher bestimmt werden kann, kommt der Vorhersehbarkeit und Praktikabilität der Kollisionsregel entscheidende Bedeutung zu[154].
Bei unteilbaren Multistate-Wettbewerbshandlungen in Medien mit nahezu weltweiter Ausbreitung, wie dem Internet, stellt die Anknüpfung an die einheitliche Handlung die allein praktikable und vorhersehbare Kollisionsregel dar, während die Marktortregel, wie bereits aufgezeigt, hier an ihre Grenzen stößt[155]. Nur durch eine Anknüpfung an den Herkunftsmarkt kann jedenfalls dem Interesse der Anbieter von Waren oder Dienstleistungen entsprochen werden, sich beispielsweise bei der Konzeption ihrer Werbung nur nach einem Recht, nämlich dem ihm besser vertrauten der eigenen Niederlassung, zu richten. Da sich auch die Gerichte bei Anwendung des Herkunftslandprinzips nicht an einer Vielzahl von Rechtsordnungen auszurichten haben, wird über die dadurch effektivere Verhaltenssteuerung gleichzeitig auch den Interessen der Verbraucher und der Allgemeinheit an einem funktionierenden Wettbewerb entsprochen.

Zwar ist einzuräumen, dass bei der Anknüpfung an den Herkunftsmarkt die Interessen des Anbieters im Vordergrund stehen, während die des Verbrauchers an der Anwendung des heimischen Marktrechts in erster Linie durch die Marktortanknüpfung berücksichtigt werden; doch ist das Interesse des Verbrauchers an der Anwendung des heimischen Marktrechts bei unlauterer Werbung im Internet weniger schutzwürdig als bei anderen Wettbewerbshandlungen, da in den meisten Fällen für den Abnehmer erkennbar ist, dass er Waren oder Dienstleistungen bestellt, die nicht inländischer Herkunft sind. Eine Pflicht zur Offenbarung des Ortes seiner Niederlassung sehen z.B. Art. 5 und 6 E-RL für den Dienstanbieter vor[156].

Eine Abweichung von der Marktortregel zugunsten einer Anknüpfung an das Herkunftsland rechtfertigt sich in Fällen der Werbung über das Internet außerdem noch aufgrund von zwei weiteren Gedanken. Zum einen begibt sich der Verbraucher (virtuell) in das Herkunftsland des Anbieters, von wo aus dieser (virtuell) wirbt, und hat sich deshalb den dortigen Vorschriften zu unterwerfen,

[153] Dazu s.u. 7.2.3.3.2.5.
[154] Vgl. auch DETHLOFF, JZ 2000, 179, (182).
[155] S.o. 7.2.3.2.
[156] Darauf weist DETHLOFF, JZ 2000, 182 hin.

zum anderen stimmt oft der Hauptabsatzmarkt mit dem Herkunftsland überein, so dass sich die Anwendung des Rechts des Herkunftslandes in diesem Fall mit dem Argument rechtfertigen lässt, dass im Herkunftsland der Schwerpunkt des Wettbewerbsverstoßes liegt.
Da das Internet ein interaktives Medium ist, bei dem der Nutzer die gewünschte Information selbst aktiv ansteuern muss, liegt es immer auch ein Stück weit beim Kunden, sich virtuell zum Anbieter hinzubewegen. Soweit dies geschieht - bestes Beispiel dafür ist das sog. „Permission Marketing"[157], bei dem der Internetnutzer selbst bestimmen kann, inwieweit er mit Werbung versorgt werden will oder nicht - ist m.E. durchaus vertretbar, das Recht des Herkunftslandes anzuwenden. Der Gedanke, dass sich derjenige, der sich im Ausland aufhält, unter eine fremde Marktordnung begibt, die vom jeweiligen Auslandsrecht beherrscht wird, dem er sich anzupassen hat, ist übrigens nicht neu. Bereits im Rahmen der Gran-Canaria-Fälle kam der BGH und die herrschende Ansicht in der Literatur zur Anwendung des Rechts des Werbemarktes[158]. Überträgt man diesen Gedanken auf die Internetwerbung, lässt sich gut sagen, dass der Internetnutzer angesichts der Notwendigkeit, weitaus aktiver zu werden, um eine bestimmte Information abzurufen als dies bei konventionellen Medien der Fall ist, sich zum „Werbemarkt" als dem Niederlassungsort des Dienstanbieters hinbewegt und damit den dort geltenden Vorschriften unterliegt.

Befindet sich der Hauptabsatzmarkt im Herkunftsland, dann stimmen Herkunftsmarkt und Markteinwirkungsort überein, da die Wettbewerbshandlung nicht nur auf diesen Hauptabsatzmarkt einwirken wird, sondern dies dort auch schwerpunktmäßig tun wird. Sieht man die Marktortanknüpfung als Ausdruck der Anknüpfung an das Recht der engsten Verbindung, dann scheint es auch aus dieser Sicht legitim, unteilbare Multistate-Wettbewerbshandlungen ausnahmsweise am Herkunftsland anzuknüpfen[159].

Gerechtfertigt ist eine Abweichung von der traditionellen Marktortanknüpfung nur dort, wo es um wirklich unteilbare Multistate-Wettbewerbshandlungen geht, wie eben vor allem bei unlauterer Werbung im Internet oder bei weit ausgestrahlter satellitenübertragener Rundfunkwerbung. Hier kann nicht, wie etwa bei solcher in international verbreiteten Periodika an den Vertriebsort angeknüpft

[157] S. dazu F.A.Z. v. 20.7.2000, Nr. 166, S. 14: Das „Permission Marketing" beginnt die herkömmliche Banner-Werbung im Internet abzulösen.
[158] BGH v. 15.11.1990, BGHZ 113, 11, (16) - Kauf im Ausland - kam zur Anwendung spanischen Rechts (s.o. 5.1.3.4.4). Zur diese Entscheidung begrüßenden Literatur s.o. 4.2.4.6.2.
[159] So auch DETHLOFF, JZ 2000, 179, (183); a.A. MANKOWSKI, GRUR Int. 1999, 909, (913 ff.) u. BERNHARD, S. 255 mwN. in Fn. 1107, der der Ansicht ist, dass solange nicht einheitliche Wettbewerbschancen durch Angleichung materiellrechtlicher Lauterkeitsregelungen hergestellt werden, der nationalen Wettbewerbsgleichheit gegenüber der Förderung grenzüberschreitenden Handels Priorität eingeräumt werden muss, weshalb das Herkunftslandprinzip dem internationalen Wettbewerbsrecht nicht zum Vorbild werden dürfe.

werden[160], wo sie in gedruckter Form materiell vorliegt und sich deshalb auch technisch auf bestimmte Staaten begrenzen lässt.

7.2.3.3.2.5 Grenzen des gemeinschaftsrechtlichen Herkunftslandprinzips

Das Internet macht aber nicht an den europäischen Grenzen Halt. Sieht man, wie in der E-Commerce-Richtlinie, eine Sonderanknüpfung an das Herkunftsland für ein weltweit präsentes Medium vor, sollte sie sich m.E. nicht nur auf europäische Sachverhalte beschränken, da es sonst für diesen Bereich von Wettbewerbshandlungen zu einer Spaltung des internationalen Privatrechts in europäische und außereuropäische Sachverhalte käme, was dann eine Metakollisionsnorm erfordern würde[161].
Eine Möglichkeit, dem Herkunftsland weltweite Geltung zu verschaffen, wäre dessen Verankerung im nationalen Wettbewerbskollisionsrecht[162]. Der Herkunftsort müsste hierzu eventuell noch genauer bestimmt werden[163].
Die E-Commerce-Richtlinie berücksichtigt die weltweite Verbreitung kommerzieller Kommunikation durch das Internet in ihrer Begründungserwägung (58), indem sie bestimmt, dass „angesichts der globalen Dimension des elektronischen Geschäftsverkehrs [...] dafür Sorge zu tragen [ist], dass die gemeinschaftlichen Vorschriften mit den internationalen Regeln in Einklang stehen." Auch sollen „die Ergebnisse der Erörterungen über rechtliche Fragen in internationalen Organisationen (unter anderem WTO, OECD, UNCITRAL) [...] von dieser Richtlinie unberührt [bleiben]."

Voraussetzung für eine einheitliche Anknüpfung an das Herkunftsland ist eine gewisse Grundübereinstimmung auf materiellrechtlicher Ebene. Nun dann kann der im Herkunftslandprinzip steckende „Anerkennungsgedanke" auch praktisch verwirklicht werden. Die verschiedenen Staaten müssen einander vertrauen können, dass der entsprechende Rechtsbereich bereits ausreichend vom jeweils anderen Staat geregelt wurde[164]. Das Herkunftslandprinzip und eine fortschreitende sachrechtliche Harmonisierung bedingen sich. Sie müssen kombiniert und gleichzeitig vorangetrieben werden, um den Schutz gegen unlauteren Wettbewerb gemeinsamen Prinzipien zu unterstellen[165].

---

[160] So BGH v. 23.10.1970, GRUR 1971, 153, (154) - Tampax, s.o. 5.1.3.4.2.
[161] Vgl. dazu MANKOWSKI, GRUR Int. 1999, 909, (914).
[162] **A.A.** BERNHARD, EuZW 1992, 437, (443), der sich generell gegen eine Übernahme des Herkunftslandprinzips in ein künftiges internationales Privatrecht ausspricht.
[163] Vgl. dazu DETHLOFF, JZ 2000, 179, (184 mwN.): Sie möchte bei Haftung der Werbetreibenden an die Herkunft des beworbenen Produkts, bei Haftung der Medien oder sonst beteiligter Dritter hingegen an die Herkunft ihrer Produkte (der Dienstleistung bzw. bei Printmedien der Druckerzeugnisse) anknüpfen. Vgl. auch Art. 3 Abs. 1 E-Commerce-RL „Niederlassungsort des Diensteanbieters" u. Art. 2 Abs. 1 u. 2 Fernseh-RL „Niederlassungsort des Fernsehsenders".
[164] Vgl. MANKOWSKI, GRUR Int. 1999, 909, (913 f.).
[165] Vgl. BODEWIG, GRUR Int. 2000, 475, (483).

Annähernd gleiche Standards (Mindeststandards), z.B. bezüglich des Verbraucherschutzes, lassen sich auf europäischer Ebene freilich leichter durchsetzen als auf Weltebene[166]. Auf lange Sicht wird man aber um eine Sachrechtsrechtsvereinheitlichung auch auf außereuropäischer Ebene nicht herumkommen[167].
Auf globaler Ebene wird eine erste sachrechtliche Angleichung der unterschiedlichen Standards in den verschiedenen Staaten zunächst vor allem durch Modellgesetze (WIPO / UNCITRAL)[168] und informelle Verhaltenskodizes[169] vorangetrieben. Bei allgemeiner Akzeptanz könnte und sollte dann aus einem losen Verbund unverbindlicher Regeln und Konventionen in Zukunft tatsächlich durchsetzbares (einheitliches) Recht erwachsen.
Auf internationaler Ebene sehen auch die rechtlich nicht verbindlichen und sich dem nationalen Recht unterordnenden „Guidelines of Interactive Marketing Communication" der Internationalen Handelskammer (ICC) allgemeine Werberegeln für das Internet vor[170].
Nach einer überarbeiteten Fassung der ICC-Richtlinien zur interaktiven Marketing-Kommunikation im Internet[171] muss Werbung und Marketing „gesetzlich zulässig, mit den guten Sitten vereinbar, redlich und wahr sein". „Gesetzlich" in diesem Kontext bedeutet, dass die Werbe- und Marketingbotschaften in ihrem Ursprungsland zulässig sein sollen (Art. 1).
Außerdem sollen „Inserenten und Anbieter [...] die Rolle einzelner elektronischer Nachrichtengruppen, Foren oder Nachrichtenblätter als öffentliche Treffpunkte, und gegebenenfalls deren Regeln und Maßstäbe für akzeptables kommerzielles Verhalten, respektieren" (Art. 4).

---

166 Vgl. DETHLOFF, JZ 2000, 179, (182); s. aber auch MANKOWSKI, GRUR Int. 1999, 909, (914 mwN. in Fn. 66), der darauf hinweist, dass sich die EG-Kommission aber an eine materiellrechtliche Vereinheitlichung der Lauterkeitsstandards bisher nicht herangewagt hat.
167 Vgl. bereits TETTENBORN, K&R 1999, 252; DETHLOFF, NJW 1998, 1596, (1603).
168 Zu den „Model Provisions" s.o. 2.2.4.2; vgl. auch das „UNCITRAL Model Law on Electronic Commerce" als Modellgesetz zur Regelung des E-Commerce. Es findet sich auch im Internet z.B. unter der Adresse: http://www.uncitral.org/english/texts/electcom/ml-ec.htm.
169 Vgl. die Netiquette Guidelines (RFC 1855/FYI 28.10.1995 der Network Local Working Group), eine Zusammenfassung von Arlene H. Rinaldi findet sich unter http://fau.edu/netiquette/netiquette.html; Übersetzungen dieser Zusammenfassung liegen u.a. in dt. und ital. Sprache vor, http://www.fau.edu/netiquette/net/trans.html.
Auch die EU trifft mit den wichtigsten Handelspartnern Vereinbarungen („Global Business Dialogue"), die u.a. Selbstverpflichtungen der Industrie („Code of Conduct") und politische Vorgaben für den Verbraucherschutz umfassen, vgl. F.A.Z. v. 13.11.1998, Nr. 264, S. 27. Zur Initiative „OnlineConfidence" der europäischen Handelsunternehmen (EuroCommerce) und der Industrie- und Handelskammern (Eurochambres), die zur Schaffung eines einheitlichen Qualitätsstandards zur außergerichtlichen Beilegung von Auseinandersetzungen im E-Commerce ebenfalls einen Verhaltenskodex vorsieht, vgl. F.A.Z. v. 27.6.2000, Nr. 146, S. 25.
170 Die „Richtlinien zur interaktiven Marketing-Kommunikation im Internet" der ICC sind in der Fassung von 1987 abgedruckt bei BAUMBACH/HEFERMEHL, § 3 UWG Anhang III; vgl. dazu auch MANKOWSKI, GRUR Int. 1999, 909, (915); KOCH, S. 283 f.; LEHMANN-HOEREN, S. 111 ff.
171 Die „Revised Guidelines on Advertising and Marketing on the Internet" finden sich in dt. Sprache unter http://www.icc-deutschland.de/icc/frame/1.3.html.

Eine freiwillige Selbstkontrolle kann aber andere Maßnahmen nur ersetzen, wenn der vorgegebene Verhaltenskodex von allen Parteien auf der Grundlage gegenseitiger Anerkennung im Ganzen eingehalten wird und spürbare Sanktionen verhängt werden können[172]. Da die bisherigen Ansätze und Bemühungen auf internationaler und auch auf europäischer Ebene noch entwicklungsbedürftig sind, kann auf das einzelstaatlich gesetzte und sanktionierte Wettbewerbsrecht auch im Bereich der kommerziellen Kommunikation im Internet derzeit nicht verzichtet werden.

[172] Vgl. HENNING-BODEWIG, GRUR Int. 1997, 515, (520 f.), die darauf hinweist, dass selbst auf europäischer Ebene diesbezüglich noch viel zu tun bleibt.

8. Kapitel: Internationale Zuständigkeit

Die internationale Zuständigkeit entscheidet die Frage, ob eine Streitsache mit Auslandsbeziehung von nationalen oder von ausländischen Gerichten zu entscheiden ist[1].

Da im deutschen internationalen Kompetenzrecht die Vielzahl der bei grenzüberschreitenden Wettbewerbsfällen oftmals grundsätzlich zuständigen Gerichte teilweise mit aus dem internationalen Privatrecht entlehnten Grundsätzen eingegrenzt wird und umgekehrt die italienische Rechtsprechung sich bei der genaueren Bestimmung des Begehungsortes oftmals an Entscheidungen orientiert hat, wo dieser im Rahmen von Zuständigkeitsvorschriften wie Art. 20 C.p.c. und dem inzwischen aufgehobenen Art. 4 Nr. 2 C.p.c. genauer definiert wurde, erscheint zum Schluss ein kurzer Blick auf diese Rechtsmaterie angebracht[2]. Kompetenz- und kollisionsrechtliche Anknüpfung sind im Wettbewerbsrecht aber nur teilidentisch[3]. Unterschiede ergeben sich auch deshalb, weil bei der Festlegung des internationalen Gerichtsstands vor allem Zweckmäßigkeits- und Zumutbarkeitserwägungen eine Rolle spielen, während für die Entscheidung über das anwendbare Sachrecht der Schutzzweck des Lauterkeitsrechts den Vorrang hat[4].

8.1 Deutsche internationale Zuständigkeit

Die internationale Zuständigkeit ist in Wettbewerbssachen mit Ausnahme des Art. 5 Nr. 3 EuGVÜ[5] nicht ausdrücklich geregelt[6]. Außerhalb des Geltungsbe-

---

[1] Vgl. BAUMBACH /HEFERMEHL, Einl UWG RdNr. 192a.

[2] Allgemein zu den Gleichlauftheorien PFEIFER, S. 91 ff.
Für einen Gleichlauf von internationaler Zuständigkeit und anwendbarem Recht im dt. allgemeinen Deliktsrecht, vgl. KROPHOLLER, § 58 II 2, S. 520 f. u. für das ital. Recht POCAR, IPRax 1997, 145 sowie Cass. v. 21.11.1986, Nr. 6836 sez. un., RDIPP 1988, 125, (127 f.) - Nagel c. Mowlem II: „Sicché i criteri di identificazione, rispettivamente, del giudice competente e della legge applicabile in sostanza coincidono [...]".
Speziell zu diesem Gleichlauf in Wettbewerbsstreitigkeiten vgl. LINDACHER, FS Nakamura, S. 325 ff.; RÜßMANN, K&R 1998, 422 ff. mit Ausführungen zur Behandlung von Wettbewerbsverstößen im Internet.

[3] So LINDACHER, FS Nakamura, S. 336.

[4] Zum Schutzzweck s.o. 1.4; vgl. auch RÜßMANN, K&R 1998, 422 mwN. in Fn. 5.

[5] Brüsseler EWG-Übereinkommen über die gerichtliche Zuständigkeit und die Vollstreckung gerichtlicher Entscheidungen in Zivil- und Handelssachen (EuGVÜ) vom 27.9.1968 in der Fassung des 4. Beitrittsübereinkommens v. 29.11.1996, BGBl. III Nr. 167/1998, dazu JAYME/KOHLER, IPRax 1999, 401, (406).
Vgl. die gleichlautenden Vorschriften des Luganer Übereinkommens über die gerichtliche Zuständigkeit und die Vollstreckung gerichtlicher Entscheidungen in Zivil- und Handelssachen (LugÜ) vom 16.9.1988, ABlEG 1988 Nr. L 319/9, BGBl. II 1994 S. 2658; dazu JAYME/KOHLER, IPRax 1999, 401, (404 ff.).

reichs dieser Vorschrift wird daher für die deutsche internationale Zuständigkeit an die örtliche Zuständigkeit (§§ 12 ff. ZPO) angeknüpft[7]. Man spricht von der Doppelfunktion der Vorschriften der Zivilprozessordnung über die örtlichen Gerichtsstände[8]. Eine besondere Regelung für die örtliche Zuständigkeit sieht § 24 UWG vor.

8.1.1 Wettbewerbsverletzungen inländischer Firmen im Ausland

Ein im Ausland unter Verletzung ausländischen Rechts begangener Wettbewerbsverstoß kann im Inland verfolgt werden, wenn der Täter einen inländischen Gerichtsstand hat. Maßgebend ist die örtliche Zuständigkeit des inländischen Gerichts. Da bei Wettbewerbsverstößen deutscher Firmen im Ausland der Verletzer meist Sitz, Niederlassung, Wohnsitz oder Vermögen im Inland hat (§§ 12, 13, 17, 20, 21, 23 ZPO) ist die örtliche und somit auch die internationale Zuständigkeit grundsätzlich gegeben. Dabei ist jeder der genannten Gerichtsstände ausreichend, die internationale Zuständigkeit zu begründen (§ 24 Abs. 1 UWG)[9].

In diesem Zusammenhang besteht kein Anlass, auf den Begehungsort zu rekurrieren und diesen deshalb genauer bestimmen zu müssen[10].

8.1.2 Wettbewerbsverletzungen ausländischer Firmen im Inland

Hängt hingegen die örtliche Zuständigkeit, wie etwa bei Wettbewerbsverstößen von ausländischen Firmen im Inland, davon ab, ob der besondere Gerichtsstand des Begehungsortes gegeben ist, wird man nicht umhin kommen, diesen auch im Rahmen der Zuständigkeit genauer bestimmen zu müssen. Nach § 24 Abs. 2 S. 1 UWG ist das Gericht zuständig, in dessen Bezirk die Handlung begangen wurde.

---

[6] Vgl. MÜKO-KREUZER, Art. 38 EGBGB RdNr. 255 mwN. in Fn. 976, der in diesem Zusammenhang auch Art. 5 Nr. 5 EuGVÜ erwähnt.

[7] BGH v. 23.10.1970, GRUR 1971, 153 ff. - Tampax; BGH v. 3.12.1992, BGHZ 120, 335, (337); BAUMBACH /HEFERMEHL, Einl UWG RdNr. 192a; SCHRICKER, Recht der Werbung RdNr. 64 ff.; GLOY-SPÄTGENS, § 61 RdNr. 6; GLOY-SCHÜTZE, § 97 RdNr. 12.

[8] PUTZO, § 1 Vorbem RdNr. 6.

[9] Vgl. GLOY-SCHÜTZE, § 97 RdNr. 12 mwN. in Fn. 23.

[10] **A.A.** OLG Hamm v. 20.6.1985, NJW-RR 1986, 1047, (1048), das die zum Kollisionsrecht entwickelten Grundsätze der „Stahlexport"-Entscheidung auf das Recht der internationalen Zuständigkeit anwandte. Nach Ansicht des Gerichts ist die Zuständigkeit dt. Gerichte gegeben, wenn sich der Wettbewerb auf dem Auslandsmarkt ausschließlich zwischen inländischen Unternehmen abspielt oder die beanstandete Wettbewerbshandlung sich jedenfalls gezielt gegen den inländischen Mitbewerber richtet. Zuzustimmen ist m.E. LINDACHER, FS Nakamura, S. 336 f., der die Zuständigkeit dt. Gerichte in diesem Fall bereits nach § 24 UWG (Inlandsitz des Beklagten) für gegeben hält; vgl. auch BAUMBACH/HEFERMEHL, Einl UWG RdNr. 192b.

Nach h.M. muss dazu wenigstens ein Teilakt der Verletzungshandlung im Bezirk des angerufenen Gerichts begangen worden sein[11].

8.1.2.1 Interessentenklage

Die nach § 13 Abs. 2 Nr. 1 bis 4 UWG klageberechtigten Gewerbetreibenden, Verbände und Kammern können nur dann nach § 24 Abs. 2 S. 1 UWG am Begehungsort klagen, wenn der Beklagte im Inland weder eine gewerbliche Niederlassung noch einen Wohnsitz hat (§ 24 Abs. 2 S. 2 UWG)[12]. Diese Voraussetzung wird bei Wettbewerbsverletzungen ausländischer Firmen im Inland in der Regel gegeben sein[13].
Wie bei § 32 ZPO ist Begehungsort grundsätzlich sowohl der Handlungs- als auch der Erfolgsort. Da aber nach § 13 UWG die Klagebefugnis auf den Vertrieb von Waren oder gewerblichen Leistungen auf denselben Markt begrenzt ist, besteht die internationale Zuständigkeit letztlich nur am Erfolgsort, also an dem Ort, wo sich die wettbewerbswidrige Handlung auswirkt, mithin am Marktort[14].

8.1.2.2 Verletztenklage

Für den unmittelbar Verletzten gilt die Einschränkung des Gerichtsstandes nach § 24 Abs. 2 S. 2 UWG nicht. Dieser kann daher entweder nach § 24 Abs. 1 UWG beim Gericht der gewerblichen Niederlassung (hilfsweise des inländischen Wohnsitzes bzw. inländischen Aufenthaltsorts) oder nach § 24 Abs. 2 S. 1 UWG beim Gericht, in dessen Bezirk die Handlung begangen worden ist, klagen[15]. Dabei ist streitig, ob der Begehungsort hier im Interesse des Verletzten im weiten Sinne als Handlungs- und Erfolgsort zu verstehen ist, wobei der Erfolgsort wettbewerbsrechtlich als Marktort zu interpretieren ist[16], oder ob er ausschließlich am Ort der wettbewerblichen Interessenkollision liegt[17].

---

[11] BAUMBACH /HEFERMEHL, Einl UWG RdNr. 192b; MÜKO-KREUZER, Art. 38 EGBGB RdNr. 255.
[12] Vgl. hierzu GLOY-SPÄTGENS, § 63 RdNr. 14.
[13] BAUMBACH/HEFERMEHL, Einl UWG RdNr. 193a.
[14] BAUMBACH/HEFERMEHL, Einl UWG RdNr. 193a; LINDACHER, FS Nakamura, S. 329, 332, 336.
[15] Insofern entspricht § 24 Abs. 2 S. 1 UWG der Vorschrift über die allgemeine Deliktszuständigkeit in § 32 ZPO, BAUMBACH/HEFERMEHL, Einl UWG RdNr. 193b;
[16] So LINDACHER, FS Nakamura, S. 328, 336 f. mwN. in Fn. 19, deshalb seien kompetenz- und kollisionsrechtliche Anknüpfung nur teilidentisch.
[17] So STAUDINGER-V. HOFFMANN, Art. 38 EGBGB RdNr. 258 f.; GLOY-SCHÜTZE, § 97 RdNr. 16.

8.1.2.3 *Multistate-Wettbewerbshandlungen*

Auch bei Multistate-Wettbewerbshandlungen bestimmt sich die deutsche internationale Zuständigkeit je nachdem, ob es sich um eine Interessenten- oder Verletztenklage handelt, nach den oben beschriebenen Grundsätzen. Somit kann neben der inländischen Zuständigkeit gleichzeitig auch die ausländischer Gerichte in den ebenfalls bestreuten Staaten gegeben sein (konkurrierende Zuständigkeit)[18].

Es liegt zwar grundsätzlich im Sinn des Schutzes des potentiell durch eine Wettbewerbshandlung Verletzten, dass er bei Multistate-Wettbewerbshandlungen unter einer großen Anzahl an Gerichtsständen auswählen kann[19], doch gibt es auch bei Multistate-Wettbewerbshandlungen eine gewisse Grenze für die Sachnähe eines Gerichts.
Wie bereits bei der Frage nach dem anwendbaren Recht wird auch hier dafür plädiert, dass die Erfolgszuständigkeit inländischer Gerichte zulasten eines ausländischen Beklagten nur dann gegeben sein soll, wenn eine gewisse spürbare Markteinwirkung besteht[20]. So wird z.B. vorgeschlagen, bei Werbung im Internet eine Eingrenzung der internationalen Gerichtszuständigkeit anhand der verobjektivierten Zielrichtung der Wettbewerbshandlung vorzunehmen[21].

8.2 *Italienische internationale Zuständigkeit*

Die italienische internationale Zuständigkeit ist nunmehr in Art. 3 ff. ital. IPRG geregelt. Die bis dahin geltenden Zuständigkeitsvorschriften der Art. 2 bis 4 C.p.c. wurden gem. Art. 73 ital. IPRG aufgehoben. Gem. Art. 3 Abs. 1 ital. IPRG ist die italienische internationale Zuständigkeit gegeben, wenn der Beklagte seinen Wohnsitz oder (gewöhnlichen) Aufenthalt in Italien hat oder wenn er dort einen Vertreter bestellt hat. Die italienische internationale Zuständigkeit ist aber gem. Art. 3 Abs. 2 ital. IPRG auch unabhängig vom Wohnsitz des Beklagten in Sachgebieten gegeben, die vom Anwendungsbereich des EuGVÜ in seinen Abschnitten 2, 3 und 4 des zweiten Titels erfasst werden[22]. Gemäß dem sich im 2. Abschnitt befindenden Art. 5 Nr. 3 EuGVÜ kann eine Person, die ihren Wohnsitz in dem Hoheitsgebiet eines Vertragsstaats hat, in einem anderen

---

[18] Vgl. BGH v. 23.10.1970, GRUR 1971, 153 f. - Tampax; SCHRICKER, Recht der Werbung, RdNr. 71; LINDACHER, FS Nakamura, S. 334 f.
[19] RÜßMANN, K&R 1998, 422, (423).
[20] LINDACHER, FS Nakamura, S. 335, 336; SCHRICKER, Recht der Werbung, RdNr. 71.
[21] Speziell dazu RÜßMANN, K&R 1998, 422, (424 f.). Zu den Schwierigkeiten, die verobjektivierte Zielrichtung festzustellen, s.o. 7.2.3.1.
[22] Es fehlt in Art. 3 Abs. 2 ital. IPRG eine Verweisung auf das LugÜ, dem Parallelabkommen zum EuGVÜ. Gem. Art. 54 b LugÜ ist dies ggü. dem EuGVÜ vorrangig anzuwenden. Der Wortlaut des Art. 5 Nr. 3 EuGVÜ u. LugÜ ist aber identisch, so dass sich für den hier interessierenden Bereich daraus keine Änderungen ergeben.

Vertragsstaat vor dem Gericht des Ortes, an dem das schädigende Ereignis eingetreten ist, verklagt werden, wenn eine unerlaubte Handlung oder eine Handlung, die einer unerlaubten Handlung gleichgestellt ist, oder wenn Ansprüche aus einer solchen Handlung den Gegenstand des Verfahrens bilden.

Hat also der Beklagte seinen Wohnsitz oder gewöhnlichen Aufenthalt in einem Vertragsstaat, ist die Zuständigkeit des italienischen Gerichts dann begründet, wenn er die in den Abschnitten 2, 3 und 4 des EuGVÜ vorgesehenen Kriterien erfüllt. Liegt der Wohnsitz hingegen nicht in einem Vertragsstaat, kann die italienische internationale Zuständigkeit auch dann begründet sein, wenn zwar die in den Abschnitten 2, 3 und 4 genannten Kriterien nicht erfüllt sind, dafür aber die in Art. 3 Abs. 1 und Art. 4 ff. ital. IPRG. Die internationale Zuständigkeit italienischer Gerichte ist somit insgesamt weiterreichend als sie es nur nach dem EuGVÜ wäre[23].

8.3 Internationale Zuständigkeit nach dem EuGVÜ

8.3.1 Zweispurigkeit des deutschen, Einspurigkeit des italienischen Zuständigkeitssystems

Das Brüsseler EWG-Übereinkommen über die gerichtliche Zuständigkeit und die Vollstreckung gerichtlicher Entscheidungen in Zivil- und Handelssachen (EuGVÜ) vom 27.9.1968 regelt die internationalen gerichtlichen Zuständigkeiten in den Mitgliedsstaaten und legt damit den Rechtsschutz der in den Vertragsstaaten ansässigen natürlichen und juristischen Personen fest. Die Vorschriften des EuGVÜ haben in Zivil- und Handelssachen den Vorrang vor den Zuständigkeitsvorschriften des nationalen Rechts[24].

Im Rahmen des Geltungsbereichs des EuGVÜ ist die nach ihm bestimmte Zuständigkeitsregelung an die Stelle des autonomen Rechts getreten[25]. Für die Fälle, die außerhalb seines Geltungsbereichs liegen, verweist die allgemeine Vorschrift des Art. 2 EuGVÜ auf die Gerichtsstände des inländischen Rechts, demnach in Wettbewerbssachen in Deutschland auf § 24 UWG[26]. Diese Zweispurigkeit des Zuständigkeitssystems hat das italienische IPRG von 1995 aufgehoben, indem es in Art. 3 Abs. 2 ital. IPRG selbst auf das EuGVÜ verweist und sich somit vollständig an die Art. 5-15 des EuGVÜ angleicht[27].

---

[23] Vgl. POCAR, IPRax 1997, 145, (147); MUNARI, JbItR 9 (1996), 37, (42); GEBAUER, JbItR 9 (1996), 61, (70); PESCE, RIW 1995, 977, (978 f.).
[24] GLOY-SCHÜTZE, § 97 RdNr. 20 mwN. in Fn. 39.
[25] BAUMBACH/HEFERMEHL, Einl UWG, RdNr. 194; GLOY-SCHÜTZE, § 97 RdNr. 20.
[26] BAUMBACH/HEFERMEHL, Einl UWG, RdNr. 194; § 24 RdNr. 3 ff.; RÜßMANN, K&R 1998, 422, (423).
[27] GEBAUER, JbItR 9 (1996), 61, (70).

8.3.2 Auslegung des Art. 5 Nr. 3 EuGVÜ (Ort des schädigenden Ereignisses)

8.3.2.1 Irrelevanz des Ortes des Folgeschadens

Gem. Art. 5 Nr. 3 EuGVÜ kommt es darauf an, dass eine unerlaubte Handlung oder eine ihr gleichstehende Handlung oder Ansprüche aus einer solchen Handlung den Gegenstand des Verfahrens bilden. Damit statuiert Art. 5 Nr. 3 EuGVÜ eine allgemeine Deliktszuständigkeit[28]. Unter den weiten Anwendungsbereich der Vorschrift fallen auch Abwehransprüche und Schadensersatzansprüche wegen unlauteren Wettbewerbs[29].

Genauere Angaben darüber, was unter dem Ort, „an dem das schädigende Ereignis eingetreten ist" i.S.d. Art. 5 Nr. 3 EuGVÜ zu verstehen ist, enthält das Gesetz nicht.
In der „Mines de Potasse d'Alsace"-Entscheidung hat der EuGH diesen Begriff weit ausgelegt. Es sei darunter sowohl der Handlungs- als auch der Erfolgsort zu verstehen[30]. In der „Dumez France"-Entscheidung[31] und der „Marinari"-Entscheidung[32] hat der EuGH dann aber präzisiert, dass darunter nicht jeder Ort, an dem sich irgendeine Schadensfolge verwirklicht hat, zu verstehen ist[33].

Während die Corte di Cassazione bis zum Erlass der „Marinari"-Entscheidung des EuGH[34] im Rahmen der internationalen Zuständigkeit eine weitauslegende Haltung einnahm, indem sie unter dem Ort „an dem das schädigende Ereignis eingetreten ist", zunächst in Bezug auf den inzwischen aufgehobenen Art. 4 Nr. 2 C.p.c., dann aber auch in Bezug auf Art. 5 Nr. 3 EuGVÜ, auch denjenigen Ort einbezog, an dem die Folgewirkungen des anfänglichen Schadens eintreten[35],

---

[28] GLOY-SCHÜTZE, § 97 RdNr. 20 mwN. in Fn. 40.

[29] BGH v. 11.2.1988, GRUR 1988, 483, (485) - AGIAV; BGH v. 17.3.1994, GRUR 1994, 530 - Beta; BAUMBACH/HEFERMEHL, Einl UWG RdNr. 194 mwN.; MÜKO-KREUZER, Art. 38 EGBGB RdNr. 255.

[30] EuGH v. 30.11.1976 RS 21/76, Slg. 1976, 1735 = NJW 1977, 493 = RIW 1977, 356 mit Anm. LINKE = RDIPP 1977, 187 - Mines de Potasse: Ein französisches Unternehmen hatte in Frankreich Schadstoffe in den Rhein geleitet, die in Holland ein Fischsterben verursachten. Vgl. auch GLOY-SCHÜTZE, § 97 RdNr. 21; BAUMBACH/HEFERMEHL, Einl UWG, RdNr. 194 mwN; DAVÌ, IPRax 1999, 484, (486); ANNIBALE, S. 307 f.

[31] EuGH v. 11.1.1990, RS C-220/88, Slg. 1990, I-49 = NJW 1991, 631 - Dumez France.

[32] EuGH v. 19.9.1995, RS C-364/93, Slg. 1995, I-2719 = IPRax 1997, 331 = FI 1996, IV. 341 - Marinari; vgl. auch MOSCONI, S. 166.

[33] BAUMBACH/HEFERMEHL, Einl UWG RdNr. 194; KROPHOLLER, Europäisches Zivilprozessrecht, Art. 5 EuGVÜ RdNr. 67 f.; DAVÌ, S. 110 ff.; DERS., IPRax 1999, 484, (485); SARAVALLE, NLC 1996, 1441, (1447).

[34] Letztinstanzlich fand die Rechtssache ihren Abschluss im Urteil Cass. v. 4.11.1996, Nr. 9533, RDIPP 1997, 722 - Marinari c. Lloydo Bank PIC.

[35] So z.B. noch Cass. v. 22.6.1990, Nr. 6330 sez. un., RDIPP 1991, 772 - Volksbank Alfred c. Banca Credito Agrario Bresciano S.p.a.; Cass. v. 9.6.1995, Nr. 6499 sez. un., RDIPP 1996,

hat sie nunmehr ihren Standpunkt ausdrücklich aufgegeben und die Auslegung des EuGH übernommen[36]. Ein Grund für die frühere extensive Auslegung des Schadensbegriffs liegt darin, dass die Corte di Cassazione im Zusammenhang mit der Auslegung des damaligen Art. 4 Nr. Nr. 2 C.p.c. seit 1962 der Theorie des Erfolgsortes folgte[37]. Nur durch eine weite Interpretation des „Ortes des schädigenden Ereignisses" konnte sie zur Zuständigkeit italienischer Gerichte auch in Fällen kommen, in denen ursächliches Verhalten und Schadensereignis zwar im Ausland lagen, aber die Folgewirkungen des anfänglichen Schadens in Italien auftraten[38].

8.3.2.2 Keine teleologische Reduktion auf den Ort der wettbewerblichen Interessenüberschneidung

Die Reduktion der deutschen internationalen Zuständigkeit, die im Rahmen des § 24 Abs. 2 S. 1 UWG vorgenommen wird, indem entweder vollständig oder nur für die Erfolgsortzuständigkeit auf den Ort der wettbewerblichen Interessenüberschneidung abgestellt wird[39], kann auf Art. 5 Nr. 3 EuGVÜ wegen seiner internationalen, europaweiten Geltung grundsätzlich nicht übertragen werden. Insoweit reicht die Zuständigkeit des Art. 5 Nr. 3 EuGVÜ weiter als die nach deutschem autonomen Recht[40].

Bei Klagen wegen unlauterer Wettbewerbshandlungen im Internet könnte Art. 5 Nr. 3 EUGVÜ aber schnell zur Zuständigkeit aller Gerichte der europäischen

---

529 - Alfred Dunhill Ltd c. Tivoli Group S.r.l.; Davì, IPRax 1999, 484,(485 f. mwN. in Fn. 1); Mosconi, S. 165.
Erstinstanzliche Gerichte hatten schon früher vereinzelt von der damaligen Rsp. der Corte di Cassazione Ausnahmen gemacht. So z.B. Trib. v. Monza 28.9.1979, RDIPP 1980, 429, das zur Begründung der internationalen Zuständigkeit des ital. Gerichts nach Art. 5 Nr. 3 EuGVÜ nicht ausreichen ließ, dass der Vermögensschaden am Sitz des geschädigten Unternehmens in Italien auftrat. Das Gericht sah die Tatbestände der Anschwärzung und des Verkaufs zu Schleuderpreisen als auf dem dt. Markt verwirklicht an, da dort das klagende dt. Unternehmen in seinem Absatz geschädigt und vom Markt verdrängt werden sollte. Auf den finanziellen Folgeschaden in Italien komme es aber im Rahmen des Art. 5 Nr. 3 EuGVÜ nicht an.

[36] S. dazu die zwei aufeinanderfolgenden Entscheidungen Cass. v. 27.11.1996, Nr. 10524 sez. un. - De Angeli Frua c. Baloise Participations Holding B.V. und Cass. v. 29.11.1996, Nr. 10676 sez. un. - G.e.n.a.f. S.r.l. c. Bank Nederland, vgl. zum Sachverhalt beider Entscheidungen ausführlich Davì, IPRax 1999, 484, (485 f.).

[37] Seit Cass. v. 27.2.1962, Nr. 390 sez. un., RDInt. 1962, 427 = FI 1962, I, 1810 - British Petroleum Co. c. S.p.a. E.P.I.M - hielt sie bezüglich der ital. internationalen Zuständigkeit (giurisdizione italiana) am Erfolgsort fest, vgl. dazu Davì, IPRax 1999, 484, (486 mwN. in Fn. 6). Davor knüpfte z.B. noch Cass. v. 23.1.1958, Nr. 161, GI 1958, I, 1, 1039 = FI Mass. 1958, 31 - Prominet c. Fiocchi - an den Handlungsort an, dies nicht nur bei der Frage nach der internationalen Zuständigkeit, sondern auch bei der des anwendbaren Rechts (s.o. 5.4.2.2).

[38] Davì, IPRax 1999, 484, (486).

[39] S.o. 8.1.2.2.

[40] Gloy-Schütze, § 97 RdNr. 21.

Länder führen, für die das Übereinkommen in Kraft getreten ist. Abhilfe könnte auch hier teilweise eine Eingrenzung der in Frage kommenden Orte anhand des Kriteriums der verobjektivierten Zielrichtung der Wettbewerbsmaßnahme schaffen[41], wie es für die zusätzliche Eingrenzung der deutschen internationalen Zuständigkeitsregelung bei Multistate-Wettbewerbshandlungen bereits befürwortet wird[42].

---

[41] S.o. 7.2.3.1.
[42] S.o. 8.1.2.3.

Zusammenfassung und Schlussbetrachtungen

Die Darstellung des deutschen und italienischen Wettbewerbskollisionsrechts hat gezeigt, dass diese Rechtsmaterie in beiden Ländern noch in Entwicklung begriffen ist. Eine der Hauptgründe dafür liegt in der Natur des Sachrechts selbst, auf das es sich bezieht und dessen Anwendungsbereich es bei Auslandsbezug regelt. Als Marktrecht hat das Wettbewerbsrecht auf ständig neue und sich ändernde Formen wirtschaftlichen Handelns zu reagieren. Dies wirkt sich auch auf die kollisionsrechtliche Behandlung des Lauterkeitsrechts aus.

Durch die Verwirklichung des europäischen Binnenmarktes am 1.1.1993 wurde ein weitgehend europäischer Wirtschaftsraum geschaffen. Waren und Dienstleistungen werden heute aber nicht nur europaweit, sondern immer öfter auch weltweit vermarktet. In einigen Sektoren sind die Märkte längst über ihre nationalen Grenzen hinausgewachsen. In Bereichen der Rohstoffversorgung, der Mikroelektronik, beim Flugzeug- oder Großschiffbau beschaffen die Nachfrager überwiegend global. Hier kann bereits von Weltmärkten gesprochen werden[1]. Auch die Werbe- und Absatztätigkeiten im weltweiten Kommunikationsmedium Internet sind naturgemäß darauf angelegt, alle Landesgrenzen zu überschreiten.

Ein einheitliches geschlossenes Gesamtkonzept zur Regelung unlauteren Wettbewerbs auf internationalen Märkten fehlt bislang. Erst recht fehlt es an einem internationalen Einheitsrecht zur Bekämpfung unlauteren Verhaltens. Die Pariser Verbandsübereinkunft und das TRIPs-Übereinkommen sehen lediglich Instrumentarien vor, die die nationalen Regelungen vereinheitlichen helfen. Sie setzen vor allem bestimmte Mindeststandards fest (Art. 10bis Abs. 3 PVÜ, Art. 1 Abs. 1 TRIPs) und gehen vom Prinzip der Inländergleichbehandlung (Art. 2 Abs. 1 PVÜ, Art. 3 TRIPs) aus. Die „Model Provisions on Protection against Unfair Competition" der WIPO, die zum großen Teil auf die PVÜ und das TRIPs-Übereinkommen verweisen, haben selbst keinerlei Bindungswirkung und sind nur als ein Modell für künftige nationale Gesetze zur Bekämpfung unlauteren Wettbewerbs gedacht.

Auf europäischer Ebene besteht zwar eine kaum noch überschaubare Anzahl an sekundären Harmonisierungsmaßnahmen, doch beschränken sie sich auf einzelne Bereiche. Am allgemeinsten ist noch die Richtlinie zur Angleichung der Rechts- und Verwaltungsvorschriften über irreführende Werbung (84/450/EWG) gefasst, die durch die Richtlinie 97/55/EG geändert wurde, um auch die vergleichende Werbung einzubeziehen. Mit Ausnahme des Verbotes der Irreführung durch Werbevergleiche, für das die Richtlinie einen Feststandard vorsieht (Art. 7 Abs. 2), enthält auch sie vor allem Mindeststandards.

[1] WOLF, (ehemaliger Präsident des Bundeskartellamts) in F.A.Z. v. 10.5.1999, Nr. 107, S. 10.

Die Pflicht zur Umsetzung der Richtlinie 84/450/EWG zwang Italien, seinen Verbraucherschutz bezüglich irreführender Werbung durch die Gesetzesverordnung Nr. 74 von 1992 anzuheben und dem europäischen Niveau anzugleichen. Wegen des bereits hohen Verbraucherschutzes sah Deutschland dazu keine Veranlassung. Die Richtlinie 97/55/EG wurde hingegen in beiden Ländern in nationales Recht umgesetzt, womit nun auch von Gesetzes wegen vergleichende Werbung in beiden Ländern grundsätzlich zulässig ist.
Auch der Rechtsprechung des EuGH kommt eine erhebliche Bedeutung zu, was die Rechtsangleichung im Bereich des Irreführungsrechts angeht. So hat der EuGH mit seinem Leitbild vom aufgeklärten und kritisch prüfenden Verbraucher bereits die deutsche Rechtsprechung gezwungen, sich diesem anzupassen und von einer allzustarken Bevormundung des Verbrauchers abzurücken.
Die EuGH-Rechtsprechung beschränkt sich jedoch nicht auf den Bereich des Irreführungsrechts, sondern trägt darüber hinaus zu einer einheitlichen Begriffsbestimmung der „guten Sitten im Wettbewerb" bei. So hat er in einer Reihe von Entscheidungen die Vereinbarkeit bestimmter nationaler Wettbewerbsbeschränkungen mit Art. 28 bzw. 49 EGV geprüft, durch die der freie Waren- bzw. Dienstleitungsverkehr im Binnenmarkt geschützt wird. Eine Beschränkung der Warenfreiheit lässt der EuGH nur dann zu, wenn „zwingende Erfordernisse" beispielsweise der Schutz der Lauterkeit im Handelsverkehr oder der Verbraucherschutz es erfordern („Cassis de Dijon"-Entscheidung). Damit schafft er einen Kompromiss zwischen den Regelungen des Herkunftslandes und denen des Bestimmungslandes, da eine Wareneinfuhr zwar grundsätzlich erlaubt ist, wenn sie den Vorschriften des Herkunftslandes entspricht, jedoch durch zwingende Erfordernisse des Bestimmungslandes verhindert werden kann. Eine Einschränkung der Dienstleistungsfreiheit lässt er hingegen nur aus Gründen des Allgemeininteresses zu. In der „De Agostini-Entscheidung" verfeinerte der EuGH nicht nur die in der „Keck"-Entscheidung im Wesentlichen gemachte Unterscheidung zwischen vertriebs- und produktbezogenen Maßnahmen, sondern stellte auch klar, dass das Sendelandprinzip der Fernsehrichtlinie nur für den von ihr koordinierten Bereich gelte.

Trotz der Harmonisierungsbemühungen auf europäischer Ebene, stehen zur Bekämpfung unlauteren Wettbewerbs auf internationalen Märkten immer noch vor allem nationale Regelungen zur Verfügung. Die nationalen Sachrechte sind aber in erster Linie dafür geschaffen, die Lauterkeit auf dem eigenen nationalen Markt zu regeln. Es gilt außerdem zu bedenken, dass regionale Märkte weiterhin neben den weltweiten bestehen, auch wenn sich wirtschaftliche Märkte immer weniger mit den Territorien nationaler Staaten decken. Lokale Märkte haben z.B. eine erhebliche Bedeutung bei den sog. „After sales"-Geschäften und anderen vor Ort zu erbringenden Serviceleistungen, wo persönliches Vertrauen, Sprache und Kultur eine besondere Rolle spielen[2].

---

[2] Vgl. dazu Wolf, a.a.O.

Die einzelnen nationalen, materiellrechtlichen Regelungen zur Bekämpfung unlauteren Wettbewerbsverhaltens divergieren aber teilweise nicht unerheblich voneinander. Dies konnte am Beispiel des deutschen und italienischen materiellen Lauterkeitsrechts aufgezeigt werden. Nach wie vor bestehen auch hier deutliche Unterschiede, was System und Schutzumfang betrifft. Während das italienische Lauterkeitsrecht jedenfalls nach dem Wortlaut seiner Generalklausel (Art. 2598 Nr. 3 C.c.) die „azienda", d.h. das Unternehmen schützt, schützt das deutsche nach inzwischen einhelliger Ansicht in Literatur und Rechtsprechung nicht ein bestimmtes subjektives Recht, sondern vor dem Verstoß gegen objektive Verhaltensnormen. Dementsprechend erstreckt sich sein Schutzsubjekt nicht nur auf die Interessen der Mitbewerber, sondern auch auf die anderer Marktbeteiligter, wie Verbraucher und Abnehmer, sowie die der Allgemeinheit an einem funktionierenden Wettbewerb. Zwar fehlte es in der italienischen Literatur nicht an Versuchen, etwa über Art. 41 Cost. den Schutz des Verbrauchers und der Allgemeinheit in die lauterkeitsrechtliche Generalklausel hineinzuinterpretieren, doch wurde und wird dies von der ganz herrschenden Lehre und einhelligen Rechtsprechung abgelehnt. Das italienische Lauterkeitsrecht bleibt damit weiterhin mehr im allgemeinen Deliktsrecht verwurzelt als das deutsche.

Da aufgrund der heutigen Marktoffenheit grenzüberschreitende Wettbewerbshandlungen immer häufiger werden, es aber andererseits kein internationales Einheitsrecht gibt, das solche Fälle grenzüberschreitenden Wettbewerbsverhaltens regelt, kommt der Frage nach dem anwendbaren Recht eine erhebliche Bedeutung zu. Wie auch immer der Wettbewerbssachverhalt in kollisionsrechtlicher Hinsicht beurteilt wird, zur Anwendung gelangt stets nationales Recht, denn dessen Anwendbarkeit wird vom internationalen Privatrecht geregelt. Nationales Recht ist aber nicht unbedingt für einen sich weltweit auswirkenden Sachverhalt geschaffen[3]. Solange die jeweiligen nationalen, materiellen Vorschriften zur Bekämpfung unlauteren Wettbewerbs nicht soweit angeglichen sind, dass es bei Auslandssachverhalten zu keinen Konflikten zwischen ihren Zielvorstellungen mehr kommt, steht dem Wettbewerbskollisionsrecht die Aufgabe zu, die einzelnen materiellen Rechte in ihrer Funktion auf internationaler Ebene abzustimmen[4]. Bei der Bestimmung des auf den konkreten Fall anwendbaren Rechts greift es auf materiellrechtliche Wertungen aus den nationalen Rechtsordnungen zurück und versucht zugleich einen Ausgleich zwischen diesen zu schaffen.

Auch bei der kollisionsrechtlichen Behandlung von Wettbewerbsverstößen herrschen im Einzelnen unterschiedliche Vorstellungen in den nationalen Rechtsordnungen, was auf die divergierenden Ansichten über den Schutz des Lauterkeitsrechts auf Sachebene zurückzuführen ist. Die vorliegende Arbeit hat die

---

[3] Vgl. auch v. BAR, IPR I, § 7 RdNr. 599: „Die Töpfe des Sachrechts sind nicht für die Deckel des IPR konstruiert".

[4] Vgl. bereits REGELMANN, S. 165.

Unterschiede zwischen dem deutschen und dem italienischen Wettbewerbskollisionsrecht herausgearbeitet.
Während die deutsche Rechtsprechung seit der „Kindersaugflaschen"-Entscheidung des BGH das auf Wettbewerbsverstöße anwendbare Recht wettbewerbsspezifisch bestimmt und durchweg an den Ort der wettbewerbsmäßigen Interessenkollision (Marktort) anknüpft, bleibt die italienische - der vergleichsweise stärkeren Bindung des materiellen Lauterkeitsrechts mit dem allgemeinen Deliktsrecht entsprechend - letzterem auch auf internationalprivatrechtlicher Ebene enger verbunden und bestimmt daher den Begehungsort bei grenzüberschreitenden Wettbewerbsverstößen grundsätzlich nach deliktsrechtlichen Kriterien. Bei der Anknüpfung an den Handlungs- bzw. Erfolgsort, berücksichtigt sie durchaus auch die Auswirkung der Wettbewerbshandlung auf den (Absatz)Markt. Teilweise stellt sie sogar nur darauf ab, ob sich das grenzüberschreitende Wettbewerbsverhältnis auf den (italienischen) Markt auswirkt. Die im Detail uneinheitlich wirkende italienische Rechtsprechung zeigt, in der Vielfalt der von ihr aufgestellten Regeln zum Wettbewerbskollisionsrecht, vor allem die (einheitliche) Tendenz zur Anwendung der *lex fori*.
Entsprechend heterogen sind die Ansichten in der italienischen Literatur. Während die inzwischen einhellige Meinung in Deutschland wie auch die Rechtsprechung an das Recht des Marktortes anknüpft, spricht sich nur ein Teil der zumeist jüngeren italienischen Literatur dafür aus. Die herrschende Meinung orientiert sich bei der Bestimmung des auf Wettbewerbsverstöße anwendbaren Rechts weiterhin an dem auch nach der IPR-Reform von 1995 als Erfolgs- aber auch als Handlungsort verstandenen Begehungsort. Innerhalb dieser herrschenden Meinung sprechen sich jedoch die meisten Autoren - entgegen der gesetzlich vorgesehenen Regelanknüpfung gem. Art. 62 Abs. 1 S. 1 ital. IPRG an den Ort des schädigenden Ereignisses (Erfolgsort) - für eine Anknüpfung an den Handlungsort bei Wettbewerbshandlungen aus, weil eine solche der Besonderheit des Lauterkeitsrechts als Verhaltensunrecht besser Rechnung trage.
Letztlich stimmt aber der Begehungsort, und zwar sowohl wie er nach der Theorie des Erfolgsortes als auch nach der des Handlungsortes bestimmt wird, sehr oft mit dem Marktort überein, denn die Literatur lokalisiert unter Berücksichtigung der Eigenart des Lauterkeitsrechts als Marktverhaltensrecht den Begehungsort in beiden Fällen häufig dort, wo sich (erstmals) die Gefahr einer Beeinträchtigung der wirtschaftlichen Tätigkeit des Konkurrenten äußert.
Vereinzelt wird in der italienischen Literatur auch eine ubiquitäre Anknüpfung sowohl an den Handlungs- als auch an den Erfolgsort vertreten, wobei jeweils das Recht des Ortes maßgebend sein soll, mit dem der Sachverhalt die engste Verbindung aufweist. Dieser liege dort, wo der Unlauterkeitstatbestand erfüllt, also dort, wo der Mitbewerber potentiell gefährdet werde.
Soweit die italienische Literatur direkt und die Rechtsprechung *de facto* das Recht des Marktortes anwenden, gelangen sie - im Unterschied zur deutschen Literatur und Rechtsprechung - stets nur aus Gründen des Konkurrentenschutzes zu diesem Ergebnis, also nicht etwa deshalb, weil am Marktort auch die Interessen der Verbraucher und Allgemeinheit belegen sind.

Eine Verfeinerung der Anknüpfungsregel an den Marktort nimmt die deutsche Literatur anhand von Fallgruppen vor. Entsprechend dem weit gefassten Schutzzweck des deutschen Lauterkeitsrechts geht sie von einer sachrechtlichen Einteilung der Wettbewerbsverstöße nach den jeweils beeinträchtigten Interessen der Mitbewerber, der Verbraucher und der Allgemeinheit aus. Grundsätzlich nach dem allgemeinen Deliktsrecht - und deshalb aus dieser Einteilung von vornherein ausgeschlossen - werden die betriebsbezogenen Wettbewerbsverstöße behandelt, da sie sich direkt gegen den Betrieb als ein subjektives Rechtsgut richten und sich nicht erst über ihre Wirkung auf dem Markt schädigend auswirken. Die Fallgruppenbildung bestätigt die grundsätzliche Geeignetheit der Anknüpfung an den Marktort und bestimmt darüber hinaus, wo sich dieser für die einzelnen Formen unlauteren Handelns befindet.
Die Marktortregel erweist sich schon deshalb als grundsätzlich geeignete Anknüpfungsregel, weil sie der verhaltenssteuernden Funktion des Lauterkeitsrechts am besten Geltung zu verschaffen vermag. Das Lauterkeitsrecht soll auf dem Markt regelnd wirken, wo die beteiligten Interessen aufeinandertreffen und sich eine freie wettbewerbliche Tätigkeit entfalten soll. Dort hat der jeweilige Marktstaat sein berechtigtes Rechtsanwendungsinteresse und die Aufgabe, gleiche Bedingungen für alle Wettbewerber zu schaffen.

An ihre Grenzen stößt die Marktortregel jedoch bei Multistate-Wettbewerbshandlungen. Bei unlauterem Wettbewerb in international verbreiteten Printmedien, Rundfunksendungen und vor allem in Datennetzen hat sie sich weder als besonders praktikabel, noch als vorhersehbar erwiesen. Bei sich territorial weit erstreckenden Wettbewerbshandlungen, wie z.B. bei über diese Medien verbreiteter Werbung, weist sie durch den schwer zu ermittelnden Marktort eine große Rechtsunsicherheit auf. Dies zeigt sich darin, dass sie oft zur gleichzeitigen Anwendung einer allzu großen Zahl an Rechtsordnungen führt, was Werbetreibenden und Gerichten gleichermaßen Schwierigkeiten bei der Berücksichtigung bzw. Anwendung des auf die Wettbewerbsmaßnahme anwendbaren Rechts bereitet. Zwar kann über das Kriterium der Spürbarkeit die Anzahl der in Frage kommenden Rechtsordnungen teilweise reduziert werden, doch versagt dieses zusätzliche Kriterium insbesondere bei unteilbaren Wettbewerbshandlungen, wie der Werbung im Internet, weitgehend.
Auf der Ebene des Gemeinschaftsrechts gehen deshalb die Fernsehrichtlinie (89/552/EWG / 97/36/EG) und die E-Commerce-Richtlinie (2000/31/EG) von einer Anknüpfung an das Recht des Herkunftslandes aus. Diese kollisionsrechtliche Vereinheitlichungsbemühung ersetzt freilich nicht weitere Harmonisierungen auf Sachrechtsebene. Sie setzt letztere im Gegenteil voraus.

Das Herkunftslandprinzip soll jedoch nur für die von diesen beiden Richtlinien koordinierten Bereiche gelten. Dass man auf europäischer Ebene nicht bestrebt ist, die Anknüpfung an das Herkunftsland zur allgemeinen Wettbewerbskollisionsregel zu erheben, zeigt der Entwurf einer Verordnung des Rates vom 21.6.1999 über das auf außervertragliche Schuldverhältnisse anwendbare Recht

(sog. Rom II-Verordnung). Gemäß dessen Art. 3 Abs. 6 sollen Wettbewerbshandlungen grundsätzlich an das Recht des Ortes angeknüpft werden, an dem sie sich auswirken.
Diese zweispurige, europäische kollisionsrechtliche Behandlung von Wettbewerbsverstößen, die eine Ausnahme von der Marktortregel bei unteilbaren Wettbewerbshandlungen vorsieht, lässt die Frage aufkommen, inwieweit diese nicht stets, also auch dann, wenn das europäische Recht nicht einschlägig ist, am Herkunftsland angeknüpft werden sollten.
Zum einen könnte dadurch eine Spaltung des internationalen Privatrechts in europäische und außereuropäische Sachverhalte vermieden werden, denn eine solche würde bei der Beurteilung weltweiter Werbekampagnen nur Probleme hervorrufen. Zum anderen würde dadurch am besten dem Interesse der Anbieter von Waren oder Dienstleistungen entsprochen werden, die sich dann beispielsweise bei der Konzeption ihrer Werbung nur nach einem Recht, nämlich dem ihm besser vertrauten der eigenen Niederlassung, zu richten brauchen. Die größere Rechtssicherheit, die durch die Anknüpfung unteilbarer Wettbewerbshandlungen an das Herkunftsland entsteht, verschafft auch der verhaltenssteuernden Funktion des Lauterkeitsrechts größere Wirkung, was letztlich auch den Interessen der Verbraucher und der Allgemeinheit an einem weltweit funktionierenden Wettbewerb zugute kommt.
Marktortregel und Herkunftslandprinzip werden wohl deshalb in Zukunft in einem „Regel-Ausnahmeverhältnis“ nebeneinander bestehen müssen, um auf europäischer und weltweiter Ebene allen am jeweiligen Marktgeschehen Beteiligten gerecht zu werden.

Literaturverzeichnis

1. *Kommentare, Grundrisse, Lehrbücher, Monographien u. dgl.*

Die unter dieser Rubrik angeführte Literatur wird grundsätzlich nur mit den Nachnamen der Verfasser zitiert; bei mehreren Werken des gleichen Verfassers und bei Festschriften wird ein Titelstichwort angegeben. Bei Autoren mit gleichem Nachnamen, wird der Anfangsbuchstabe des Vornamens angegeben.

AHRENS, Hans-Jürgen	Wettbewerbsverfahrensrecht zum vorbeugenden Rechtsschutz durch einstweiligen Rechtsschutz, Köln u.a. 1983
AHRENS, Hans-Jürgen	Einstweiliger Rechtsschutz als Hauptsacheverfahren im Wettbewerbsrecht - Rechtspolitische Überlegungen zum summarischen Rechtsschutz, S. 1-15 in Festschrift für Hideo Nakamura zum 70. Geburtstag am 2. März 1996, (Hrsg.) Heldrich, Andreas / Uchida, Takeyoshi, Tokyo 1996, zit. FS Nakamura
ANNIBALE, Silverio	Riforma del sistema italiano di diritto internazionale privato, Padova 1997
ASCARELLI, Tullio	Teoria della concorrenza e dei beni immateriali, 3. Aufl., Milano 1960
AULETTA, Giuseppe Giacomo	Azienda - opere dell'ingegno e invenzioni industriali - Concorrenza, in Commentario al Codice Civile, Libro V - Del Lavoro, Art. 2555-2642 C.c., (Hrsg.) Scialoja, Antonio / Branca, Giuseppe, Bologna-Roma 1956, zit. Azienda
AULETTA, Giuseppe Giacomo / MANGINI, Vito	Delle invenzioni industriali, dei modelli di utilità e dei disegni ornamentali. Della Concorrenza, Bologna-Roma 1973
AUTERI, Paolo	La concorrenza sleale, in Trattato di diritto privato, (Hrsg.) P. Rescigno, XVIII, Vol. IV, S. 341-415, Torino 1983
BALLADORE PALLIERI, Giorgio	Diritto internazionale privato Italiano, Trattato di Diritto Civile e Commerciale, Bd. XLV, (Hrsg.) Cicu, Antonio / Messineo, Francesco, Milano 1974
BALLARINO, Tito	Diritto internazionale privato, 3. Aufl., Padova 1999
BAR, Carl Ludwig von	Theorie und Praxis des Internationalen Privatrechts, 2 Bände, 2. Aufl., Hannover 1889, Nachdruck der 2. Aufl. mit einem Vorwort von Ludwig Schnorr von Carolsfeld (1966)
BAR, Christian von	Internationales Privatrecht Bd. I, Allgemeine Lehren, München 1987, Bd. II, Besonderer Teil, München 1991, zit. IPR I, II
BAR, Christian von	Internationales Wettbewerbsbeschränkungsrecht zwischen Sach- und Kollisionsrecht, S. 13-37 in Festschrift für Murad Ferid: zum 80. Geburtstag am 11. April 1988, (Hrsg.) Heldrich, Andreas, Frankfurt a. M. 1988, zit. FS für Ferid

BAR, Christian von — Wettbewerbsrechtlicher Verbraucherschutz und internationales Lauterkeitsrecht, S. 75-86, in Internationales Verbraucherschutzrecht - Erfahrungen und Entwicklungen in Deutschland, Lichtenstein, Österreich und der Schweiz - Referate und Diskussionsberichte des Kolloquiums zu Ehren von Fritz Reichert-Facilides, (Hrsg.) Schnyder, Anton K. / Heiss, Helmut / Rudisch, Bernhard, Tübingen 1995, zit. Internationales Verbraucherschutzrecht

BAR, Christian von — Gemeineuropäisches Deliktsrecht - Jus Commune Europapaeum, Bd. I: Die Kernbereiche des Deliktsrechts, seine Angleichung in Europa und seine Einbettung in die Gesamtrechtsordnungen, München 1996, zit. Gemeineuropäisches Deliktsrecht I

BAR, Christian von (Hrsg.) — Europäisches Gemeinschaftsrecht und Internationales Privatrecht - Tagung des Instituts für Internationales Privatrecht und Rechtsvergleichung des Fachbereichs Rechtswissenschaften der Universität Osnabrück am 6. und 7. April 1990 in Osnabrück, Bd. 26:
Pirrung, Jörg, Die Einführung des EG-Schuldvertragsübereinkommens in die nationalen Rechte, S. 21-75;
Fischer, Gerfried, Gemeinschaftsrecht und kollisionsrechtliches Staatsangehörigkeitsprinzip, S. 157-182;
Martiny, Dieter, Gemeinschaftsrecht, ordre public, zwingende Bestimmungen und Exklusivnormen, S. 211-242
Köln-Berlin-Bonn-München 1991, zit. v. Bar-[Bearbeiter], EG-Recht u. IPR

BÄR, Rolf — Kartellrecht und internationales Privatrecht, Karlsruhe 1965

BASTIAN, Eva-Maria — Werberecht in Italien: Entwicklungen und aktuelle Tendenzen, zugl. Diss., Köln u.a. 1996

BAUER, Max W. / ECCHER, Bernhard / KÖNIG, Bernhard — Codice Civile (zweisprachige Ausgabe), 2. Aufl., Bozen 1992, zit. Codice Civile

BAUER, Max W. — Codice di Procedura Civile, 2. Aufl. Bozen 1996, zit. Codice di Procedura Civile

BAUER, Werner — Renvoi im internationalen Schuld- und Sachenrecht, Freiburg 1985

BAUMBACH, Adolf — Das gesamte Wettbewerbsrecht, 2. Aufl., Berlin 1931

BAUMBACH, Adolf / HEFERMEHL, Wolfgang — Wettbewerbsrecht, Gesetz gegen den unlauteren Wettbewerb, Zugabeverordnung, Rabattgesetz und Nebengesetz, 21. Aufl., München 1999; (8. Aufl. 1960, zit. Baumbach/Hefermehl[8])

BECHER, Carl — Gesetz gegen den unlauteren Wettbewerb, 2. Aufl., München 1932

BERNHARD, Peter — Das internationale Privatrecht des unlauteren Wettbewerbs in den Mitgliedstaaten der EG, zugl. Diss., Baden-Baden 1994

BETTI, Emilio — Problematica del diritto internazionale, Milano 1956

BIRK, Rolf — Schadensersatz und sonstige Restitutionsformen im internationalen Privatrecht, teilw. zugl. Diss., Karlsruhe 1969

BLASE, Antonietta di / GIARDINA, Andrea — Diritto internazionale privato e processuale - materiali didattici, Milano 1994

BODENHAUSEN, Georg H. C. — Pariser Verbandsübereinkunft zum Schutz des Gewerblichen Eigentums, Kommentar, (Art. 10bis PVÜ), Köln-Berlin-Bonn-München 1971

BOSCO, Giacinto — Corso di diritto internazionale privato, 3. Aufl., Roma 1939

BOXBERGER, Gerald / KLIMENTA, Harald — Die 10 Globalisierungslügen, München 1998

BRIEM, Stephan — Internationales und Europäisches Wettbewerbsrecht und Kennzeichnungsrecht, Wien 1995

BRÖCKER, Walter — Möglichkeiten der differenzierten Regelbildung im internationalen Deliktsrecht, zugl. Diss., München 1967

BRÖDERMANN, Eckart / IVERSEN, Holger — Europäisches Gemeinschaftsrecht und Internationales Privatrecht, Tübingen 1994

BURMANN, Hans Franz — Das Recht der Wertreklame, Bd. II, Berlin 1965

BUSSMANN, Kurt — Wettbewerbsverstöße und Warenzeichenverletzungen mit Auslandsbeziehungen in der deutschen Rechtsprechung, S. 157-178 in Eranion in honorem Georgii Maridakis, Bd. II, Athen 1963, zit. Maridakis II

CAEMMERER, Ernst von (Hrsg.) — Vorschläge und Gutachten zur Reform des internationalen Privatrechts der außervertraglichen Schuldverhältnisse, Tübingen 1983;
Caemmerer, Ernst, Entwurf u. Begründung zum Regelungsvorschlag, S. 1-28;
Lorenz, Werner, Die allgemeine Grundregel betreffend das auf außervertragliche Schadenshaftung anzuwendende Recht, S. 97-159;
Kreuzer, Karl, Wettbewerbsverstöße und Beeinträchtigung geschäftlicher Interessen (einschließlich der Verletzung kartellrechtlicher Schutzvorschriften), S. 232-297;
zit. Caermmerer-[Bearbeiter]

CALLMANN, Rudolf — Der unlautere Wettbewerb, Kommentar zum Gesetz gegen den unlauteren Wettbewerb mit Notverordnung vom 9.3.1932 und zu den materiellrechtlichen Vorschriften des Gesetzes zum Schutz der Warenbezeichnung, 2. Aufl., Mannheim 1932

Cansacchi, Giorgio — Scelta e adattamento delle norme straniere richiamate, Torino 1939

CAPORTORTI, Francesco / STARACE, Vincenzo (Hrsg.) — La giurisprudenza italiana di diritto internazionale privato e processuale, Repertorio 1967-1990, Milano 1991, zit. Capotorti - Repertorio, [Jahr], [Stichwort]

CASANOVA, Mario — Il Novissimo Digesto Italiano, (Hrsg.) Azara, Antonio / Eula, Ernesto, 3. Aufl., Bd. III, S. 993-1000, Torino 1957 ff., zit. Novissimo Digesto Italiano

CASANOVA, Mario — Impresa ed azienda: Le imprese commerciali, in der Serie: Trattato di diritto civile, (Hrsg.) Vassalli, Filippo, Torino 1974, zit. Impresa ed azienda

CERETI, Carlo — Le obbligazioni nel diritto internazionale privato, Torino 1925

COTTINO, Gastone — Diritto commerciale, , Bd. I, Halbband (Tomo) 1, Imprenditore, Impresa e azienda, segni distintivi, brevetti, concorrenza, 3. Aufl., Padova 1993

DAVÌ, Angelo — La responsabilità extracontrattuale nel nuovo diritto internazionale privato, Torino 1997

DE CUPIS, Adriano — Il danno, Milano 1966

DEUTSCH, Erwin — Wettbewerbstatbestände mit Auslandsbeziehung (ZHR Beiheft 26), Stuttgart 1962

DI CATALDO, Vincenzo — I segni distintivi, 2. Aufl., Milano 1985

DI MARCO, Giuseppe — Legge applicabile alle obbligazioni non contrattuali: un tentativo di armonizzazione in sede comunitaria, S. 399-415 in L'unificazione del diritto internazionale privato e processuale - Studi in memoria di Mario Giuliano, Padova 1989

DIENA, Giulio — Principi di diritto internazionale, Napoli 1910

DOEPNER, Ulf — Verbraucherleitbilder zur Auslegung des wettbewerbsrechtlichen Irreführungsverbots: Anmerkungen zum Diskussionsstand, S. 165-195 in Festschrift für Otfried Lieberknecht zum 70. Geburtstag (Hrsg.) Niederleithinger, Ernst u.a., München 1997, zit. FS Lieberknecht

DUDEN — Der Duden in 12 Bänden - Das Standardwerk zur deutschen Sprache, (Hrsg.) Drosdowski, Günther u.a., Bd. 7: Das Herkunftswörterbuch - Etymologie der deutschen Sprache, 2. Aufl., Mannheim u.a. 1997

EBENROTH, Carsten Thomas — Neue Ansätze zur Warenverkehrsfreiheit im Binnenmarkt der Europäischen Union, S. 133-169, in Festschrift für Henning Piper zum 65. Geburtstag, (Hrsg.) Erdmann, Willi / Gloy, Wolfgang / Herber, Rolf, München 1996, zit. FS Piper

EHRENZWEIG, Albert A. — A treatise on the conflict of laws, St. Paul 1962, zit. A treatise on the conflict of laws

EHRENZWEIG, Albert A. — Private international law - general part, London 1967, zit. Private international law

ELSTER, Alexander — Urheber- und Erfinder-, Warenzeichen- und Wettbewerbsrecht (Gewerblicher Rechtsschutz), 2. Aufl., Berlin 1928

EMMERICH, Volker — Das Recht des unlauteren Wettbewerbs, 5. Aufl., München 1998

ENSTHALER, Jürgen — Gewerblicher Rechtsschutz und Urheberrecht, Berlin u.a. 1998

ERMAN, Walter — Handkommentar zum Bürgerlichen Gesetzbuch, Bd. II, 9. Aufl., Münster 1993, zit. Erman-[Bearbeiter]

FABIANI, Mario — Concorrenza sleale e annientamento del concorrente, S. 2057-2086 in Scritti in memoria di Alessandro Graziani, Impresa e società, Bd. V, Napoli 1968

FERID, Murad — Internationales Privatrecht, 3. Aufl., Frankfurt a.M. 1986

FERRARA, Francesco — La teoria giuridica dell'azienda, 2. Aufl., Firenze 1947

FERRARI BRAVO, Luigi — Responsabilità civile e diritto internazionale privato comparato, Napoli 1973

FERRARI, Lorenza — Die Anknüpfung an die Marktauswirkung im schweizerischen IPRG und ihre Konkretisierung, zugl. Diss., Basel 1993

FEZER, Karl-Heinz — Markenrecht, Kommentar zum Markengesetz, zur Pariser Verbandsübereinkunft und zum Madrider Markenabkommen - Dokumentation des nationalen, europäischen und internationalen Kennzeichenrechts, 2. Aufl., München 1999

FIKENTSCHER, Wolfgang — Wettbewerb und gewerblicher Rechtsschutz, München-Berlin 1958, zit. Wettbewerb

FIKENTSCHER, Wolfgang — Wirtschaftsrecht, Bd I (Weltwirtschaftsrecht und Europäisches Wirtschaftsrecht), Bd II (Deutsches Wirtschaftsrecht), München 1983, zit. Wirtschaftsrecht I, II

FIKENTSCHER, Wolfgang / IMMENGA, Ulrich (Hrsg.) — Draft International Antitrust Code - Kommentierter Entwurf eines internationalen Wettbewerbsrechts mit ergänzenden Beiträgen, Baden-Baden 1995

FINGER, Christian Sigismund — Wettbewerbsgesetz, 4. Aufl., Berlin 1911

FIRSCHING, Karl — Einführung in das internationale Privatrecht, 3. Aufl., München 1987

FIRSCHING, Karl / HOFFMANN, Bernd von — Internationales Privatrecht einschließlich der Grundzüge des internationalen Zivilverfahrensrechts, 5. Aufl., München 1997

FLEISCHER, Wolff-Heinrich — Das italienische Wettbewerbsrecht und die Probleme des selektiven Parfümvertriebs unter Berücksichtigung der Rechtslage in Frankreich und Deutschland, zugl. Diss., Frankfurt am Main 1995

FLORIDA, Giorgio — Correttezza e responsabilità dell'impresa, Milano 1982

FRANCESCHELLI, Remo — Trattato di diritto industriale, Milano 1960

FRORIEP, Andreas — Der unlautere Wettbewerb im internationalen Privatrecht, zugl. Diss., Winterthur 1958

GABLER, THEODOR — Dr. Gablers Wirtschafts-Lexikon, (Hrsg.) Sellien, Reinhold, 13. Aufl., Wiesbaden 1993

GALGANO, Francesco	Delle associazioni non riconosciute e dei comitati, in Commentario al Codice Civile, Libro I, delle persone e della famiglia, (Hrsg.) Scialoja, A. / Branca, G. Bologna-Roma 1977
GAMM, Otto Friedrich Frhr. von	Wettbewerbsrechtliche Nebengesetze, Köln 1977, zit. Wettbewerbliche Nebengesetze
GAMM, Otto-Friedrich Frhr. von	Wettbewerbsrecht (UWG), Bd. 1, 5. Aufl., Köln u.a. 1987, zit. Wettbewerbsrecht[5]
GAMM, Otto Friedrich Frhr. von	Gesetz gegen den unlauteren Wettbewerb, 3. Aufl., Köln u.a. 1993, zit. Gesetz gegen den unlauteren Wettbewerb
GHIDINI, Gustavo	Monopolio e concorrenza, in EDir, Bd. XXVI, S. 786-825, Milano 1976
GHIDINI, Gustavo	Slealtà della concorrenza e costituzione economica, Padova 1978, zit. Slealtà della concorrenza
GHIDINI, Gustavo	La Concorrenza e i Consorzi, Bd. IV der Serie: Trattato di diritto commerciale e diritto pubblico dell'economia, (Hrsg.) Galgano, Francesco, Padova 1981, zit. La Concorrenza e i Consorzi
GHIDINI, Gustavo	La concorrenza sleale, 2. Aufl., Torino 1982, zit. La concorrenza sleale
GHIDINI, Gustavo / MAROTTI, Paolo	Codice del Diritto del consumo e dell'utenza, Milano 1987
GHIRON, Mario	La concorrenza e i consorzi, Torino 1954
GIERKE, Otto von	Deutsches Privatrecht, Bd. I, Allgemeiner Teil und Personenrecht, Leipzig 1895
GLOY, Wolfgang	Brauchen wir eine neue UWG-Novelle?, S. 297-317 in Festschrift für Ralf Vieregge zum 70. Geburtstag am 6. November 1995, (Hrsg.) Baur, Juergen F. u.a., Berlin-New York 1995, zit. FS Vieregge
GLOY, Wolfgang	Handbuch des Wettbewerbsrecht, 2. Aufl., München 1997, zit. Gloy-[Bearbeiter]
GODIN, Hans von	Wettbewerbsrecht - Kommentar zum Gesetz gegen den unlauteren Wettbewerb, Berlin 1957, zit. Godin-[Bearbeiter]
GRABITZ, Eberhard (Hrsg.)	Das Recht der Europäischen Union: Vertrag über die Europäische Union, Vertrag zur Gründung der Europäischen Gemeinschaft, München, laufend ergänzt seit 1983, Stand 1998, 12. Lieferung, zit. Grabitz-[Bearbeiter]
GRECO, Paolo	Corso di diritto commerciale, impresa-azienda, Milano 1957
GROEBEN, Hans von der / THIERSING, Jochen / EHLERMANN, Claus-Dieter	Kommentar zum EWG-Vertrag, 4. Aufl., Bd. II, Art. 85-109 EGV, Baden-Baden 1991

GROßKOMMENTAR UWG — UWG Großkommentar, (Hrsg.) Teplitzky, Otto / Lindacher, Walter u.a., 9. Lieferung, Berlin 1994, zit. Großkomm UWG / [Bearbeiter]

GUGLIELMETTI Giannantonio — La concorrenza e i consorzi, in der Serie: Trattato di diritto civile, (Hrsg.) Vassalli, Filippo, Torino 1970

HABERMEIER, Stefan — Neue Wege zum Wirtschaftskollisionsrecht, zugl. Habil., Baden-Baden 1997

HERLEMANN, Gabriele — Die Regelung der Hörfunk- und Fernsehwerbung in den Mitgliedstaaten der Europäischen Gemeinschaft, zugl. Diss., München 1989

HÖDL, Sascha Oliver — Die Beurteilung von verkaufsbehindernden Maßnahmen im Europäischen Binnenmarkt: Neue Interpretationsansätze zu Art. 30 EGV auf der Grundlage der Keck-Entscheidung, zugl. Diss., Baden-Baden 1997

HOEREN, Thomas — Internationale Netze und das Wettbewerbsrecht, S. 35-56 in Rechtsprobleme internationaler Datennetze, (Hrsg.) Becker, Jürgen, Baden-Baden 1995

HOHLOCH, Gerhard — Das Deliktsstatut - Grundlagen und Grundlinien des internationalen Deliktsrechts, Frankfurt a.M. 1984

HONORATI, Costanza — La legge applicabile alla concorrenza sleale, Padova 1995

HUBMANN, Heinrich — Gewerblicher Rechtsschutz, Patent-, Gebrauchsmuster-, Geschmacksmuster-, Warenzeichen- und Wettbewerbsrecht, 5. Aufl., München 1988

IACCARINO, Ugo — Appunti dalle lezioni di diritto internazionale privato, Napoli 1997

IMMENGA, Ulrich (Hrsg.) — Festschrift für Ernst-Joachim Mestmäcker zum 70. Geburtstag, Baden-Baden 1996, zit. FS Mestmäcker

IMMENGA, Ulrich / EMMERICH, Volker — Kommentar zum GWB, 2. Aufl., (Hrsg). Mestmäcker, Ernst-Joachim / Immenga, Ulrich, dann fortgeführt von Emmerich, Volker, München 1992, zit. Immenga/Emmerich-[Bearbeiter]

IRLBECK, Thomas — Computerlexikon, 3. Aufl., München 1998

JAYME, Erik — Ausländische Rechtsregeln und Tatbestand inländischer Sachnormen - Betrachtungen zu Ehrenzweigs Datum Theorie S. 35-49 in Gedächtnisschrift für Albert A. Ehrenzweig, (Hrsg.) Jayme, Erik / Kegel, Gerhard, Karlsruhe-Heidelberg 1976, zit. GS Ehrenzweig

KEGEL, Gerhard — Zum heutigen Stand des internationalen Privatrechts: Theorie und Rechtspolitik, S. 1-126 in Internationales Privatrecht, internationales Wirtschaftsrecht, (Hrsg.) Holl, Wolfgang / Klinke, Ulrich, München 1985, zit. Zum heutigen Stand des internationalen Privatrechts

KEGEL, Gerhard — Internationales Privatrecht, 7. Aufl., München 1995

KEßLER, Jutta — Das System der Warenverkehrsfreiheit im Gemeinschaftsrecht: Zwischen Produktbezug und Verkaufsmodalitäten, Berlin u.a. 1997

KLAUER, Irene — Die Europäisierung des Privatrechts, Baden-Baden 1998

KLUGE, Friedrich / SEEBOLD, Elmar	Etymologisches Wörterbuch der deutschen Sprache, 23. Aufl., Berlin-New York 1999
KNÖPFLE, Robert	Die marktbezogene Unlauterkeit, Tübingen 1983
KOBLITZ, Axel	EU-Rechtshandbuch für die Wirtschaft, 2. Aufl., (Hrsg.) Schwappach, Jürgen, München 1996
KOCH, Frank A.	Internet Recht - Praxishandbuch mit dem neuen Medien- und Teledienstrecht, Checklisten und Musterverträgen, München-Wien 1998
KOCH, Harald / MAGNUS, Ulrich / WINKLER VON MOHRENFELS, Peter	IPR und Rechtsvergleichung, München 1996
KÖHLER, Helmut / PIPER, Henning	Gesetz gegen den unlauteren Wettbewerb: mit Zugabeverordnung, Rabattgesetz und Preisangabeverordnung, München 1995
KOHLER, Joseph	Der unlautere Wettbewerb, Berlin 1914
KOPPENSTEINER, Hans-Georg	Österreichisches und europäisches Wettbewerbsrecht: Wettbewerbsbeschränkungen, unlauterer Wettbewerb, 3. Aufl., Wien 1997, zit. Österreichisches und europäisches Wettbewerbsrecht
KOPPENSTEINER, Hans-Georg	Wettbewerbsrecht, Bd. II (Unlauterer Wettbewerb), 2. Aufl. Wien 1987, zit. Wettbewerbsrecht II
KOTTHOFF, Jost	Werbung ausländischer Unternehmen im Inland: Die Beurteilung grenzüberschreitender Werbung nach dem internationalen Privatrecht, dem Wettbewerbsrecht und dem Recht der Europäischen Union, zugl. Diss., Baden-Baden 1995
KRAFT, Alfons	Interessenabwägung und gute Sitten im Wettbewerbsrecht, zugl. Habil., München-Berlin 1963
KREUZER, Karl Friedrich	Berichtigungsklauseln im Internationalen Privatrecht, S. 295-331 in Festschrift für Imre Zajtay, (Hrsg.) Graveson, Ronald, Tübingen 1982, zit. FS für Zajtay
KREUZER, Karl Friedrich	Ausländisches Wirtschaftsrecht vor deutschen Gerichten: Zum Einfluß fremdstaatlicher Eingriffsnormen auf private Rechtsgeschäfte, Heidelberg 1986, zit. Ausländisches Wirtschaftsrecht
KREUZER, Karl Friedrich	Die Europäisierung des internationalen Privatrechts: Vorgaben des Gemeinschaftsrechts, S. 457-542 in Gemeinsames Privatrecht in der Europäischen Gemeinschaft, (Hrsg.) Müller-Graff, Peter-Christian, 2. Aufl., Baden-Baden 1999, zit. Müller-Graff
KRONKE, Herbert	Applicable Law in Torts and Contracts in Cyberspace, S. 65-87 in Internet - Which Court Decides? Which Law Applies? Quel tribunal decide? Quel droit s'applique? (Hrsg.) Boele-Woelki, Katharina / Kessedjian, Catherine, London-Boston 1998

KROPHOLLER, Jan — Internationales Privatrecht: Die Grundbegriffe des Internationalen Privatrechts, 3. Aufl. (auf der Grundlage des Werkes von Neuhaus, Paul Heinrich), Tübingen 1997

KROPHOLLER, Jan — Europäisches Zivilprozessrecht - Kommentar zu EuGVÜ und Lugano-Übereinkommen, 6. Aufl., Heidelberg 1998, zit. Europäisches Zivilprozessrecht

LEHMANN, Michael (Hrsg.) — Internet und Multimediarecht, Stuttgart 1997, zit. Lehmann[-Bearbeiter]

LIBERTINI, Mario. — Lezioni di diritto industriale, 2. Aufl., Catania 1979

LINDACHER, Walter F. — Wettbewerbsrecht und privilegium germanicum, S. 355-361 in Festschrift für H. Piper zum 65. Geburtstag, (Hrsg.) Erdmann, Willi / Gloy, Wolfgang / Herber, Rolf, München 1996, zit. FS Piper

LINDACHER, Walter F. — Internationale Zuständigkeit in Wettbewerbssachen - Der Gerichtsstand der Wettbewerbshandlung nach autonomem deutschen IZPR, S. 321-337 in Festschrift für Hideo Nakamura zum 70. Geburtstag am 2. März 1996, (Hrsg.) Heldrich, Andreas / Uchida, Takeyoshi, Tokyo 1996, zit. FS Nakamura

LINDACHER, Walter F. — Die internationale Verbandsklage in Wettbewerbssachen, S. 377-390 in Verfahrensrecht am Ausgang des 20. Jahrhunderts: Festschrift für Gerhard Lüke zum 70. Geburtstag, (Hrsg.) Pruetting, Hans, München 1997, zit. FS Lüke

LOBE, Adolf — Die Bekämpfung des unlauteren Wettbewerbs, Bd. I, Der unlautere Wettbewerb als Rechtsverletzung nach dem BGB und den Nebengesetzen, Leipzig 1907

LOEWNHEIM, Ulrich / KOCH, Frank A. — Praxis des Online-Rechts, Weinheim-New York-Toronto u.a. 1998

LÜDERITZ, Alexander — Internationales Privatrecht, 2. Aufl., Neuwied 1992

LUTHER, Gerhard/BECHER, H.J. — Italienisches Zivilgesetzbuch (1942), (Hrsg.) Max-Plank-Institut für ausländisches und internationales Privatrecht, 2. Aufl., Berlin-Tübingen 1968

MANSANI, Luigi — Ribassi di prezzo, offerte promozionali e concorrenza sleale, Milano 1990

MARCHETTI, Piergaetano — Il boicottaggio e il rifiuto di contrarre, Padova 1969

MARCHETTI, Piergaetano / UBERTAZZI, Luigi Carlo — Commentario breve al diritto della concorrenza, (Brevaria Iuris), Padova 1997

MARTIN, Hans-Peter / SCHUMANN, Harald — Die Globalisierungsfalle - Der Angriff auf Demokratie und Wohlstand, Reinbek bei Hamburg 1998

MARTINEK, Michael — Das internationale Kartellprivatrecht, teilw. Heidelberg 1987

MÄSCH, Gerald — Rechtswahlfreiheit und Verbraucherschutz, zugl. Diss., Berlin 1993

MEENEN, Ignace van — Lauterkeitsrecht und Verbraucherschutz im internationalen Privatrecht. Eine Untersuchung des vertrags- und deliktsrechtlichen Schutzes gegen verbraucherfeindliche Rechtswahlvereinbarungen, zugl. Diss., Frankfurt a. Main 1995

MEISE, Helmut — Zur Relativität der Vorbehaltsklausel im internationalen und interlokalen Privatrecht, zugl. Diss., Hamburg 1966

MENGOZZI, Paolo — Diritto internazionale privato italiano, Torino 1983

MIELE, Mario — Diritto internazionale privato, Milano 1966

MINERVINI, Gustavo — Concorrenza e consorzi, in Trattato di diritto civile, (Hrsg) Passatelli, Grosso / Passatelli, Santoro, Milano 1965

MIOSGA, Willy — Internationaler Marken- und Herkunftsschutz: Pariser Verbandsübereinkunft, Madrider Markenabkommen, Nizzaer Klassifikationsabkommen, Madrider Herkunftsabkommen, Lissaboner Ursprungsabkommen - Kommentar, München 1967

MONACO, Riccardo — L'efficacia della legge nello spazio, 2. Aufl., Torino 1964

MOOK, Klaus-Georg — Internationale Rechtsunterschiede und nationaler Wettbewerb - rechtliche Möglichkeiten zur Abwehr von Wettbewerbsstörungen und ihre Grenzen, Berlin 1986

MORELLI, Gaetano — Elementi di diritto internazionale privato italiano, 12. Aufl., Napoli 1986

MOSCO, Luigi — La concorrenza sleale, Napoli 1956

MOSCONI, Franco — Diritto internazionale privato e processuale, Parte Speciale, Bd. II, Torino 1997

MüKo (Münchener Kommentar) — Münchener Kommentar zum Bürgerlichen Gesetzbuch, (Hrsg.) Rebmann, Kurt; Bd. 10; Einführungsgesetz zum Bürgerlichen Gesetzbuch (Art. 1-38), Internationales Privatrecht, 3. Aufl., München 1998, zit. MüKo-[Bearbeiter]

MÜLLER-HENNEBERG, Hans / SCHWARTZ, Gustav / HOOTZ, Christian — Gesetz gegen Wettbewerbsbeschränkungen und Europäisches Kartellrecht, Gemeinschaftskommentar, 5. Aufl., Köln-Berlin-Bonn-München 1999

NEBEL, Rolf — Internationale Verhaltensregeln über wettbewerbsbeschränkende Geschäftspraktiken, zugl. Diss., Zürich 1986

NERRETER, Paul — Allgemeine Grundlagen eines deutschen Wettbewerbsrechts, Berlin 1936

NEUHAUS, Paul Heinrich	Grundbegriffe des Internationalen Privatrechts, 2. Aufl., Tübingen 1976
NIPPERDEY, Hans Carl	Wettbewerb und Existenzvernichtung: Eine Grundfrage des Wettbewerbsrechts, Berlin 1930
NORDEMANN, Wilhelm	Wettbewerbsrecht, 8. Aufl., Baden-Baden 1996
NUßBAUM, Arthur	Deutsches Internationales Privatrecht, Tübingen 1932
OPPERMANN, Thomas	Europarecht, 2. Aufl., München 1999
OSTERRIETH, Albert	Lehrbuch des gewerblichen Rechtsschutzes, Leipzig 1908
PALANDT, Otto	Bürgerliches Gesetzbuch, München, 58. Aufl. 1999, 60. Aufl. 2001, zit. Palandt-[Bearbeiter][hochgestellt Aufl.]
PASTERIS, Carlo	La correttezza nella disciplina della concorrenza sleale, Milano 1962
PATOCCHI, Paolo Michele	Règles de rattachement localisatrices et règles de rattachement à caractère substantiel: de quelques aspects récents de la diversification de la méthode conflictuelle en Europe, Genève 1985
PFEIFFER, Thomas	Internationale Zuständigkeit und prozessuale Gerechtigkeit: Die internationale Zuständigkeit im Zivilprozess zwischen effektivem Rechtsschutz und nationaler Zuständigkeitspolitik, teilw. zugl. Habil., Frankfurt a.M. 1995
PICONE, Paolo	L'applicazione extraterritoriale delle regole sulla concorrenza, in Il fenomeno delle concentrazioni di imprese nel diritto interno e internazionale, (Hrsg.) Capotorti / Di Sabato / Patroni / Griffi / Picone / Ubertazzi, Padova 1989, zit. L'applicazione extraterritoriale
PINNARÒ, Maurizio	Profili soggettivi della concorrenza sleale, Milano 1976
PINNER, Albert / EYCK, Erich	Bekämpfung des unlauteren Wettbewerbs, 2. Aufl., Berlin 1910
POCAR, Fausto	Il nuovo diritto internazionale privato italiano, Milano 1997, zit. Il nuovo diritto internazionale privato
POCAR, Fausto	Commentario del nuovo diritto internazionale privato, (Hrsg.) Pocar, Fausto / Treves, Tullio / Carbone, Sergio Maria / Giardina, Andrea / Luzzatto, Riccardo / Mosconi, Franco / Clerici, Roberta, Padova 1996, zit. Commentario
PUTZO, Thomas	Zivilprozessordnung mit Gerichtsverfassungsgesetz und den Einführungsgesetzen, 22. Aufl., München 1999
QUADRI, Rolando	Lezioni di diritto internazionale privato, 5. Aufl., Napoli 1969
QUIRING, Andreas	Die sklavische Nachahmung im italienischen Wettbewerbsrecht, zugl. Diss., Köln-Berlin-Bonn-München 1989

RAAPE, LEO — Internationales Privatrecht, Berlin-Frankfurt 1950 (3. Aufl.), 1955 (4. Aufl.), zit. Internationales Privatrecht [Aufl. hochgestellt]

RAAPE, Leo — Deutsches Internationales Privatrecht, Bd. II, Berlin 1939, zit. Deutsches Internationales Privatrecht II

RAAPE, Leo / STURM, Fritz — Internationales Privatrecht, 6. Aufl., München 1977

RABEL, Ernst — The Conflict of Laws, Bd. II, 2. Aufl., Michigan 1960

RAISER, Ludwig — Summum ius, summa iniuria, Tübingen 1963

RAVÀ, Tito — Diritto industriale, Bd. I, 2. Aufl., Torino 1981

REGELMANN, Christof — Die internationalprivatrechtliche Anknüpfung des Gesetzes gegen unlauteren Wettbewerb - Eine Darstellung unter Berücksichtigung der Rechtslage in Österreich und der Schweiz, zugl. Diss., Konstanz 1988

REICHERT-FACILIDES, Fritz — Parteiautonomie im internationalen Privatrecht des unlauteren Wettbewerbs, S. 205-212 in Wettbewerbsordnung im Spannungsfeld von Wirtschafts- und Rechtswissenschaft, Festschrift für Günther Hartmann, (Hrsg.) Forschungsinstitut für Wirtschaftsverfassung und Wettbewerb e.V., Köln-Berlin-Bonn-München 1976, zit. FS Hartmann

REIMER, Dietrich — Persönliche und vergleichende Werbung in der deutschen und französischen Rechtsprechung, Schriftenreihe des Instituts für ausländisches und internationales Patent-, Marken- und Urheberrecht bei der Universität München, Bd. II, München-Köln-Berlin 1955

REIMER, Eduard — Wettbewerbs- und Warenzeichenrecht, 3. Aufl., Köln 1954, 4. Aufl. Köln u.a. 1972 fortgeführt von Gamm, Frhr. Otto-Friedrich von, ab der 4. Aufl. wird Bd. II zitiert, zit. Wettbewerbsrecht [hochgestellt Aufl.]

REITMAIER, Marion-Angela — Inländerdiskriminierungen nach dem EWG-Vertrag, Kehl a. Rh. 1984

REU, Fritz — Anwendung fremden Rechts, Berlin 1938

RGRK — Das Bürgerliche Gesetzbuch mit besonderer Berücksichtigung der Rechtsprechung des Reichsgerichts und des Bundesgerichtshofes, Herausgegeben von Mitgliedern des Bundesgerichtshofes, Bd. VI - Internationales Privatrecht, 1. Teilband, Bearbeiter: Wengler, Wilhelm, 12. Aufl., Berlin, New York 1981, zit. RGRK-Wengler

RIEGL, Werner — Streudelikte im Internationalen Privatrecht, zugl. Diss., Augsburg 1986

RITTNER, Fritz — Wirtschaftsrecht, 2. Aufl., Heidelberg 1987, zit. Wirtschaftsrecht

RITTNER, Fritz — Wettbewerbs- und Kartellrecht, 6. Aufl., Heidelberg 1999, zit. Wettbewerbs- und Kartellrecht

ROSENTHAL, Alfred — Wettbewerbsgesetz nebst den materiellen Vorschriften des Warenzeichengesetzes, 8. Aufl., Berlin 1930

ROSENTHAL, Alfred / LEFFMANN, Ernst	Gesetz gegen den unlauteren Wettbewerb, 9. Aufl., Berlin u.a. 1969
ROTH, Wulf-Henning	Zur Tragweite der Harmonisierung im Recht des unlauteren Wettbewerbs, S. 725-746 in Festschrift für Ernst-Joachim Mestmäcker zum 70. Geburtstag (Hrsg.) Immenga, Ulrich, Baden-Baden 1996, zit. FS Mestmäcker
ROTONDI, Mario	Il valore giuridico del principio della libera concorrenza e l'oggetto della c.d. azione di concorrenza sleale, S. 327-348 in Studi in onore di Antonio Cicu, Bd. II, Milano 1951, zit. Il valore giuridico del principio della libera concorrenza
ROTONDI, Mario	Per una classificazione degli atti di concorrenza sleale, S. 307-332 in Aequitas und Bona Fides, Festgabe zum 70. Geburtstag von August Simonis, (Hrsg.) Juristische Fakultät der Universität Basel, Basel 1955, zit. FG Simonis
ROTONDI, Mario	Diritto industriale, 5. Aufl., Padova 1965, zit. Diritto industriale
ROVELLI, Roberto	La concorrenza sleale ed i beni immateriali di diritto industriale, Torino 1967
ROWEDDER, Heinz	Kartellrecht - Texte der jetzt in der Bundesrepublik Deutschland und in West-Berlin geltenden Bestimmungen einschließlich der Texte zum Kartellrecht der Montanunion, Heidelberg 1958
RUFFOLO, Ugo	Interessi collettivi o diffusi e tutela del consumatore, Bd. I, Milano 1985
SANTAGATA, Carlo	Concorrenza sleale e interessi protetti, Napoli 1975
SANTINI, Gerardo	I diritti della personalità nel diritto industriale, Padova 1959
SANZO, Salvatore	La concorrenza sleale, Padova 1998
SARAVALLE, Alberto	Responsabilità del produttore e diritto internazionale privato, Padova 1991
SASSE, Hans Albrecht	Grenzüberschreitende Werbung - Die Anwendbarkeit und die Anwendung deutschen Rechts vor deutschen Gerichten auf inländische Auswirkungen von Werbeaussagen in ausländischen Werbemedien, zugl. Diss., Kiel 1974
SAVIGNY, Friedrich Carl von	System des heutigen römischen Rechts , Bd. VIII, Berlin 1849
SCHALTENBERG, Karl-Josef	Die Bekämpfung irreführender und unlauterer Werbung in Italien, Schriftenreihe zum gewerblichen Rechtsschutz, zugl. Diss., Köln u.a. 1988
SCHIKORA, Lienhard	Der Begehungsort im gewerblichen Rechtsschutz und Urheberrecht, zugl. Diss., München 1968
SCHIRMER, Alfred	Wörterbuch der deutschen Kaufmannssprache auf geschichtlichen Grundlagen mit einer systematischen Einleitung, Straßburg 1911

SCHMIDT, Karsten	Handelsrecht, 5. Aufl. Köln-Berlin-Bonn-München 1999, zit. Handelsrecht
SCHMIDT, Rudolf	Der Ort der unerlaubten Handlung im internationalen Privatrecht, S. 175-194, in Festschrift für Heinrich Lehmann zum 60. Geburtstag am 20. Juli 1936, (Hrsg.) Kölner Rechtswissenschaftlichen Fakultät, Berlin 1937, zit. FS Lehmann
SCHNYDER, Anton K.	Wirtschaftskollisionsrecht, Zürich 1990
SCHOOFS, Randolf	Auflockerung der Marktanknüpfung bei verbraucherschutzrelevanten Wettbewerbsdelikten, zugl. Diss., Mülheim an der Ruhr 1994
SCHOTTÖFER, Peter (Hrsg.)	Handbuch des Werberechts in den EU-Staaten einschließlich Norwegen, Schweiz, Lichtenstein und USA, 2. Aufl., Köln 1997, zit. Schotthöfer-[Bearbeiter]
SCHRAUDER, Gerhard	Wettbewerbsverstöße als Eingriffe in das Recht am Gewerbebetrieb, Bielefeld 1970
SCHRICKER, Gerhard	Die täuschende Werbung im italienischen Wettbewerbsrecht: Darstellung der Rechtslage in Italien im Vergleich zum deutschen Recht, Köln 1962, zit. Die täuschende Werbung im italienischen Wettbewerbsrecht
SCHRICKER, Gerhard	Probleme der Europäischen Angleichung des Rechts des unlauteren Wettbewerbs, S. 537-574 in Festschrift für Konrad Zweigert zum 70. Geburtstag, (Hrsg.) Bernstein, Herbert / Drobnig, Ulrich / Kötz Hein, Tübingen 1981, zit. FS Zweigert
SCHRICKER, Gerhard (Hrsg.)	Recht der Werbung in Europa, Bd. I, Einführung in das Recht der Werbung - Internationales und EWG-Recht, Bonn 1990, zit. Recht der Werbung
SCHRICKER, Gerhard / HENNIG-BODEWIG, Frauke	Neuordnung des Wettbewerbsrechts - 11. Ringberg-Symposium des Max-Planck-Instituts für ausländisches und internationales Patent-, Urheber und Wettbewerbsrecht - 14. bis 18. Juni 1997, Schloß Ringberg, Tegernsee, Baden-Baden 1998/99, zit. Schricker/Bodewig-[Bearbeiter]
SCHURIG, Klaus	Kollisionsnormen und Sachrecht, zugl. Habil., Berlin 1981
SCHWANDER, Ivo	Lois d'application immédiate, Sonderanknüpfung, IPR-Sachnormen und andere Ausnahmen von der gewöhnlichen Anknüpfungsgerechtigkeit, Zürich 1975
SCHWARTZ, Ivo E.	Deutsches Internationales Kartellrecht - Der Anwendungsbereich des Gesetzes gegen Wettbewerbsbeschränkungen unter vergleichender Heranziehung des amerikanischen Antitrustrechts, Köln u.a. 1962
SCHWARZ, Mathias	Recht im Internet - Der Rechtsberater für Online-Anbieter und -Nutzer, Loseblattsammlung, Augsburg Stand Juni 1999, zit. Schwarz [-Bearbeiter]
SCIPIONE, Gemma	Appunti di diritto internazionale privato, Padova 1936

SCIRÉ, Francesco La concorrenza sleale nella giurisprudenza, Bd. I und III, jeweils 2. Aufl., Milano 1989, zit. Concorrenza sleale, Bd. I bzw. III

SOERGEL, Hans Kommentar zum Bürgerlichen Gesetzbuch, 12. Aufl., (Hrsg.) Siebert, Wolfgang, Stuttgart 1988, zit. Soergel-[Bearbeiter]

SORDELLI, Luigi La concorrenza sleale, Milano 1955

SPÄTGENS, Klaus Zum Problem der sogenannten Inländerdiskriminierung nach dem EWG-Vertrag, S. 201-212 in Festschrift für Otto-Friedrich Frhr v. Gamm, (Hrsg.) Erdmann, Willi, Köln-Berlin-Bonn-München 1990, zit. FS Gamm

STAUDINGER, Julius von Kommentar zum Bürgerlichen Gesetzbuch mit Einführungsgesetz und Nebengesetzen
Einführungsgesetz zum BGB / IPR, Art. 38 EGBGB, Bearbeiter dieses Bandes: Bernd v. Hoffmann, 13. Aufl., Berlin 1998, zit. Staudinger-v. Hoffmann
Einführungsgesetz zum BGB / IPR, Internationales Wirtschaftsrecht, Bearbeiter dieses Bandes: Karl-Heinz Fezer, 13. Aufl., Berlin 2000, zit. Staudinger-Fezer

STEINDORFF, Ernst Sachnormen im internationalen Privatrecht, Frankfurt a. M. 1958

STOLFI, Giuseppe Appunti sugli artt. 2598 e 2043, S. 594-609 in Studi di diritto privato - Pubblicazioni della Facoltà di economia e Commercio dell'Università di Roma, Milano 1980

STRÖMER, Thobias H. Online-Recht: Rechtsfragen im Internet, 2. Aufl., Heidelberg 1999

TELMANN, Winfried Der „verständige Verbraucher", S. 481-494 in Festschrift für Henning Piper zum 65. Geburtstag, (Hrsg.) Erdmann, Willi, München 1996, zit. FS Piper

TEPLITZKY, Otto Wettbewerbsrechtliche Ansprüche: Unterlassung, Beseitigung, Schadensersatz, Anspruchsvoraussetzungen und Anspruchsabwehr, 7. Aufl., Köln u.a. 1997

TETZNER, Heinrich Kommentar zum Gesetz gegen den unlauteren Wettbewerb, Köln 1950

TRABUCCHI, Alberto Istituzioni di diritto civile, 38. Aufl., Milano 1998

TRÄGNER, Werner Das Verbot irreführender Werbung nach § 3 UWG im Europäischen Binnenmarkt, zugl. Diss., Konstanz 1993

TROLLER, Alois Unfair Competition, S. 34-3 bis 34-19 in International Encyclopedia of Comparativ Law, Vol. III, Private International Law, Chapter 34, Tübingen 1980, zit. IntEncCompL

TROLLER, Alois Immaterialgüterrecht, Bd. II, Patentrecht, Markenrecht, Muster- und Modellrecht, Urheberrecht, Wettbewerbsrecht, 3. Aufl., Basel-Frankfurt a. M. 1985, zit. Immaterialgüterrecht

TROLLER, Kamen — Das internationale Privatrecht des unlauteren Wettbewerbs in vergleichender Darstellung der Rechte Deutschlands, Englands, Frankreichs, Italiens, der Schweiz und der USA, Fribourg (Schweiz) 1962

TROLLER, Kamen — Industrial and Intellectual Property, S. 22-2 bis 22-35 in International Encyclopedia of Comparativ Law, Vol. III, Private International Law, Chapter 22, Tübingen 1993, zit. IntEncCompL

TRUTMANN, Verena — Das Internationale Privatrecht der Deliktsobligationen: Ein Beitrag zur Auseinandersetzung mit den neuen amerikanischen kollisionsrechtlichen Theorien, Basel-Stuttgart 1973

ULMER, Eugen (Hrsg.) — Das Recht des unlauteren Wettbewerbs in den Mitgliedsstaaten der Europäischen Wirtschaftsgemeinschaft;
Bd. I: Ulmer, Eugen/Beier, Friedrich-Karl, EWG (Vergleichende Darstellung), München-Köln 1965;
Bd. II/1: Schricker, Gerhard, Belgien, Wunderlich, Detlef, Luxemburg, München-Köln 1967;
Bd. III: Reimer, Dietrich, Deutschland, München-Köln 1968;
Bd. V: Schricker, Gerhard, Italien, München-Köln 1965;
zit. Ulmer-[Bearbeiter], [Bd.], [Stichwort]

VENTURINI, Giancarlo — Diritto internazionale privato - Diritti reali ed obbligazioni, Padova 1956, zit. Diritto internazionale privato

VENTURINI, Giancarlo — Note sulla disciplina di diritto internazionale privato delle obbligazioni da illecito, S. 365 ff. in Scritti di diritto internazionale in onore di Tomaso Perassi, Bd. II, Milano 1957, zit. Note sulla disciplina di diritto internazionale privato

VITTA Edoardo — Memoriale e progetto di Legge, S. 1-274 und Postilla e nuovo progetto di legge, S. 627-707, jeweils in Problemi di riforma del diritto internazionale privato italiano, (Hrsg.) Consiglio Nazionale del Notariato, Milano 1986, zit. Problemi di riforma

VITTA, Edoardo — Diritto internazionale privato, Bd. III, Torino 1975, zit. Diritto internazionale privato

VITTA, Edoardo / MOSCONI, Franco — Corso di Diritto Internazionale Privato e processuale, 5. Aufl., Torino 1994

WEBER, Wolfgang — Die kollisionsrechtliche Behandlung von Wettbewerbsverletzungen mit Auslandsbezug - Eine Darstellung unter besonderer Berücksichtigung des österreichischen IPR-Gesetzes, des Schweizer Expertenentwurfs eines IPR-Gesetzes sowie der Möglichkeit von Harmonisierungsmaßnahmen im Kollisions- und Wettbewerbsrecht für die Europäische Gemeinschaft, zugl. Diss., Frankfurt a. M. 1982

WELLAN, Maria — Die Auswirkungen der Harmonisierung durch die „Fernsehrichtlinie" auf die Anwendbarkeit des UWG auf grenzüberschreitende ausländische Fernsehsendungen zugl. Diss., München 1996

WILDE, Harro — Europäisches und nationales Recht des unlauteren Wettbewerbs, S. 201-219, in Festschrift für Dietrich Rothoeft: zum 65. Geburtstag, (Hrsg.) Engel, Christoph / Weber, Helmut, München 1994, zit. FS Rothoeft

WILLMS, William Hermens	Das Spannungsverhältnis von internationalem Wettbewerbs- und Vertragsrecht bei Ausnutzung eines Verbraucherschutzgefälles, zugl. Diss., Hamburg 1996
WIRNER, Helmut	Wettbewerbsrecht und internationales Privatrecht - Schriftenreihe zum gewerblichen Rechtsschutz des Instituts für ausländisches und internationales Patent-, Urheber und Markenrecht der Universität München, Bd. 8, zugl. Diss., München-Köln-Berlin-Bonn 1960
WOLFF, Martin	Internationales Privatrecht, 2. Auflage Berlin 1933, 3. Auflage 1954 fortgeführt unter dem Titel Das internationale Privatrecht Deutschlands, zit. IPR [hochgestellt Auflage]

2. *Aufsätze, Berichte, Anmerkungen, Besprechungen u. dgl.*

Soweit nicht anders vermerkt, sind die Zeitschriften nach Jahr (ggf. Band, Teil, Spalte) und Anfangsseite zitiert. Von der Anfangsseite abweichende weitere Seiten werden in Klammern gesetzt.

AGHINA, Giorgio	La tutela del marchio e la relazione tra contraffazione di marchio e concorrenza sleale	RDI 1970, I, 161-182
AHRENS, Hans-Jürgen	Anmerkungen zu den Urteilen Unternehmensgesellschaft I (BGH v. 9.10.1986, 1 ZR 138/84) und II (BGH v. 9.10.1986, 1 ZR 16/85)	JZ 1987, 471-474
AHRENS, Hans-Jürgen	Das Herkunftslandprinzip in der E-Commerce-Richtlinie	CR 2000, 835-841
ALPA, Guido	„Correttezza professionale" e violazione di norme di diritto pubblico	RDCo 1976, II, 125-136
ANDREIS, Giancludio	Quando i galletti non sono amburghesi: concorrenza sleale e tutela del consumatore	CG 1984, 624-625
ASCARELLI, Tullio	Patti di esclusiva, patti di boicottaggio e concorrenza sleale	RDI 1959, I, 5-99
ASCARELLI, Tullio	Teoria della concorrenza e interesse del consumatore	RTDPC 1954, 873-936
BALLARINO, Tito	La CEE e il diritto internazionale privato	Dir.com.scambi int. 31 (1982), 1-13
BANNEKÄMPER, Kurt	Wettbewerbsstreitigkeiten mit Auslandsbeziehung im Verfahren der einstweiligen Verfügung	WRP 1994, 661-668
BAR, Christian von	Grundfrage des Internationalen Deliktsrechts	JZ 1985, 961-969

BARILE, Giuseppe	Nota: Sulla rilevazione dei criteri di giurisdizione costituiti dalla nascita e dalla esecuzione delle obbligazioni in territorio italiano	RDInt 1960, 333-336
BASEDOW, Jürgen	Der kollisionsrechtliche Gehalt der Produktfreiheiten im europäischen Binnenmarkt: favor offerentis	RabelsZ 59 (1995), 1-55
BEATER, Axel	Zum Verhältnis von europäischem und nationalem Wettbewerbsrecht – Überlegungen am Beispiel des Schutzes vor irreführender Werbung und des Verbraucherbegriffs	GRUR Int. 2000, 963-974
BECKMANN, Christoph	Werbedisziplin in Deutschland und Europa: Zwanzig Jahre Deutscher Werberat und Gründung der European Advertising Standards Alliance (EASA)	WRP 1991, 702-707
BECKMANN, Christoph	Werbung mit Auslandsberührung	WRP 1993, 651-657
BEIER, Friedrich-Karl	Studien zur Vereinheitlichung des Markenrechts	GRUR Int. 1963, 83-86
BEIER, Friedrich-Karl	Entwicklung und gegenwärtiger Stand des Wettbewerbsrechts in der Europäischen Wirtschaftsgemeinschaft	GRUR Int. 1984, 61-71
BEIER, Friedrich-Karl / SCHRICKER, Gerhard / ULMER, Eugen	Stellungnahme des Max Planck-Instituts für ausländisches und internationales Patent-, Urheber- und Wettbewerbsrecht zum Entwurf eines Gesetzes zur Ergänzung des internationalen Privatrechts (außervertragliche Schuldverhältnisse und Sachen)	GRUR Int. 1985, 104-108
BEITZKE, Günther	Auslandswettbewerb unter Inländern – BGHZ 40, 391	JuS 1966, 139-147
BERNHARD, Peter	Cassis de Dijon und Kollisionsrecht am Beispiel des unlauteren Wettbewerbs	EuZW 1992, 437-443
BERNHARD, Peter	Insel-Recht auf Gran Canaria - Zum internationalen Privatrecht des unlauteren Wettbewerbs	GRUR Int. 1992, 366-373
BERNINI, Giorgio	Omonimia tra ditte „non concorrenti“ e disciplina repressiva della concorrenza sleale	RDI 1957, I, 288-335
BINDER, Heinz	Zur Auflockerung des Deliktsstatuts	RabelsZ 20 (1955), 401-499
BODEWIG, Theo	Italien - Erstes Antimonopolgesetz in Kraft getreten	GRUR Int. 1990, 998-999
BODEWIG, Theo	Elektronischer Geschäftsverkehr und Unlauterer Wettbewerb	GRUR Int. 2000, 475-483

BONASI-BENUCCI, Eduardo	Atto illecito e concorrenza sleale	RTDPC 1957, 563-601
BRANNEKÄMPER, Kurt	Wettbewerbsstreitigkeiten mit Auslandsberührung im Verfahren der einstweiligen Verfügung	WRP 1994, 661-668
BRISCH, Klaus M.	EU-Richtlinienvorschlag zum elektronischen Geschäftsverkehr	CR 1999, 235-244
BURMANN, Hans	Werbung und Wettbewerb deutscher Unternehmen im Ausland - Anwendung deutschen oder ausländischen Rechts	DB 1964, 1801-1805
BURMANN, Hans	Wettbewerbsrecht und gewerblicher Rechtsschutz - Die Entwicklung vom Persönlichkeitsrecht zum Funktionsrecht im Wettbewerb	WRP 1968, 258-265
BÜTTNER, Hermann	Die Irreführungsquote in Deutschland: Folgen eines sich ändernden Normverständnisses	GRUR 1996, 533-541
CALLMANN, Rudolf	Internationale Probleme des Wettbewerbs- und Monopolrechts	GRUR Int. 1962, 438-443
CARNELUTTI, Francesco	Concorrenza illecita professionale	RDCo 1911, I, 166-169
CASSONI, Giuseppe	Osservazioni sulla concorrenza sleale e la sua legge regolatrice	FP 1987, II, 49-52
CASTENDYK, Oliver / ALBRECHT, Martin von	Der Richtlinienvorschlag der EG-Kommission zum Satellitenfernsehen	GRUR Int. 1992, 734-739
CHROCZIEL, Peter	Die eingeschränkte Geltung des Gesetzes gegen unlauteren Wettbewerb für EG-Ausländer	EWS 1991, 173-179
DAVÌ, Angelo	Problemi di localizzazione dell'illecito e legge applicabile alla concorrenza sleale	RDInt 1975, 225-253
DAVÌ, Angelo	Der italienische Kassationshof und der Gerichtsstand des Ortes des schädigenden Ereignisses nach Art. 5 Nr. 3 EuGVÜ bei reinen Vermögensschäden (zu Cass., S.U., 27.11.1996 Nr. 10524 und Cass., S.U., 29.11.1996, Nr. 10676)	IPRax 1999, 484-489
DE NOVA, Rodolfo	I conflitti di leggi e le norme sostanziali funzionalmente limitate	RDIPP 1967, 699-706
DE SANCTIS, Valerio	Nota alla sentenza della Corte d'Appello Milano 8 luglio 1925	RDInt 1926, 125-137
DETHLOFF, Nina	Ausländisches Wettbewerbsrecht im einstweiligen Rechtsschutz	RabelsZ 62 (1998), 286-307
DETHLOFF, Nina	Marketing im Internet und internationales Wettbewerbsrecht	NJW 1998, 1596-1603

DETHLOFF, Nina	Europäisches Kollisionsrecht des unlauteren Wettbewerbs	JZ 2000, 179-185
DEUTSCH, Erwin	Anmerkung zu Wirner, Helmut - Wettbewerbsrecht und Internationales Privatrecht, München 1960	RabelsZ 27 (1962/63), 180-182
DEUTSCH, Volker	Der Einfluß des europäischen Rechts auf den Irreführungstatbestand des § 3 UWG: Gedanken zum Verbraucherleitbild und zur Relevanz bei Täuschungen	GRUR 1996, 541-547
DEUTSCH, Volker	Noch einmal: Das Verbraucherleitbild des EuGH und das „Nissan" Urteil	GRUR 1997, 44-45
DEXEL, Josef	Nach „GATT und WIPO": Das TRIPs-Abkommen und seine Anwendung in der Europäischen Gemeinschaft	GRUR Int. 1994, 777-788
DIENA, Giulio	Il diritto all'uso di marchi di fabbrica in paese straniero e la legge territoriale	RDCo 1912, II, 177-180
DIESELHORST, Jochen	Anwendbares Recht bei Internationalen Online-Diensten	ZUM 1998, 293-300
DREHER, Meinrad	Der Rang des Wettbewerbs im europäischen Gemeinschaftsrecht	WuW 1998, 656-666
DREIER, Thomas	TRIPs und die Durchsetzung von Rechten des geistigen Eigentums	GRUR Int. 1996, 205-218
DROBNIG, Ulrich	Verstößt das Staatsangehörigkeitsprinzip gegen das Diskriminierungsverbot des EWG-Vertrages	RabelsZ 1970, 636-662
DUINTJER-TEBBENS, Harry	Les conflits de lois en matière de publicité déloyale à l'épreuve du droit communautaire	Rev.crit.dr.int.pr. 1994, 451-481
EINSELE, Dorothee	Rechtswahlfreiheit im Internationalen Privatrecht	RabelsZ 60 (1996), 417-447
ERNST, Stefan	Wirtschaftsrecht im Internet	BB 1997, 1057-1062
ERNST, Stefan	Anmerkung zum Urteil des OLG Frankfurt vom 3.12.1998 6W 122/98	NJW-CoR 1999, 302-303
ESCHER, Markus	Bankrechtsfragen des elektronischen Geldes im Internet	WM 1997, 1173-1185
FERID, Murad	Im Ausland erfüllte Tatbestandsmerkmale inländischer Sachnormen	GRUR Int. 1973, 472-478
FERRARI Bravo, Luigi	Les rapports entre les contracts et les obligations délictuelles en droit international privé	Recueil des Cours 146 (1975), III, 341-439
FERRARI Bravo, Luigi	Il luogo di commissione dell'illecito nel diritto internazionale privato	RDC 1961, I, 80-113

FERRARI, Giorgio	Osservazioni sui soggetti dell'atto di concorrenza sleale	RDI 1956, II, 425-441
FERRARI, Giorgio	Il soggetto attivo dell'atto di concorrenza sleale	RDI 1957, I, 146-164
FEZER, Karl-Heinz	Vertriebsbindungssysteme als Unternehmensleistung - Zum Wettbewerbsschutz des selektiven Vertriebs im Grauen Markt	GRUR 1990, 551-567
FEZER, Karl-Heinz	Europäisierung des Wettbewerbsrechts	JZ 1994, 317-326
FEZER, Karl-Heinz	Anmerkung zum EuGH, 13.10.1993, RS C 93/92, CMC Motorradcenter GmbH ./. Pelin Baskici Gullari	JZ 1994, 623-625
FEZER, Karl-Heinz	Das wettbewerbsrechtliche Irreführungsverbot als ein normatives Modell des verständigen Verbrauchers im Europäischen Unionsrecht: zugleich eine Besprechung der Entscheidung „Mars" des EuGH vom 6.7.1995 - Rechtssache C 470/93	WRP 1995, 671-676
FIKENTSCHER, Wolfgang	Wettbewerbsrecht im TRIPs-Agreement der Welthandelsorganisation - Historische Anknüpfung und Entwicklungschancen	GRUR Int. 1995, 529-534
FIKENTSCHER, Wolfgang / HEINEMANN, Andreas	Der „Draft International Antitrust Code" - Initiative für ein Weltkartellrecht im Rahmen des GATT	WuW 1994, 97-107
FIKENTSCHER, Wolfgang / STRAUB, Wolfgang	Der RBP-Kodex der Vereinten Nationen: Weltkartellrechtlinien (I) und (II)	GRUR Int. 1982, 637-650 und GRUR Int. 1982, 727-739
FILSECK, Moser von	Anmerkung zum BGH v. 30.6.1961 - I ZR 39/60 Kindersaugflaschen	GRUR 1962, 247-249
FRANCESCHELLI, Remo	Valore attuale del principio di concorrenza e funzione concorrenziale degli istituti del diritto industriale	RDI 1956, I, 28-92
FRANCESCHELLI, Remo	Sulla concorrenza sleale	Ann. Comp. (31) 1956, 91-98
FRANCESCHELLI, Remo	Imitazione servile di prodotti già coperti da brevetto per modello d'ornamento	RDI 1960, II, 121-150
FRANCESCHELLI, Remo	Studi sulla concorrenza sleale, IV, La fattispecie	RDI 1963, I, 257-286
FRANCESCHELLI, Remo	Concorrenza, II, Concorrenza sleale	EGiur 1988, VII, 1-30
FRANZOSI, Mario	Sui soggetti dell'atto di concorrenza sleale	RDI 1962, II, 99-199

FRANZOSI, Mario	La concorrenza sleale internazionale: giurisdizione italiana e legge applicabile	RDI 1976, II, 452-463
FUNKE, Rainer	Das deutsche Wettbewerbsrecht im europäischen Binnenmarkt	WRP 1991, 550-556
GAMBINO, Alberto	La tutela del consumatore nel diritto della concorrenza: evoluzioni ed involuzioni legislative, anche alla luce del d.lgs. 25 gennaio 1992 in materia di pubblicità ingannevole	CI 1992, 411-437
GAMM, Otto Friedrich Frhr. von	Das Verbot einer unbilligen Behinderung und einer sachlich nicht gerechtfertigten Diskrimierung	NJW 1980, 2489-2496
GAMM, Otto Friedrich Frhr. von	Anwendung deutschen Wettbewerbsrechts auf auslandsbezogene Sachverhalte	EWS 1991, 166-169
GEBAUER, Martin	Internationales Privatrecht und Warenverkehrsfreiheit in Europa	IPRax 1995, 152-156
GEBAUER, Martin	Die italienische IPR-Reform - Ein Beispiel für neue Wege europäischer Rechtsangleichung	JbItR (9) 1996, 61-74
GESTRI, Marco	Alcune questioni in materia di responsabilità contrattuale ed extracontrattuale	RDIPP 1988, 53-66
GIAMMARCO, Enrico	Die Generalklausel des unlauteren Wettbewerbs als Grundlage kartellrechtlicher Entscheidungen in Italien	GRUR Int. 1989, 29-40
GIORDANO, Stefano	L'art 2598 c.c. e l'imitazione servile dei prodotti altrui	Giur.Cass.Civ. 1944, 16-26
GIOSCIA, Marcello/DELFINO, Maurizio M.	The recently enacted Italian Antitrust Law	EWS 1990, 258-260
GLOEDE, Wilhelm	Der deutsche Außenhandel und seine wettbewerbsrechtliche Beurteilung nach deutschem Privatrecht	GRUR 1960, 464-473
GOTHOT, Pierre	Le renouveau de la tendence unilatéraliste en droit international privé	Rev. critique 1971, 209-243
GOTTWALD, Peter	Europäische Gerichtspflichtigkeit kraft Sachzusammenhang	IPRax 1989, 272-274
GRECO, Paolo	Concorrenza sleale e violazione di marchio nel commercio degli orologi „Omega"	RDI 1953, I, 237-261
GROSSFELD, Bernhard / HÜBNER, Ulrich	Erklärungen und Leitsätze der OECD für multinationale Unternehmen	ZGR 1978, 156-172
GUGLIELMETTI, Giannantonio	L'elemento soggettivo nell'atto di concorrenza sleale	RDI 1956, I, 5-22

GUGLIELMETTI, Giannantonio	Slogan pubblicitario innocuo o atto di concorrenza sleale	RDI 1957, II, 43-55
GUGLIELMETTI Giannantonio,	Sulla legittimazione ad agire in materia di concorrenza sleale dei consorzi produttori	RDI 1961, II, 321-338
GUGLIELMETTI, Giannantonio	Violazione delle norme di diritto pubblico e concorrenza sleale	RDCo 1965, I, 249-279
GUGLIELMETTI, Giovanni	Note in tema di marchi forti e deboli, preuso del marchio all'estero e sussistenza o meno della contraffazione e della concorrenza sleale nel caso che il marchio imitato sia apposto su prodotti confondibili destinati all'esportazione	RDI 1989, II, 369-381
HAMANN, Andreas	Der Entwurf einer E-Commerce-Richtlinie unter rundfunkrechtlichen Gesichtspunkten	ZUM 2000, 290-297
HAUSCHKA, Christoph E.	Der fremdenrechtliche Gehalt von § 28 UWG und § 35 WZG auf dem Prüfstand des EG-rechtlichen Diskriminierungsverbotes	GRUR 1990, 100-103
HEERMANN, Peter W.	Auswirkungen der Europäischen Rechtsentwicklung auf das deutsche Wettbewerbsrecht oder wohin steuert das deutsche Werberecht nach der Entscheidung des EuGH vom 07.03.1990 in Sachen GB-INNO-BM ./. Confédération du commerce Luxembourgeois	WRP 1993, 578-596
HEERMANN, Peter W.	Artikel 30 EGV im Lichte der „Keck"-Rechtsprechung: Anerkennung sonstiger Verkaufsmodalitäten und Einführung eines einheitlichen Rechtfertigungstatbestandes?	GRUR Int. 1999, 579-594
HEINEMANN, Andreas	Das Kartellrecht des geistigen Eigentums im TRIPs Übereinkommen der Welthandelsorganisation	GRUR Int. 1995, 535-539
HELMBERG, Monika	Der Einfluß des EG-Rechts auf das IPR	WBl 1997, 89-96 und 139-147
HENNING-BODEWIG, Frauke	Wirksamer Schutz gegen den unlauteren Wettbewerb nach Art. 10bis PVÜ - Internationale Vereinigung für gewerblichen Rechtsschutz (AIPPI) - Berichte der Deutschen Landesgruppe für die Sitzung des Geschäftsführenden Ausschusses in Kopenhagen vom 12.-18.6.1994	GRUR Int. 1994, 151-156
HENNING-BODEWIG, Frauke	Das Grünbuch der EU-Kommission über die „Kommerzielle Kommunikation"	GRUR Int. 1997, 515-524
HENNING-BODEWIG, Frauke	Das Folgedokument zum Grünbuch über die kommerziellen Kommunikationen im Binnenmarkt: Ein neuer Ansatz der Kommission?	GRUR Int. 1999, 233-241

HENNING-BODEWIG, Frauke	Vergleichende Werbung - Liberalisierung des deutschen Rechts? Zugleich Besprechung der Urteile des BGH vom 5. Februar, 23. April und 15. Oktober 1998	GRUR Int. 1999, 385-394
HEYDT, Ludwig	Wege zur Vereinheitlichung des europäischen Markenrechts	GRUR Int. 1960, 348-356
HILLGENBERG, Hartmut	Der Verletzungsort im internationalen Privatrecht	NJW 1963, 2198-2201
HOEREN, Thomas	Cybermanners und Wettbewerbsrecht - Einige Überlegungen zum Lauterkeitsrecht im Internet	WRP 1997, 992-998
HOEREN, Thomas	Welche Folgen hat die geplante europäische Richtlinie über den E-Commerce für das deutsche Werbe- und Wettbewerbsrecht?	F.A.Z. v. 14.4.2000, Nr. 89, S. 23
HOFFMANN, Bernd von	Internationales Haftungsrecht im Referentenentwurf des Bundesjustizministeriums vom 1.12.1993	IPRax 1996, 1-8
HOHLOCH, Gerhard	Grenzen der Auflockerung des Tatortprinzips im internationalen Deliktsrecht	IPRax 1984, 14-17
HONORATI, Costanza	Concorso di responsabilità contrattuale ed extracontrattuale e giurisdizione ai sensi della convenzione di Bruxelles del 1968	RDIPP 1994, 281-302
HOTH, Jürgen	Ausländische Werbung mit Inlandswirkung	GRUR Int. 1972, 449-456
IMHOFF-SCHEIER, Anne-Catherine	La loi applicable à la publicité internationale en droit international privé suisse	SJIR 41 (1985), 57-90
JAEGER Pier Giusto	La concorrenza sleale come atto illecito e la prescrizioine delle relative azioni	RDI 1961, I, 124-143
JAEGER, Pier Giusto	Valutazione comparativa di interessi e concorrenza sleale	RDI 1970, I, 5-149
JAEGER, Pier Giusto	I soggetti della concorrenza sleale	RDI 1971, I, 169-290
JAYME, Erik	Entwurf eines EU-Übereinkommens über das auf außervertragliche Schuldverhältnisse anwendbare Recht - Tagung der Europäischen Gruppe für Internationales Privatrecht in Den Haag	IPRax 1998, 140-141
JAYME, Erik	Entwurf EU-Übereinkommen über das auf außervertragliche Schuldverhältnisse anwendbare Recht - Tagung der Europäischen Gruppe für Internationales Privatrecht in Luxemburg	IPRax 1999, 298

Jayme, Erik / Kohler, Christian	Das internationale Privat- und Verfahrensrecht der EG 1991 - Harmonisierungsmodell oder Mehrspurigkeit des Kollisionsrechts	IPRax 1991, 361-369
Jayme, Erik / Kohler Christian	Das Internationale Privat- und Verfahrensrecht der EG nach Maastricht	IPRax 1992, 346-356
Jayme, Erik / Kohler, Christian	Das internationale Privat- und Verfahrensrecht der EG 1993 - Spannungen zwischen Staatsverträgen und Richtlinien	IPRax 1993, 357-371
Jayme, Erik /Kohler, Christian	Europäisches Kollisionsrecht 1999 - Die Abendstunde der Staatsverträge	IPRax 1999, 401-413
Jayme, Erik / Siehr, Kurt / Kronke, Herbert	Gesetz vom 31. Mai 1995 Nr. 218 Reform des italienischen Systems des internationalen Privatrechts [Übersetzung]	RabelsZ 61(1997), 344-362 = IPRax 1996, 356-369
Jestaedt, Thomas / Kästle, Florian	Kehrtwende oder Rückbesinnung in Anwendung von Art. 30 EGV: Das Keck-Urteil	EWS 1994, 26-29
Joerges, Christian	Die klassische Konzeption des internationalen Privatrechts und das Recht des unlauteren Wettbewerbs	RabelsZ 36 (1972), 421-491
Joliet, René	Das Recht des unlauteren Wettbewerbs und der freie Warenverkehr: Die Rechtsprechung des Europäischen Gerichtshofes	GRUR Int. 1994, 1-14
Junker, Abbo	Die IPR-Reform von 1999: Auswirkungen auf die Unternehmenspraxis	RIW 2000, 241-255
Katzenberger, Paul	TRIPs und das Urheberrecht	GRUR Int. 1995, 447-468
Katzenberger, Paul	Inländischer Wettbewerb, ordre public und ausländisches Arbeitsschutzrecht (Anmerkung zu BGH 9.5.1980 - Asbestimporte)	IPRax 1981, 7-9
Keilholz, Kurt	Die mißlungene Harmonisierung des Verbots der irreführenden Werbung in der EG und ihre Konsequenzen für die deutsche Rechtsprechung	GRUR Int. 1987, 390-394
Keßler, Jürgen	Wettbewerbsrechtliches Irreführungsverbot und Freiheit des Warenverkehrs	EuZW 1991, 107-112
Kindler, Peter	Die Anknüpfung deliktischer Produkthaftpflichtansprüche im italienischen Internationalen Privatrecht	JbItR 4 (1991) 87-99
Kindler, Peter	Internationale Zuständigkeit und anwendbares Recht im italienischen IPR-Gesetz von 1995	RabelsZ 61 (1997), 227-284
Kisseler, Marcel	Das deutsche Wettbewerbsrecht im Binnenmarkt	WRP 1994, 1-15

KLEIER, Ulrich F.	Freier Warenverkehr (Art. 30 EWG-Vertrag) und die Diskriminierung inländischer Erzeugnisse	RIW 1988, 623-632
KNAAK, Roland	Der Schutz geographischer Herkunftsangaben nach dem TRIPs-Abkommen	GRUR Int. 1995, 642-652
KNOPP, Werner	Anmerkungen zu Deutsch, Erwin, Wettbewerbstatbestände mit Auslandsbeziehung, Stuttgart 1960	AWD (8) 1962, 183-184
KOCH, Harald	Anmerkung zu BGH v. 15.11.1990 I ZR 22/89 - Kauf im Ausland	JZ 1991, 1039-1041
KÖHLER, Helmut	Irreführungs-Richtlinie und deutsches Wettbewerbsrecht	GRUR Int. 1994, 396-402
KÖHLER, Walter	Verwechslungsgefahr im Ausland	MuW 1933, 332-337
KOHTE, Wolfhard	Verbraucherschutz im Licht des europäischen Wirtschaftsrechts	EuZW 1990, 150-156
KÖNIG, Folmar	Wechselwirkung zwischen Gesetz gegen Wettbewerbsbeschränkungen und Recht des unlauteren Wettbewerbs	NJW 1961, 1041-1050
KORT, Michael	Zur „multistate"-Problematik grenzüberschreitender Fernsehwerbung	GRUR Int. 1994, 594-602
KOTTHOFF, Jost	Der Schutz des Euro-Marketings über Art. 30 EGV	WRP 1996, 79-84
KOTTHOFF, Jost	Die Anwendbarkeit des deutschen Wettbewerbsrechts auf Werbemaßnahmen im Internet	CR 1997, 676-683
KROPHOLLER, Jan	Ein Anknüpfungssystem für das Deliktsstatut	RabelsZ 33 (1969), 601-653
KÜHN, Manfred	Fragen zum grenzüberschreitenden Fersehen - Medien- und urheberrechtliche Anmerkungen zum EG-Grünbuch „Fernsehen ohne Grenzen"	ZUM 1985, 299-300
KUR, Annette	TRIPs und das Markenrecht	GRUR Int. 1994, 987-997
KUR, Annette	Ansätze zur Harmonisierung des Lauterkeitsrechts im Bereich wettbewerblichen Leistungsschutzes	GRUR Int. 1998, 771-781
LACKUM, Jens von	Der Richtlinienvorschlag der EU-Kommission zum elektronischen Geschäftsverkehr - Teil I	JurPC Web-Dok. 130/1999 Abs. 1-50, http://www.jura.uni-sb.de/jurpc/aufsatz/19990130.htm

LAMANDINI, Marco	Concorrenza sleale e diritto antitrust	DInd 1994, 873-879
LICHTENSTEIN, Erich	Der gewerbliche Rechtsschutz im internationalen Privatrecht	NJW 1964, 1208-1213
LINDACHER, Walter F.	Grundfragen des Wettbewerbsrechts	BB 1975, 1311-1314
LINDACHER, Walter F.	Zum internationalen Privatrecht des unlauteren Wettbewerbs	WRP 1996, 645-652
LIUZZO, Lamberto	Prozessuale Aspekte des italienischen Werberechts	GRUR Int. 1992, 599-603
LORENZ, Stephan	Zivilprozessuale Konsequenzen der Neuregelung des Internationalen Deliktsrechts: Erste Hinweise für die anwaltliche Praxis	NJW 1999, 2215-2218
LÜDERITZ, Alexander	Internationaler Verbrauchersschutz in Nöten	IPRax 1990, 216-219
LUGATO, Monica	Obbligazioni contrattuali e non contrattuali artt. 57-63, in Il nuovo sistema italiano di diritto internazionale privato	CG 1995, 1254-1259
MAGELLI, Silvia	Appunti sulla concorrenza sleale internazionale	RDI 1975, II, 266-274
MAGELLI, Silvia	La concorrenza sleale internazionale: il concetto di mercato	RDI 1977, I, 168-176
MANKOWSKI, Peter	Das Internet im Internationalen Vertrags- und Deliktsrecht	RabelsZ 63 (1999), 203-294
MANKOWSKI, Peter	Internet und Internationales Wettbewerbsrecht	GRUR Int. 1999, 909-921
MANKOWSKI, Peter	Besondere Formen von Wettbewerbsverstößen im Internet und Internationales Wettbewerbsrecht	GRUR Int. 1999, 995-1003
MARAZZI, Alessandro	Diritto Internazionale Privato e Comunità Europea	RDE 1962, 791-800
MARESCA, Giovanni	Concorrenza sleale e tutela del diritto al titolo di un giornale. Brevettabilità del titolo come marchio	RDI 1980, I, 358-377
MARESCA, Giovanni	Sul problema dei rapporti tra l'azione di contraffazione di marchio e l'azione di concorrenza sleale per confondibilità	RDI 1977, II, 229-236
MEIER, Gert	Verhaltensregeln der Wirtschaft und „Leistungswettbewerb“	WRP 1978, 514-518

MEIER, Gert	Zum gemeinschaftsrechtlichen Schutz des Verbrauchers gegen irreführende Kennzeichnung, Aufmachung und Werbung	EuZW 1994, 391-395
MEYER, Alfred Hagen	Das Verbraucherleitbild des Europäischen Gerichtshofes - Abkehr vom „flüchtigen Verbraucher“	WRP 1993, 215-224
MEYER, Alfred Hagen	Bemerkungen zur „Mars“-Entscheidung des EuGH	GRUR Int. 1996, 98-102
MIELE, Mario	Delitto civile di concorrenza sleale fra ditte tedesche e legge applicabile	Giur.compar. internaz.priv. 5 (1939), 80 ff.
MINERVINI, Gustavo	Obblighi internazionali e disciplina interna in materia di concorrenza sleale	RDI 1957, I, 237-255
MINISTERIALBERICHT	Schema di articolato redatto dalla Commissione per la riforma del sistema italiano di diritto internazionale privato istituita dal Ministero di Grazia e Giustizia	RDInt 1990, 741-790
MOENCH, Christoph	Reinheitsgebot für Bier: Zum Urteil des EuGH vom 12.3.1987, NJW 1987, 1133	NJW 1987, 1109-1112
MÖLLERING, Jürgen	Das Recht des unlauteren Wettbewerbs in Europa: Eine neue Dimension	WRP 1990, 1-13
MÜLLER-GRAFF, Peter-Christian	Fakultatives Kollisionsrecht im internationalen Wettbewerbsrecht?	RabelsZ 48 (1984), 289-318
MUMMENHOFF, Winfried	Ausnahmen von der lex loci delicti im internationalen Privatrecht	NJW 1975, 476-481
MUNARI, Francesco	The Legge 287/1990 on Protecting Competition in the Marketplace - A Copernican Revolution for the Italian Economic and Legal System	EuZW 1991, 489-497
MUNARI, Francesco	Erste Bemerkungen zum neuen italienischen internationalen Privat- und Verfahrensrecht	JbItR (9) 1996, 37-60
NIEDERLEITHINGER, Ernst	Die vernachlässigte Einheit der Rechtsordnung im Wettbewerbsrecht	GRUR Int. 1996, 467-473
NIEMEYER, Theodor	Anmerkung zur Entscheidung des Supreme Court (Andrews/Andrews, 23 Sup. T. Rep. 237; Harvard Law Review XVI 448)	NiemeyersZ 13 (1903) 447-448
NIESSEN, Hermann	Internationales Privatrecht für unerlaubte Handlungen im Widerspruch zum Diskriminierungsverbot des EWG-Vertrages	NJW 1968, 2170-2172

NOVAK, Meinhard	Ungleichbehandlung von ausländischen Produkten oder Dienstleistungen - Einheitliche Rechtfertigungstatbestände im EG-Vertrag; zugleich Urteilsanmerkung zu EuGH vom 9.7.1997, DB 1997 S. 2219 „De Agostini“	DB 1997, 2589-2593
ORIGONI DELLA CROCE, Gian Battista	Questioni di diritto internazionale privato e processuale in tema di concorrenza sleale	RDIPP 1976, 782-797
ORIGONI DELLA CROCE, Gian Battista	Problemi internazionalistici in tema di concorrenza sleale: trattamento dello straniero nel diritto interno e disciplina dettata dalla convenzione d'unione, in RDI, Volume celebrativo del XXV anno della rivista, Milano 1977, zit. RDI 1977 volume celebrativo, [Seite]	RDI 1977 volume celebrativo, 833-846
ORIGONI DELLA CROCE, Gian Battista	Nuovi sviluppi in tema regolatrice degli atti di concorrenza sleale	RDI 1978, I, 151-161
PAEFGEN, Thomas Christian	Unlauterer Wettbewerb im Ausland	GRUR Int. 1994, 99-120
PAEFGEN, Thomas Christian	Unlauterer Wettbewerb durch Rechtsbruch in internationalprivatrechtlicher Sicht - Zugleich eine Besprechung des Urteils des BGH v. 15.11.1990 IZR 22/89, WRP 1991, 294 - Kauf im Ausland	WRP 1991, 447-458
PECHSTEIN, Matthias	Nettoprinzip zulässig!	EuZW 1996, 109-111
PELLEGRINO, Camillo	Il soggetto attivo della concorrenza sleale	FP 1953, I, 181-186
PESCE, Angelo	Die Reform des italienischen Internationalen Privat- und Verfahrensrechts	RIW 1995, 977-983
PIPER, Henning	Neuere Rechtsprechung zum Wettbewerbs- und Kennzeichnungsrecht	GRUR 1992, 803-821
PIPER, Henning	Zu den Auswirkungen des EG-Binnenmarktes auf das deutsche Recht gegen den unlauteren Wettbewerb	WRP 1992, 685-691
PLANCKER, Lukas	Rechtswidrigkeitsmerkmal in der deliktischen Generalklausel des italienischen Rechts	JbItR 11 (1998) 221-235
POCAR, Fausto	La protection de la partie faible en droit international privé	Recueil des Cours 188 (1984), V, 339-417

POCAR, Fausto	Kommentierung zu Art. 62 in La riforma del sistema italiano di diritto internazionale privato: legge 31 maggio 1995 n. 218 - Commentario (RDIPP 1995, 905-1279), (Hrsg.) Pocar, Fausto / Treves, Tullio / Carbone, Sergio Maria / Giardina, Andrea / Luzzatto, Riccardo / Mosconi, Franco / Clerici, Roberta	RDIPP 1995, 1210-1217
POCAR, Fausto	Das neue italienische Internationale Privatrecht	IPRax 1997, 145-161
RAISER, Ludwig	Der Stand der Lehre vom subjektiven Recht im Deutschen Zivilrecht	JZ 1961, 465-473
REHBINDER, Eckard	Zur Politisierung des Internationalen Privatrechts	JZ 1973, 151-158
REICH, Norbert	Rechtsprobleme grenzüberschreitender irreführender Werbung im Binnenmarkt - dargestellt am deutschen, französischen und englischen Recht unter besonderer Berücksichtigung des EG-Rechts	RabelsZ 56 (1992), 444-520
REICH, Norbert	Anmerkung zum Keck-Urteil	ZIP 1993, 1815-1818
REMIEN, Oliver	Grenzen der gerichtlichen Privatrechtsangleichung mittels der Grundfreiheiten des EG-Vertrages: Bemerkungen zu den Urteilen des EuGH vom 24.11.1993 (Keck u. Mithouard) und 15.12.1993 (Hünermund)	JZ 1994, 349-350
REUTER, Alexander	Der Ausländer im deutschen Wettbewerbs- und Kennzeichnungsrecht	BB 1989, 2265-2271
REUTHAL, Klaus-Peter	Verstößt das deutsche Irreführungsverbot gegen Artikel 30 EGV?	WRP 1997, 1154-1161
RITTNER, Fritz	Über das Verhältnis von Vertrag und Wettbewerb	AcP 188 (1988), 101-139
RITTNER, Fritz	Die wirtschaftsrechtliche Ordnung der EG und das Privatrecht	JZ 1990, 838-846
ROTH, Wulf-Henning	Der Einfluß des Europäischen Gemeinschaftsrechts auf das Internationale Privatrecht	RabelsZ 55 (1991), 623-673
ROTH, Wulf-Henning	Angleichung des IPR durch sekundäres Gemeinschaftsrecht	IPRax 1994, 165-174
ROTONDI, Mario	Ein System des gewerblichen Rechts	ZHR 118 (1955), 57-67
RÜßMANN, Helmut	Wettbewerbshandlungen im Internet - Internationale Zuständigkeit und anwendbares Recht	K&R 1998, 422-427

SACK, Rolf	Die kollisions- und wettbewerbsrechtliche Beurteilung grenzüberschreitender Werbe- und Absatztätigkeiten nach deutschem Recht	GRUR Int. 1988, 320-343
SACK, Rolf	Grenzüberschreitende Zugabe- und Rabattgewährung	IPRax 1991, 386-392
SACK, Rolf	Marktortprinzip und allgemeine Ausweichklausel im internationalen Wettbewerbsrecht, am Beispiel der sog. Gran-Canaria-Fälle	IPRax 1992, 24-29
SACK, Rolf	Staatliche Regelungen sogenannter „Verkaufsmodalitäten" und Art. 30 EG-Vertrag	EWS 1994, 35-47
SACK, Rolf	Art. 30, 36 EG-Vertrag und das internationale Wettbewerbsrecht	WRP 1994, 281-293
SACK, Rolf	Staatliche Werbebeschränkungen und die Art. 30 und 59 EG-Vertrag	WRP 1998, 103-119
SACK, Rolf	Die Berücksichtigung der Richtlinie 97/55/EG über irreführende und vergleichende Werbung bei der Anwendung der §§ 1 und 3 UWG	WRP 1998, 241-244
SACK, Rolf	Das Verbraucherleitbild und das Unternehmerleitbild im europäischen Wettbewerbsrecht	WRP 1998, 264-269
SANDROCK, Otto	Das Kollisionsrecht des unlauteren Wettbewerbs zwischen dem internationalen Immaterialgüterrecht und dem internationalen Kartellrecht	GRUR Int. 1985, 507-522
SARAVALLE, Alberto	Recenti sviluppi in materia di responsabilità civile nel diritto internazionale privato comparato	RDIPP 1995, 657-672
SARAVALLE, Alberto	Art. 62 Responsabilità per fatto illecito	NLC 1996, 1441-1451
SCHMID, Gregor	Neuordnung des Wettbewerbsrechts - Recht des unlauteren Wettbewerbs und Verbraucherschutz im Wandel. Bericht über das 11. Ringberg-Symposium des Max-Planck-Instituts für ausländisches und internationales Patent-, Urheber- und Wettbewerbsrecht	GRUR Int. 1998, 475-493
SCHÖNE, Franz-Josef	Die „umgekehrte Diskriminierung" im EWG-Vertrag nach der Rechtsprechung des Europäischen Gerichtshofes: Dargestellt am Beispiel der Dienstleistungsfreiheit nach Art. 59 ff. EWG-Vertrag	RIW 1989, 450-454
SCHRICKER, Gerhard	Territoriale Probleme und Klagerecht bei unlauterem Wettbewerb	GRUR Int. 1973, 453-459
SCHRICKER, Gerhard	Deutsches Rabattrecht - weltweit?	GRUR 1977, 646-650

SCHRICKER, Gerhard	Die Durchsetzbarkeit deutscher Werberegelungen bei grenzüberschreitender Rundfunkwerbung	GRUR Int. 1982, 720-726
SCHRICKER, Gerhard	Etikettierung beim Weinexport und internationales Wettbewerbsrecht	IPRax 1983, 103-105
SCHRICKER, Gerhard	Grenzüberschreitende Fernseh- und Hörfunksendungen im Gemeinsamen Markt	GRUR Int. 1984, 592-598
SCHRICKER, Gerhard	Die Bekämpfung der irreführenden Werbung in den Mitgliedstaaten der EG	GRUR Int. 1990, 112-121
SCHRICKER, Gerhard	Die europäische Angleichung des Rechts des unlauteren Wettbewerbs - ein aussichtloses Unterfangen?	GRUR Int. 1990, 771-777
SCHRICKER, Gerhard	Deregulierung im Recht des unlauteren Wettbewerbs?	GRUR Int. 1994, 586-594
SCHULTZ, Hans-Jürgen	Unlauterer Wettbewerb in Italien	WRP 1991, 556-561
SCHWINTOWSKI, Hans-Peter	Freier Warenverkehr im europäischen Binnenmarkt - Eine Fundamentalkritik an der Rechtsprechung des EuGH zu Art. 28 EGV	RabelsZ 64 (2000), 38-59
SGROI, Vittorio	Sulla concorrenza sleale nel diritto internazionale privato	GC 1972, I, 173-177
SIEHR, Kurt	Wechselwirkungen zwischen Kollisionsrecht und Sachrecht	RabelsZ 37 (1973), 466-484
SIEHR, Kurt	Normen mit eigener Bestimmung ihres räumlich persönlichen Anwendungsbereichs im Kollisionsrecht der Bundesrepublik Deutschland	RabelsZ 46 (1982) 357-383
SONNENBERGER, Hans Jürgen	Europarecht und Internationales Privatrecht	ZVglRWiss 95 (1996), 3-47
SPÄTGENS, Klaus	Zur Frage der Anwendbarkeit deutschen Wettbewerbsrechts oder des Ortsrechts bei Wettbewerb zwischen Inländern auf Auslandsmärkten	GRUR 1980, 473-478
SPERDUTI, Giuseppe	Sulla responsabilità in diritto internazionale privato con particolare riguardo alla capacità di obbligarsi per fatto illecito	Riv. it. scienze giur. 4 (1950), 282-316
SPICKHOFF, Andreas	Die Restkodifikation des Internationalen Privatrechts: Außervertragliches Schuld- und Sachenrecht	NJW 1999, 2209-2215
SPICKHOFF, Andreas	Die Tatortregel im neuen Deliktskollisionsrecht	IPRax 2000, 1-8
SPOLIDORO, Marco Saverio	Costituzione e limitazioni soggettive della legittimazione ad agire per concorrenza sleale	GCo 1982, II, 74-94

STEINDORFF, Ernst	Nationale Warenzeichen und EWG-Vertrag	ZHR 143 (1979), 559-565
STEINDORFF, Ernst	Gemeinsamer Markt als Binnenmarkt	ZHR 150 (1986), 688-704
STEINDORFF, Ernst	Unlauterer Wettbewerb im System des EG-Rechts	WRP 1993, 139-151
STREINZ, Rudolf / LEIBLE, Stefan	10% mehr Eiskrem für alle!	ZIP 1995, 1236-1242
TAUPITZ, Jochen	Kaffeefahrten deutscher Urlauber auf Gran Canaria: Deutscher Verbraucherschutz im Urlaubsgepäck?	BB 1990, 642-652
TETTENBORN, Alexander	Auf dem Weg zu einem einheitlichen Rechtsrahmen für den elektronischen Rechtsverkehr - der 2. Versuch...	K&R 1999, 442-444
TETTENBORN, Alexander	Europäischer Rechtsrahmen für den elektronischen Geschäftsverkehr	K&R 1999, 252-258
TETTENBORN, Alexander	E-Commerce-Richtlinie: Politische Einigung in Brüssel erzielt	K&R 2000, 59-63
TILMANN, Winfried	Über das Verhältnis von GWB und UWG	GRUR 1979, 825-834
TILMANN, Winfried	Irreführende Werbung in Europa - Möglichkeiten und Grenzen der Rechtsentwicklung	GRUR 1990, 87-93
TILMANN, Winfried	Die UWG Novelle 1994	BB 1994, 1793-1799
UBERTAZZI, Luigi Carlo	Die Klagebefugnis der Verbraucherverbände nach europäischem und italienischem Wettbewerbsrecht	GRUR Int. 1979, 80-86
ULLMANN, Eike	Die Europäische Union und das nationale Wettbewerbs- und Urheberrecht	JZ 1994, 928-937
ULMER, Eugen	Anmerkung zum Urteil des RG v. 14.4.1931, 421/30 II	JW 1931, 1906-1908
ULMER, Eugen	Europäisches Patentrecht im Werden	GRUR Int. 1962, 537-545
ULMER, Eugen	Der Begriff „Leistungswettbewerb" und seine Bedeutung für die Anwendung von GWB- und UWG-Tatbeständen	GRUR 1977, 565-580
VEELKEN, Winfried	Probleme der theoretischen Lückenlosigkeit internationaler selektiver Vertriebssysteme	RabelsZ 50 (1986) 508- 561
VENTURINI, Giancarlo	Note sulla disciplina di diritto internazionale privato delle obbligazioni da illecito	Studi parmesani 6 (1956), 335-346

VENTURINI, Giancarlo	Concorrenza sleale e mercato comune in diritto internazionale privato, in Problemi attuali del diritto industriale, RDI, Volume celebrativo del XXV anno della rivista, 1977 Milano, zit. RDI 1977 volume celebrativo, [Seite]	RDI 1977 volume celebrativo, 1177-1181
WÄCHTER, Karl Georg von	Über die Kollision der Privatrechtsgesetze verschiedener Staaten	ACP 24 (1841), 230-311
WAGNER, Rolf	Der Regierungsentwurf eines Gesetzes zum Internationalen Privatrecht für außervertragliche Schuldverhältnisse und für Sachen	IPRax 1998, 429-438
WAGNER, Rolf	Zum Inkrafttreten des Gesetzes zum Internationalen Privatrecht für außervertragliche Schuldverhältnisse und für Sachen	IPRax 1999, 210-212
WAGNER, Rolf	Ein neuer Anlauf zur Vereinheitlichung des IPR für außervertragliche Schuldverhältnisse	EuZW 1999, 709-714
WEBER, Wolfgang	Zum Anwendungsbereich des deutschen UWG beim Auslandswettbewerb zwischen Inländern, zugleich zu BGH GRUR Int. 1982, 553 - „Domgarten-Brand“	GRUR Int. 1983, 26-30
WENGLER, Wilhelm	Die Gesetze gegen den unlauteren Wettbewerb und das internationale Privatrecht	RabelsZ 19 (1954),401-426
WENGLER, Wilhelm	Anmerkung zum Urteil des BGH v. 230.12.1963, I b ZR 104/62 - Stahlexport	JZ 1964, 372-373
WIRNER, Helmut	Anmerkung zum Urteil des BGH v. 30.6.1961 - Kindersaugflaschen	GRUR Int. 1962, 93-94
WOLF, Dieter	Nicht mit Mega-Behörden gegen Mega-Fusionen - Die Wettbewerbspolitik im Zeichen der Globalisierung	F.A.Z. v. 10.5.1999, Nr. 107, S. 10
ZEKRI, Sonja	Demokratie zum Anklicken - Wählt „Icann“: Eine Internet-Organisation wird die Welt regieren	F.A.Z. v. 25.4.2000, Nr. 96, S. 57
ZICCARDI, Piero	Questioni di diritto internazionale privato in tema di responsabilità da illecito	DInt 3 (1939), 50-66
ZWEIGERT, Konrad	Zur Armut des internationalen Privatrechts an sozialen Werten	RabelsZ 37 (1973), 435-452

Entscheidungs- und Gesetzesregister

1. *Entscheidungen*

1.1 Deutschland

1.1.1 Entscheidungen des Bundesverfassungsgerichts

BVerfG v. 20.7.1954	BVerfGE 4, 7	
BVerfG v. 29.5.1974	BVerfGE 37, 271	Solange I
BVerfG v. 22.10.1986	BVerfGE 73, 339	Solange II
BVerfG v. 16.10.1996	WRP 1997, 23	Baby-Bottle-Syndrom

1.1.2 Entscheidungen des Reichsgerichts

RG v. 30.11.1880	RGZ 3, 67	Apollinarisbrunnen
RG v. 2.10.1886	RGZ 18, 28	Hoff
RG v. 22.10.1901	JW 1901, 851	Gratisschnittmuster
RG v. 16.6.1903	RGZ 55, 199	Üble Nachrede
RG v. 8.11.1906	Clunet 1909, 212 = NiemeyersZ 18 (1908), 159	
RG v. 7.4.1914	MuW 1916 (XV), 48	Ärztlicher Bezirksverein
RG v. 31.3.1916	RGZ 88, 183	Sackpflüge
RG v. 4.6.1920	RGZ 99, 131	
RG v. 2.12.1921	MuW XXII (1922/23), 61	Milchseparatoren
RG v. 19.6.1923	RGZ 108, 8 = GRUR 1924, 85	Saccharin
RG v. 27.5.1924	RGZ 108, 272	Merx
RG v. 20.9.1927	RGZ 118, 76	Springendes Pferd (Hengstenberg)
RG v. 24.1.1928	RGZ 120, 47	Markenschutzverband
RG v. 17.1.1929	IPRspr. 1929, Nr. 52	
RG v. 30.4.1929	RGZ 120, 325	Sonnengold
RG v. 29.4.1930	RGZ 128, 330	Graf Zeppelin
RG v. 8.7.1930	RGZ 129, 385	Vacuum Oil
RG v. 31.3.1931	JW 1931, 1904	Standard
RG v. 12.11.1932	RGZ 138, 243	
RG v. 17.2.1933	RGZ 140, 25	Mundharmonika
RG v. 19.5.1933	GRUR 1933, 653	Democrat Club
RG v. 15.11.1935	JW 1936, 923 = MuW 1936, 95	Präservativ
RG v. 10.1.1936	GRUR 1936, 670 = JW 1936, 1291	Gummiartikel
RG v. 14.2.1936	RGZ 150, 265	Stecknadeln
RG v. 12.3.1937	GRUR 1937, 466	Mulla 500
RG v. 15.2.1939	GRUR 1939, 925	Boardef
RG v. 28.9.1940	GRUR 1940, 564	Lodix-Schuhcreme

1.1.3 Entscheidungen des Bundesgerichtshofs

BGH v. 22.1.1952	BGHZ 5, 1	Hummelfiguren
BGH v. 8.2.1952	BGHZ 5, 71	Kundenschutz
BGH v. 20.5.1953	BGHZ 10, 22	Kennzeichnung von Konservendosen
BGH v. 11.6.1954	BGHZ 14, 15	Römer
BGH v. 6.7.1954	BGHZ 14, 163	Constanze II
BGH v. 13.7.1954	BGHZ 14, 286 = GRUR 1955, 150	Farina/Belgien
BGH v. 11.1.1955	GRUR 1955, 411	Zahl 55
BGH v. 8.7.1955	GRUR 1955, 542	Bestattung
BGH v. 8.7.1955	GRUR 1955, 541	Bestattungswettbewerb
BGH v. 27.1.1956	BGHZ 19, 392	Anzeigenblatt
BGH v. 13.7.1956	BGHZ 21, 266 = IPRspr 1956/57 Nr. 169	Uhrenrohwerke
BGH v. 2.10.1956	BGHZ 22,1 = GRUR 1957, 215	Flava/Erdgold
BGH v. 21.12.1956	BGHZ 23, 65	
BGH v. 15.1.1957	GRUR 1957, 231 und 352	Pertussin I u. II
BGH v. 29.1.1957	BGHZ 23, 184	Spalttabletten
BGH v. 22.2.1957	BGHZ 23, 365	Suwa
BGH v. 26.4.1957	GRUR 1957, 491	Wellaform
BGH v. 24.7.1957	GRUR 1958, 189 m. Anm. Hefermehl = IPRspr. 1956/57 Nr. 170	Zeiss
BGH v. 18.12.1959	GRUR 1960, 372	Kodak
BGH v. 2.2.1961	BGHZ 34, 222	
BGH v. 28.3.1961	VersR 1961, 518	
BGH v. 30.6.1961	BGHZ 35, 329 = NJW 1962, 37 = IPRspr. 1960/61 Nr. 155 = GRUR 1962, 243 m. Anm. Moser/v. Filseck = GRUR Int 1962, 88 m. Anm. Wirner = JuS 1962, 201 m. Anm. Nicklisch = LM Nr. 9 zu Art. 12 m. Anm. Pehle	Kindersaugflaschen
BGH v. 26.10.1961	BGHZ 36, 105	Speditionswerbung
BGH v. 22.12.1961	BGHZ 36, 252	Gründerbildnis
BGH v. 6.11.1963	GRUR 1964, 621	Klemmbausteine
BGH v. 20.12.1963	BGHZ 40, 391 = GRUR 1964, 316 m. Anm. Höpffner = IPRspr. 1962-63 Nr. 164 = JZ 1964, 369 m. Anm. Wengler	Stahlexport
BGH v. 22.1.1964	IPRspr 1964/65 Nr. 182	Feinstimmhalter
BGH v. 26.2.1965	BGHZ 43, 278 = GRUR 1965, 489	Kleenex
BGH v. 13.10.1965	BGHZ 44, 288	Apfelmadonna

BGH v. 27.3.1968	GRUR 1968, 587 m. Anm. Lehmpfuhl = NJW 1968, 1572 = IPRspr. 1968/1969 Nr. 170 = WRP 1968, 292	Bierexport
BGH v. 3.5.1968	BGHZ 50, 125	Pulverbehälter
BGH v. 18.12.1968	BGHZ 51, 236 = GRUR 1969, 287	Stuttgarter Wochenblatt
BGH v. 27.2.1969	NJW 1969, 978	
BGH v. 17.9.1969	GRUR 1970, 528	Migrol
BGH v. 19.6.1970	BGHZ 54, 188 = GRUR 1970, 523	Telefonwerbung
BGH v 23.10.1970	GRUR 1971, 153 m. Anm. Droste = NJW 1971, 323 = IPRspr. 1970 Nr. 97 = JZ 1971, 731 m. Anm. Deutsch	Tampax
BGH v. 2.4.1971	GRUR 1971, 517	SWOPS
BGH v. 3.12.1971	GRUR 1972, 367 = WRP 1976, 155	Besichtigungsreisen I
BGH v. 6.11.1973	NJW 1974, 410	
BGH v. 14.5.1974	GRUR 1975, 150	Prüfzeichen
BGH v. 19.6.1974	WRP 1976, 370	Ovalpuderdose
BGH v. 7.11.1975	GRUR 1976, 316	Besichtigungsreisen II
BGH v. 14.11.1975	GRUR 1976, 355	P-tronics
BGH v. 5.12.1975	GRUR 1976, 256	Rechenscheibe
BGH v. 17.12.1976	GRUR 1977, 608	Feld und Wald II
BGH v. 11.3.1977	GRUR 1977, 668	WAZ-Anzeiger
BGH v. 13.5.1977	GRUR 1977, 672 = NJW 1977, 2211 = IPRspr. 1977 Nr. 106 = NJW 1977, 2211 = GRUR 1977, 672 m. Anm. Schricker S. 646 = WRP 1977, 572	Weltweitclub
BGH v. 26.10.1977	BGHZ 69, 387 = NJW 1978, 496	
BGH v. 10.2.1978	GRUR 1978, 364	Golfrasenmäher
BGH v. 29.3.1978	BGHZ 71, 175 = NJW 1978, 1426	
BGH v. 31.1.1979	GRUR 1979, 321	Verkauf unter Einstandspreis (Mineralwasser)
BGH v. 28.9.1979	GRUR 1980, 110	Torch
BGH v. 23.10.1979	WuW 1980, 191 = WuW/E BGH 1643	BMW-Importe
BGH v. 9.5.1980	GRUR Int. 1980, 668 = NJW 1980, 2018 m. Anm. Knieper-Fromm = IPRax 1981, 20 m. Anm. Katzenberger S. 7	Asbestimporte
BGH v. 23.1.1981	GRUR 1981, 517	Rollhocker
BGH v. 18.12.1981	GRUR 1982, 425	Brillen-Selbstabgabestellen I
BGH v. 23.12.1981	NJW 1982, 1215	
BGH v. 11.3.1982	GRUR 1982, 495 = IPRspr. 1982 Nr. 121b = IPRax 1983, 118	Domgarten-Brand

BGH v. 17.1.1983	BGHZ 86, 234 = NJW 1983, 263	
BGH v. 8.3.1983	BGHZ 87, 95	
BGH v. 10.11.1983	WuW 1984, 623 = WuW/E BGH 2061	Valium Roche
BGH v. 26.1.1984	NJW 1985, 1023	Intermarkt II
BGH v. 8.11.1984	GRUR 1985, 396	5-Sterne-Programm
BGH v. 8.1.1985	BGHZ 93, 214	
BGH v. 28.2.1985	BGH GRUR 1985, 886	Cocktail-Getränk
BGH v. 23.3.1985	GRUR 1985, 978	Shamrock II
BGH v. 6.2.1986	WRP 1986, 541	Notenstichbilder
BGH v. 9.10.1986	BGHZ 98, 330 = GRUR 1987, 172 = JZ 1987, 466 = NJW 1987, 1323	Unternehmensberatungsgesell schaft I
BGH v. 4.6.1987	GRUR Int. 1988, 357 = NJW 1988, 644	Perrier
BGH v. 8.10.1987	GRUR 1988, 130	Verkaufsreisen
BGH v. 11.2.1988	GRUR 1988, 483	AGIAV
BGH v 14.7.1988	IPRax 1989, 384 = GRUR 1988, 916 = IPRax 1989, 384 m. Anm. Lederer S. 362	PKW-Schleichbezug
BGH v. 8.5.1989	DB 1989, 1667	
BGH v. 22.6.1989	IPRspr. 1989, Nr. 167 = GRUR 1989, 832 = NJW-RR 1989, 1383 = WRP 1990, 321	Schweizer Außenseiter
BGH v. 19.9.1990	BGHZ 112, 204	
BGH v. 15.11.1990	BGHZ 113, 11 = JZ 1991, 1038 Anm. Koch. = NJW 1991, 1054 = GRUR 1991, 463 = WRP 1991, 294 = WM 1991, 380 = EWiR 1991, 297 m. Anm. Teske = JuS 1991, 695 m. Anm. Hohloch = IPRax 1992, 45 m. Aufs. Sack S. 24-29 = IPRspr 1990 Nr. 157	Kauf im Ausland
BGH v. 4.6.1992	BGHZ 118, 2312 = NJW 1992, 3096	Ausschluss von punitive damages
BGH v 7.7.1992	BGHZ 119, 137	
BGH v. 3.12.1992	BGHZ 120, 335	
BGH v.7.4.1993	RIW 1993, 585	
BGH v. 14.10.1993	GRUR Int. 1994, 245 = GRUR 1994, 306	Yves Rocher II
BGH v. 24.2.1994	GRUR 1994, 447 = WRP 1994, 511 = IPRspr 1994 Nr. 126 = NJW-RR 1994, 728	Sistierung von Aufträgen
BGH v. 17.3.1994	GRUR 1994, 530	Beta
BGH v. 23.2.1995	GRUR 1995, 424 = NJW-RR 1995, 810 = IPRspr. 1995 Nr. 122	Abnehmerverwarnung
BGH v. 16.11.1995	GRUR 1997, 379	Wegfall der Wiederholungsgefahr II

BGH v. 19.12.1995	BGHZ 131, 332 = NJW 1996, 1128	Caroline von Monaco
BGH v. 23.1.1996	NJW-RR 1996, 732	
BGH v. 26.11.1997	NJW 1998, 1227 = WRP 1998, 386 = GRUR 1998, 419	Gewinnspiel im Ausland
BGH v. 5.2.1998	GRUR 1998, 824	Testpreis-Angebot
BGH v. 23.4.1998	GRUR 1999, 69	Preisvergleichsliste
BGH v. 15.10.1998	GRUR Int. 1999, 453	Vergleichen Sie

1.1.4 Entscheidungen der Oberlandesgerichte

OLG Düsseldorf v. 7.11.1956	WRP 1957, 121	
OLG Saarbrücken v. 22.10.1957	NJW 1958, 752	
OLG Bremen v. 21.8.1959	IPRspr 1958-1959 Nr. 7 A	
OLG Hamm v. 11.11.1969	IPRspr. 1968-69 Nr. 173 = AWD 1970, 31 m. Aufs. Körner, 211 ff.	Stilmöbel
OLG Düsseldorf v. 6.2.1970	NJW 1970, 1008 = GRUR Int. 1970, 164 = AWD 1970, 127 = WRP 1970, 149 = IPRspr 1970 Nr. 96	Grenzrabatt
OLG Frankfurt v. 15.12.1977	DB 1978, 1535	
OLG Köln v. 20.11.1981	IPRspr. 1981, Nr. 135 = GRUR Int. 1982, 754	belgischer Apfellikör
OLG Frankfurt v. 3.2.1983	IPRspr. 1983 Nr. 121	IMS
OLG Nürnberg v. 13.12.1983	IPRspr. 1983 Nr. 123	
OLG Frankfurt v. 27.9.1984	NJW 1985, 568 = WRP 1985, 162 = IPRspr. 1984, Nr. 118	
OLG Hamm v. 20.6.1985	NJW-RR 1986, 1047	
OLG Hamburg v. 15.5.1986	IPRspr. 1986 Nr. 115 = GRUR Int. 1987, 105	
OLG Franfurt v. 11.7.1985	IPRax 1986, 373	
OLG Hamburg v. 18.12.1986	WRP 1987, 393	
OLG Düsseldorf v. 19.2.1987	WRP 1987, 476	
OLG Frankfurt v. 22.12.1988	NJW-RR 1990, 1067	
OLG Frankfurt v. 1.6.1989	NJW-RR 1989, 1018	
OLG Hamburg v. 8.6.1989	IPRax 1990, 400	Arrestprozess
OLG Celle v. 28.8.1990	WM 1991, 110, 112	
OLG Frankfurt v. 25.10.1990	IPRspr. 1990, Nr. 155	Physikerzeitschrift
OLG Düsseldorf v. 23.1.1992	NJW-RR 1993, 171	
OLG Koblenz v. 25.1.1992	NJW-RR 1993, 171	
OLG München v. 16.4.1992	GRUR 1992, 634 = RIW 1993, 231	PC Professionell.
OLG Koblenz v. 25.2.1993	NJW-RR 1993, 1196	
OLG Frankfurt v. 25.3.1993	VuR 1994, 116 = IPRspr 1993 Nr. 123	
OLG Düsseldorf v. 19.10.1993	NJW 1994, 869	
OLG Düsseldorf v. 30.12.1993	NJW 1994, 741	

OLG Köln v. 12.5.1995	VuR 1995, 289 m. Anm. Koch = VuR 1996, 67 = IPRspr 1995 Nr. 123	
OLG München v. 1.6.1995	NJW-RR 1996, 107	Hotelgutscheine
OLG Frankfurt v. 3.12.1998	NJW-CoR 1999, 302 m. Anm. Ernst = K&R 1999, 138 m. Anm. Kotthoff	

1.1.5 Entscheidungen des Kammergerichts

KG v. 27.7.1990	NJW-RR 1991, 301 = IPRax 1991, 413 m. Anm. Sack S. 386 = IPRspr 1990 Nr. 153 = GRUR 1993, 771	Auslandsflug
KG v. 13.8.1993	WRP 1994, 185, 187 = IPRspr 1993, Nr. 124	

1.1.6 Entscheidungen der Landgerichte

LG Hamburg v. 25.6.1975	IPRspr 1977 Nr. 106	Weltweitclub
LG Frankfurt v. 19.8.1981	IPRspr. 1981, Nr. 133= NJW 1982, 1231 = GRUR Int. 1983, 48	PX-Läden
LG Weiden v. 6.10.1982	IPRax 1983, 192	
LG Hamburg v. 21.2.1990	NJW-RR 1990, 495	
LG Limburg / Lahn 2.5.1990	NJW 1990, 2206 m. Anm. Hohloch	
LG Düsseldorf 5.12.1990	NJW 1991, 2220	

1.1.7 Entscheidungen des Bundeskartellamts

BKA v. 4.9.1959	WuW/E BKartA 73	Melitta

1.2 Italien

1.2.1 Entscheidungen der Corte Costituzionale

Corte Cost. 21.1.1988, Nr. 59 ord.	GADI 1988, 11 = FI 1988, I, 2158 = GRUR Int. 1990, 326	Daniels S.r.l. c. Bartolini

1.2.2 Entscheidungen der Corte di Cassazione

Cass. Torino v. 19.12.1911	RDCo 1912, II, 177 m. Anm. Diena	Desenzani c. Scotti
Cass. v. 2.4.1927	FI Mass. 1927, II, 472 = Rep. FI 1927, voce „Ditta commerciale" Nr. 51, 471	Ditta Sasso e Figli c. S.A. Sonnino per il commercio d'oltremare (S.A.S.C.O)
Cass. v. 15.6.1929	GI 1929, I, 1, 984	Martini c. Cinzano (Cora Gancia)
Cass. v. 29.1.1941	GI 1941, I, 401 = Mass. FI 1941, 62 = Giur.compar.internaz.priv. X (1944), 127	Fonderia Berthold c. Fonderia Pierallini-Turchi
Cass. v. 22.10.1956, Nr. 3805	RDI 1957, II, 209	
Cass. v. 23.1.1958, Nr. 161	RDI 1976, II, 449 m. Anm. Franzosi = GI 1958, I, 1, 1039 = GC Mass. 1958, 96 = FI Mass 1958, 31	Prominet c. Fiocchi
Cass. v. 28.3.1960, Nr. 671	RDI 1961, II, 321 = GI 1960, I, 1, 1259	Corsi c. Chianti
Cass. v. 9.8.1961, Nr. 1930	GI 1961, I, 1, 1510 = Mass GI 1961, 575	S.T.O.C.E. c. Soc. Zoppas
Cass. v. 27.2.1962, Nr. 390 sez. un.	RDInt. 1962, 427 = FI 1962, I, 1810	British Petroleum Co. c. E.P.I.M S.p.a.
Cass. v. 17.4.1962, Nr. 752	GC 1962, I, 601	Soc. Allemagna panettoni c. Soc. Motta
Cass. v. 6.7.1962, Nr. 1733	GC 1962, I, 1412	Eternit S.p.a. c. Bogoyalenski
Cass. v. 4.9.1962, Nr. 2387	RDI 1962, II, 121	Alessandroni c. Commissione
Cass. v. 30.12.1965, Nr. 2488 sez. un.	GI 1967, I, 1, 106 m. Anm. Franchi	Fischer c. F.I.R.S.A.T.
Cass. v. 17.6.1967, Nr. 1430	RCP 1968, 286	Società Lever c. Ditta Prodotti Tessili Montini
Cass. v. 25.6.1971, Nr. 2011	RDI 1972, II, 203 m. Anm. La Villa = GC 1972, I, 172 m. Anm. Sgroi = RDIPP 1972, 292 = FI 1971, I, 2199	Calzaturificio Wessels-Baldan S.p.a. c. Calzaturificio Baldan di Fiesso d'Artico
Cass. v. 25.10.1971, Nr. 3008	GC 1972, I, 63 = RDI 1972, II, 195 mit Anm. Franceschelli = Dir. scambi internaz. 1972, 101 = RDCo 1972, II, 211	Tessitura Meccanica Jacquard F.lli Limonta S.n.c. c. Etablissements J. Pansu e C.ie
Cass. v. 15.3.1975, Nr. 1001	RDIPP 1975, 562	Nagel c. Mowlem
Cass. v. 23.2.1976, Nr. 582 sez. un.	GADI 1976, 42	Guadagno c. Cinestazione S.p.a.
Cass. v. 15.7.1976, Nr. 2796	GI Mass 1976, 692 = RDIPP 1977, 96	American Int. c. Iranian Oil Company
Cass. v. 11.11.1976, Nr. 4154	GADI 1976, 128	Giordani c. Montanelli e Soc. Biemma
Cass. v. 23.10.1979, Nr. 5542	RDIPP 1980, 438	Digovic c. Pejcic
Cass. 26.5.1980, Nr. 3445	RDIPP 1982, 79	Platzer c. Pichler
Cass. v. 3.7.1980, Nr. 4225	GADI 1980, 81	Sacs c. RENP

Cass. v. 16.4.1983, Nr. 2634	GADI 1983, 52	Federazione Italia Editori Giornali c. Moselli
Cass. v. 22.9.1983, Nr. 5638	FI Mass. 1983, 1180 = GC Mass. 1983, II, 2009	Morante c. Ministero di Grazia e Giustizia
Cass. v. 28.10.1983, Nr. 6382	GADI 1983, 172	Valli e Colombo S.p.a. c. Calí S.n.c.
Cass. v. 15.11.1984, Nr. 5772	GADI 1984, 80	Oldmoor Whisky c. Scotch Whisky
Cass. v. 15.3.1985, Nr. 2018 sez. un.	FI 1985, I, 1663	Sindacato nazionale rivenditori giornali c. Tirelli e Comme di Roma
Cass. v. 1.3.1986, Nr. 1310	RDI 1987, II, 473 = GADI 1986, 72	Soc. Star c. Star stabilimenti alimentari
Cass. v. 21.11.1986, Nr. 6836 sez. un.	RDIPP 1988, 125	Nagel c. Mowlem II
Cass. v. 21.10.1988, Nr. 5716	RDI 1989, II, 3	Soc. Star c. Star stabilimenti alimentari
Cass. v. 22.6.1990, Nr. 6330 sez. un.	RDIPP 1991, 772	Volksbank Alfred c. Banca Credito Agrario Bresciano S.p.a.
Cass. v. 11.11.1994, Nr. 9410 sez. un.	GADI 1994, 119	SMS Schloemann AG c. Continuus S.p.a. e Southwire Compay
Cass. 9.6.1995, Nr. 6499 sez. un.	RDIPP 1996, 529	Alfred Dunhill Ltd c. Tivoli Group S.r.l.
Cass. v. 4.11.1996, Nr. 9533	RDIPP 1997, 722	Marinari c. Lloydo Bank PIC e Tivoli Group S.r.l.
Cass. 27.11.1996, Nr. 10524 sez. un.	IPRax 1999, 484	G.e.n.a.f. S.r.l. c. Crédit Lyonnais Bank Nederland
Cass. v. 29.11.1996, Nr. 10676 sez. un.	IPRax 1999, 484	De Angeli Frua c. Baloise Participations Holding B.V.
Cass. v. 20.12.1996, Nr. 11404	GADI 1997, 19 = RDI 1997, II, 385	Associazione commercianti di Promenone c. Arredamenti Bergamin

1.2.3 Entscheidungen der Corti d'Appello

App. Milano v. 8.7.1925	RDInt 1926, 125 m. Anm. De Sanctis = Mon. trib. 1925, 741 = Clunet 1926, 517	Sasso c. S.A. Sonnino (S.A.S.C.O)
App. Genova v. 14.7.1933	GI 1934, I, 2, 58	Gramophone Company c. Soc. Bernard
App. Milano v. 10.7.1953	RPII 1954, 103 = Rep. GI 1954 Nr. 114	Molteni Garlatti c. Ganna e Sangiorgi
App. Firenze v. 7.2.1955	RDI 1956, II, 431	Paci c. Ditta Bracci
App. Milano v. 14.11.1958	RDI 1960, II, 121	Officine di Severo c. Fonderia e Officine di Saronno
App. Milano v. 28.1.1972	FP 1973, I, 34	Soc. Etablissements Janvier c. L.A.M.M.A

App. Brescia v. 23.7.1973	RDIPP 1977, 96	Soc. Georg Stetter Baumaschinen Fabrik KG c. Costruzioni Apparecchiature Razionali S.r.l.
App. Napoli v. 17.10.1975	RDI 1977, II, 228	Gennaro Aurichio S.p.a. c. Ditta Ferdinando Auricchio
App. Napoli v. 27.2.1976	RDI 1977, II, 208	Ciuffi Elio c. Giardello Edoardo
App. Milano v. 7.3.1978	FP 1978, I, 38	Sullivan Corp. S.r.l. c. Procter & Gamble S.p.a.
App. Bologna v. 2.12.1980	RCP 1983, 237	
App. Milano v. 16.1.1981	RDI 1982, II, 306	
App. Bologna v. 26.4.1983	GADI 1983, 582	L. Gucci c. G. Gucci
App. Roma v. 6.9.1983	RDIPP 1984, 167 = FI 1983, I, 2838	Nagel c. Mowlem
App. Bologna v. 20.3.1984	GADI 1984, 388	Importex Italia c INAO
App. Roma v. 23.9.1985	GADI 1985, 744	Comar S.n.c. c. Simonazzi Gilberto
App. Bologna v. 7.12.1989	GADI 1990, 262	Consiglio dell'ordine dei dottori Commercialisti c. Federazione attività commerciali e turistiche
App. Roma v. 20.8.1993	DInfo 1994, 972	VSI.NA.GI-SNAG c. Giornalai
App. Milano v. 25.9.1995	GADI 1996, 429	Sanguinetti Alberto e Silvano S.a.s. c. ANIA (Associazione Nazionale tra Imprese Assicuratrici) c. Editoriale Domus S.r.l.

1.2.4 Entscheidungen der Tribunali

Trib. Torino v. 26.7.1914	RDCo 1915, II, 166	Rosati c. Cinzano
Trib. Roma v. 18.1.1939	DInt 1939, 305	Levatesi c. Governatore di Roma
Trib. Roma v. 16.11.1954	RDI 1957, II, 147	SNIA Viscosa c. SNIA
Trib. Como v. 5.12.1958	RDI 1968, II, 227 m. Anm. Franceschelli = RDI 1976, II, 451	Castel di Chateauroux c. Creazione Serica Lariana
Trib. Roma v. 7.4.1959	RDInt 1960, 331 m. Anm. Barile	Ente Petrolifero Italia Medio Oriente c. The British Petroleum Co. Ltd.
Trib. Pescara v. 22.12.1960	Riv. giur. umbro-abruzzese 1961, 315 = Rep. FI 1962, 616 Nr. 21 (nur Leitsatz)	De Cecco c. Puritas
Trib. Monza v. 20.12.1963	RDI 1966, II, 46 = Dir. Scambi internaz. 1963, 287 = RDI 1976, II, 451	Frey c. Radaelli
Trib. Milano v. 8.2.1964	Mon. Trib. 1964, 1180 = RDI 1976, II, 450	Soc. Gubbels c. Savinelli

Trib. Milano v. 14.6.1965	FI 1966, I, 1104 = GI 1966, I, 2, 322 mit Anm. Franchi = RDIPP 1965, 721 = RDI 1967, II, 90	Carl Zeiss c. V.E.B. Carl Zeiss
Trib. Milano v. 15.1.1970	RDIPP 1970, 685 = RDI 1971, II, 76	Grebler - Cauny Watch c. Soc. Micron, Soc. Eredi di Ruefli Frederico, Fédération Suisse des Associations de Fabricants d'Horologerie
Trib. Roma v. 22.3.1973	GM 1976, I, 73	De Meis c. Ditta Piersanti Filippo e Figli
Trib. Milano v. 24.5.1973	GADI 1973, 693	Harms c. Geha
Trib. Milano v. 26.11.1973	RDI 1975, II, 266 = RDI 1976, II, 450 m. Anm. Magelli = Capotorti Repertorio 1991 - Concorrenza sleale Nr. 5	General Design S.r.l. c. W. van Broeck's Machinenfabriek N.V.
Trib. Milano v. 29.4.1974	GADI 1974, 643	Ronsond c. SAFFA S.p.a.
Trib. Milano v. 30.5.1974	GADI 1974, 563	Tedeschi c. Techint
Trib. Lucca v. 17.9.1975	ARC 1976, 267	
Trib. Milano v. 22.3.1976	GADI 1976, 319 (Nr. 816)	Petruccelli c. Dentalica
Trib. Milano v. 22.3.1976	GADI 1976, 335 (Nr. 817)	Petruccelli c. Ditta Cestari
Trib. Torino v. 26.2.1977	GADI 1977, 337	Hornschuh c. Soc. Stabilimenti di Brandizzo
Trib. Milano v. 24.5.1979	FP 1979, 122	Ufficio Van Amcyde c. U.C.I.
Trib. Monza 28.9.1979	RDIPP 1980, 429	Candy c. Stöcker
Trib. Milano v. 7.2.1980	GADI 1980, 204 = GCo 1982, II, 74	Daniels S.r.l. c. Bartolini
Trib. Roma v. 7.10.1981	GADI 1981, 590	Enteco Manutenzioni c. Studio Tecnico Enteco
Trib. Ravenna v. 18.9.1984	GADI 1985, 228 = CG 1984, 621	Gesco S.p.a. c. Valle Spuga S.p.a.
Trib. Chieti v. 15.6.1985	RDI 1989, II, 369	Chemical Riv c. Arco Plastici
Trib. Roma v. 12.12.1985	GADI 1985, 859	Pincicaffè S.n.c. c. Caffè Pinci S.r.l.
Trib. Milano v. 25.9.1986	GADI 1987, 270	Conceria Ambrosiana c. Manifattura C. A. S.p.a.
Trib. Milano v. 26.10.1987	GADI 1987, 802	AMC Italia c. Giuliano Berlanda
Trib. Firenze v. 14.6.1988	GADI 1988, 654	Guccio Gucci S.p.a. c. Anna Gucci
Trib. Milano v. 2.7.1988	GADI 1988, 662 = RDIPP 1989, 702	Syntex Pharmeceuticals International c. Zambon Group
Trib. Milano v. 19.7.1993	GADI 1994, 376 = RDIPP 1995, 125	Metalloceramica Vanzetti S.p.a. c. Iscar Ltd e c. Iscar Italia S.r.l..
Trib. Milano v. 26.5.1994	GADI 1994, 759	Fincontrol S.p.a. c. ABI
Trib. Milano v. 13.4.1995	GADI 1995, 946	Upjohn S.A. c. Medisca S.r.l.
Trib. Udine v. 31.8.1998	GADI 1998, 862	Benito Nonino titolare della ditta Distillerie Nonino c. Vittorio Saleri titolare della ditta SARI

1.2.5 Entscheidungen der Pretura

Pret. Roma v. 30.4.1966	RDI 1968, II, 85	Lancshire Ltd c. Vispi Cesare
Pret Roma v. 11.4.1972	GM 1974, I, 371	The London and Lancashire Insurance Company ltd. c. Vispi Cesare
Pret. Roma v. 3.4.1985 ord.	GADI 1986, 180 = FI 1986, I, 839	Maymone c. Aurienna

1.2.6 Entscheidungen der Giurì

Entscheidung v. 21.5.1976 Nr. 31/1976	RDI 1977, II, 512	

1.3 Sonstige ausländische Entscheidungen

Entscheidung, 114 Fed. 2d. 86 (1940)		Whiteman
Cour de Paris v. 15.10.1959	GRUR Int. 1961, 67 m. Anm. Aymond	Old Scotch Whisky

1.4 Entscheidungen des Europäischen Gerichtshofes

EuGH v. 13.2.1969	RS 14/68, Slg. 1969, 1 = WuW 1969, 193	Farbenhersteller
EuGH v. 14.5.1974	RS 4/73, Slg. 1974, 491	Nold/Kommission
EuGH v. 11.7.1974	RS 8/74, Slg. 1974, 837 = GRUR Int. 1974, 467	Dassonville
EuG Urt. v. 30.11.1976	RS 21/76, Slg. 1976, 1735 = NJW 1977, 493 = RIW 1977, 356 mit Anm. Linke = RDIPP 1977, 187	Mines de Potasse
EuGH v. 24.1.1978	RS 82/77, Slg. 1978, 25	van Tiggele
EuGH v. 20.2.1979	RS 120/78, Slg. 1979,649 = GRUR Int. 1979, 468 = EuR 1979, 417 m. Anm. MILLARG	Cassis de Dijon
EuGH v. 5.4.1979	RS 148/78, Slg. 1979, 1629	Ratti
EuGH v. 26.6.1980	RS 788/79, Slg. 1980, 2071 = RIW 1980, 648 = EuR 1981, 43 m. Anm. Meier	Obstessig I
EuGH v. 16.12.1980	RS 27/80, Slg. 1980, 3839 = RIW 1981, 474	Fietje (Berentzen Apfelkorn)
EuGH v. 19.2.1981	RS 130/80, Slg. 1981, 527 = RIW 1981, 620	Brioches
EuGH v. 17.6.1981	RS 113/80, Slg. 1981, 1625 = GRUR Int. 1982, 117	Irische Souvenirs
EuGH v. 14.7.1981	RS 15/80, Slg. 1981, 1993	Nachtbackverbot (Oebel)
EuGH v. 9.12.1981	RS 193/80 Slg. 1981, 3019 = RIW 1982, 277	Obstessig II

EuGH v. 17.12.1981	RS 279/80, Slg. 1981, 3305	Webb
EuGH v. 2.3.1982	RS 6/81, Slg. 1982, 707 = GRUR Int. 1982, 439	Industrie Diensten Groep
EuGH v. 5.5.1982	RS 15/81, Slg. 1982, 1409	Schul/Inspecteur
EuGH v. 10.11.1982	RS 261/81, Slg. 1982, 3961 = EuR 1983, 168 m. Anm. Rabe	Margarineform
EuGH v. 15.12.1982	RS 286/81, Slg. 1982, 4575 ff., = NJW 1983, 1256 = GRUR Int. 1983, 648	Oosthoek (Zugabeverbot)
EuGH v. 7.6.1983	RS 78/82, Slg. 1983, 1955	Tabakwarenmonopol
EuGH v. 29.11.1983	RS 181/82, Slg. 1983, 3849 = NJW 1985, 544	Arzneimittelhöchstpreise
EuGH v. 7.2.1984	RS 238/82, Slg. 1984, 523	Duphar
EuGH v. 13.3.1984	RS 16/83, Slg. 1984, 1299 = GRUR Int. 1984, 291 = RIW 1984, 302	Bocksbeutel
EuGH v. 6.11.1984	RS 177/83, Slg. 1984, 3651 = GRUR Int. 1985, 110	r+r
EuGH v. 7.2.1985	RS 240/83, Slg. 1985, 531	Altöle
EuGH v. 11.7.1985	RS 60 u. 61/84, Slg. 1985, 2605	Cinéthèque
EuGH v. 12.3.1987	RS 178/84, Slg. 1987, 1227 = GRUR Int. 1987, 404	Reinheitsgebot für Bier
EuGH v. 14.7.1988	RS C-407/85, Slg. 1988, 4233 = NJW 1988, 2169	Italienisches Reinheitsgebot für Teigwaren (Drei Glocken)
EuGH v. 20.9.1988	RS 302/86, Slg. 1988, 4607	Pfandflaschen
EuGH v. 2.2.1989	RS 247/87, Slg. 1989, 229 = NJW 1989, 1428	Reinheitsgebot für Fleischerzeugnisse (Wurst)
EuGH v. 11.5.1989	RS 76/86, Slg. 1989, 1021 = NJW 1989, 2184	Verkehrsverbot für Milchersatzstoffe (Constanzo/Stadt Mailand)
EuGH v. 11.1.1990	RS C-220/88, Slg. 1990, I-49 = NJW 1991, 631	Dumez France
EuGH v. 7.3.1990	RS C-362/88, Slg. 1990, I-667 = EuZW 1990, 222 = RIW 1991, 347 = GRUR Int. 1990, 955 m. Anm. Hakenberg/Harles	GB-Inno-BM I
EuGH v. 12.12.1990	RS C-241/89, Slg. 1990, I-4695	SARPP
EuGH v. 13.12.1990	RS 238/89, Slg. 1990, I-4827 = GRUR Int. 1991, 215	Pahl/Dahlhausen
EuGH v. 25.7.1991	RS C-1/90 u. C-176/90, Slg. 1991, I-4151	Aragonesa
EuGH v.16.1.1992	RS C-373/90 Slg. 1992, I-131 = GRUR Int. 1993, 951 = WRP 1993, 233	Nissan
EuGH v. 16.1.1992	RS C-169/91, Slg. 1992, I-6654	B&Q

EuGH v. 18.5.1993	RS C-126/91, Slg. 1993, I-2361 ff. = GRUR 1993, 747 = EuZW 1993, 420 = NJW 1983, 1256 = GRUR Int 1993, 763, m. Anm. Lehmann	Yves Rocher
EuGH v. 24.11.1993	RS C-267/91 u. C-268/91, Slg. 1993, I-6097 = GRUR Int. 1994, 56 = GRUR 1994, 296 ff m. Anm. Bornkamm, Joachim, GRUR 1994, 297 = ZIP 1993, 1813 m. Anm. Reich = WRP 1994, 99 m. Anm. Meyer = NJW 1994, 121 m. Anm. Möschel S. 429 ff = IPRax 1995, 167 m. Anm. Gebauer 152 ff = EWS 1994, 25 m. Anm. Jestaedt-Kästle S.26 ff. u. Aufs. Sack S. 37 ff = JZ 1994, 359 m. Anm. Remien S. 349 ff = EuZW 1993, 770 m. Anm. Petschke EUZW 1994, 107	Keck und Mithouard
EuGH v. 15.12.1993	RS C-292/92, Slg. 1993, I-6787 = GRUR 1994, 299 = NJW 1994, 781= EuZW 1994, 119	Hünermund
EuGH v. 2.2.1994	RS C-315/92, Slg. 1994, I-317 = WRP 1994, 380 = GRUR 1994, 303	Clinique
EuGH v. 24.3.1994	RS C-275/92, Slg. 1994, I-1039 = ZIP 1994, 557	Lotterie
EuGH v. 2.6.1994	RS C-69/93 u. C-258/93, Slg. 1994, I-2355 = EuZW 1994, 434	Punto Casa
EuGH v. 2.6.1994	RS C-401/92 u. C-402/92, Slg. 1994, I-2199 = NJW 1994, 2141 = EuZW 1994, 435	Öffnungszeiten von Tankstellen (t'Heuskske)
EuGH v. 10.11.1994	RS C-320/93, Slg. 1994, I-5243	Eurim Pharma (Ortscheit)
EuGH v. 9.2.1995	RS. C-412/93, Slg. 1995, I-179 = EuZW 1995, 250 ff. = WRP 1995, 470 m. Anm. Kothoff	Leclerc-Siplex
EuGH v. 10.5.1995	RS C-384/93, Slg. 1995, I-1141 = GRUR Int. 1995, 900 = EuZW 95, 404/405 m. Anm. Reich = WRP 1995, 801 m. Anm. Grosskopf	Alpine Investments
EuGH v. 29.6.1995	RS C-391/92, Slg. 1995, I-1642 = EuZW 1995, 612	Milchprodukte für Säuglinge

EuGH v. 6.7.1995	RS C-470/93, Slg. 1995, I-1923 = WRP 1995, 677	Mars
EuGH v. 19.9.1995	RS C-364/93, Slg. 1995, I-2719 = IPRax 1997, 331 = FI 1996, IV, 341	Marinari
EuGH v. 17.10.1995	RS C-140/94, C-141/94 u. C-142/94, Slg. 1995, I-3257	DIP
EuGH v. 12.12.1995	RS C-469/93, EWS 1996, 58	Chiquita
EuGH v. 9.7.1997	RS C-34, 35, 36/96, Slg. 1997, I 3843 = GRUR Int. 1997, 913 = EWS 1997, 346	De Agostini (Grenzüberschreitende Fernsehwerbung)
EuGH v. 16.7.1998	RS C-210/96, Slg. 1998, I-4657 = WRP 1988, 848	Gut-Springheide
EuGH v. 28.1.1999	RS C-303/97, Slg. 1999, I-513 = GRUR Int. 1999, 345	Sektkellerei
EuGH v. 13.1.2000	RS C-220/98, NJW 2000, 1173	Lifting-Creme
EuGH v. 5.10.2000	RS C-376/98, JZ 2001, 32 = GRUR Int. 2001, 41	

2. Rechtsquellen

Die folgende Aufzählung beschränkt sich auf die wesentlichen Rechtsquellen.

2.1 Deutschland

2.1.1 EGBGB
Einführungsgesetz zum Bürgerlichen Gesetzbuch in der Fassung der Bekanntmachung v. 21.9.1994, BGBl. I S. 2494, ber. 1997 I . 1061, BGBl. III/FNA 400-1.

2.1.2 Gesetz zum Internationalen Privatrecht für außervertragliche Schuldverhältnisse und für Sachen
Gesetz v. 21.5.1999, BGBl. 1999 I S. 1026-1028.

2.1.3 Bürgerliches Gesetzbuch
Bürgerliches Gesetzbuch v. 18.8.1896, RGBl. S. 195, BGBl. III 400-2.

2.1.4 Gesetz gegen den unlauteren Wettbewerb
Gesetz gegen den unlauteren Wettbewerb v. 7.6.1909, RGBl. S. 499, BGBl. III/FNA 43-1, zuletzt geändert

Gesetz zur vergleichenden Werbung und zur Änderung wettbewerbsrechtlicher Vorschriften v. 1.9.2000, BGBl. I S. 1374.

2.1.5 Zugabeverordnung
Verordnung des Reichspräsidenten zum Schutze der Wirtschaft v. 9.3.1932 (Zugabeverordnung), RGBl. I S. 121, BGBl. 43-4-1.

2.1.6 Rabattgesetz
Gesetz über Preisnachlässe v. 25.11.1933 (Rabattgesetz), RGBl. I S. 1011, BGBl. III 43-5-1.

2.1.7 Gesetz gegen Wettbewerbsbeschränkungen
Gesetz gegen Wettbewerbsbeschränkungen v. 27.7.1957, BGBl. I S. 1081, in der Neufassung vom 26.8.1998, BGBl. I S. 2547.

2.1.8 Urhebergesetz
Gesetz über Urheberrecht und verwandte Schutzrechte vom 9.9.1965, BGBl. I S. 1273, BGBl. III/FNA 440-1.

2.1.9 Gebrauchsmustergesetz
Gebrauchsmustergesetz in der Neufassung vom 28. August 1986, BGBl. I S. 1455.

2.1.10 Geschmacksmustergesetz
Gesetz betreffend das Urheberrecht an Mustern und Modellen (Geschmacksmustergesetz) vom 11.1.1876, RGBl. S. 11, BGBl. III 442-1.

2.1.11 Markengesetz
Markengesetz vom 25.10.1994, BGBl. I S. 3082, berichtigt am 27.1.1995, BGBl. I S. 156.

2.1.12 Patentgesetz
Patentgesetz in der Neufassung vom 16. Dezember 1980, BGBl. 1981 I S. 1.

2.1.13 Fernabsatzgesetz
Gesetz über Fernabsatzverträge und andere Fragen des Verbraucherrechts sowie zur Umstellung von Vorschriften auf Euro vom 27.6.2000, BGBl. 29.6.2000 I S. 897.

2.2 Italien

2.2.1 Gesetz zum internationalen Privatrecht
Gesetz v. 31.5.1995 Nr. 218 Reform des italienischen Systems des Internationalen Privatrechts (Riforma del sistema italiano di diritto internazionale privato), Gazz. Uff. 3.6.1995 Nr. 128, suppl. ord. Nr. 68; dt. Übersetzung in JAYME/SIEHR/KRONKE, IPRax 1996, 356-369 = RabelsZ 61(1997), 344-362.

2.2.2 Italienisches Zivilgesetzbuch
Codice Civile, R.D. Nr. 262 v. 16.3.1942, Gazz. Uff. 4.4.1942 Nr. 79 (edizione straordinaria).

2.2.3. Verordnung Nr. 74 v. 25.1.1992 zur Umsetzung der EG-Richtlinie 84/450/EWG über irreführende Werbung und Verordnung Nr. 67 v. 25.2.2000 zur Umsetzung der Richtlinie 97/55/EG
Decrèto legislativo Nr. 74 v. 25.1.1992, Attuazione della direttiva 84/450/CEE in materia di pubblicità ingannevole, Gazz. Uff. 13.2.1992 Nr. 36, suppl. ord. N. 26.
Decreto legislativo Nr. 67 v. 25.2.2000, Attuazione della direttiva 97/55/CE, che modifica la direttiva 84/450/CEE, in materia di pubblicità ingannevole e comparativa, Gazz. Uff. del 27.3.2000 Nr. 72, rettifica (berichtigt) Gazz. Uff. 2.5.2000 Nr. 100.

2.2.4. Verbraucherschutzgesetz
Legge sulla Disciplina dei diritti dei consumatori e degli utenti Nr. 281 v. 30.7.1998, Gazz. Uff. v. 14.8.1998 Nr. 189.

2.2.5 Gesetz zum Schutz des Wettbewerbs und des Marktes (Kartellgesetz)
Norme per la tutela della concorrenza e del mercato, Gesetz Nr. 287 v. 10.10.1990, Gazz. Uff. v. 13.10.1990 Nr. 240, teilweise abgedruckt in RDI 1991, 1064; dt. Übersetzung in WuW 1991, 302.

2.2.6 Urheberrechtsgesetz
Legge sul diritto d'autore, Gesetz Nr. 633 v. 22.4.1941, geändert durch D.Lgs. Nr. 518 v. 29.12.1992, suppl. Gazz Uff. v. 31.12.1992 Nr. 306.

2.2.7 Italienisches Gesetz über gewerbliche Muster und Modelle (Musterschutzgesetz)
Legge sui modelli industriali, R.D. Nr. 1411 v. 25.8.1940, abgedruckt in Bl.f.PMZ 1940, 196.

2.2.8 Markengesetz
Legge sui marchi, R.D. Nr. 929 v. 21.6.1942, (Bl.f.PMZ 1943, 29 ff.), geändert durch D.Lgs Nr. 480 v. 4.12.1992, Gazz. Uff. v. 16.12.1992 Nr. 130, eine Übersetzung der geänderten Fassung findet sich in GRUR Int. 1994, 218 ff.

2.2.9 Patentgesetz
Legge sui brevetti, R.D. Nr. 1127 v. 29.6.1939, unter Berücksichtigung zahlreicher Rechtsänderungen abgedruckt in GRUR Int. 1980, 490-500 m. Anm. Vohland, Ludwig.

2.2.10 Gesetz über die Neuordnung der Handelskammern
Legge sulle Camere di Commercio (Riordinamento delle camere di commercio, industria, artigianato e agricoltura) Nr. 580 v. 29.12.1993, Gazz. Uff. v. 11.1.1994 Nr. 7 suppl. ord.

2.3 Vorschriften der Europäischen Gemeinschaft / Union

2.3.1 Vertrag zur Gründung der Europäischen Gemeinschaft (EGV) u. Vertrag über die Europäische Union (EUV) jeweils i.d.F. v. 7.2.1992 (BGBl. 1992 II 1253), abgeändert durch den Vertrag von Amsterdam v. 2.10.1997, BGBl. 1998 II S. 387, (465), (454).

2.3.2 Entwurf einer Verordnung des Rates über das auf außervertragliche Schuldverhältnisse anwendbare Recht vom 21.6.1999 (Rom II-Verordnung). Der Entwurf ist nicht veröffentlicht, vgl. aber IPRax 1999, 286-288 zu der Entwurfsfassung, die auf der Tagung für Internationales Privatrecht in Luxemburg vom 25.-27.9.1998 vorgelegt wurde.

2.3.3 Richtlinie 84/450/EWG des Rates v. 10.9.1984 zur Angleichung der Rechts- und Verwaltungsvorschriften der Mitgliedstaaten über irreführende Werbung, GRUR Int. 1984, 688-690.

2.3.4 Richtlinie 97/55/EG des Europäischen Parlaments und des Rates v. 6.10.1997 zur Änderung der Richtlinie 84/450/EWG über irreführende Werbung zwecks Einbeziehung der vergleichenden Werbung, ABlEG 19.9.1984 L 250/17 = GRUR 1998, 117-119.

2.3.5 Richtlinie 89/552/EWG des Rates zur Koordinierung bestimmter Rechts- und Verbrauchervorschriften der Mitgliedstaaten über die Ausübung der Fernsehtätigkeit vom 3.10.1989, ABlEG 17.1.1989 L 298/23.

2.3.6 Richtlinie 97/36/EG des Europäischen Parlaments und des Rates zur Änderung der Richtlinie 89/552/EWG des Rates zur Koordinierung bestimmter Rechts- und

Verwaltungsvorschriften der Mitgliedstaaten über die Ausübung der Fernsehtätigkeit vom 30.6.1997, ABlEG 30.7.1997 L 202/60.

2.3.7 Richtlinie 97/7EG des Europäischen Parlaments und des Rates v. 20.5.1997 über den Verbraucherschutz bei Vertragsabschlüssen im Fernabsatz, ABlEG v. 4.6.1997 L 144/19.

2.3.8 Richtlinie 98/27/EG des Europäischen Parlaments und des Rates v. 19.5.1998 über Unterlassungsklagen zum Schutz der Verbraucherinteressen, ABlEG 11.6.1998 L 166/51.

2.3.9 Richtlinie 2000/31/EG des Europäischen Parlaments und des Rates v. 8.6.2000 über bestimmte Aspekte der Dienste der Informationsgesellschaft, insbesondere des elektronischen Geschäftsverkehrs, im Binnenmarkt („Richtlinie über den elektronischen Geschäftsverkehr"), ABlEG 17.7.2000 L 178/1.

2.4 Internationale Übereinkommen und Mustergesetze

2.4.1 PVÜ in der Stockholmer Fassung v. 14.7.1967 (BGBl. 1970 II S. 293, 391), auch abgedruckt in GRUR Int. 1968, 418-427.

2.4.2 TRIPS, abgedruckt in GRUR Int. 1994, 128-140 (englisch), BGBl. 1994 II S. 1730-1748 (deutsch).

2.4.3 Model Provisions on Protection against Unfair Competition, Articles and Notes, International Bureau of WIPO, Geneva, 1996, WIPO Publication No. 832 (E), ISBN 92-805-0642-0.

Index

A

B

C

D

E

F

G

H

I

K

L

M

MIX
Papier | Fördert gute Waldnutzung
FSC® C083411

Kolibri 360 GmbH
Ferdinand-Jühlke-Straße 7
99095 Erfurt, Deutschland
produktsicherheit@kolibri360.de

Druck:
CPI Druckdienstleistungen GmbH
im Auftrag der
Kolibri 360 GmbH
Ferdinand-Jühlke-Str. 7
99095 Erfurt